Susumu Katsumata

Teufelsfisch

Aus dem Japanischen von Daniel Büchner
Lettering: Hanna Hannig

Reprodukt

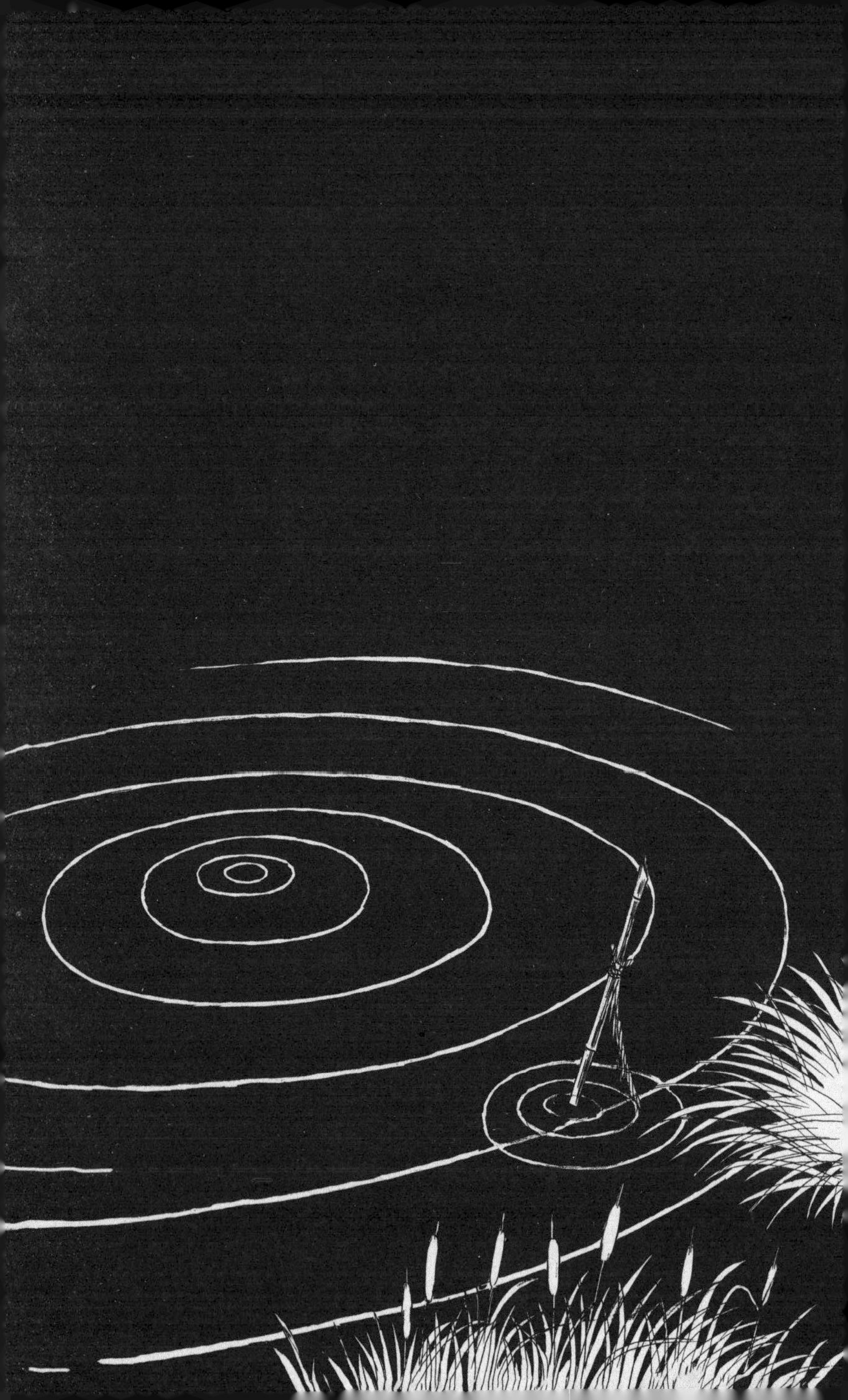

Inhalt

Tiefseefisch

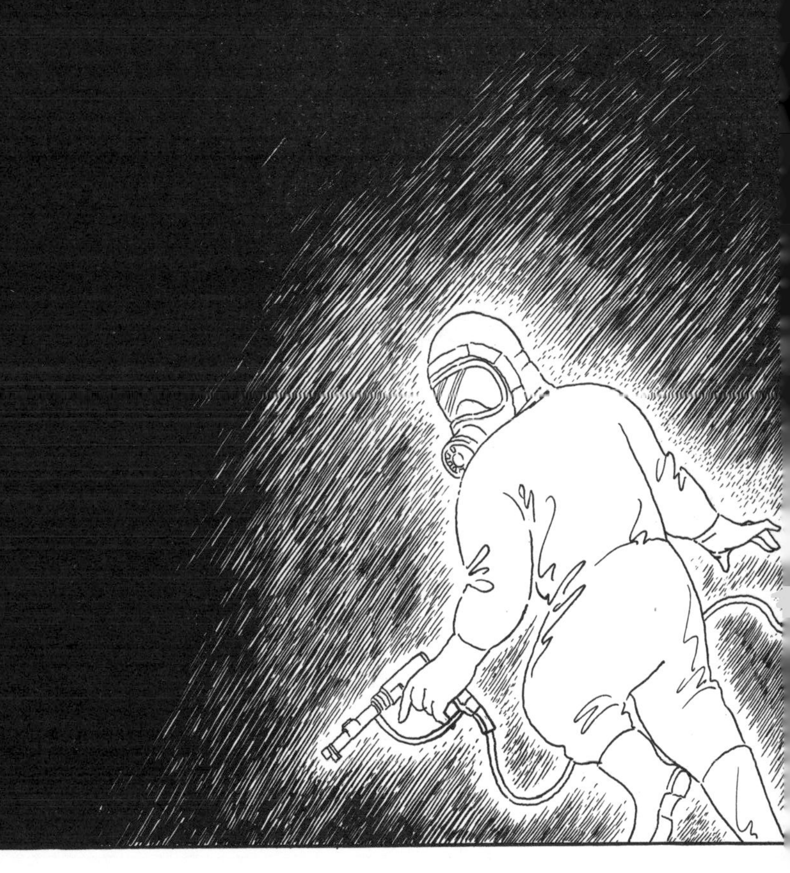

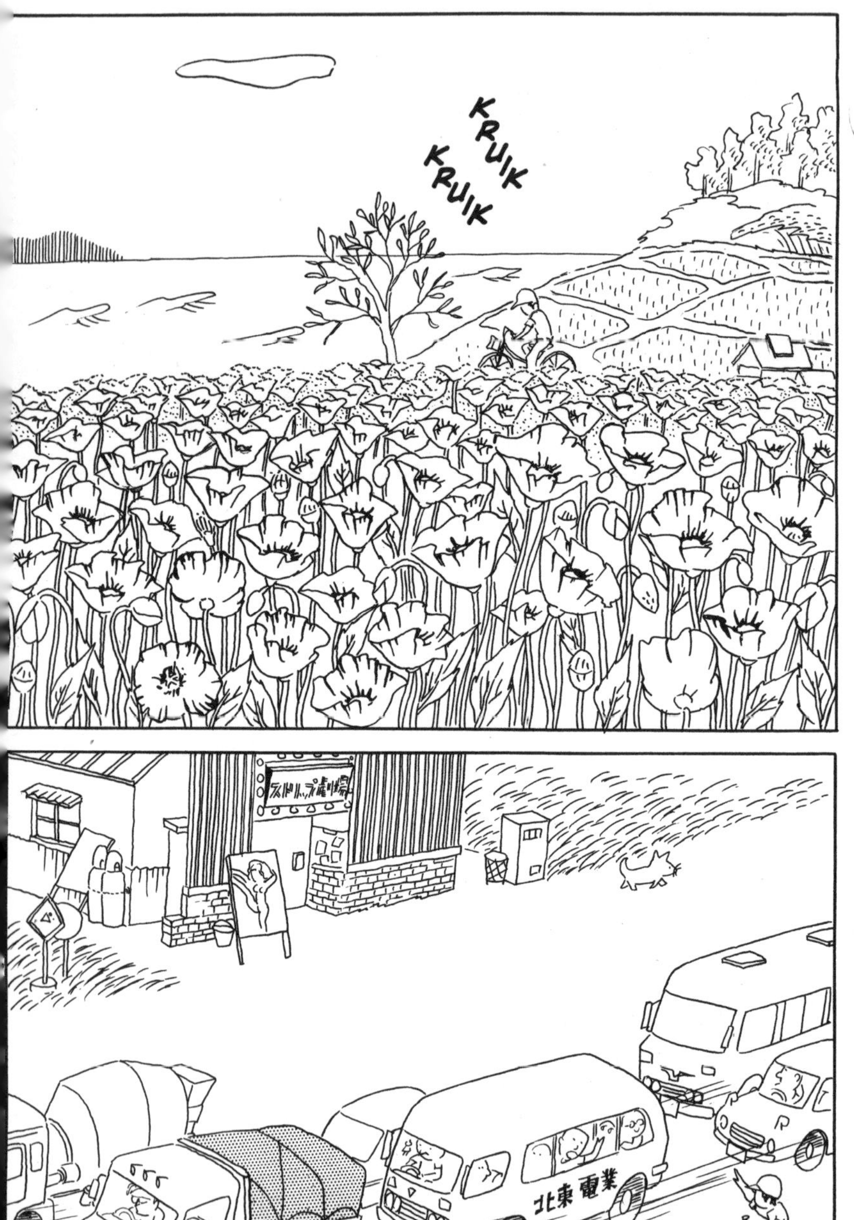
KRUIK
KRUIK
ストリップ劇場
北東電業

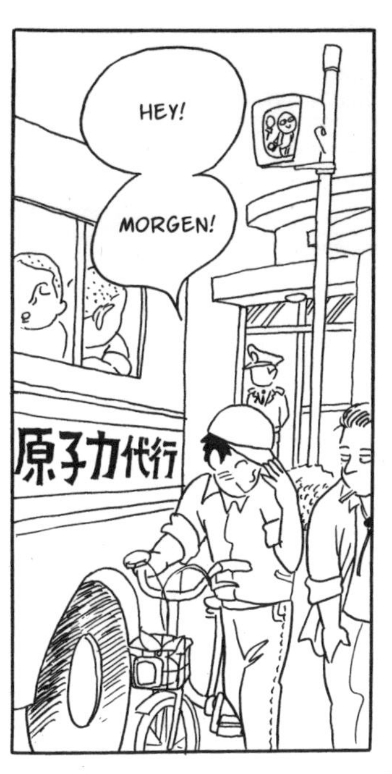
HEY!
MORGEN!
原子力代行

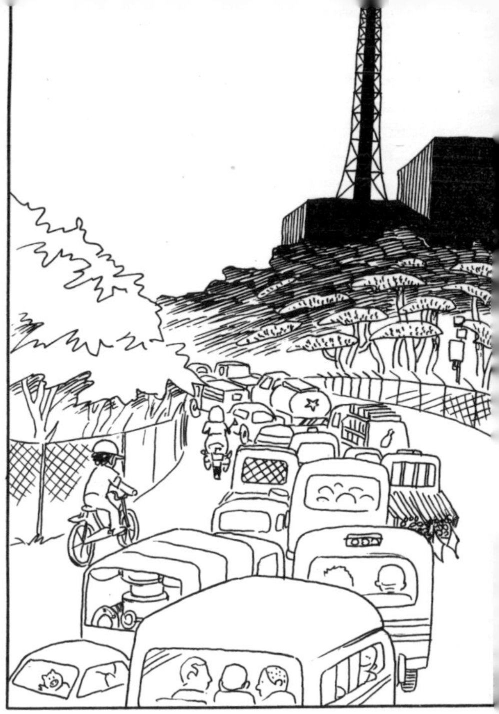

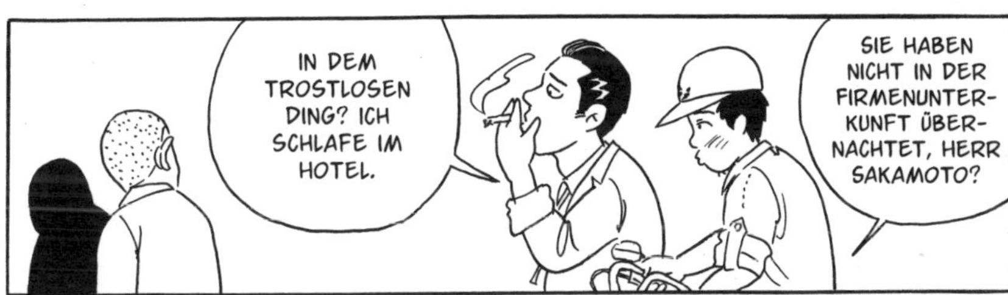
SIE HABEN NICHT IN DER FIRMENUNTERKUNFT ÜBERNACHTET, HERR SAKAMOTO?
IN DEM TROSTLOSEN DING? ICH SCHLAFE IM HOTEL.

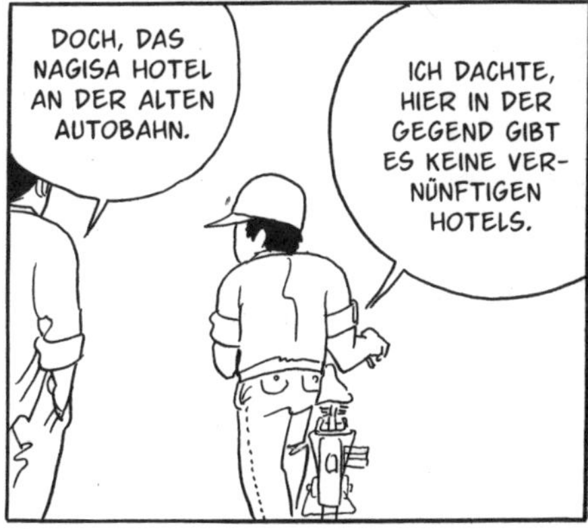
ICH DACHTE, HIER IN DER GEGEND GIBT ES KEINE VERNÜNFTIGEN HOTELS.
DOCH, DAS NAGISA HOTEL AN DER ALTEN AUTOBAHN.

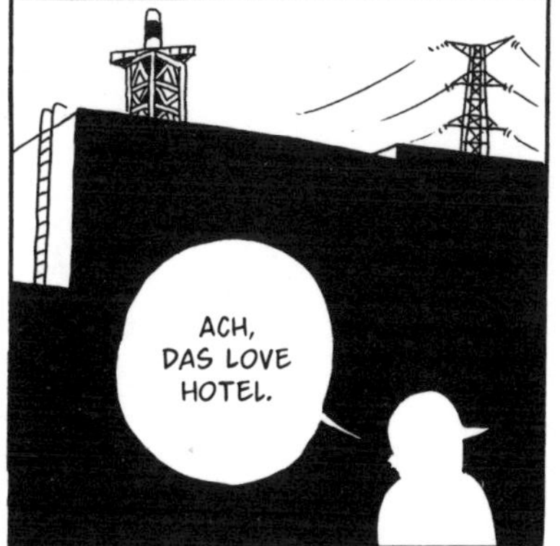
ACH, DAS LOVE HOTEL.

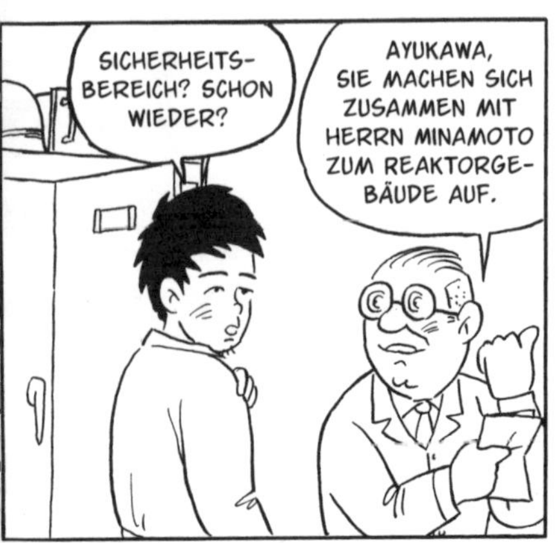
SICHERHEITS-
BEREICH? SCHON
WIEDER?
AYUKAWA,
SIE MACHEN SICH
ZUSAMMEN MIT
HERRN MINAMOTO
ZUM REAKTORGE-
BÄUDE AUF.

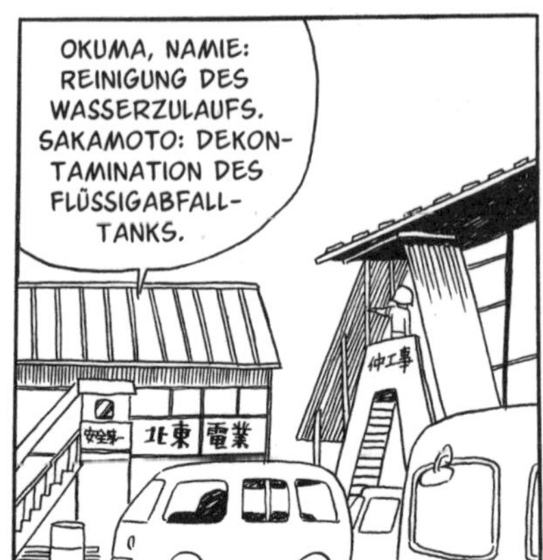
OKUMA, NAMIE:
REINIGUNG DES
WASSERZULAUFS.
SAKAMOTO: DEKON-
TAMINATION DES
FLÜSSIGABFALL-
TANKS.
北東 電業

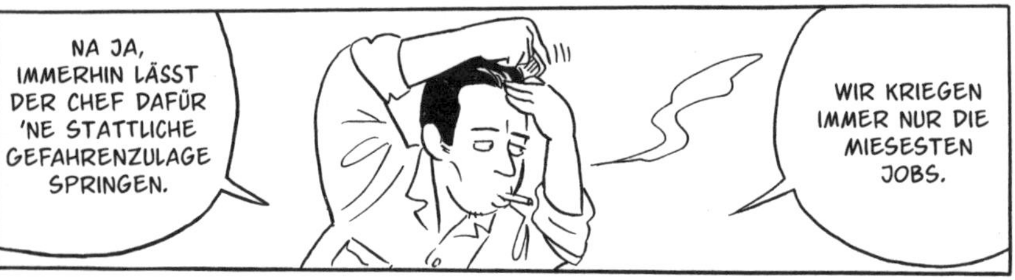
NA JA,
IMMERHIN LÄSST
DER CHEF DAFÜR
'NE STATTLICHE
GEFAHRENZULAGE
SPRINGEN.
WIR KRIEGEN
IMMER NUR DIE
MIESESTEN
JOBS.

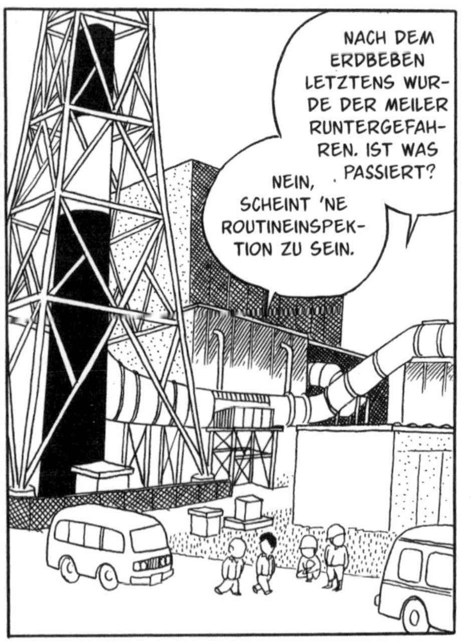
NACH DEM
ERDBEBEN
LETZTENS WUR-
DE DER MEILER
RUNTERGEFAH-
REN. IST WAS
PASSIERT?
NEIN,
SCHEINT 'NE
ROUTINEINSPEK-
TION ZU SEIN.

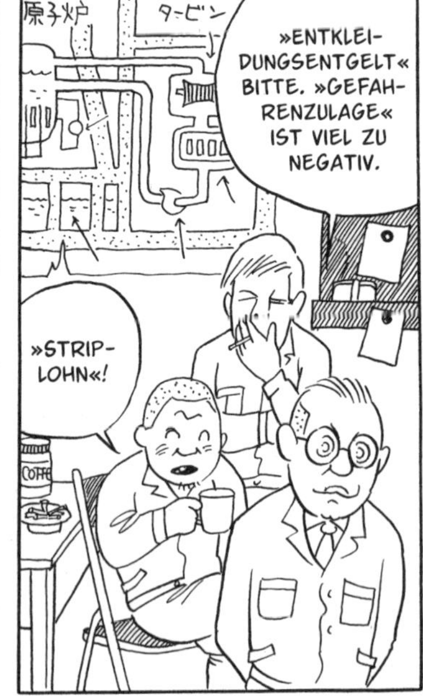
原子炉
タービン
»ENTKLEI-
DUNGSENTGELT«
BITTE. »GEFAH-
RENZULAGE«
IST VIEL ZU
NEGATIV.
»STRIP-
LOHN«!

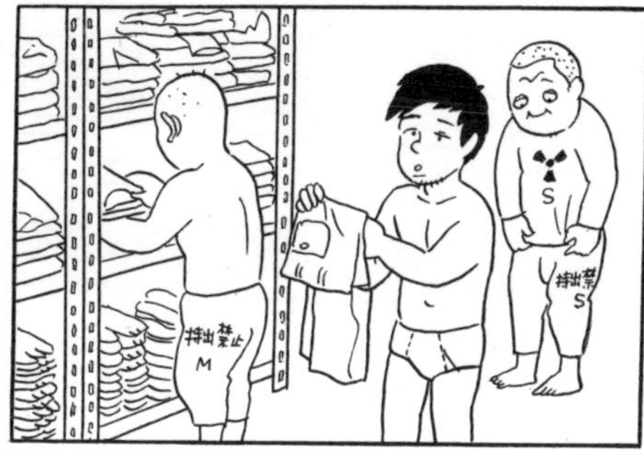
持出禁止
M
S
持出禁
S

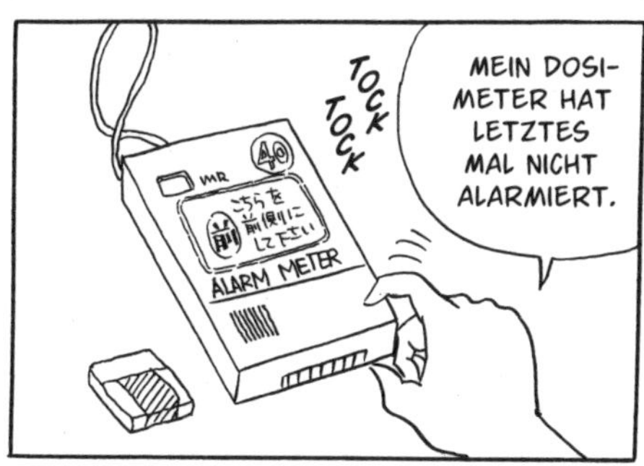
TOCK
TOCK
MEIN DOSIMETER HAT LETZTES MAL NICHT ALARMIERT.
MR
40
こちらを前側にして下さい
前
ALARM METER

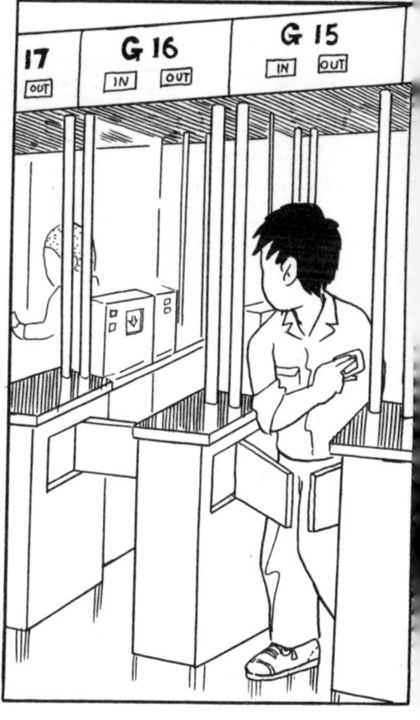
17
OUT
G 16
IN
OUT
G 15
IN
OUT

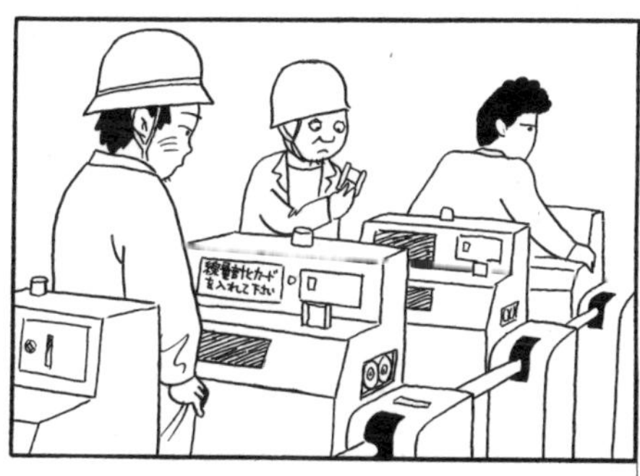

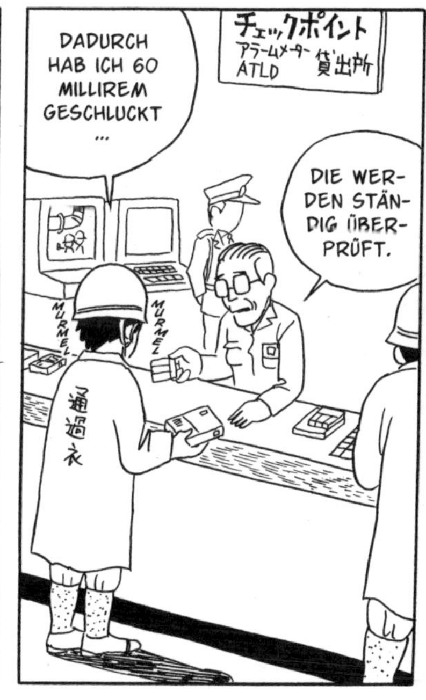
DADURCH HAB ICH 60 MILLIREM GESCHLUCKT ...
チェックポイント
アラームメーター
ATLD 貸出所
DIE WERDEN STÄNDIG ÜBERPRÜFT.
MURMEL
MURMEL
通過衣

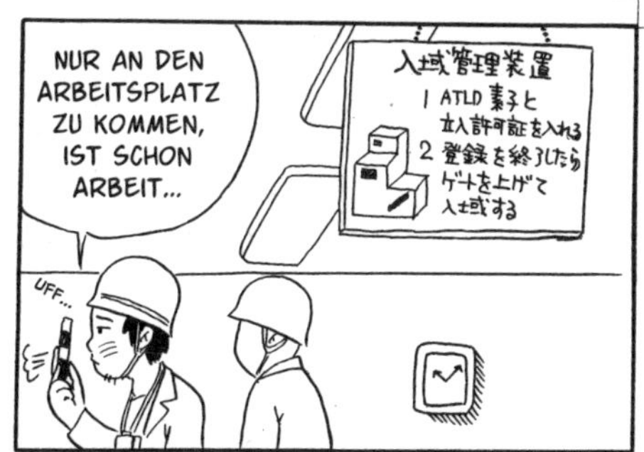
NUR AN DEN ARBEITSPLATZ ZU KOMMEN, IST SCHON ARBEIT...
入域管理装置
1 ATLD 素子と
立入許可証を入れる
2 登録を終了したら
ゲートを上げて
入域する
UFF...

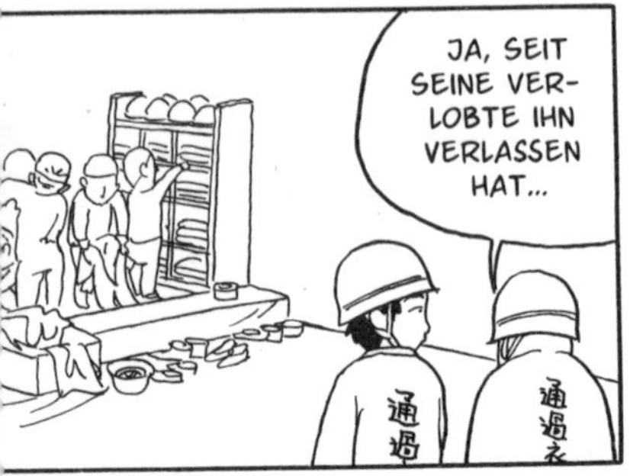
JA, SEIT SEINE VER-
LOBTE IHN VERLASSEN HAT...
通過
通過衣

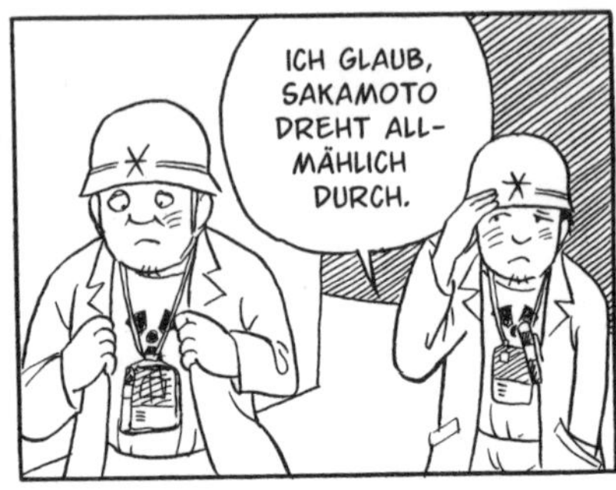
ICH GLAUB, SAKAMOTO DREHT ALL-
MÄHLICH DURCH.

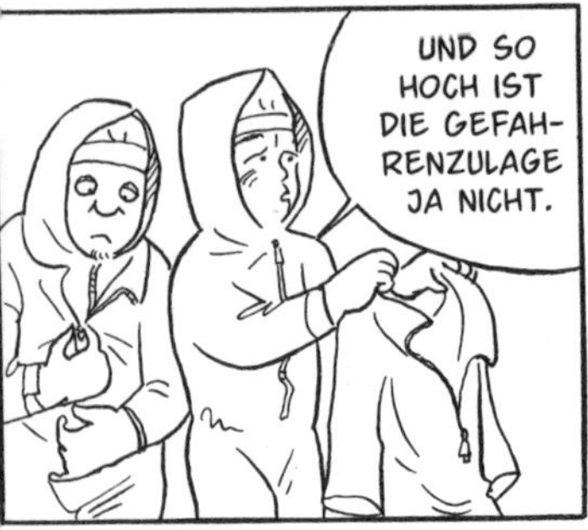
UND SO HOCH IST DIE GEFAH-
RENZULAGE JA NICHT.

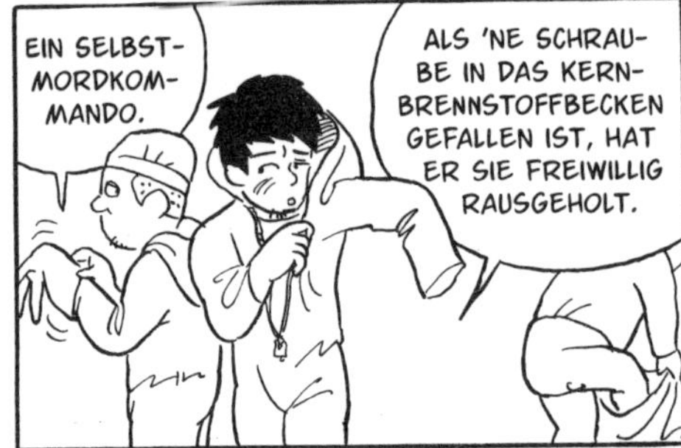
ALS 'NE SCHRAU-
BE IN DAS KERN-
BRENNSTOFFBECKEN GEFALLEN IST, HAT ER SIE FREIWILLIG RAUSGEHOLT.
EIN SELBST-
MORDKOM-
MANDO.

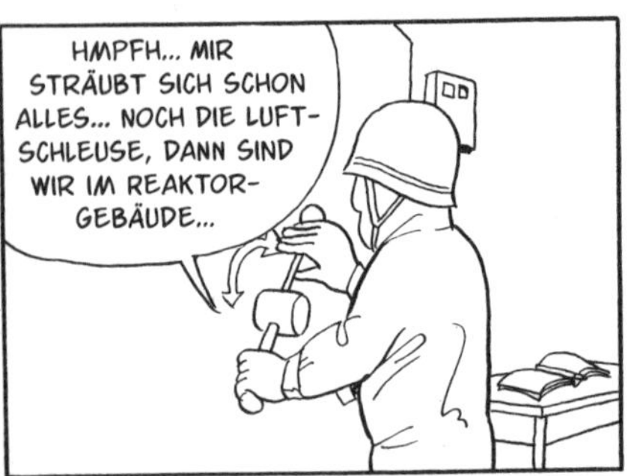
HMPFH... MIR STRÄUBT SICH SCHON ALLES... NOCH DIE LUFT-
SCHLEUSE, DANN SIND WIR IM REAKTOR-
GEBÄUDE...

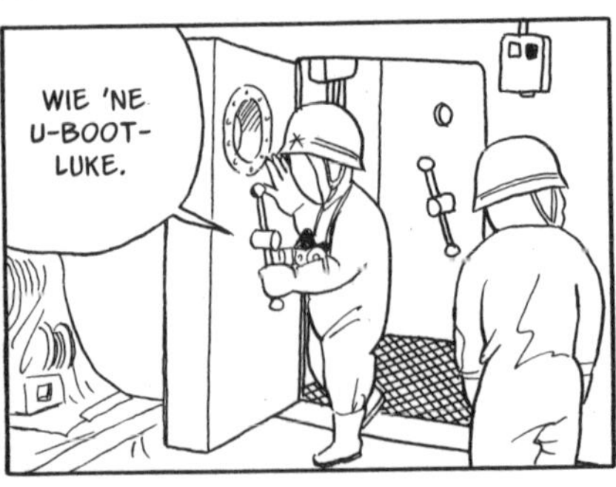
WIE 'NE U-BOOT-
LUKE.

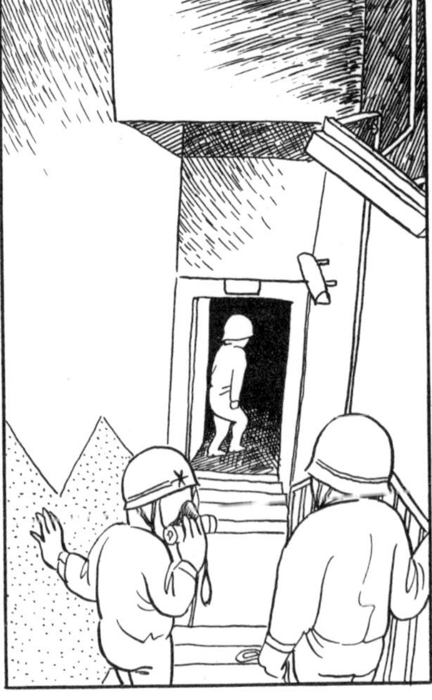

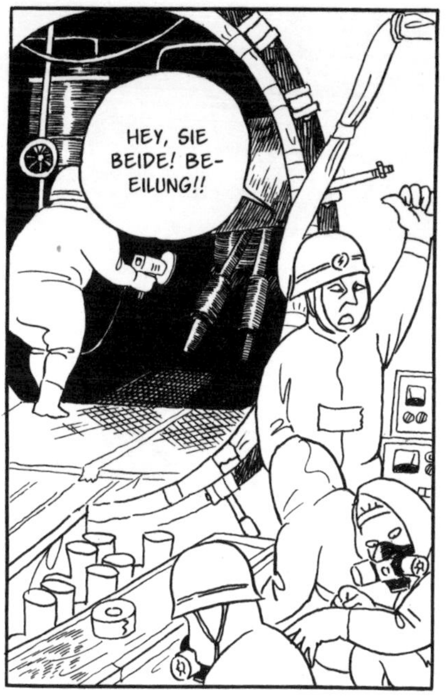
HEY, SIE BEIDE! BE-EILUNG!!

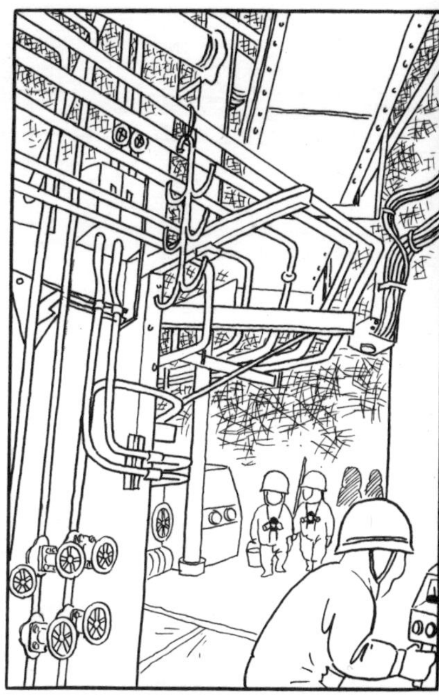

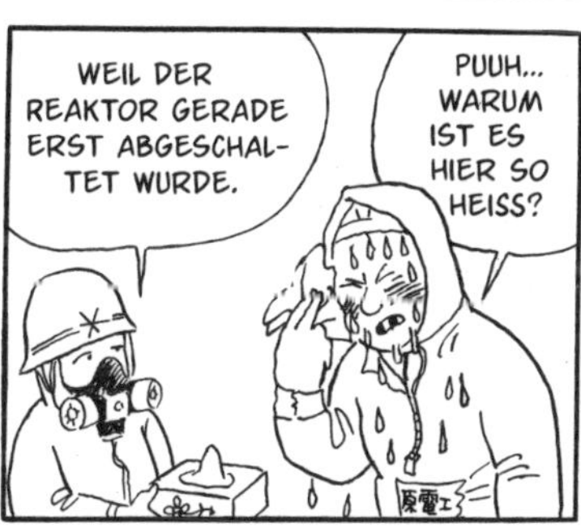
PUUH... WARUM IST ES HIER SO HEISS?
WEIL DER REAKTOR GERADE ERST ABGESCHAL-TET WURDE.

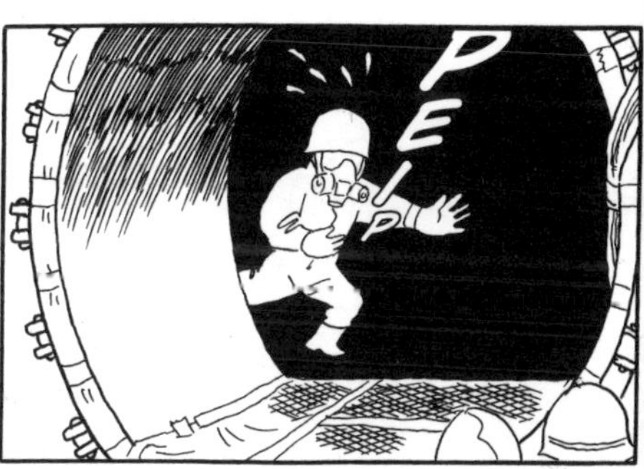
PEIP

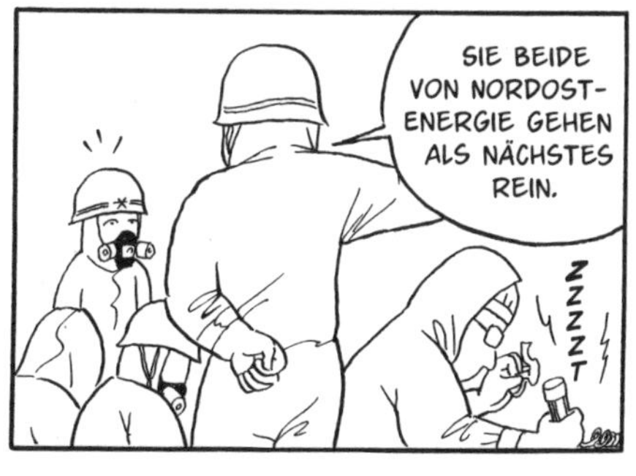
SIE BEIDE VON NORDOST-ENERGIE GEHEN ALS NÄCHSTES REIN.
ZZZZT

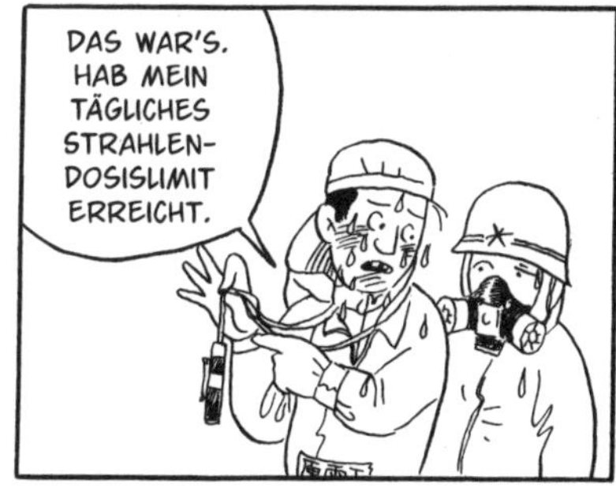
DAS WAR'S. HAB MEIN TÄGLICHES STRAHLEN-DOSISLIMIT ERREICHT.

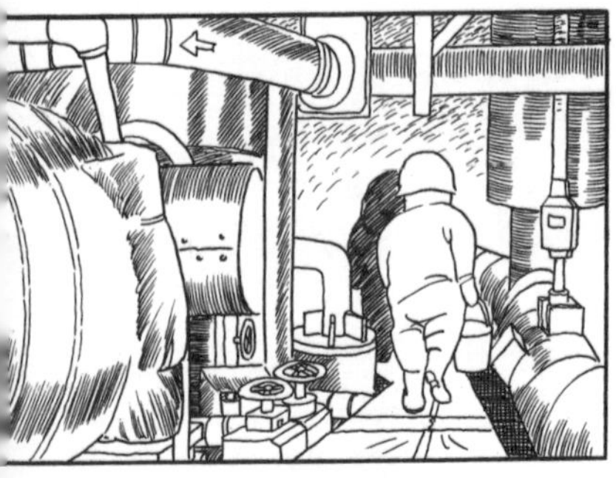

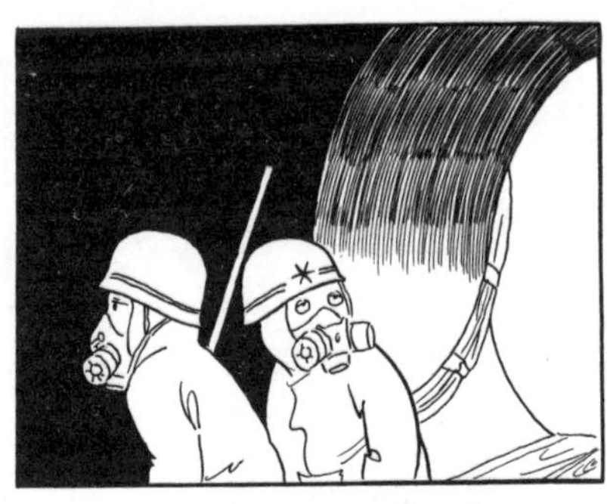

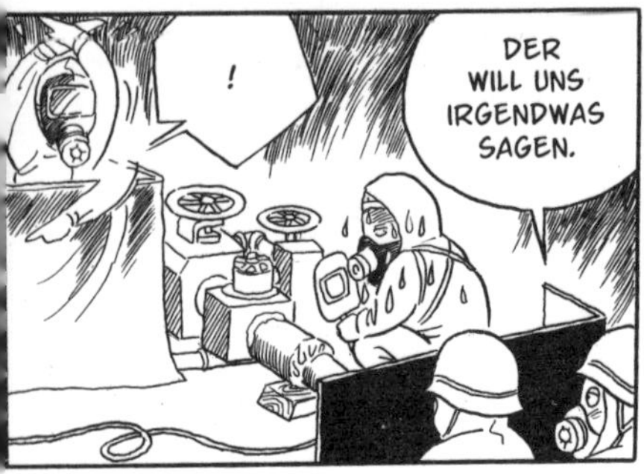
!
DER WILL UNS IRGENDWAS SAGEN.

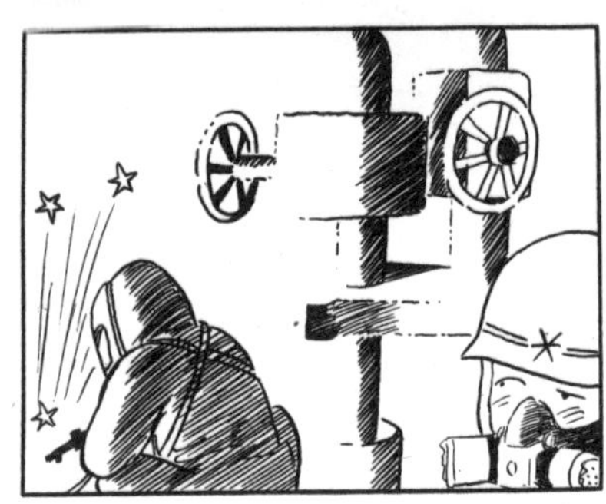

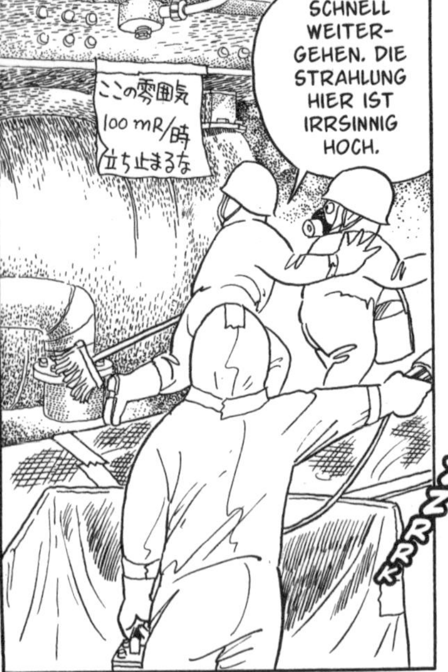
ここの雰囲気
100 mR/時
立ち止まるな
SCHNELL WEITER-GEHEN. DIE STRAHLUNG HIER IST IRRSINNIG HOCH.
KRRZZZT

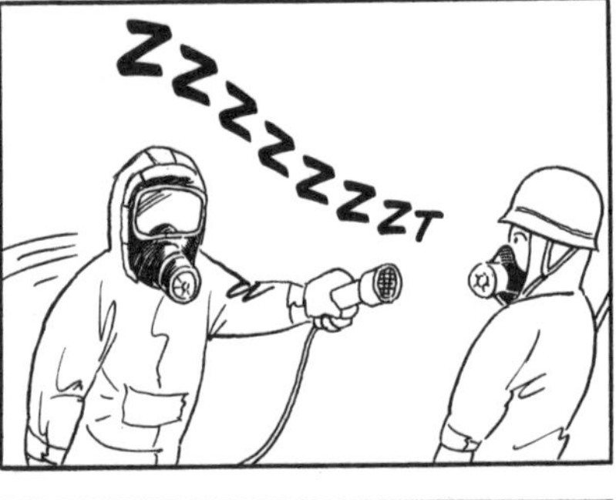
ZZZZZZZZZT

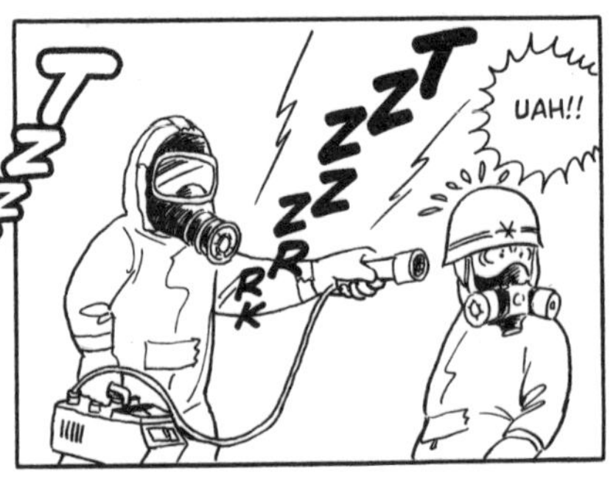
KRRZZZZT
UAH!!

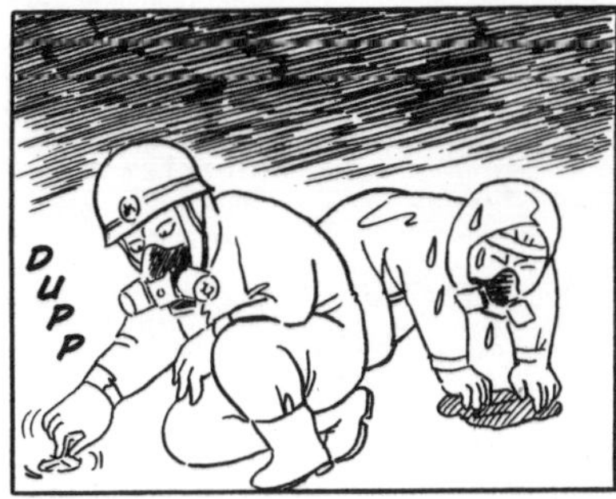
DUPP

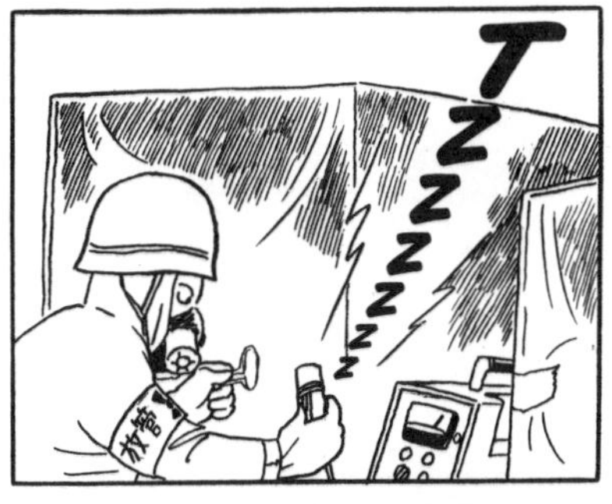
TZZZZZZZ

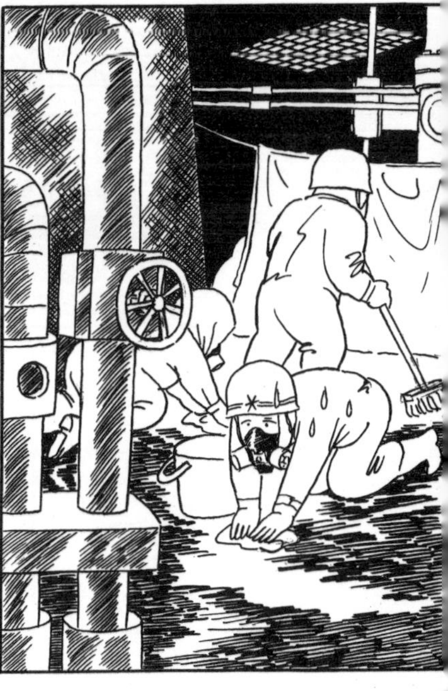

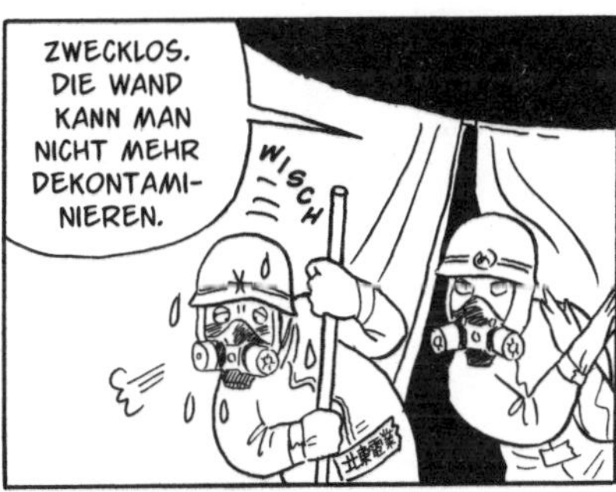
ZWECKLOS.
DIE WAND
KANN MAN
NICHT MEHR
DEKONTAMI-
NIEREN.
WISCH

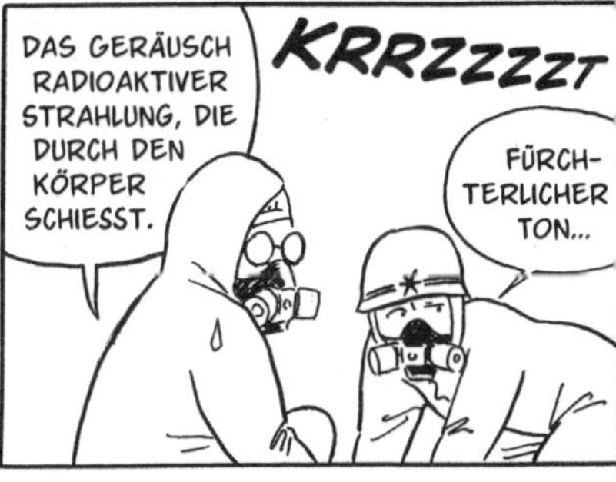
KRRZZZZZT
DAS GERÄUSCH
RADIOAKTIVER
STRAHLUNG, DIE
DURCH DEN
KÖRPER
SCHIESST.
FÜRCH-
TERLICHER
TON...

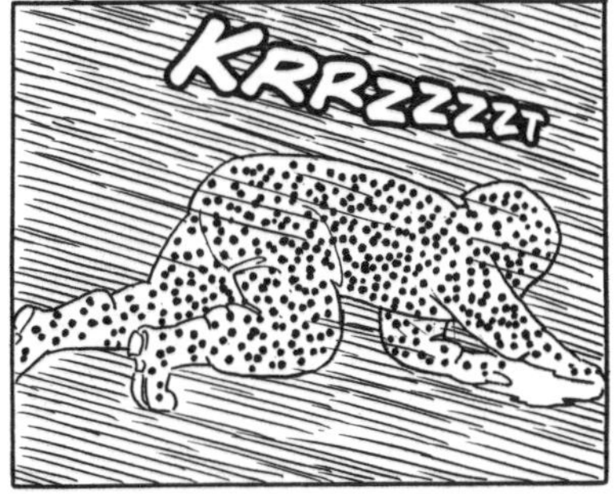
KRRZZZZZT

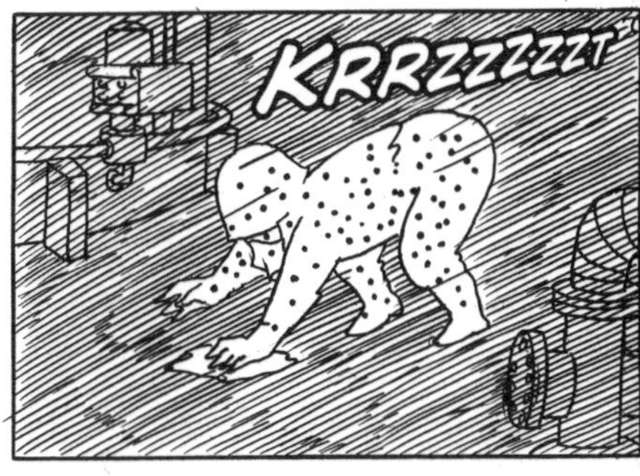
KRRZZZZZZT

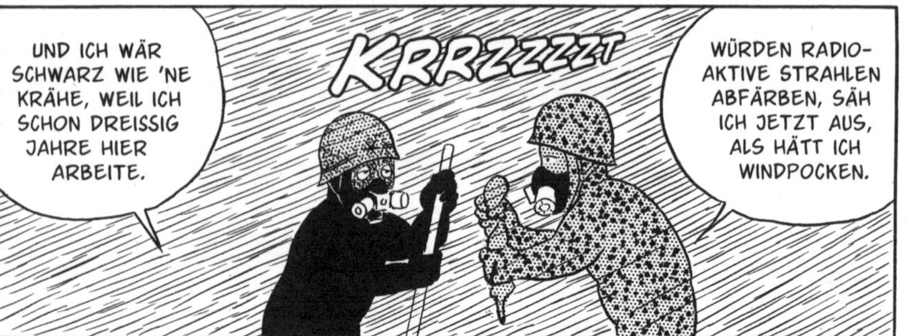
WÜRDEN RADIO-AKTIVE STRAHLEN ABFÄRBEN, SÄH ICH JETZT AUS, ALS HÄTT ICH WINDPOCKEN.
KRRZZZZZT
UND ICH WÄR SCHWARZ WIE 'NE KRÄHE, WEIL ICH SCHON DREISSIG JAHRE HIER ARBEITE.

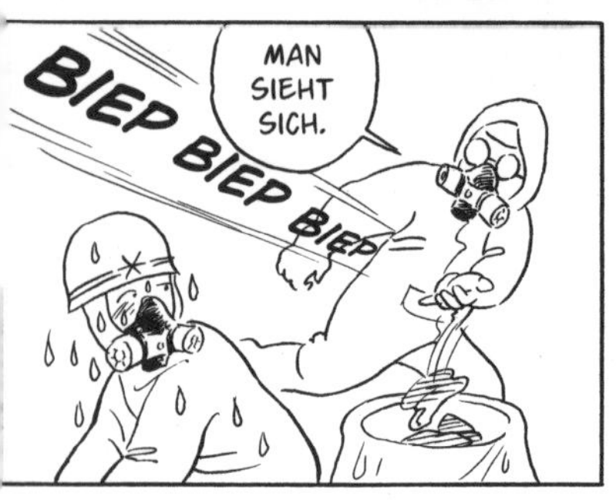
MAN SIEHT SICH.
BIEP BIEP BIEP

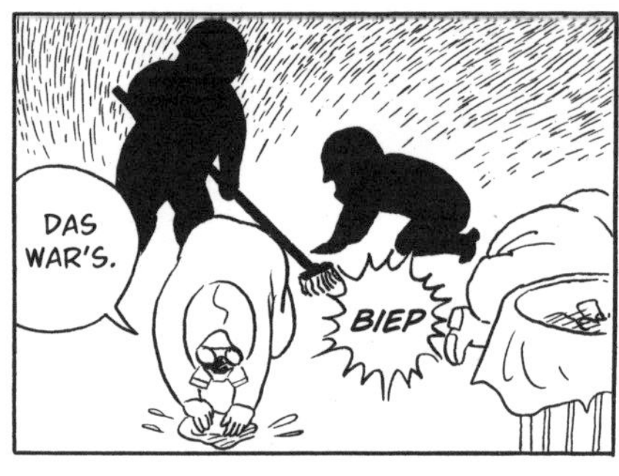
DAS WAR'S.
BIEP

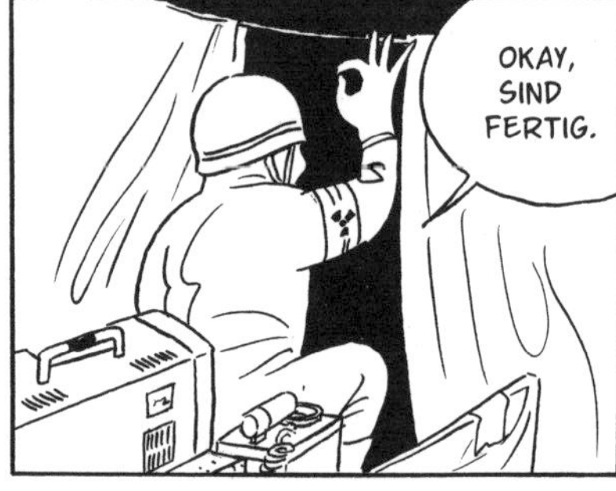
OKAY, SIND FERTIG.

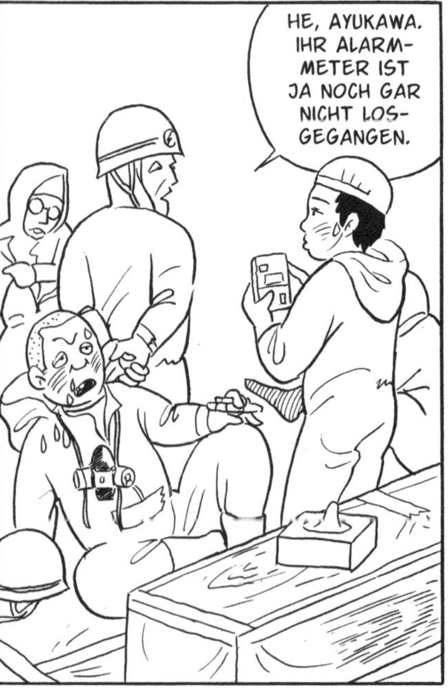
HE, AYUKAWA. IHR ALARM-METER IST JA NOCH GAR NICHT LOS-GEGANGEN.

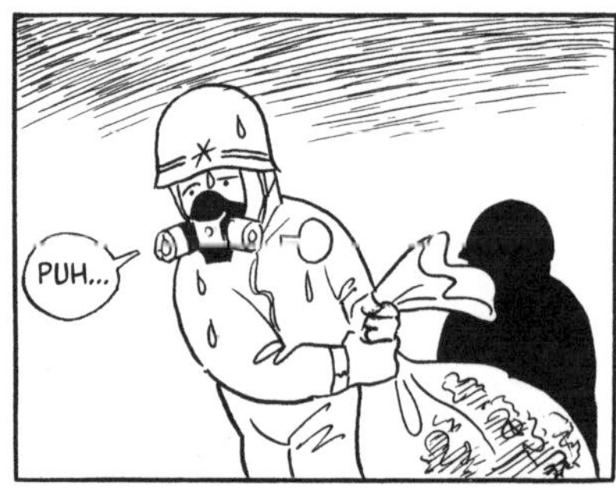
PUH...

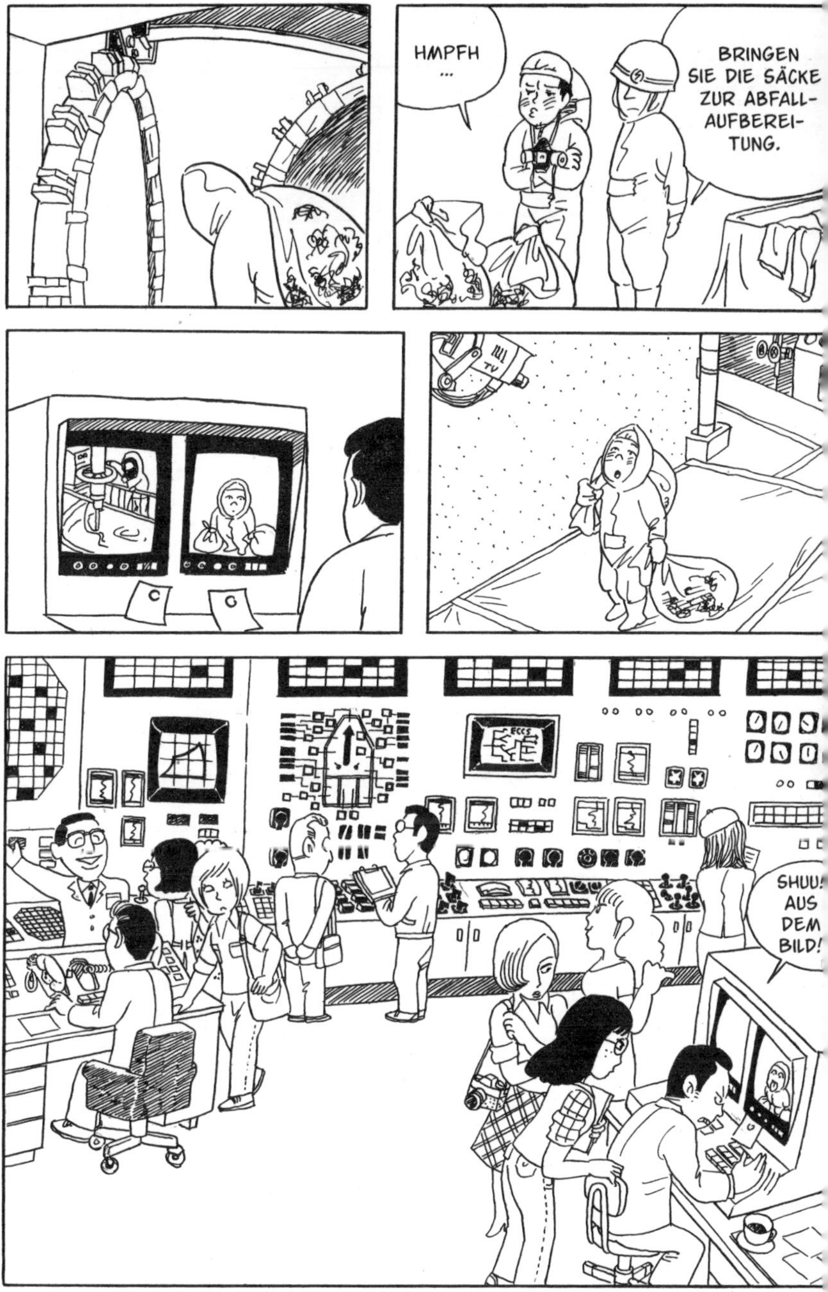

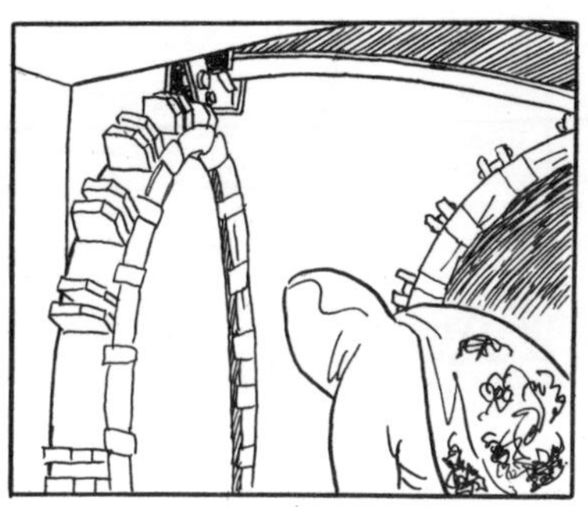

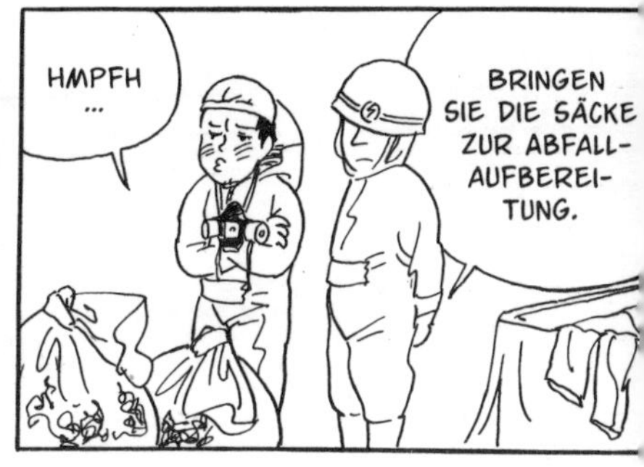
HMPFH ...
BRINGEN SIE DIE SÄCKE ZUR ABFALL-AUFBEREI-TUNG.

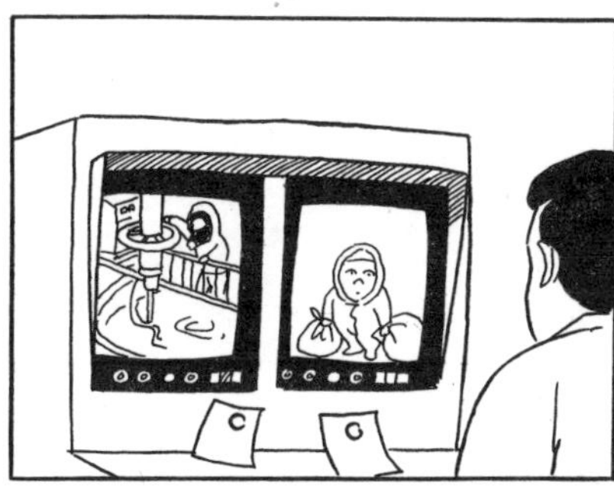

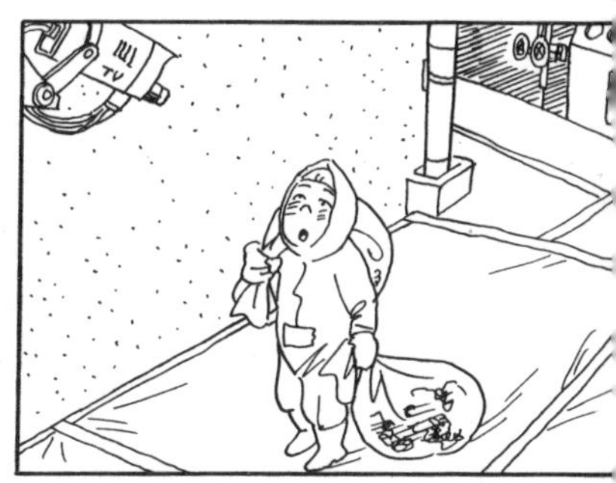
TV

ECCS
SHUU! AUS DEM BILD!

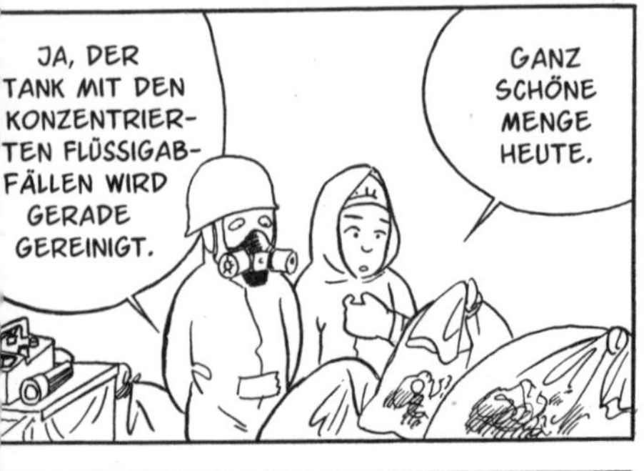
JA, DER TANK MIT DEN KONZENTRIERTEN FLÜSSIGABFÄLLEN WIRD GERADE GEREINIGT.
GANZ SCHÖNE MENGE HEUTE.

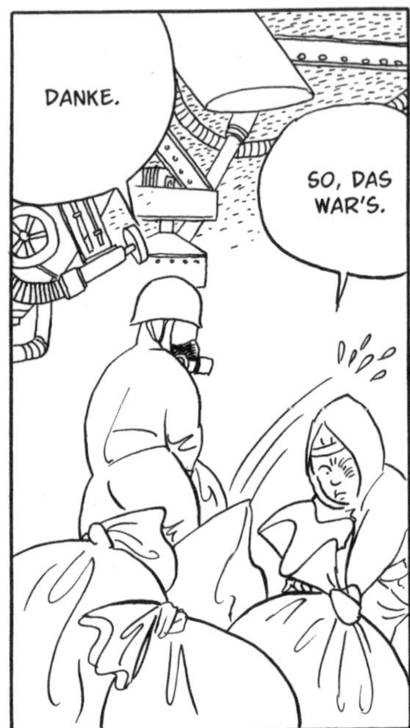
DANKE.
SO, DAS WAR'S.

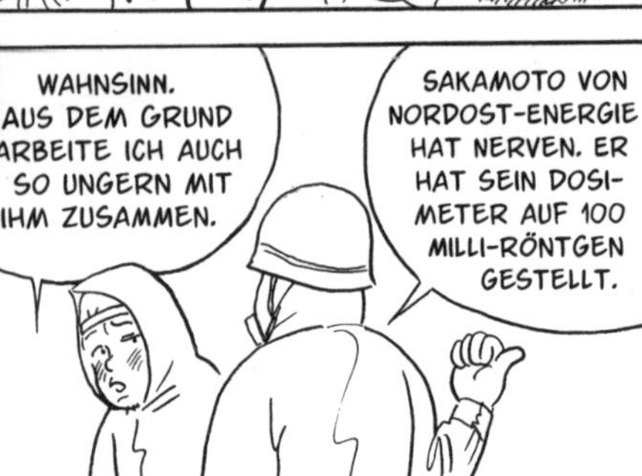
SAKAMOTO VON NORDOST-ENERGIE HAT NERVEN. ER HAT SEIN DOSIMETER AUF 100 MILLI-RÖNTGEN GESTELLT.
WAHNSINN. AUS DEM GRUND ARBEITE ICH AUCH SO UNGERN MIT IHM ZUSAMMEN.

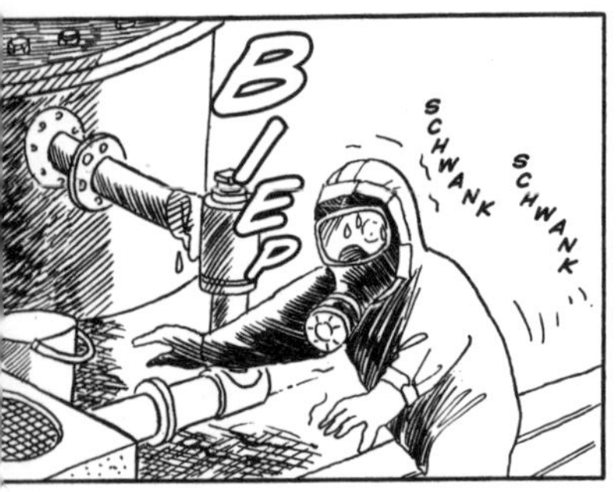
BIEP
SCHWANK
SCHWANK

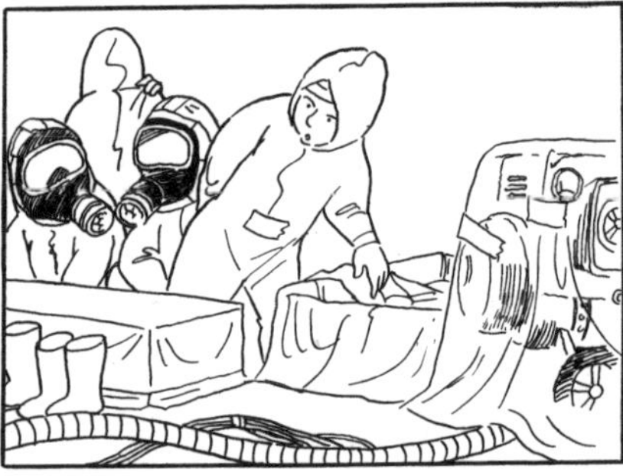

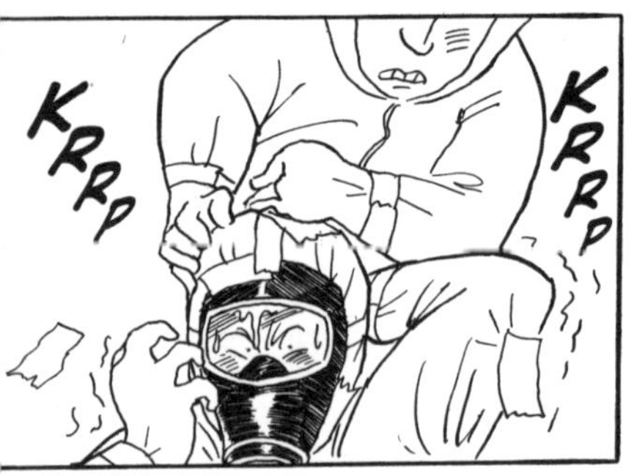
KRRP
KRRP

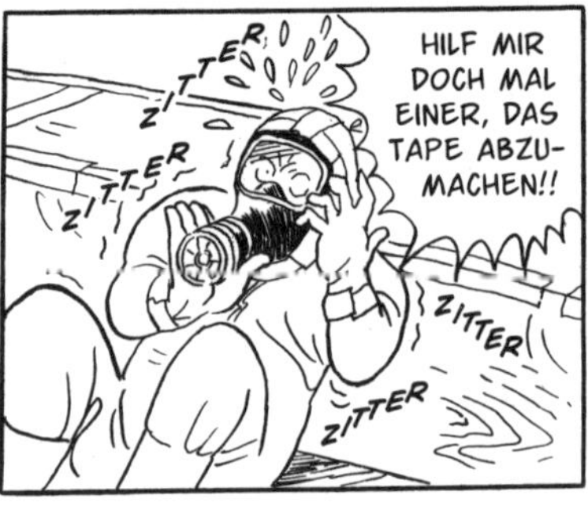
HILF MIR DOCH MAL EINER, DAS TAPE ABZUMACHEN!!
ZITTER
ZITTER
ZITTER
ZITTER

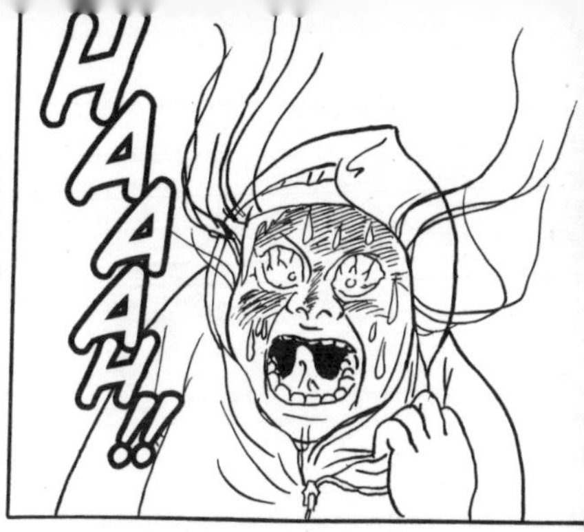
HAAAAH!!

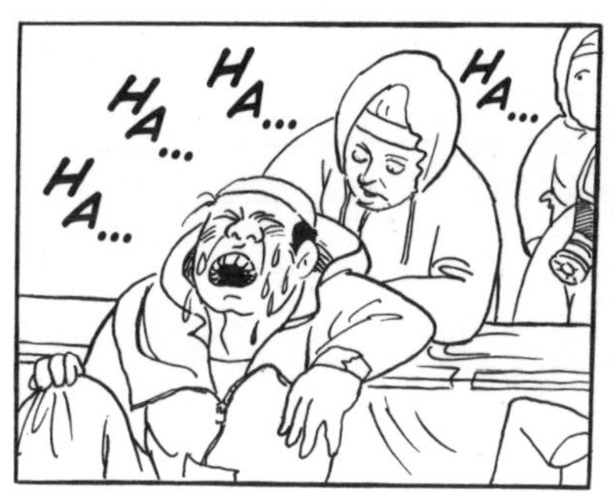
HA...
HA...
HA...
HA...

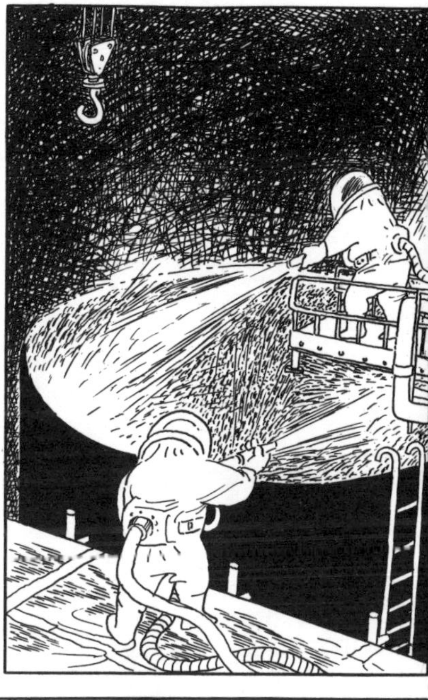

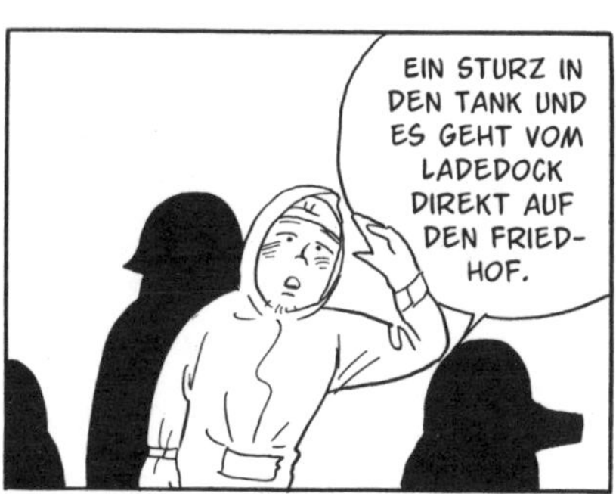
EIN STURZ IN DEN TANK UND ES GEHT VOM LADEDOCK DIREKT AUF DEN FRIED-HOF.

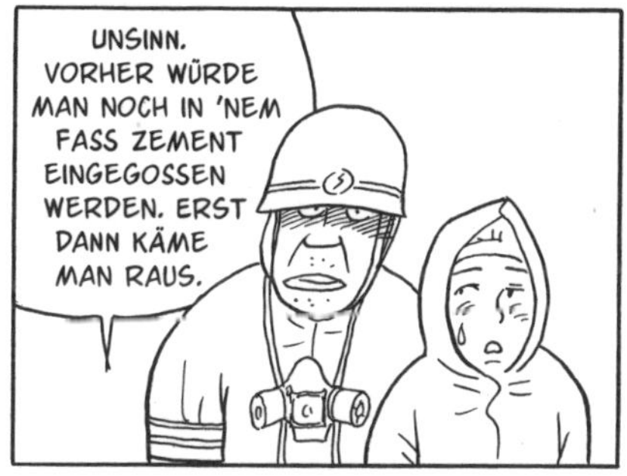
UNSINN. VORHER WÜRDE MAN NOCH IN 'NEM FASS ZEMENT EINGEGOSSEN WERDEN. ERST DANN KÄME MAN RAUS.

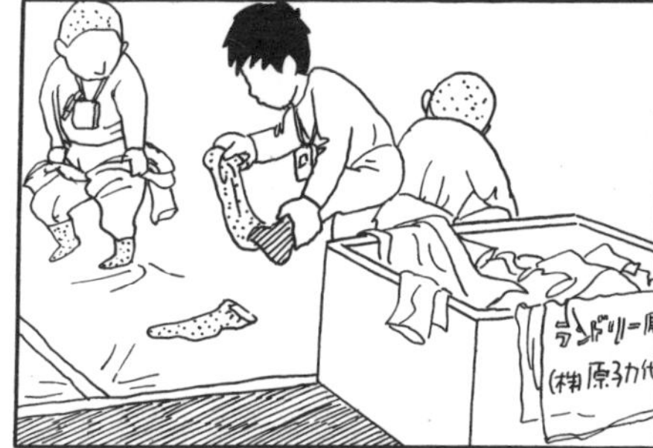
ランドリー
(株)原子力代

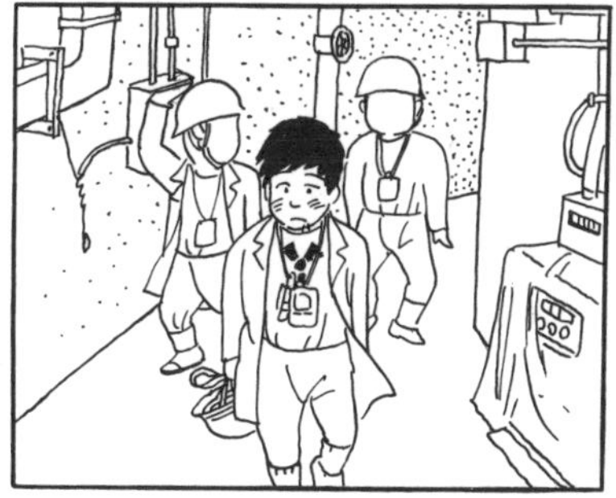

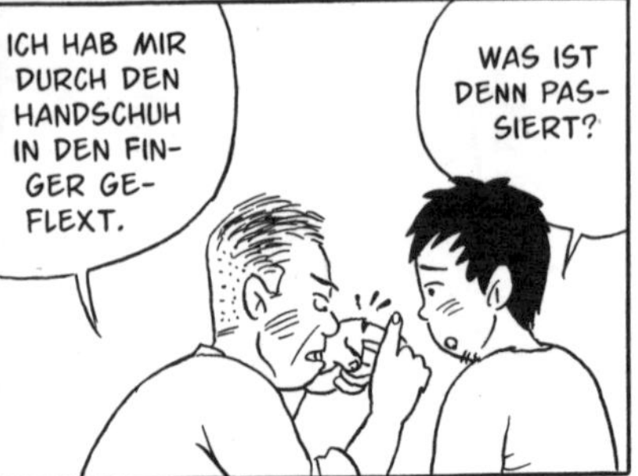
WAS IST DENN PASSIERT?
ICH HAB MIR DURCH DEN HANDSCHUH IN DEN FINGER GEFLEXT.

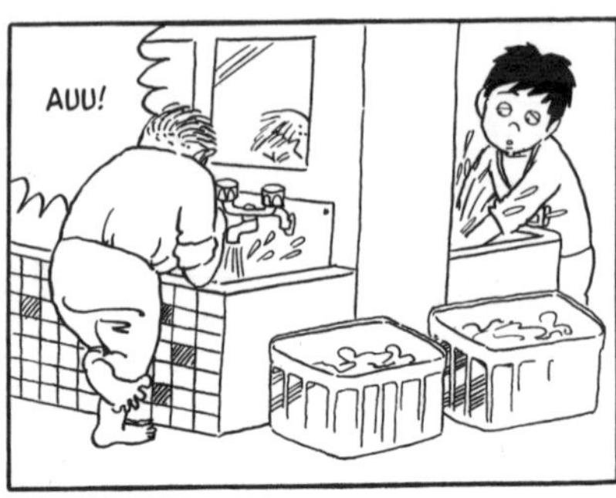
AUU!

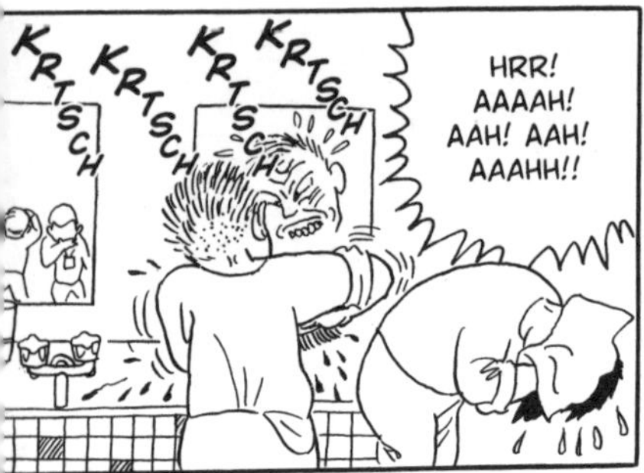
KRTSCH KRTSCH KRTSCH KRTSCH
HRR! AAAAH! AAH! AAH! AAAHH!!

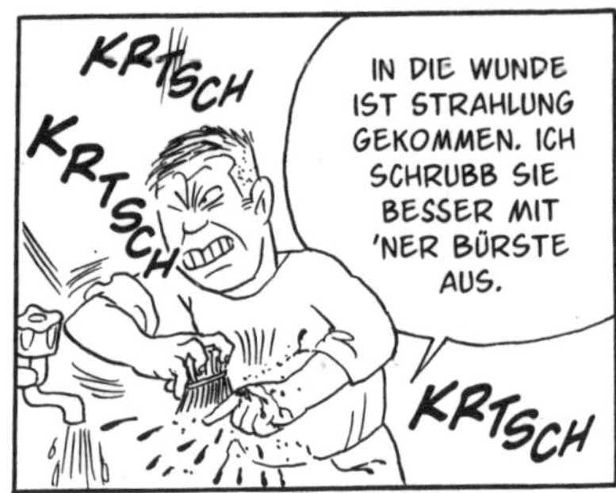
IN DIE WUNDE IST STRAHLUNG GEKOMMEN. ICH SCHRUBB SIE BESSER MIT 'NER BÜRSTE AUS.
KRTSCH
KRTSCH
KRTSCH

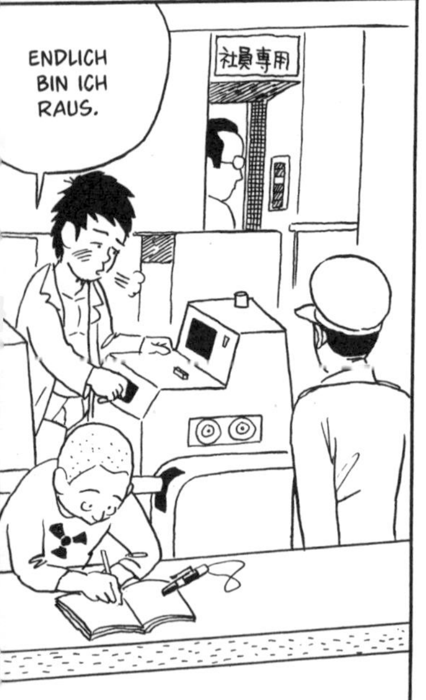
ENDLICH BIN ICH RAUS.
社員専用

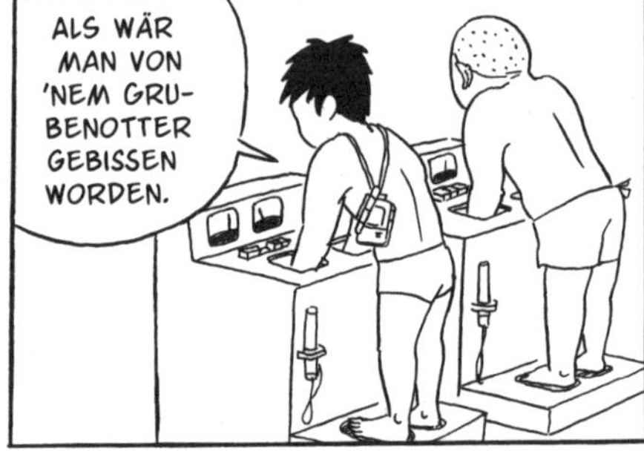
ALS WÄR MAN VON 'NEM GRUBENOTTER GEBISSEN WORDEN.

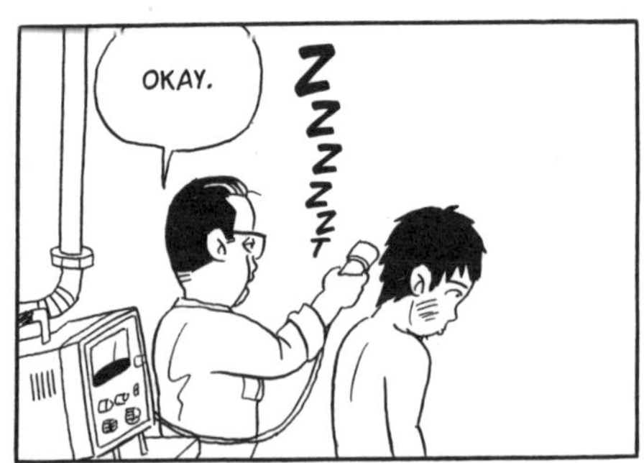
OKAY.
ZZZZZT

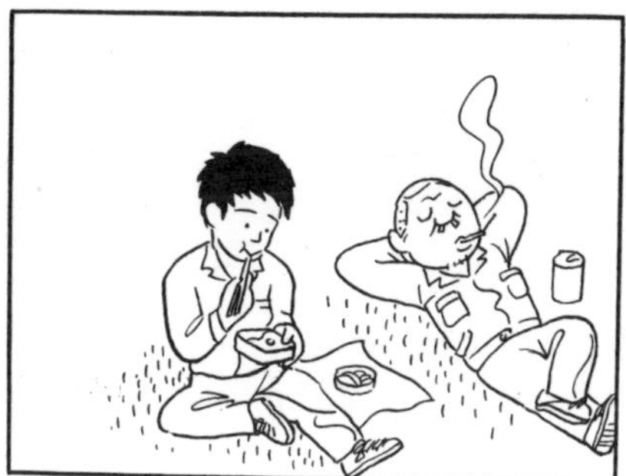

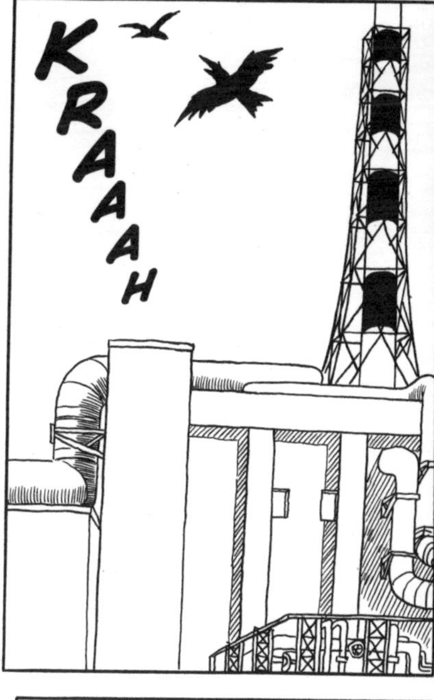

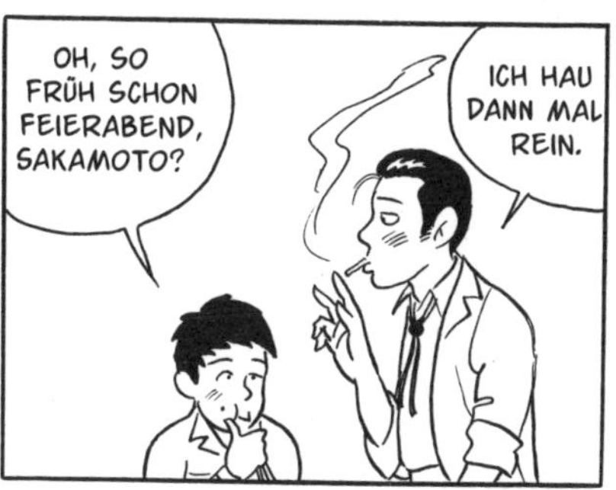

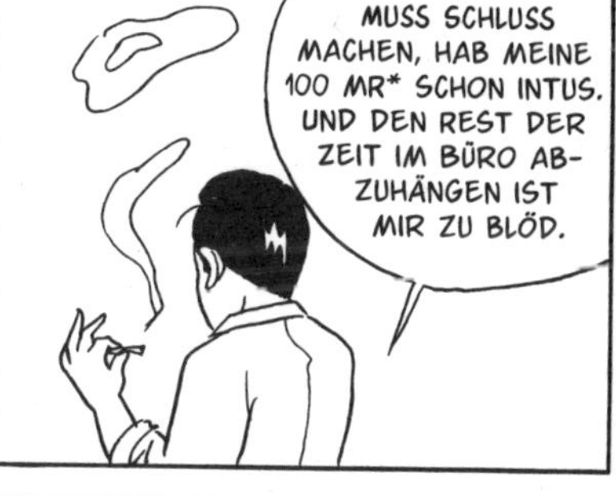

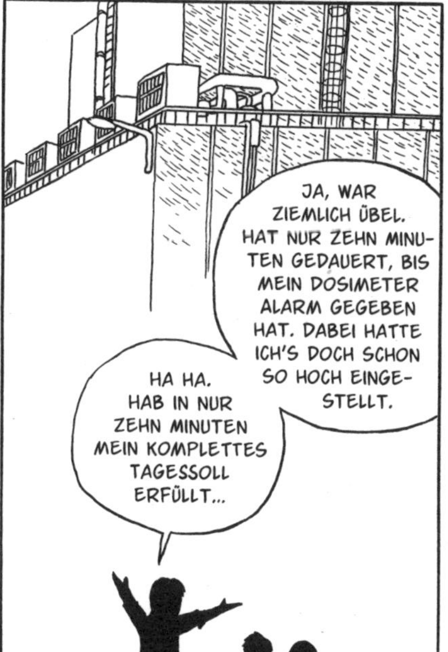

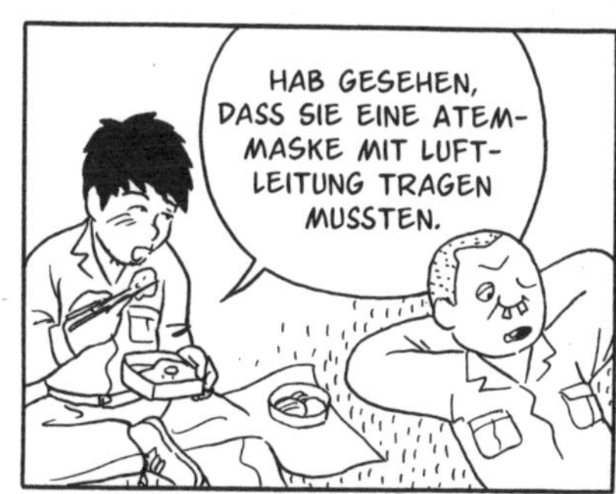

* MILLIRÖNTGEN (VERALTETE MASSEINHEIT FÜR DIE IONENDOSIS)

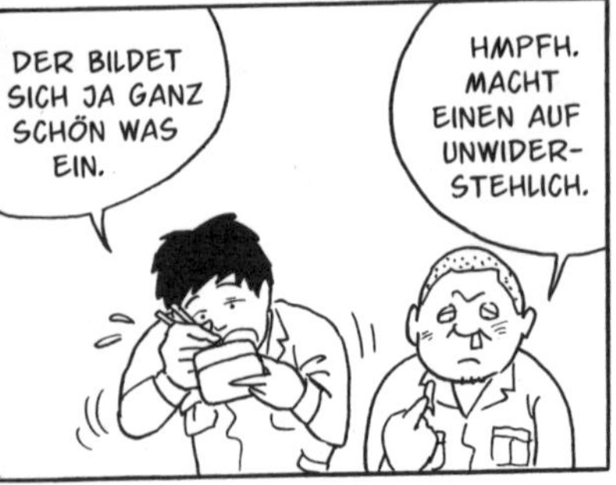
DER BILDET SICH JA GANZ SCHÖN WAS EIN.
HMPFH. MACHT EINEN AUF UNWIDER-STEHLICH.

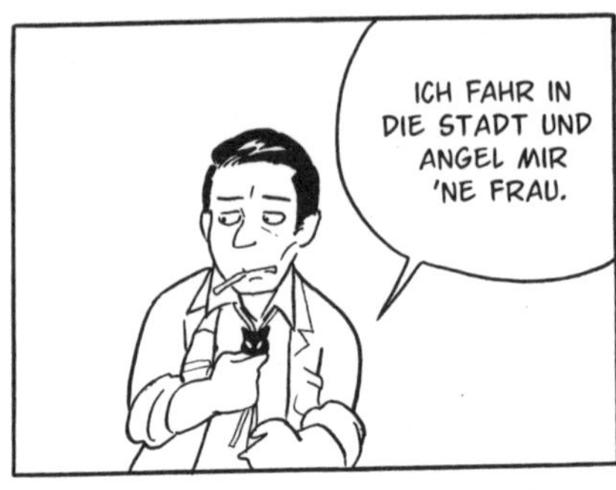
ICH FAHR IN DIE STADT UND ANGEL MIR 'NE FRAU.

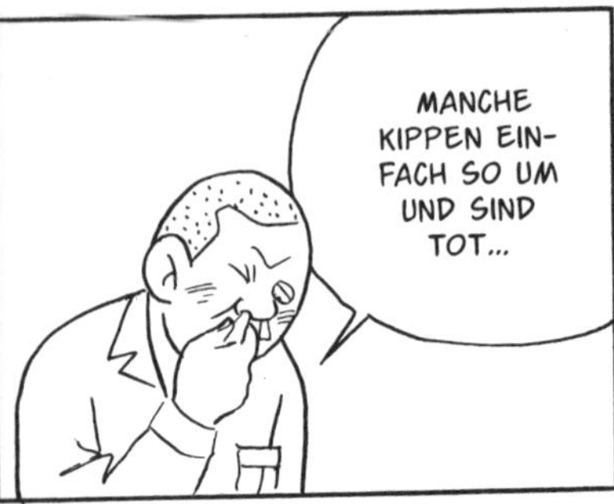
MANCHE KIPPEN EIN-FACH SO UM UND SIND TOT...

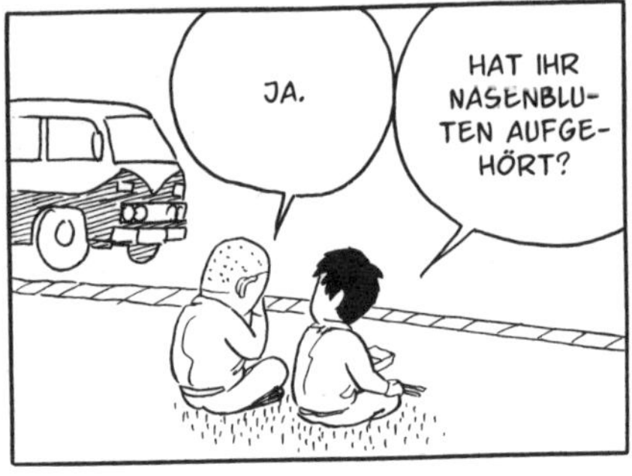
HAT IHR NASENBLU-TEN AUFGE-HÖRT?
JA.

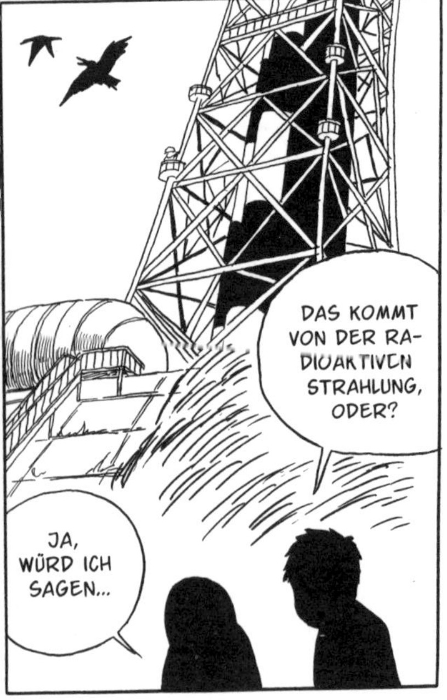
DAS KOMMT VON DER RA-DIOAKTIVEN STRAHLUNG, ODER?
JA, WÜRD ICH SAGEN...

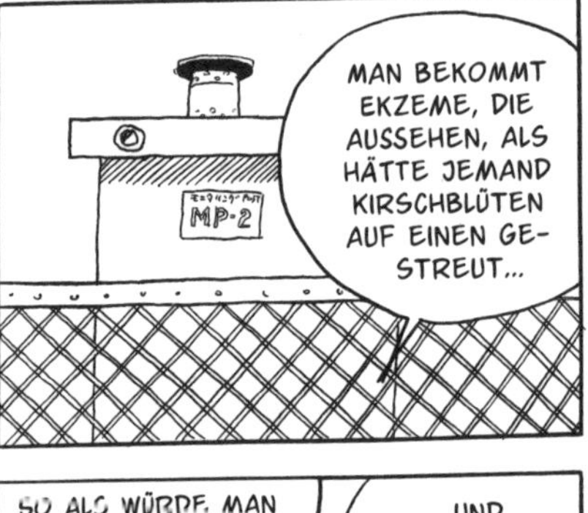
MP-2
MAN BEKOMMT EKZEME, DIE AUSSEHEN, ALS HÄTTE JEMAND KIRSCHBLÜTEN AUF EINEN GE-STREUT...

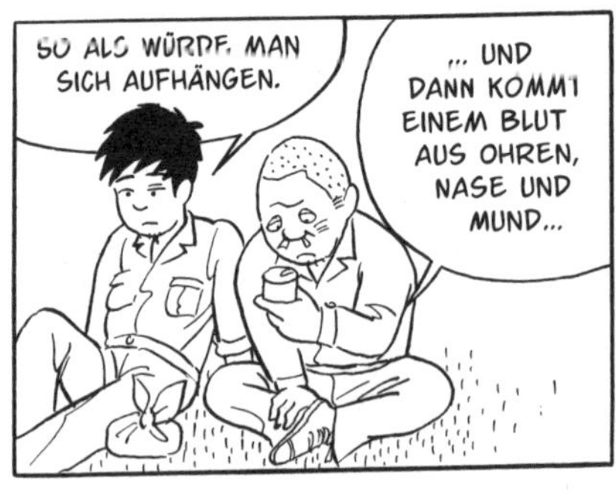
... UND DANN KOMMT EINEM BLUT AUS OHREN, NASE UND MUND...
SO ALS WÜRDE MAN SICH AUFHÄNGEN.

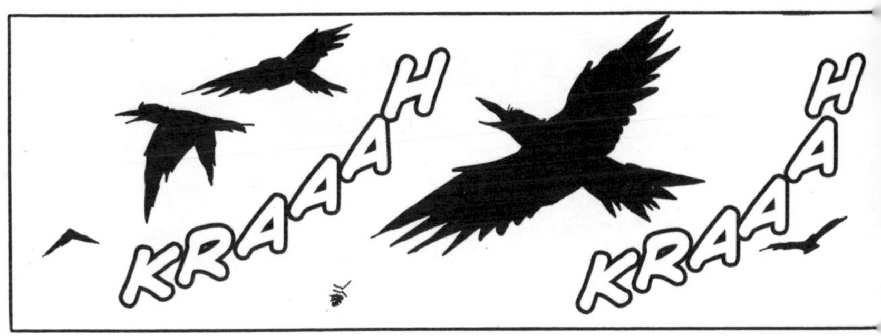
KRAAAH
KRAAAH

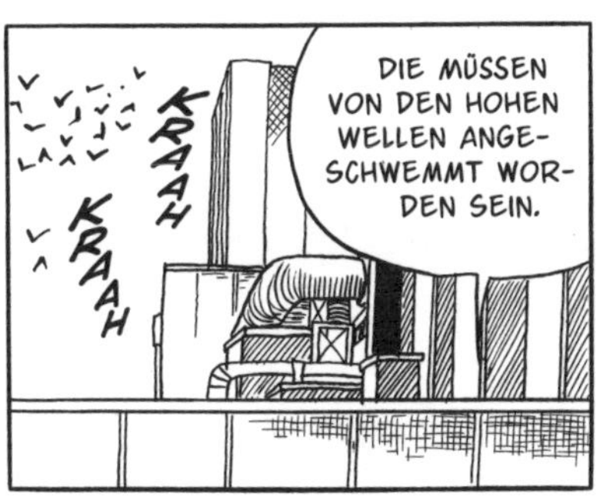
KRAAH
KRAAH
DIE MÜSSEN VON DEN HOHEN WELLEN ANGE-SCHWEMMT WOR-DEN SEIN.

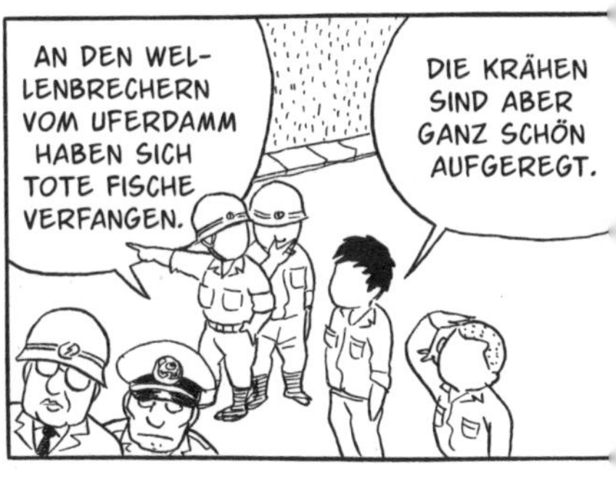
DIE KRÄHEN SIND ABER GANZ SCHÖN AUFGEREGT.
AN DEN WEL-LENBRECHERN VOM UFERDAMM HABEN SICH TOTE FISCHE VERFANGEN.

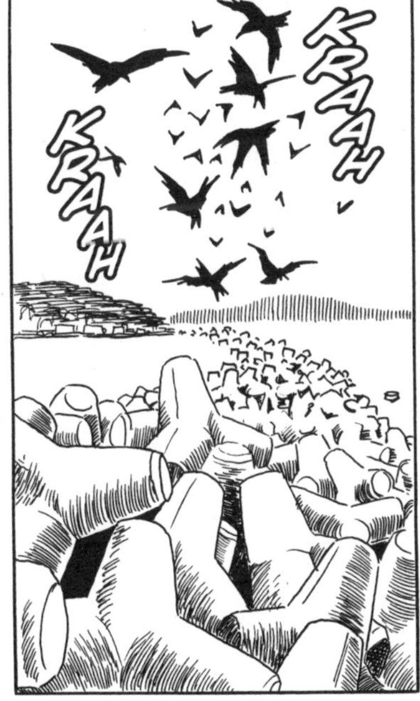
KRAAAH
KRAAAH

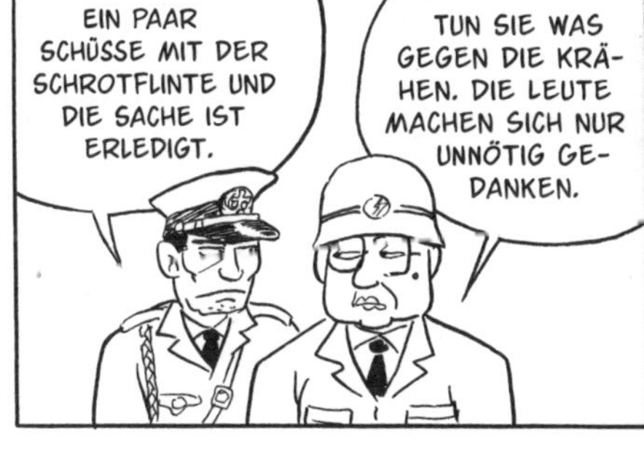
TUN SIE WAS GEGEN DIE KRÄ-HEN. DIE LEUTE MACHEN SICH NUR UNNÖTIG GE-DANKEN.
EIN PAAR SCHÜSSE MIT DER SCHROTFLINTE UND DIE SACHE IST ERLEDIGT.

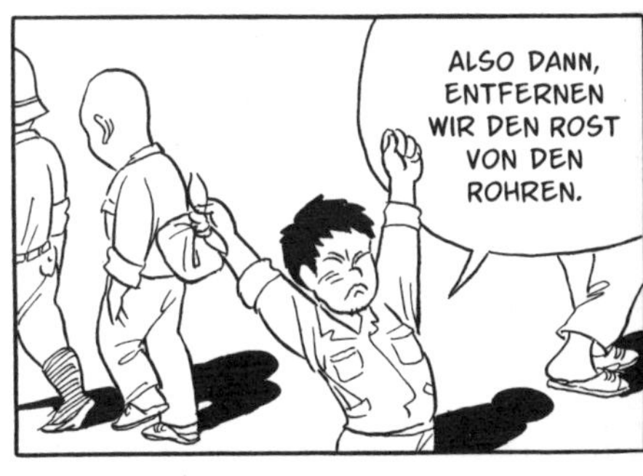
ALSO DANN, ENTFERNEN WIR DEN ROST VON DEN ROHREN.

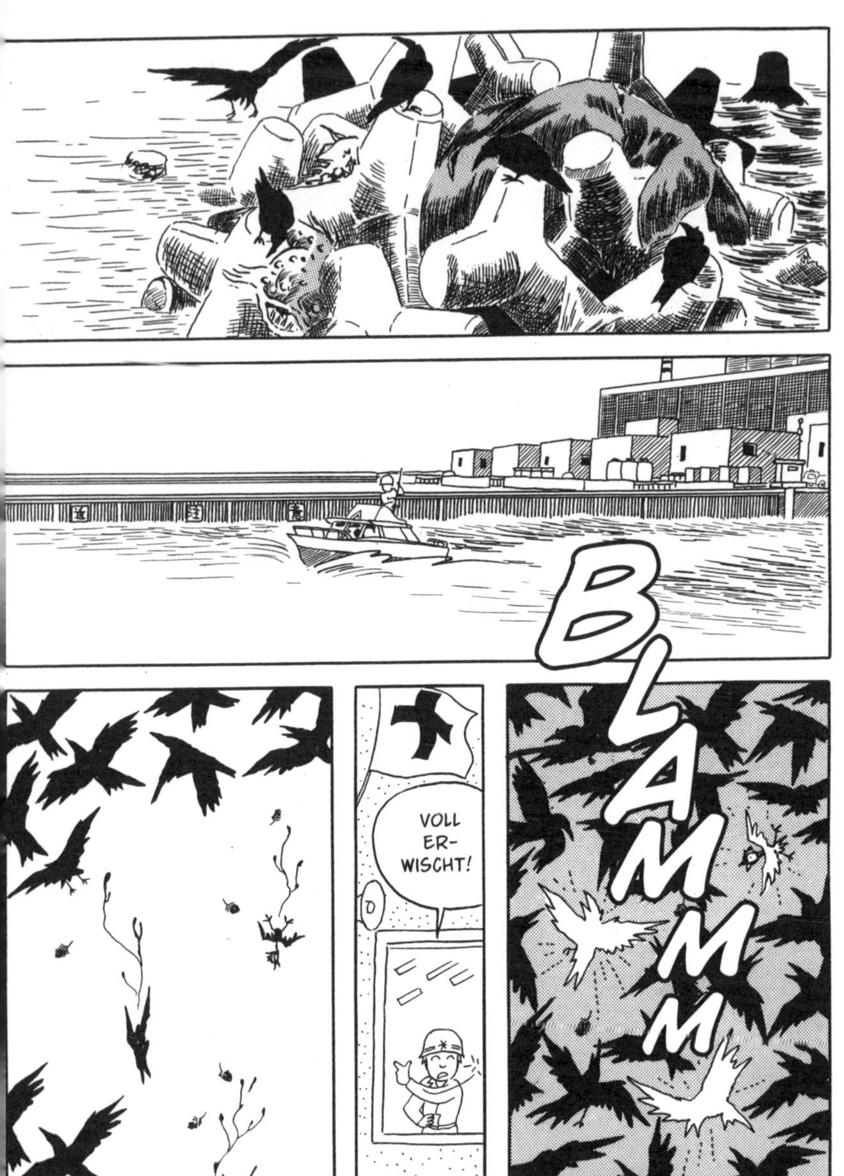
BLAMMM
VOLL ER-WISCHT!

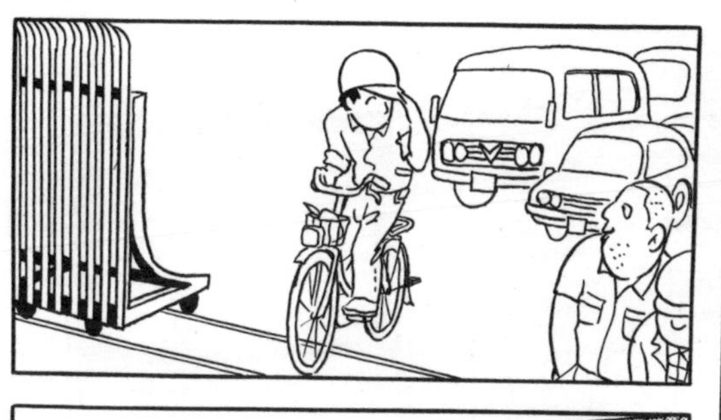

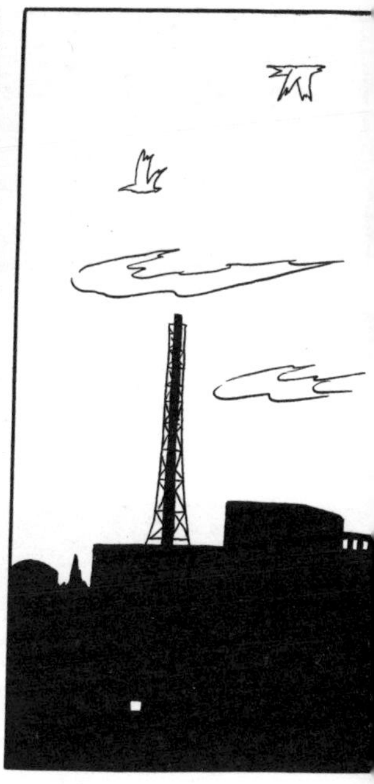

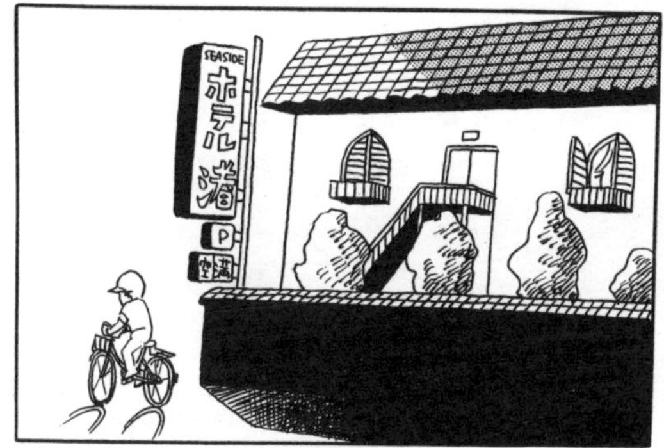
SEASIDE
ホテル渚
P
空満

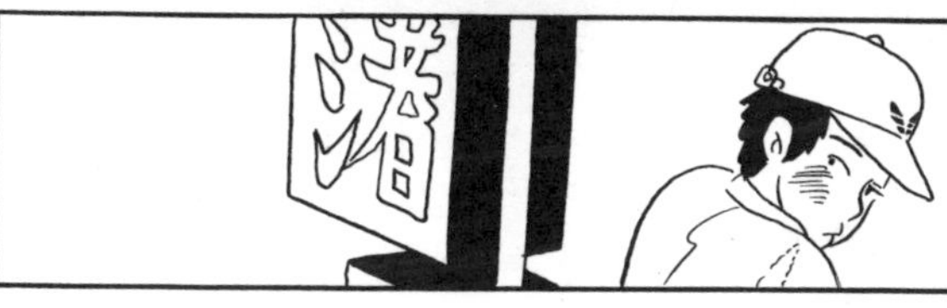
渚

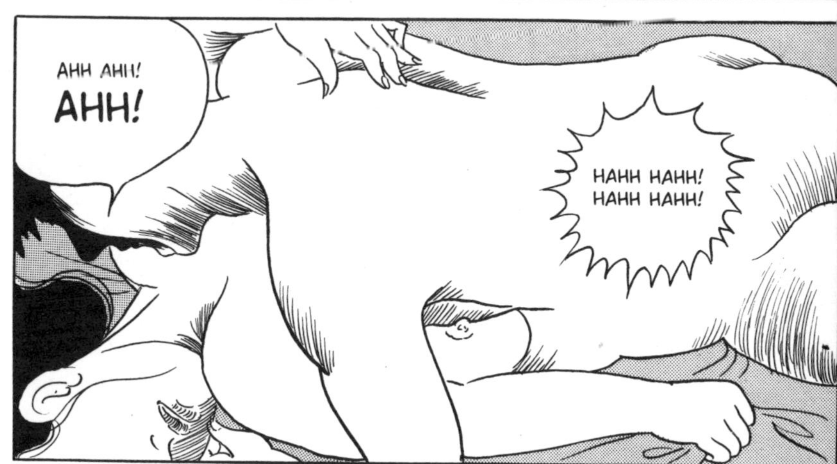
AHH AHH!
AHH!
HAHH HAHH!
HAHH HAHH!

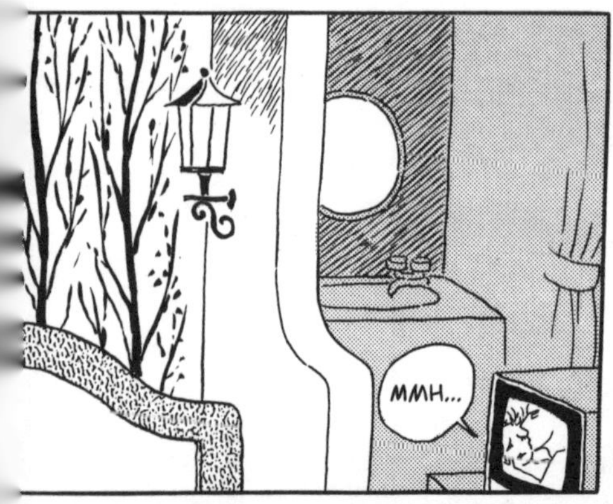

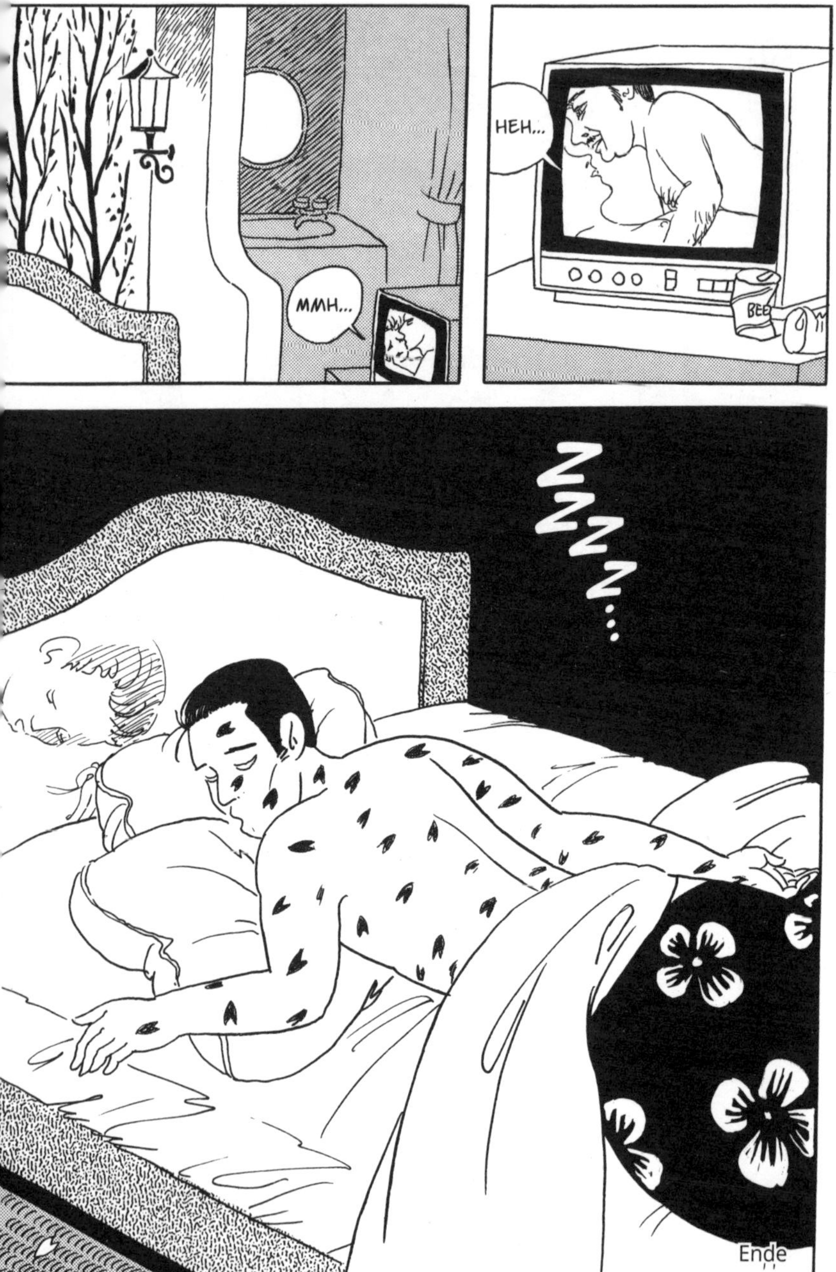

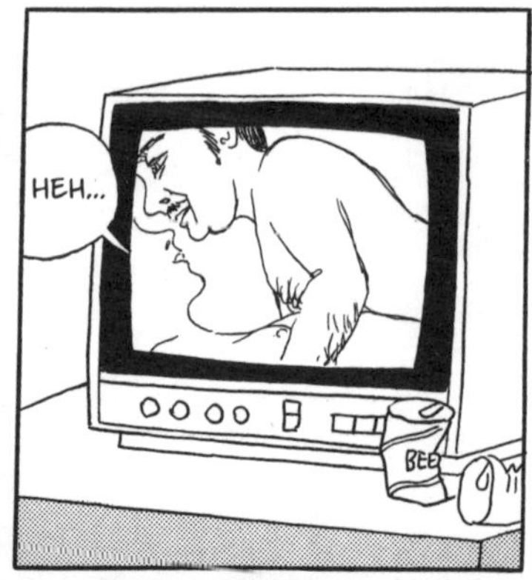

ZZZZ...

Ende

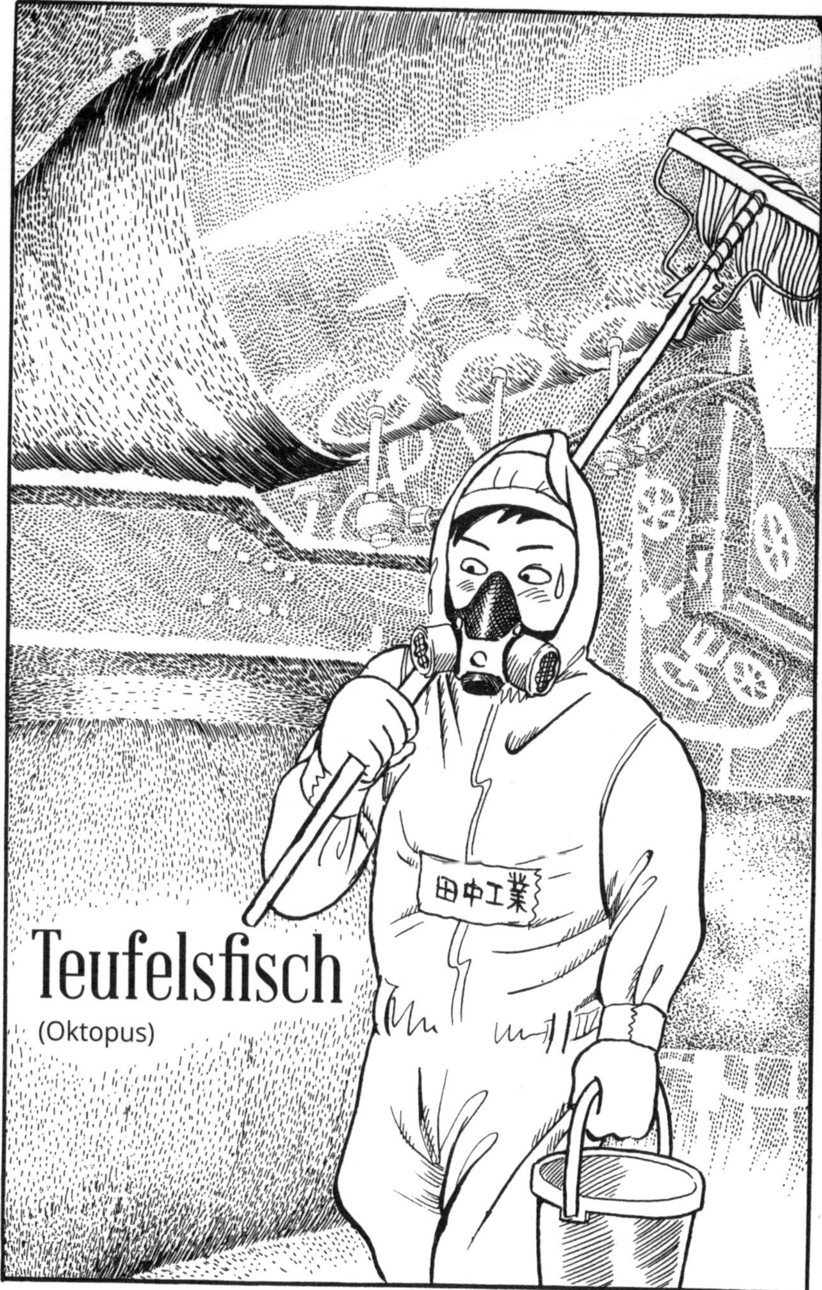

Teufelsfisch

(Oktopus)

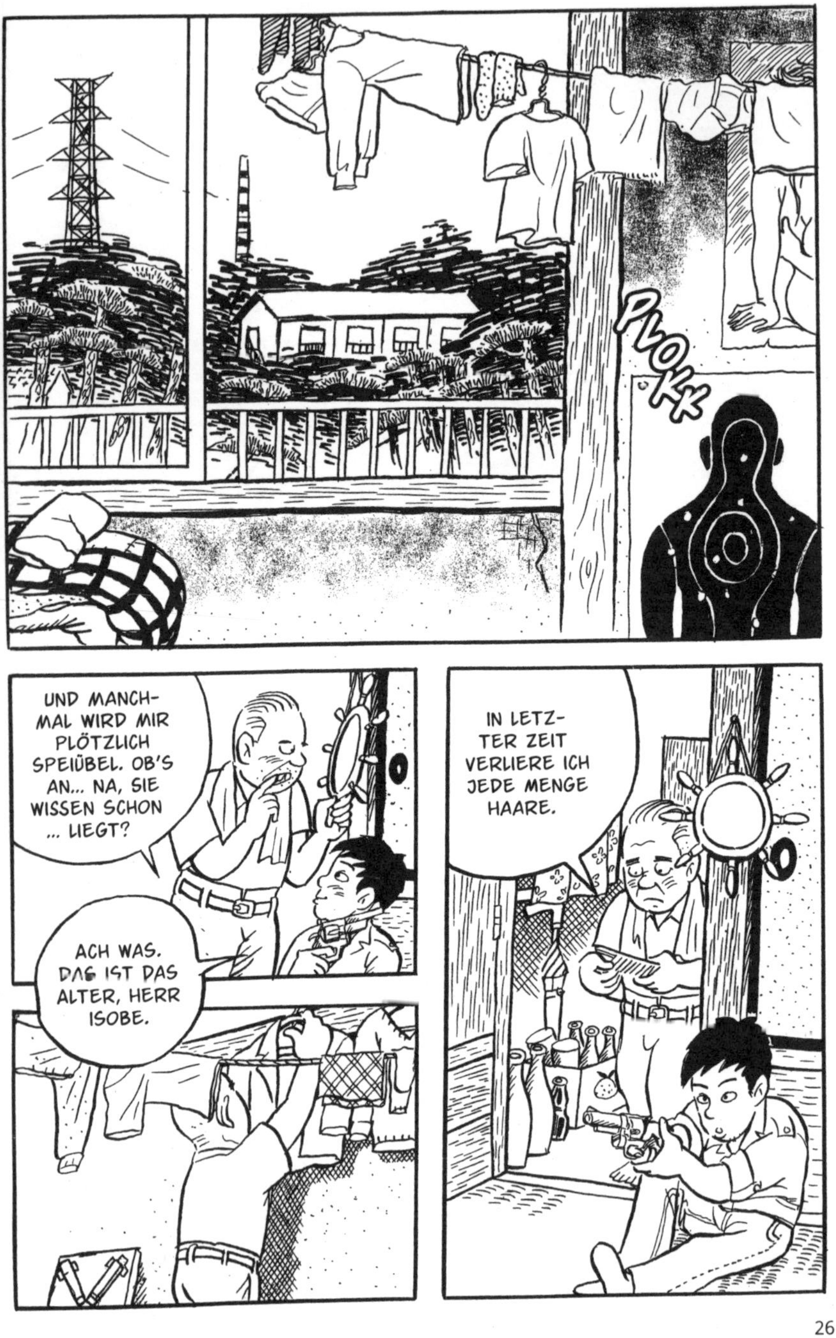

PVOKK

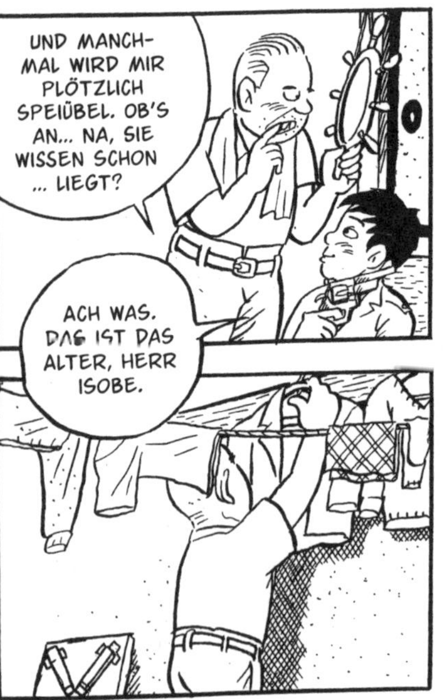
UND MANCH-MAL WIRD MIR PLÖTZLICH SPEIÜBEL. OB'S AN... NA, SIE WISSEN SCHON ... LIEGT?
ACH WAS. DAS IST DAS ALTER, HERR ISOBE.

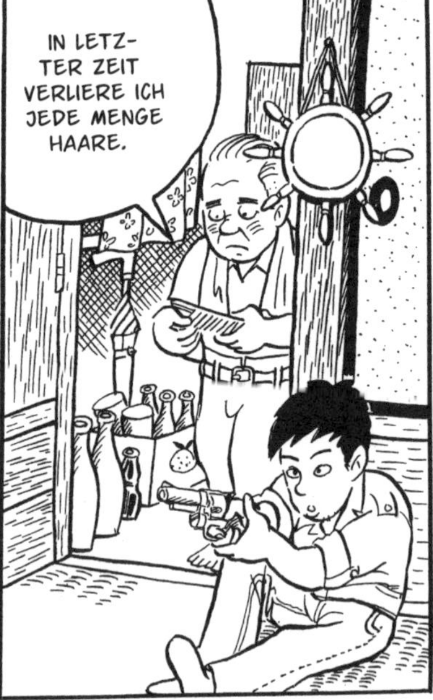
IN LETZ-TER ZEIT VERLIERE ICH JEDE MENGE HAARE.

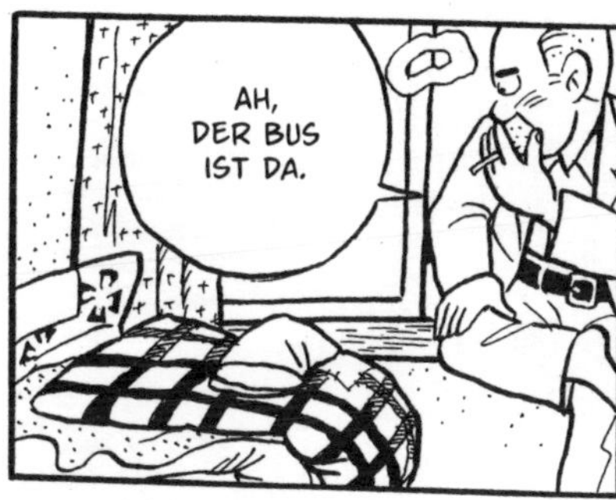
AH, DER BUS IST DA.

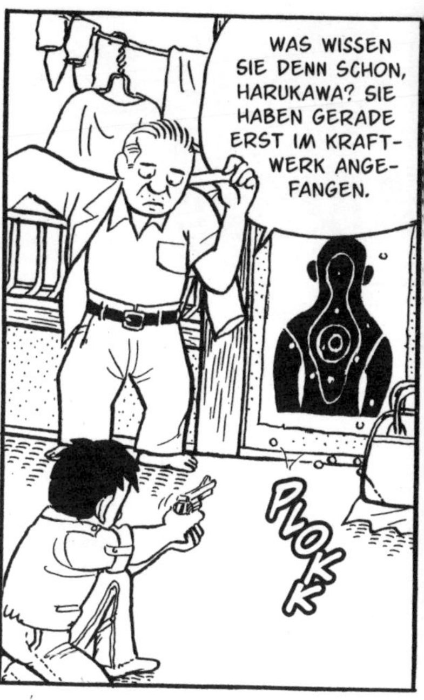
WAS WISSEN SIE DENN SCHON, HARUKAWA? SIE HABEN GERADE ERST IM KRAFT-WERK ANGE-FANGEN.
PVOKK

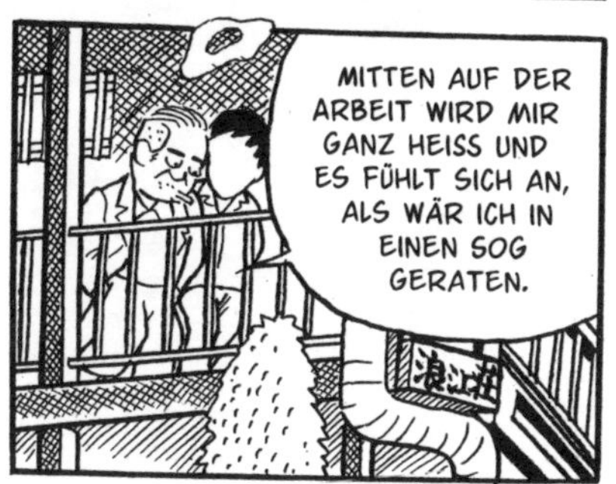
MITTEN AUF DER ARBEIT WIRD MIR GANZ HEISS UND ES FÜHLT SICH AN, ALS WÄR ICH IN EINEN SOG GERATEN.

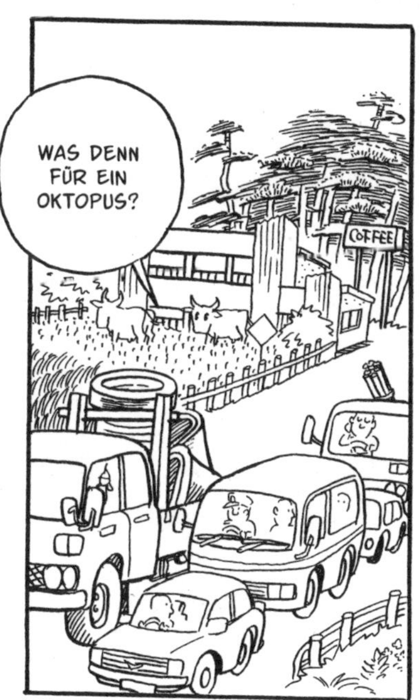
WAS DENN FÜR EIN OKTOPUS?
COFFEE

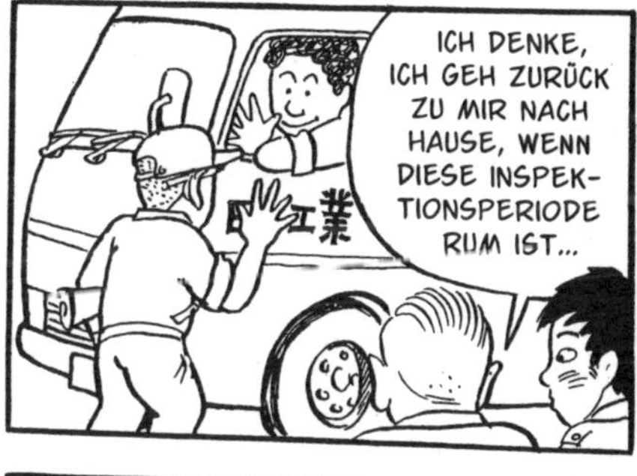
ICH DENKE, ICH GEH ZURÜCK ZU MIR NACH HAUSE, WENN DIESE INSPEK-TIONSPERIODE RUM IST...

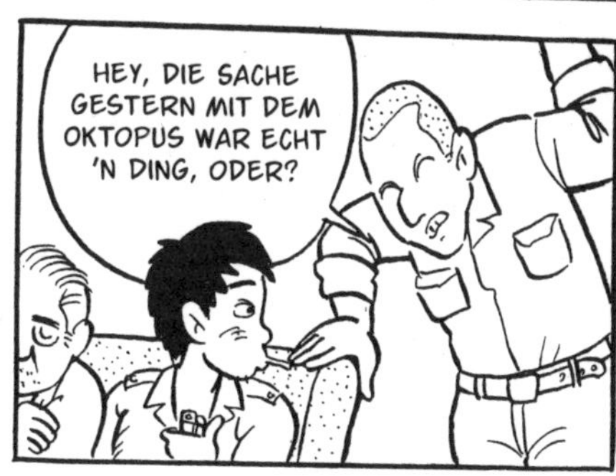
HEY, DIE SACHE GESTERN MIT DEM OKTOPUS WAR ECHT 'N DING, ODER?

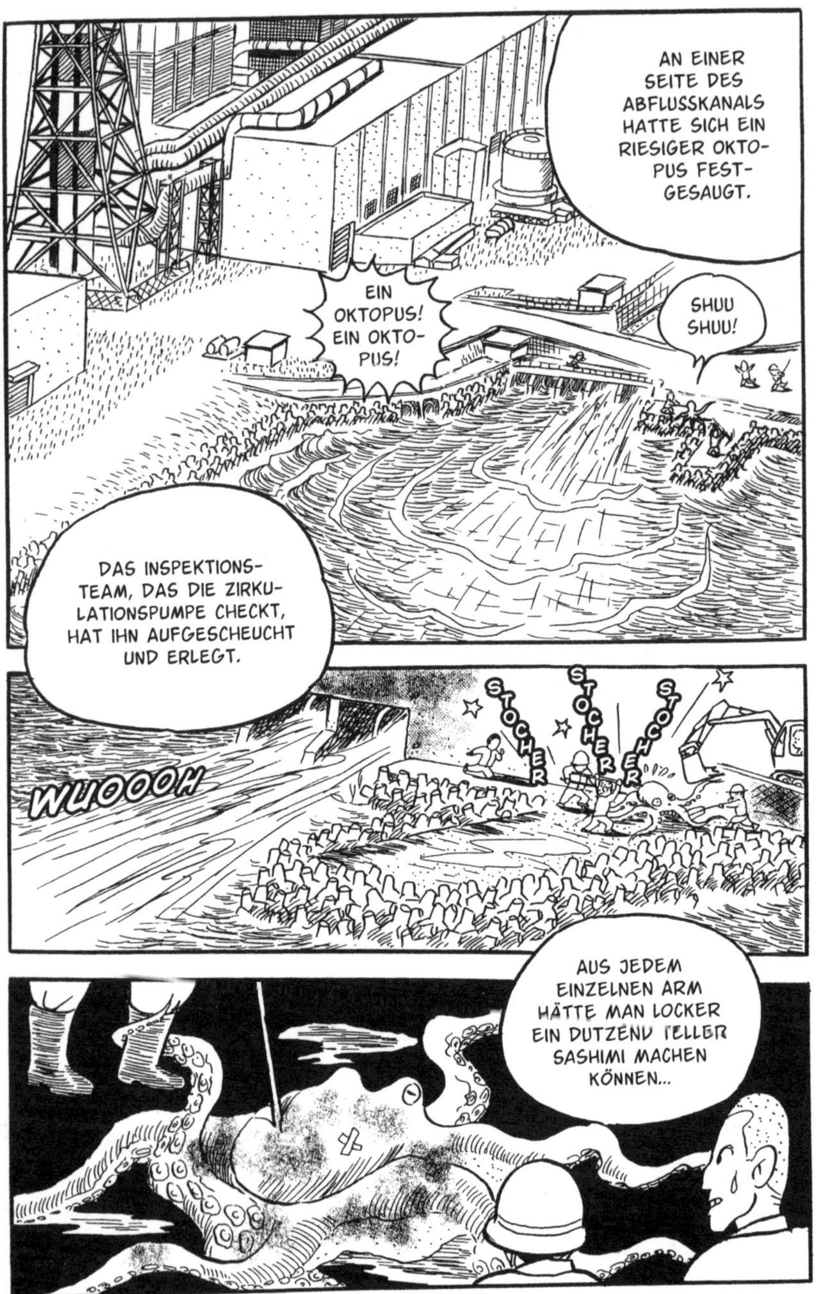
AN EINER SEITE DES ABFLUSSKANALS HATTE SICH EIN RIESIGER OKTOPUS FESTGESAUGT.
EIN OKTOPUS! EIN OKTOPUS!
SHUU SHUU!
DAS INSPEKTIONSTEAM, DAS DIE ZIRKULATIONSPUMPE CHECKT, HAT IHN AUFGESCHEUCHT UND ERLEGT.
WUOOOH
STOCHER
STOCHER
STOCHER
AUS JEDEM EINZELNEN ARM HÄTTE MAN LOCKER EIN DUTZEND TELLER SASHIMI MACHEN KÖNNEN...

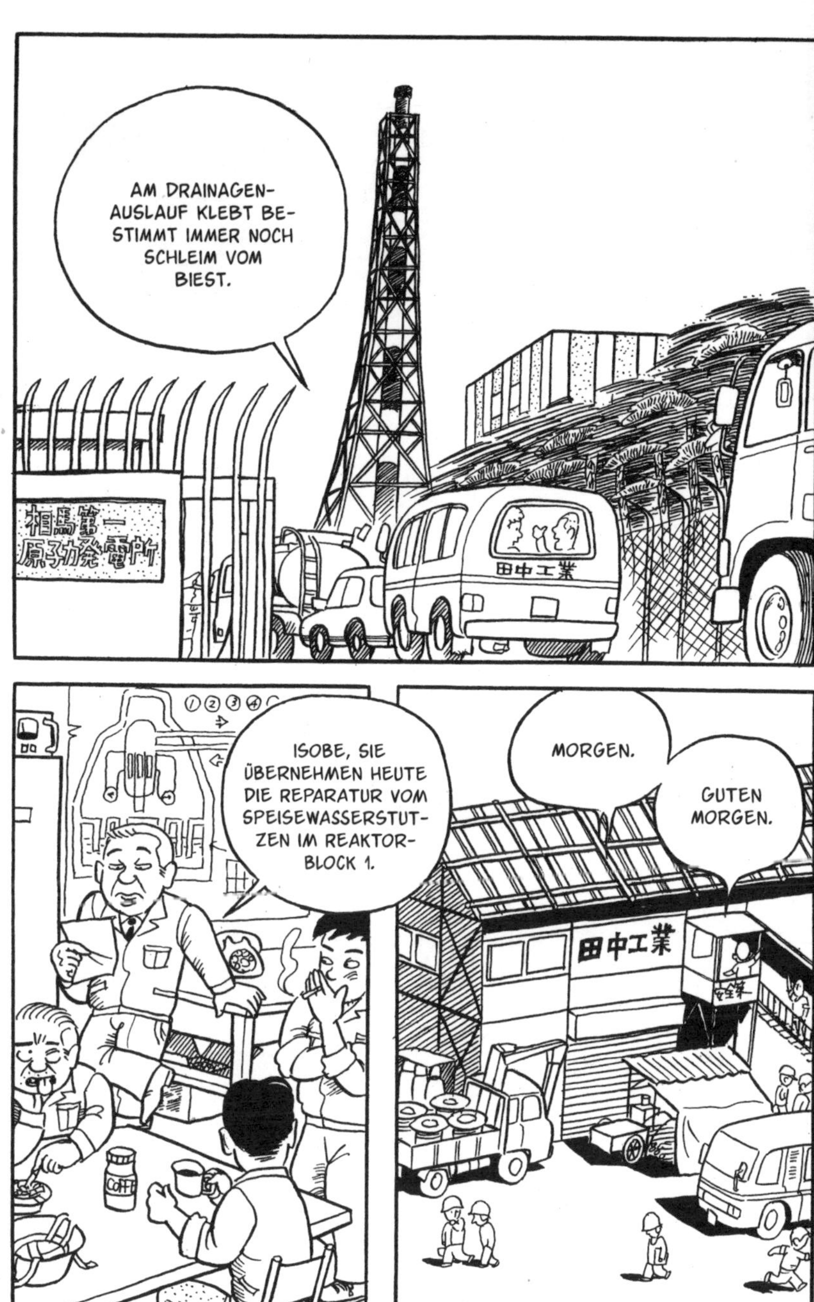
AM DRAINAGEN-
AUSLAUF KLEBT BE-
STIMMT IMMER NOCH
SCHLEIM VOM
BIEST.
相馬第一
原子力発電所
田中工業
ISOBE, SIE
ÜBERNEHMEN HEUTE
DIE REPARATUR VOM
SPEISEWASSERSTUT-
ZEN IM REAKTOR-
BLOCK 1.
MORGEN.
GUTEN
MORGEN.
田中工業

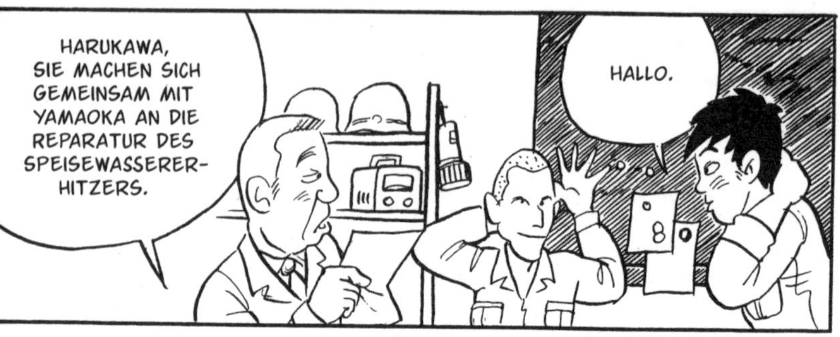
HARUKAWA, SIE MACHEN SICH GEMEINSAM MIT YAMAOKA AN DIE REPARATUR DES SPEISEWASSERERHITZERS.
HALLO.

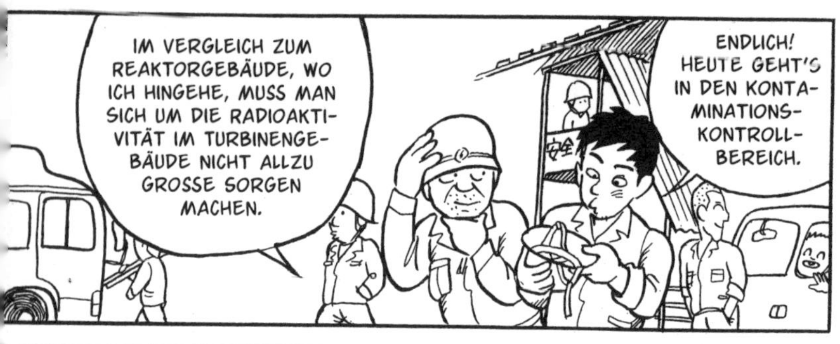
IM VERGLEICH ZUM REAKTORGEBÄUDE, WO ICH HINGEHE, MUSS MAN SICH UM DIE RADIOAKTIVITÄT IM TURBINENGEBÄUDE NICHT ALLZU GROSSE SORGEN MACHEN.
ENDLICH! HEUTE GEHT'S IN DEN KONTAMINATIONSKONTROLLBEREICH.

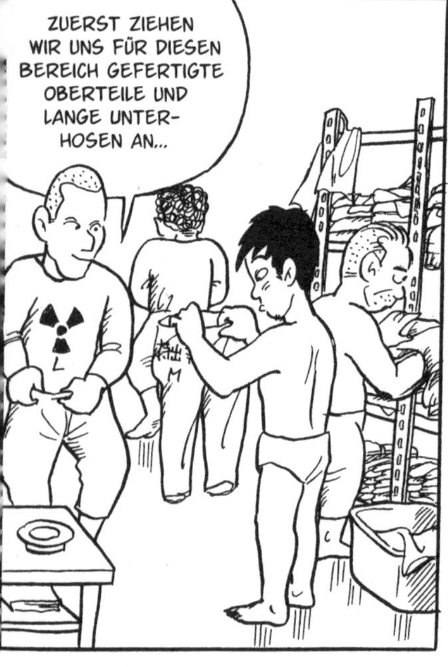
ZUERST ZIEHEN WIR UNS FÜR DIESEN BEREICH GEFERTIGTE OBERTEILE UND LANGE UNTERHOSEN AN...

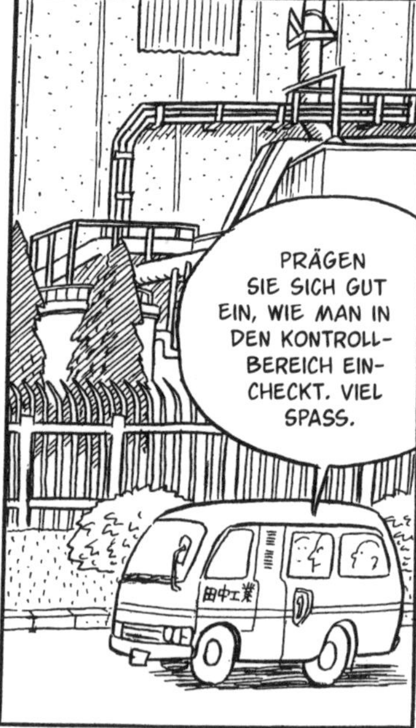
PRÄGEN SIE SICH GUT EIN, WIE MAN IN DEN KONTROLLBEREICH EINCHECKT. VIEL SPASS.
田中工業

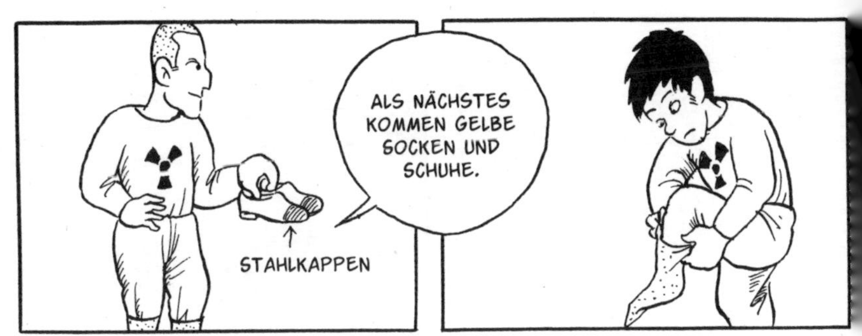
ALS NÄCHSTES KOMMEN GELBE SOCKEN UND SCHUHE.
STAHLKAPPEN

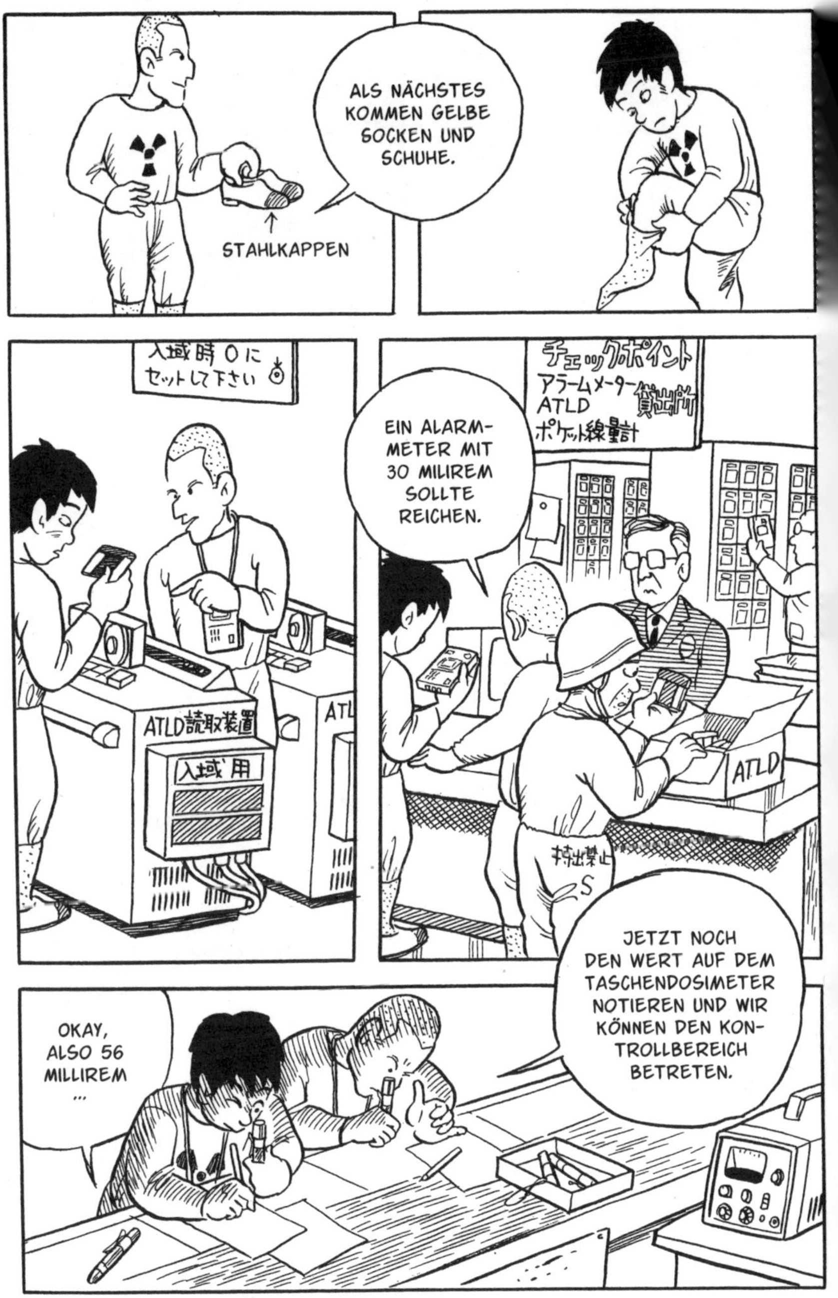

入域時 0に
セットして下さい
ATLD読取装置
入域用
チェックポイント
アラームメーター
ATLD
ポケット線量計
貸出所
EIN ALARM-METER MIT 30 MILIREM SOLLTE REICHEN.
ATLD
持出禁止
JETZT NOCH DEN WERT AUF DEM TASCHENDOSIMETER NOTIEREN UND WIR KÖNNEN DEN KONTROLLBEREICH BETRETEN.
OKAY, ALSO 56 MILLIREM ...

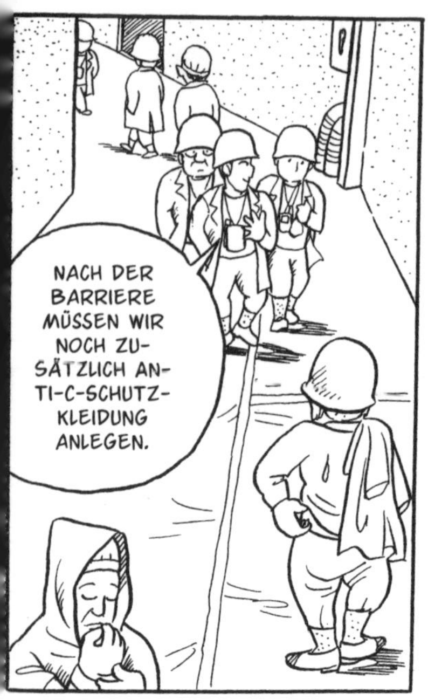
NACH DER BARRIERE MÜSSEN WIR NOCH ZUSÄTZLICH ANTI-C-SCHUTZKLEIDUNG ANLEGEN.

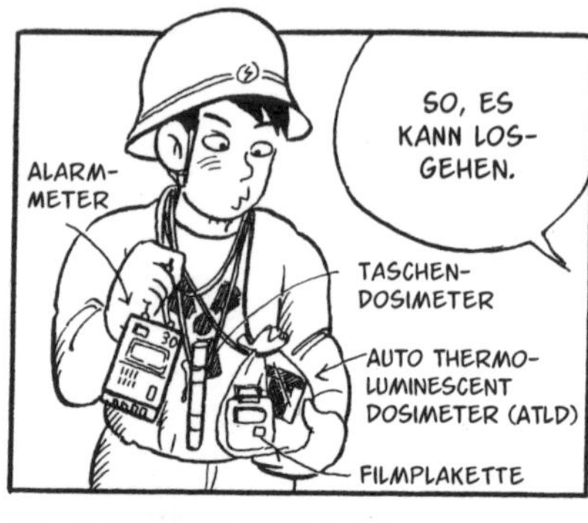
SO, ES KANN LOSGEHEN.
ALARMMETER
TASCHENDOSIMETER
AUTO THERMOLUMINESCENT DOSIMETER (ATLD)
FILMPLAKETTE

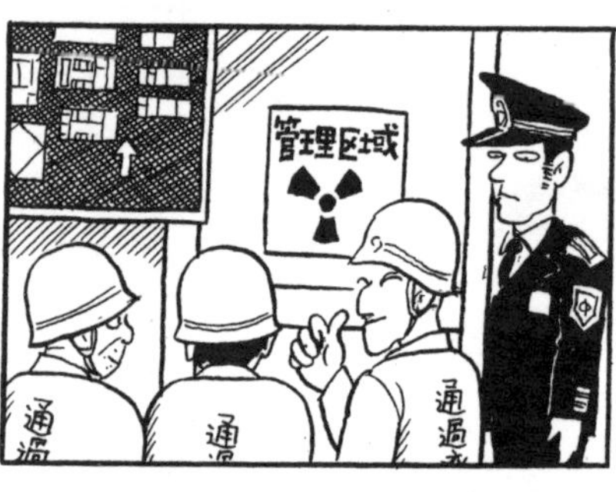
管理区域

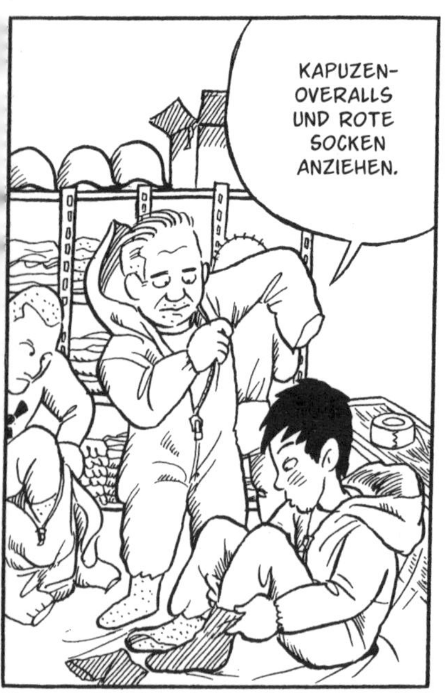
KAPUZENOVERALLS UND ROTE SOCKEN ANZIEHEN.

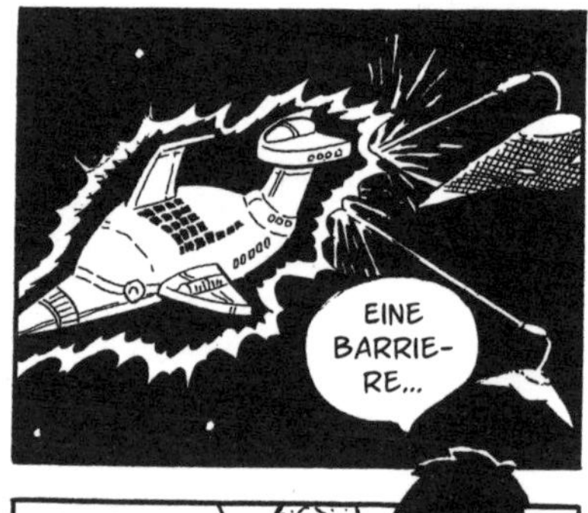
EINE BARRIERE...

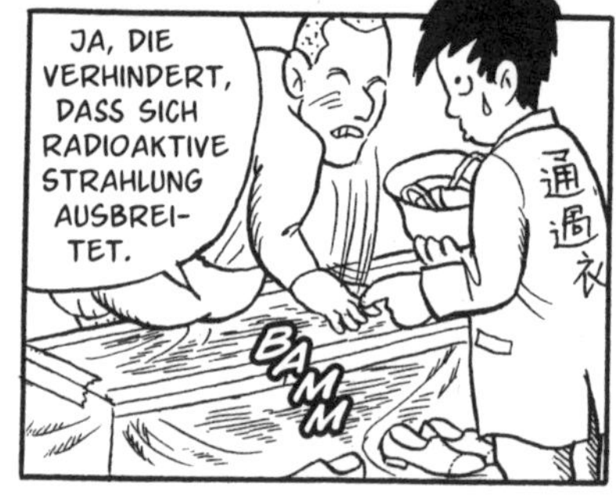
JA, DIE VERHINDERT, DASS SICH RADIOAKTIVE STRAHLUNG AUSBREITET.
通過衣
BAMM

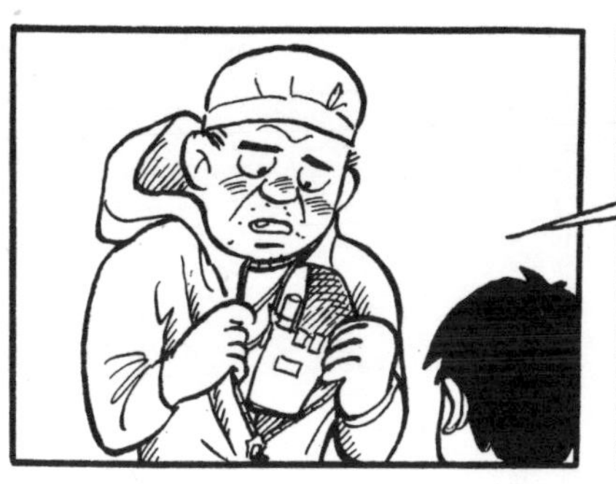

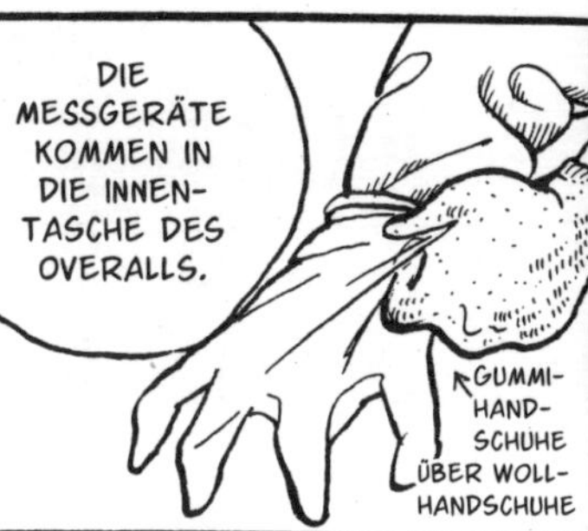
DIE MESSGERÄTE KOMMEN IN DIE INNENTASCHE DES OVERALLS.
GUMMIHANDSCHUHE ÜBER WOLLHANDSCHUHE

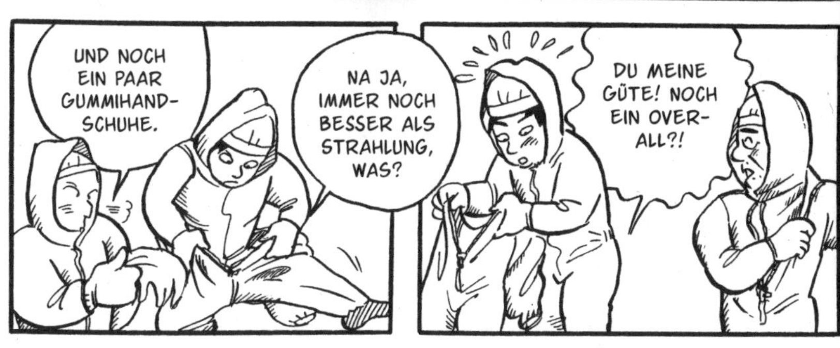
UND NOCH EIN PAAR GUMMIHANDSCHUHE.
NA JA, IMMER NOCH BESSER ALS STRAHLUNG, WAS?
DU MEINE GÜTE! NOCH EIN OVERALL?!

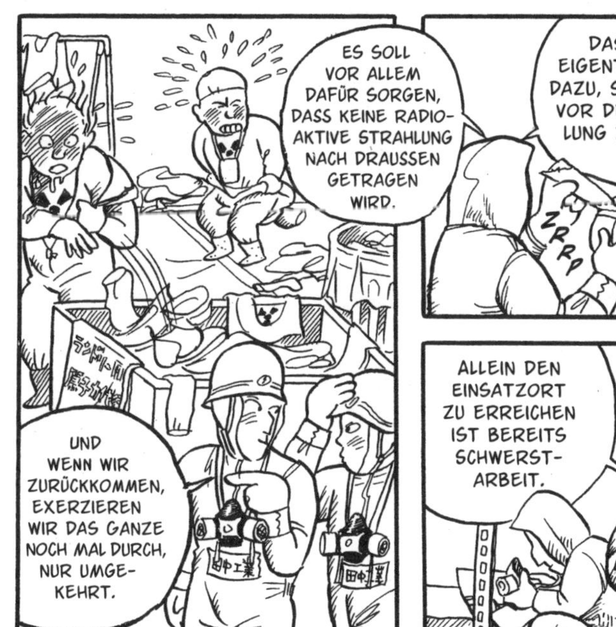
ES SOLL VOR ALLEM DAFÜR SORGEN, DASS KEINE RADIOAKTIVE STRAHLUNG NACH DRAUSSEN GETRAGEN WIRD.
UND WENN WIR ZURÜCKKOMMEN, EXERZIEREN WIR DAS GANZE NOCH MAL DURCH, NUR UMGEKEHRT.

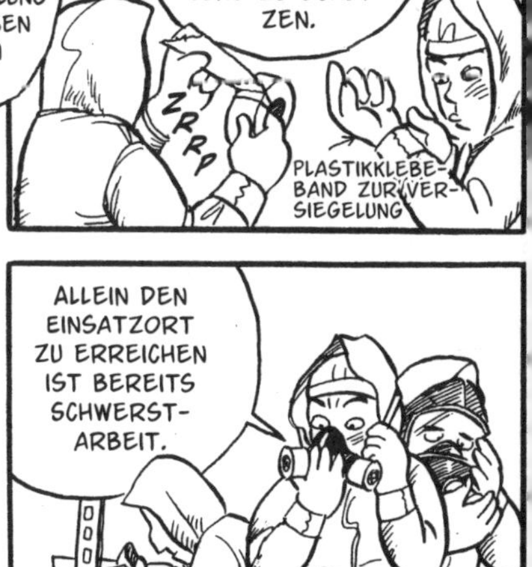
DAS DIENT EIGENTLICH NICHT DAZU, SICH SELBST VOR DER STRAHLUNG ZU SCHÜTZEN.
ZRRR
PLASTIKKLEBEBAND ZUR VERSIEGELUNG
ALLEIN DEN EINSATZORT ZU ERREICHEN IST BEREITS SCHWERSTARBEIT.

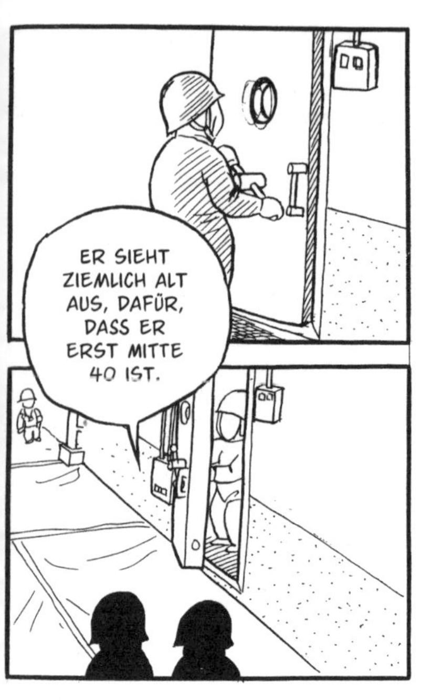

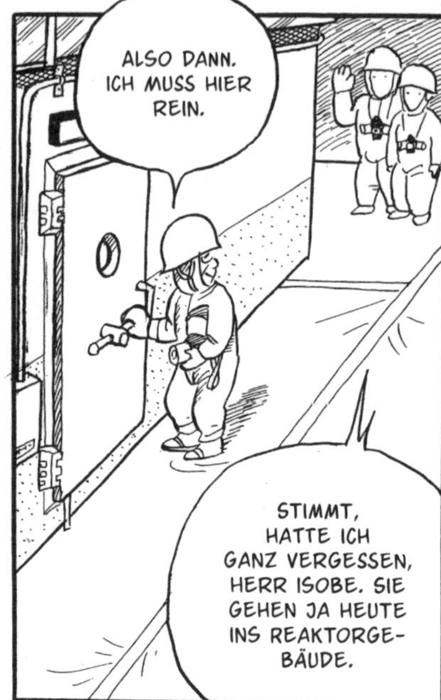

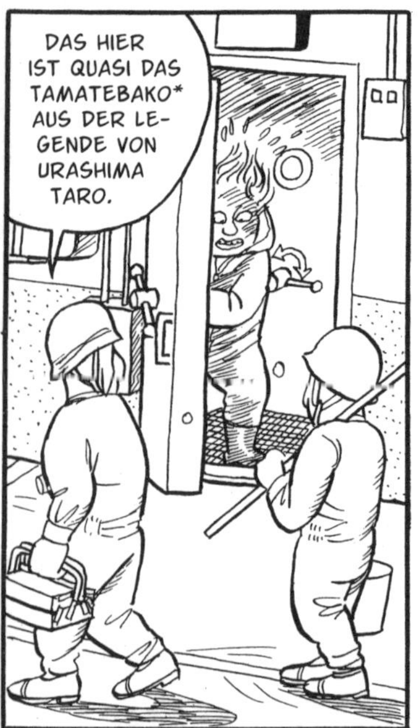

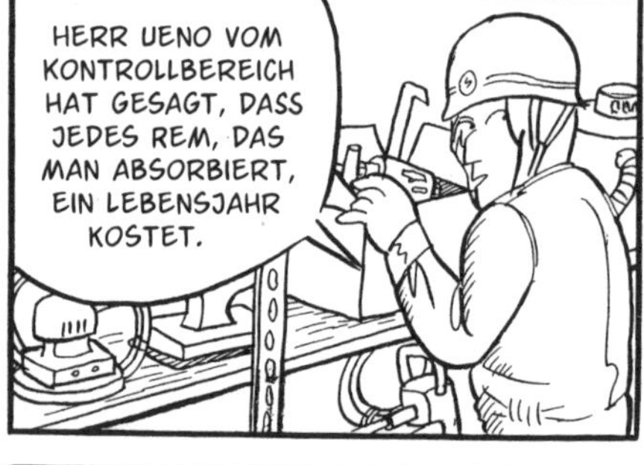

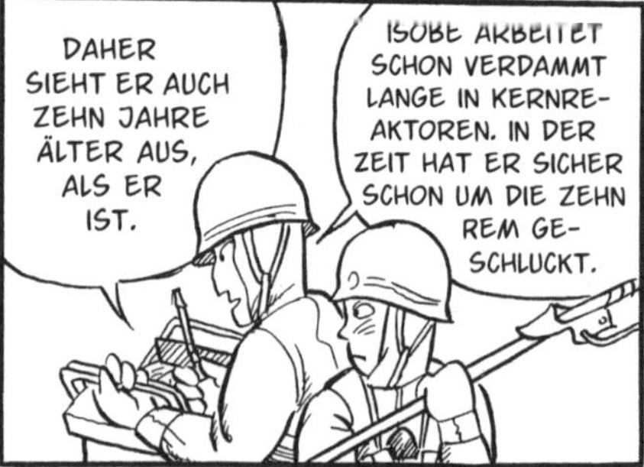

* MÄRCHEN ÜBER EINE VERWUNSCHENE SCHACHTEL, DIE DEN PROTAGONISTEN NACH DEREN ÖFFNUNG ZUM GREIS ALTERN LÄSST

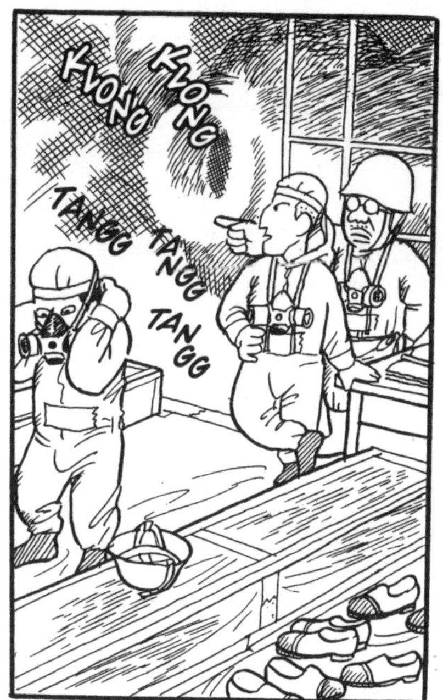
KLONG
KLONG
TANGG
TANGG
TANGG

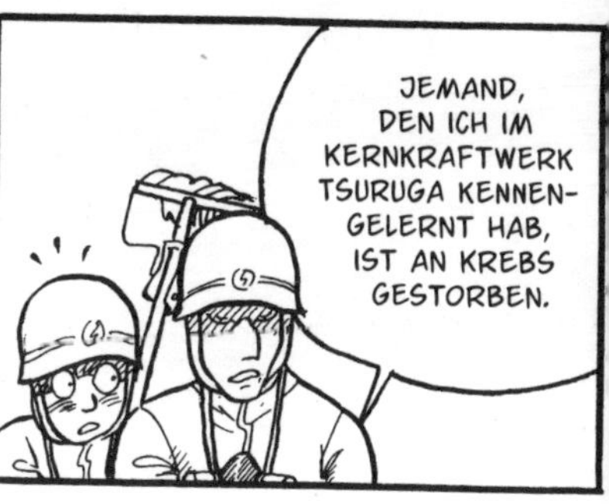
JEMAND, DEN ICH IM KERNKRAFTWERK TSURUGA KENNENGELERNT HAB, IST AN KREBS GESTORBEN.

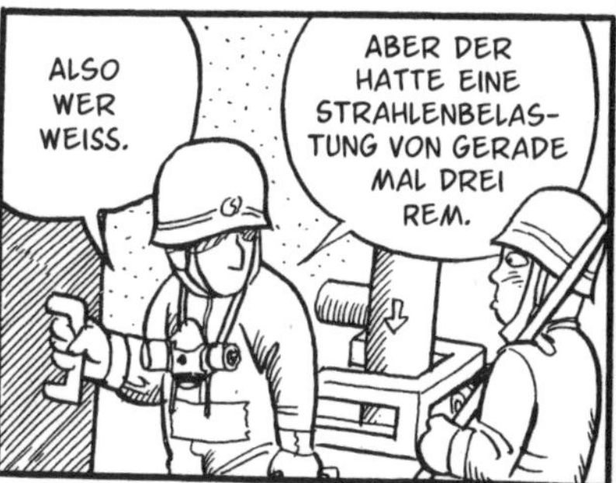
ABER DER HATTE EINE STRAHLENBELASTUNG VON GERADE MAL DREI REM.
ALSO WER WEISS.

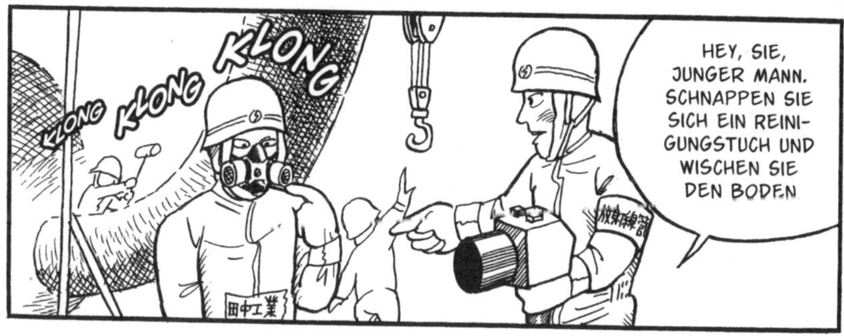
KLONG
KLONG
KLONG
HEY, SIE, JUNGER MANN. SCHNAPPEN SIE SICH EIN REINIGUNGSTUCH UND WISCHEN SIE DEN BODEN

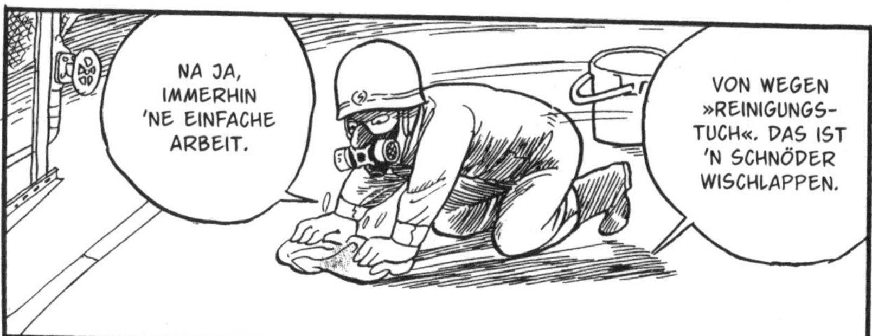
VON WEGEN »REINIGUNGSTUCH«. DAS IST 'N SCHNÖDER WISCHLAPPEN.
NA JA, IMMERHIN 'NE EINFACHE ARBEIT.

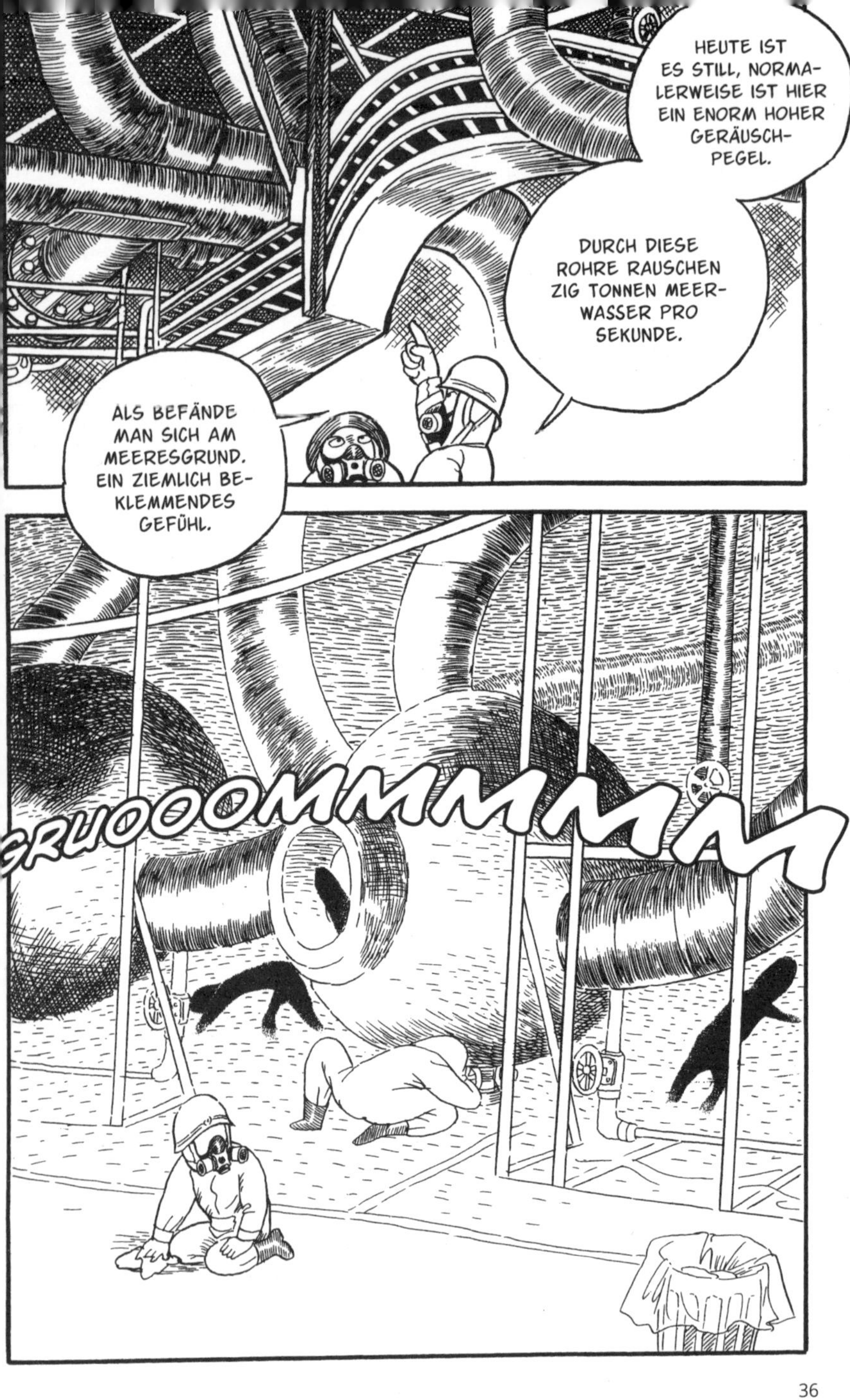
HEUTE IST ES STILL, NORMALERWEISE IST HIER EIN ENORM HOHER GERÄUSCHPEGEL.
DURCH DIESE ROHRE RAUSCHEN ZIG TONNEN MEERWASSER PRO SEKUNDE.
ALS BEFÄNDE MAN SICH AM MEERESGRUND. EIN ZIEMLICH BEKLEMMENDES GEFÜHL.
GRUOOOMMMMMM

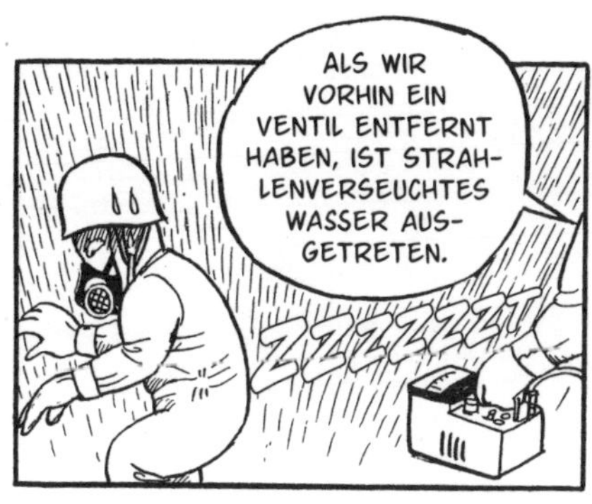
ALS WIR VORHIN EIN VENTIL ENTFERNT HABEN, IST STRAHLENVERSEUCHTES WASSER AUSGETRETEN.
ZZZZZZZT

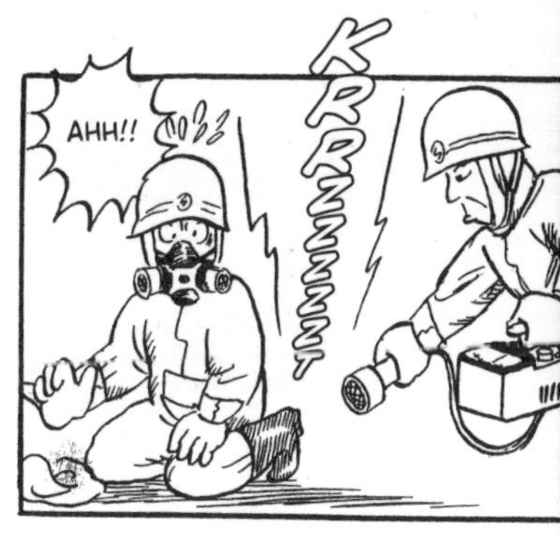
AHH!!
KRRZZZZZZZT

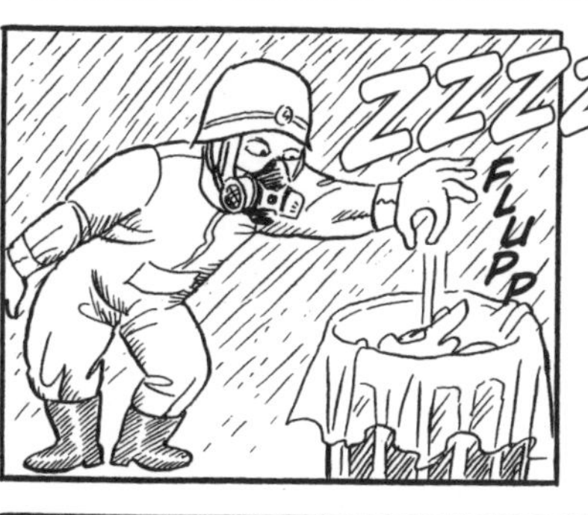
ZZZZZZZZZZZT
FLUPP

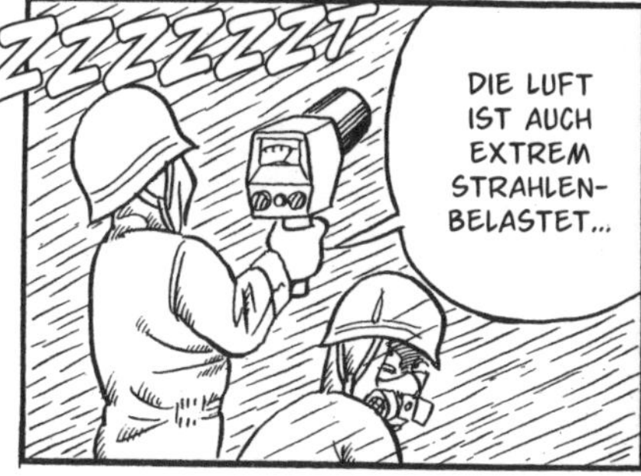
DIE LUFT IST AUCH EXTREM STRAHLENBELASTET...

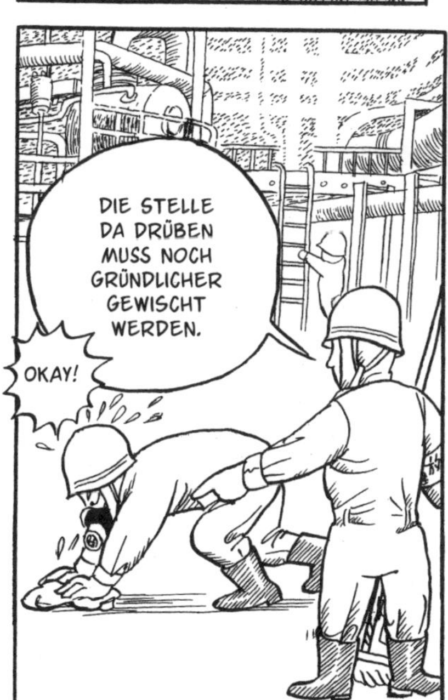
DIE STELLE DA DRÜBEN MUSS NOCH GRÜNDLICHER GEWISCHT WERDEN.
OKAY!

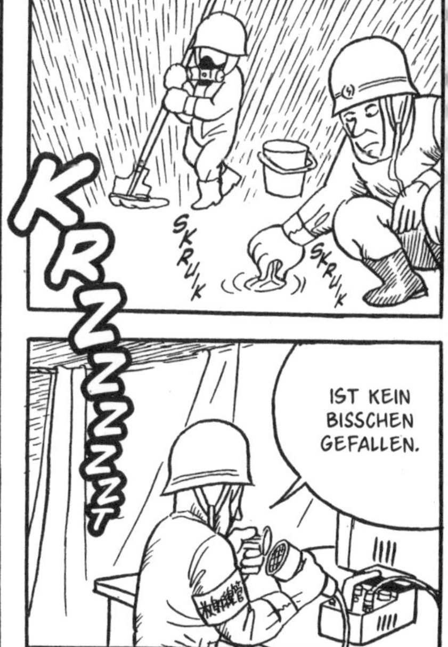
SKRUIK
SKRUIK
KRZZZZZT
IST KEIN BISSCHEN GEFALLEN.

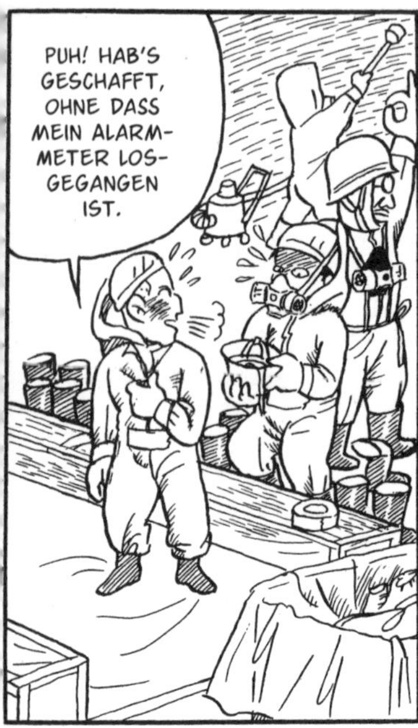
PUH! HAB'S GESCHAFFT, OHNE DASS MEIN ALARM-METER LOS-GEGANGEN IST.

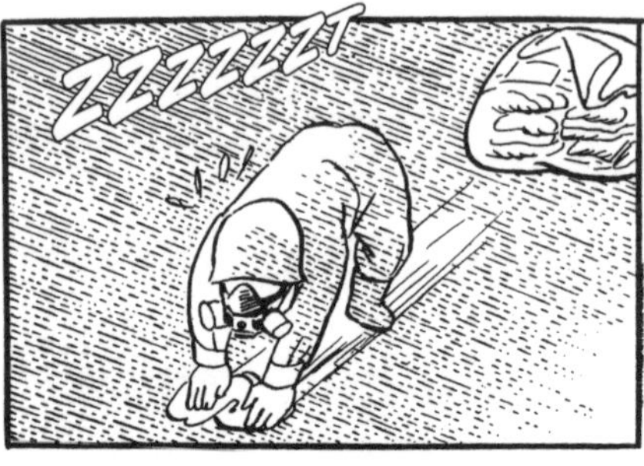
ZZZZZZZT

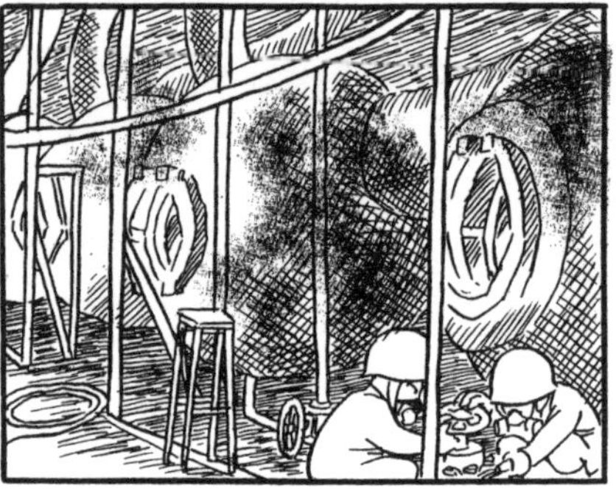

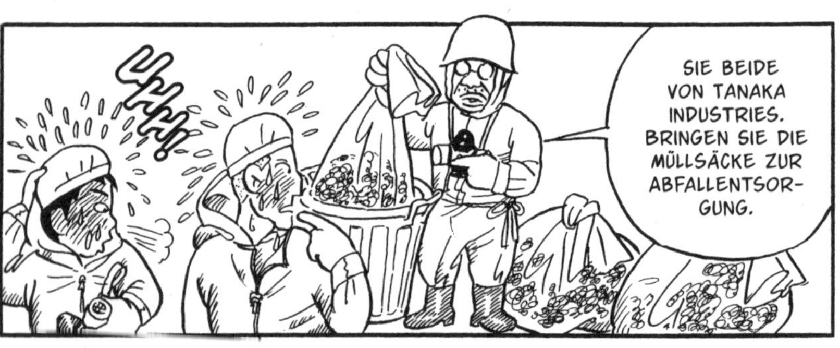
UHHH!
SIE BEIDE VON TANAKA INDUSTRIES. BRINGEN SIE DIE MÜLLSÄCKE ZUR ABFALLENTSOR-GUNG.

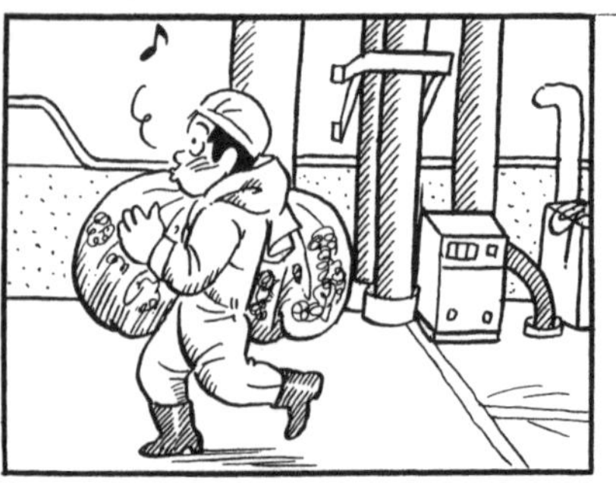

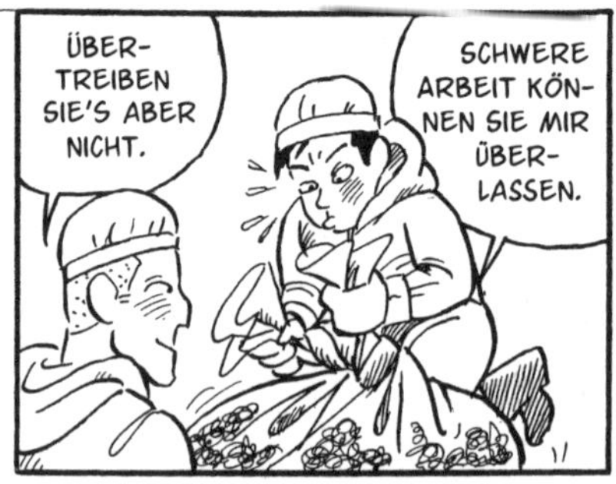
SCHWERE ARBEIT KÖN-NEN SIE MIR ÜBER-LASSEN.
ÜBER-TREIBEN SIE'S ABER NICHT.

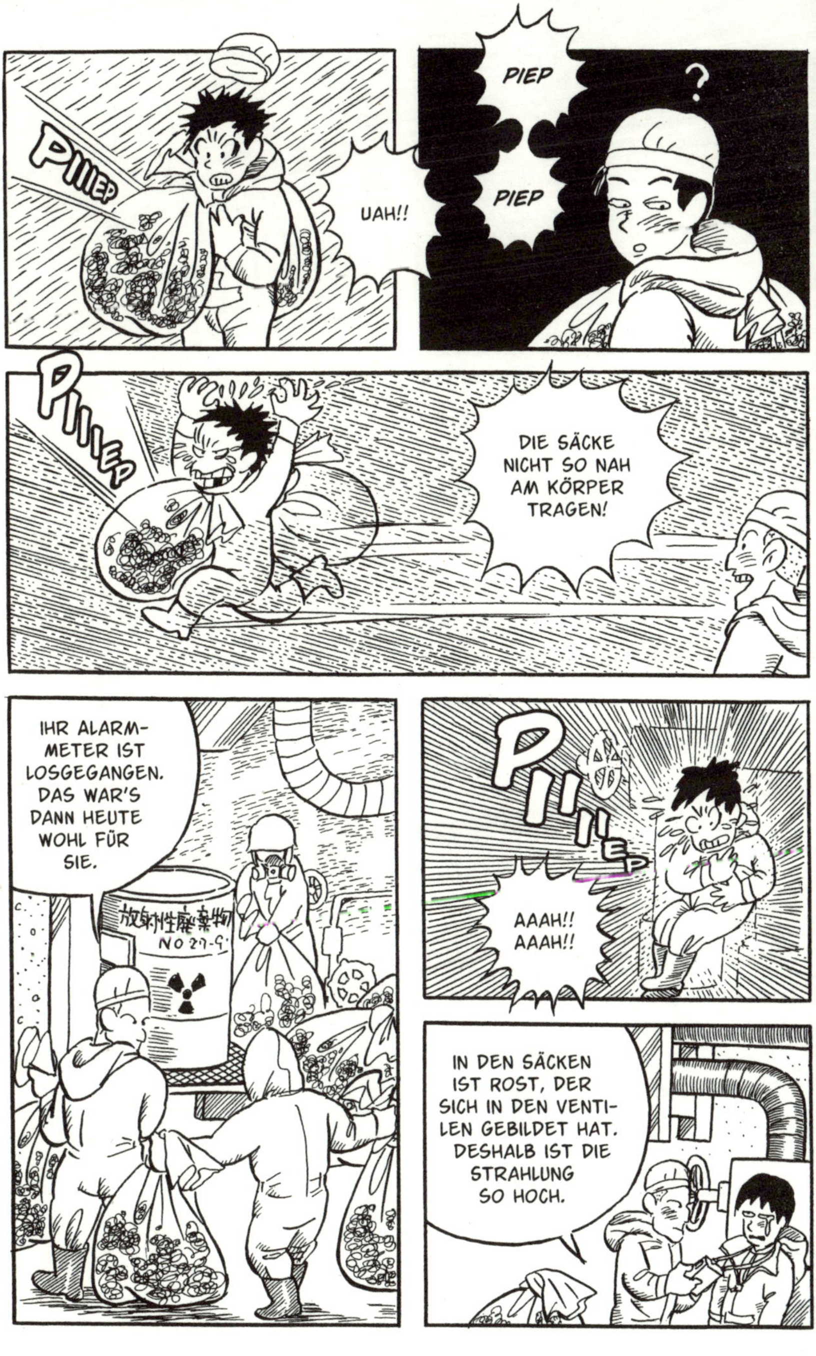

PIIIEP

UAH!!

PIEP

PIEP

PIIIEP

DIE SÄCKE NICHT SO NAH AM KÖRPER TRAGEN!

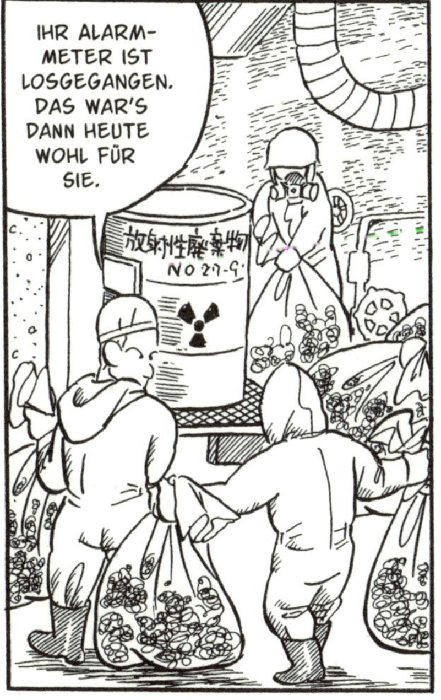

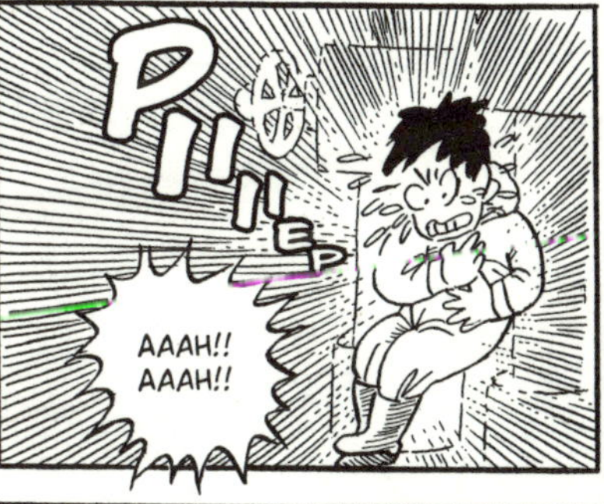

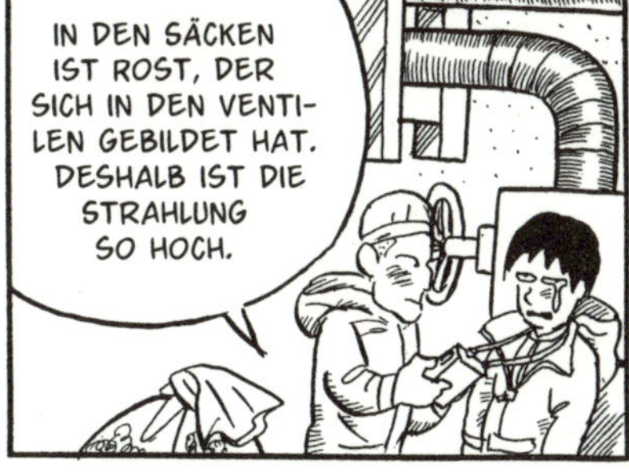

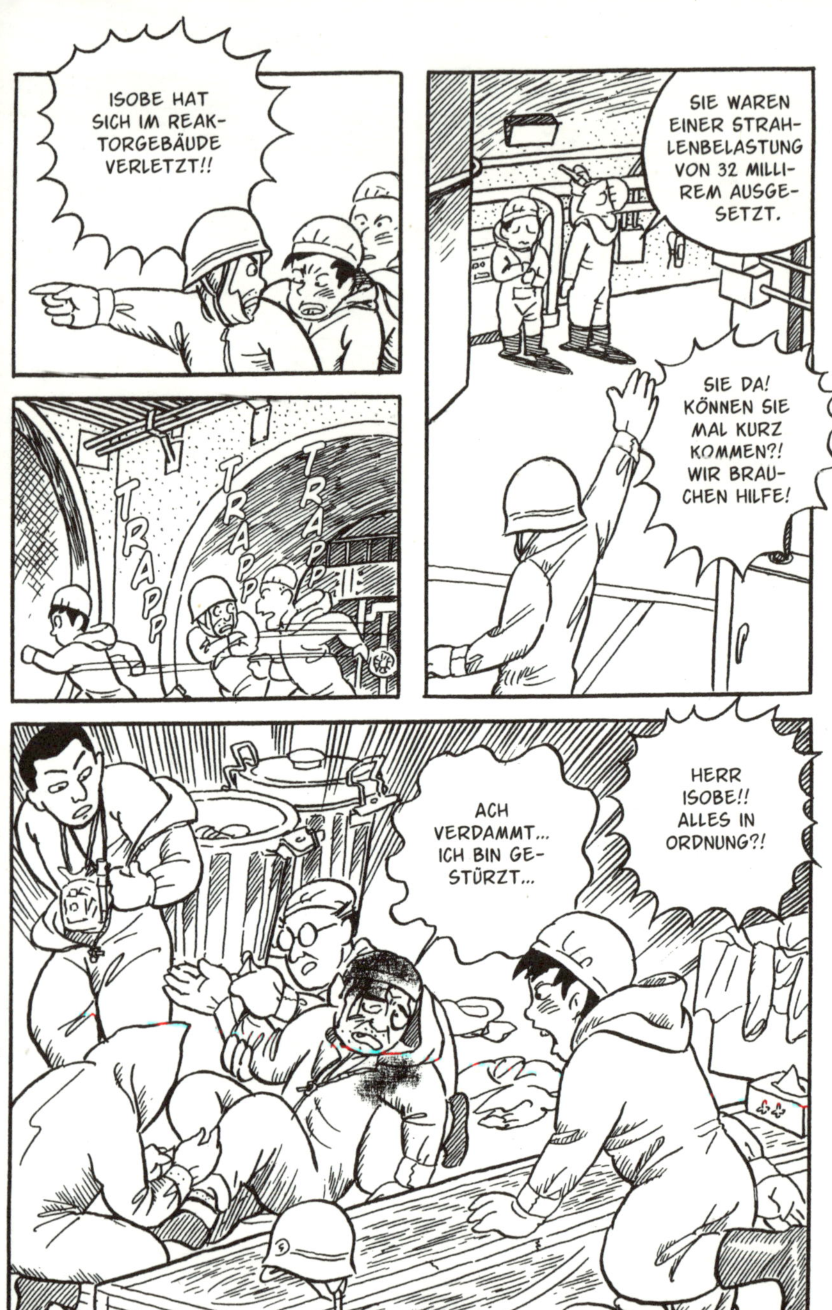
ISOBE HAT SICH IM REAKTORGEBÄUDE VERLETZT!!
SIE WAREN EINER STRAHLENBELASTUNG VON 32 MILLIREM AUSGESETZT.
TRAPP TRAPP TRAPP
SIE DA! KÖNNEN SIE MAL KURZ KOMMEN?! WIR BRAUCHEN HILFE!
HERR ISOBE!! ALLES IN ORDNUNG?!
ACH VERDAMMT... ICH BIN GESTÜRZT...

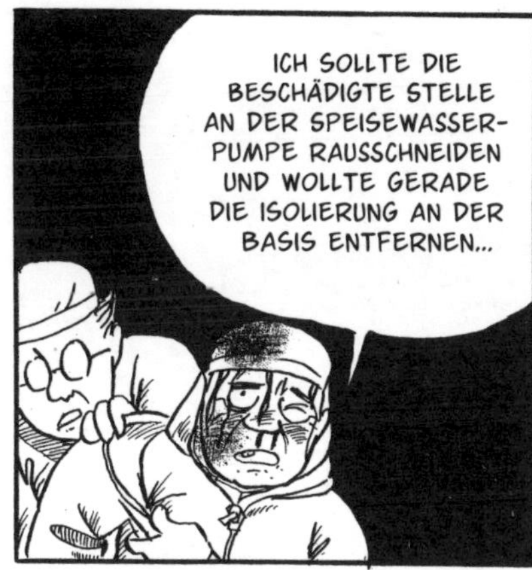

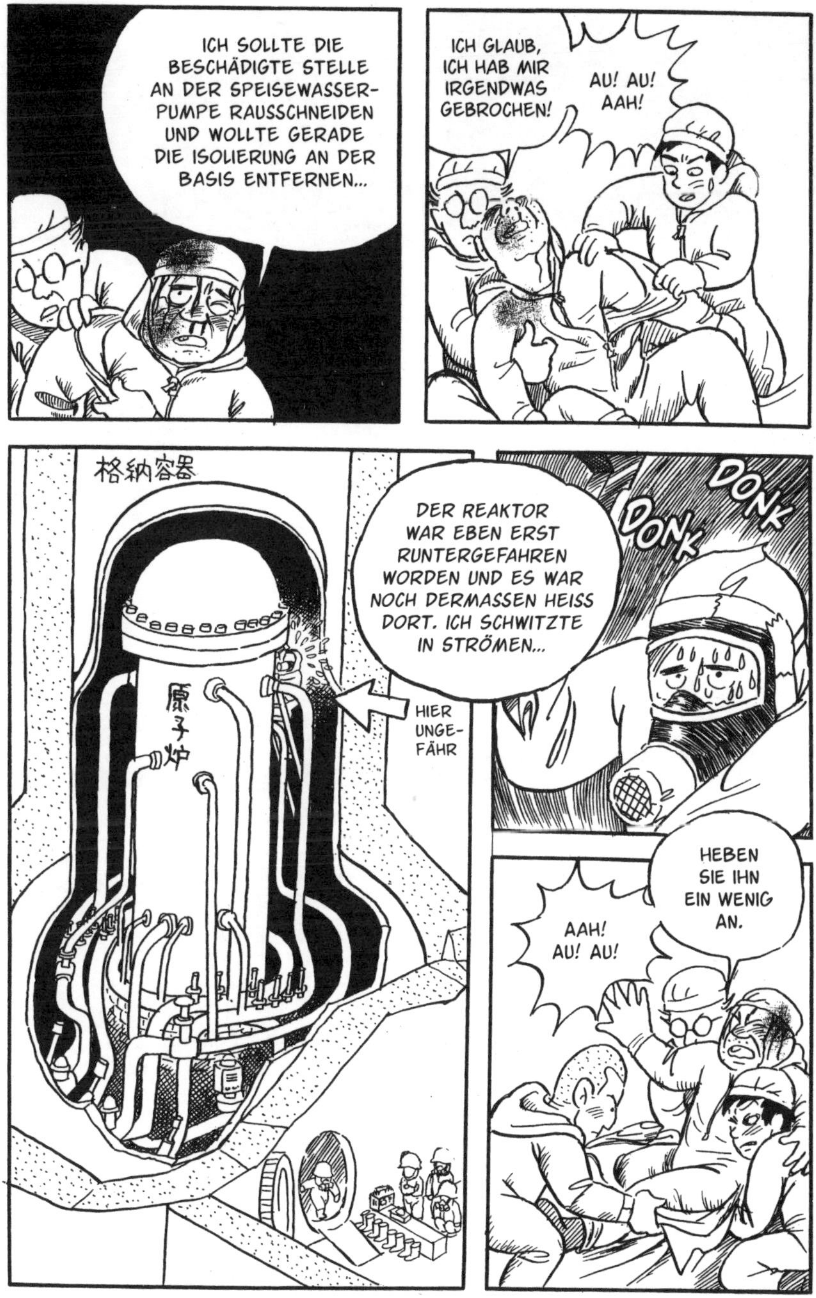

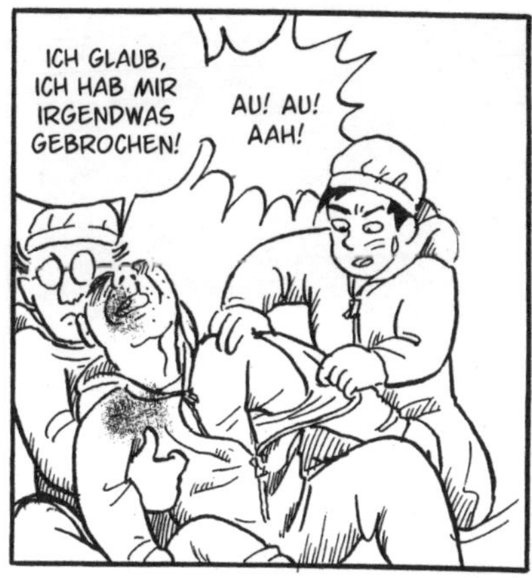

格納容器

原子炉

HIER UNGE-FÄHR

DER REAKTOR WAR EBEN ERST RUNTERGEFAHREN WORDEN UND ES WAR NOCH DERMASSEN HEISS DORT. ICH SCHWITZTE IN STRÖMEN...

DONK DONK

HEBEN SIE IHN EIN WENIG AN.

AAH! AU! AU!

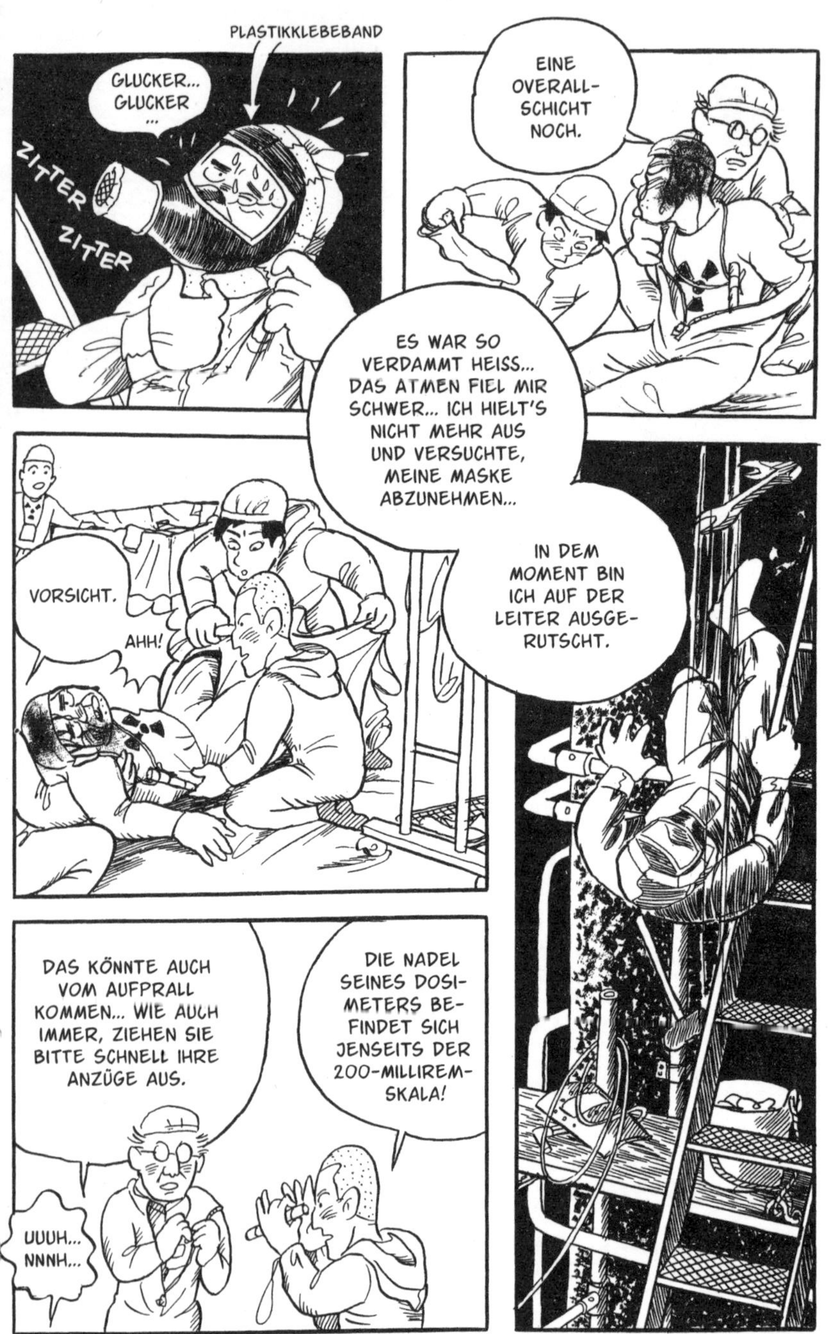
PLASTIKKLEBEBAND
GLUCKER... GLUCKER ...
ZITTER ZITTER
EINE OVERALL-SCHICHT NOCH.
ES WAR SO VERDAMMT HEISS... DAS ATMEN FIEL MIR SCHWER... ICH HIELT'S NICHT MEHR AUS UND VERSUCHTE, MEINE MASKE ABZUNEHMEN...
IN DEM MOMENT BIN ICH AUF DER LEITER AUSGE-RUTSCHT.
VORSICHT.
AHH!
DAS KÖNNTE AUCH VOM AUFPRALL KOMMEN... WIE AUCH IMMER, ZIEHEN SIE BITTE SCHNELL IHRE ANZÜGE AUS.
DIE NADEL SEINES DOSI-METERS BE-FINDET SICH JENSEITS DER 200-MILLIREM-SKALA!
UUUH... NNNH...

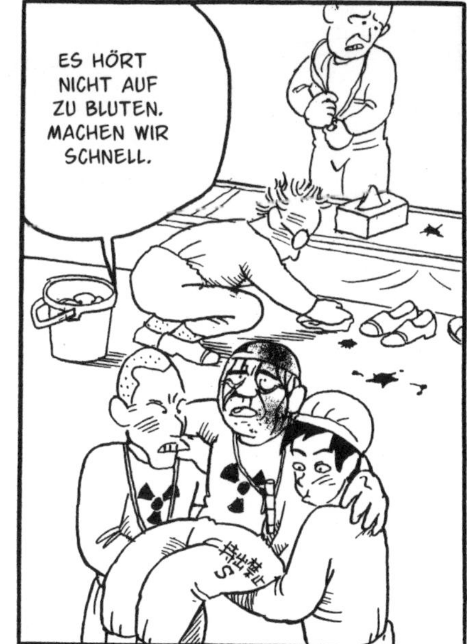
ES HÖRT NICHT AUF ZU BLUTEN. MACHEN WIR SCHNELL.

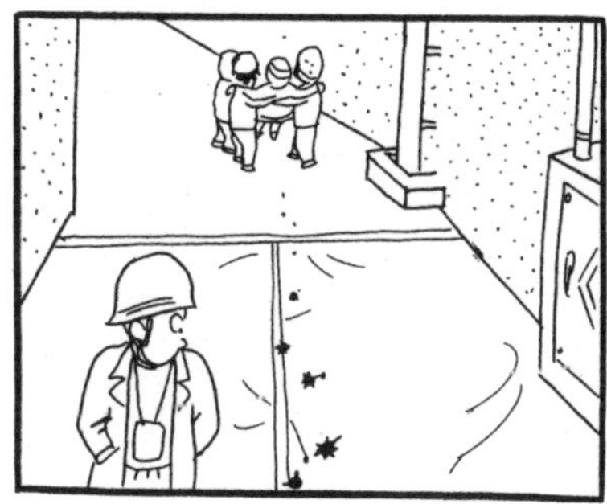

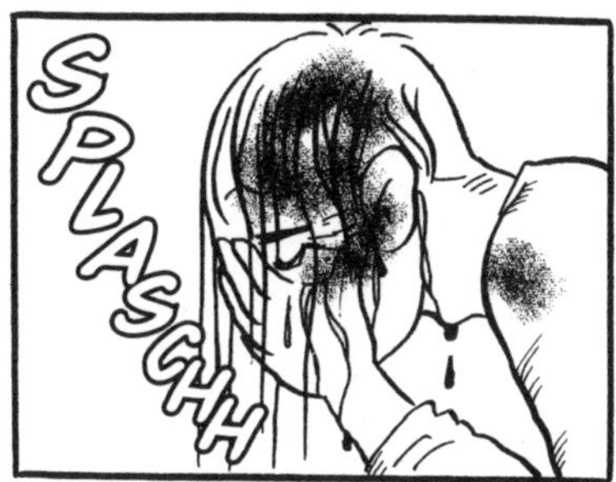
SPLASCHH

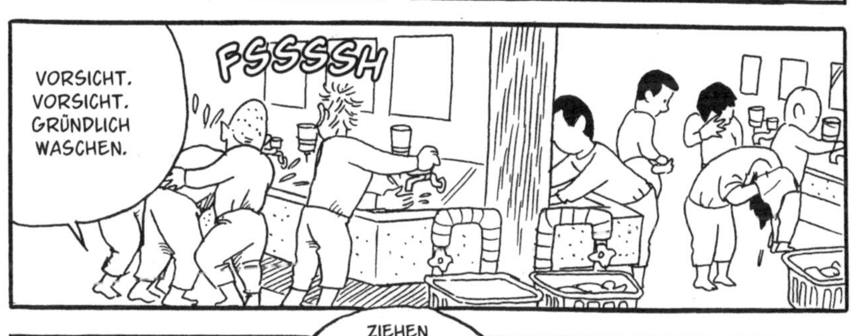
VORSICHT. VORSICHT. GRÜNDLICH WASCHEN.
FSSSSH

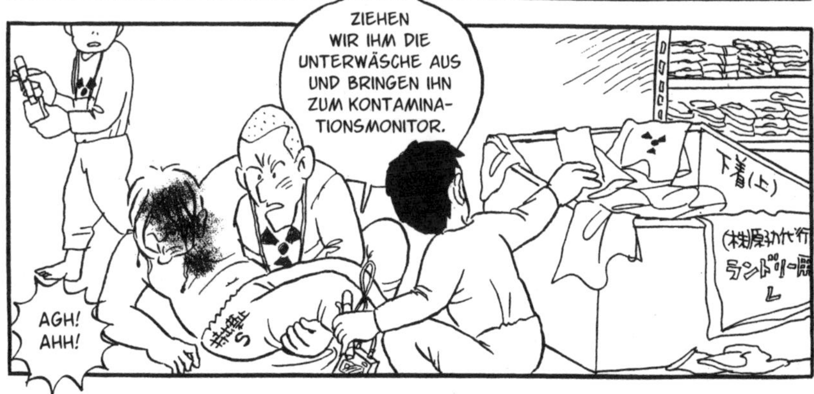
ZIEHEN WIR IHM DIE UNTERWÄSCHE AUS UND BRINGEN IHN ZUM KONTAMINATIONSMONITOR.
AGH! AHH!

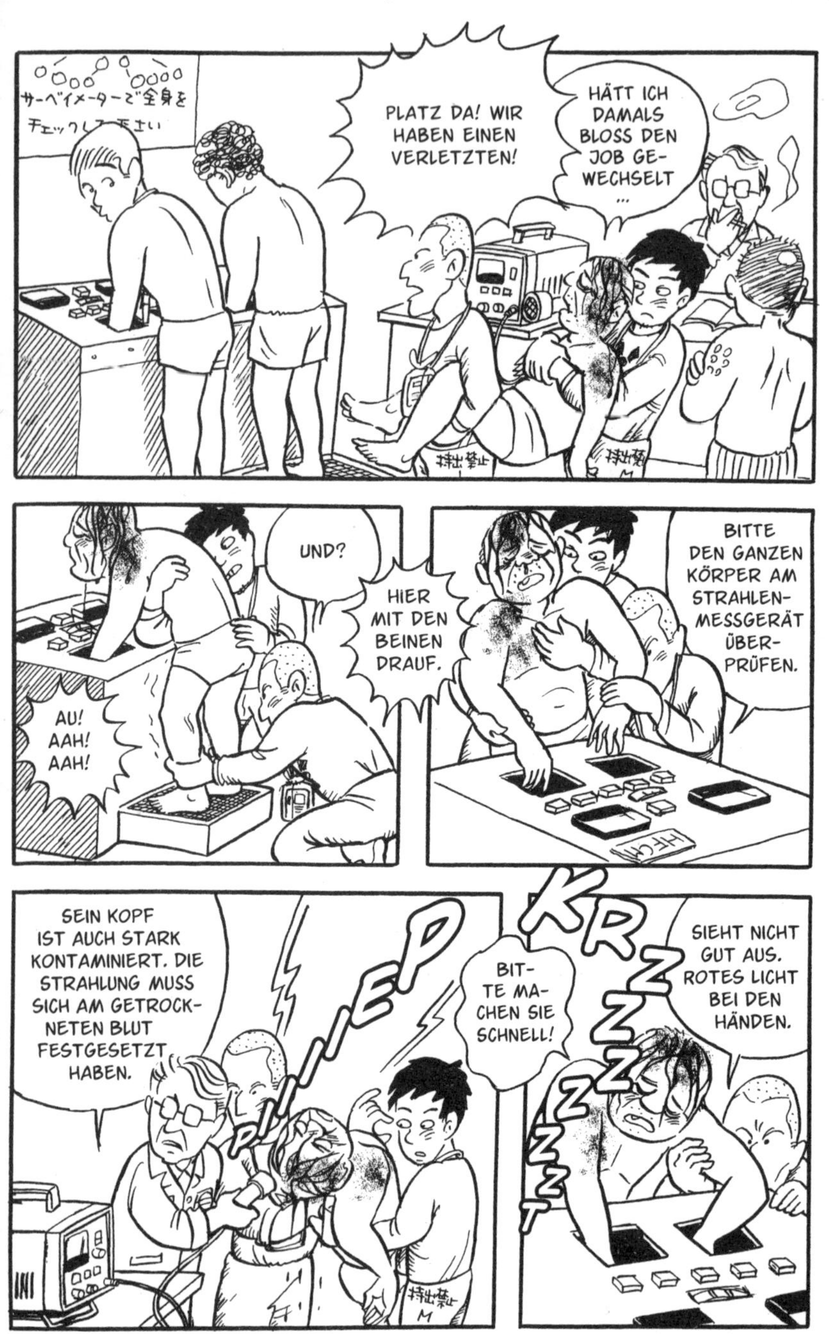

サーベイメーターで全身を
PLATZ DA! WIR HABEN EINEN VERLETZTEN!
HÄTT ICH DAMALS BLOSS DEN JOB GEWECHSELT ...
UND?
HIER MIT DEN BEINEN DRAUF.
AU! AAH! AAH!
BITTE DEN GANZEN KÖRPER AM STRAHLENMESSGERÄT ÜBERPRÜFEN.
SEIN KOPF IST AUCH STARK KONTAMINIERT. DIE STRAHLUNG MUSS SICH AM GETROCKNETEN BLUT FESTGESETZT HABEN.
PI-----IEP
BITTE MACHEN SIE SCHNELL!
KRZZZZZZT
SIEHT NICHT GUT AUS. ROTES LICHT BEI DEN HÄNDEN.

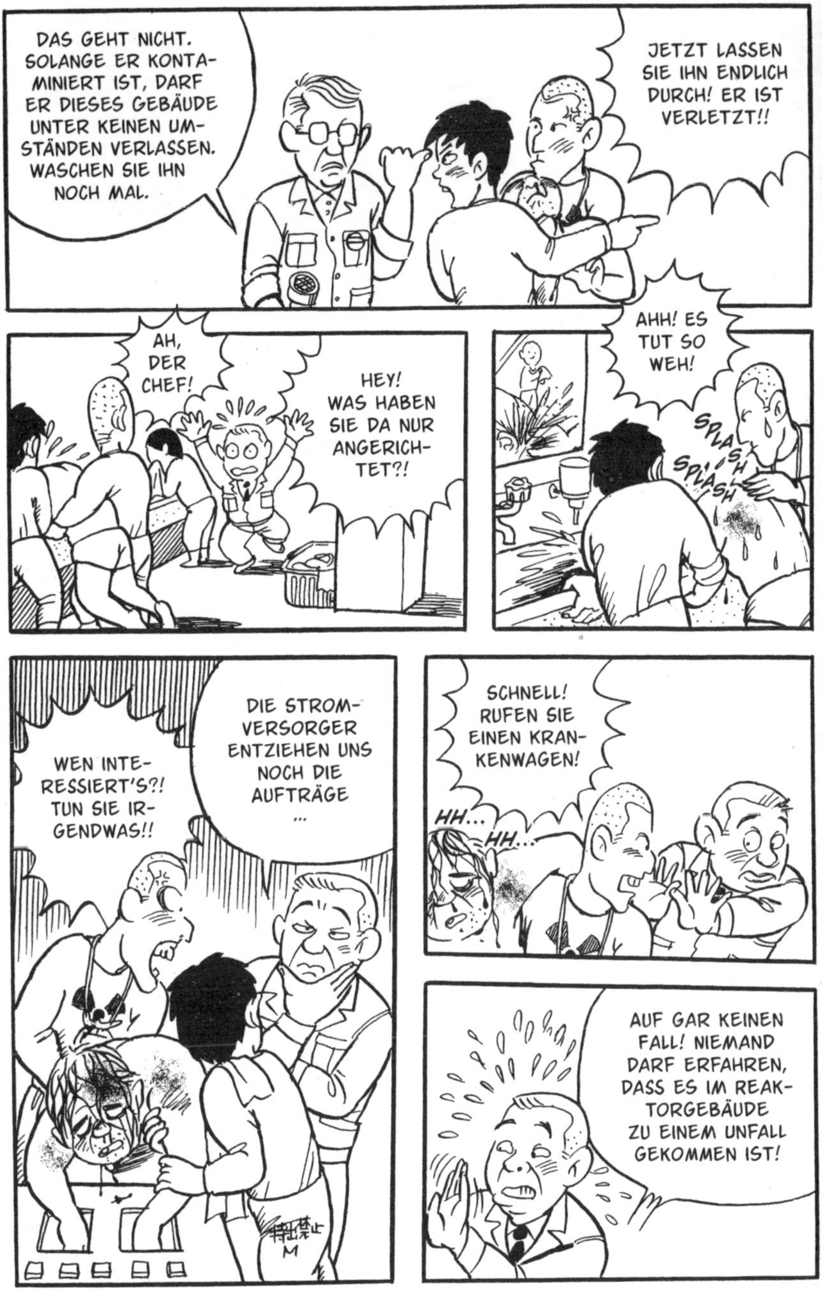

JETZT LASSEN SIE IHN ENDLICH DURCH! ER IST VERLETZT!!
DAS GEHT NICHT. SOLANGE ER KONTAMINIERT IST, DARF ER DIESES GEBÄUDE UNTER KEINEN UMSTÄNDEN VERLASSEN. WASCHEN SIE IHN NOCH MAL.

AHH! ES TUT SO WEH!
SPLASH
SPLASH
SPLASH

AH, DER CHEF!
HEY! WAS HABEN SIE DA NUR ANGERICHTET?!

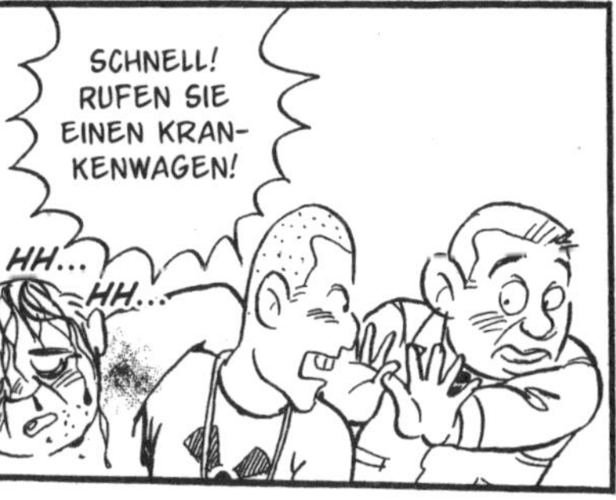

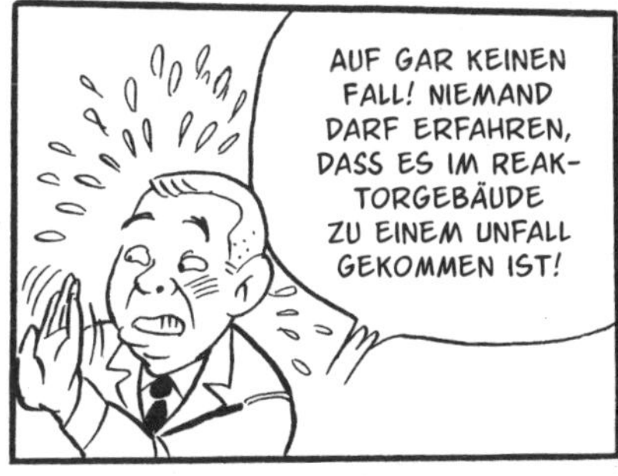

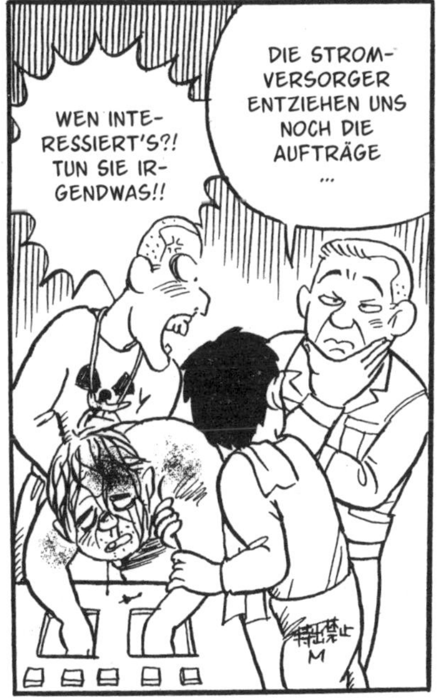

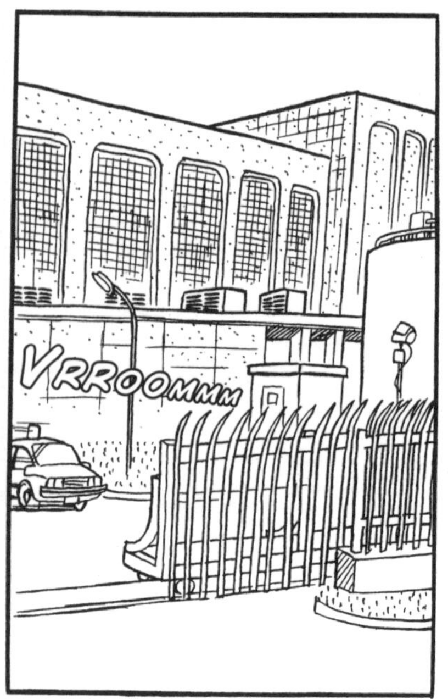
VRROOMMM

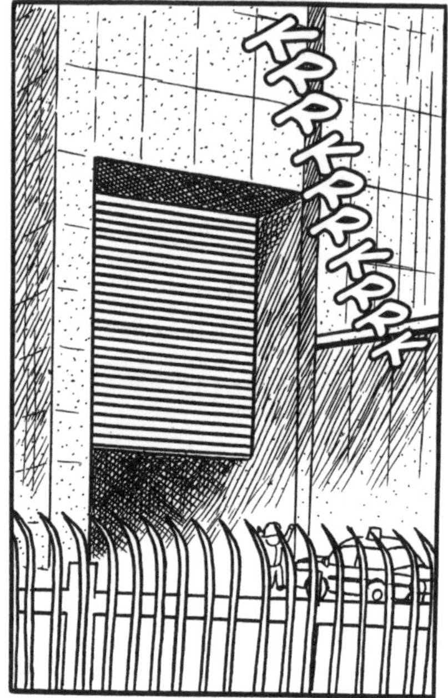
KRRKRKRKRKRKRK

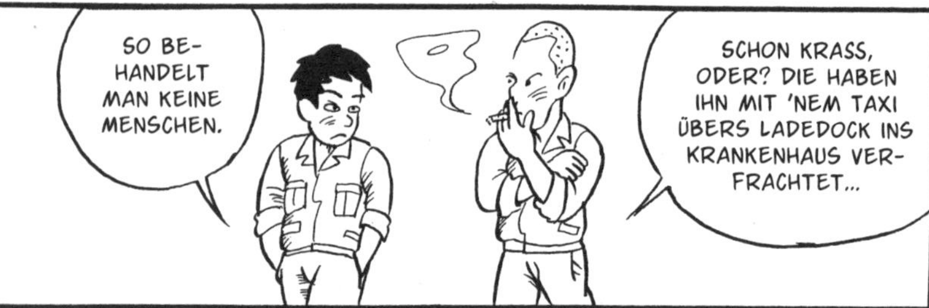
SO BE-HANDELT MAN KEINE MENSCHEN.
SCHON KRASS, ODER? DIE HABEN IHN MIT 'NEM TAXI ÜBERS LADEDOCK INS KRANKENHAUS VER-FRACHTET...

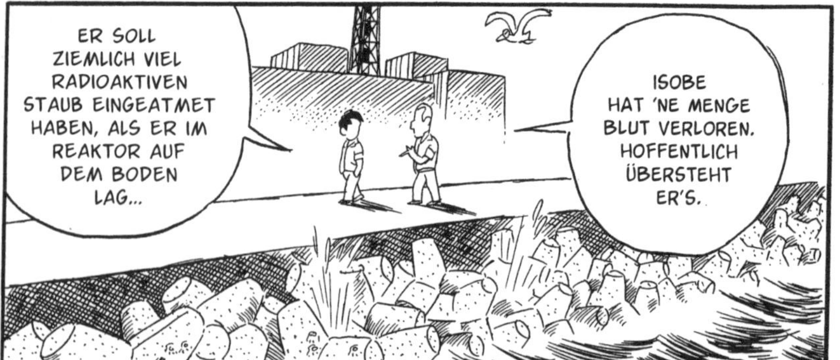
ER SOLL ZIEMLICH VIEL RADIOAKTIVEN STAUB EINGEATMET HABEN, ALS ER IM REAKTOR AUF DEM BODEN LAG...
ISOBE HAT 'NE MENGE BLUT VERLOREN. HOFFENTLICH ÜBERSTEHT ER'S.

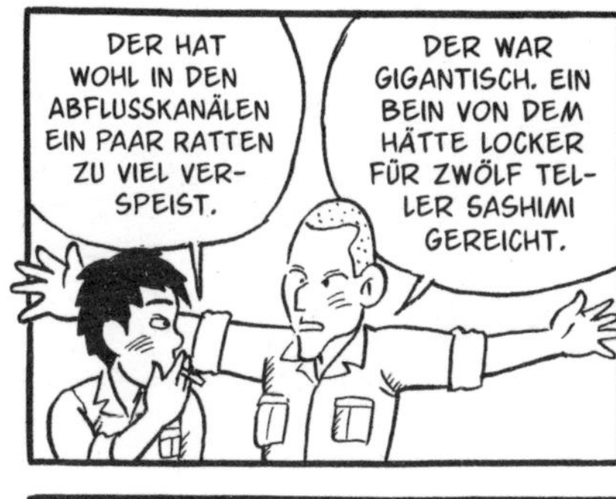
DER HAT WOHL IN DEN ABFLUSSKANÄLEN EIN PAAR RATTEN ZU VIEL VERSPEIST.
DER WAR GIGANTISCH. EIN BEIN VON DEM HÄTTE LOCKER FÜR ZWÖLF TELLER SASHIMI GEREICHT.

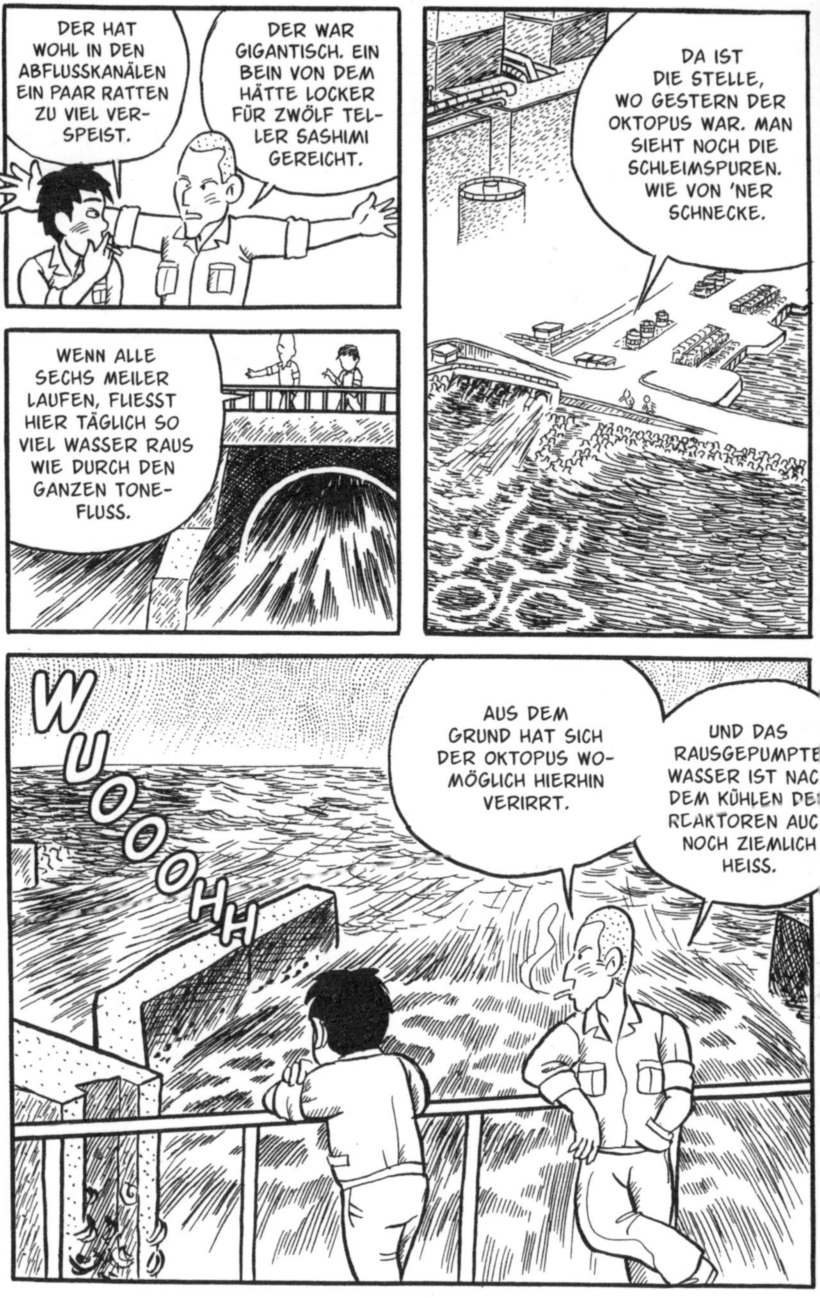

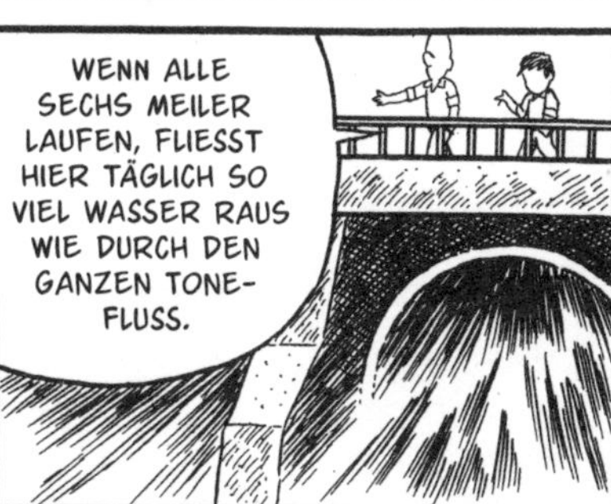
WENN ALLE SECHS MEILER LAUFEN, FLIESST HIER TÄGLICH SO VIEL WASSER RAUS WIE DURCH DEN GANZEN TONE-FLUSS.

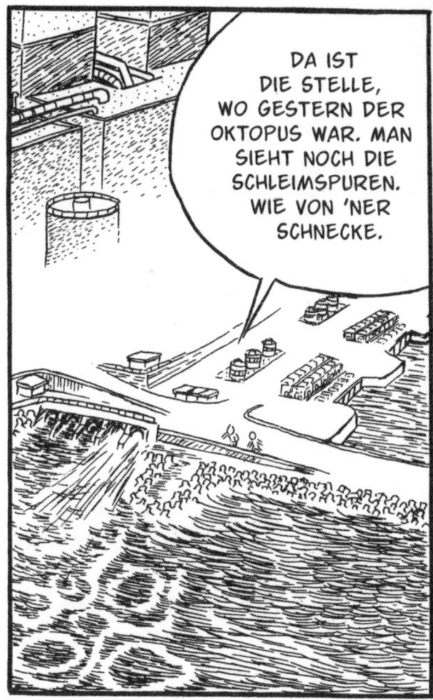
DA IST DIE STELLE, WO GESTERN DER OKTOPUS WAR. MAN SIEHT NOCH DIE SCHLEIMSPUREN. WIE VON 'NER SCHNECKE.

WUOOOOHH
AUS DEM GRUND HAT SICH DER OKTOPUS WOMÖGLICH HIERHIN VERIRRT.
UND DAS RAUSGEPUMPTE WASSER IST NAC DEM KÜHLEN DE REAKTOREN AUC NOCH ZIEMLICH HEISS.

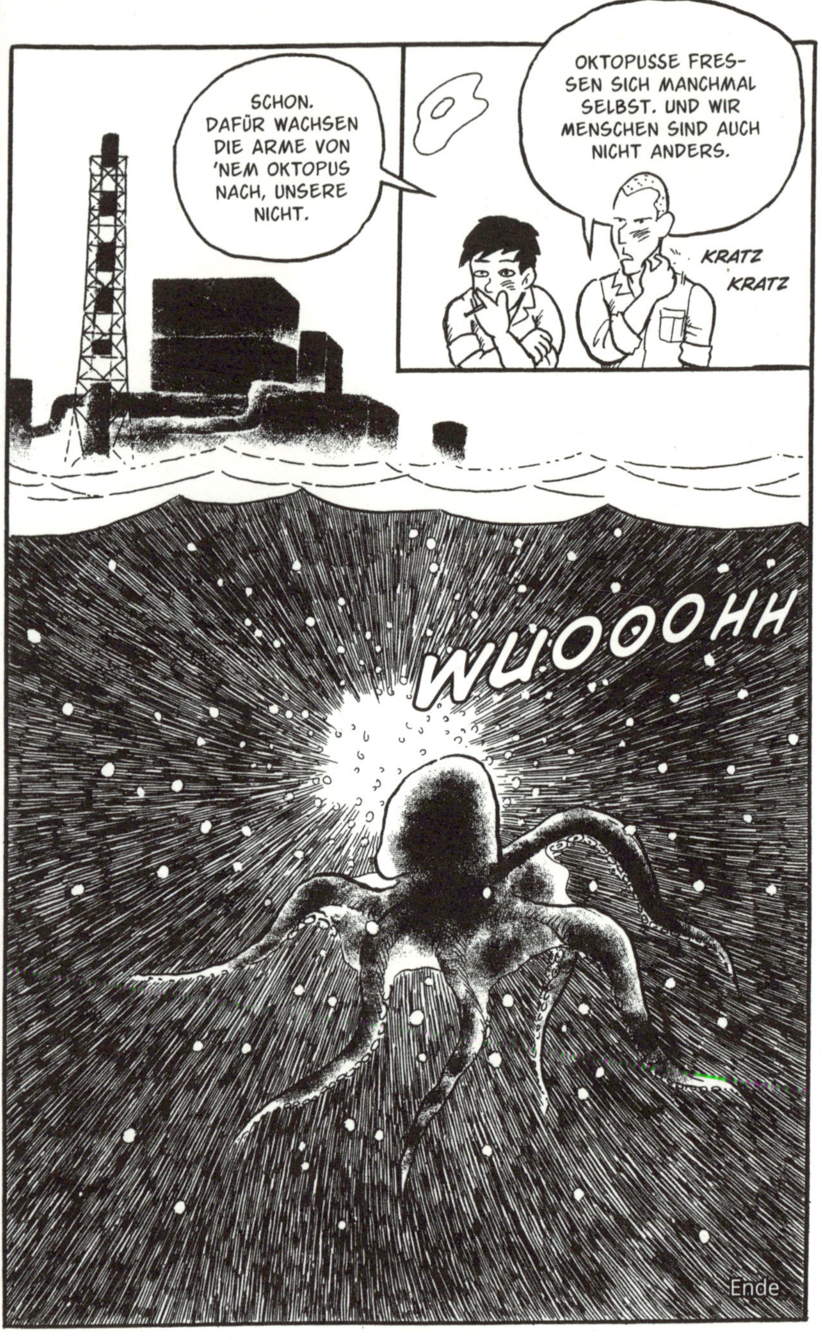
SCHON. DAFÜR WACHSEN DIE ARME VON 'NEM OKTOPUS NACH, UNSERE NICHT.
OKTOPUSSE FRESSEN SICH MANCHMAL SELBST. UND WIR MENSCHEN SIND AUCH NICHT ANDERS.
KRATZ
KRATZ
WUOOOOHH
Ende

Kapparo

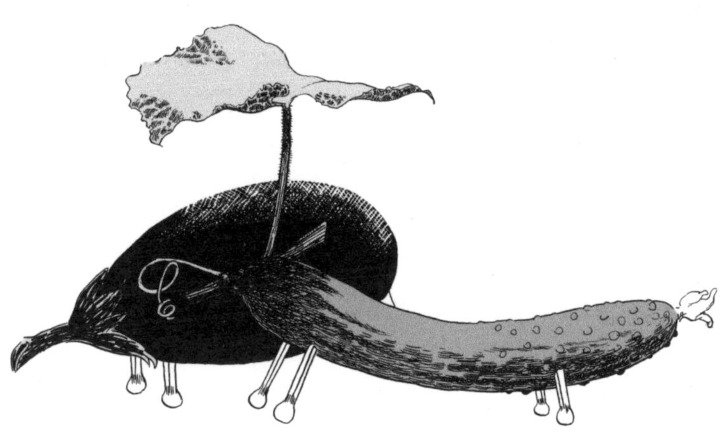

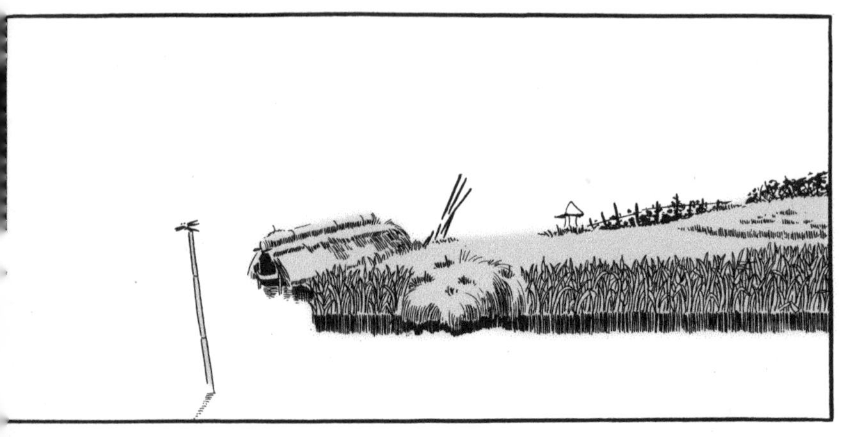
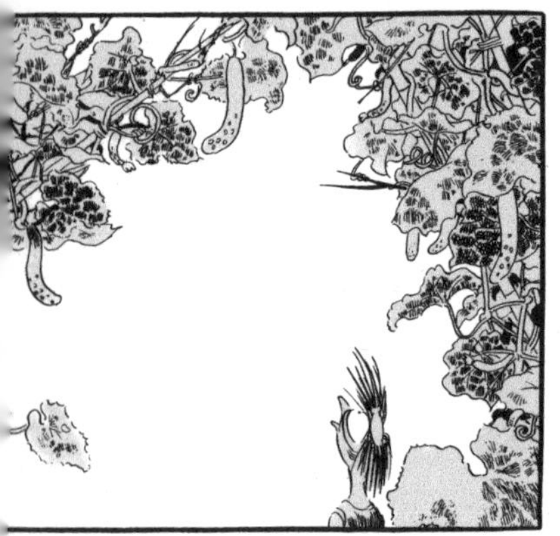
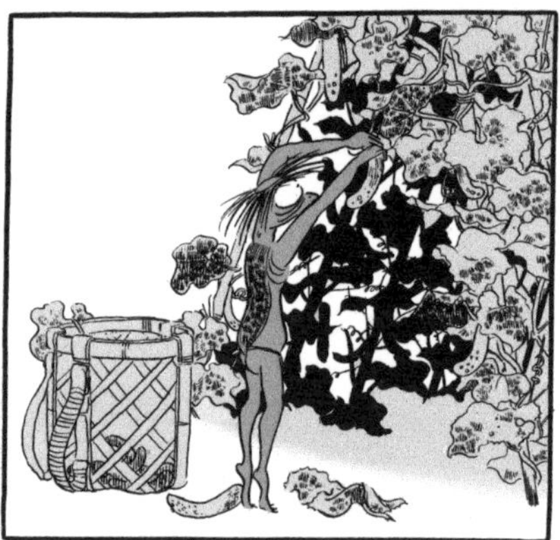
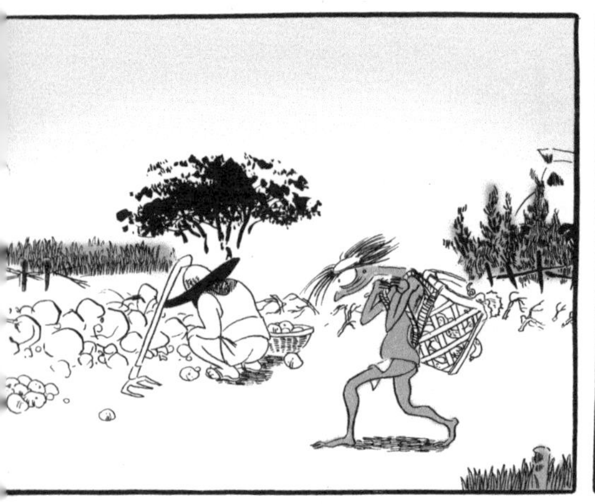
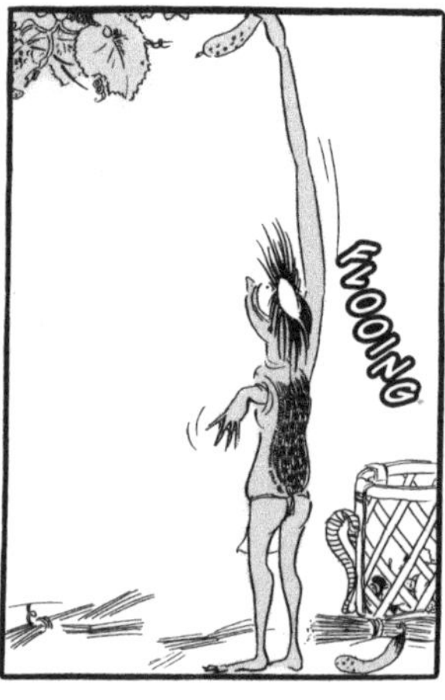
FVOOING

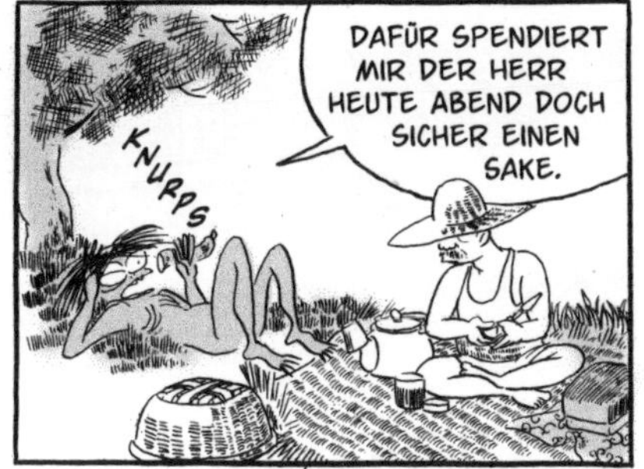
KNURPS
DAFÜR SPENDIERT MIR DER HERR HEUTE ABEND DOCH SICHER EINEN SAKE.

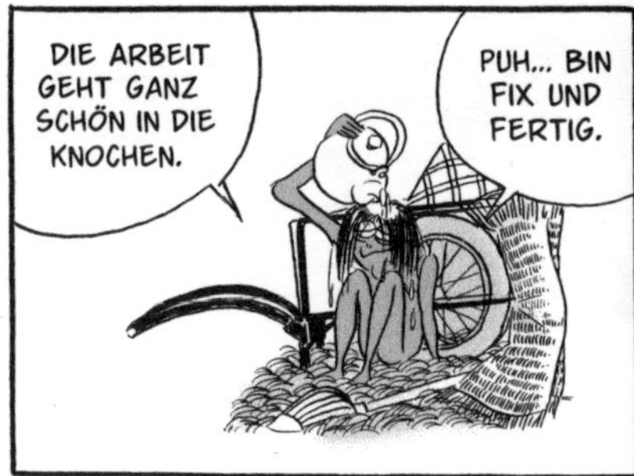
DIE ARBEIT GEHT GANZ SCHÖN IN DIE KNOCHEN.
PUH... BIN FIX UND FERTIG.

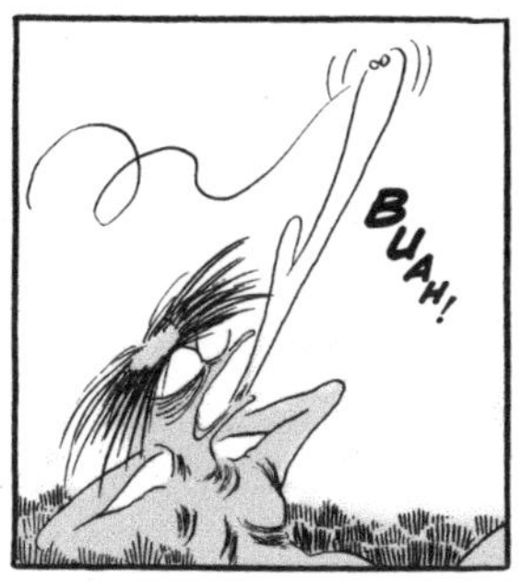
BUAH!

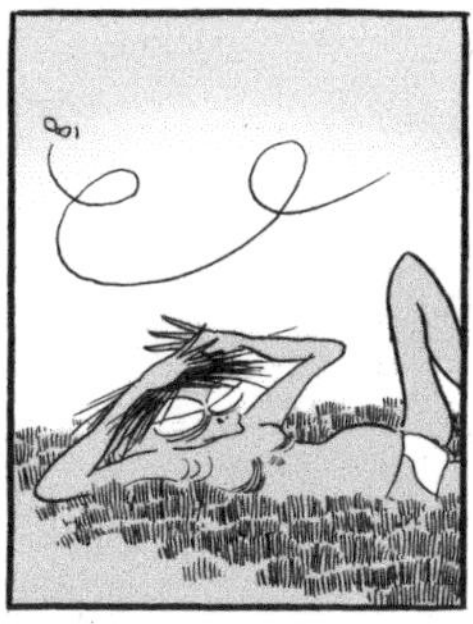

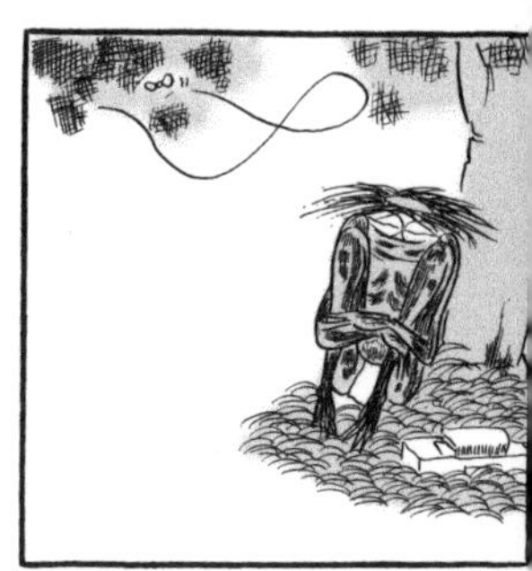

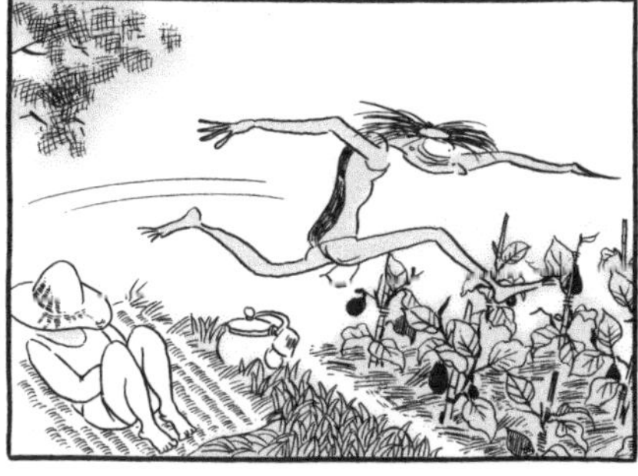

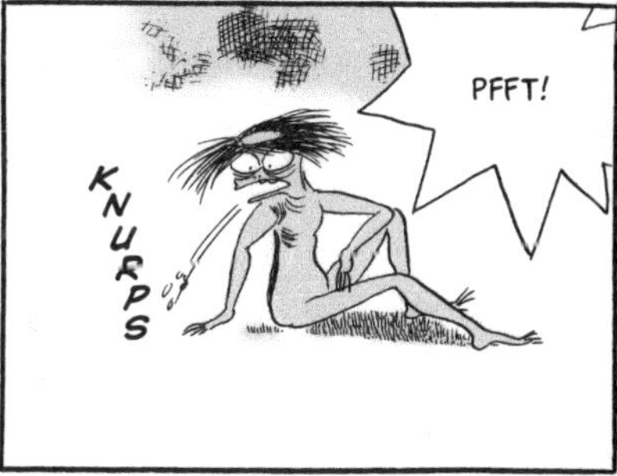
PFFT!
KNURPS

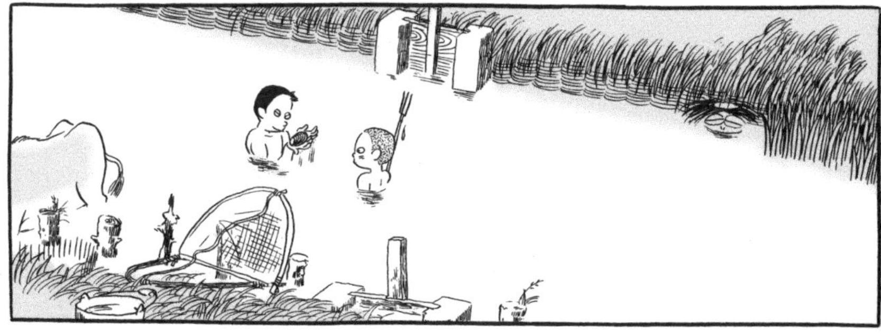

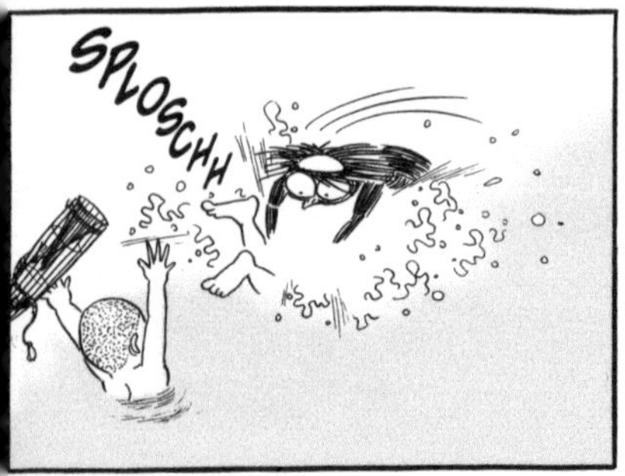
SPLOSCHH
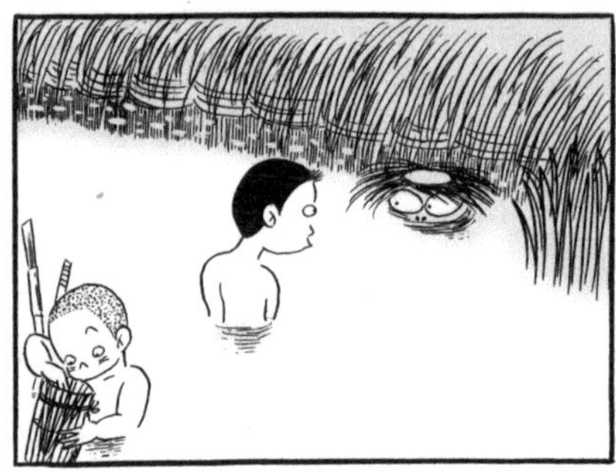
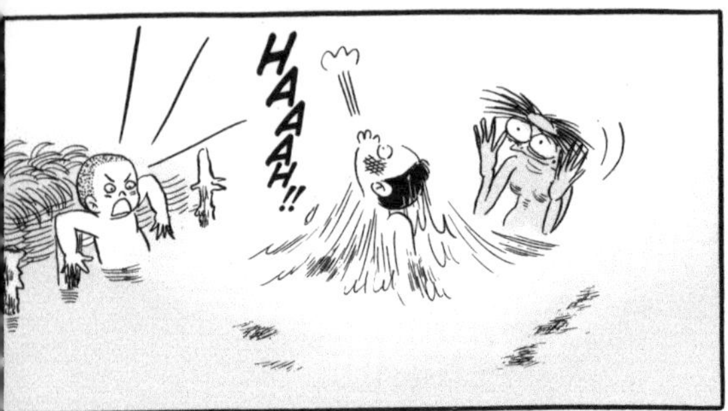
HAAAAH!!
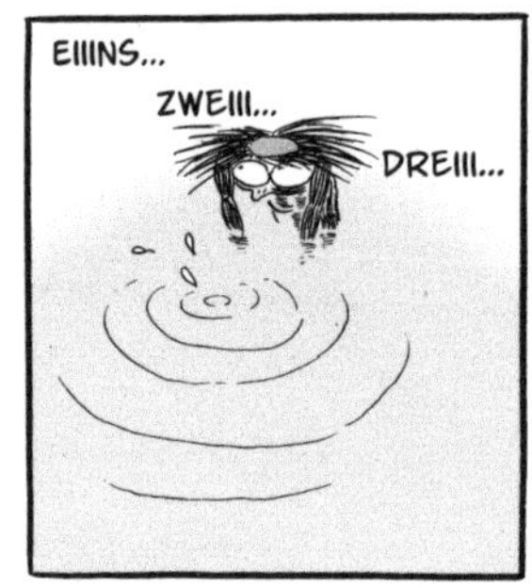
EIIINS...
ZWEIII...
DREIII...
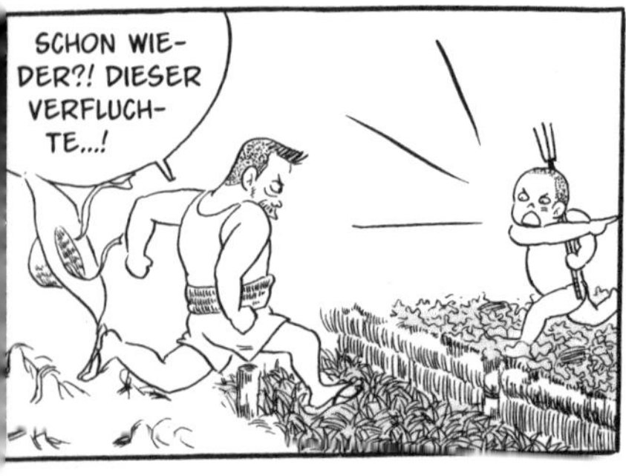
SCHON WIEDER?! DIESER VERFLUCHTE...!
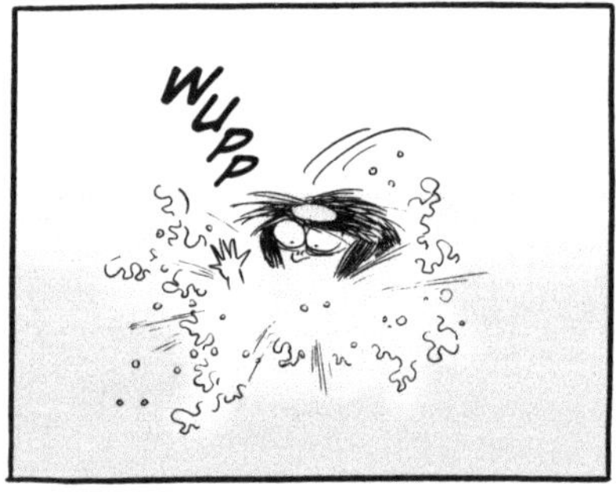
WUPP
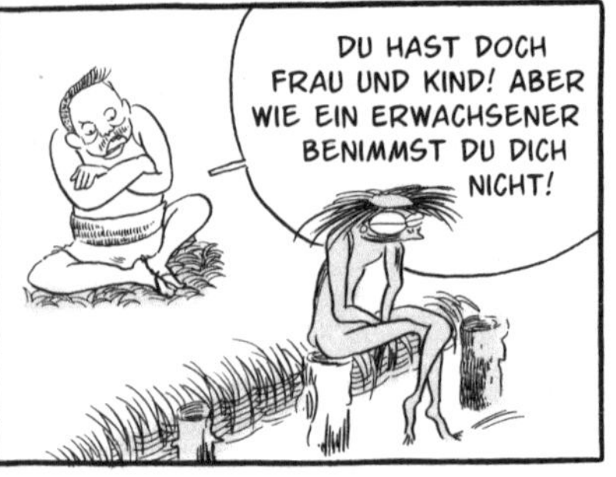
DU HAST DOCH FRAU UND KIND! ABER WIE EIN ERWACHSENER BENIMMST DU DICH NICHT!
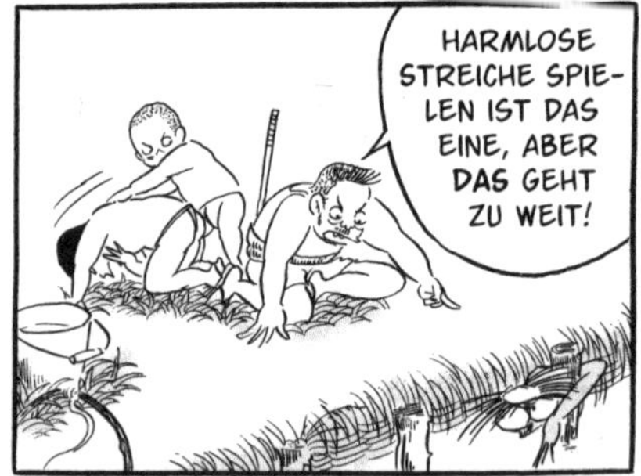
HARMLOSE STREICHE SPIELEN IST DAS EINE, ABER DAS GEHT ZU WEIT!

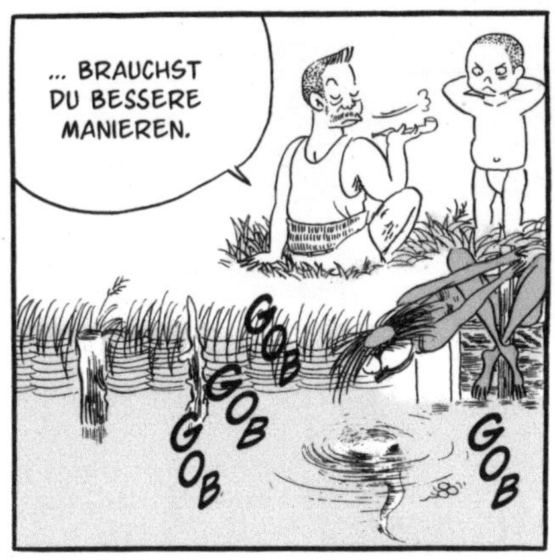
... BRAUCHST DU BESSERE MANIEREN.
GOB
GOB
GOB
GOB

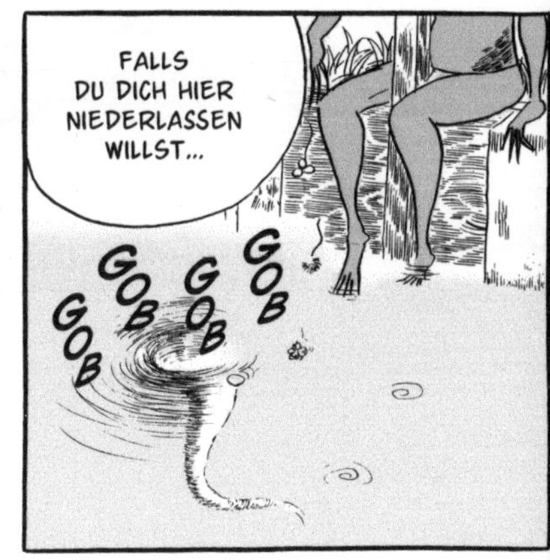
FALLS DU DICH HIER NIEDERLASSEN WILLST...
GOB
GOB
GOB
GOB

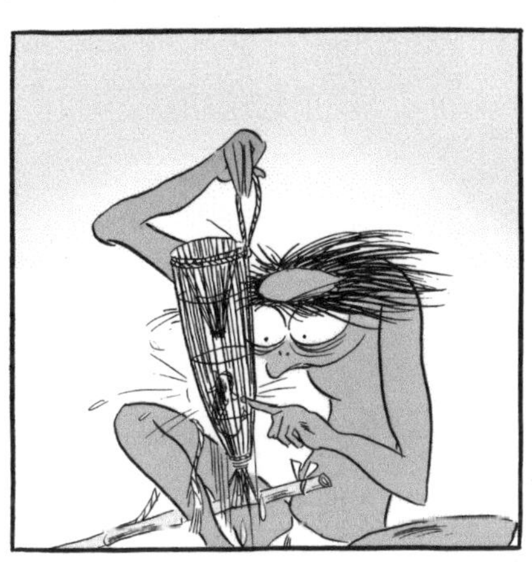

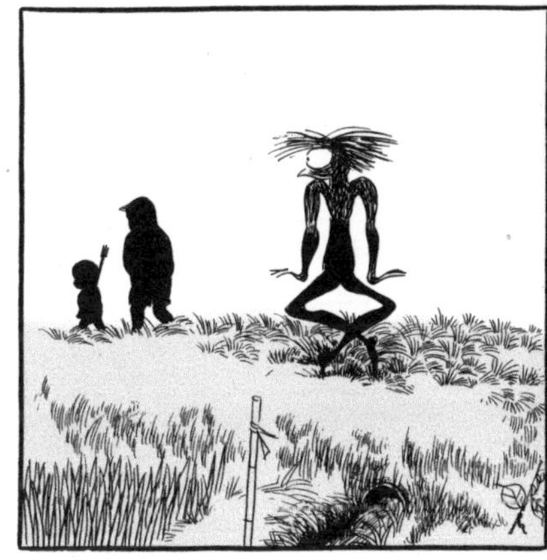

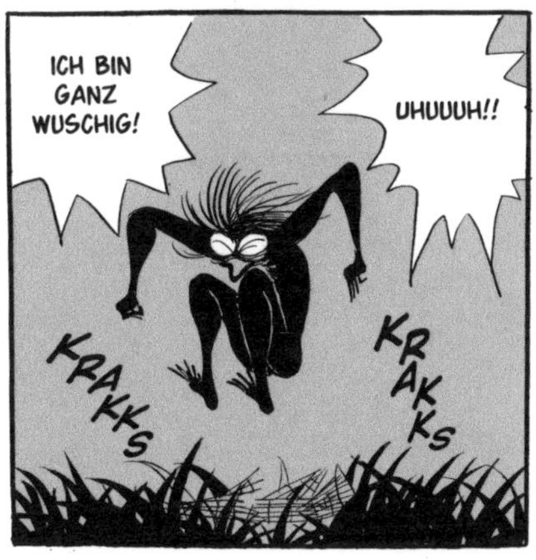
ICH BIN GANZ WUSCHIG!
UHUUUH!!
KRAKKS
KRAKKS

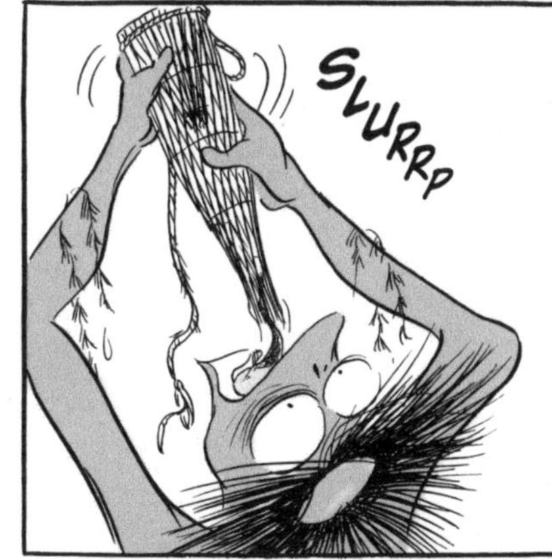
SLURRP

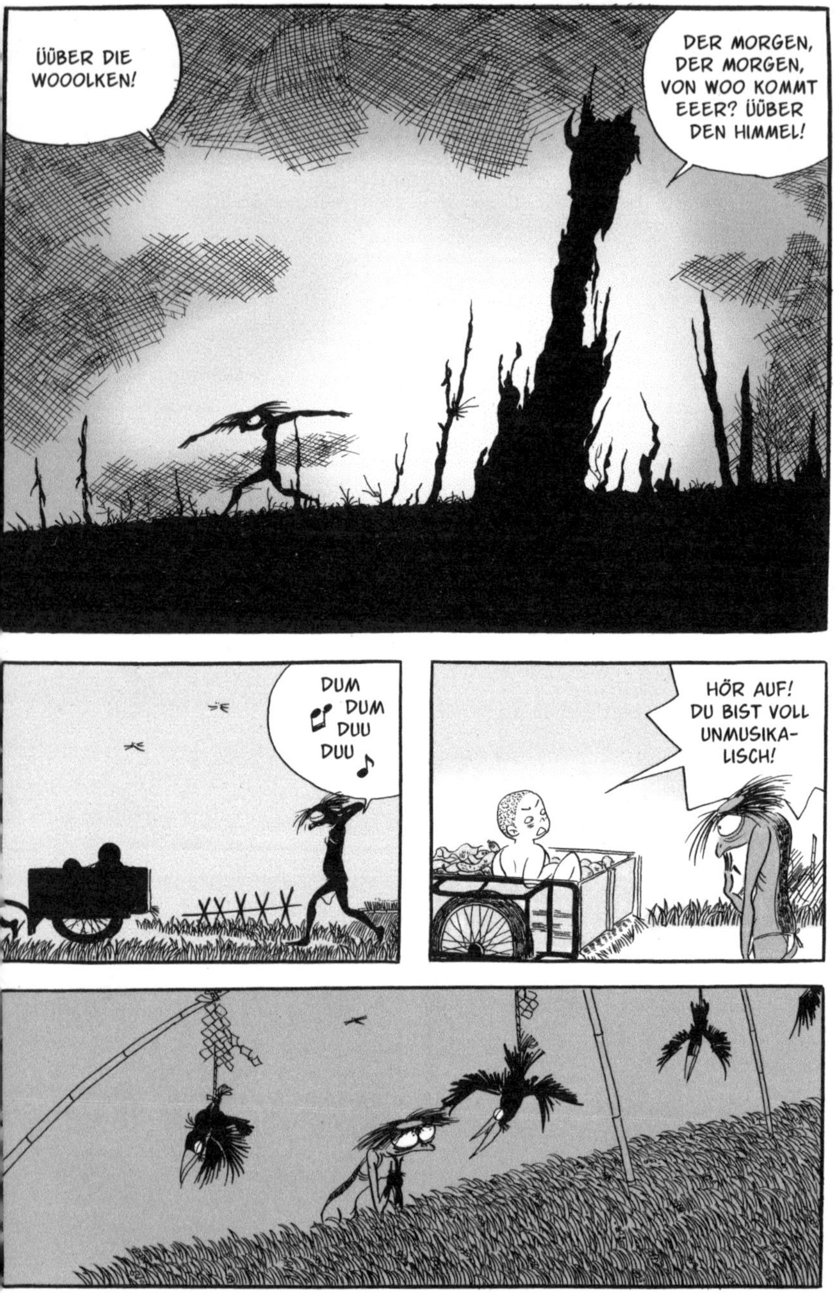

DER MORGEN, DER MORGEN, VON WOO KOMMT EEER? ÜÜBER DEN HIMMEL!
ÜÜBER DIE WOOOLKEN!

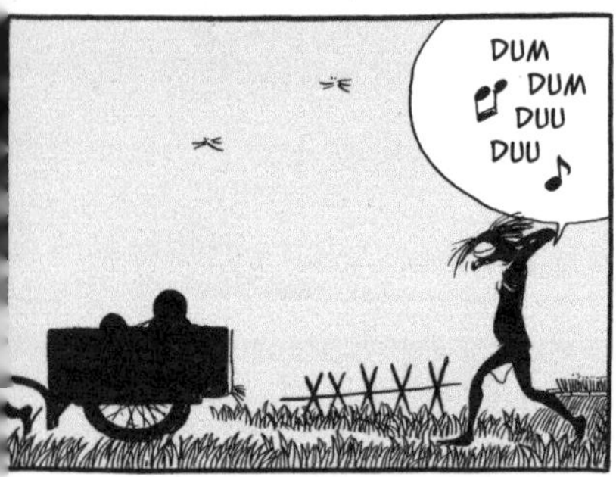
DUM DUM DUU DUU

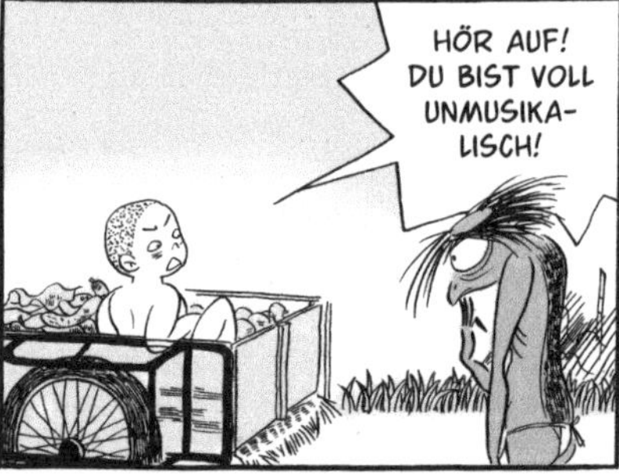
HÖR AUF! DU BIST VOLL UNMUSIKA-LISCH!

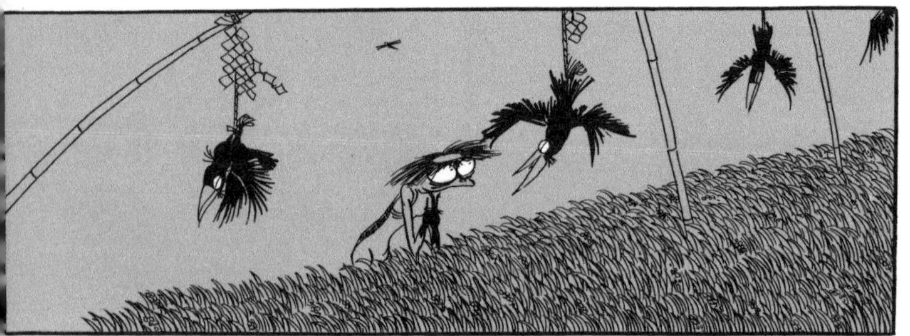

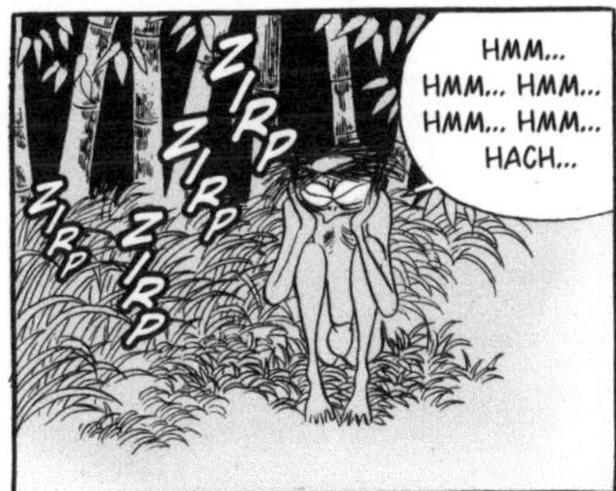
ZIRP
ZIRP
ZIRP
ZIRP
HMM... HMM... HMM... HMM... HMM... HACH...

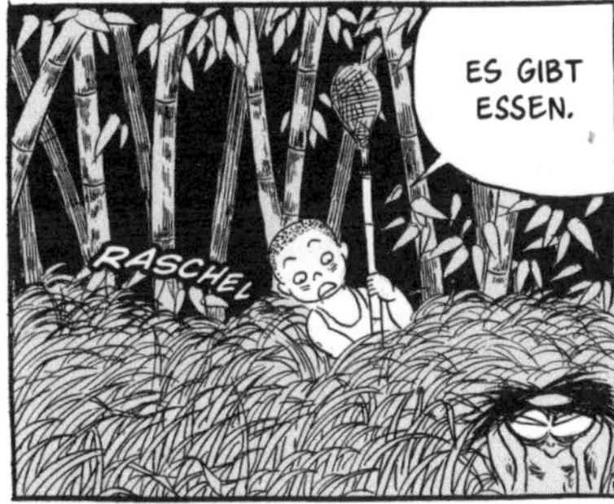
ES GIBT ESSEN.
RASCHEL

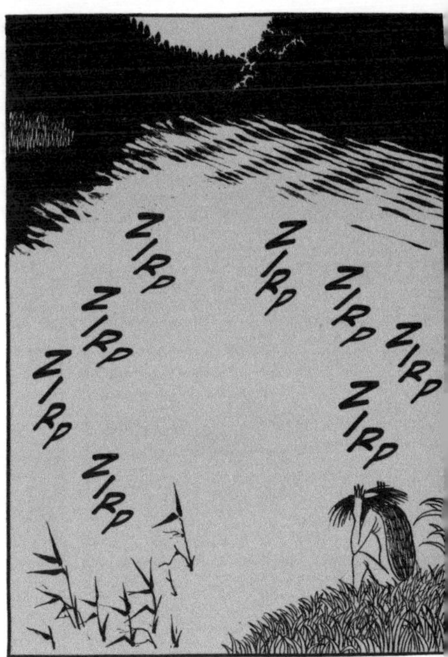
ZIRP
ZIRP
ZIRP
ZIRP
ZIRP
ZIRP
ZIRP
ZIRP

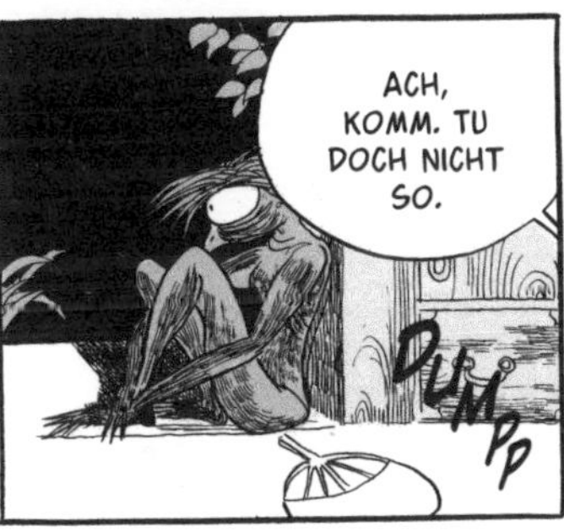
ACH, KOMM. TU DOCH NICHT SO.
DUMPP

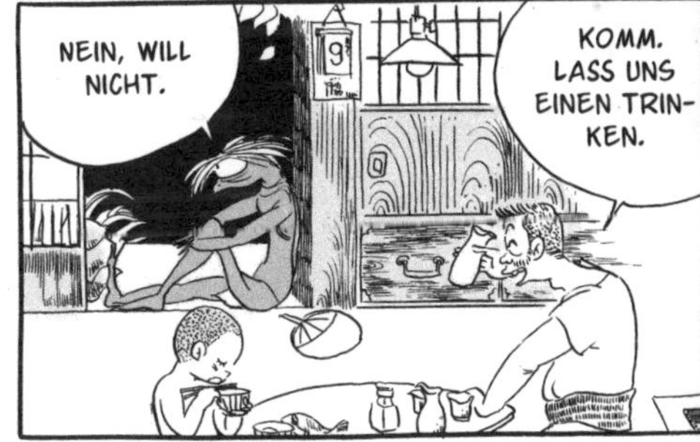
KOMM. LASS UNS EINEN TRIN-KEN.
NEIN, WILL NICHT.

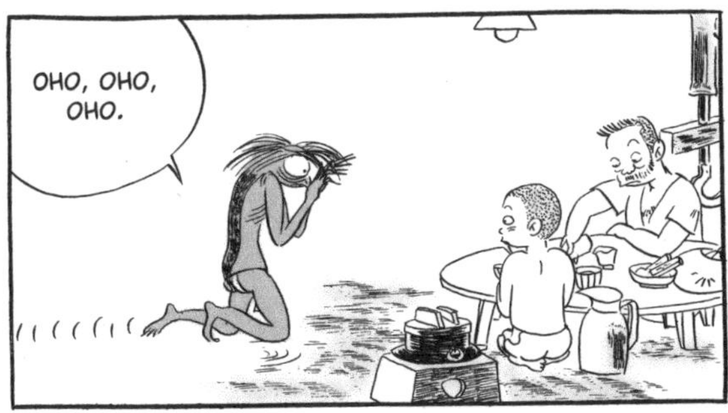
OHO, OHO, OHO.

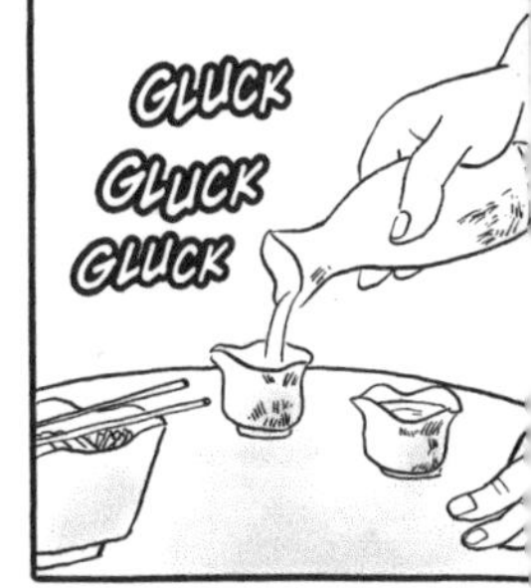
GLUCK
GLUCK
GLUCK

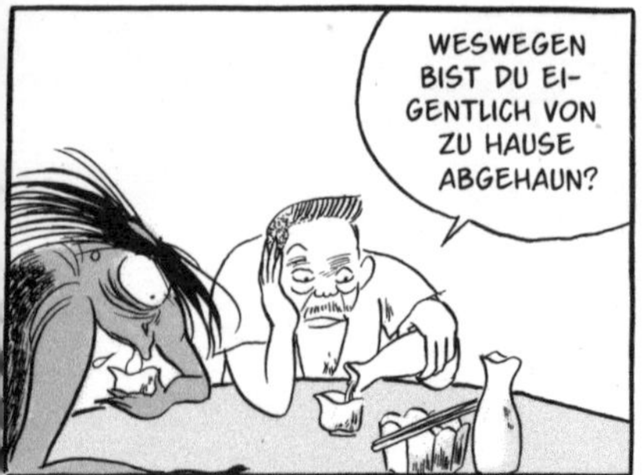
WESWEGEN BIST DU EI-GENTLICH VON ZU HAUSE ABGEHAUN?

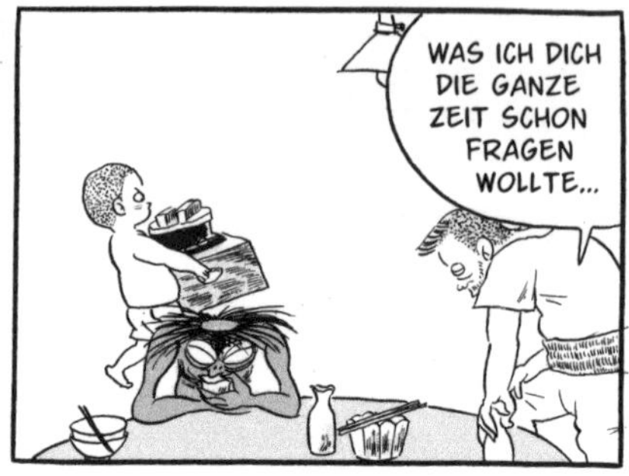
WAS ICH DICH DIE GANZE ZEIT SCHON FRAGEN WOLLTE...

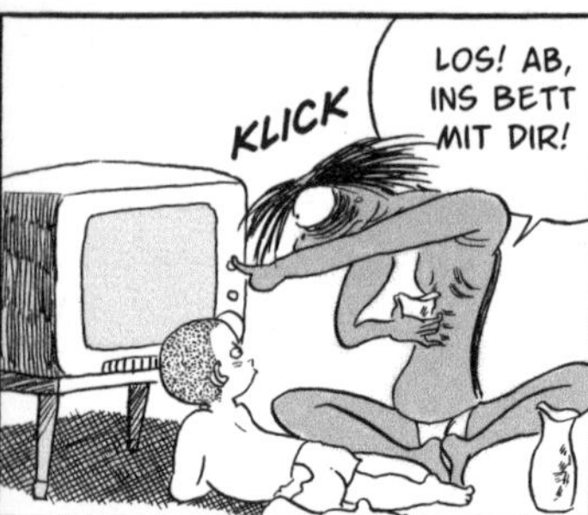
KLICK
LOS! AB, INS BETT MIT DIR!

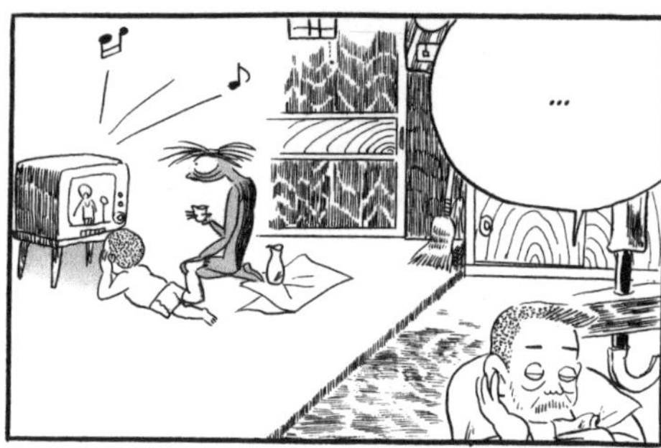
...

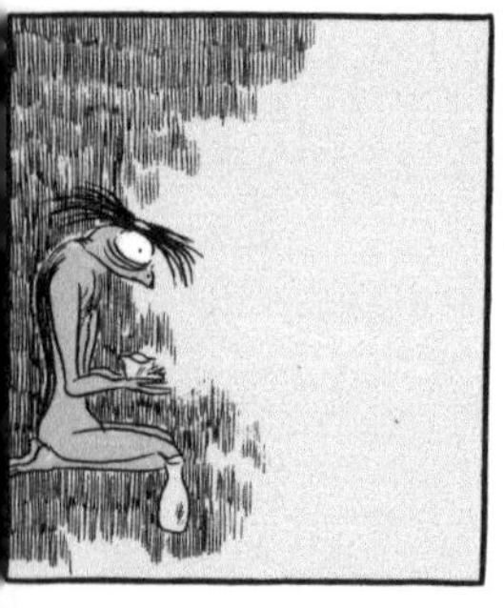

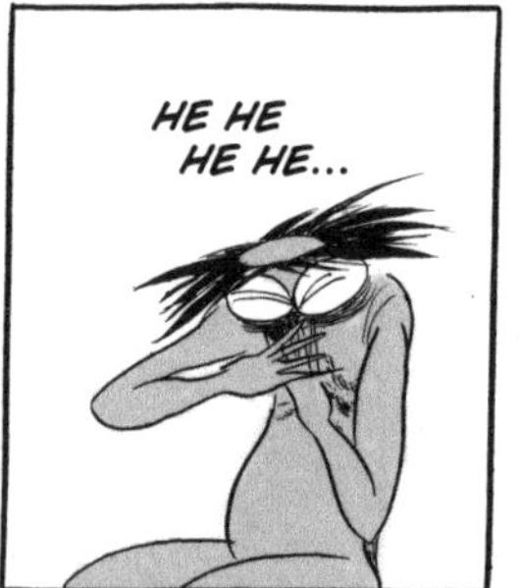
HE HE HE HE...

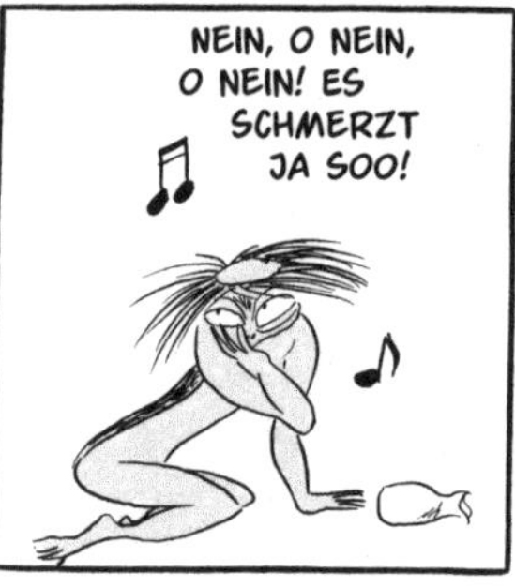
NEIN, O NEIN, O NEIN! ES SCHMERZT JA SOO!

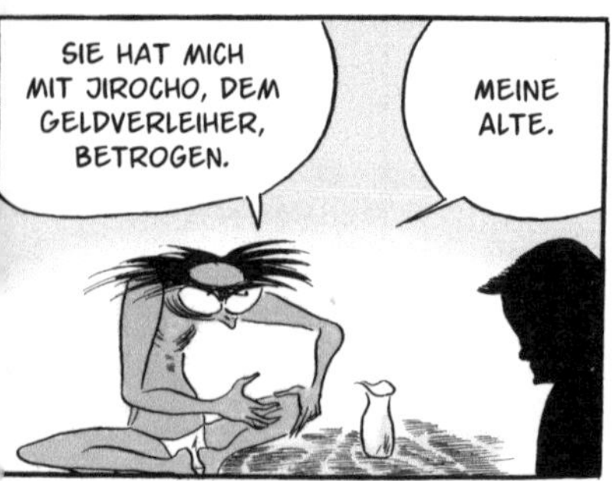
MEINE ALTE.
SIE HAT MICH MIT JIROCHO, DEM GELDVERLEIHER, BETROGEN.

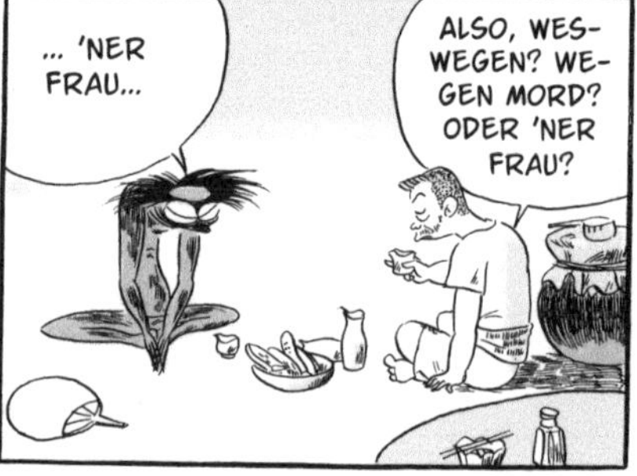
ALSO, WES-WEGEN? WE-GEN MORD? ODER 'NER FRAU?
... 'NER FRAU...

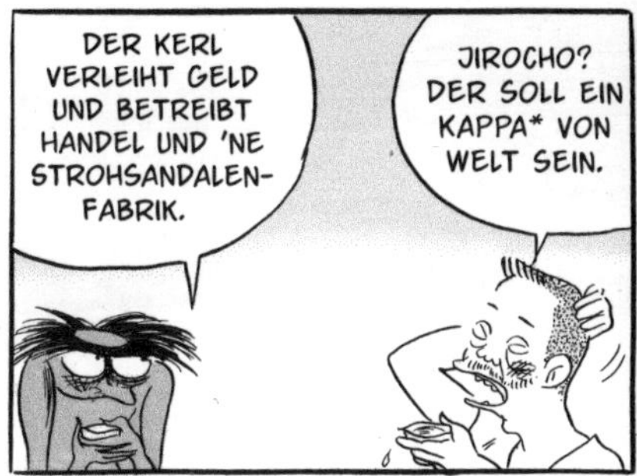

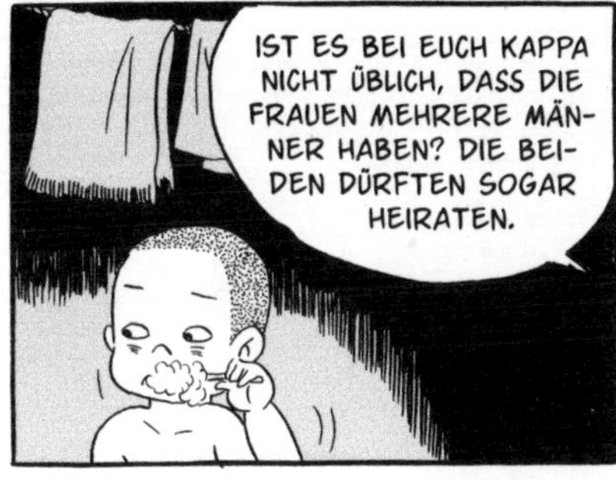

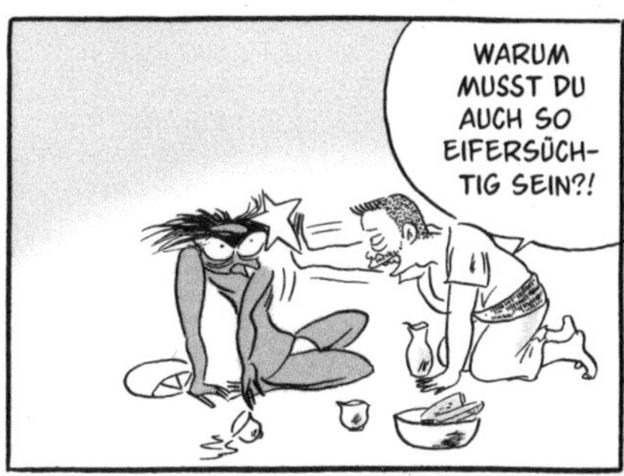

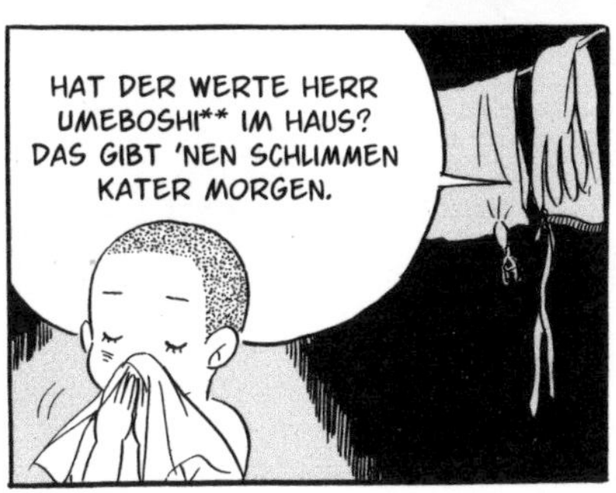

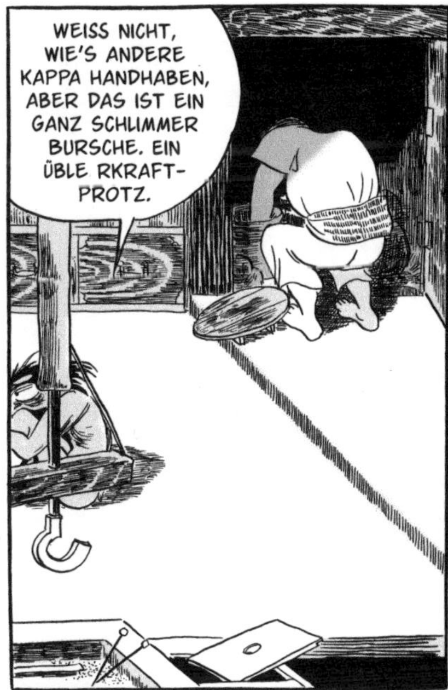

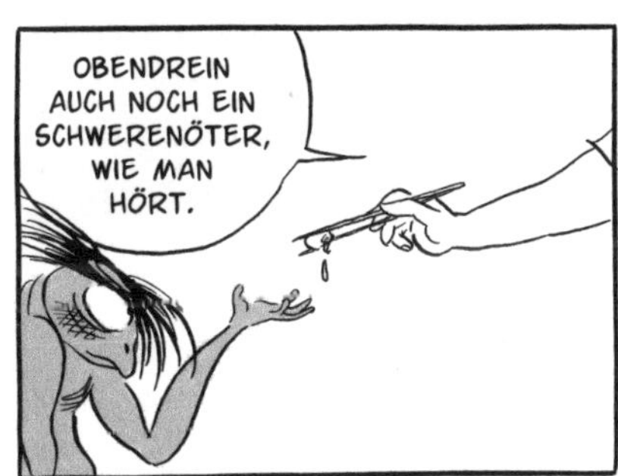

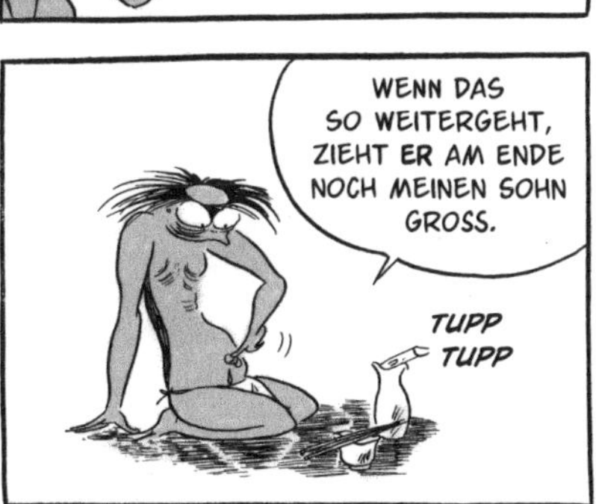

* EIN GESCHÖPF AUS DER JAPANISCHEN MYTHOLOGIE, WELCHES TIERE UND MENSCHEN ZU SICH INS WASSER ZIEHT, UM IHNEN DAS BLUT AUSZUSAUGEN ** EINGELEGTE JAPANISCHE PFLAUME. SOLL GEGEN KATER HELFEN.

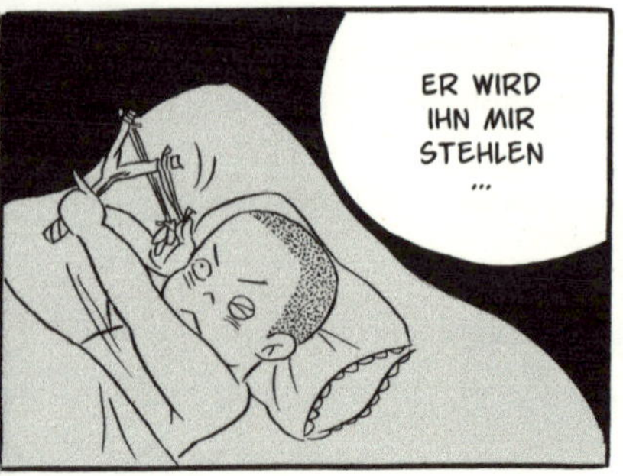
ER WIRD IHN MIR STEHLEN ...

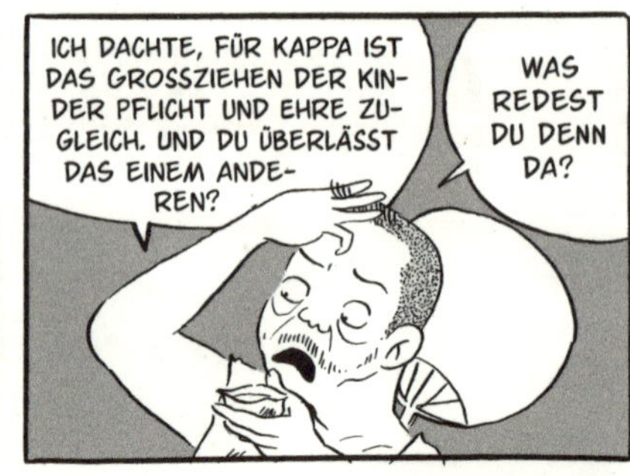
ICH DACHTE, FÜR KAPPA IST DAS GROSSZIEHEN DER KINDER PFLICHT UND EHRE ZUGLEICH. UND DU ÜBERLÄSST DAS EINEM ANDEREN?
WAS REDEST DU DENN DA?

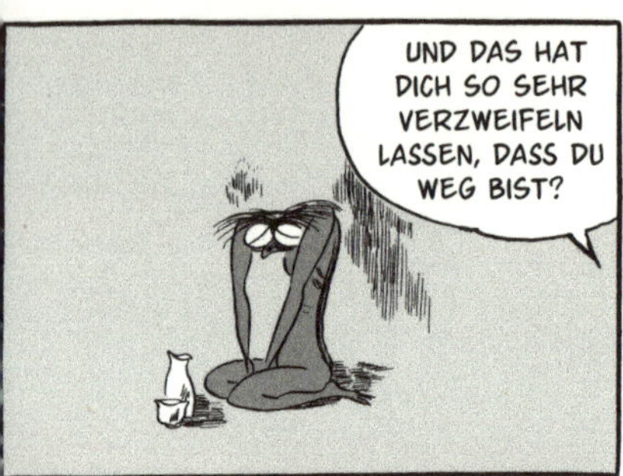
UND DAS HAT DICH SO SEHR VERZWEIFELN LASSEN, DASS DU WEG BIST?

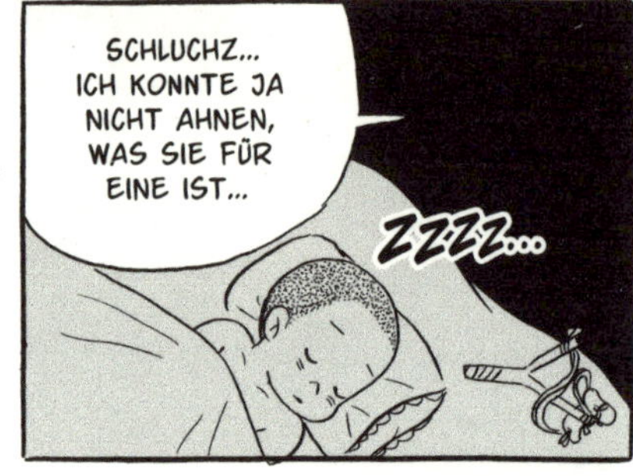
SCHLUCHZ... ICH KONNTE JA NICHT AHNEN, WAS SIE FÜR EINE IST...
ZZZZ...

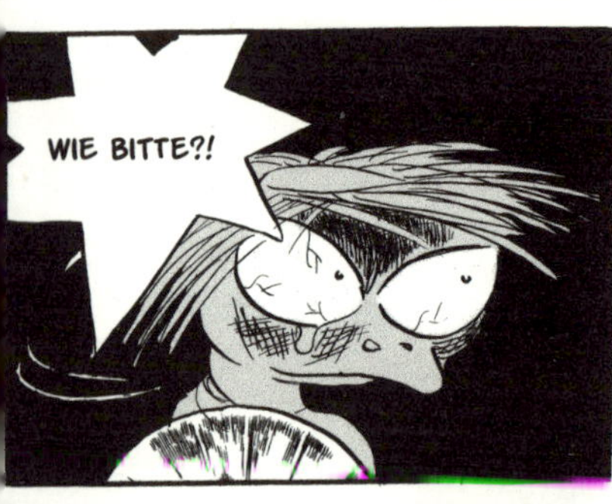
WIE BITTE?!

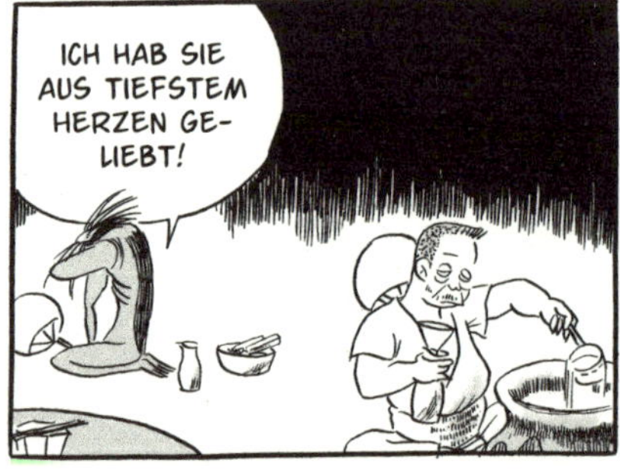
ICH HAB SIE AUS TIEFSTEM HERZEN GELIEBT!

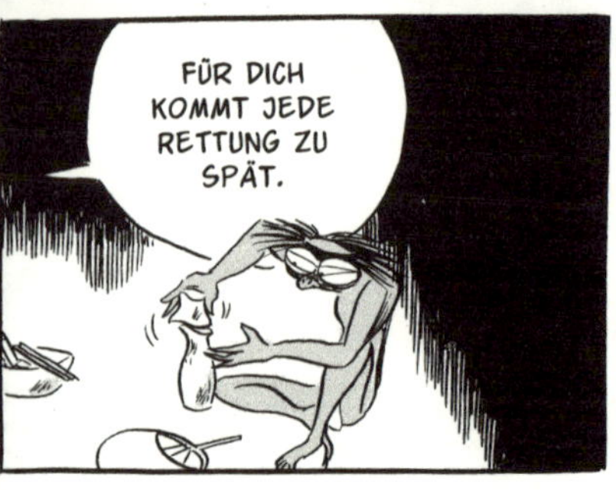
FÜR DICH KOMMT JEDE RETTUNG ZU SPÄT.

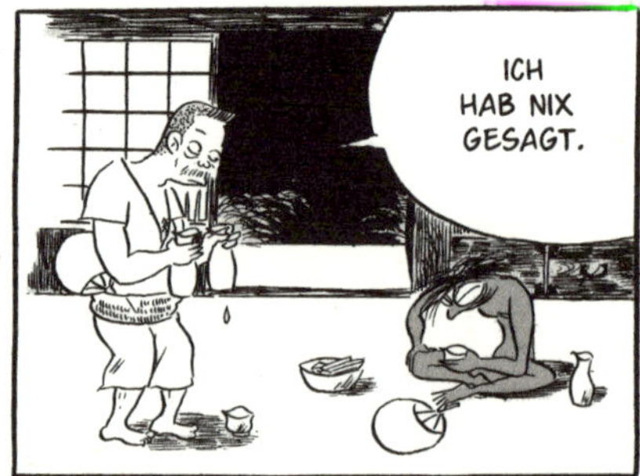
ICH HAB NIX GESAGT.

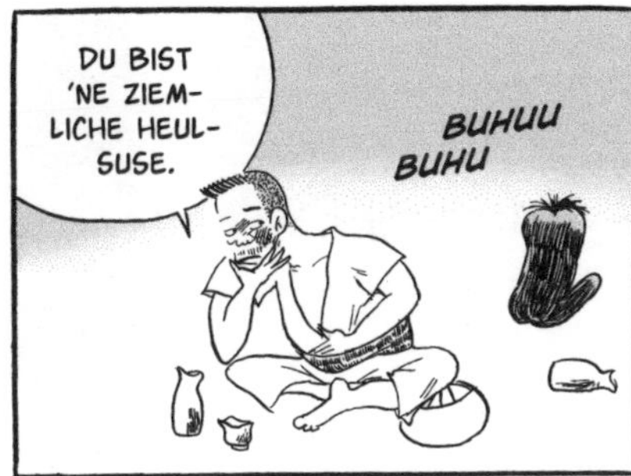
DU BIST 'NE ZIEMLICHE HEULSUSE.
BUHUU BUHU

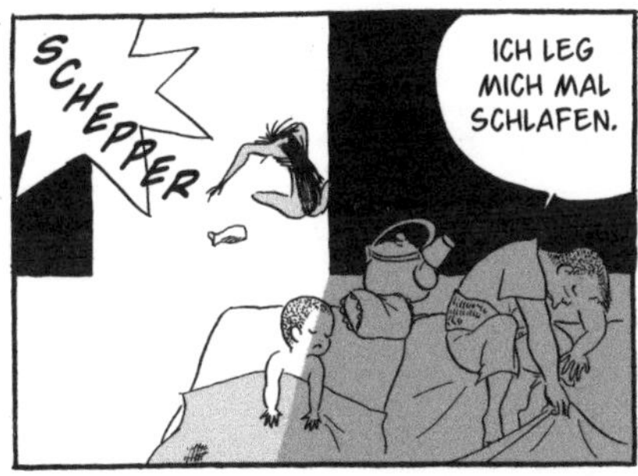
SCHEPPER
ICH LEG MICH MAL SCHLAFEN.

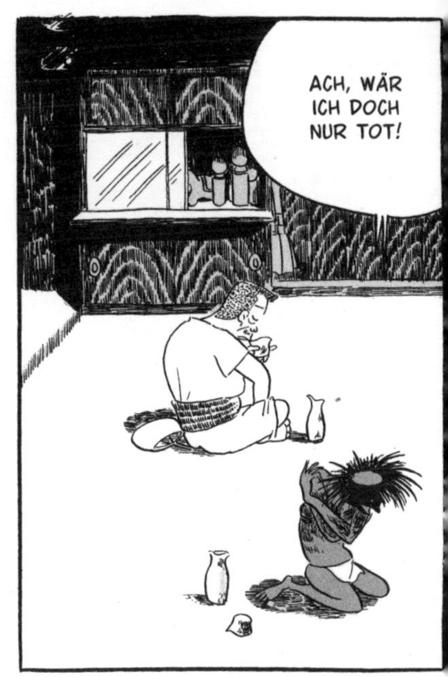
ACH, WÄR ICH DOCH NUR TOT!

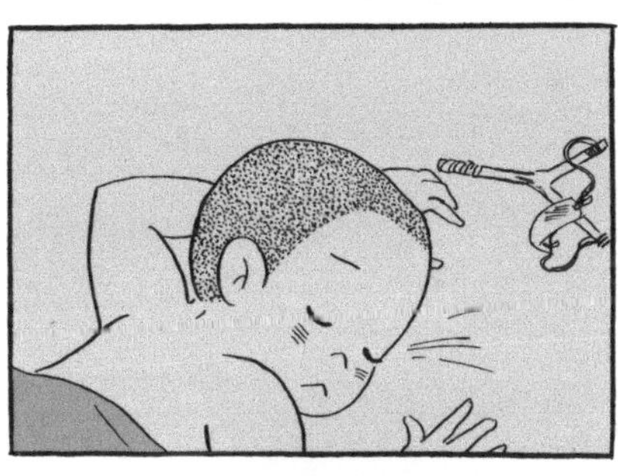

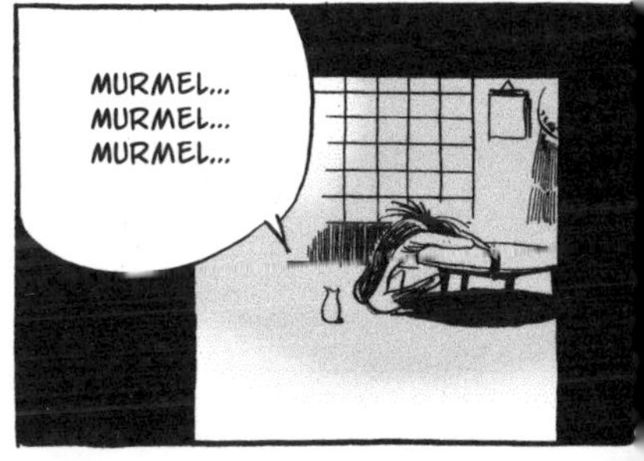
MURMEL... MURMEL... MURMEL...

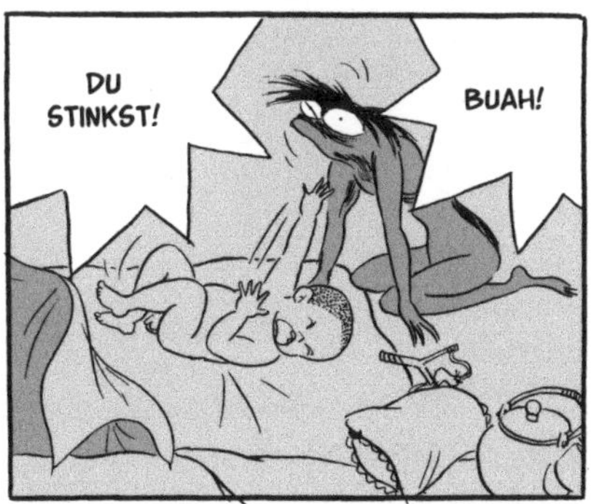
DU STINKST!
BUAH!

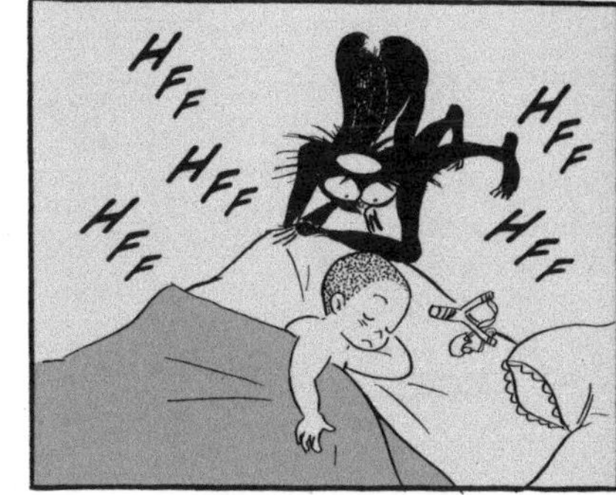
HFF
HFF
HFF
HFF
HFF
HFF

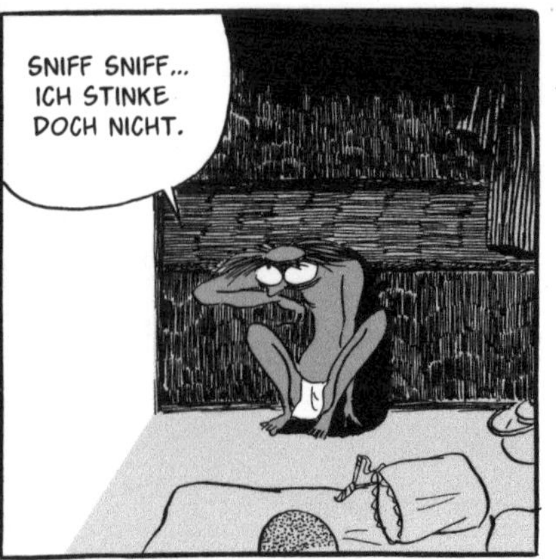
SNIFF SNIFF... ICH STINKE DOCH NICHT.

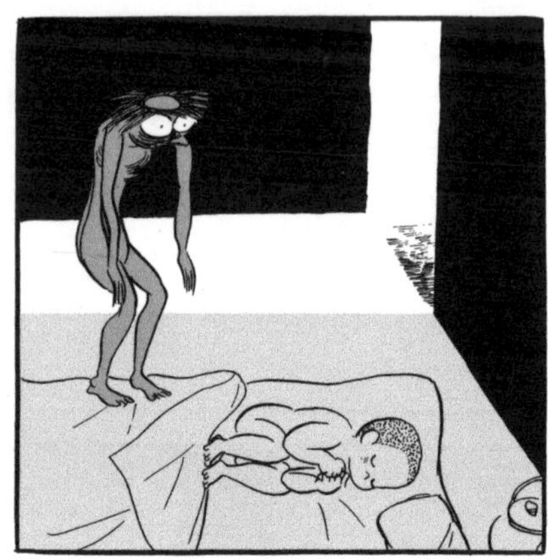

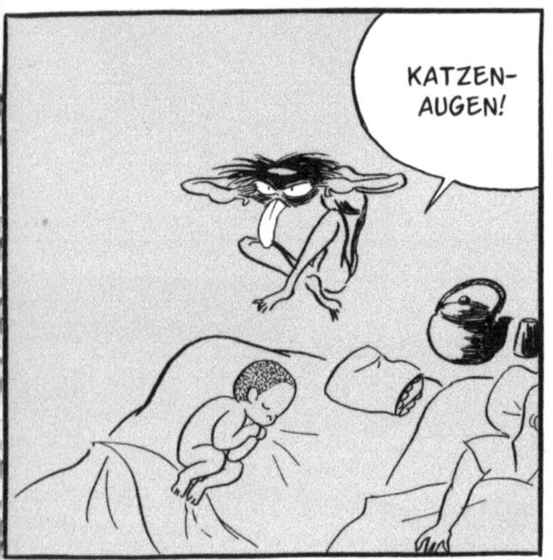
KATZEN-AUGEN!

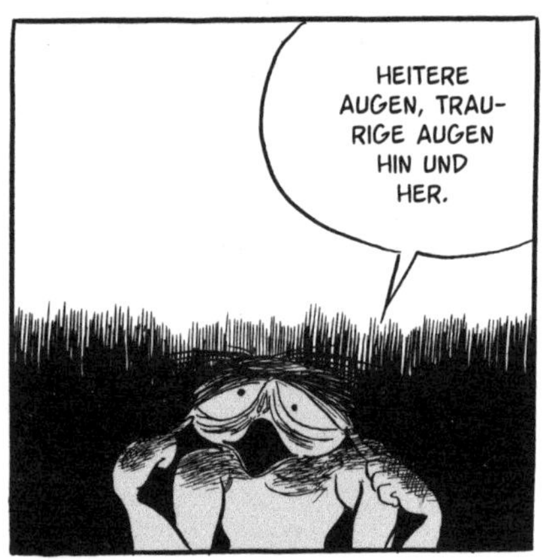
HEITERE AUGEN, TRAURIGE AUGEN HIN UND HER.

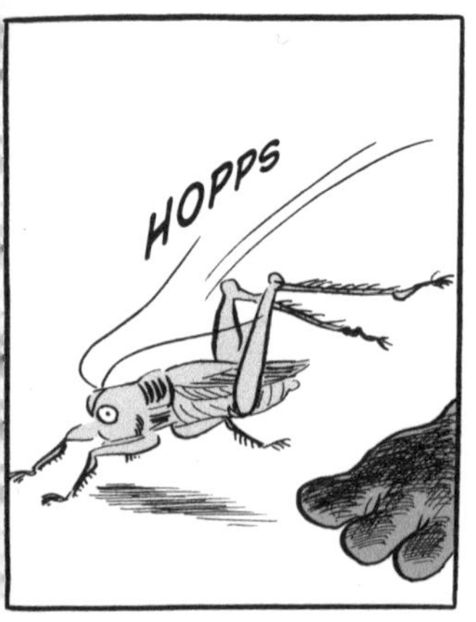
HOPPS

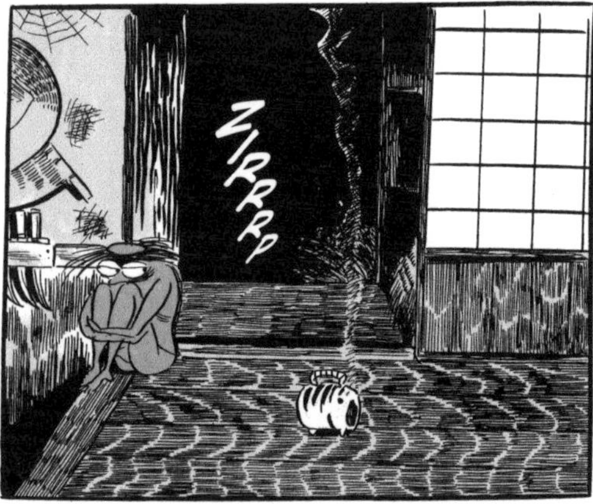
ZIRRRP

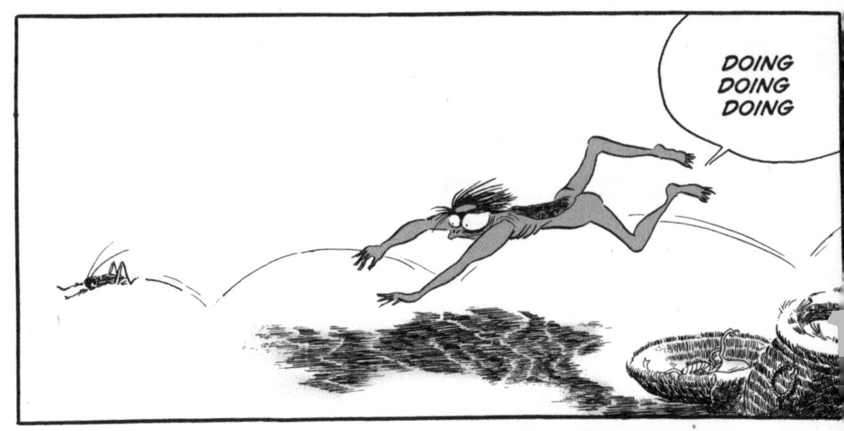
DOING
DOING
DOING

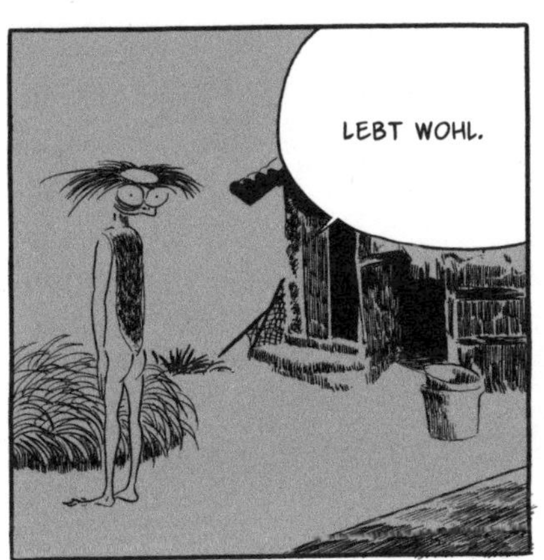
LEBT WOHL.

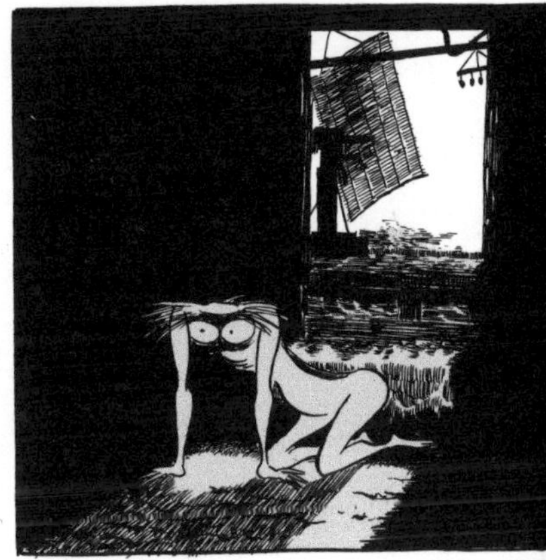

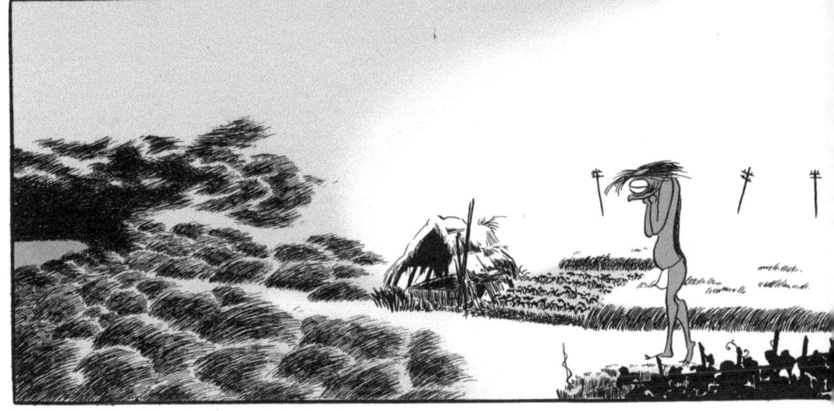

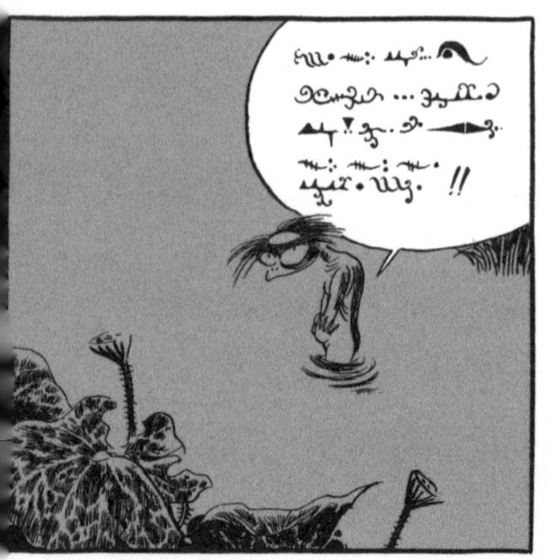

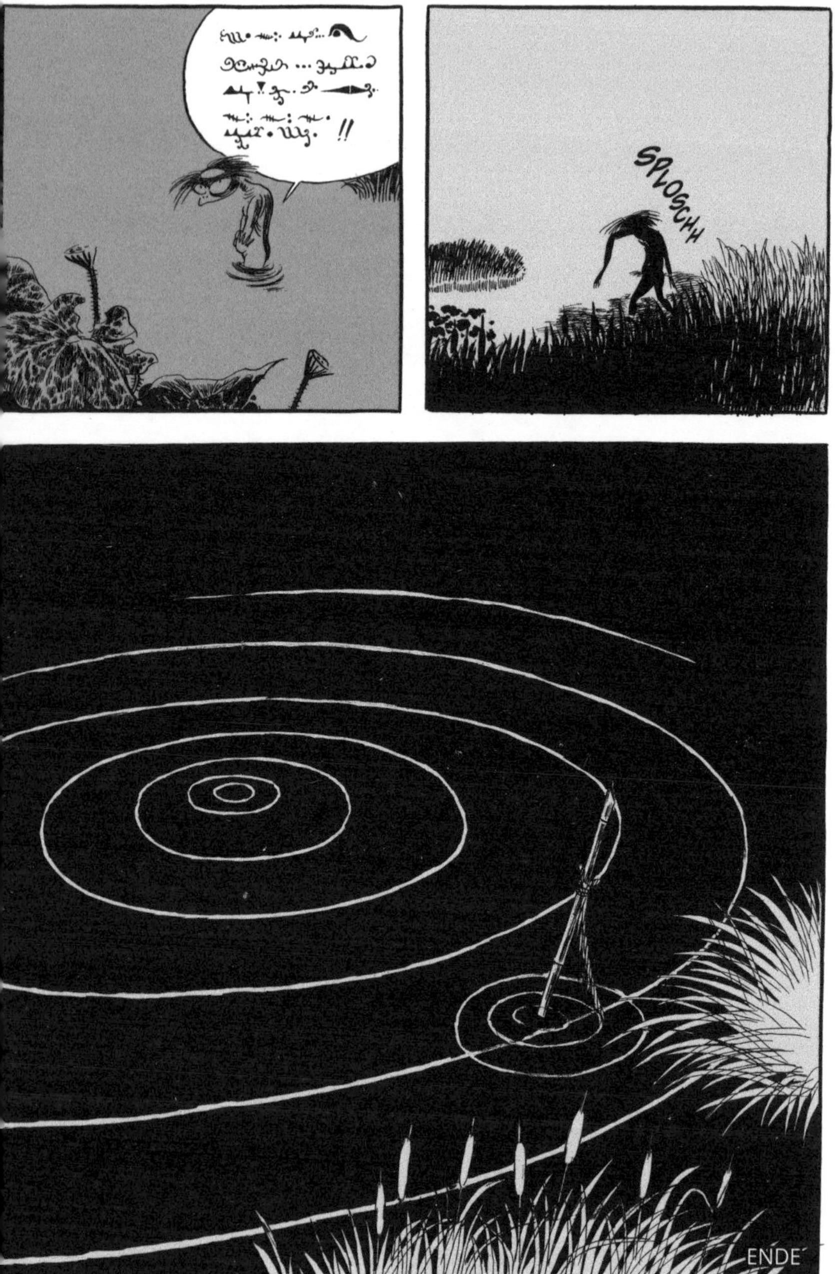

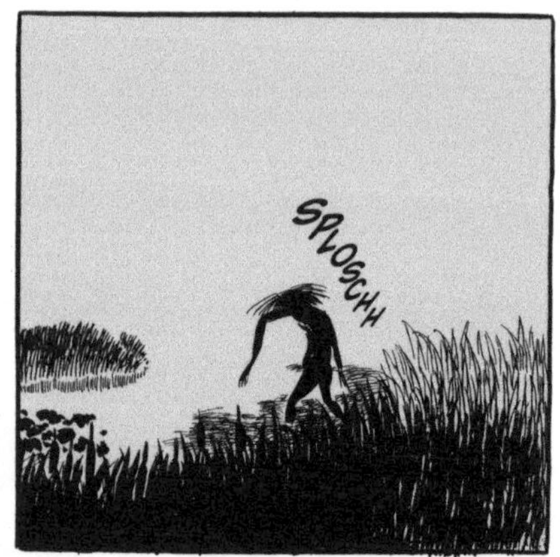

ENDE

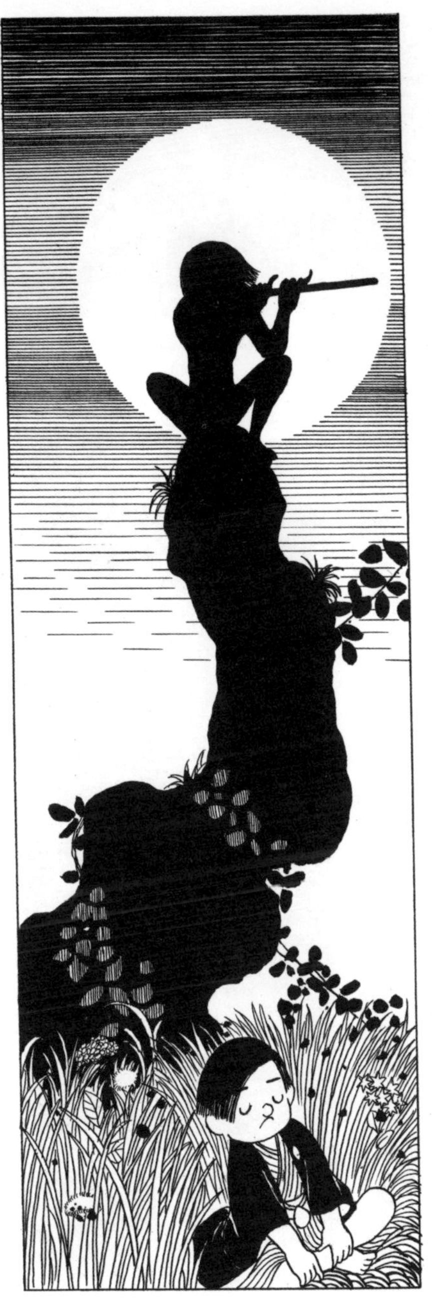

Hanbee

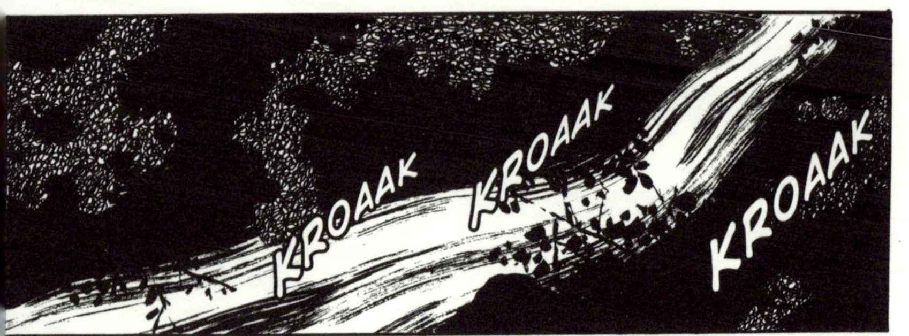
KROAAK
KROAAK
KROAAK

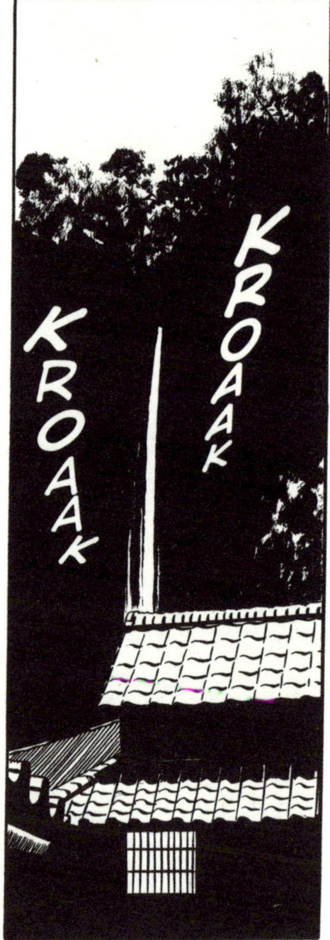
KROAAK
KROAAK

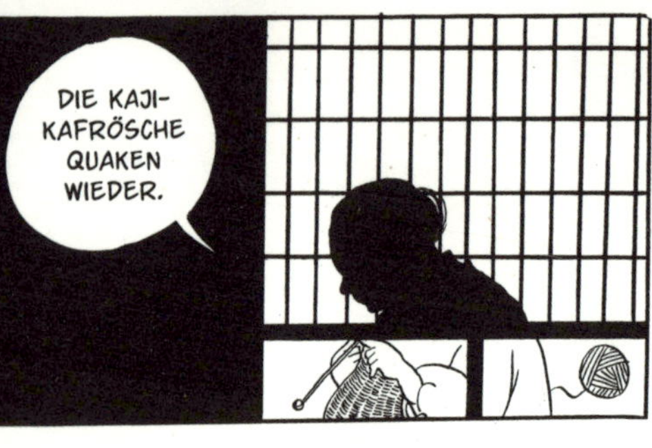
DIE KAJI-KAFRÖSCHE QUAKEN WIEDER.

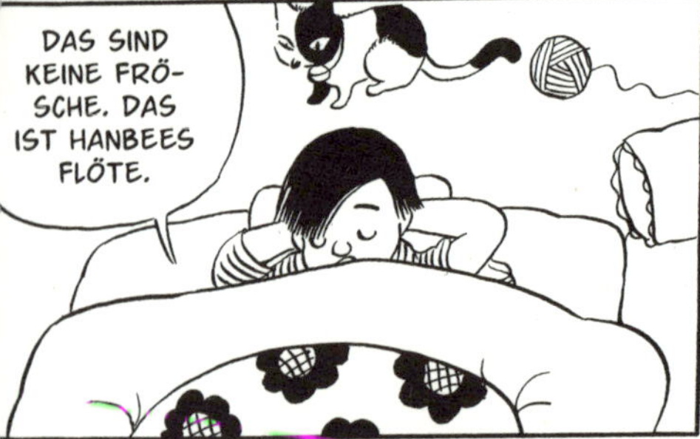
DAS SIND KEINE FRÖ-SCHE. DAS IST HANBEES FLÖTE.

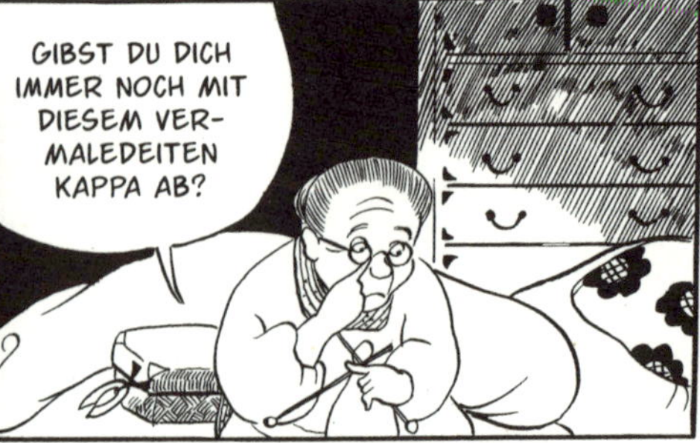
GIBST DU DICH IMMER NOCH MIT DIESEM VER-MALEDEITEN KAPPA AB?

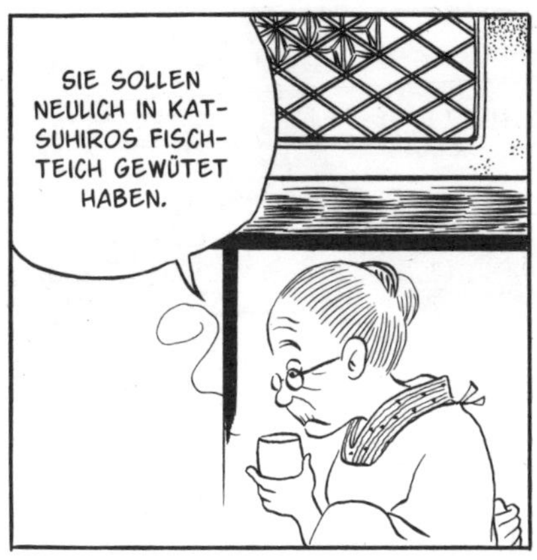
SIE SOLLEN NEULICH IN KATSUHIROS FISCHTEICH GEWÜTET HABEN.

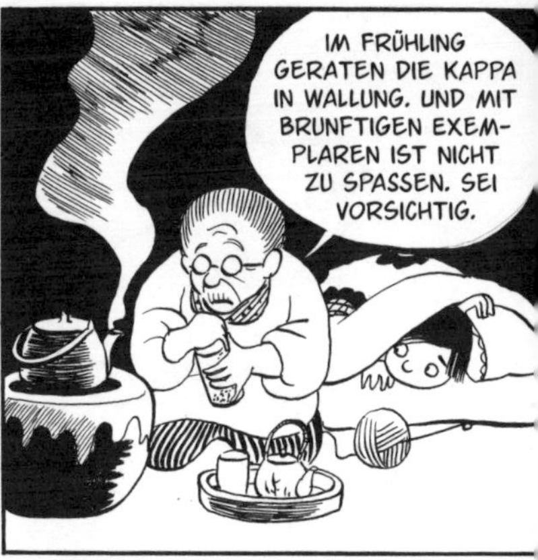
IM FRÜHLING GERATEN DIE KAPPA IN WALLUNG. UND MIT BRUNFTIGEN EXEMPLAREN IST NICHT ZU SPASSEN. SEI VORSICHTIG.

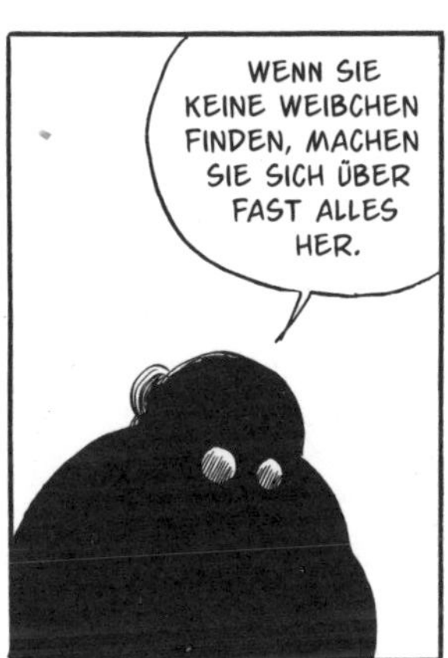
WENN SIE KEINE WEIBCHEN FINDEN, MACHEN SIE SICH ÜBER FAST ALLES HER.

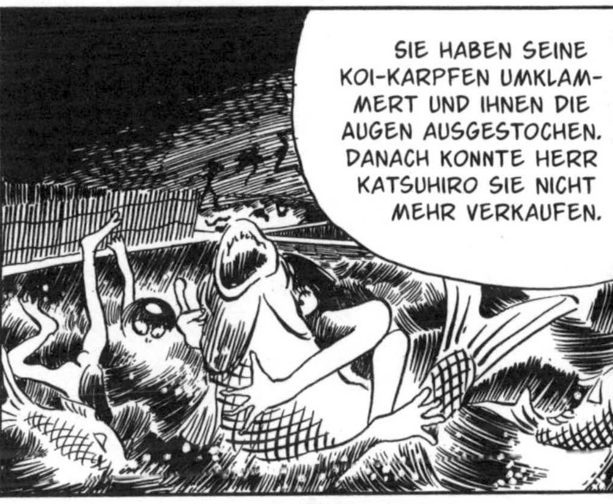
SIE HABEN SEINE KOI-KARPFEN UMKLAMMERT UND IHNEN DIE AUGEN AUSGESTOCHEN. DANACH KONNTE HERR KATSUHIRO SIE NICHT MEHR VERKAUFEN.

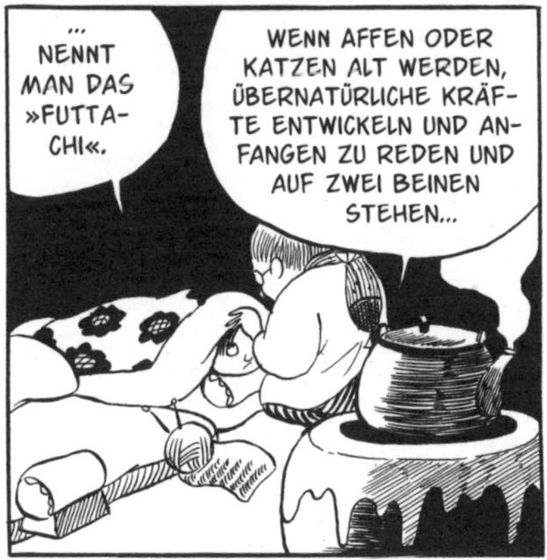
WENN AFFEN ODER KATZEN ALT WERDEN, ÜBERNATÜRLICHE KRÄFTE ENTWICKELN UND ANFANGEN ZU REDEN UND AUF ZWEI BEINEN STEHEN...
... NENNT MAN DAS »FUTTACHI«.

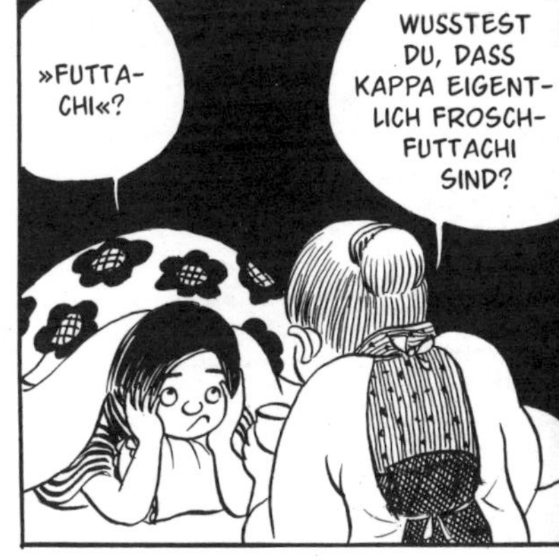
»FUTTACHI«?
WUSSTEST DU, DASS KAPPA EIGENTLICH FROSCHFUTTACHI SIND?

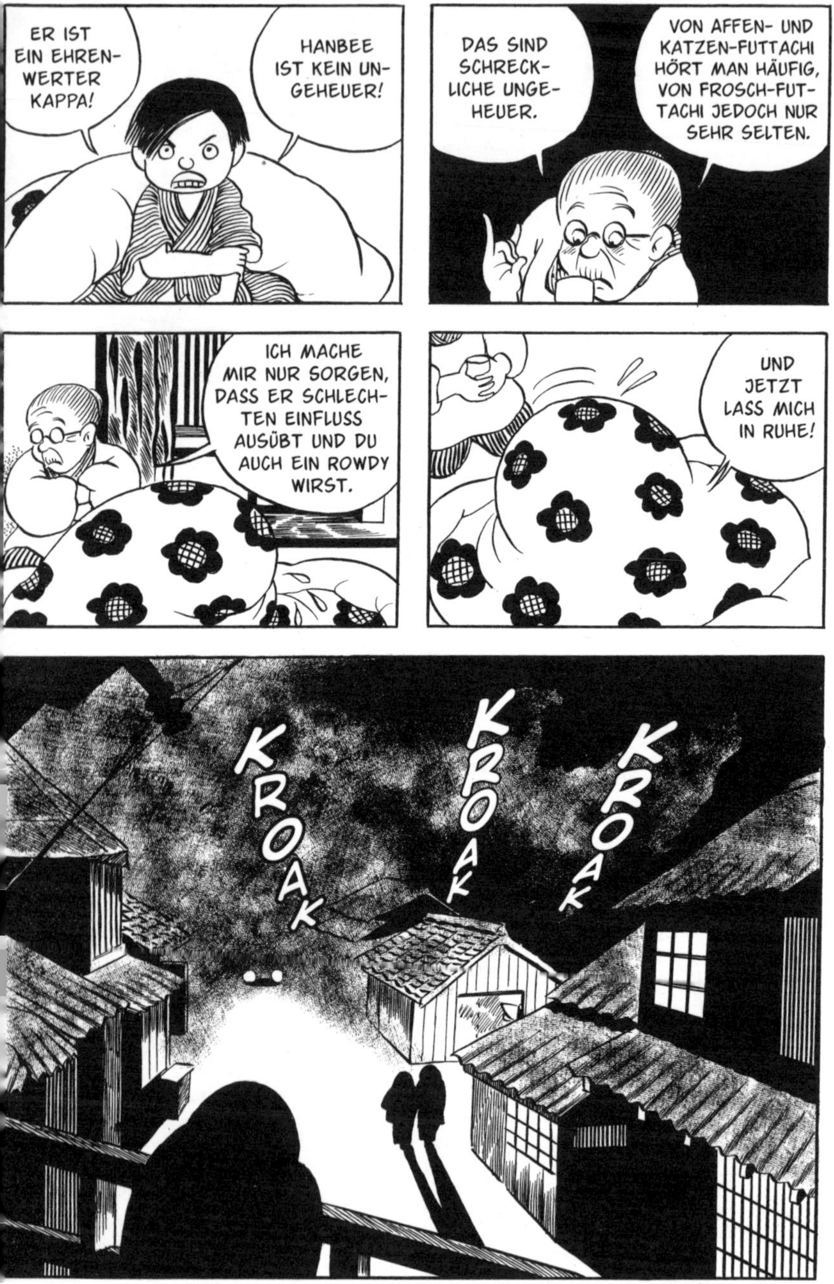

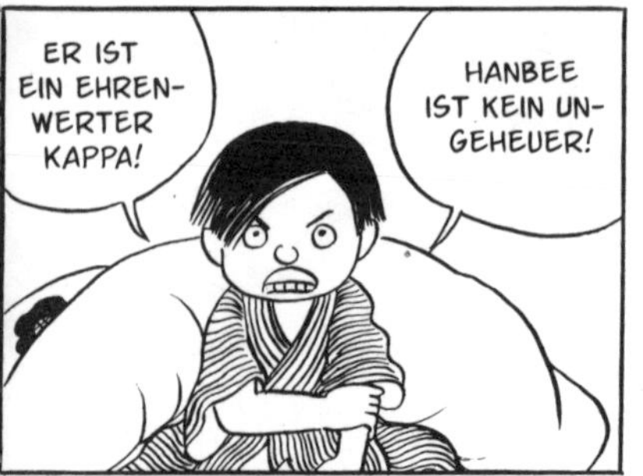
ER IST EIN EHRENWERTER KAPPA!
HANBEE IST KEIN UNGEHEUER!

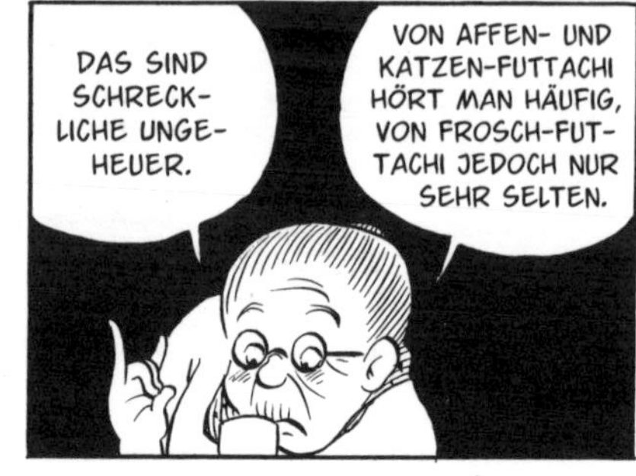
DAS SIND SCHRECKLICHE UNGEHEUER.
VON AFFEN- UND KATZEN-FUTTACHI HÖRT MAN HÄUFIG, VON FROSCH-FUTTACHI JEDOCH NUR SEHR SELTEN.

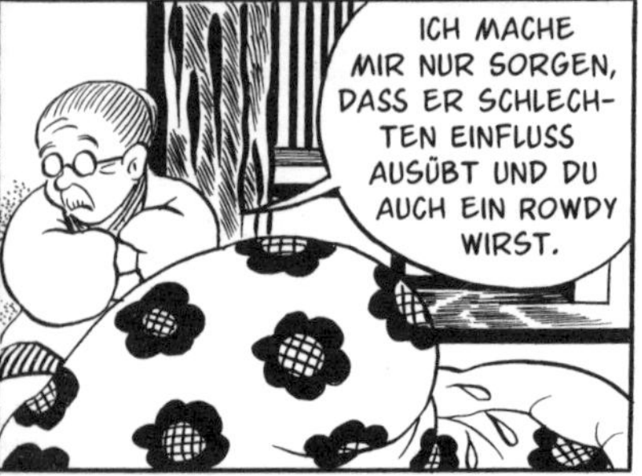
ICH MACHE MIR NUR SORGEN, DASS ER SCHLECHTEN EINFLUSS AUSÜBT UND DU AUCH EIN ROWDY WIRST.

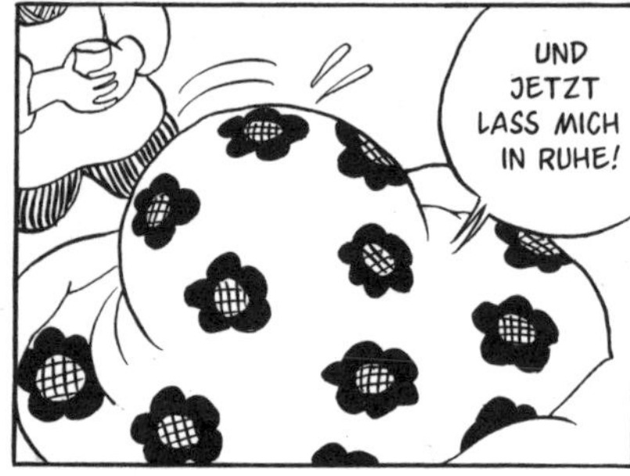
UND JETZT LASS MICH IN RUHE!

KROAK
KROAK
KROAK

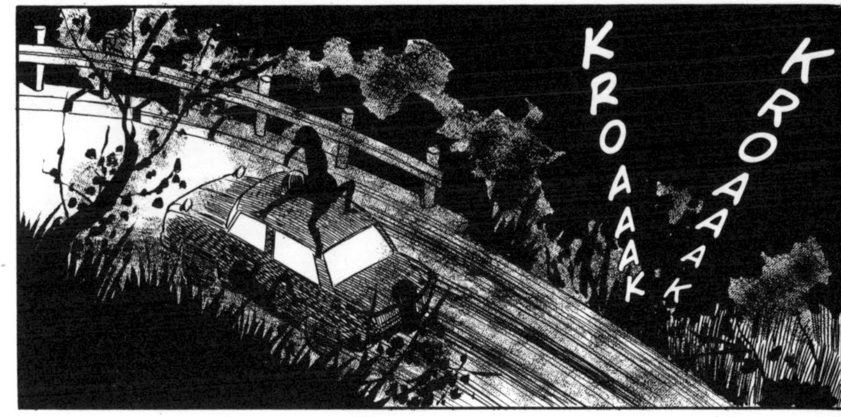
KROAAAAK
KROAAAAK

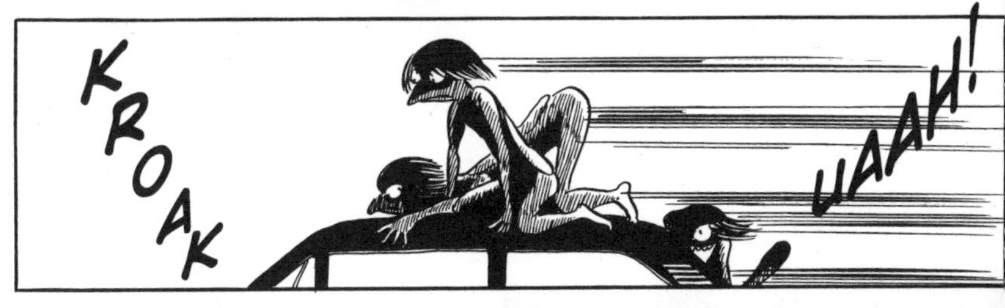
UAAH!
KROAK

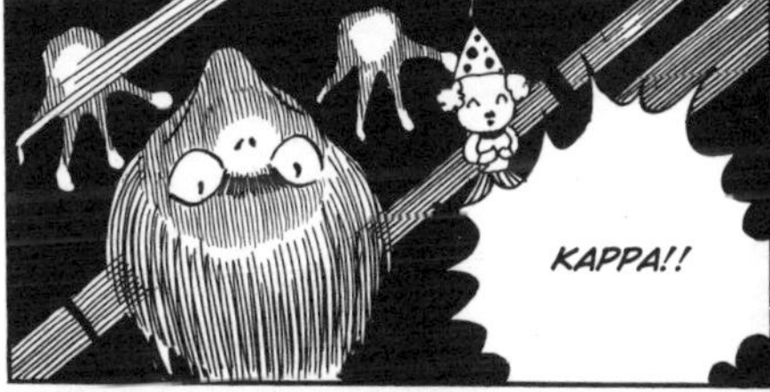
KAPPA!!

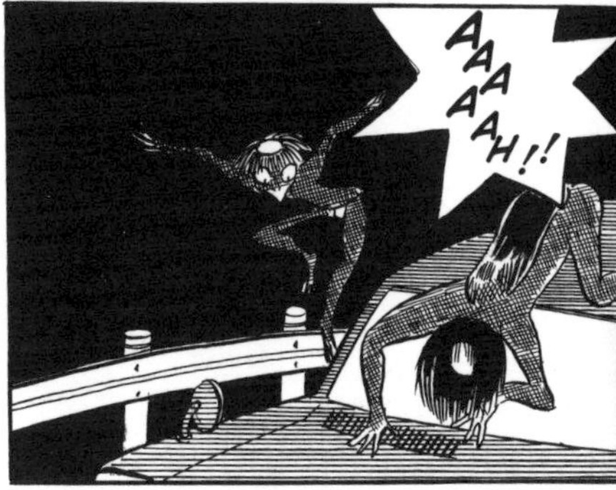
AAAAAH!!

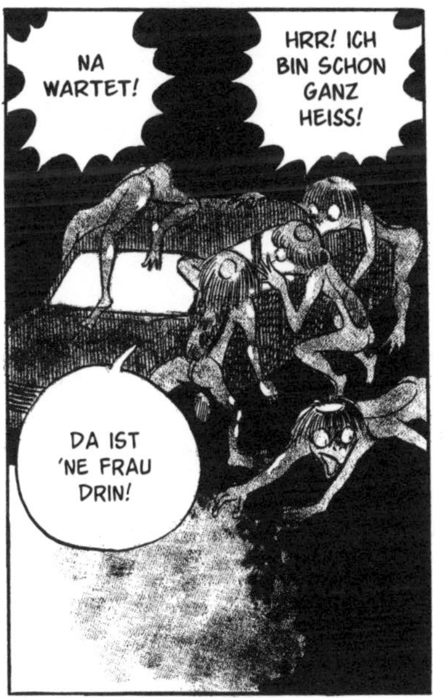
HRR! ICH BIN SCHON GANZ HEISS!
NA WARTET!
DA IST 'NE FRAU DRIN!

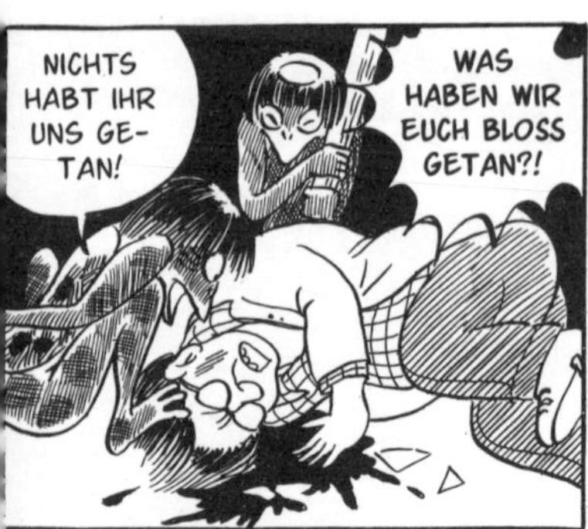
WAS HABEN WIR EUCH BLOSS GETAN?!
NICHTS HABT IHR UNS GE- TAN!

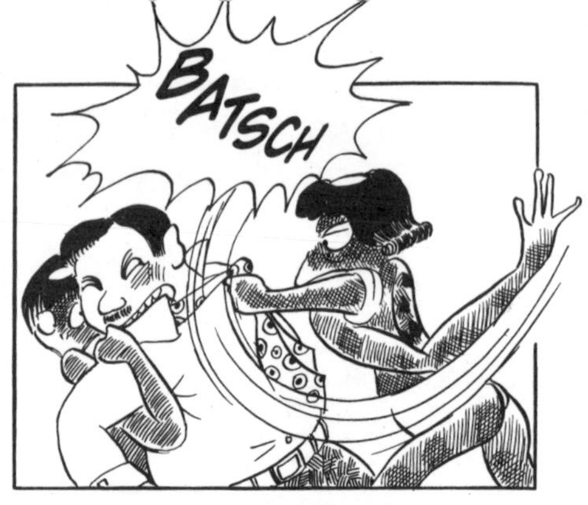
BATSCH

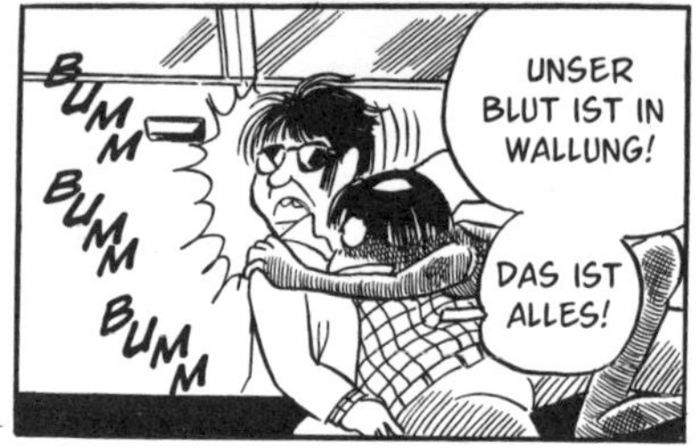
UNSER BLUT IST IN WALLUNG!
DAS IST ALLES!
BUMM BUMM BUMM

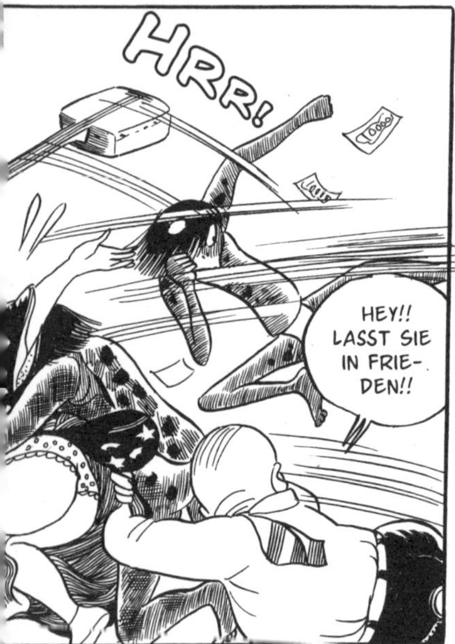
HRR!
HEY!! LASST SIE IN FRIE- DEN!!

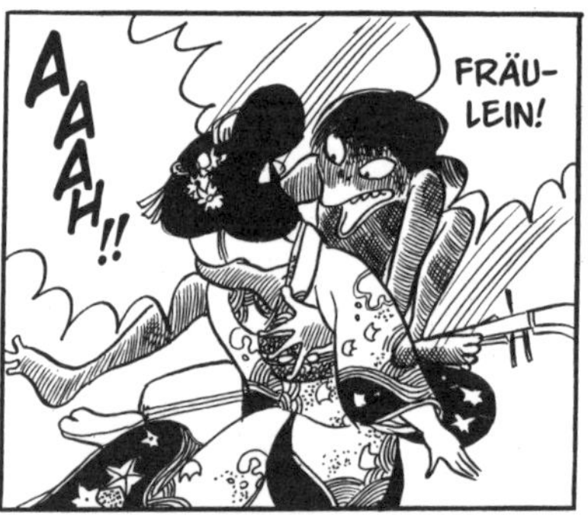
FRÄU- LEIN!
AAAAH!!

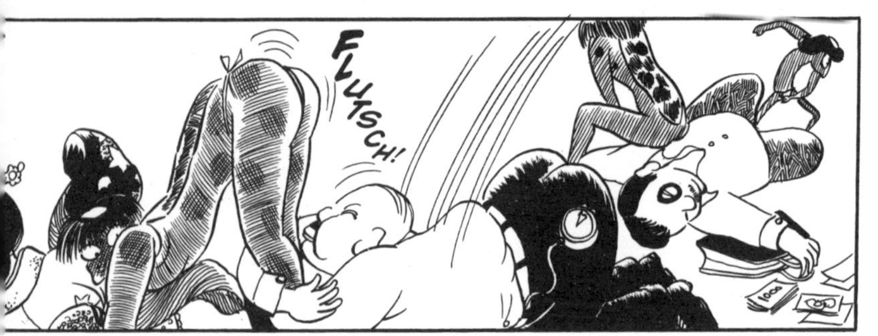
FLUTSCH!

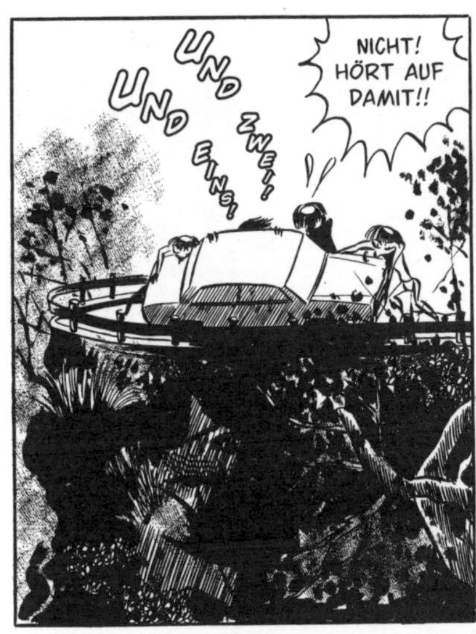
UND EINS!
UND ZWEI!
NICHT! HÖRT AUF DAMIT!!

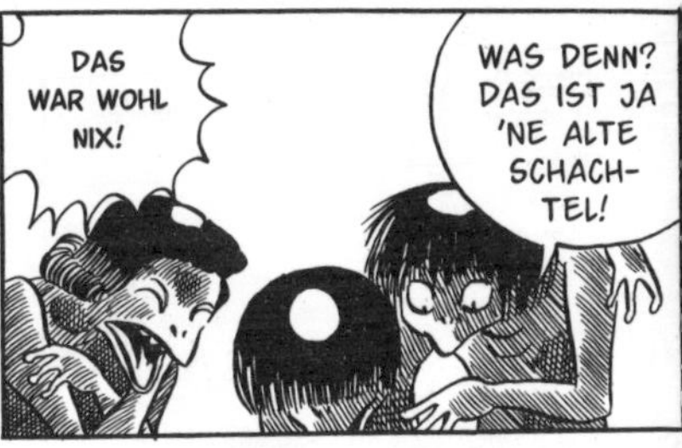
WAS DENN? DAS IST JA 'NE ALTE SCHACH-TEL!
DAS WAR WOHL NIX!

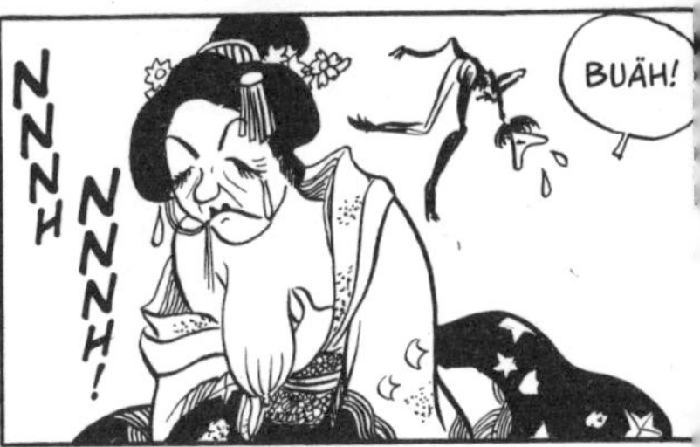
BUÄH!
NNNH
NNNNH!

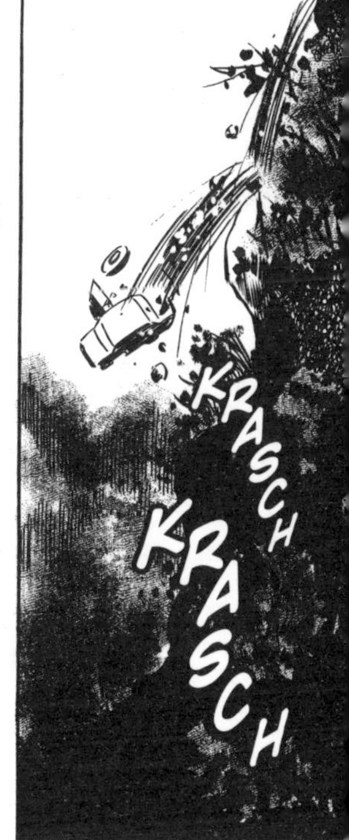
KRASCH
KRASCH

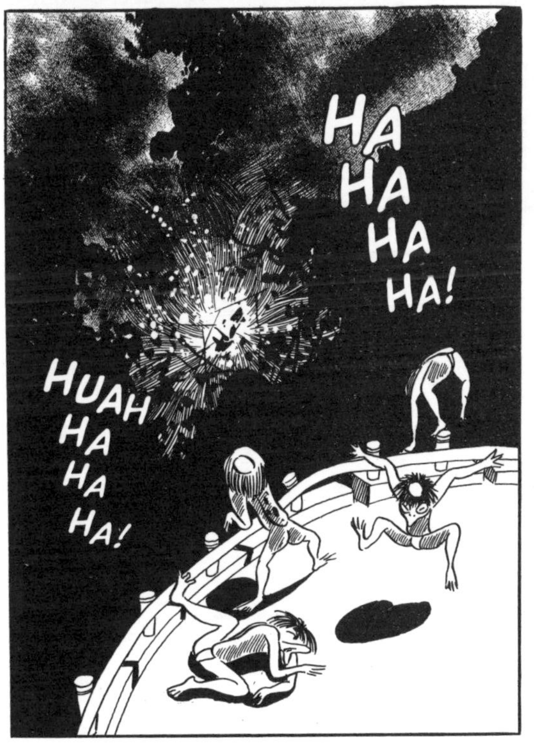
HA HA HA HA HA!
HUAH HA HA HA HA!

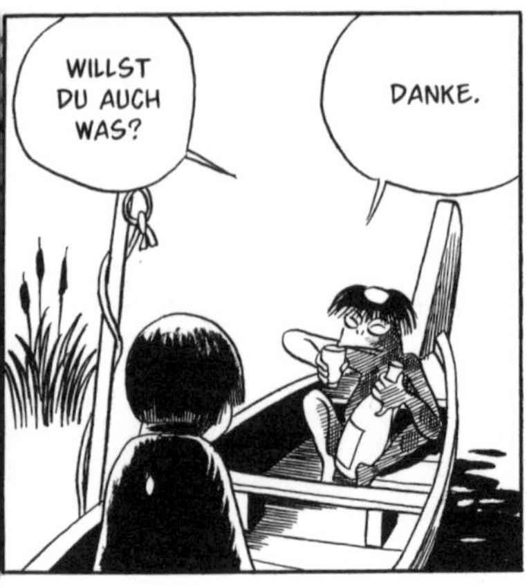
WILLST DU AUCH WAS?
DANKE.

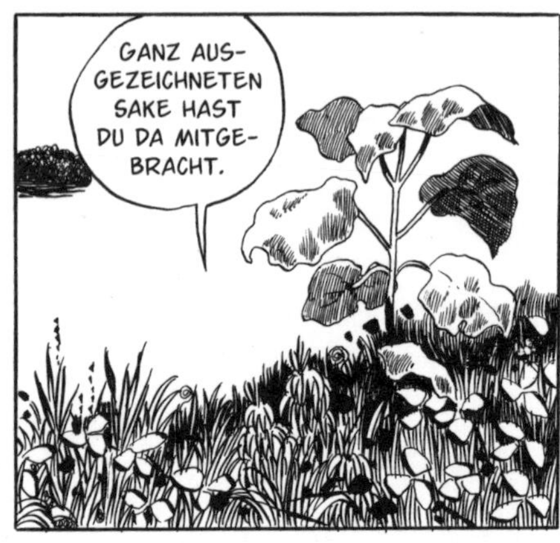
GANZ AUS-GEZEICHNETEN SAKE HAST DU DA MITGE-BRACHT.

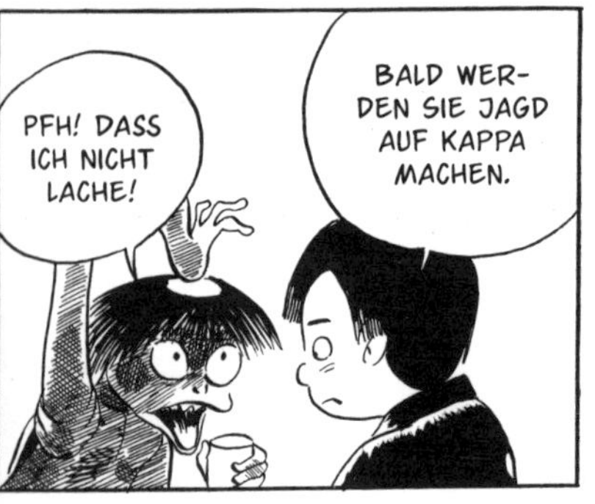
BALD WER-DEN SIE JAGD AUF KAPPA MACHEN.
PFH! DASS ICH NICHT LACHE!

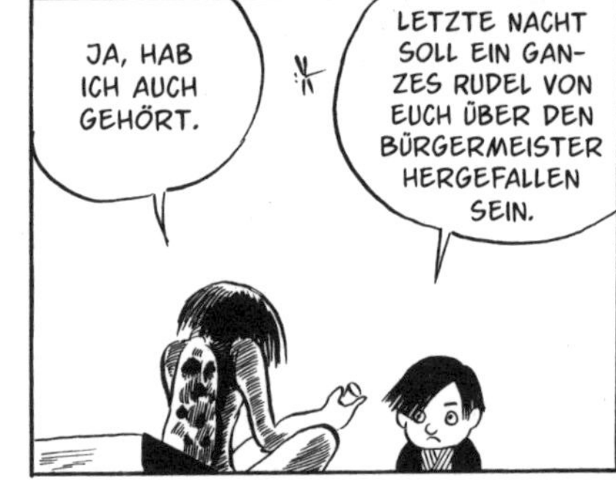
LETZTE NACHT SOLL EIN GAN-ZES RUDEL VON EUCH ÜBER DEN BÜRGERMEISTER HERGEFALLEN SEIN.
JA, HAB ICH AUCH GEHÖRT.

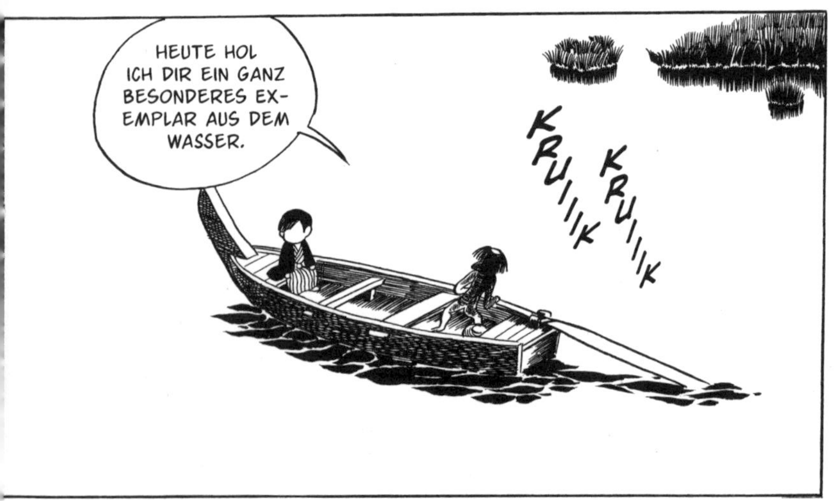
HEUTE HOL ICH DIR EIN GANZ BESONDERES EX-EMPLAR AUS DEM WASSER.
KRUIIIK
KRUIIIK

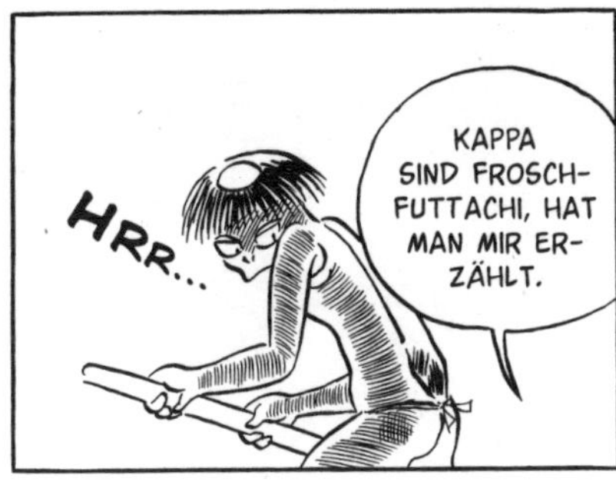
HRR...
KAPPA SIND FROSCH-FUTTACHI, HAT MAN MIR ERZÄHLT.

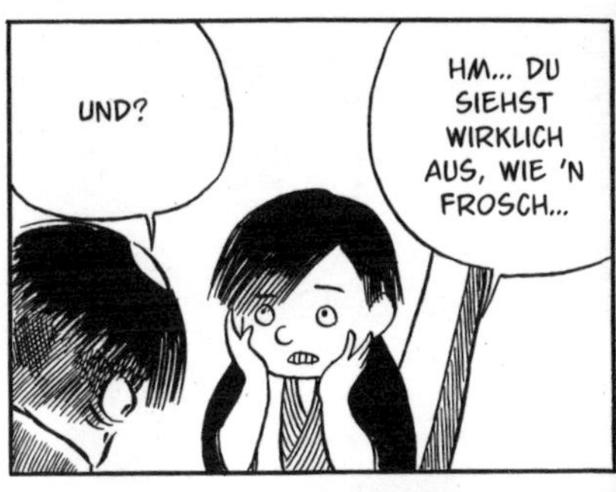
UND?
HM... DU SIEHST WIRKLICH AUS, WIE 'N FROSCH...

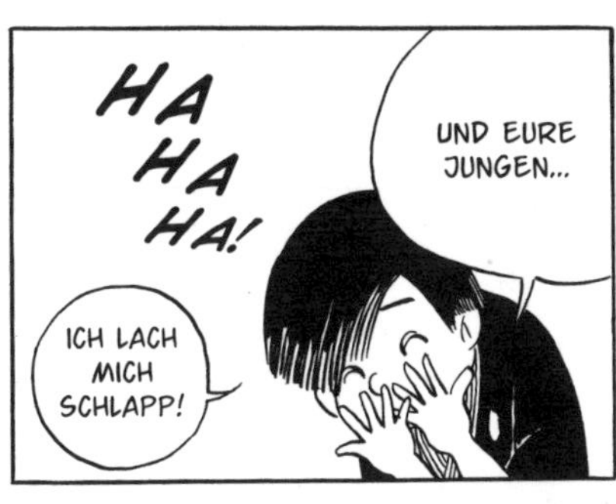
HA HA HA!
ICH LACH MICH SCHLAPP!
UND EURE JUNGEN...

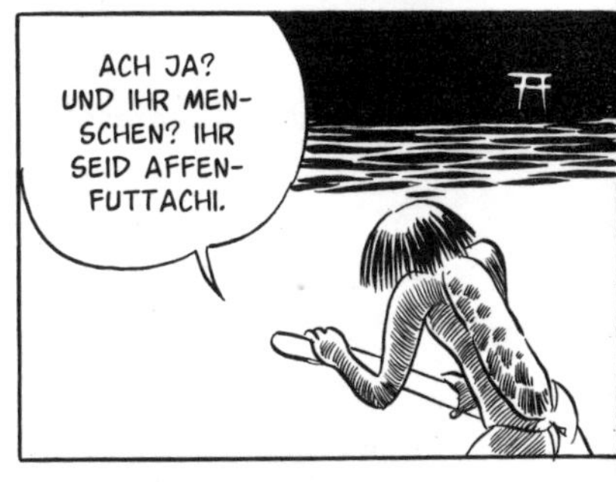
ACH JA? UND IHR MENSCHEN? IHR SEID AFFEN-FUTTACHI.

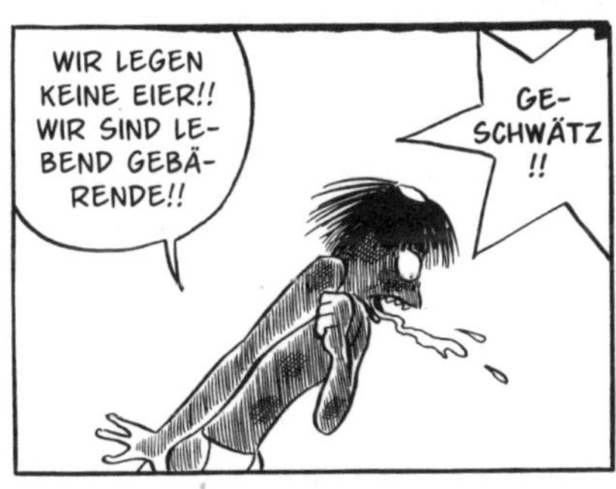
WIR LEGEN KEINE EIER!! WIR SIND LEBEND GEBÄRENDE!!
GESCHWÄTZ!!

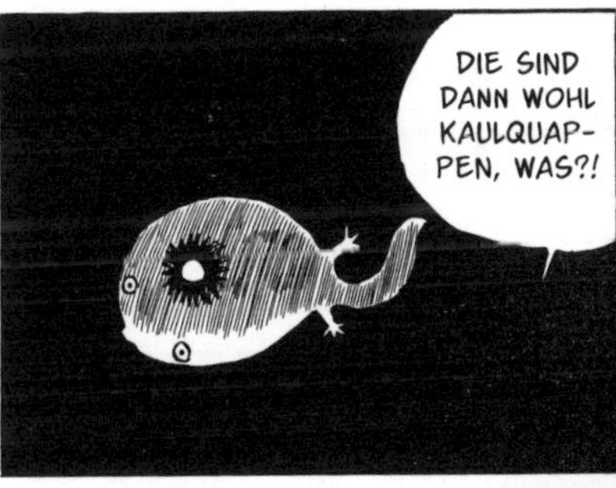
DIE SIND DANN WOHL KAULQUAPPEN, WAS?!

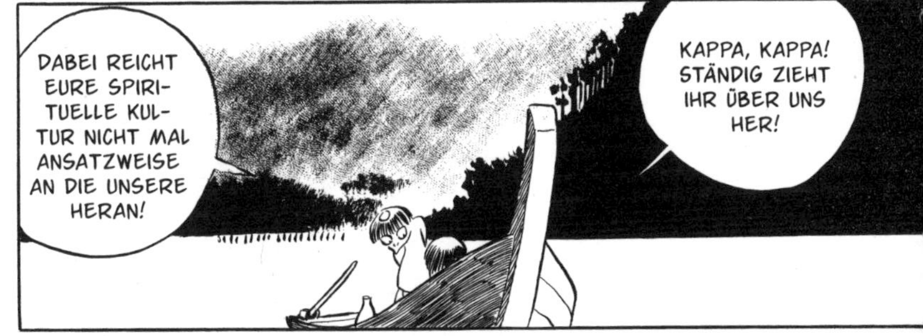
DABEI REICHT EURE SPIRITUELLE KULTUR NICHT MAL ANSATZWEISE AN DIE UNSERE HERAN!
KAPPA, KAPPA! STÄNDIG ZIEHT IHR ÜBER UNS HER!

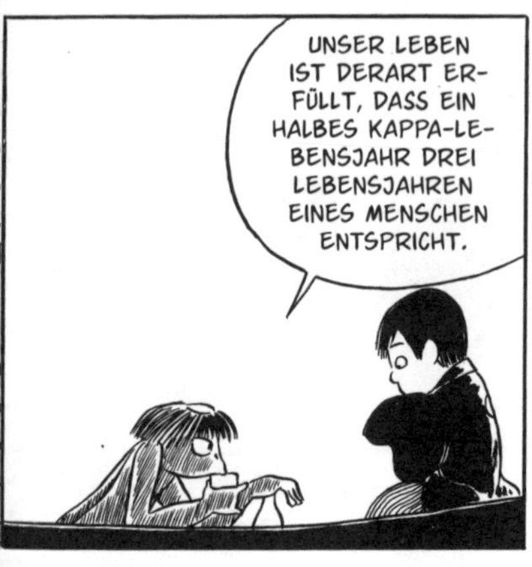
UNSER LEBEN IST DERART ERFÜLLT, DASS EIN HALBES KAPPA-LEBENSJAHR DREI LEBENSJAHREN EINES MENSCHEN ENTSPRICHT.

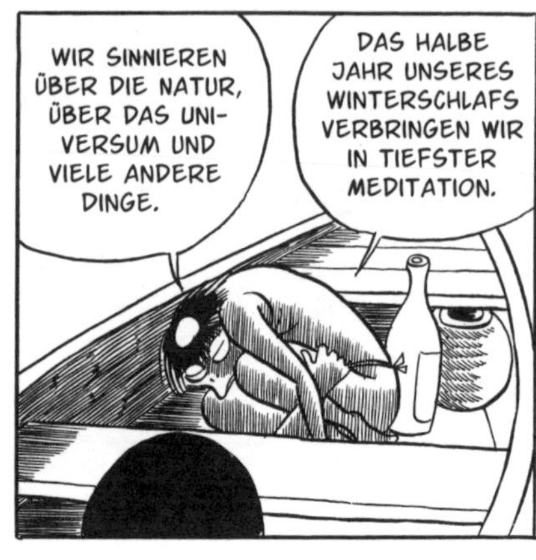
DAS HALBE JAHR UNSERES WINTERSCHLAFS VERBRINGEN WIR IN TIEFSTER MEDITATION.
WIR SINNIEREN ÜBER DIE NATUR, ÜBER DAS UNIVERSUM UND VIELE ANDERE DINGE.

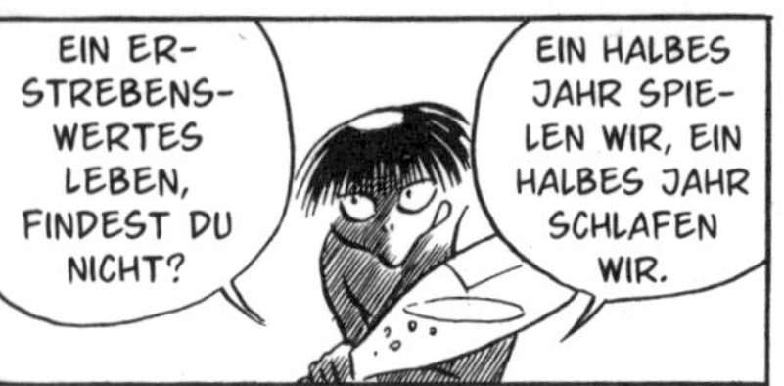
EIN HALBES JAHR SPIELEN WIR, EIN HALBES JAHR SCHLAFEN WIR.
EIN ERSTREBENSWERTES LEBEN, FINDEST DU NICHT?

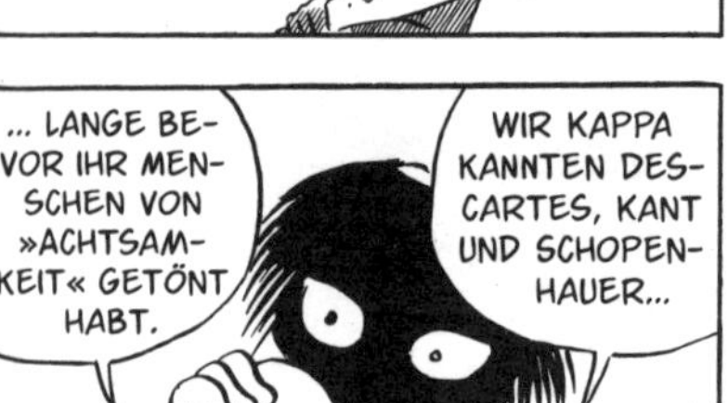
WIR KAPPA KANNTEN DESCARTES, KANT UND SCHOPENHAUER...
... LANGE BEVOR IHR MENSCHEN VON »ACHTSAMKEIT« GETÖNT HABT.

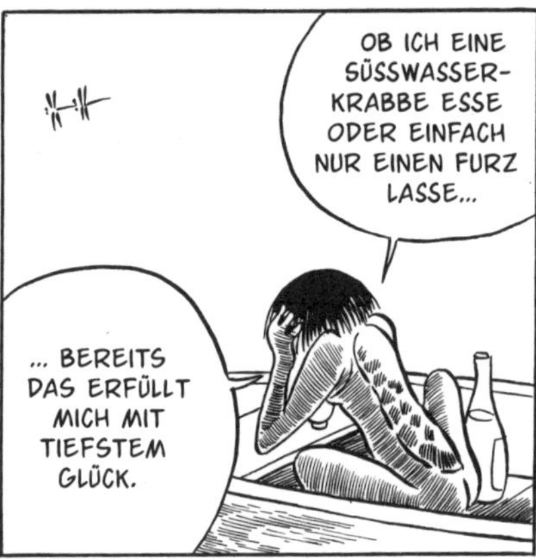
OB ICH EINE SÜSSWASSERKRABBE ESSE ODER EINFACH NUR EINEN FURZ LASSE...
... BEREITS DAS ERFÜLLT MICH MIT TIEFSTEM GLÜCK.

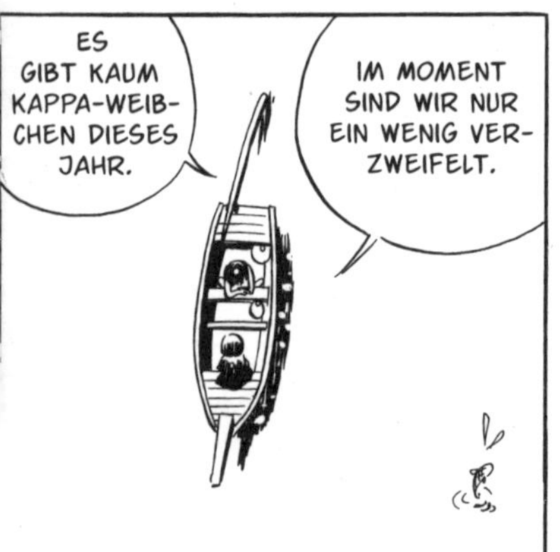
IM MOMENT SIND WIR NUR EIN WENIG VERZWEIFELT.
ES GIBT KAUM KAPPA-WEIBCHEN DIESES JAHR.

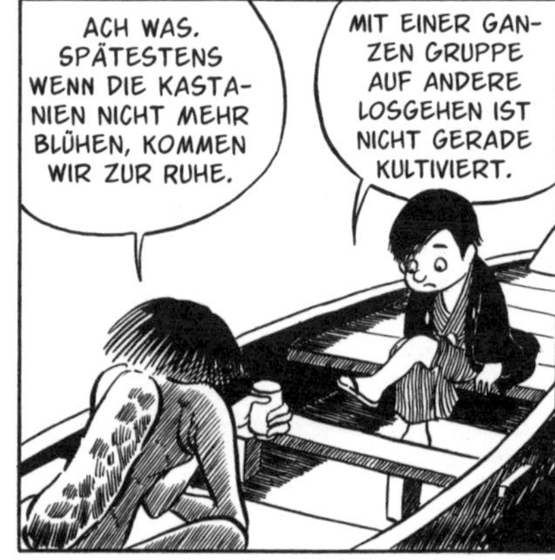
MIT EINER GANZEN GRUPPE AUF ANDERE LOSGEHEN IST NICHT GERADE KULTIVIERT.
ACH WAS. SPÄTESTENS WENN DIE KASTANIEN NICHT MEHR BLÜHEN, KOMMEN WIR ZUR RUHE.

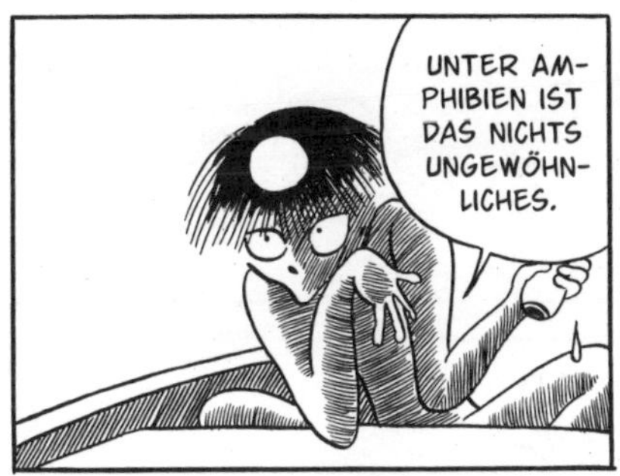
UNTER AMPHIBIEN IST DAS NICHTS UNGEWÖHNLICHES.

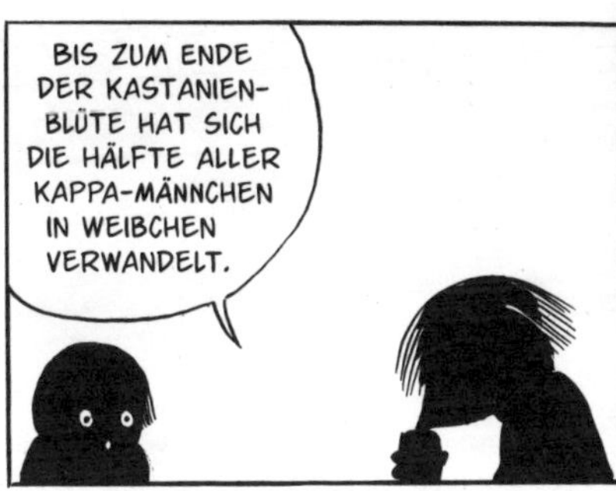
BIS ZUM ENDE DER KASTANIENBLÜTE HAT SICH DIE HÄLFTE ALLER KAPPA-MÄNNCHEN IN WEIBCHEN VERWANDELT.

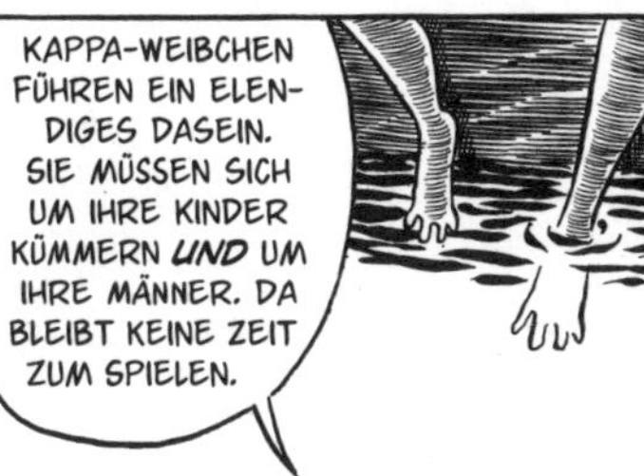
KAPPA-WEIBCHEN FÜHREN EIN ELENDIGES DASEIN. SIE MÜSSEN SICH UM IHRE KINDER KÜMMERN *UND* UM IHRE MÄNNER. DA BLEIBT KEINE ZEIT ZUM SPIELEN.

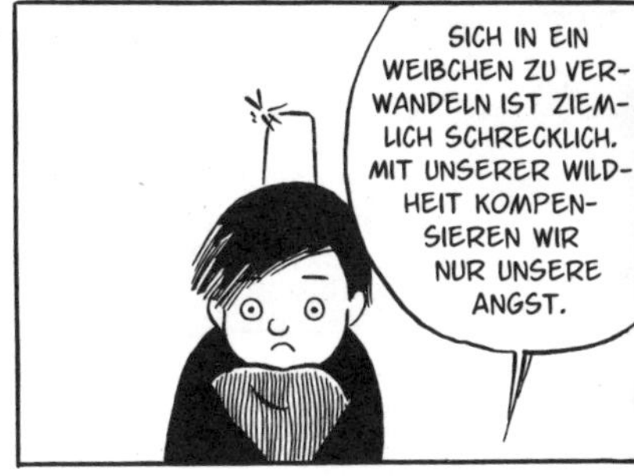
SICH IN EIN WEIBCHEN ZU VERWANDELN IST ZIEMLICH SCHRECKLICH. MIT UNSERER WILDHEIT KOMPENSIEREN WIR NUR UNSERE ANGST.

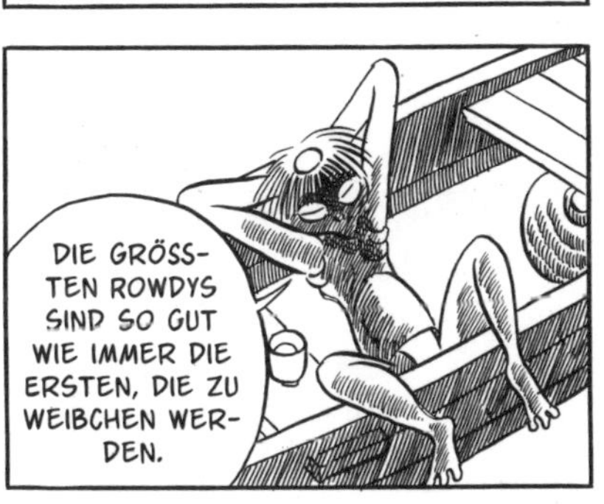
DIE GRÖSSTEN ROWDYS SIND SO GUT WIE IMMER DIE ERSTEN, DIE ZU WEIBCHEN WERDEN.

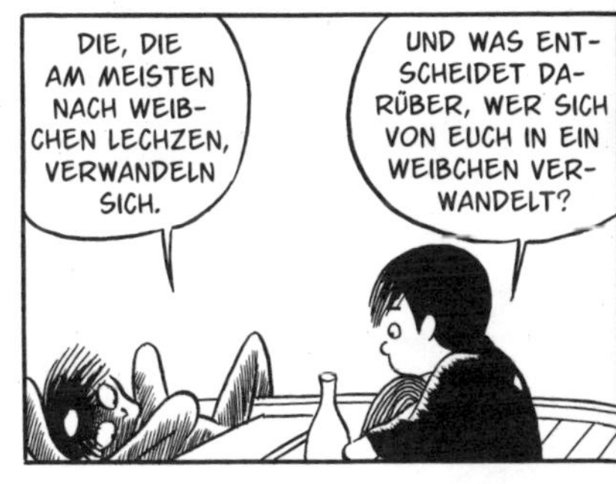
UND WAS ENTSCHEIDET DARÜBER, WER SICH VON EUCH IN EIN WEIBCHEN VERWANDELT?
DIE, DIE AM MEISTEN NACH WEIBCHEN LECHZEN, VERWANDELN SICH.

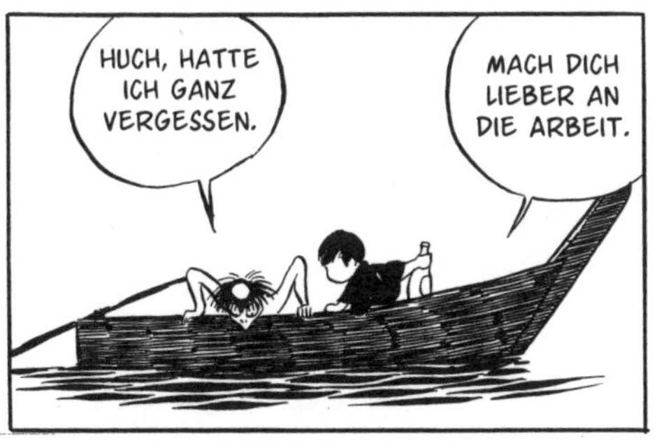
HUCH, HATTE ICH GANZ VERGESSEN.
MACH DICH LIEBER AN DIE ARBEIT.

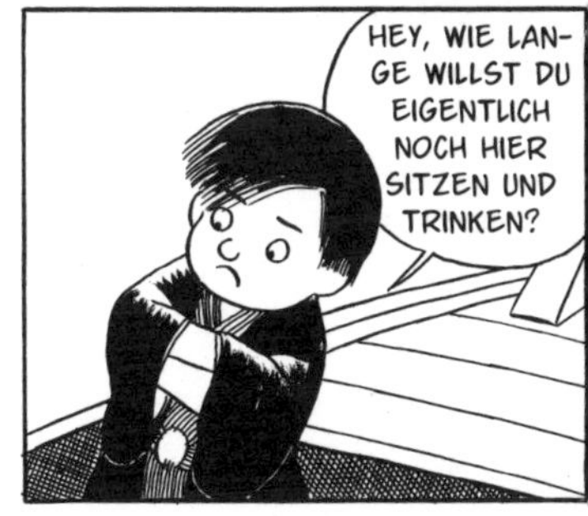
HEY, WIE LANGE WILLST DU EIGENTLICH NOCH HIER SITZEN UND TRINKEN?

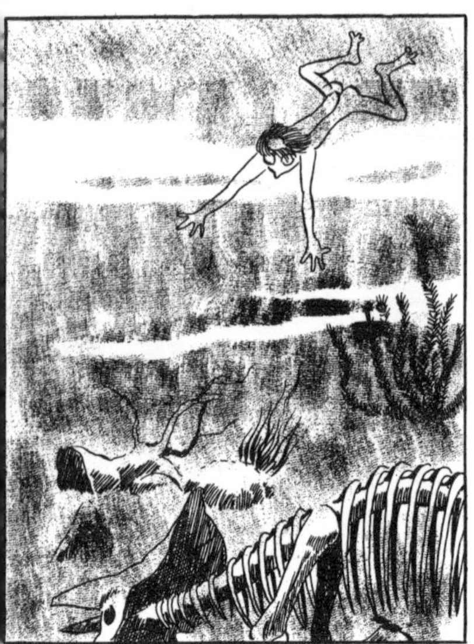

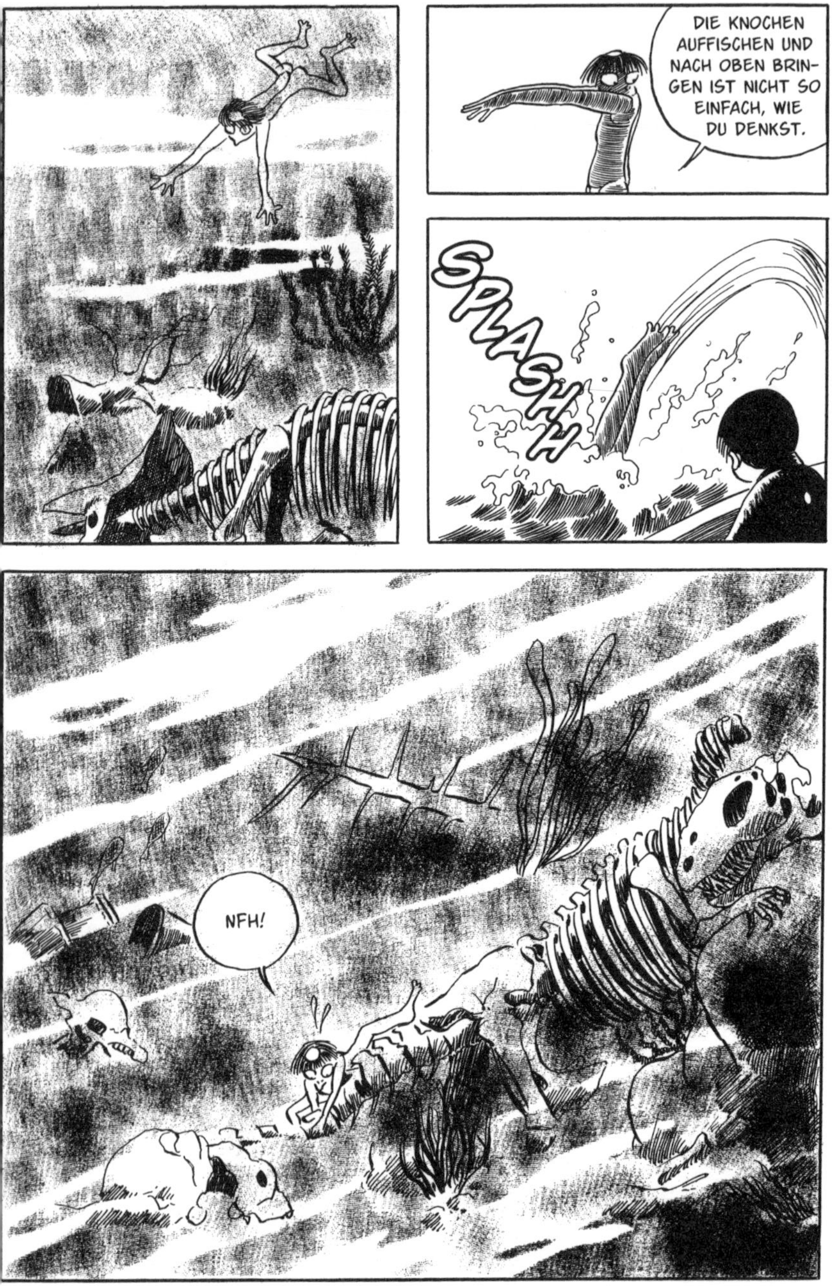

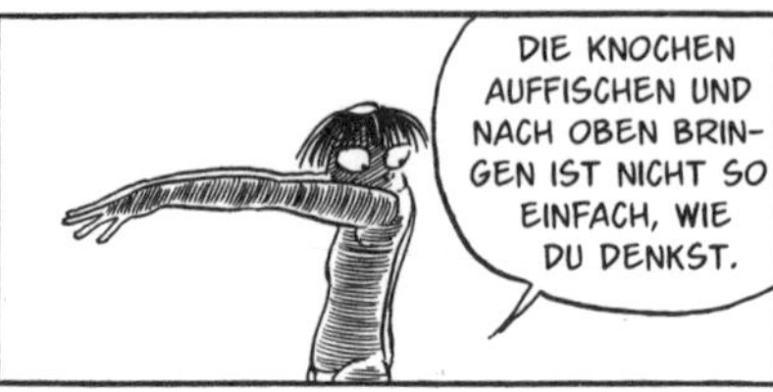
DIE KNOCHEN AUFFISCHEN UND NACH OBEN BRINGEN IST NICHT SO EINFACH, WIE DU DENKST.

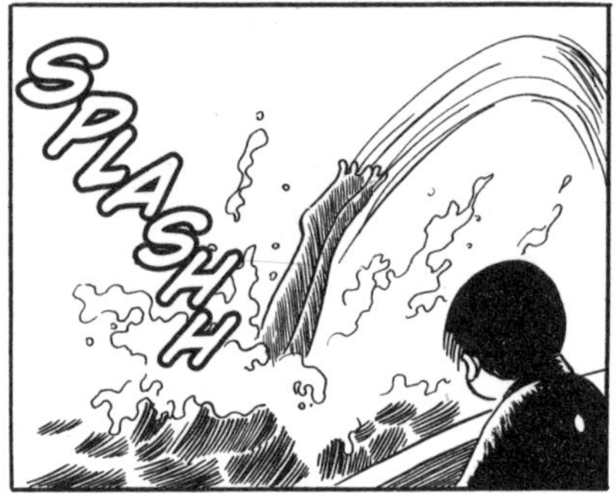
SPLASHH

NFH!

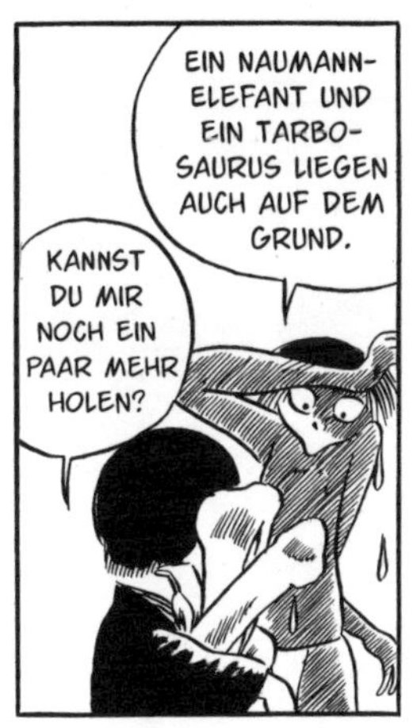
EIN NAUMANN-ELEFANT UND EIN TARBO-SAURUS LIEGEN AUCH AUF DEM GRUND.
KANNST DU MIR NOCH EIN PAAR MEHR HOLEN?

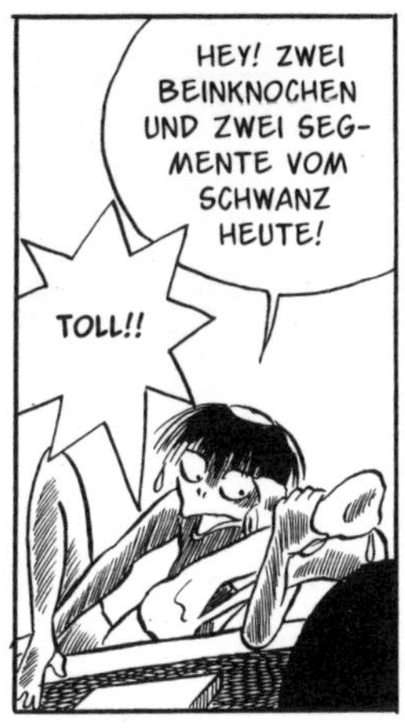
HEY! ZWEI BEINKNOCHEN UND ZWEI SEG-MENTE VOM SCHWANZ HEUTE!
TOLL!!

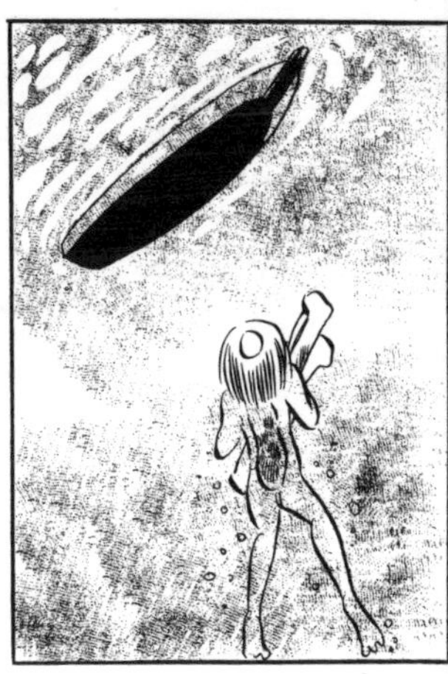

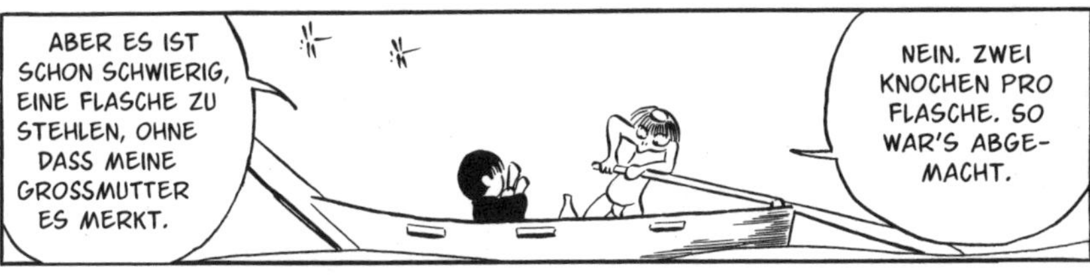
ABER ES IST SCHON SCHWIERIG, EINE FLASCHE ZU STEHLEN, OHNE DASS MEINE GROSSMUTTER ES MERKT.
NEIN. ZWEI KNOCHEN PRO FLASCHE. SO WAR'S ABGE-MACHT.

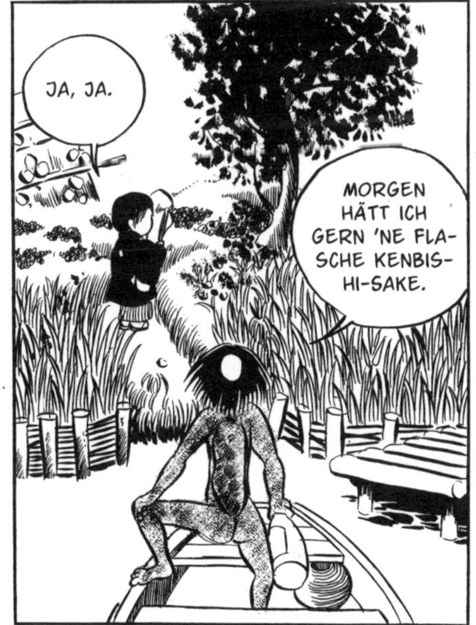
JA, JA.
MORGEN HÄTT ICH GERN 'NE FLA-SCHE KENBIS-HI-SAKE.

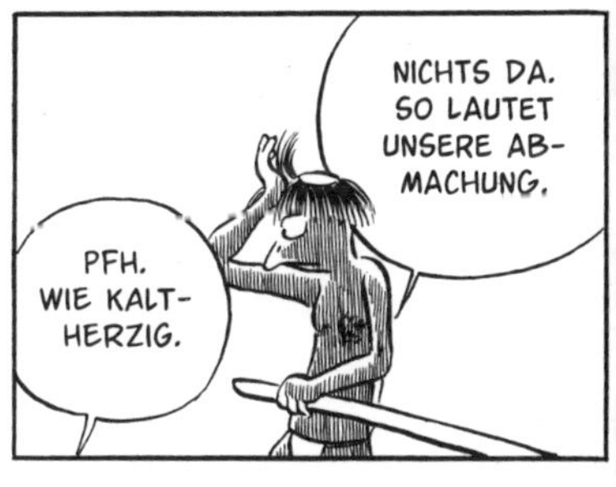
NICHTS DA. SO LAUTET UNSERE AB-MACHUNG.
PFH. WIE KALT-HERZIG.

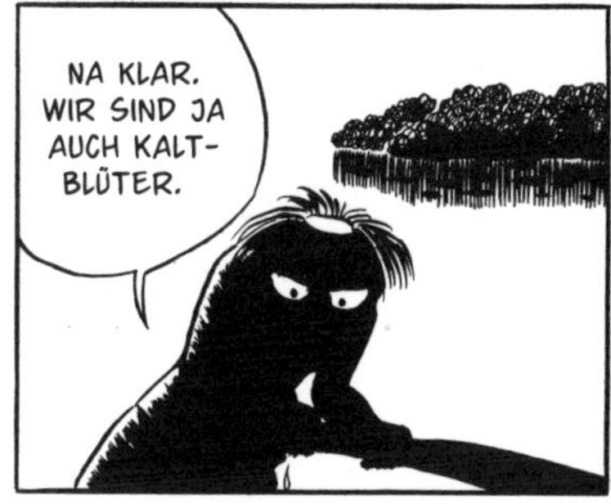
NA KLAR. WIR SIND JA AUCH KALT-BLÜTER.

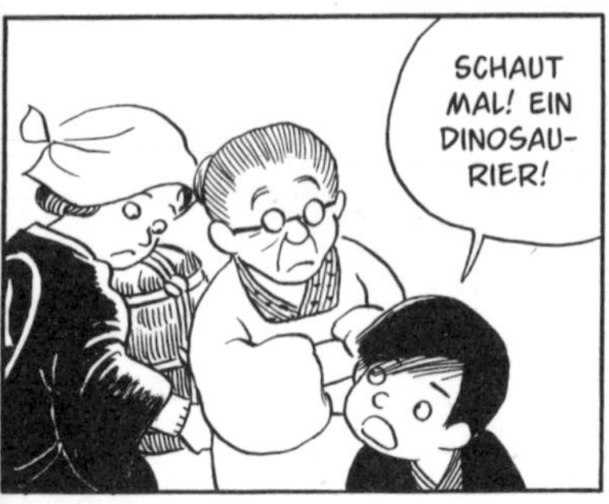
SCHAUT MAL! EIN DINOSAURIER!

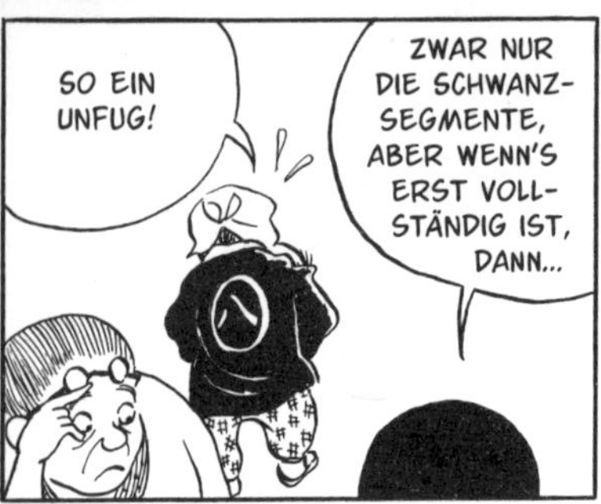
ZWAR NUR DIE SCHWANZSEGMENTE, ABER WENN'S ERST VOLLSTÄNDIG IST, DANN...
SO EIN UNFUG!

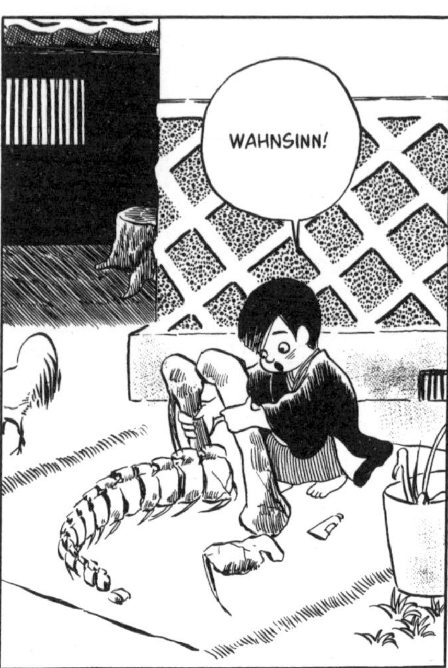
WAHNSINN!

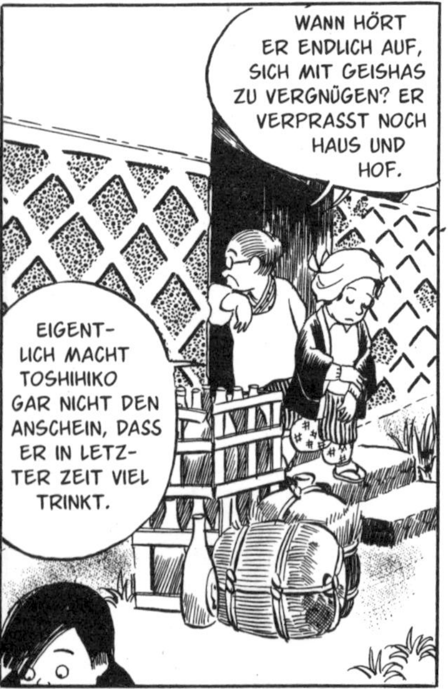
WANN HÖRT ER ENDLICH AUF, SICH MIT GEISHAS ZU VERGNÜGEN? ER VERPRASST NOCH HAUS UND HOF.
EIGENTLICH MACHT TOSHIHIKO GAR NICHT DEN ANSCHEIN, DASS ER IN LETZTER ZEIT VIEL TRINKT.

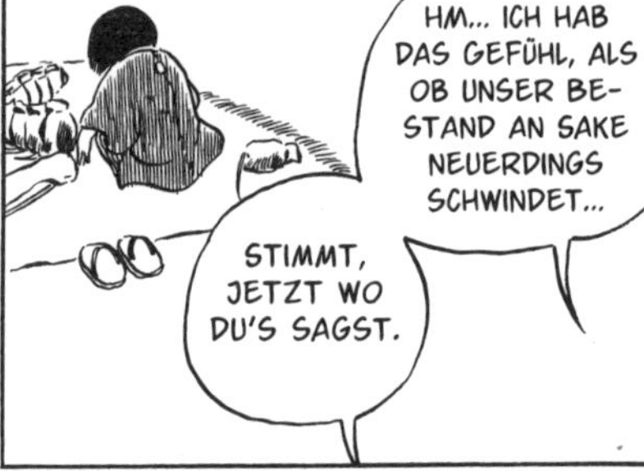
HM... ICH HAB DAS GEFÜHL, ALS OB UNSER BESTAND AN SAKE NEUERDINGS SCHWINDET...
STIMMT, JETZT WO DU'S SAGST.

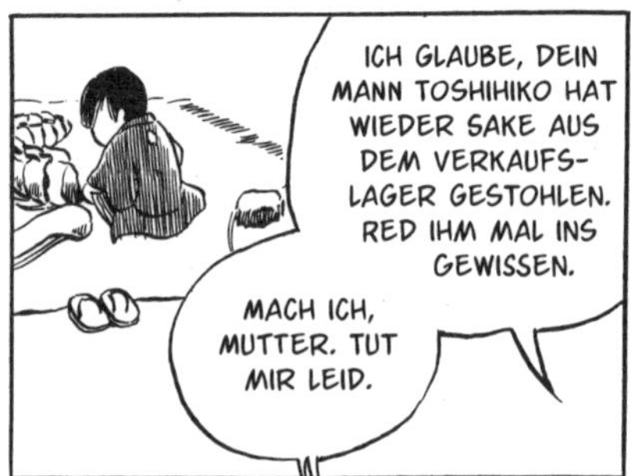
ICH GLAUBE, DEIN MANN TOSHIHIKO HAT WIEDER SAKE AUS DEM VERKAUFSLAGER GESTOHLEN. RED IHM MAL INS GEWISSEN.
MACH ICH, MUTTER. TUT MIR LEID.

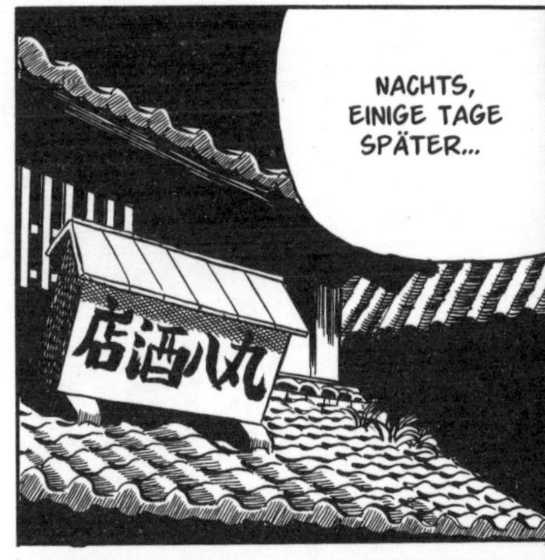

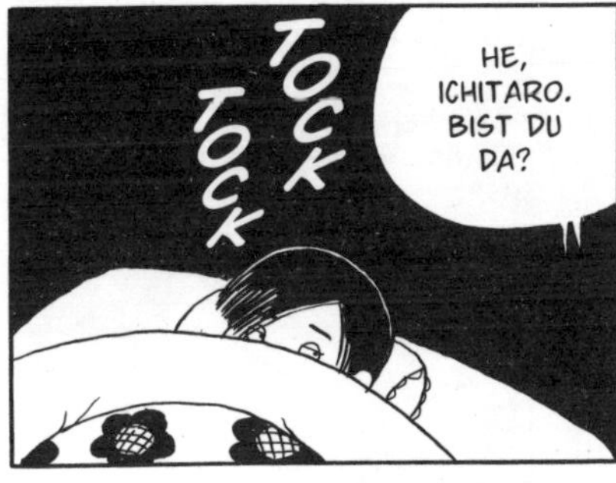

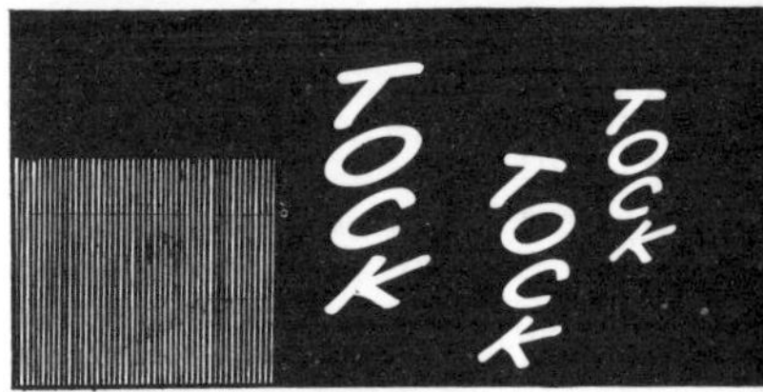

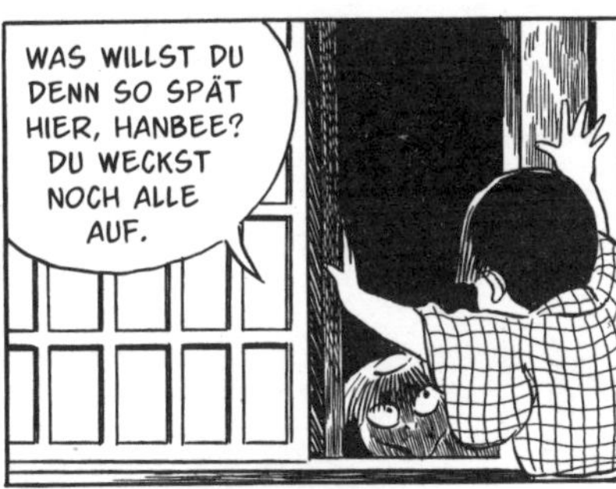

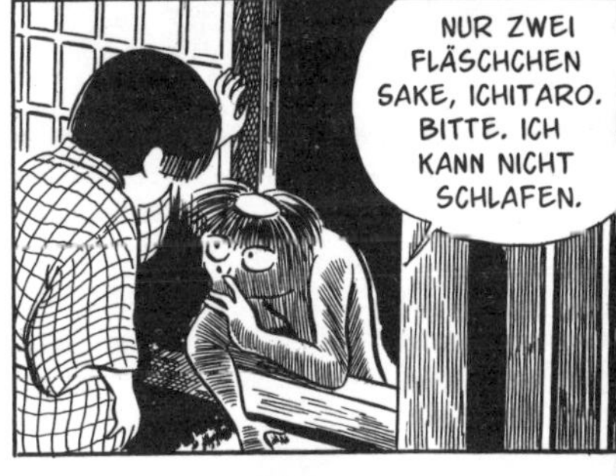

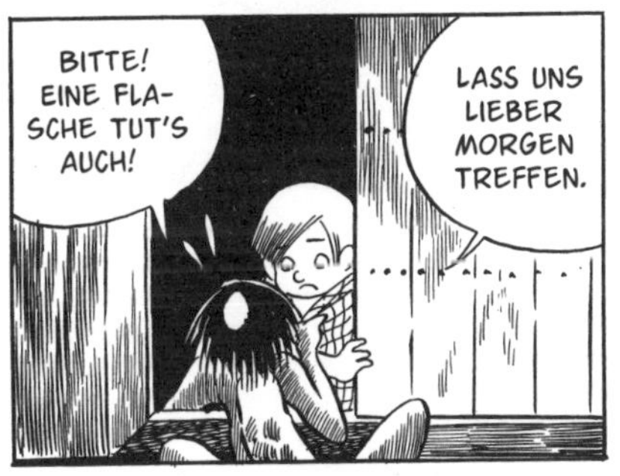

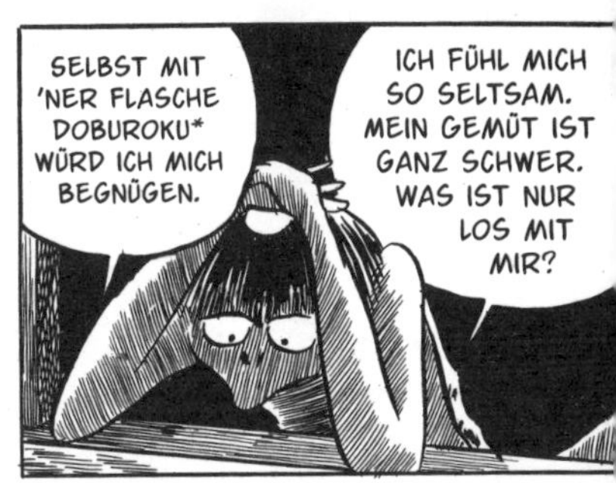

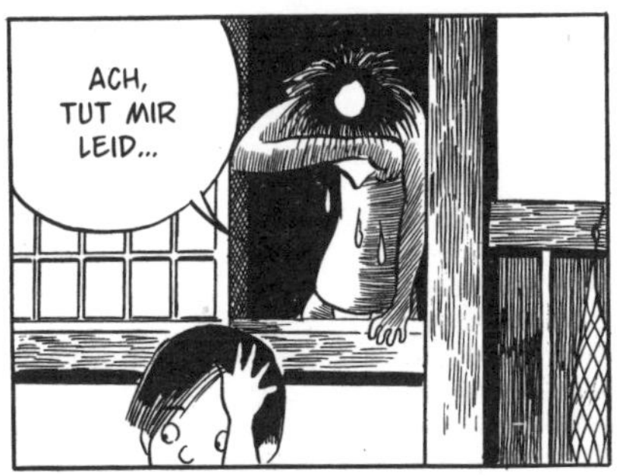

* UNGEFILTERTER SAKE

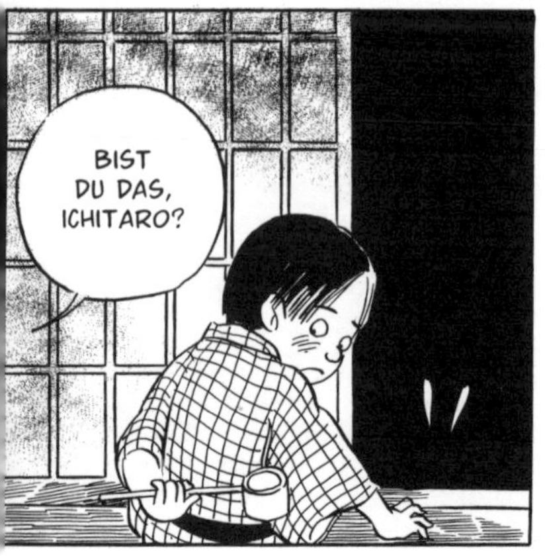
BIST
DU DAS,
ICHITARO?
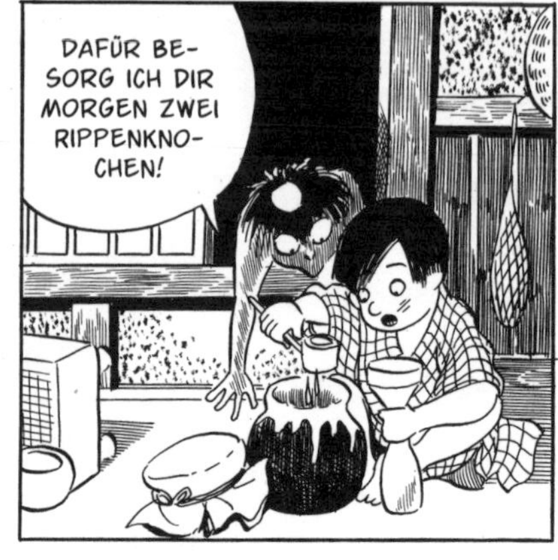
DAFÜR BE-
SORG ICH DIR
MORGEN ZWEI
RIPPENKNO-
CHEN!
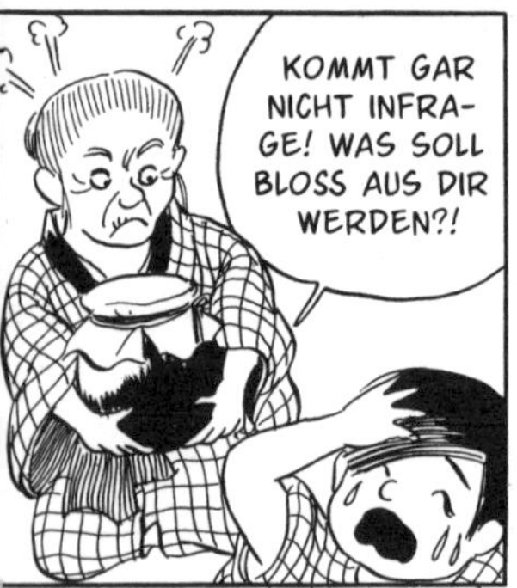
KOMMT GAR
NICHT INFRA-
GE! WAS SOLL
BLOSS AUS DIR
WERDEN?!
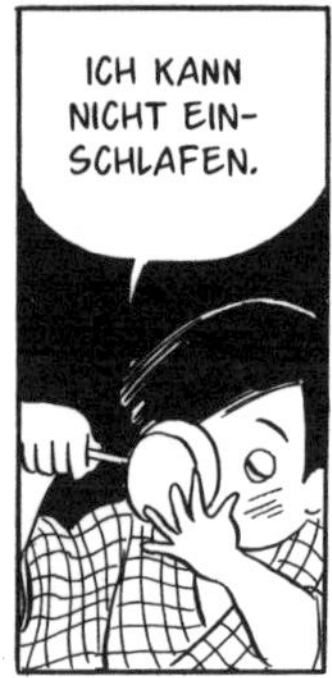
ICH KANN
NICHT EIN-
SCHLAFEN.
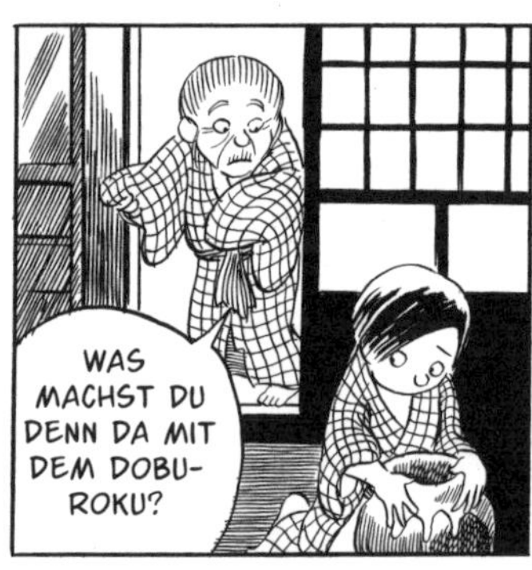
WAS
MACHST DU
DENN DA MIT
DEM DOBU-
ROKU?
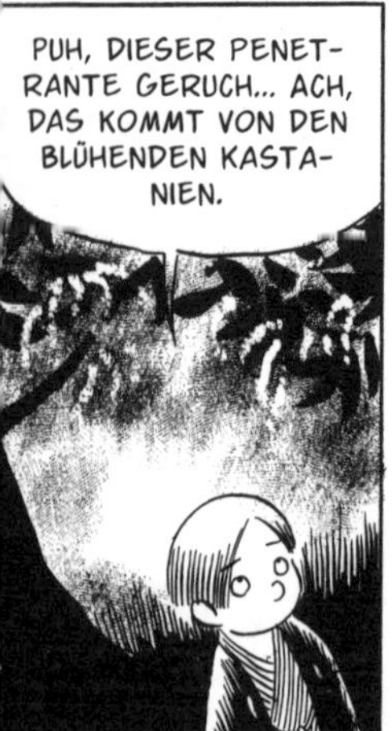
PUH, DIESER PENET-
RANTE GERUCH... ACH,
DAS KOMMT VON DEN
BLÜHENDEN KASTA-
NIEN.
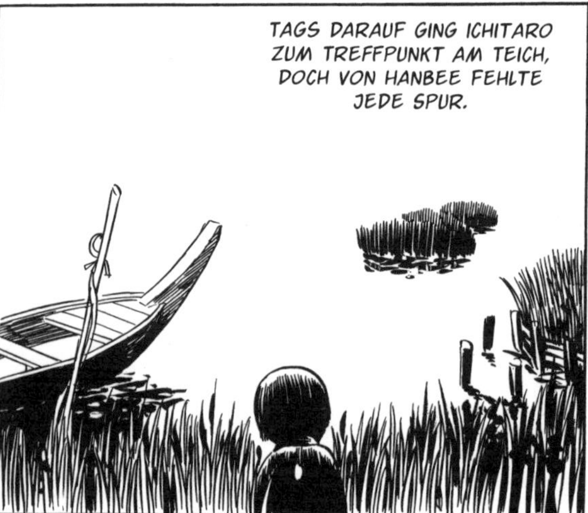
TAGS DARAUF GING ICHITARO
ZUM TREFFPUNKT AM TEICH,
DOCH VON HANBEE FEHLTE
JEDE SPUR.

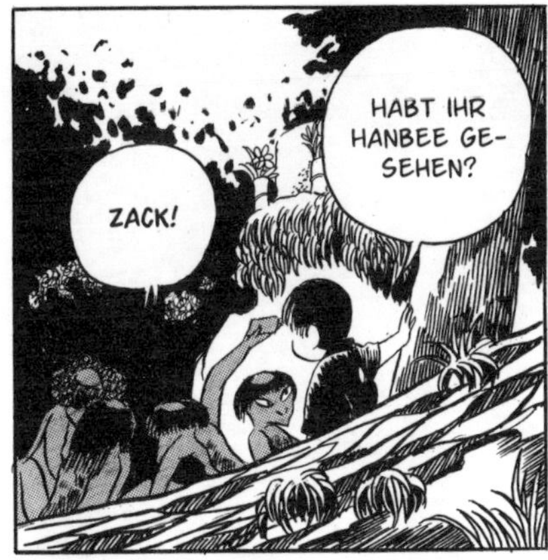
HABT IHR HANBEE GESEHEN?
ZACK!

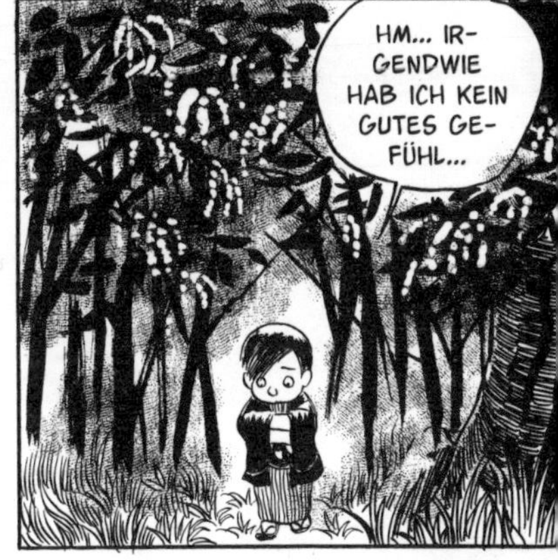
HM... IRGENDWIE HAB ICH KEIN GUTES GEFÜHL...

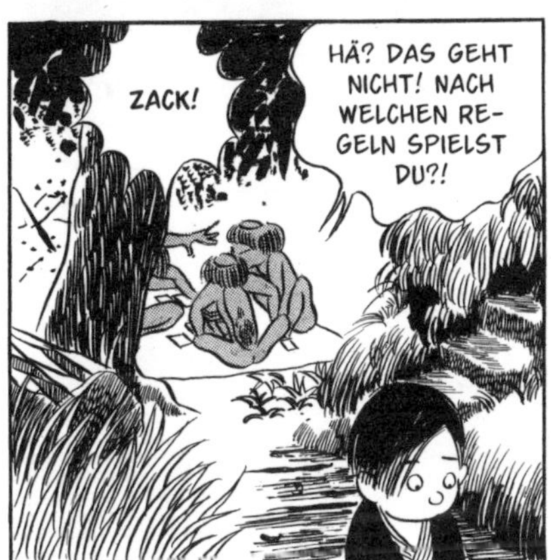
HÄ? DAS GEHT NICHT! NACH WELCHEN REGELN SPIELST DU?!
ZACK!

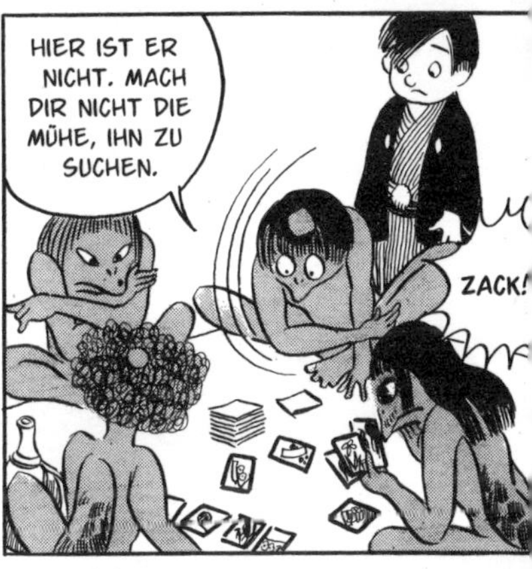
HIER IST ER NICHT. MACH DIR NICHT DIE MÜHE, IHN ZU SUCHEN.
ZACK!

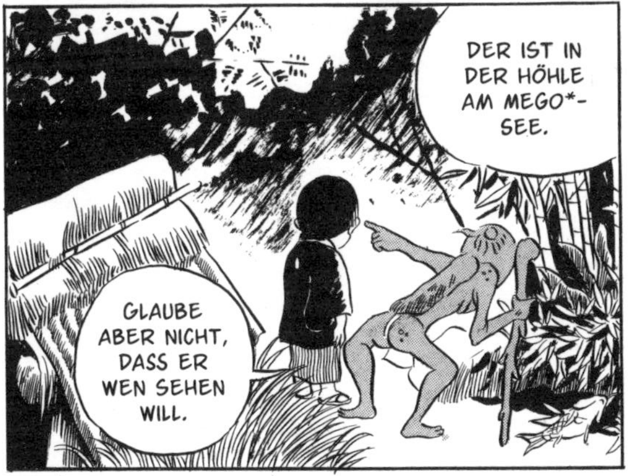
DER IST IN DER HÖHLE AM MEGO*-SEE.
GLAUBE ABER NICHT, DASS ER WEN SEHEN WILL.

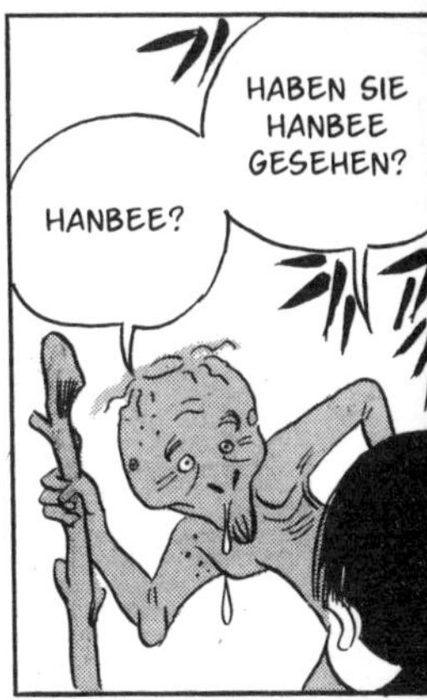
HABEN SIE HANBEE GESEHEN?
HANBEE?

* »MÄDCHEN«

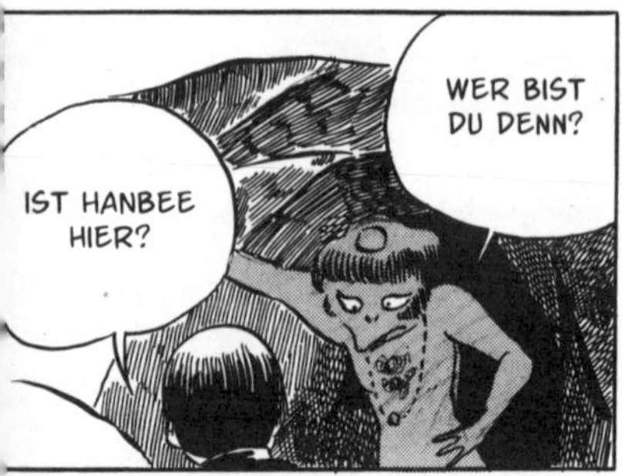
IST HANBEE HIER?
WER BIST DU DENN?

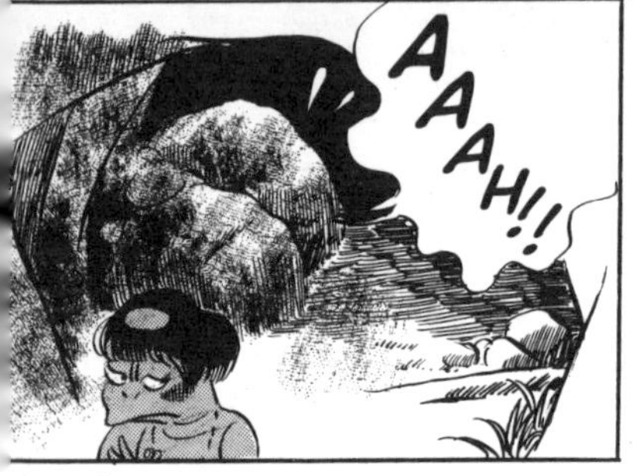
AAAAH!!

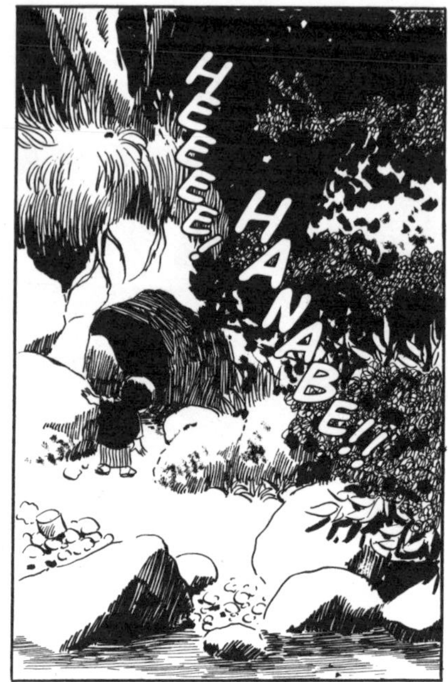
HEEEE!
HANABE!!

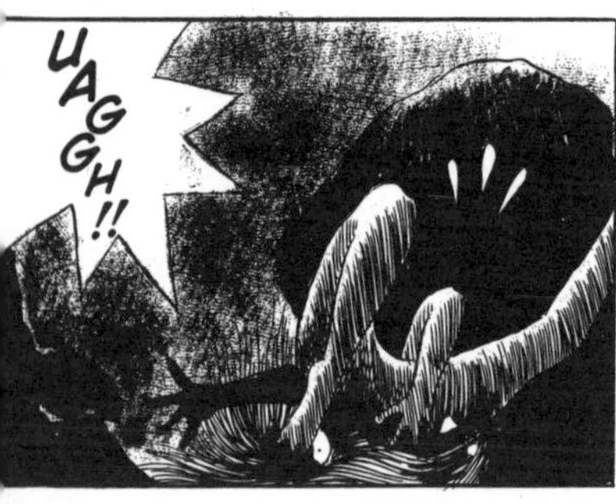
UAGGH!!

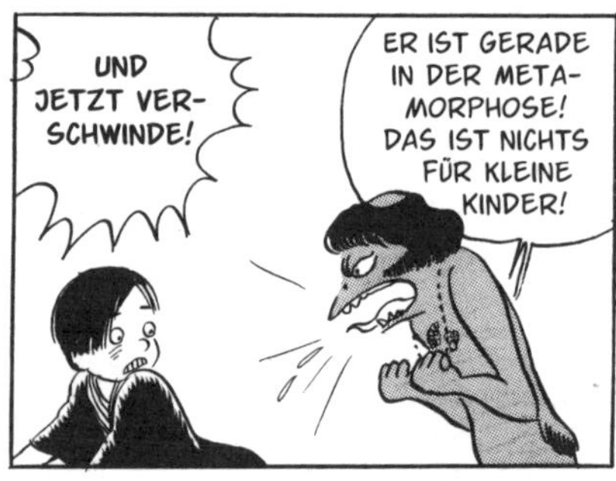
ER IST GERADE IN DER META-MORPHOSE! DAS IST NICHTS FÜR KLEINE KINDER!
UND JETZT VER-SCHWINDE!

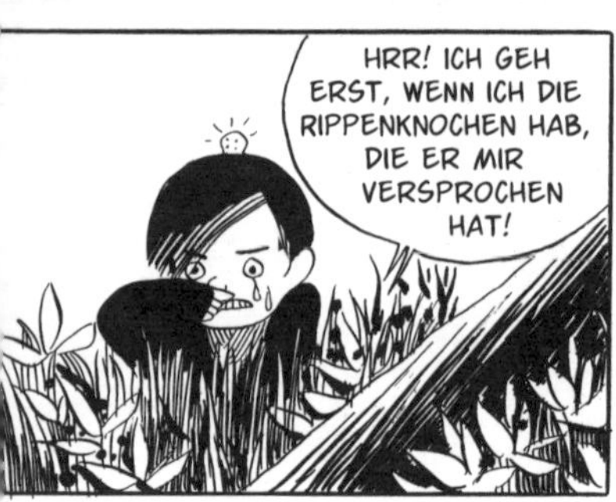
HRR! ICH GEH ERST, WENN ICH DIE RIPPENKNOCHEN HAB, DIE ER MIR VERSPROCHEN HAT!

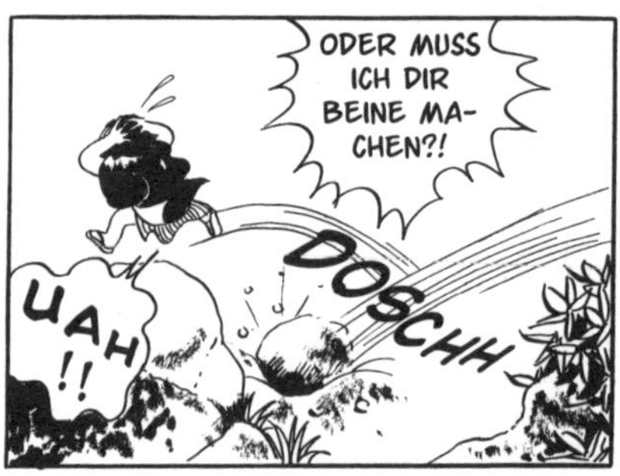
ODER MUSS ICH DIR BEINE MA-CHEN?!
DOSCHH
UAH!!

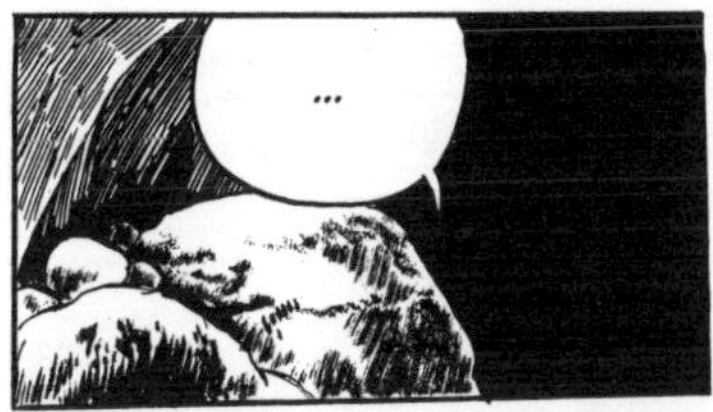
...

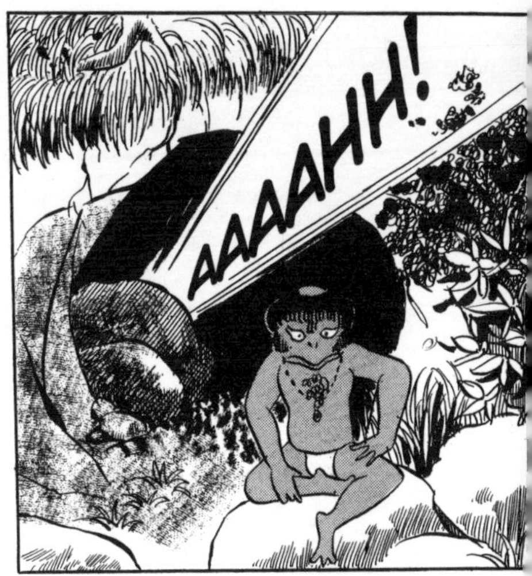
AAAAHH!

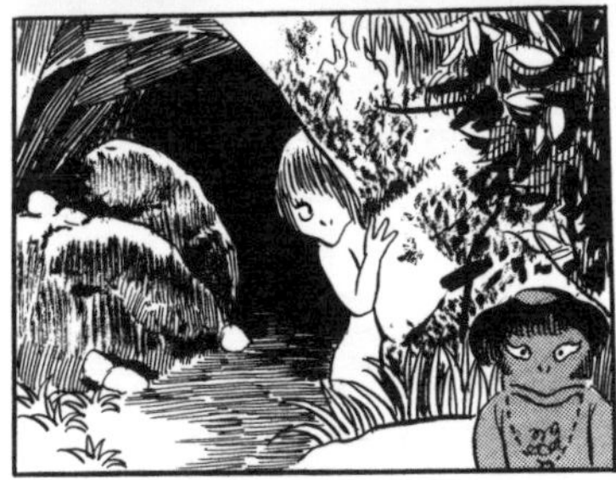

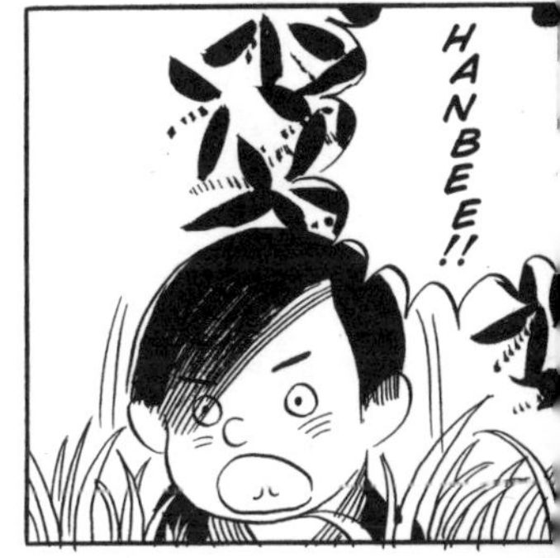
HANBEE!!

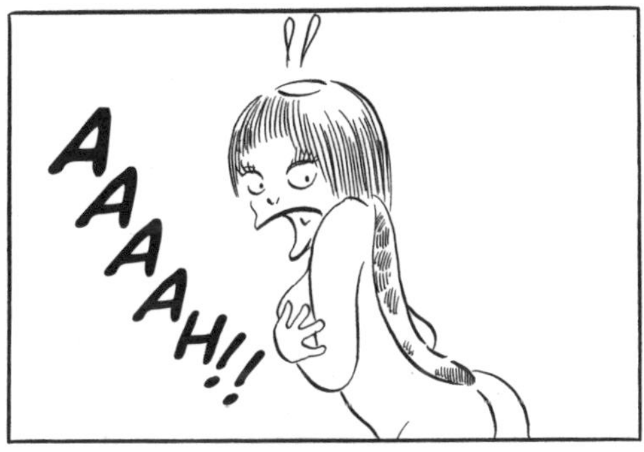
AAAAH!!

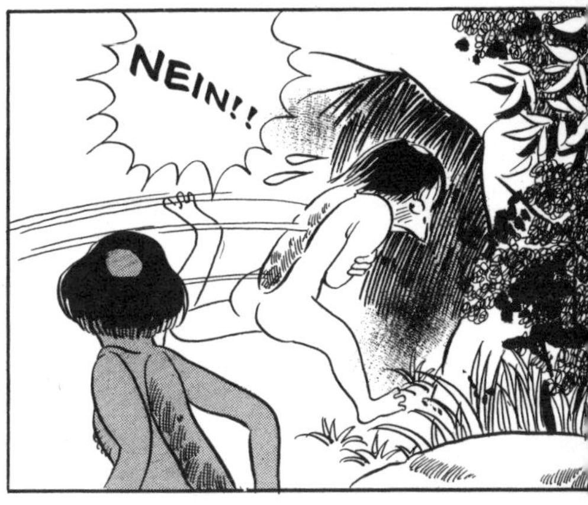
NEIN!!

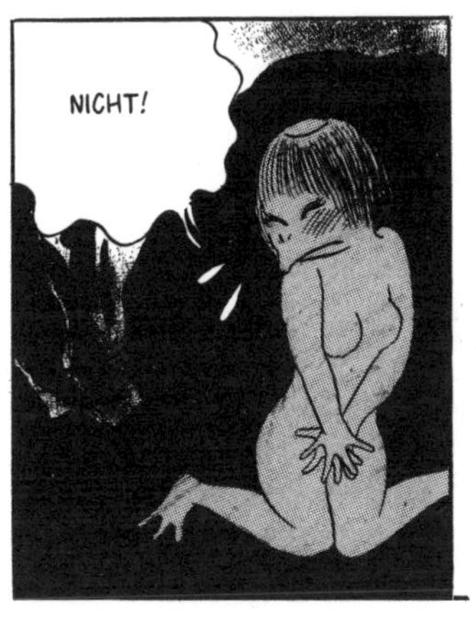
NICHT!

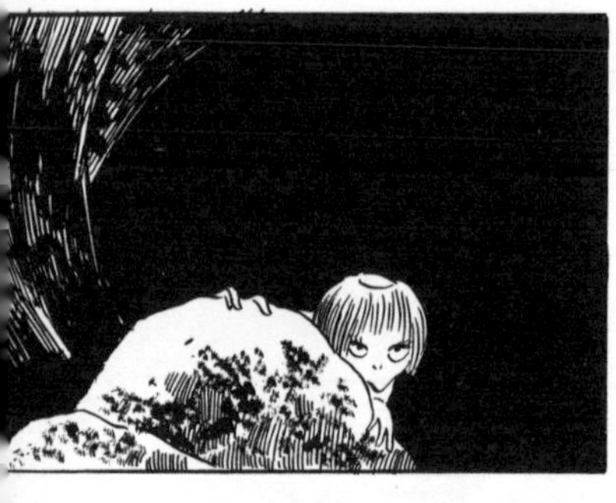

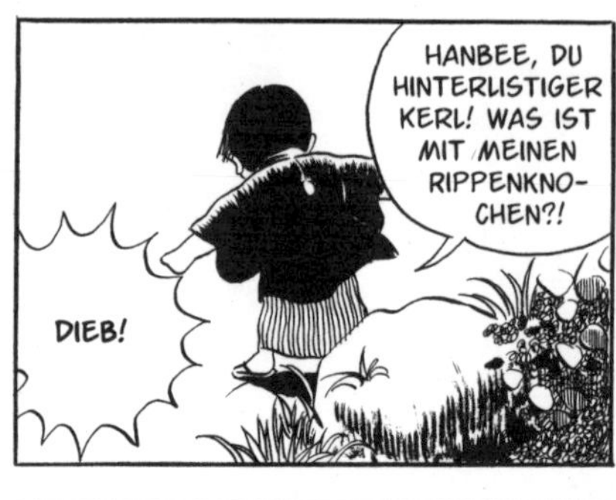
HANBEE, DU HINTERLISTIGER KERL! WAS IST MIT MEINEN RIPPENKNO-CHEN?!
DIEB!

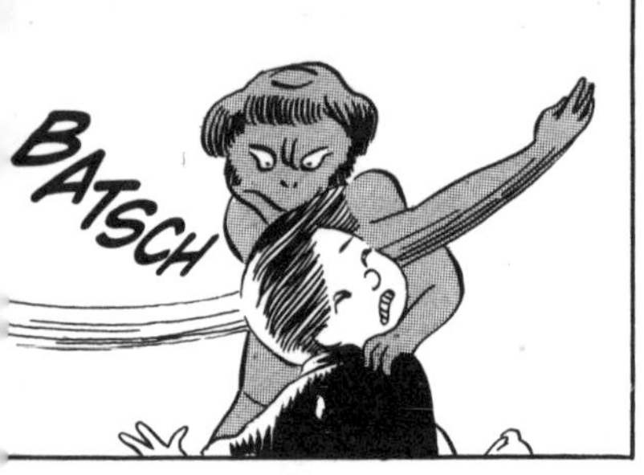
BATSCH

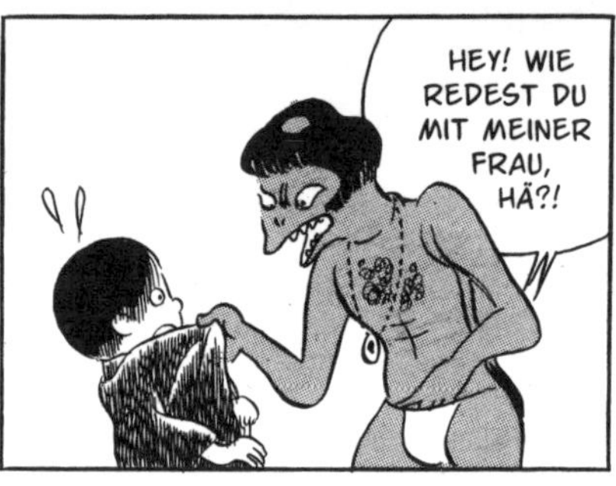
HEY! WIE REDEST DU MIT MEINER FRAU, HÄ?!

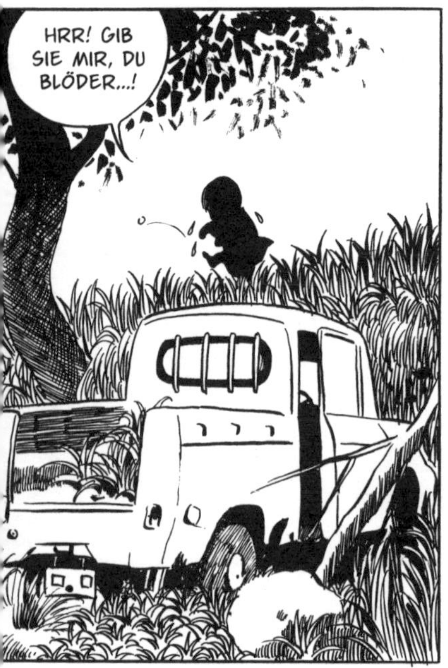
HRR! GIB SIE MIR, DU BLÖDER...!

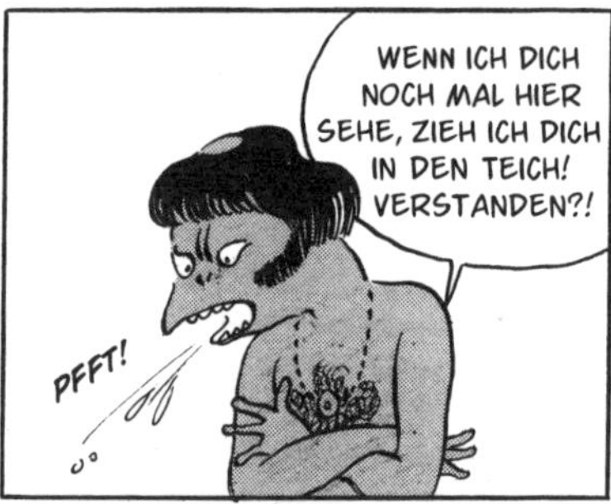
WENN ICH DICH NOCH MAL HIER SEHE, ZIEH ICH DICH IN DEN TEICH! VERSTANDEN?!
PFFT!

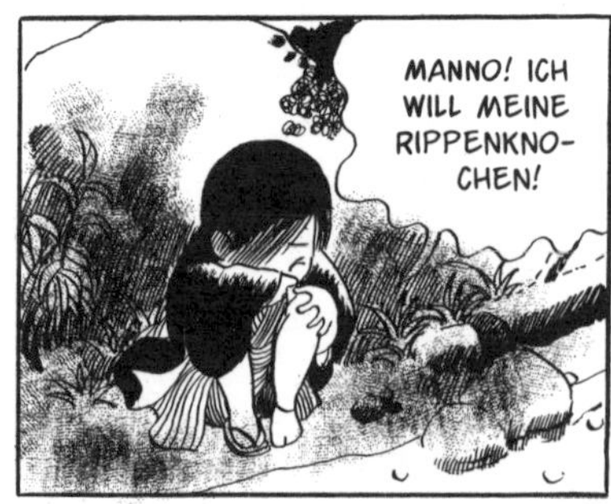
MANNO! ICH WILL MEINE RIPPENKNO-CHEN!

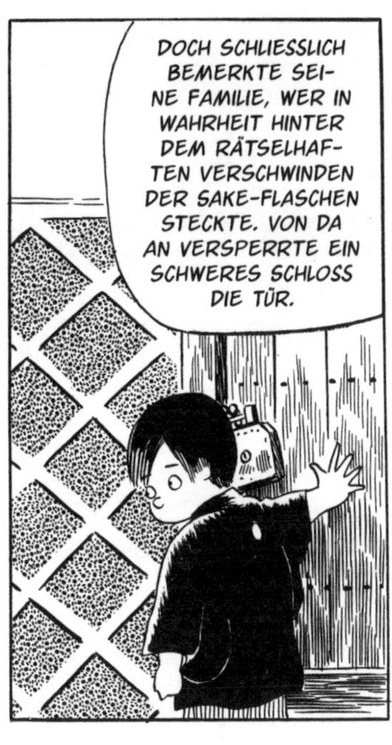
DOCH SCHLIESSLICH BEMERKTE SEINE FAMILIE, WER IN WAHRHEIT HINTER DEM RÄTSELHAFTEN VERSCHWINDEN DER SAKE-FLASCHEN STECKTE. VON DA AN VERSPERRTE EIN SCHWERES SCHLOSS DIE TÜR.

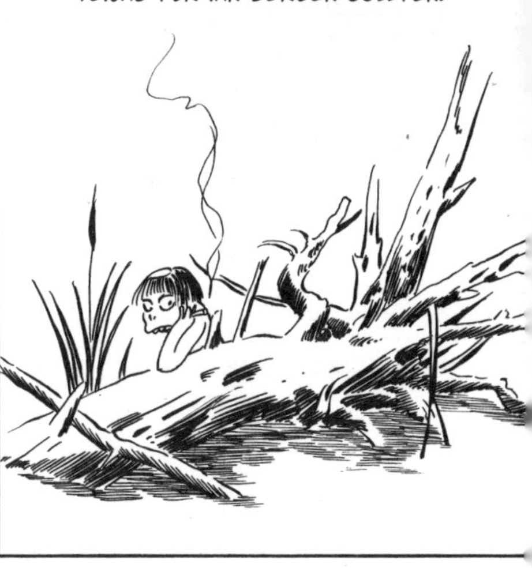
ICHITARO WOLLTE DIE SACHE MIT DEN RIPPENKNOCHEN EINFACH NICHT AUF SICH BERUHEN LASSEN. ALSO REKRUTIERTE ER ANDERE SAKE-VERLIEBTE KAPPA, DIE DINOSAURIERKNOCHEN VOM GRUND DES TEICHS FÜR IHN BERGEN SOLLTEN.

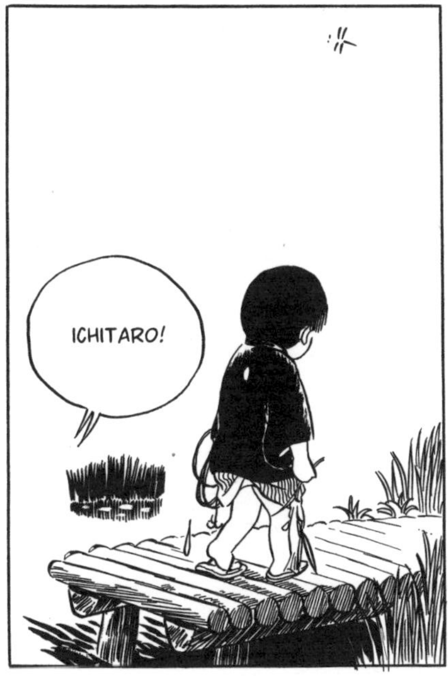
ICHITARO!

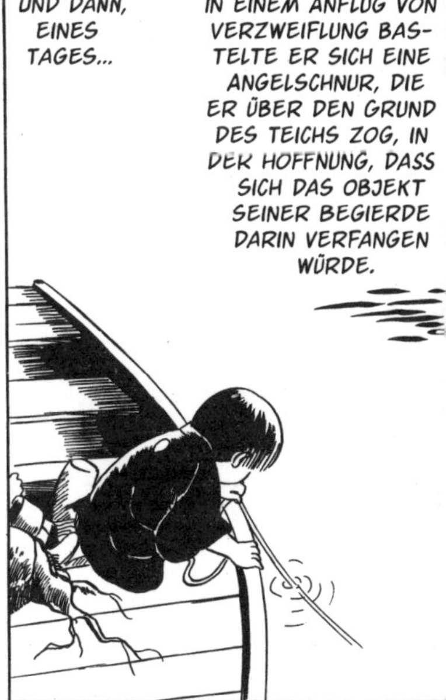
UND DANN, EINES TAGES...
IN EINEM ANFLUG VON VERZWEIFLUNG BASTELTE ER SICH EINE ANGELSCHNUR, DIE ER ÜBER DEN GRUND DES TEICHS ZOG, IN DER HOFFNUNG, DASS SICH DAS OBJEKT SEINER BEGIERDE DARIN VERFANGEN WÜRDE.

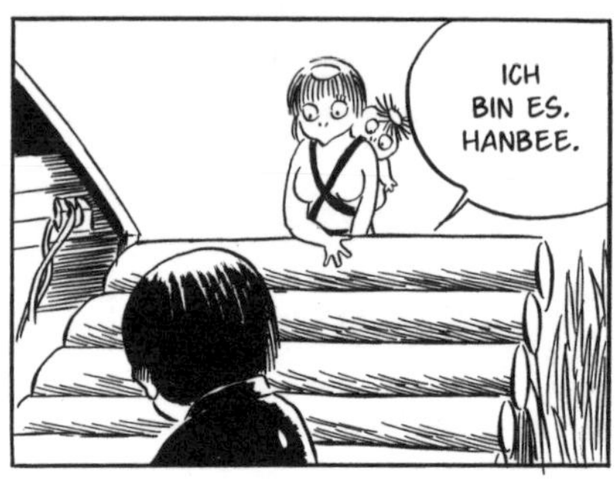
ICH BIN ES. HANBEE.

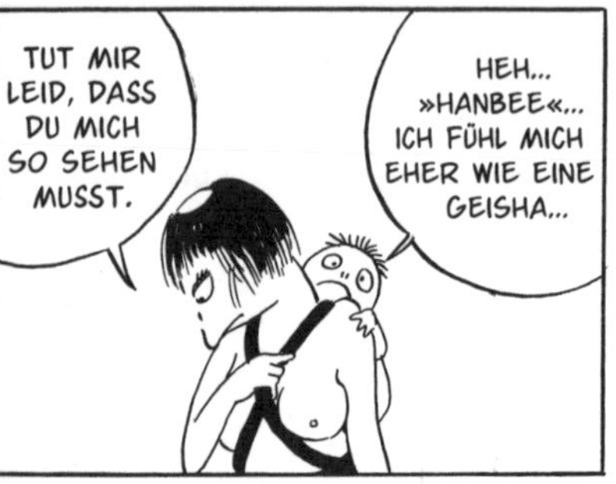
HEH... »HANBEE«... ICH FÜHL MICH EHER WIE EINE GEISHA...
TUT MIR LEID, DASS DU MICH SO SEHEN MUSST.

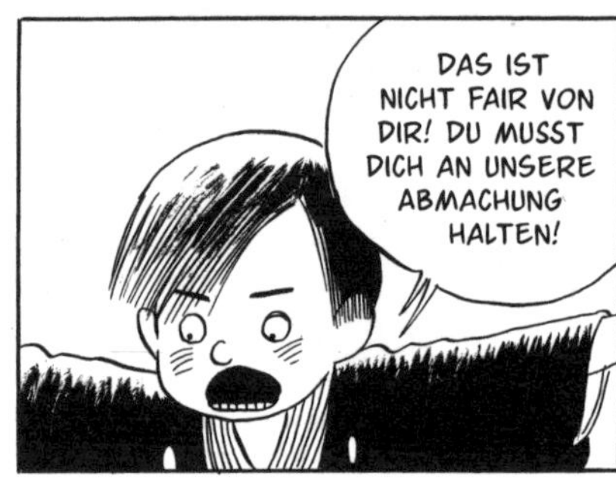
DAS IST NICHT FAIR VON DIR! DU MUSST DICH AN UNSERE ABMACHUNG HALTEN!

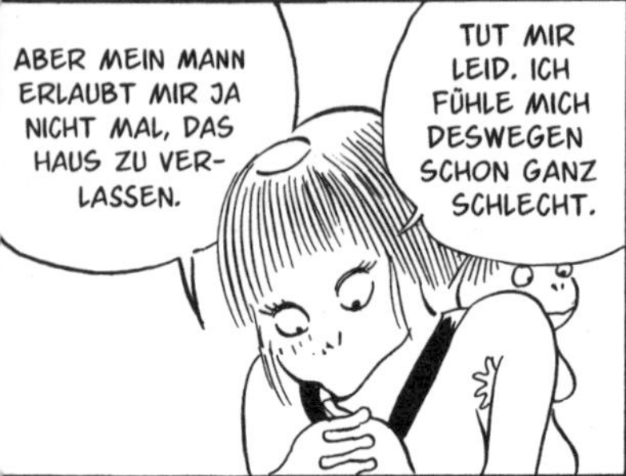
TUT MIR LEID. ICH FÜHLE MICH DESWEGEN SCHON GANZ SCHLECHT.
ABER MEIN MANN ERLAUBT MIR JA NICHT MAL, DAS HAUS ZU VER-LASSEN.

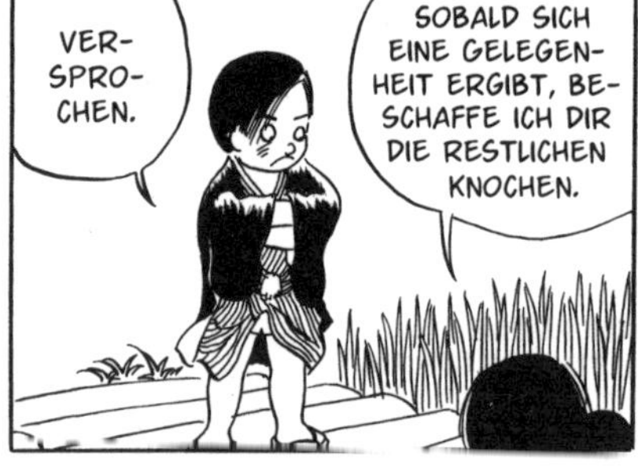
SOBALD SICH EINE GELEGEN-HEIT ERGIBT, BE-SCHAFFE ICH DIR DIE RESTLICHEN KNOCHEN.
VER-SPRO-CHEN.

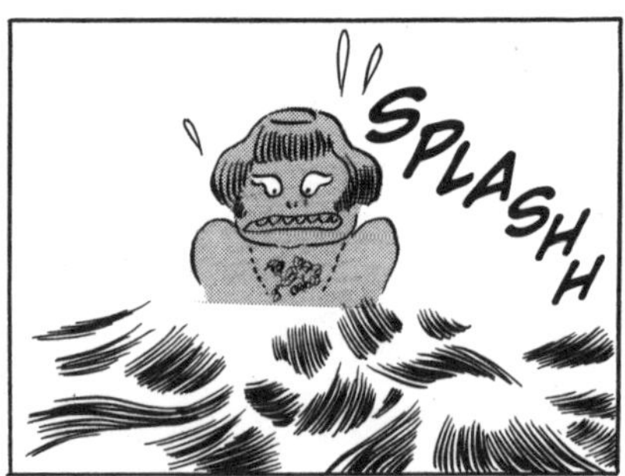
SPLASHH

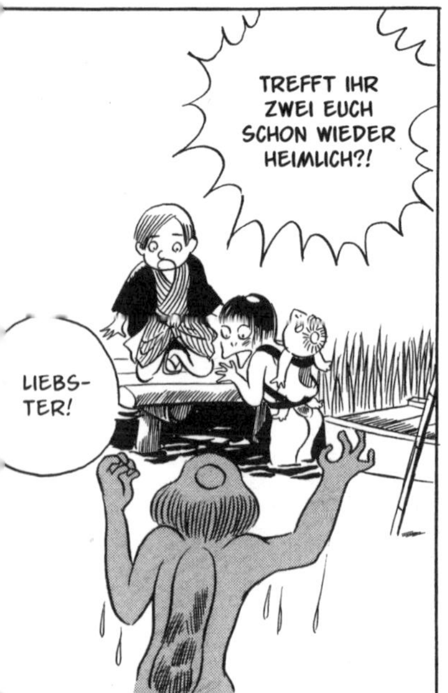
TREFFT IHR ZWEI EUCH SCHON WIEDER HEIMLICH?!
LIEBS-TER!

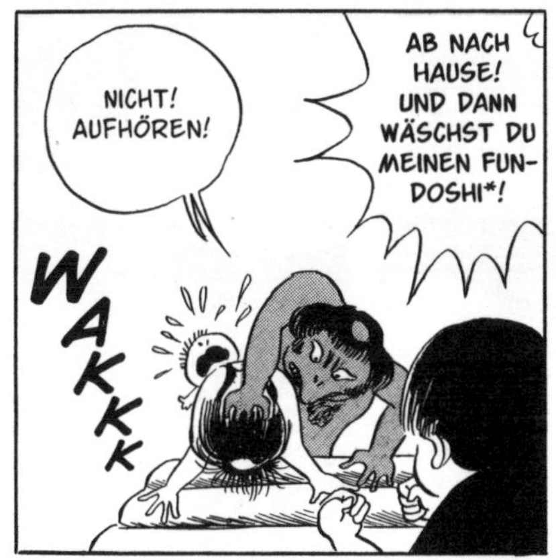

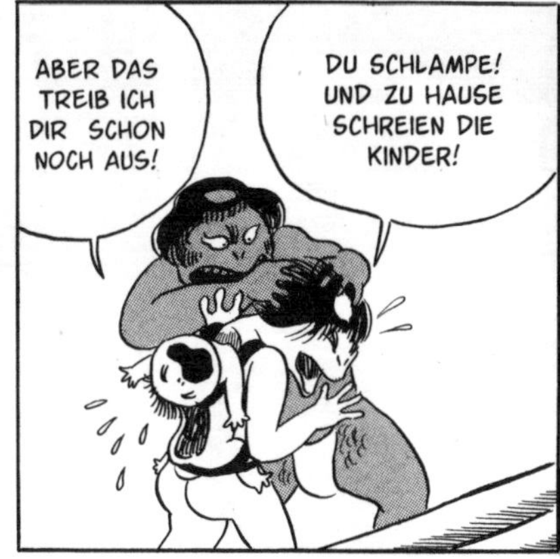

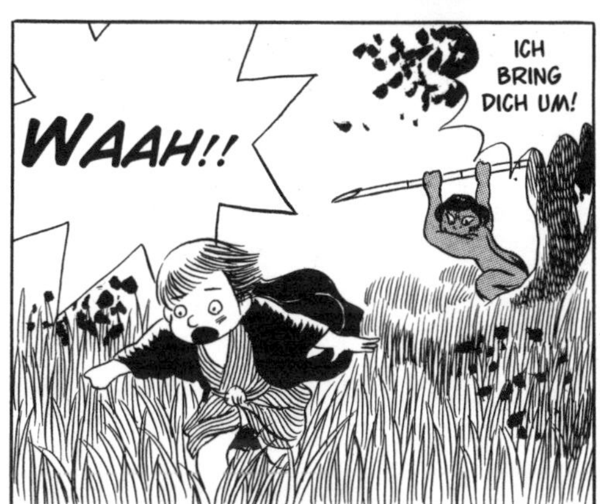

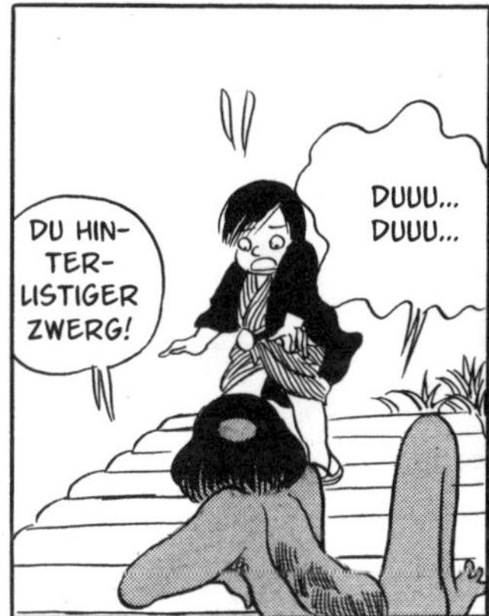

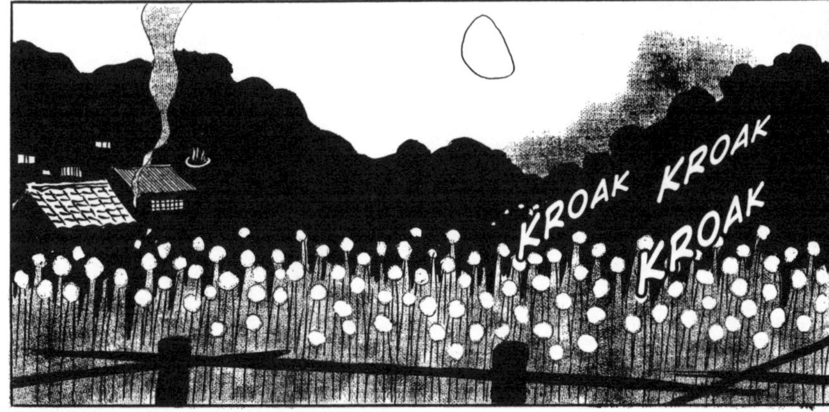

* JAPANISCHE VARIANTE DES LENDENSCHURZES

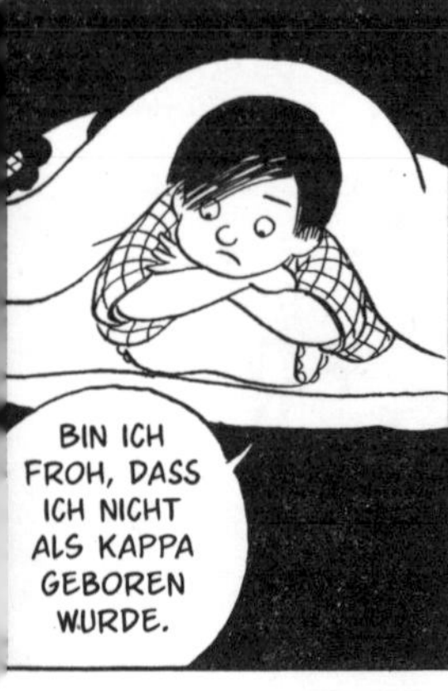
BIN ICH FROH, DASS ICH NICHT ALS KAPPA GEBOREN WURDE.

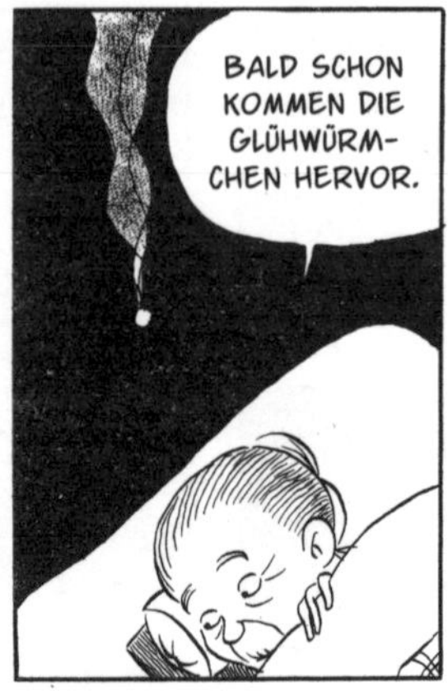
BALD SCHON KOMMEN DIE GLÜHWÜRMCHEN HERVOR.

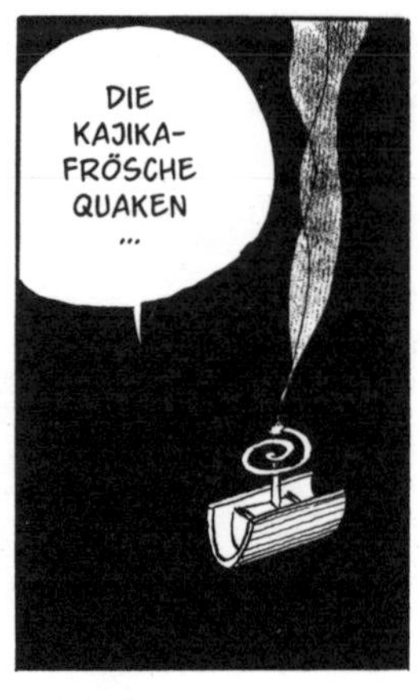
DIE KAJIKA-FRÖSCHE QUAKEN ...

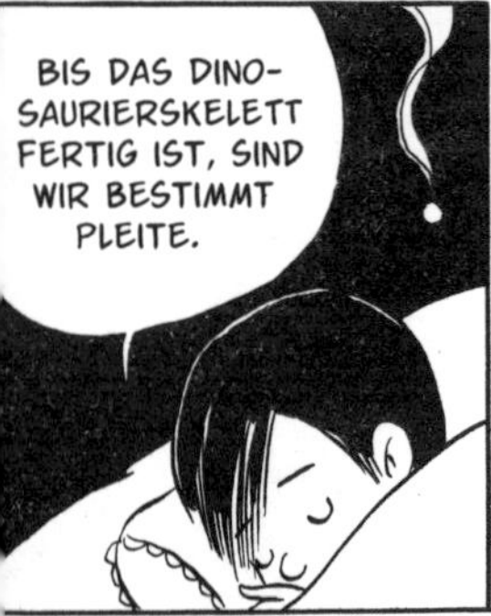
BIS DAS DINOSAURIERSKELETT FERTIG IST, SIND WIR BESTIMMT PLEITE.

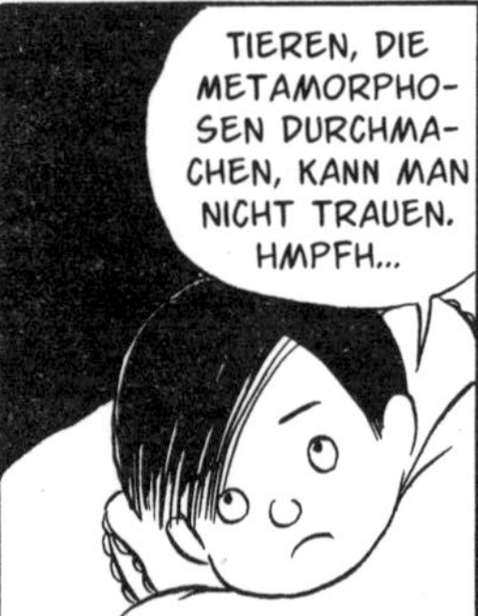
TIEREN, DIE METAMORPHOSEN DURCHMACHEN, KANN MAN NICHT TRAUEN. HMPFH...

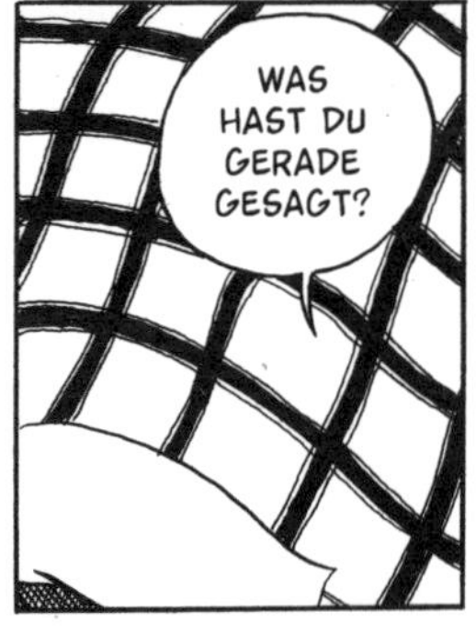
WAS HAST DU GERADE GESAGT?

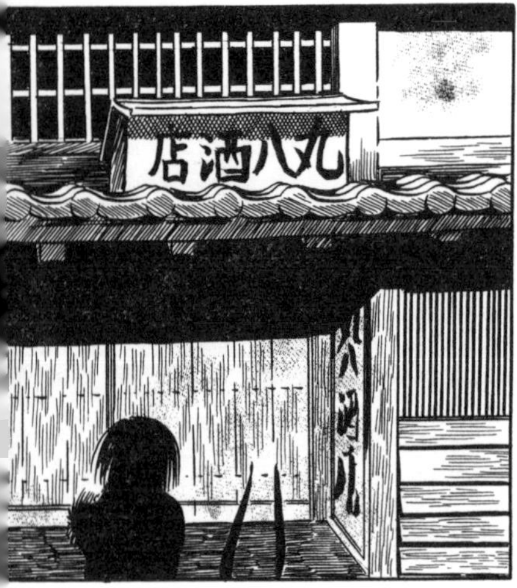
丸八酒店

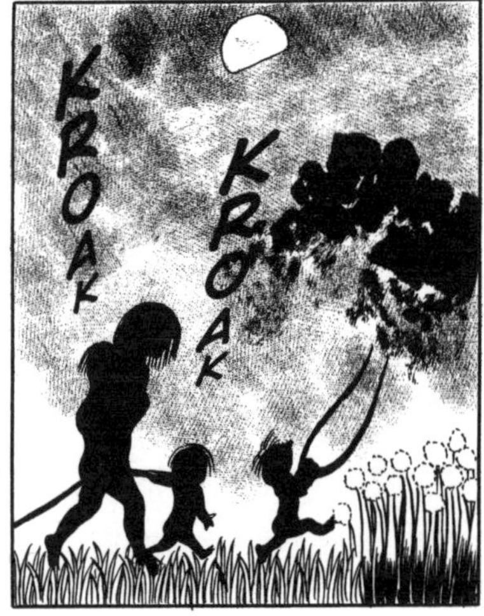
KROAK
KROAK

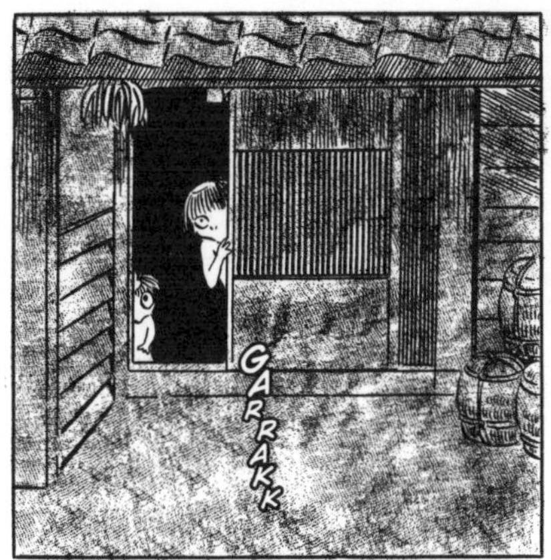
GARRAKK

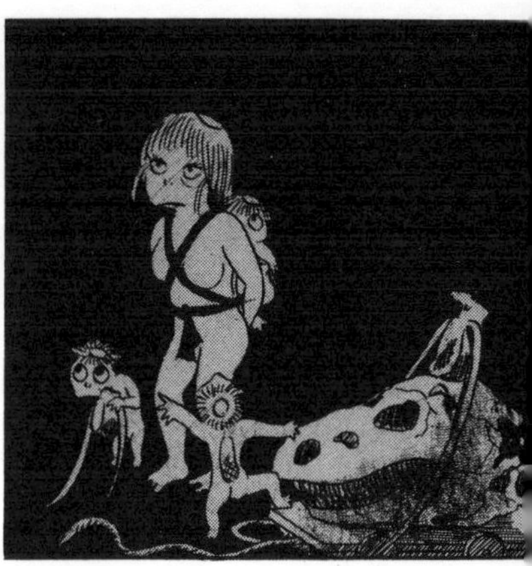

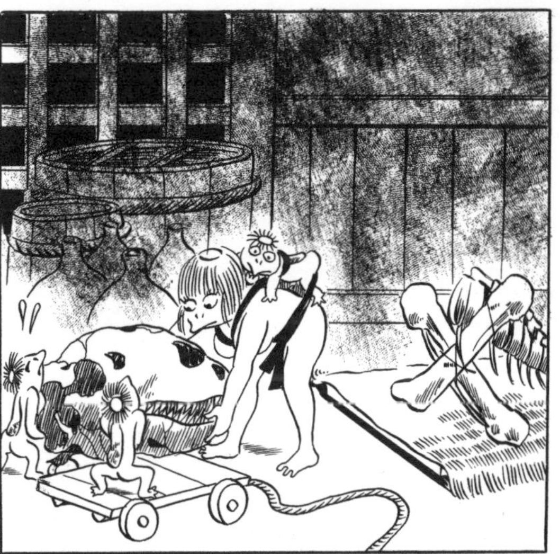

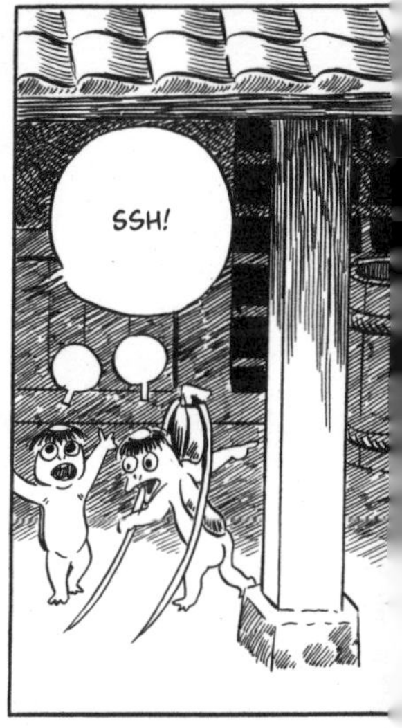
SSH!

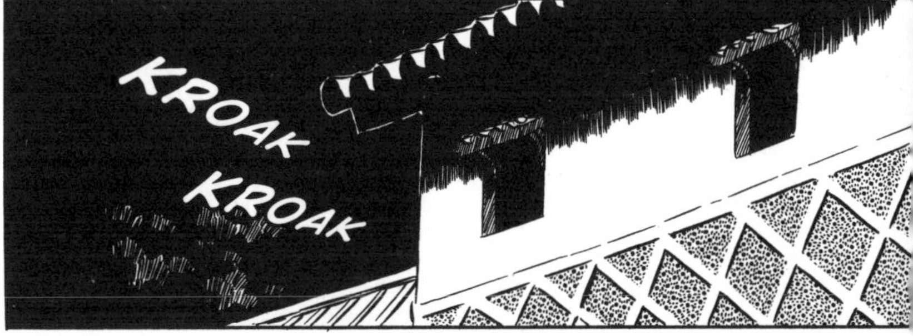
KROAK
KROAK

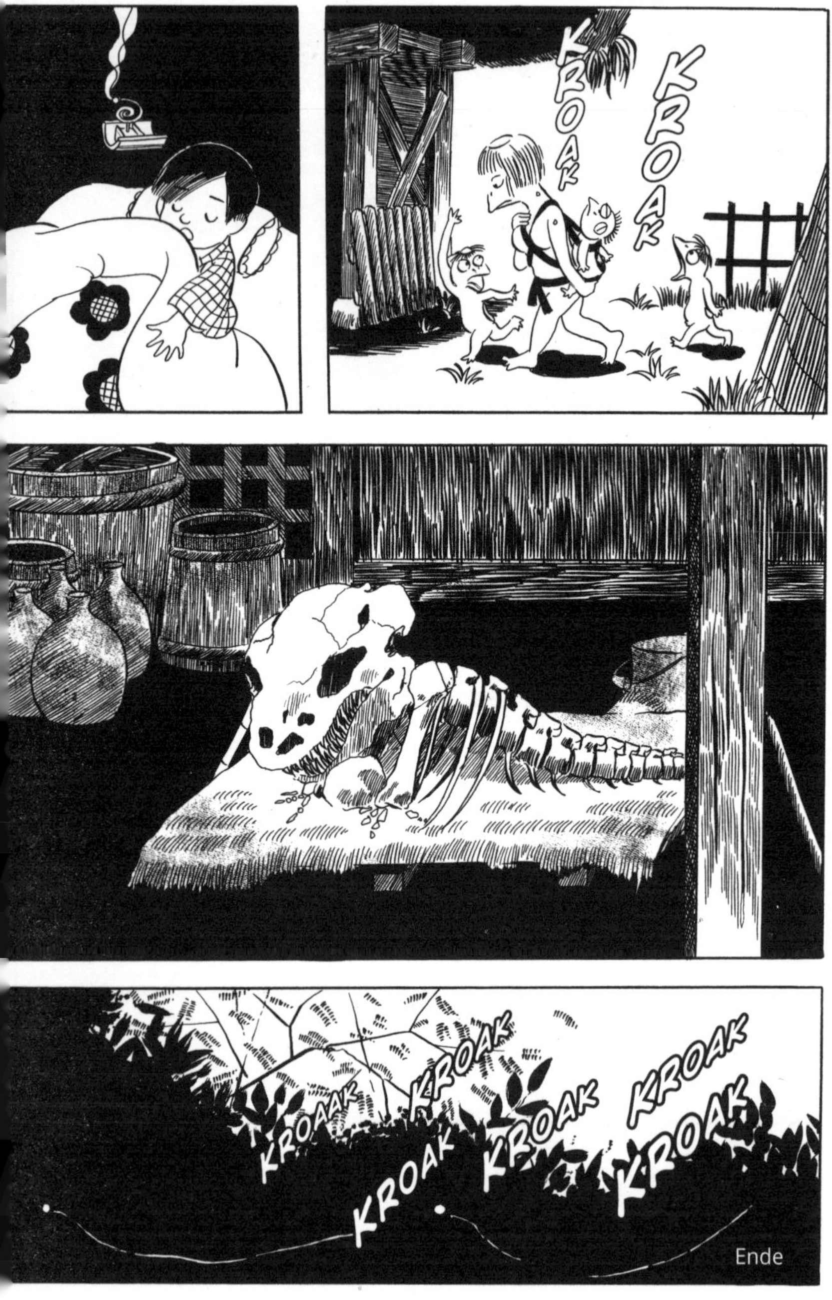

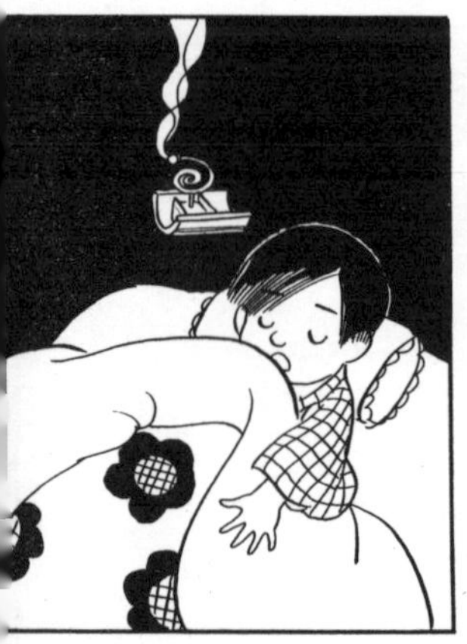

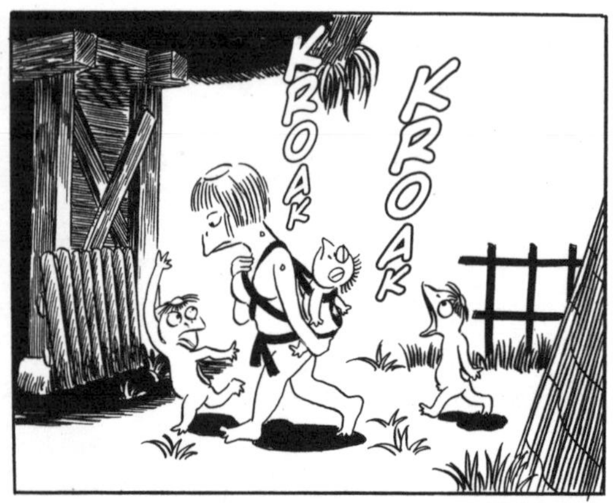
KROAK
KROAK

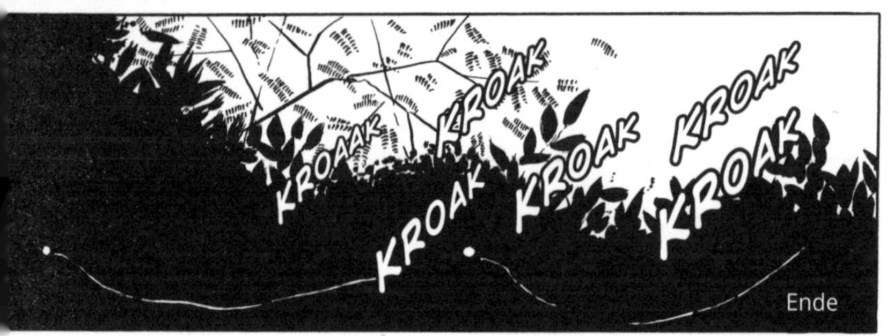
KROAAK
KROAK
KROAK
KROAK
KROAK
KROAK
Ende

Strohpapier

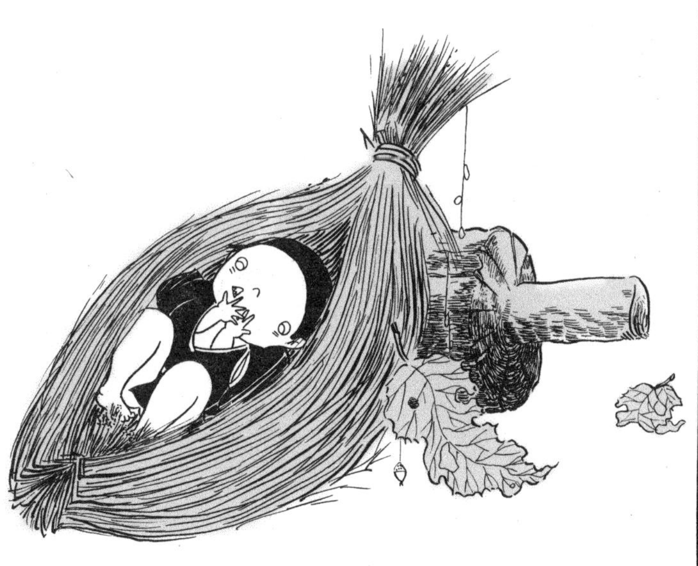

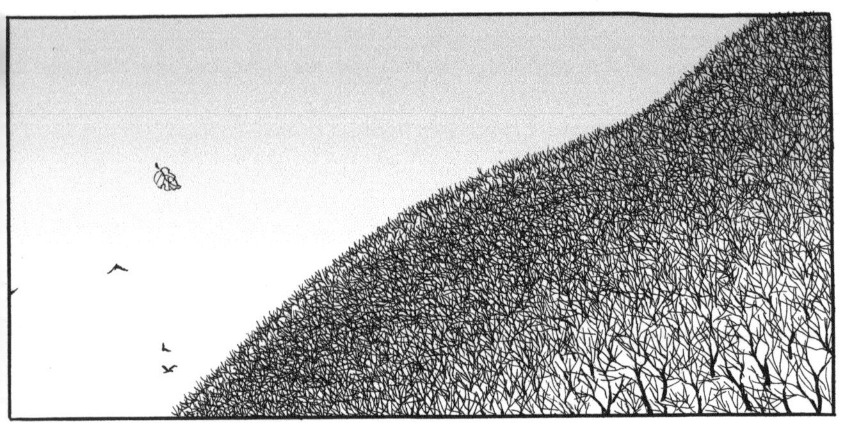

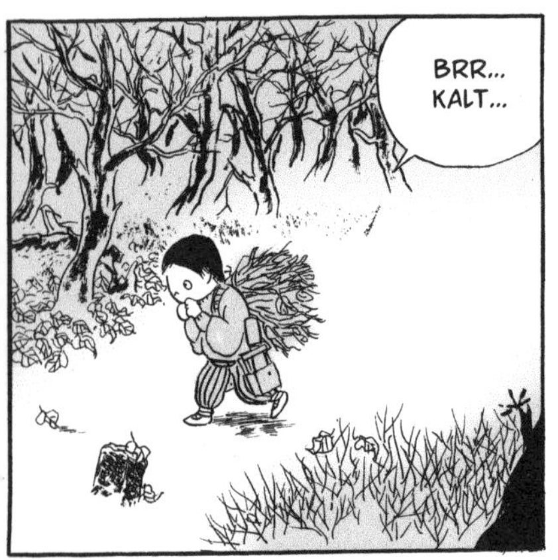
BRR...
KALT...

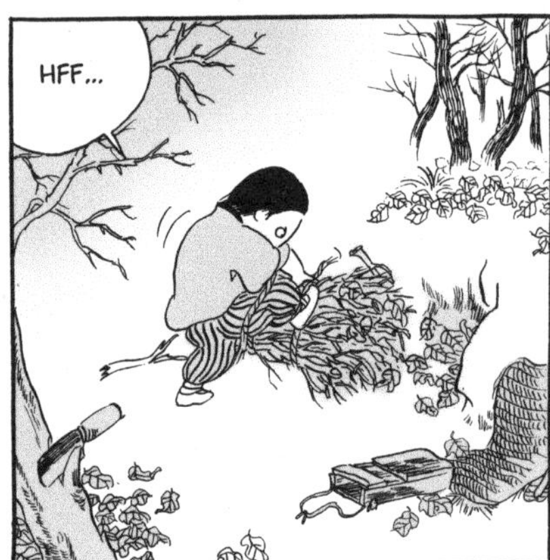
HFF...

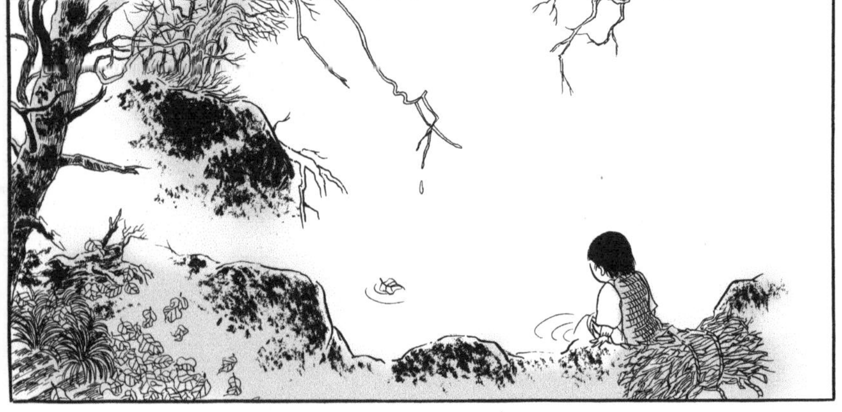

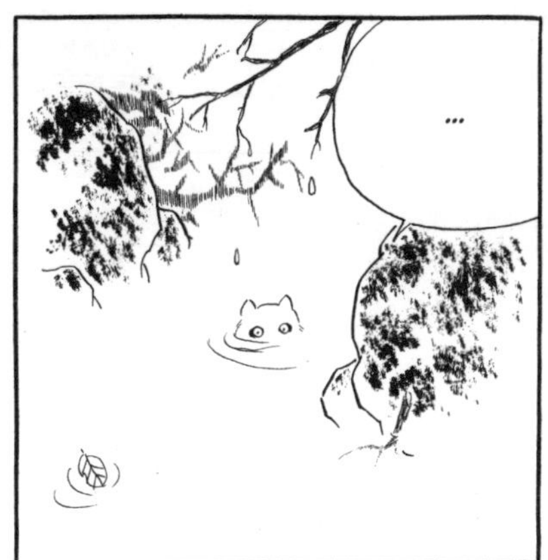
...

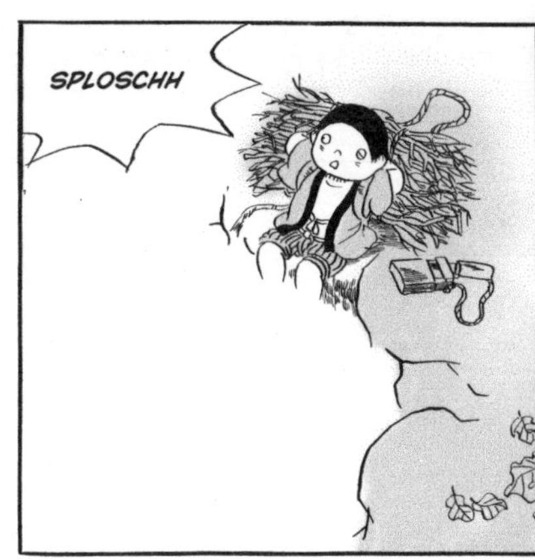
SPLOSCHH

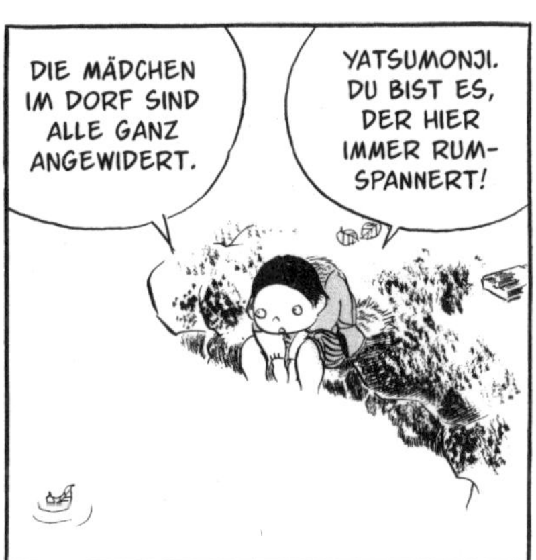
YATSUMONJI. DU BIST ES, DER HIER IMMER RUM-SPANNERT!
DIE MÄDCHEN IM DORF SIND ALLE GANZ ANGEWIDERT.

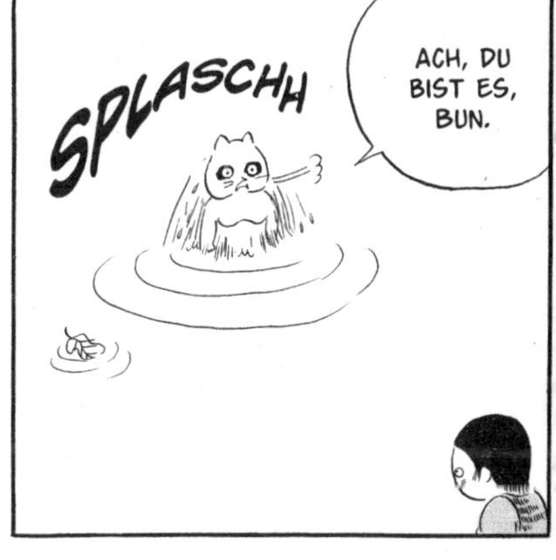
ACH, DU BIST ES, BUN.
SPLASCHH

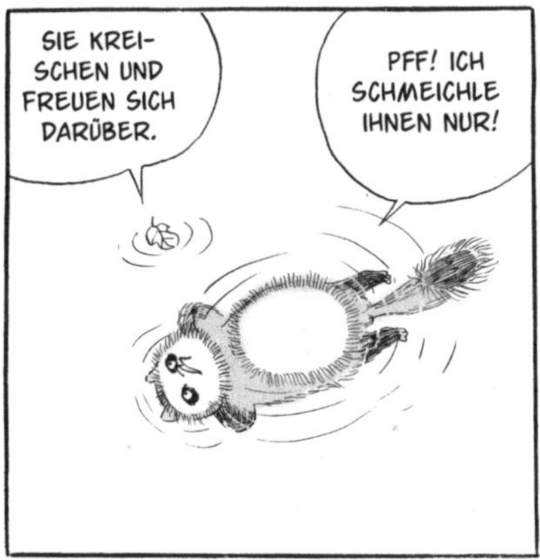
PFF! ICH SCHMEICHLE IHNEN NUR!
SIE KREI-SCHEN UND FREUEN SICH DARÜBER.

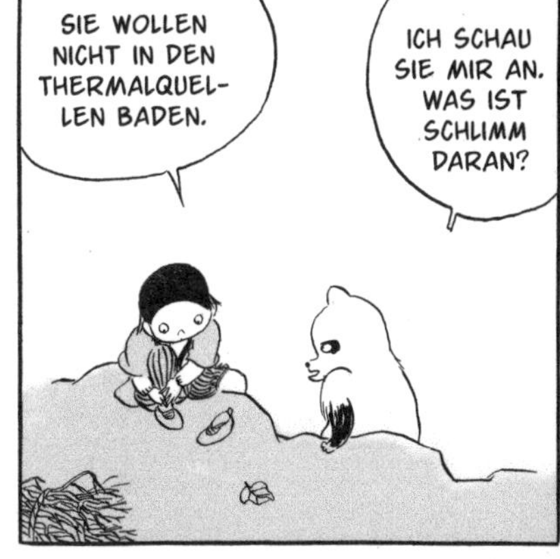
ICH SCHAU SIE MIR AN. WAS IST SCHLIMM DARAN?
SIE WOLLEN NICHT IN DEN THERMALQUEL-LEN BADEN.

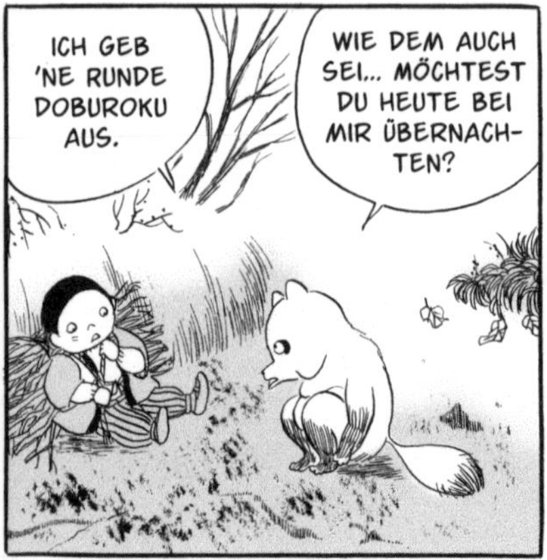

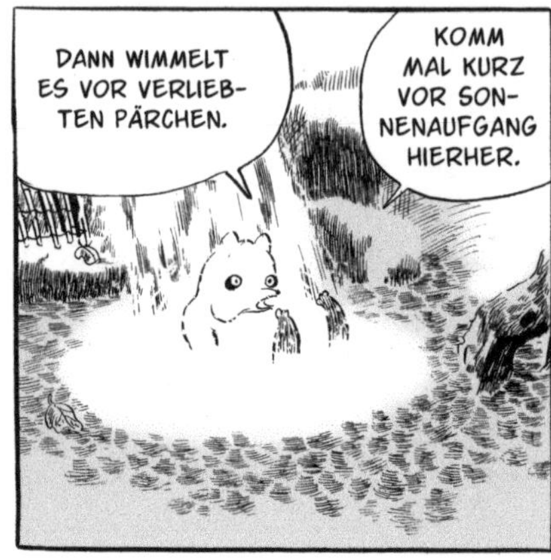

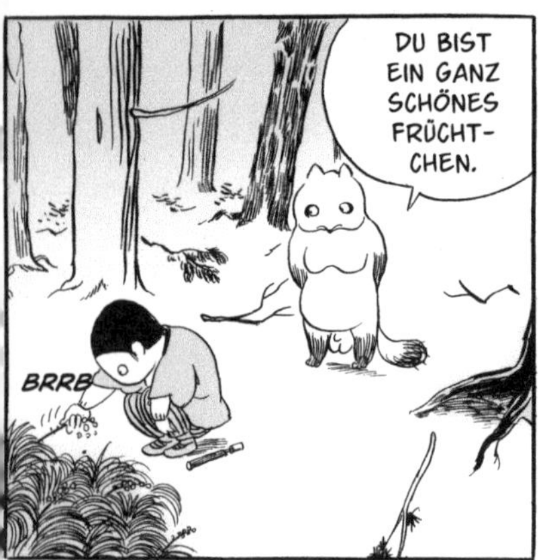

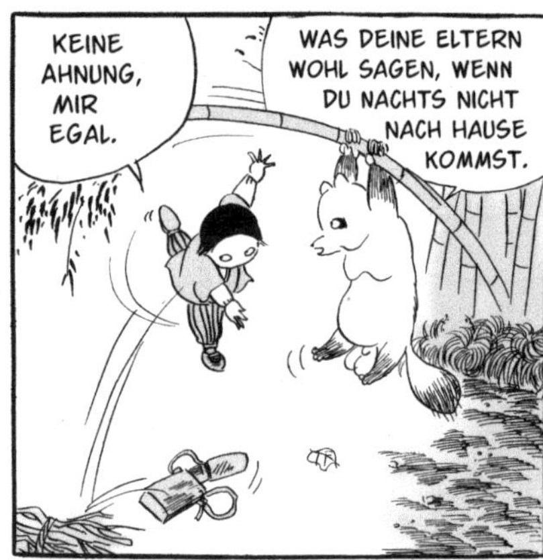

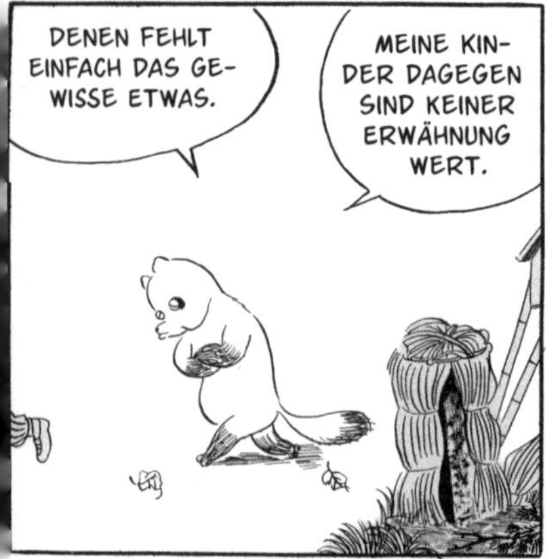

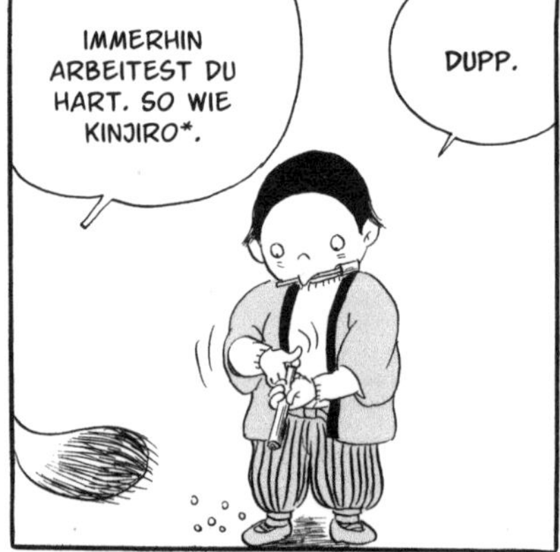

* SONTOKU NINOMIYA (1787–1856), BEKANNT ALS KINJIRO. AGRARREFORMER, DER BIS HEUTE FÜR SEINEN FLEISS UND SEIN WISSEN VEREHRT WIRD.

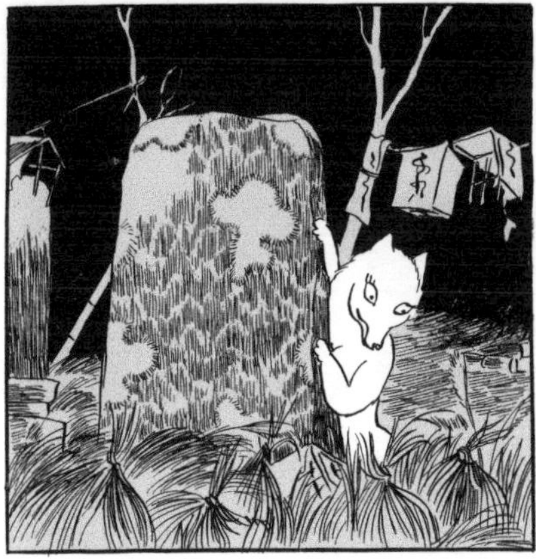

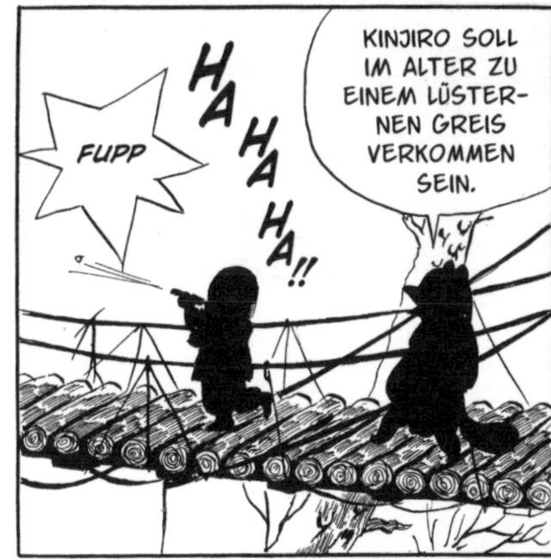

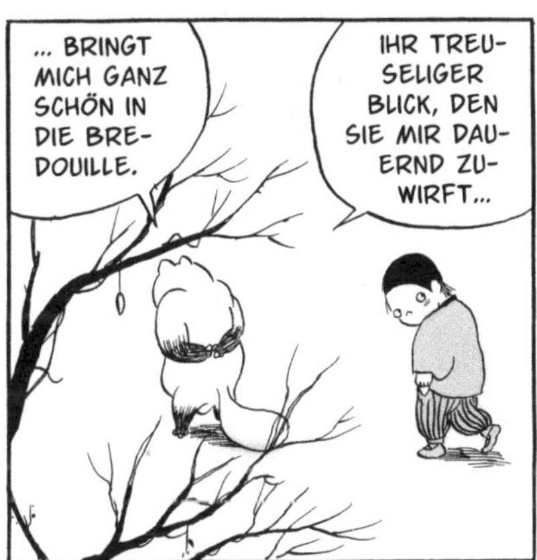

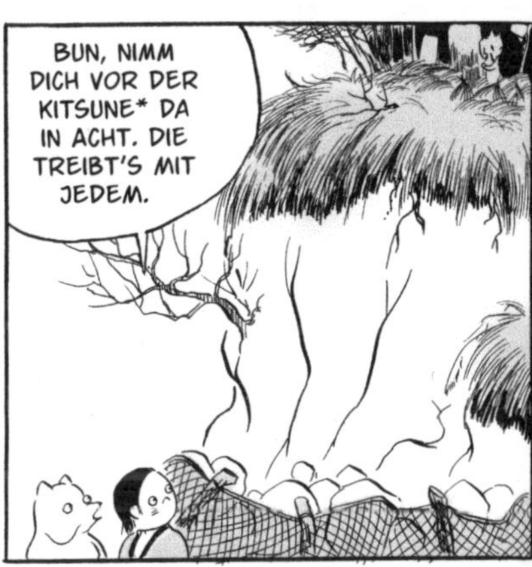

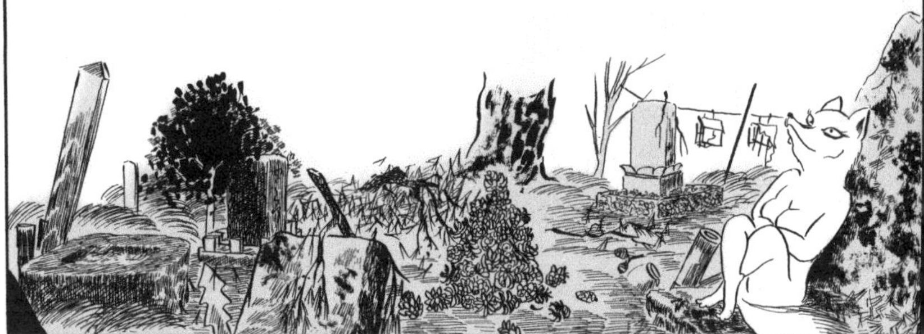

* DER FUCHSGEIST GILT IN JAPAN ALS MEISTER DER MAGISCHEN VERWANDLUNG.

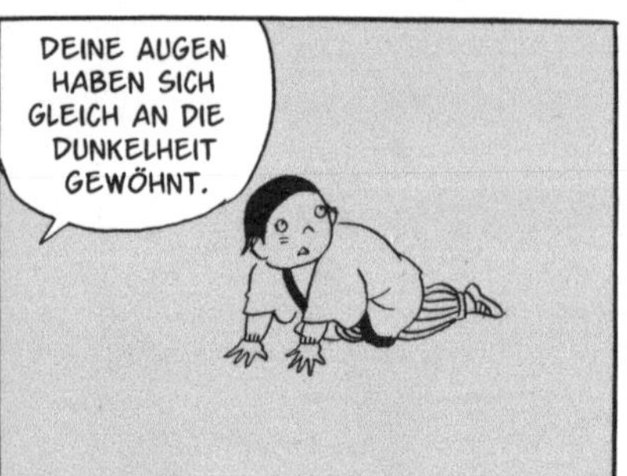

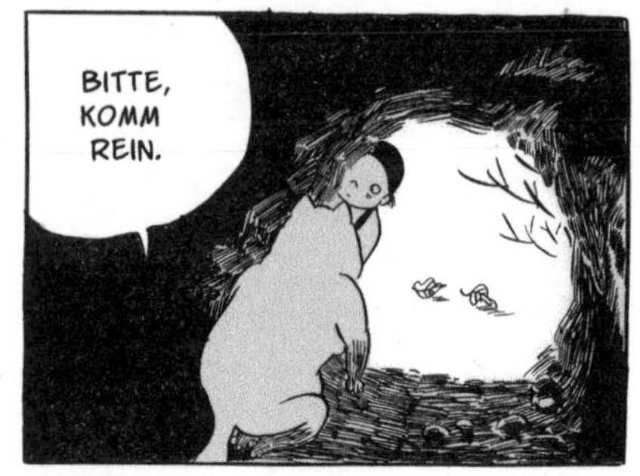

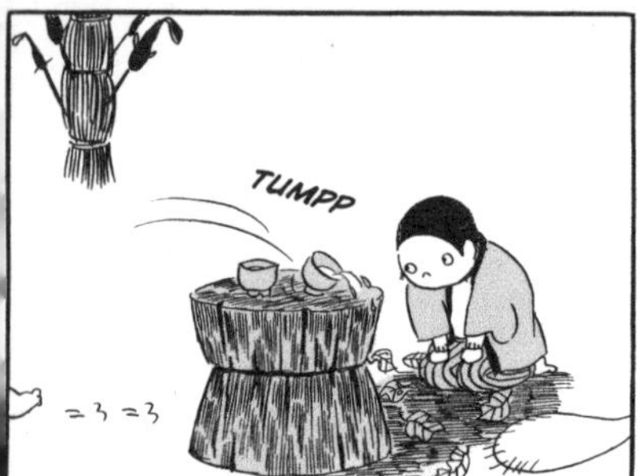

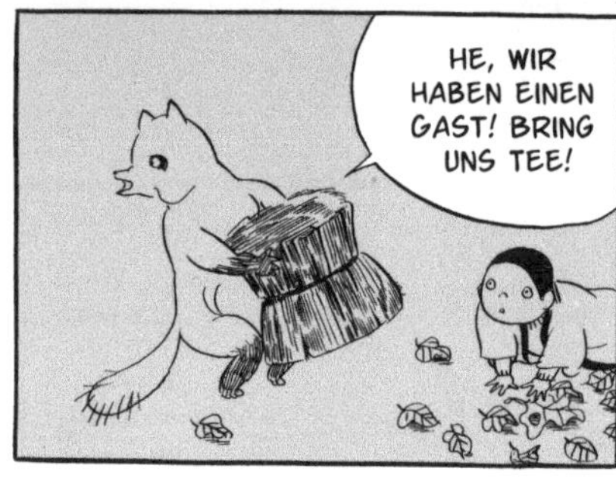

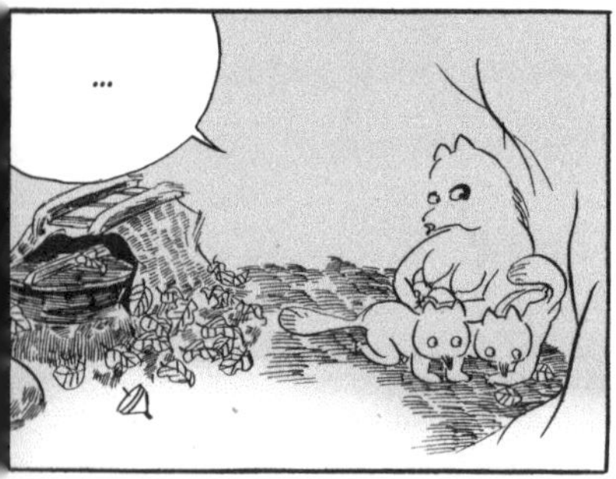

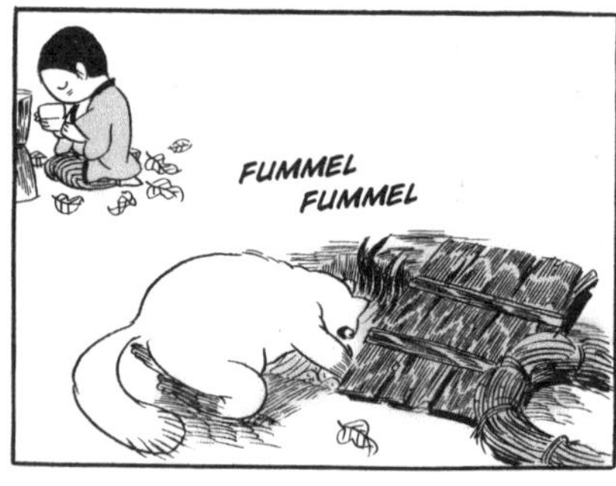

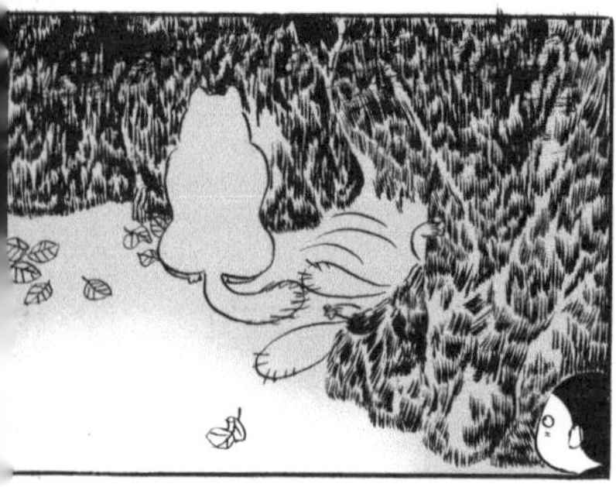

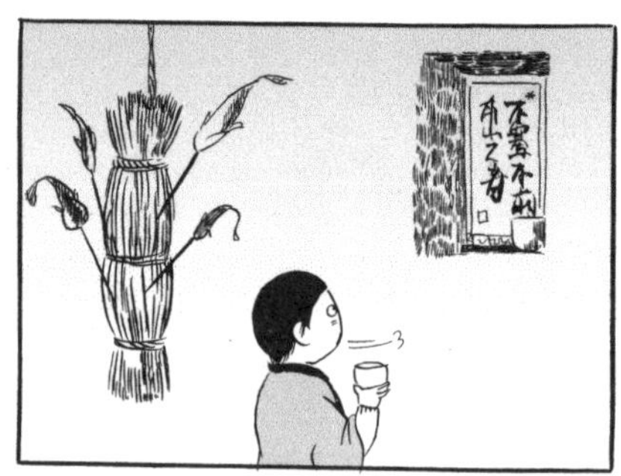

* SO UNBEZWINGBAR WIE DIE ZHONGNAN-BERGE

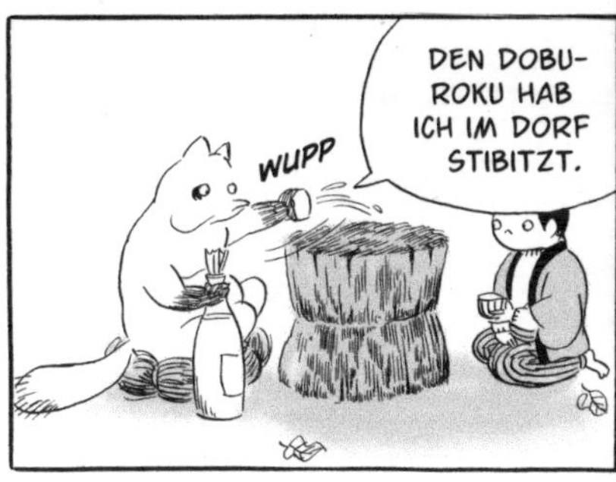
DEN DOBU-ROKU HAB ICH IM DORF STIBITZT.
WUPP

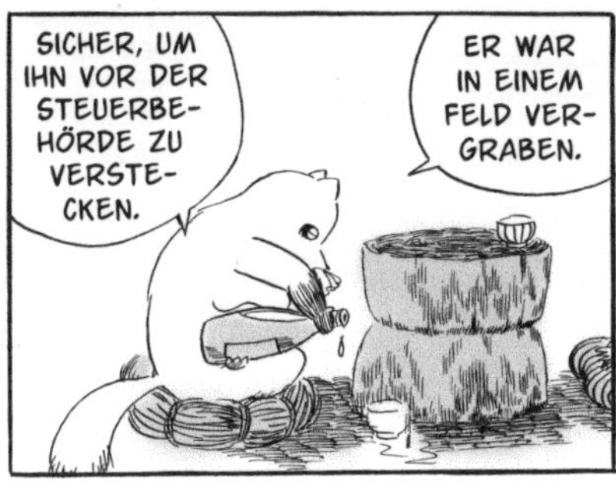
ER WAR IN EINEM FELD VER-GRABEN.
SICHER, UM IHN VOR DER STEUERBE-HÖRDE ZU VERSTE-CKEN.

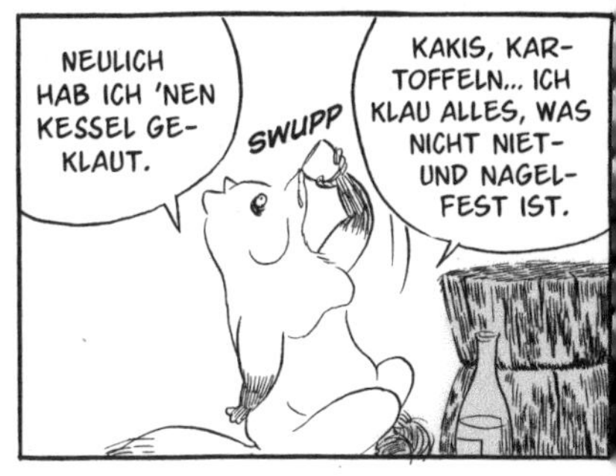
KAKIS, KAR-TOFFELN... ICH KLAU ALLES, WAS NICHT NIET- UND NAGEL-FEST IST.
SWUPP
NEULICH HAB ICH 'NEN KESSEL GE-KLAUT.

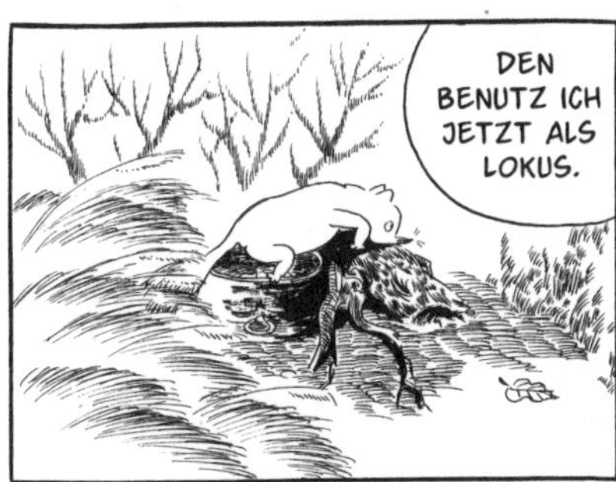
DEN BENUTZ ICH JETZT ALS LOKUS.

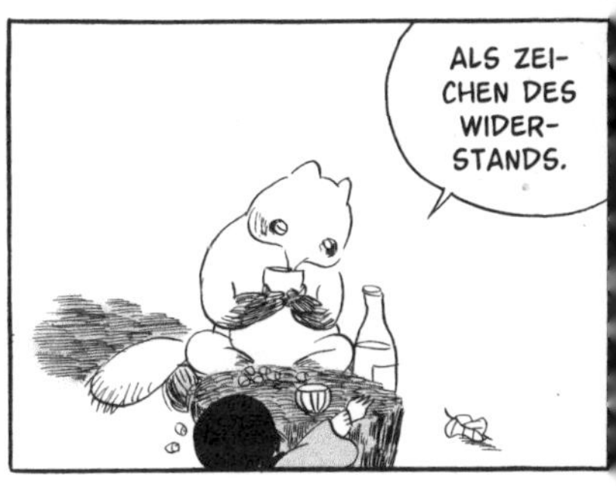
ALS ZEI-CHEN DES WIDER-STANDS.

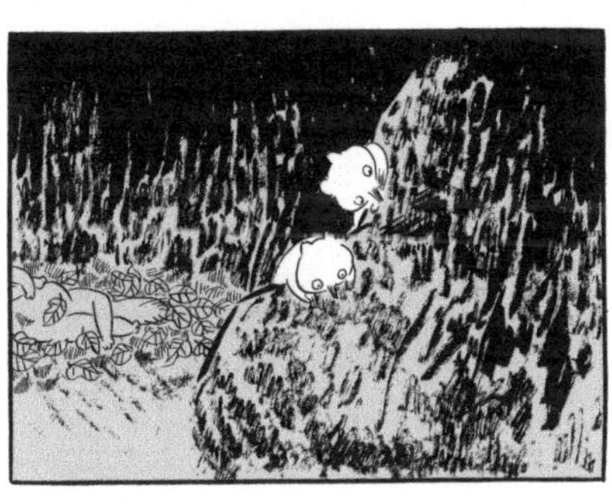

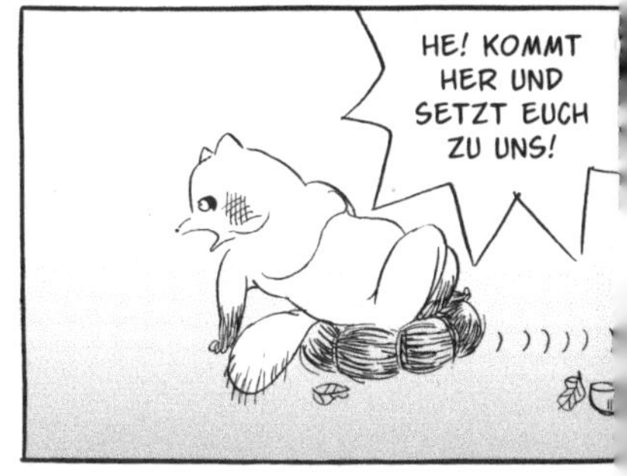
HE! KOMMT HER UND SETZT EUCH ZU UNS!

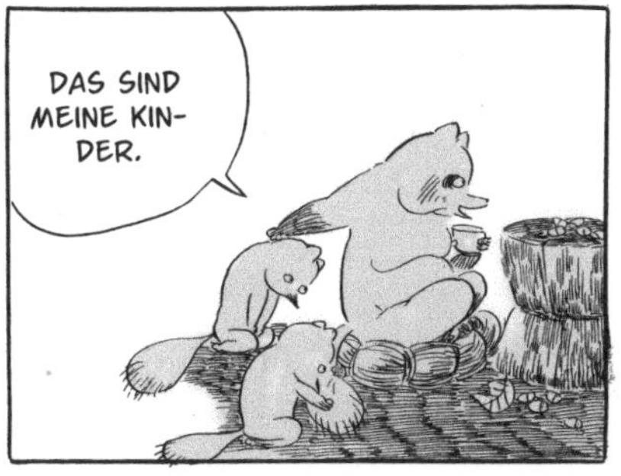
DAS SIND MEINE KIN-DER.

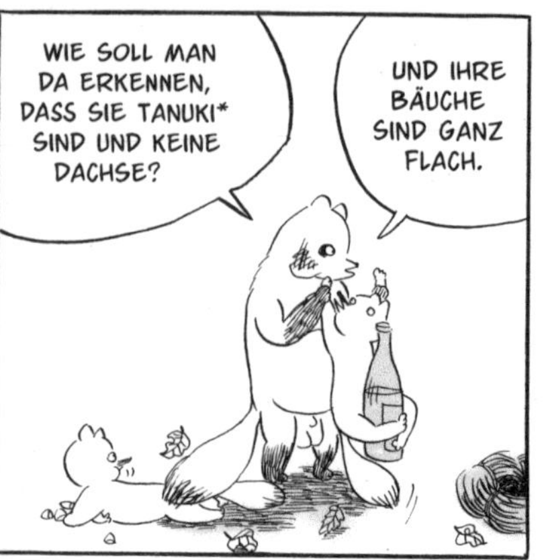

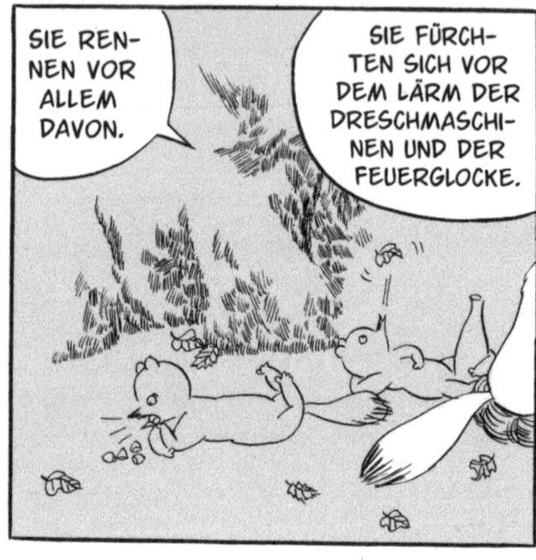

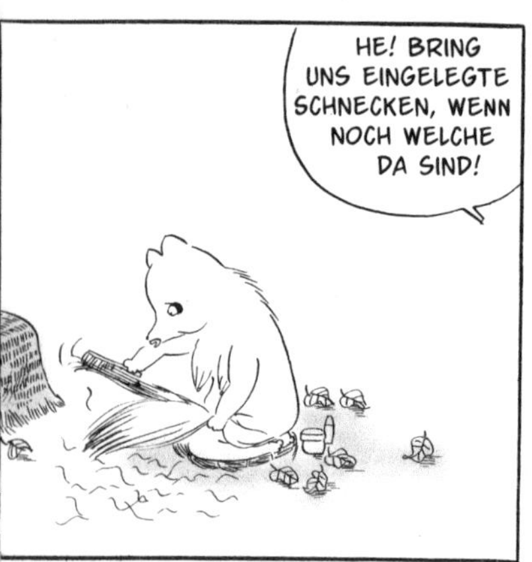

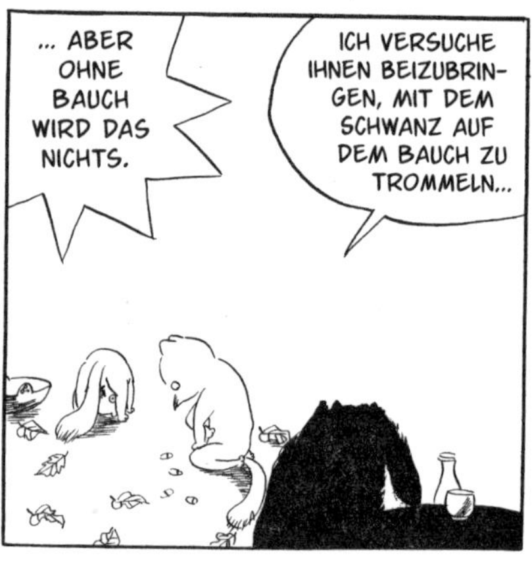

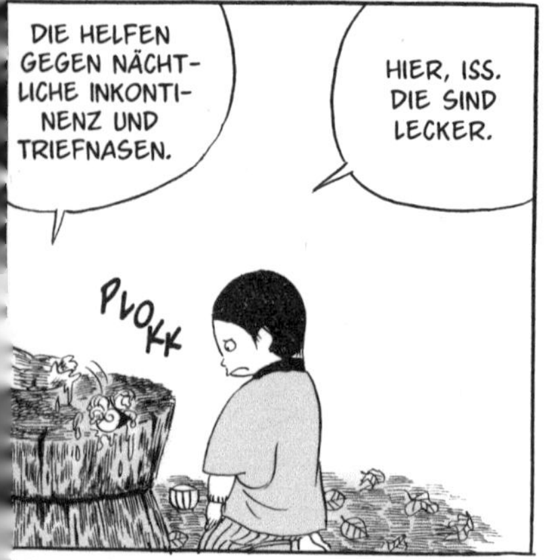

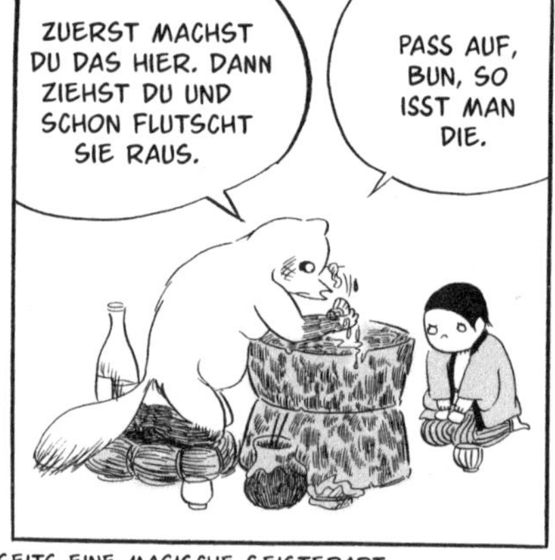

* TANUKI SIND EINERSEITS ECHTE TIERE, ANDERERSEITS EINE MAGISCHE GEISTERART.

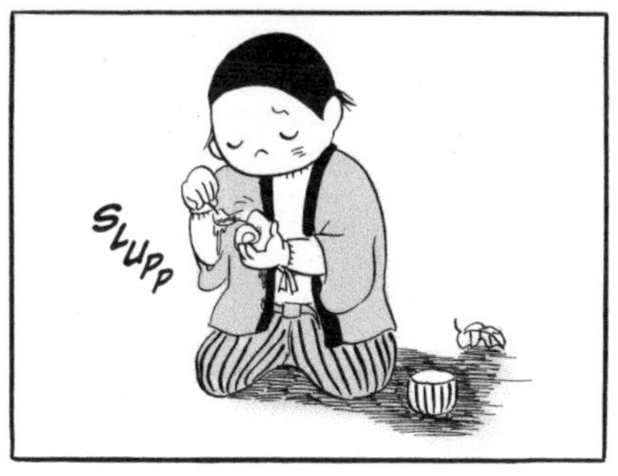
SLUPP

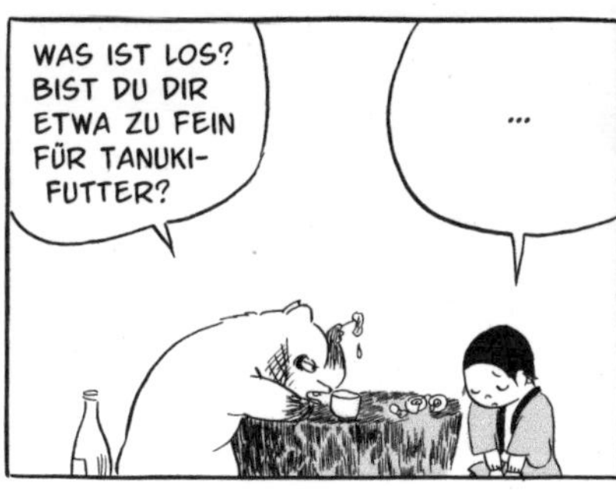
WAS IST LOS? BIST DU DIR ETWA ZU FEIN FÜR TANUKI-FUTTER?
...

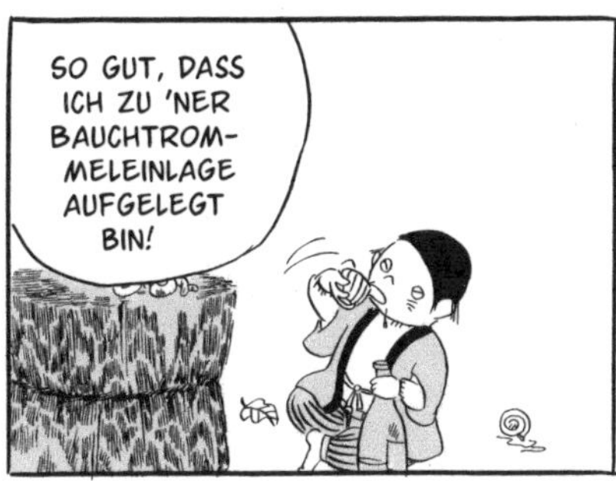
SO GUT, DASS ICH ZU 'NER BAUCHTROMMELEINLAGE AUFGELEGT BIN!

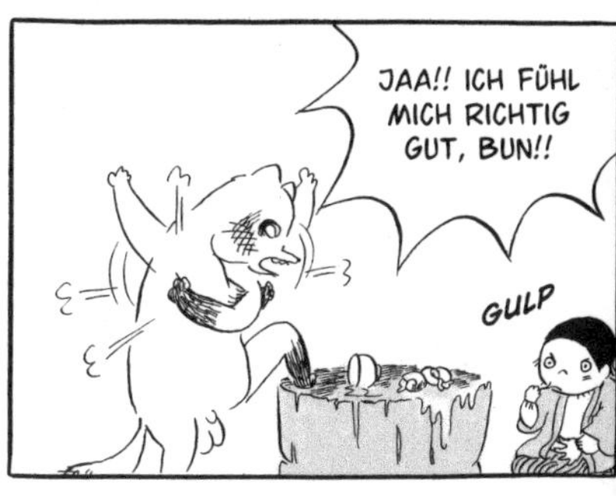
JAA!! ICH FÜHL MICH RICHTIG GUT, BUN!!
GULP

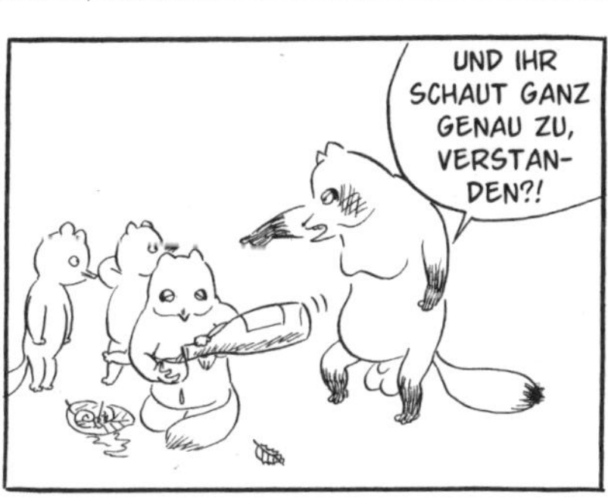
UND IHR SCHAUT GANZ GENAU ZU, VERSTANDEN?!

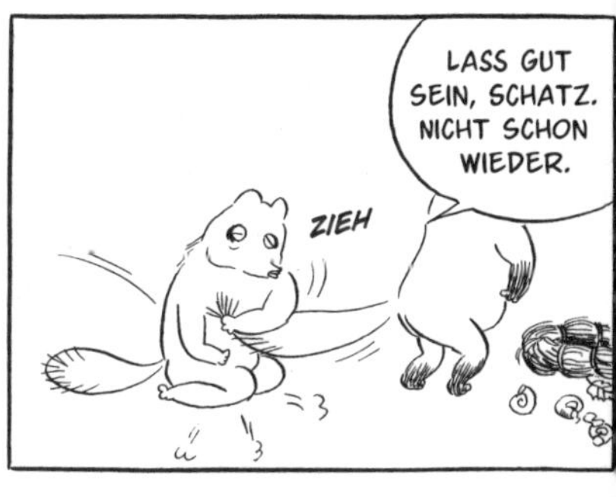
LASS GUT SEIN, SCHATZ. NICHT SCHON WIEDER.
ZIEH

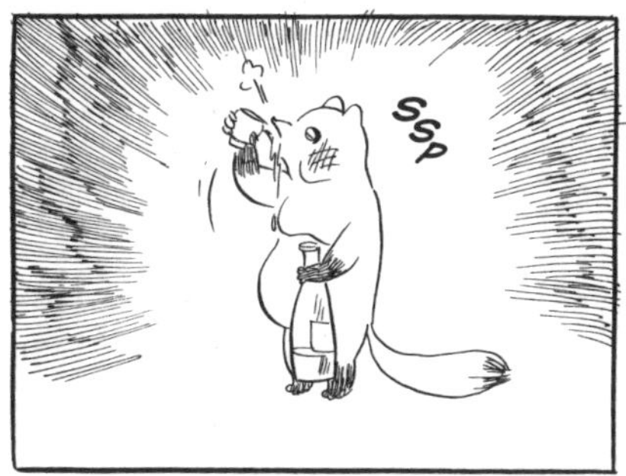
SSP

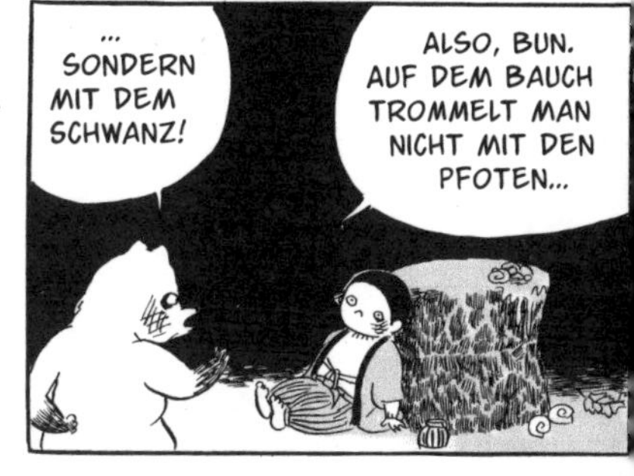
ALSO, BUN. AUF DEM BAUCH TROMMELT MAN NICHT MIT DEN PFOTEN...
... SONDERN MIT DEM SCHWANZ!

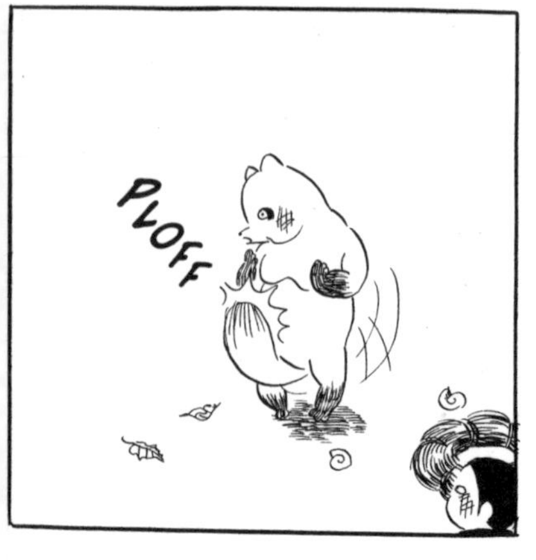
PLOFF

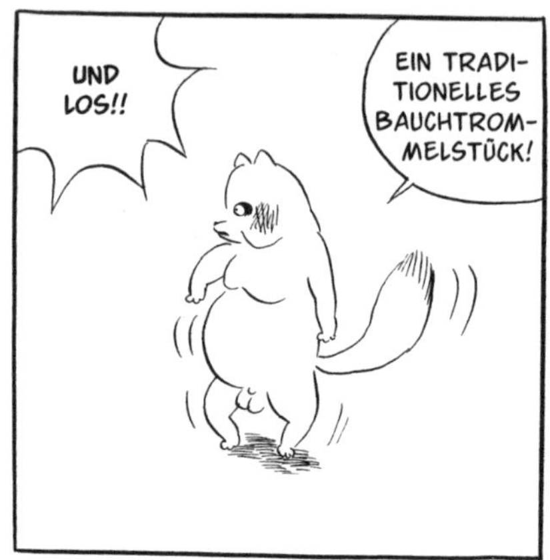
EIN TRADITIONELLES BAUCHTROMMELSTÜCK!
UND LOS!!

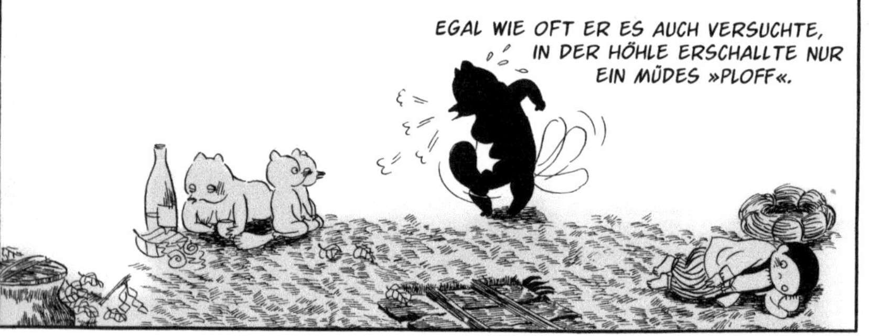
DOCH MIT SEINEM SCHWABBELIGEN BAUCH KONNTE YATSUMONJI KEIN ORDENTLICHES TROMMELGERÄUSCH ERZEUGEN.
EGAL WIE OFT ER ES AUCH VERSUCHTE, IN DER HÖHLE ERSCHALLTE NUR EIN MÜDES »PLOFF«.

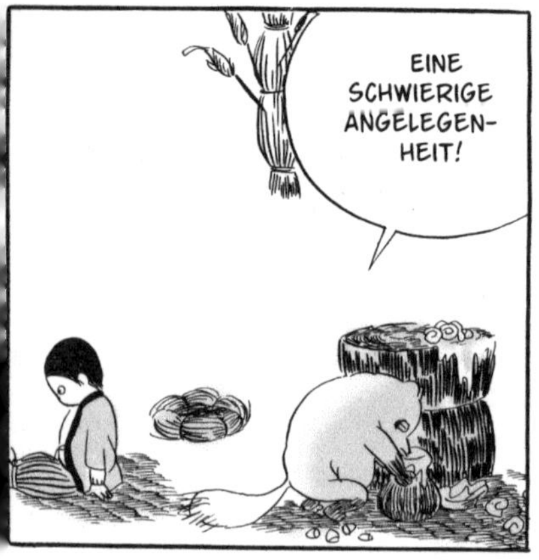
EINE SCHWIERIGE ANGELEGENHEIT!

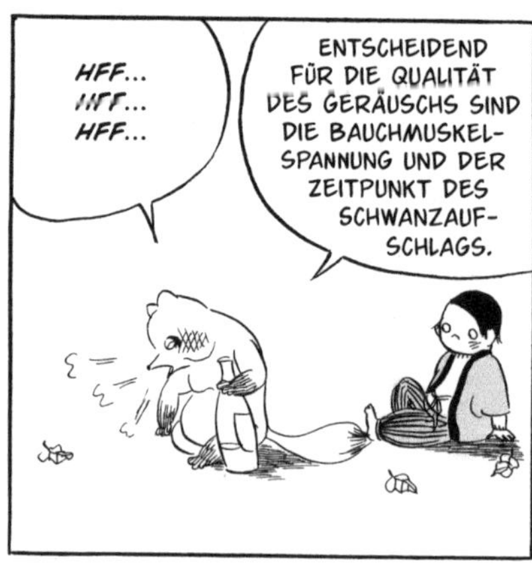
ENTSCHEIDEND FÜR DIE QUALITÄT DES GERÄUSCHS SIND DIE BAUCHMUSKELSPANNUNG UND DER ZEITPUNKT DES SCHWANZAUFSCHLAGS.
HFF... HFF... HFF...

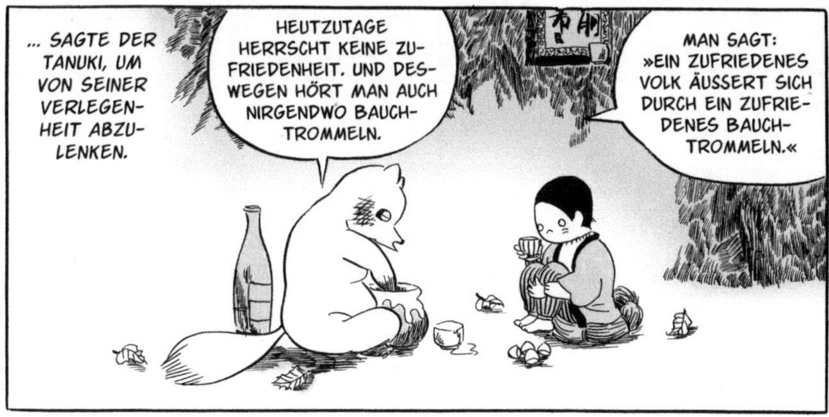
MAN SAGT: »EIN ZUFRIEDENES VOLK ÄUSSERT SICH DURCH EIN ZUFRIEDENES BAUCHTROMMELN.«
HEUTZUTAGE HERRSCHT KEINE ZUFRIEDENHEIT. UND DESWEGEN HÖRT MAN AUCH NIRGENDWO BAUCHTROMMELN.
... SAGTE DER TANUKI, UM VON SEINER VERLEGENHEIT ABZULENKEN.

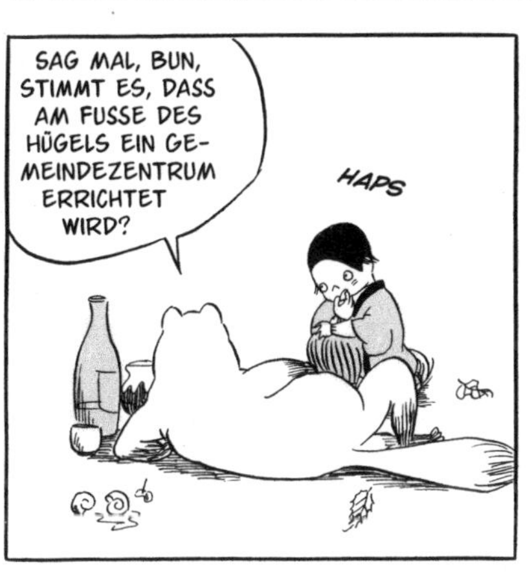
SAG MAL, BUN, STIMMT ES, DASS AM FUSSE DES HÜGELS EIN GEMEINDEZENTRUM ERRICHTET WIRD?
HAPS

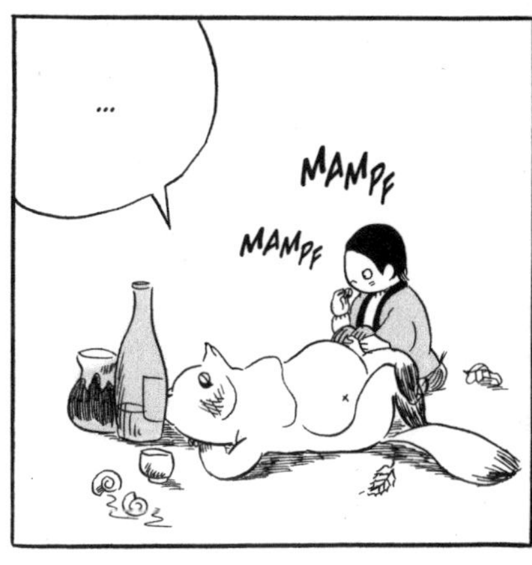
...
MAMPF
MAMPF

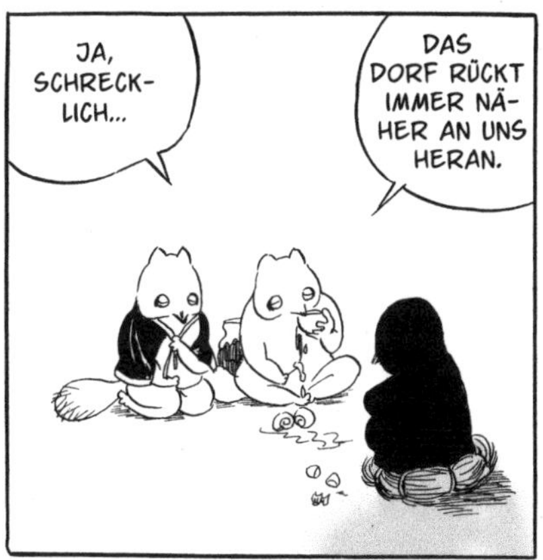
DAS DORF RÜCKT IMMER NÄHER AN UNS HERAN.
JA, SCHRECKLICH...

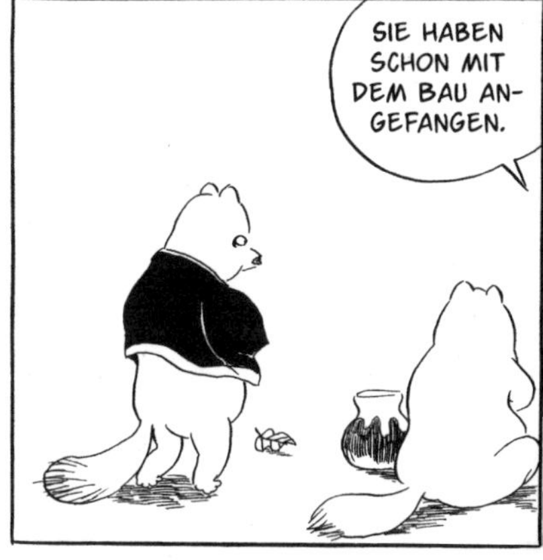
SIE HABEN SCHON MIT DEM BAU ANGEFANGEN.

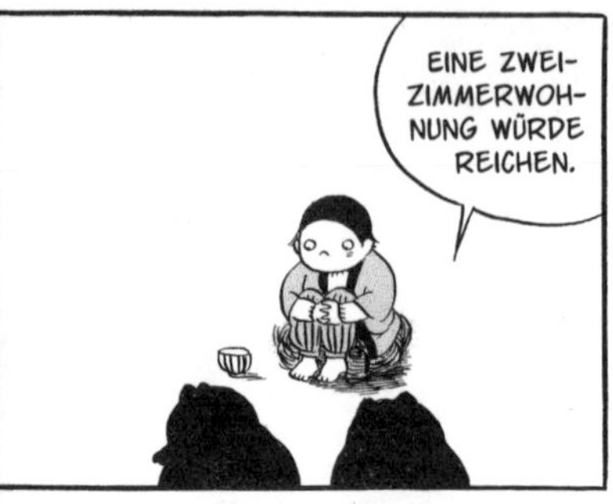
EINE ZWEI-ZIMMERWOHNUNG WÜRDE REICHEN.

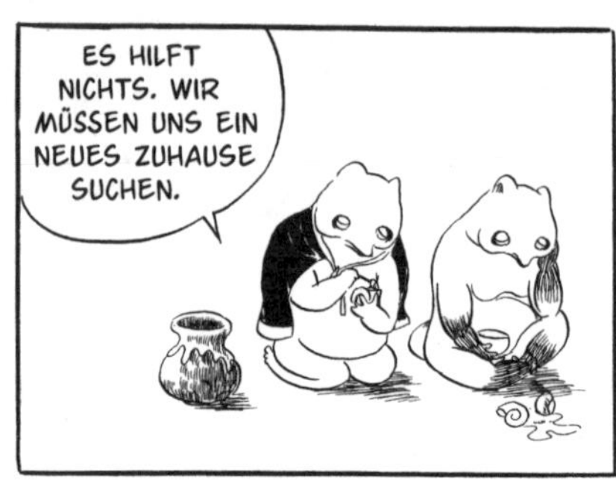
ES HILFT NICHTS. WIR MÜSSEN UNS EIN NEUES ZUHAUSE SUCHEN.

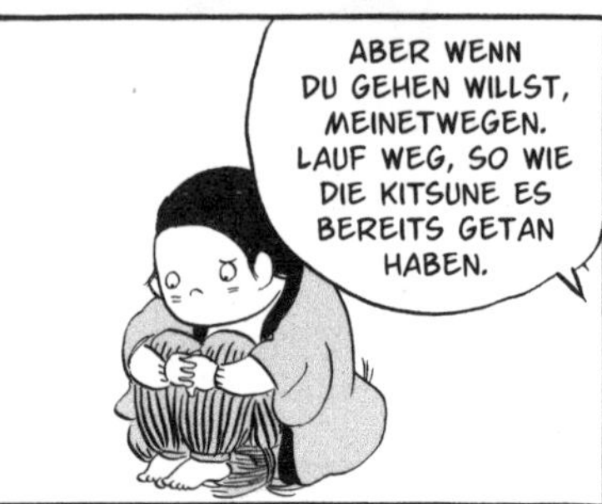
ABER WENN DU GEHEN WILLST, MEINETWEGEN. LAUF WEG, SO WIE DIE KITSUNE ES BEREITS GETAN HABEN.

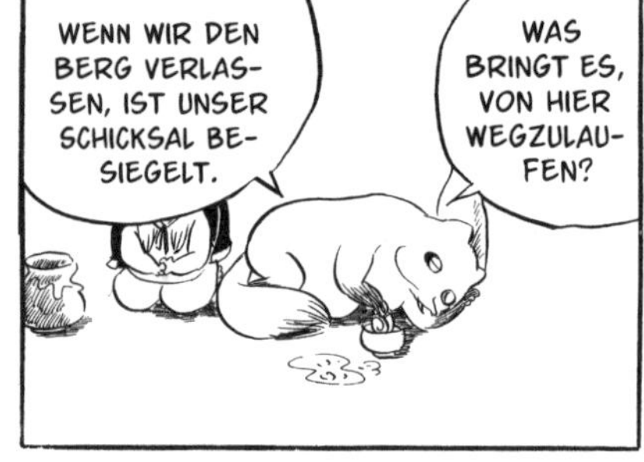
WAS BRINGT ES, VON HIER WEGZULAUFEN?
WENN WIR DEN BERG VERLASSEN, IST UNSER SCHICKSAL BESIEGELT.

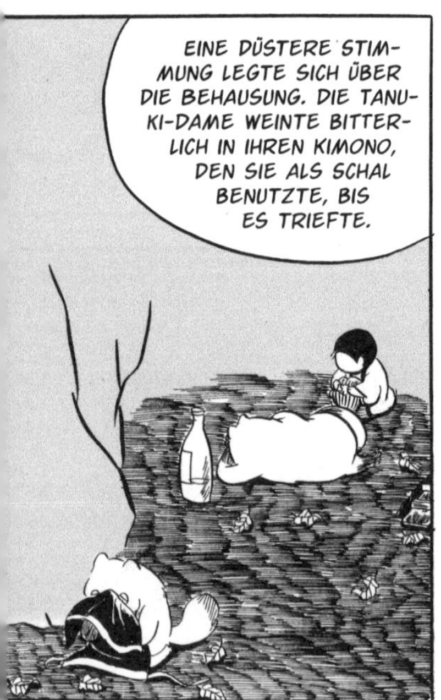
EINE DÜSTERE STIMMUNG LEGTE SICH ÜBER DIE BEHAUSUNG. DIE TANUKI-DAME WEINTE BITTERLICH IN IHREN KIMONO, DEN SIE ALS SCHAL BENUTZTE, BIS ES TRIEFTE.

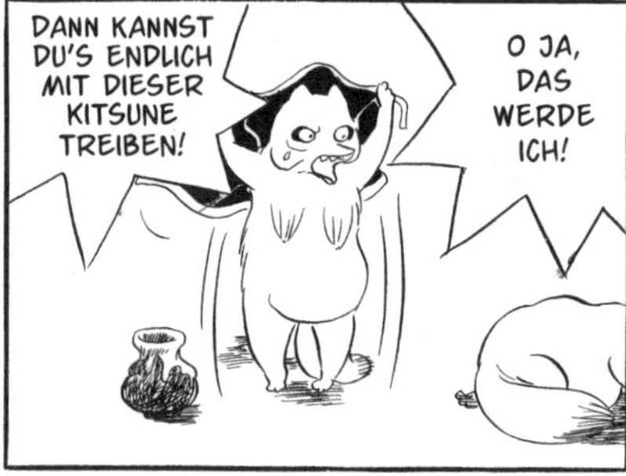
O JA, DAS WERDE ICH!
DANN KANNST DU'S ENDLICH MIT DIESER KITSUNE TREIBEN!

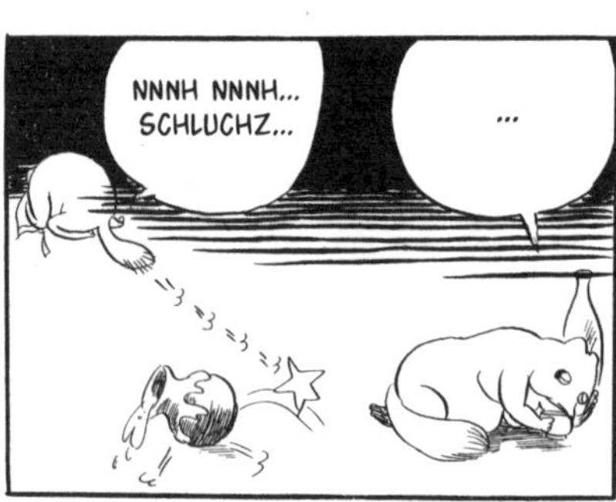
...
NNNH NNNH... SCHLUCHZ...

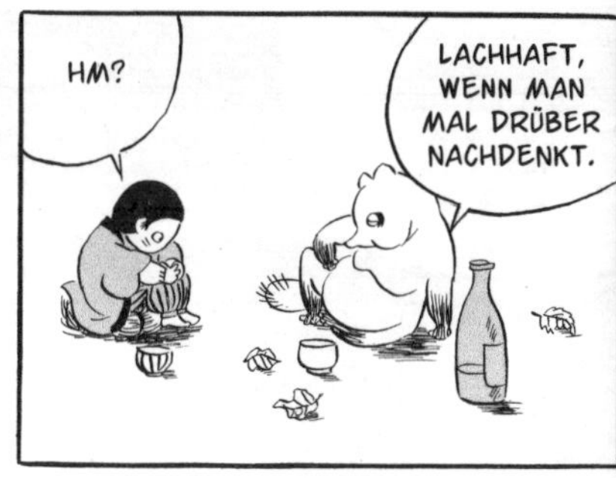

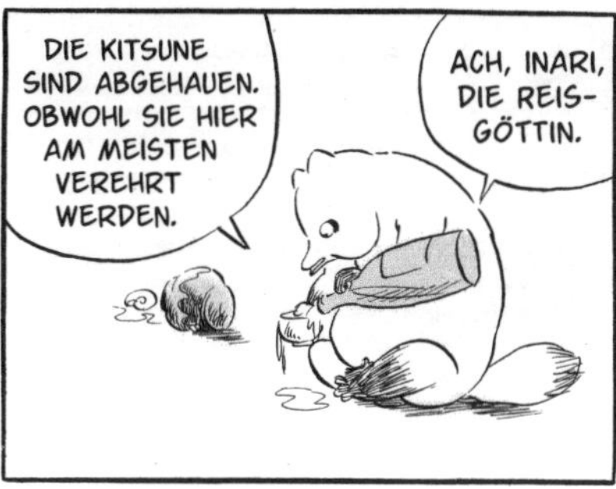

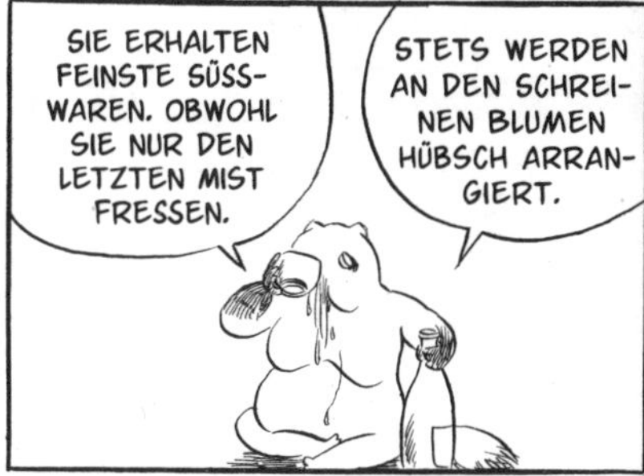

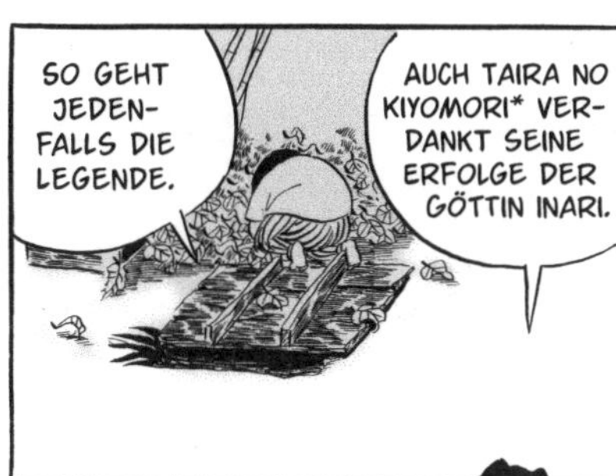

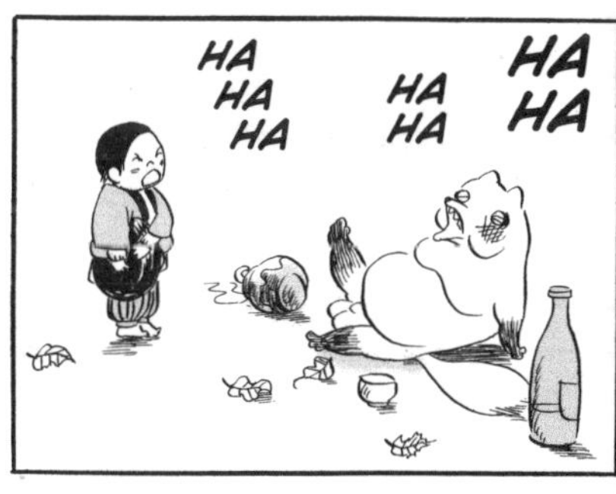

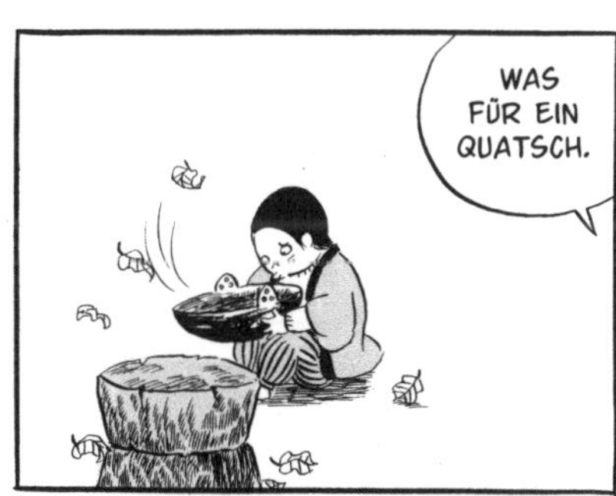

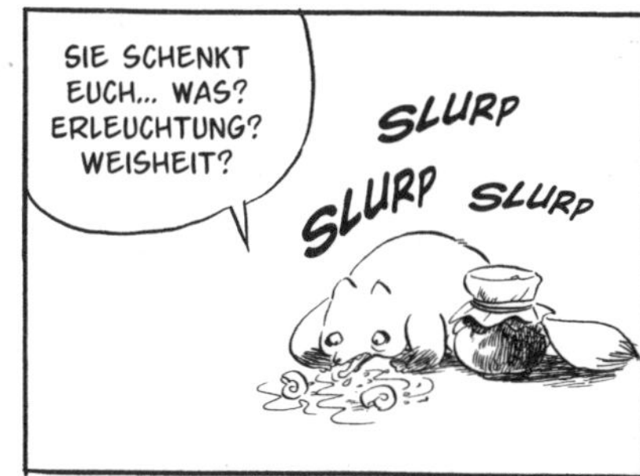

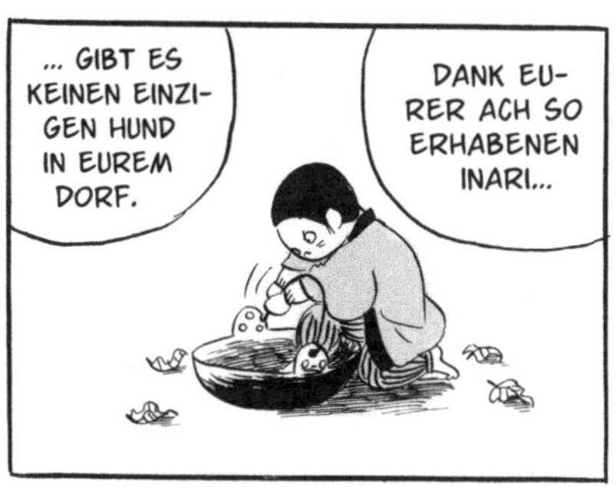

* BERÜHMTER GENERAL DER HEIAN-EPOCHE

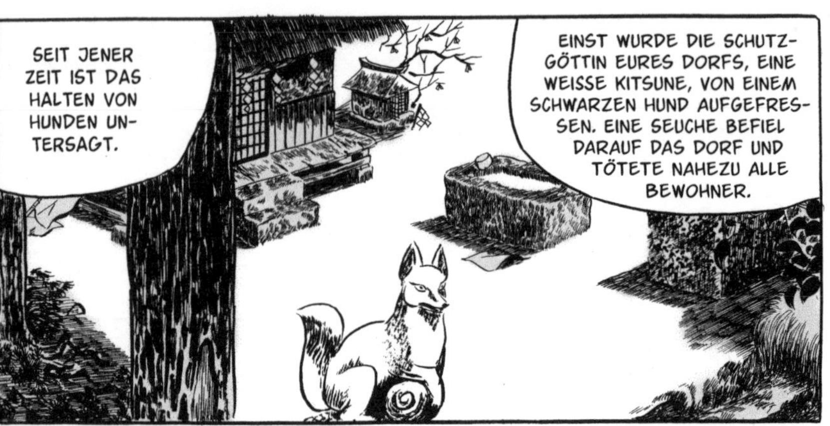
SEIT JENER ZEIT IST DAS HALTEN VON HUNDEN UNTERSAGT.
EINST WURDE DIE SCHUTZGÖTTIN EURES DORFS, EINE WEISSE KITSUNE, VON EINEM SCHWARZEN HUND AUFGEFRESSEN. EINE SEUCHE BEFIEL DARAUF DAS DORF UND TÖTETE NAHEZU ALLE BEWOHNER.
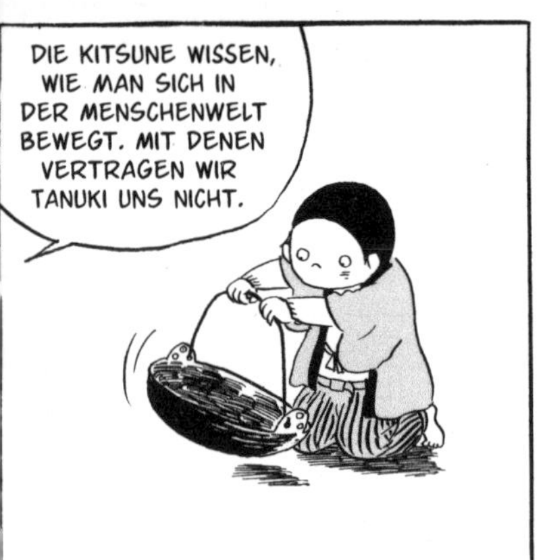
DIE KITSUNE WISSEN, WIE MAN SICH IN DER MENSCHENWELT BEWEGT. MIT DENEN VERTRAGEN WIR TANUKI UNS NICHT.
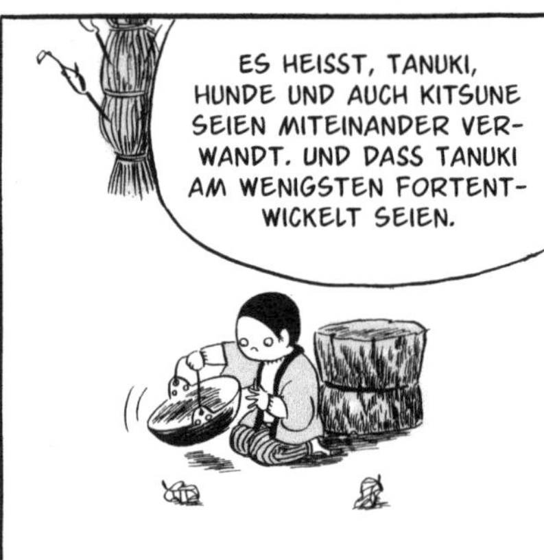
ES HEISST, TANUKI, HUNDE UND AUCH KITSUNE SEIEN MITEINANDER VERWANDT. UND DASS TANUKI AM WENIGSTEN FORTENTWICKELT SEIEN.
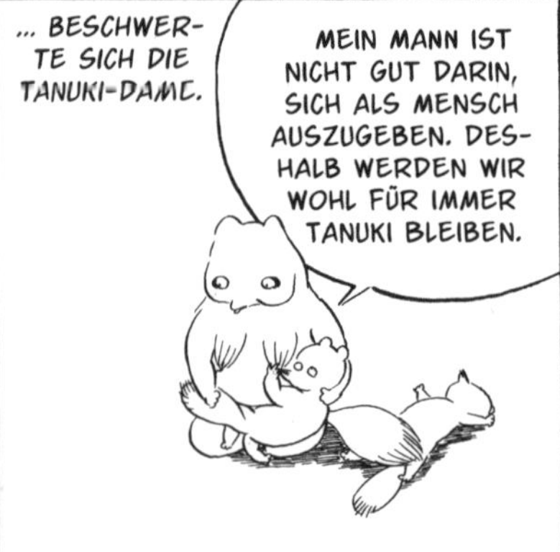
... BESCHWERTE SICH DIE TANUKI-DAME.
MEIN MANN IST NICHT GUT DARIN, SICH ALS MENSCH AUSZUGEBEN. DESHALB WERDEN WIR WOHL FÜR IMMER TANUKI BLEIBEN.
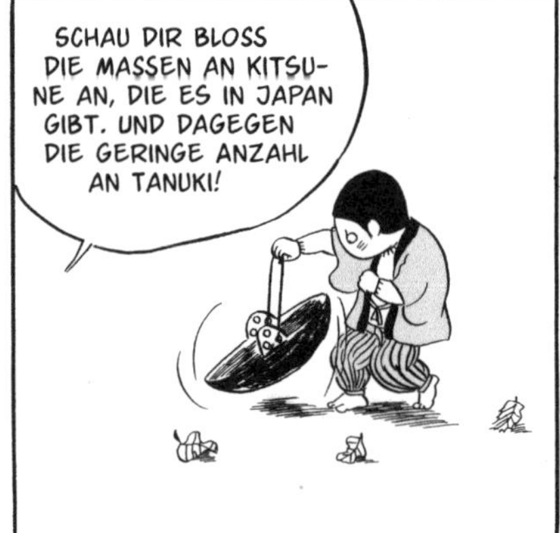
SCHAU DIR BLOSS DIE MASSEN AN KITSUNE AN, DIE ES IN JAPAN GIBT. UND DAGEGEN DIE GERINGE ANZAHL AN TANUKI!

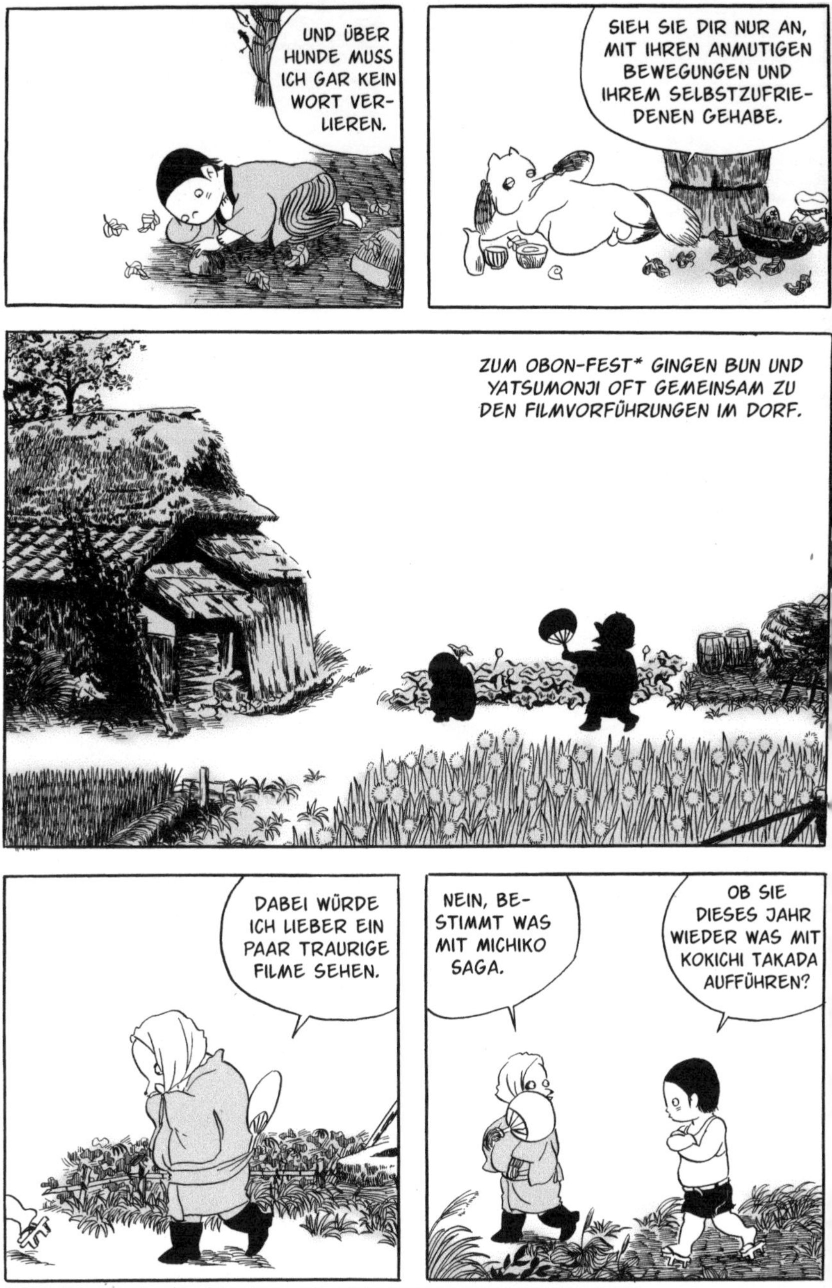

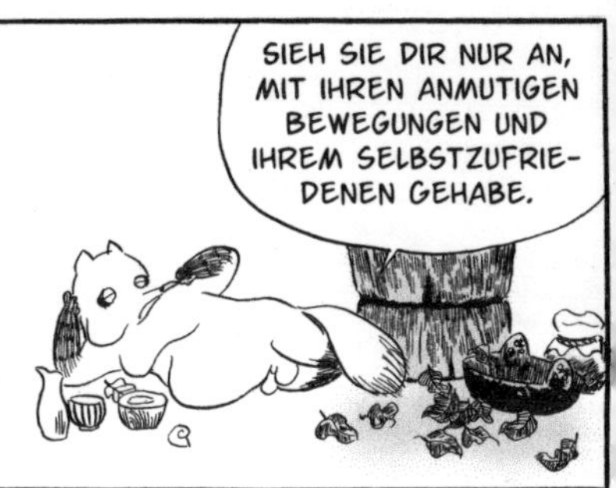

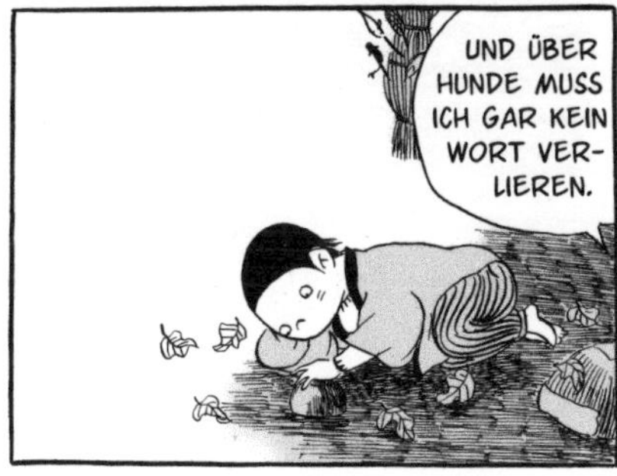

ZUM OBON-FEST* GINGEN BUN UND YATSUMONJI OFT GEMEINSAM ZU DEN FILMVORFÜHRUNGEN IM DORF.

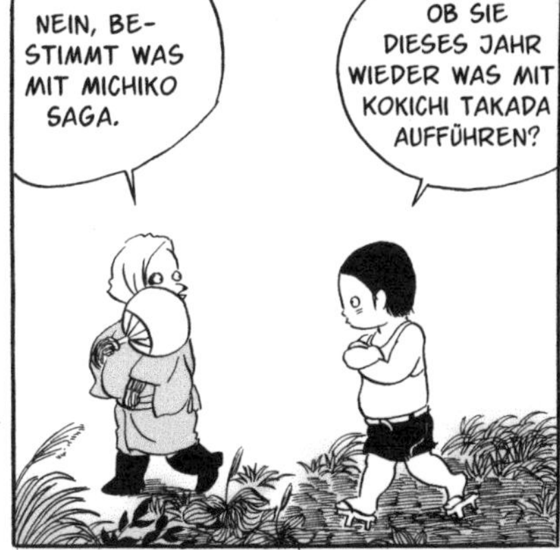

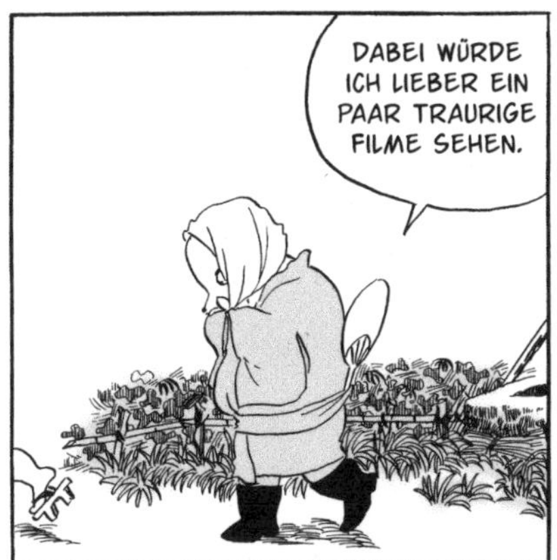

* BUDDHISTISCHES FEST ZU EHREN DER AHNEN UND ZUR GEISTERVERTREIBUNG

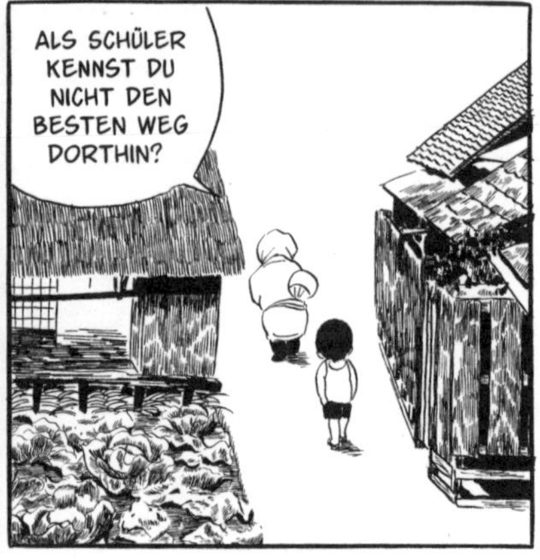
ALS SCHÜLER KENNST DU NICHT DEN BESTEN WEG DORTHIN?

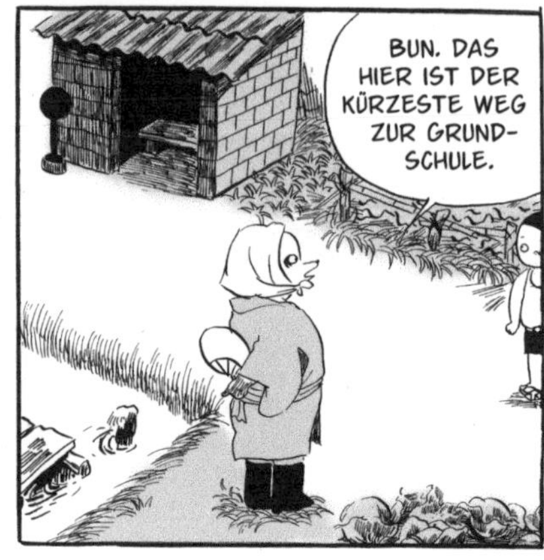
BUN. DAS HIER IST DER KÜRZESTE WEG ZUR GRUND-SCHULE.

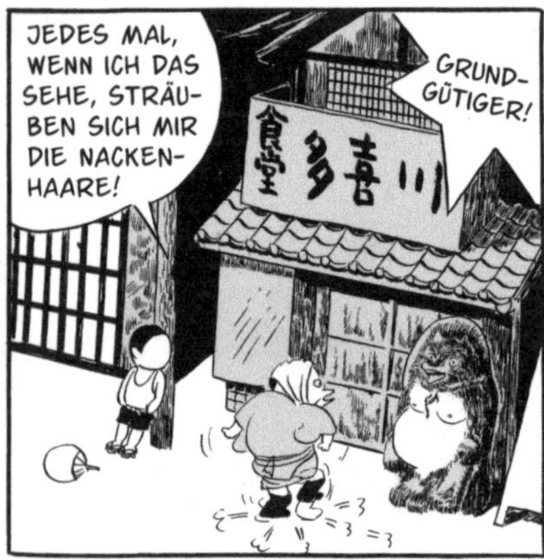
JEDES MAL, WENN ICH DAS SEHE, STRÄU-BEN SICH MIR DIE NACKEN-HAARE!
GRUND-GÜTIGER!
食堂多喜川

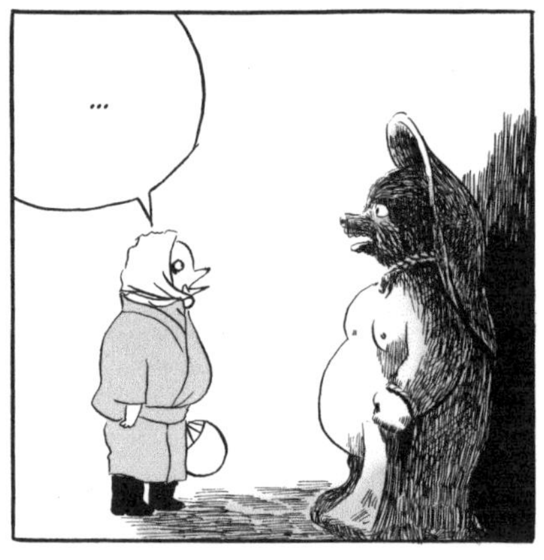
...

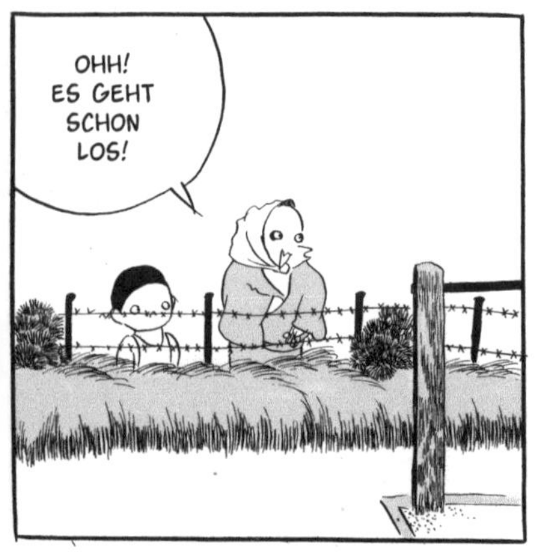
OHH! ES GEHT SCHON LOS!

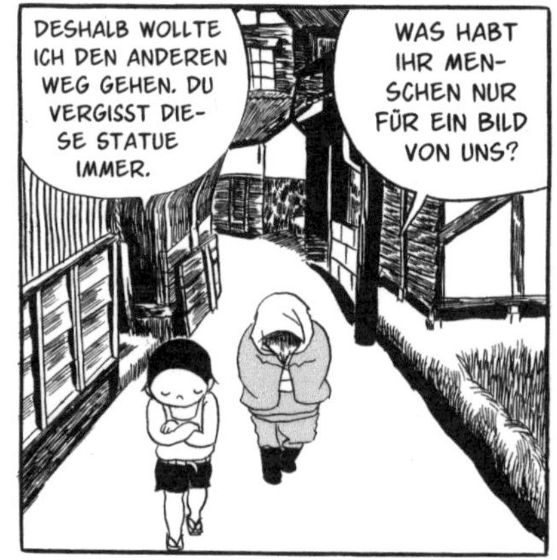
DESHALB WOLLTE ICH DEN ANDEREN WEG GEHEN. DU VERGISST DIE-SE STATUE IMMER.
WAS HABT IHR MEN-SCHEN NUR FÜR EIN BILD VON UNS?

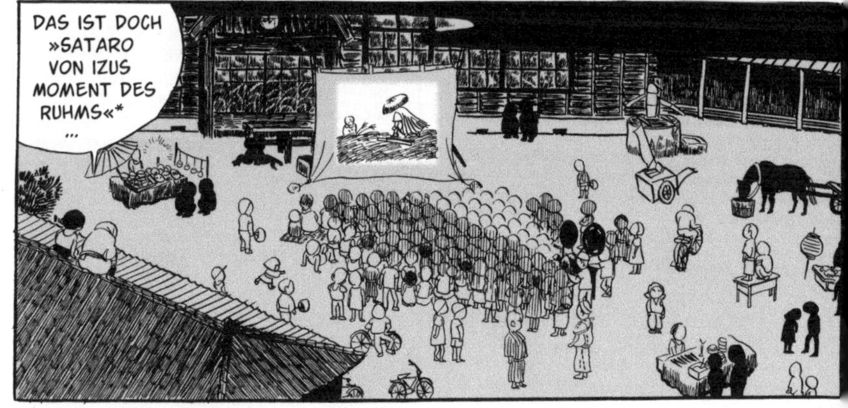

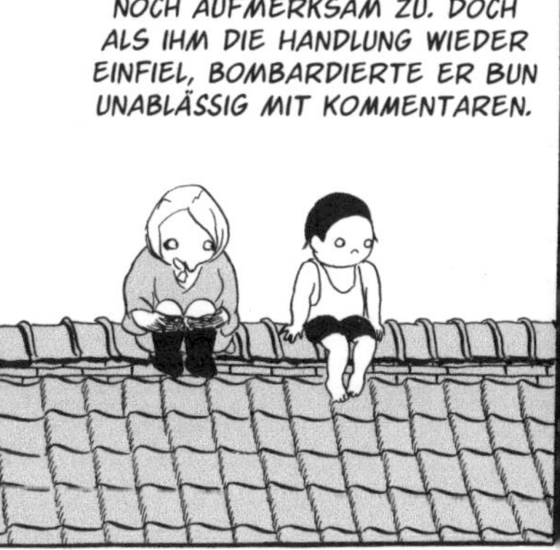

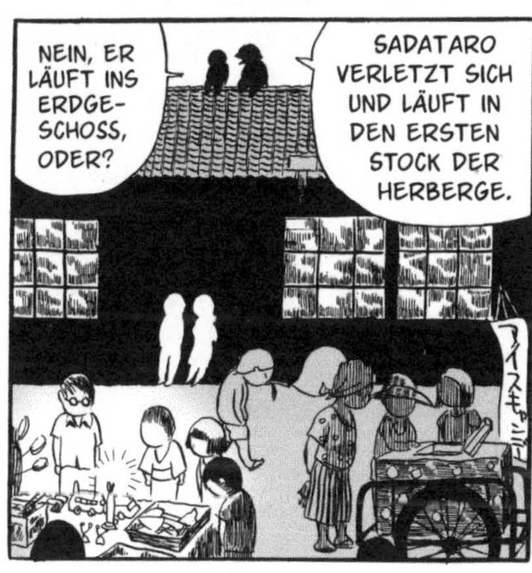

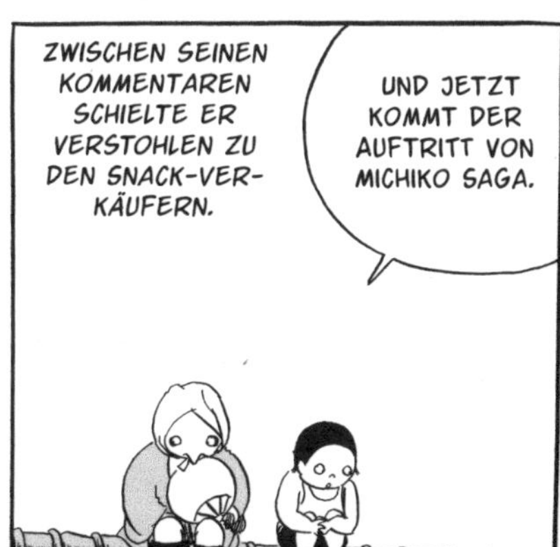

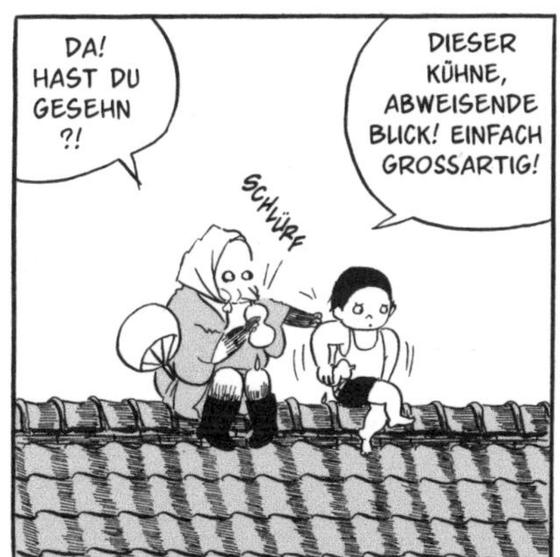

* KOKICHI TAKADA UND MICHIKO SAGA TRETEN GEMEINSAM IN DIESEM FILM AUF.

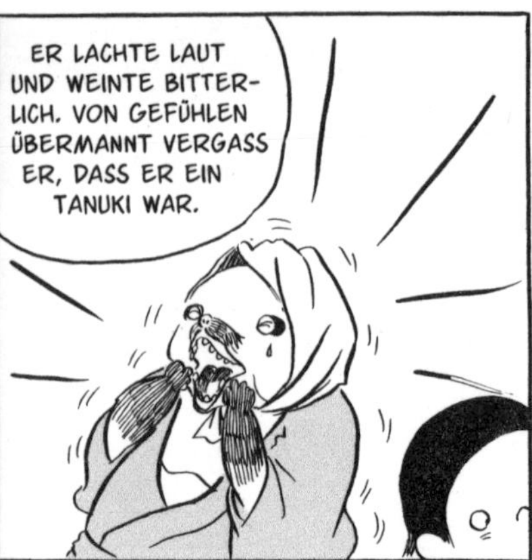
ER LACHTE LAUT UND WEINTE BITTER-LICH. VON GEFÜHLEN ÜBERMANNT VERGASS ER, DASS ER EIN TANUKI WAR.

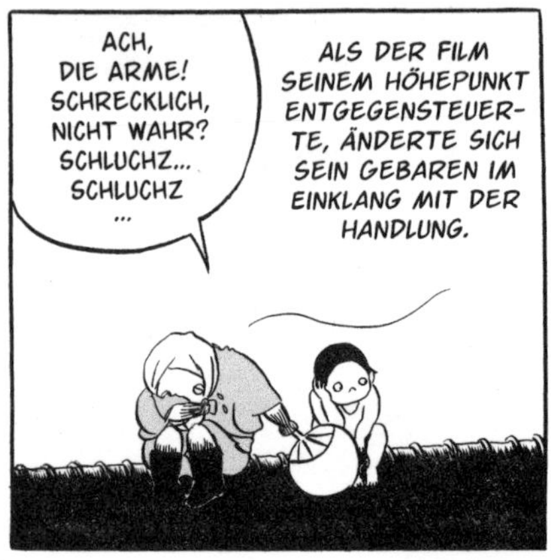
ALS DER FILM SEINEM HÖHEPUNKT ENTGEGENSTEUER-TE, ÄNDERTE SICH SEIN GEBAREN IM EINKLANG MIT DER HANDLUNG.
ACH, DIE ARME! SCHRECKLICH, NICHT WAHR? SCHLUCHZ... SCHLUCHZ ...

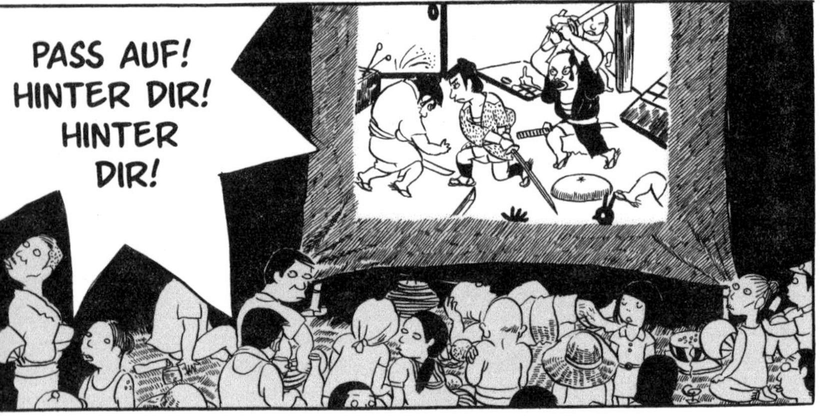
PASS AUF! HINTER DIR! HINTER DIR!

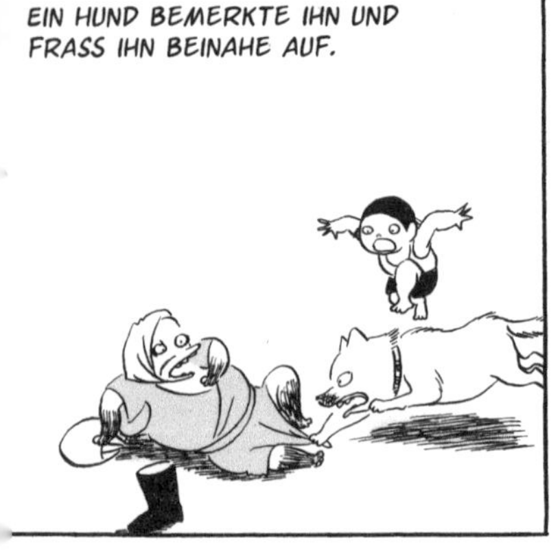
EIN HUND BEMERKTE IHN UND FRASS IHN BEINAHE AUF.

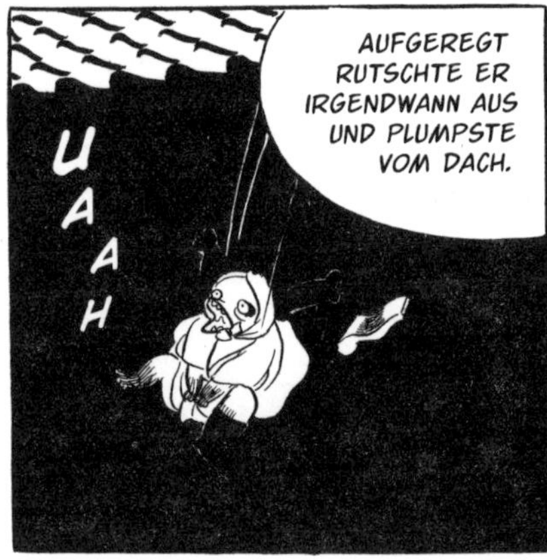
AUFGEREGT RUTSCHTE ER IRGENDWANN AUS UND PLUMPSTE VOM DACH.
UAAAH

AM RAND DES DORFS ANGEKOMMEN, GABEN DIE SCHAM UND DER SCHRECKEN YATSUMONJI DEN REST. ER WURDE OHNMÄCHTIG UND WACHTE ERST EINE HALBE STUNDE SPÄTER WIEDER AUF.

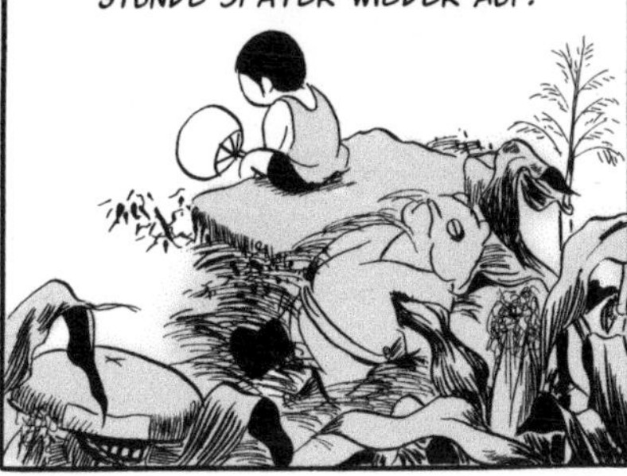

MIT FAST MENSCHLICHER ELEGANZ RANNTE ER AUFRECHT LOS UND BEHIELT SEINE STIEFEL AN.

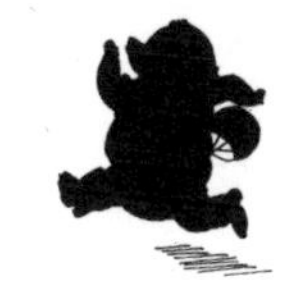

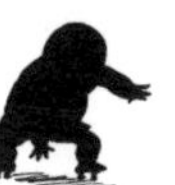

IM SOMMER DES DARAUFFOLGENDEN JAHRS WAR ALLES VERGESSEN UND YATSUMONJI LUD BUN ERNEUT ZU DEN FILMVORFÜHRUNGEN EIN.

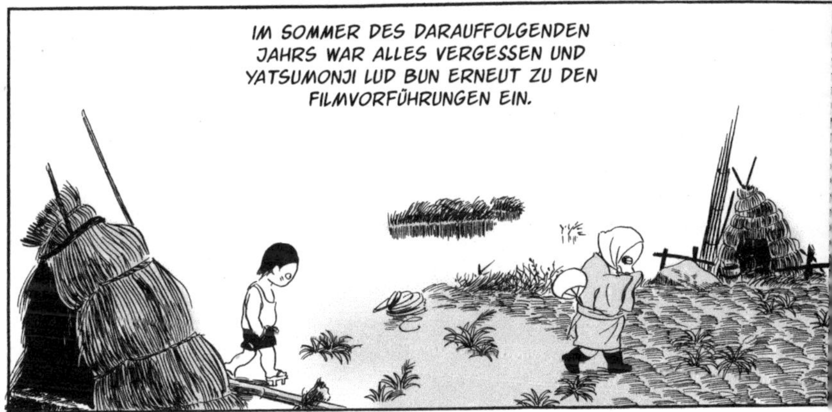

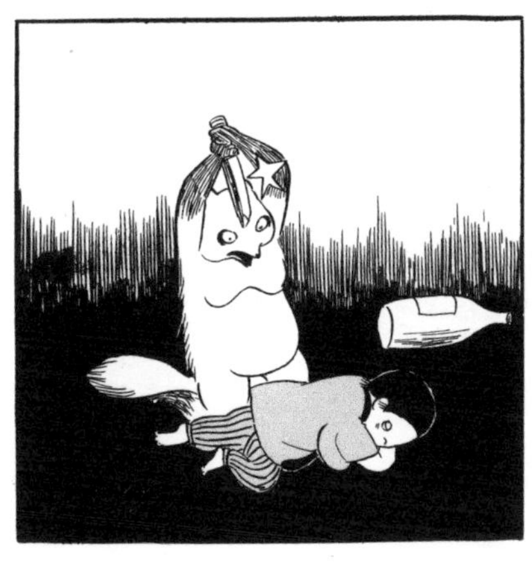

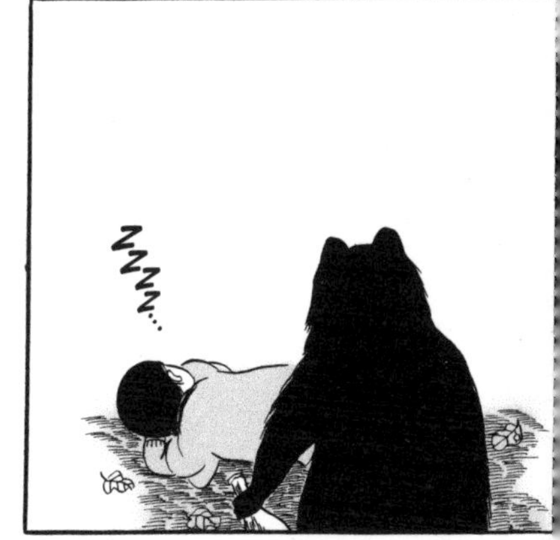

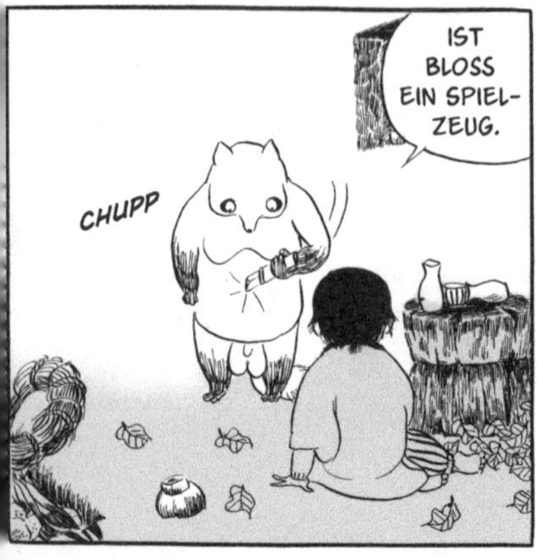
IST BLOSS EIN SPIEL-ZEUG.
CHUPP

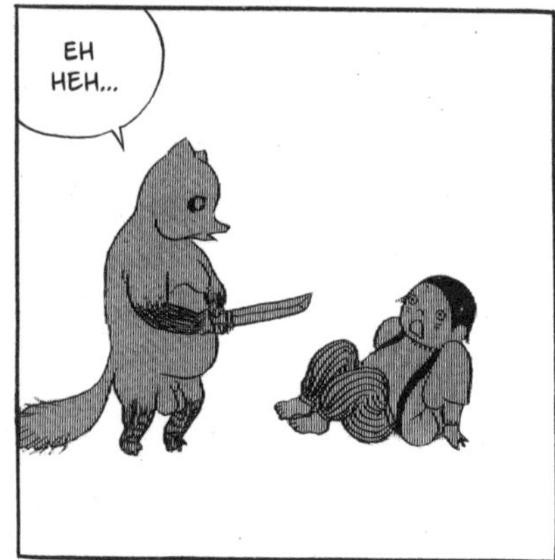
EH HEH...

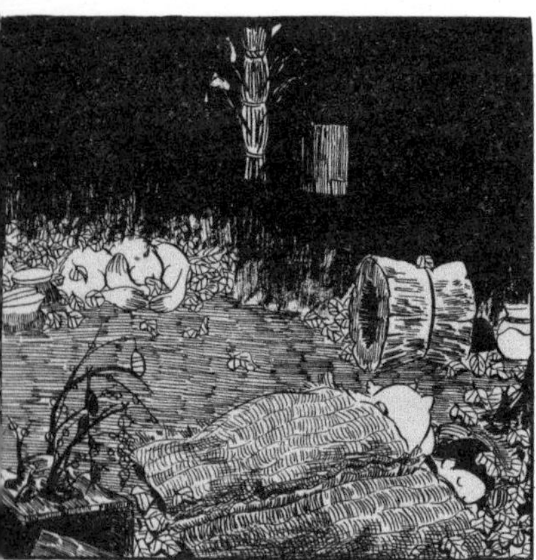

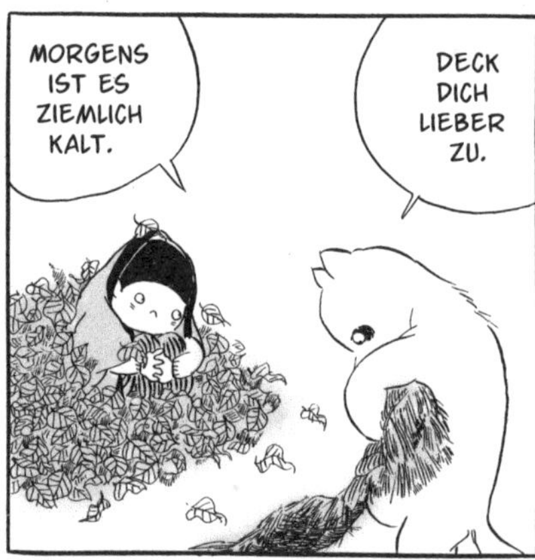
MORGENS IST ES ZIEMLICH KALT.
DECK DICH LIEBER ZU.

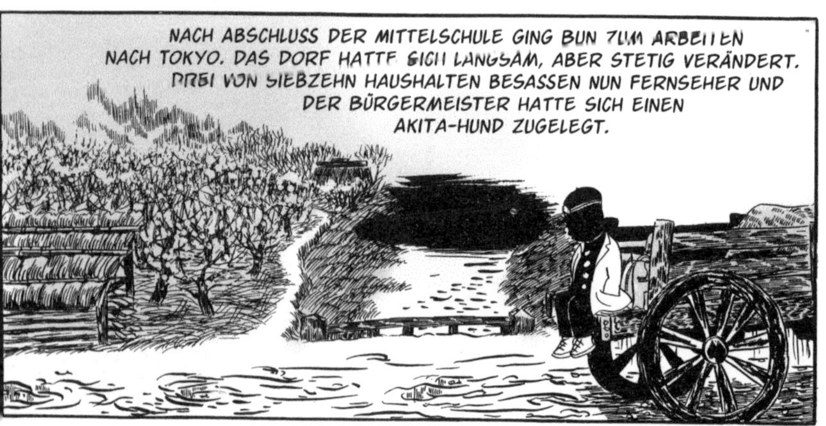
NACH ABSCHLUSS DER MITTELSCHULE GING BUN ZUM ARBEITEN NACH TOKYO. DAS DORF HATTE SICH LANGSAM, ABER STETIG VERÄNDERT. DREI VON SIEBZEHN HAUSHALTEN BESASSEN NUN FERNSEHER UND DER BÜRGERMEISTER HATTE SICH EINEN AKITA-HUND ZUGELEGT.

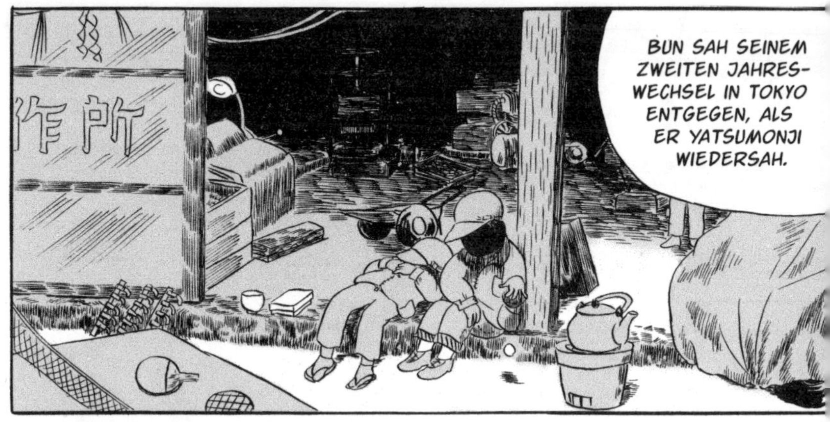
BUN SAH SEINEM ZWEITEN JAHRESWECHSEL IN TOKYO ENTGEGEN, ALS ER YATSUMONJI WIEDERSAH.

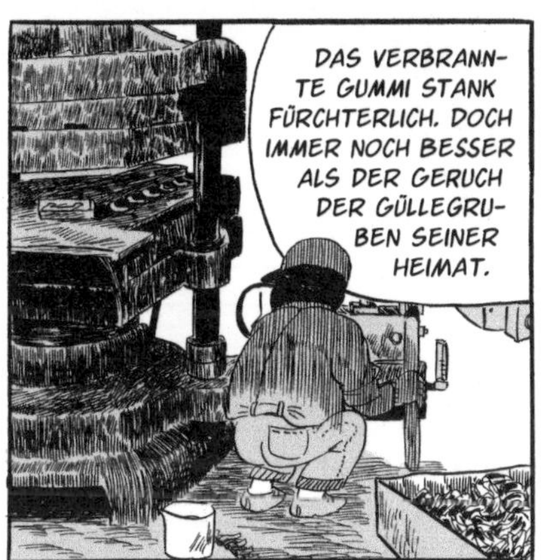
DAS VERBRANNTE GUMMI STANK FÜRCHTERLICH. DOCH IMMER NOCH BESSER ALS DER GERUCH DER GÜLLEGRUBEN SEINER HEIMAT.

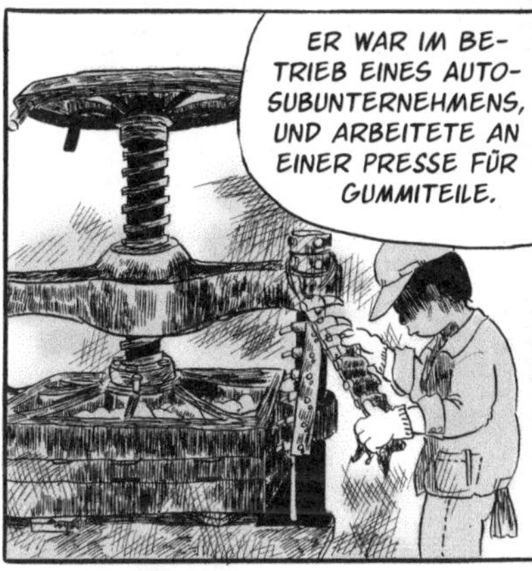
ER WAR IM BETRIEB EINES AUTOSUBUNTERNEHMENS, UND ARBEITETE AN EINER PRESSE FÜR GUMMITEILE.

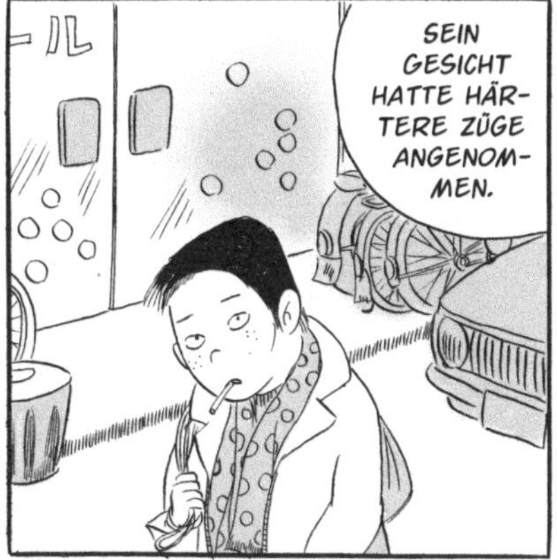
SEIN GESICHT HATTE HÄRTERE ZÜGE ANGENOMMEN.

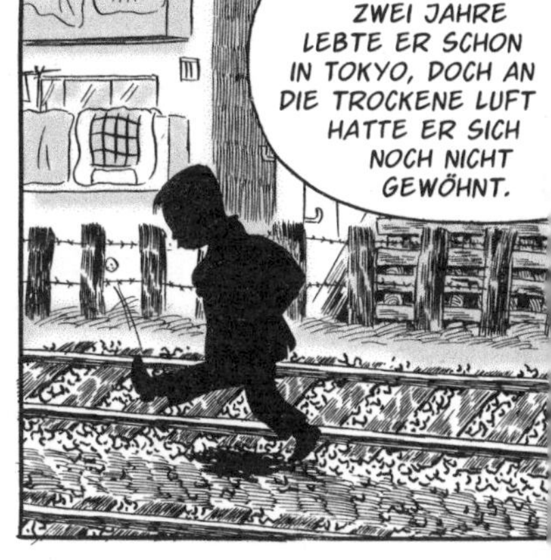
ZWEI JAHRE LEBTE ER SCHON IN TOKYO, DOCH AN DIE TROCKENE LUFT HATTE ER SICH NOCH NICHT GEWÖHNT.

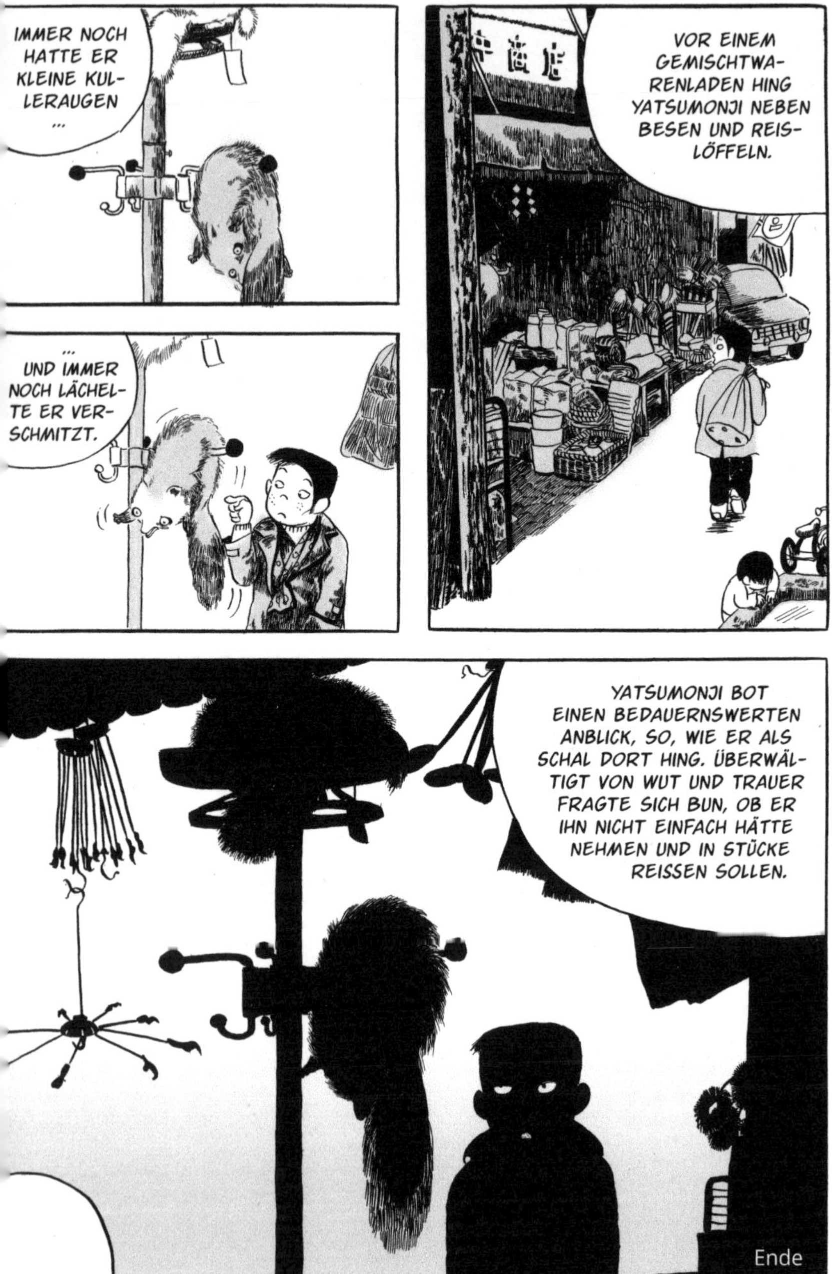

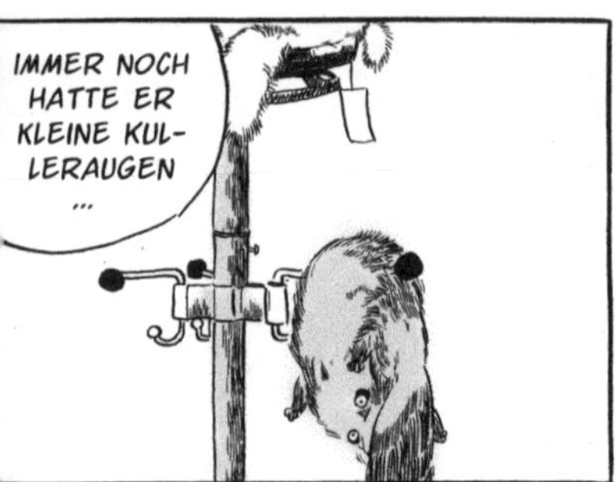

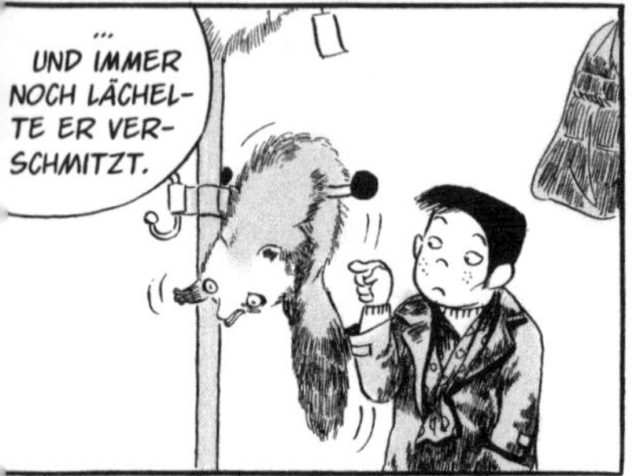

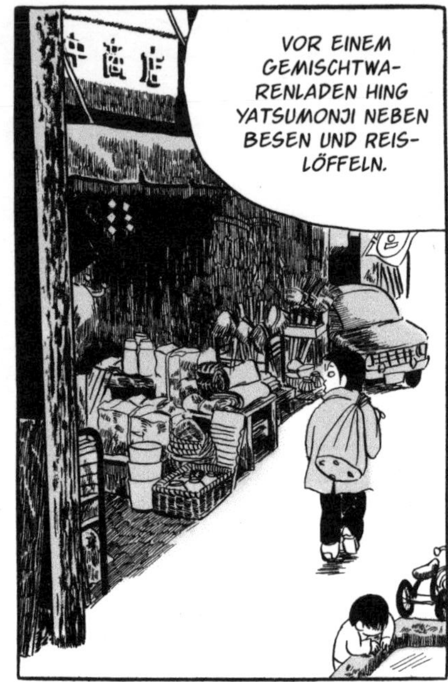

YATSUMONJI BOT EINEN BEDAUERNSWERTEN ANBLICK, SO, WIE ER ALS SCHAL DORT HING. ÜBERWÄL-TIGT VON WUT UND TRAUER FRAGTE SICH BUN, OB ER IHN NICHT EINFACH HÄTTE NEHMEN UND IN STÜCKE REISSEN SOLLEN.

Ende

Laubsutra

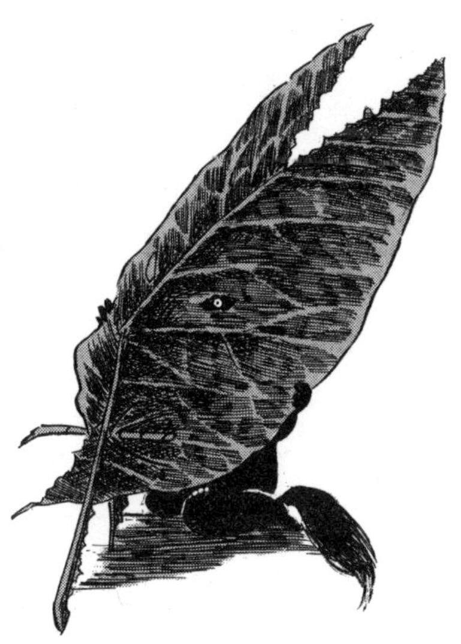

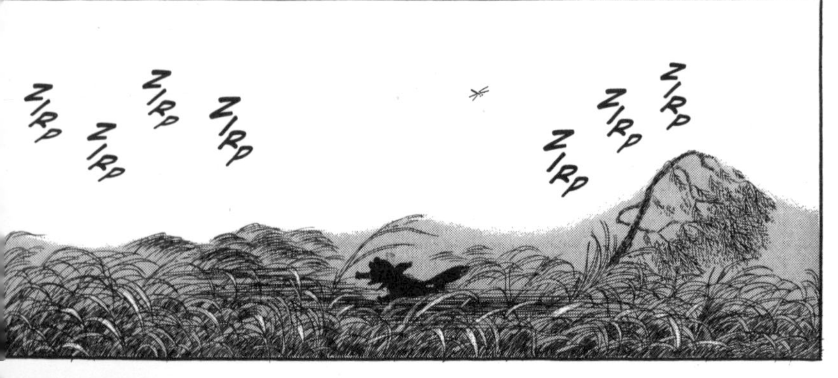
ZIRP
ZIRP
ZIRP
ZIRP
ZIRP
ZIRP
ZIRP

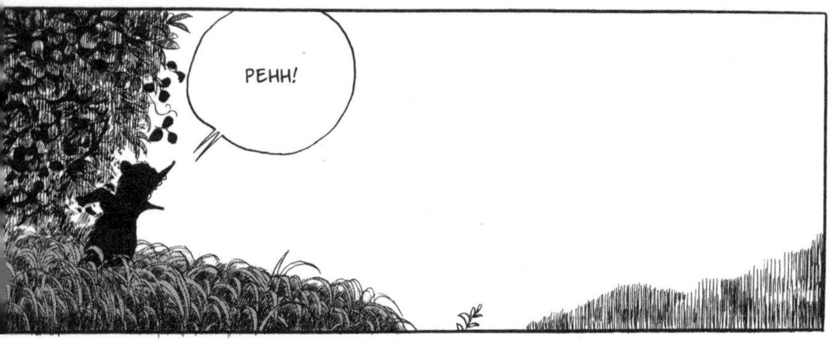
PEHH!

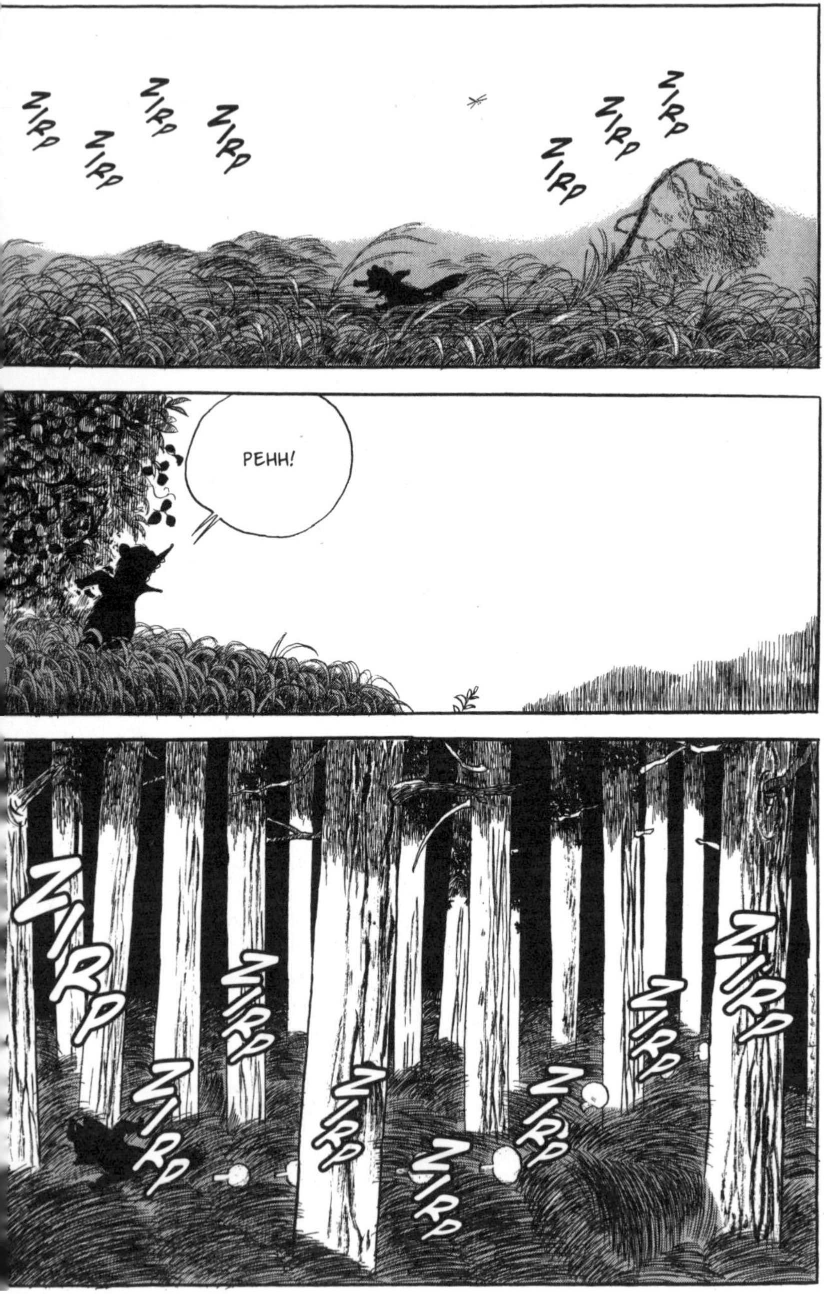

ZIRP
ZIRP
ZIRP
ZIRP
ZIRP
ZIRP
ZIRP
ZIRP
ZIRP

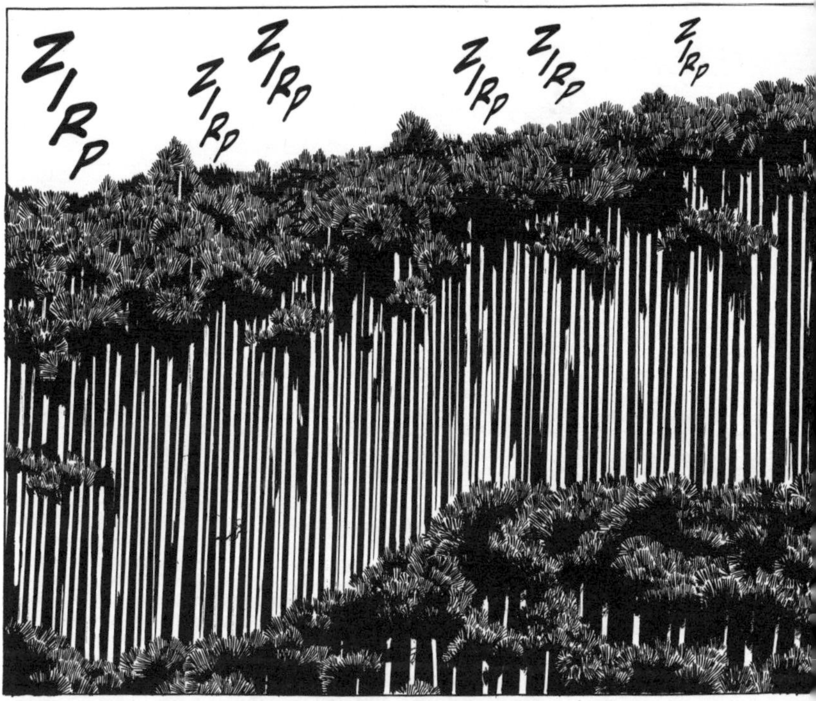

ZIRP
ZIRP
ZIRP
ZIRP
ZIRP
ZIRP
ZIRP 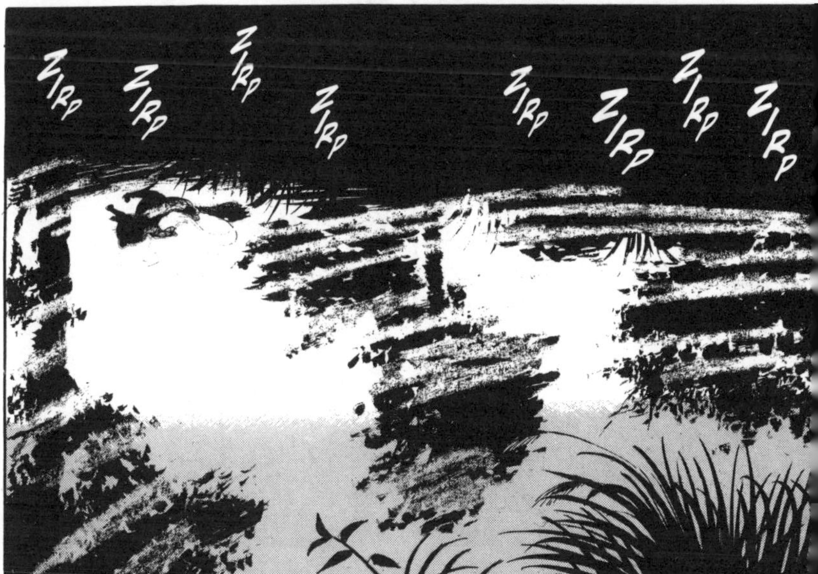
ZIRP
ZIRP
ZIRP
ZIRP
ZIRP
ZIRP
ZIRP

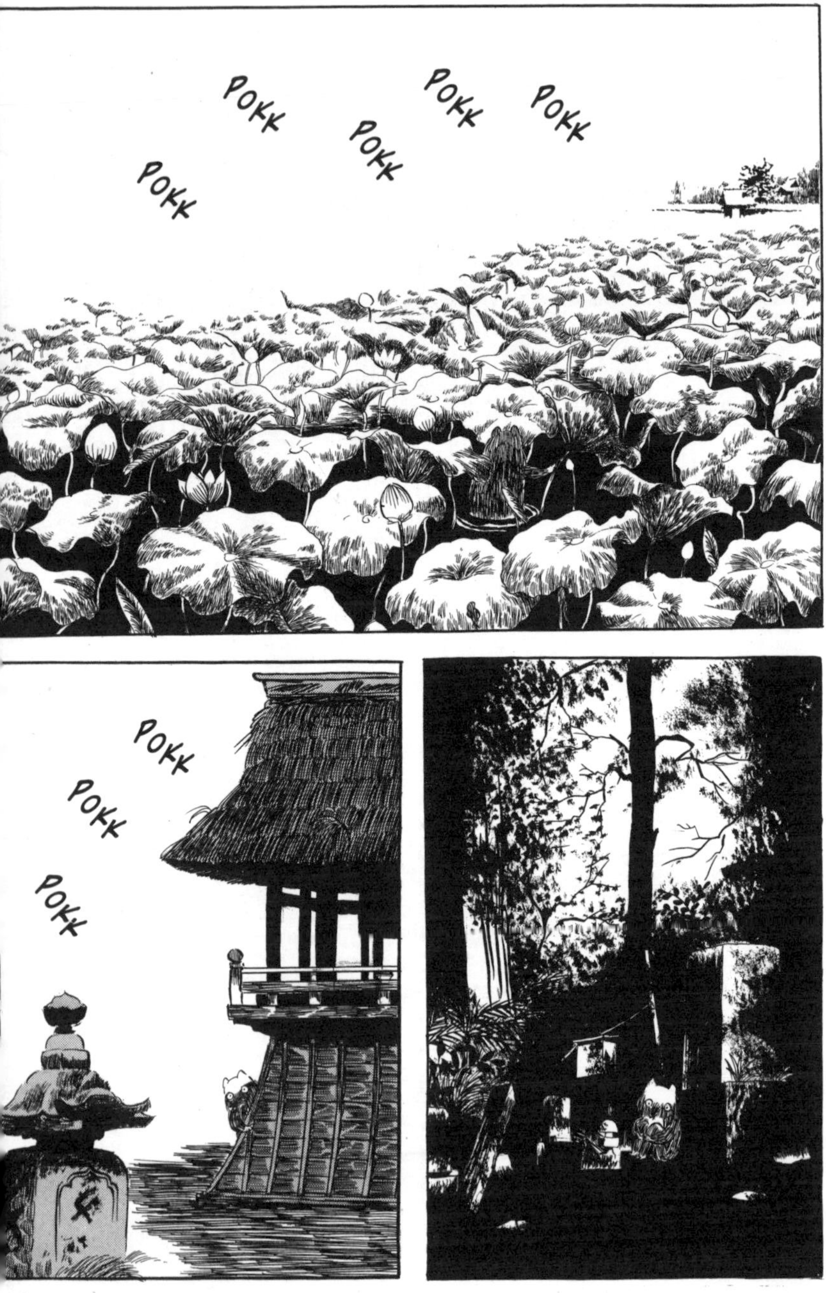

POKK
POKK
POKK
POKK
POKK

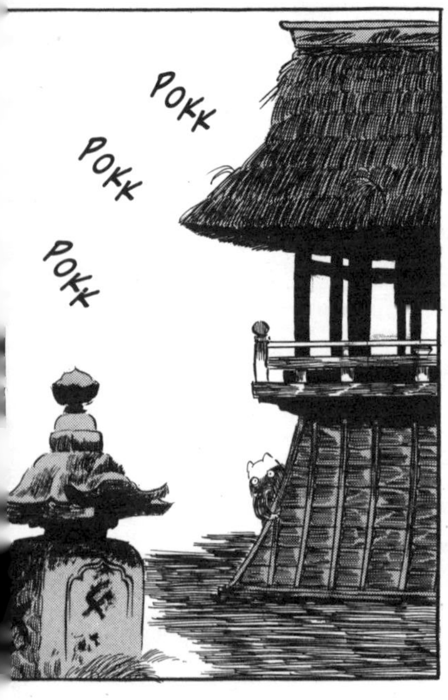
POKK
POKK
POKK

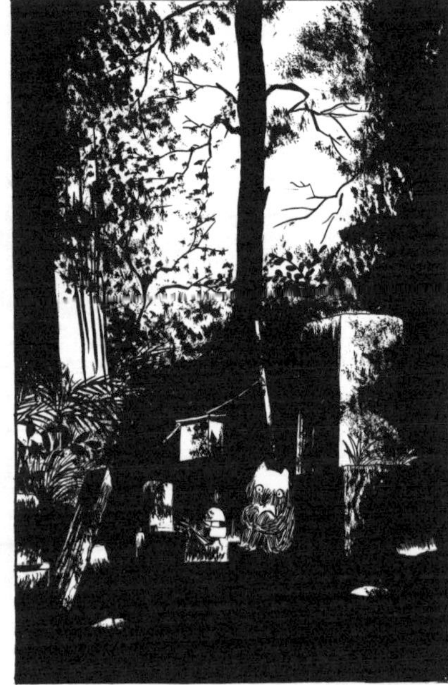

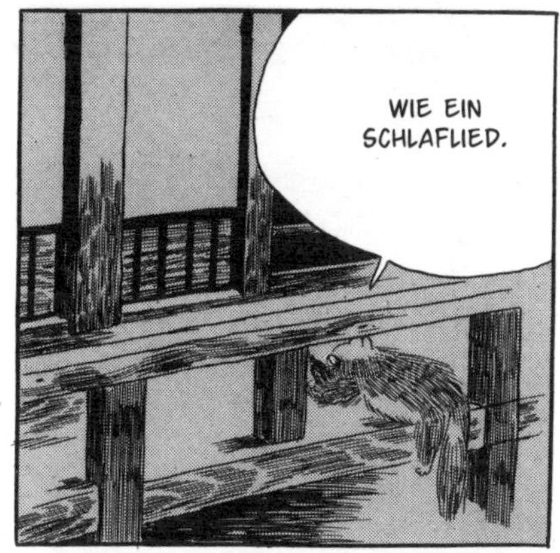
WIE EIN SCHLAFLIED.
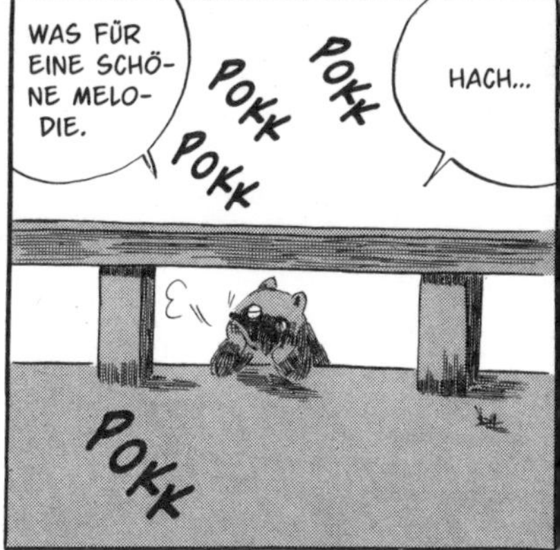
HACH...
POKK
POKK
POKK
WAS FÜR EINE SCHÖ-NE MELO-DIE.
POKK
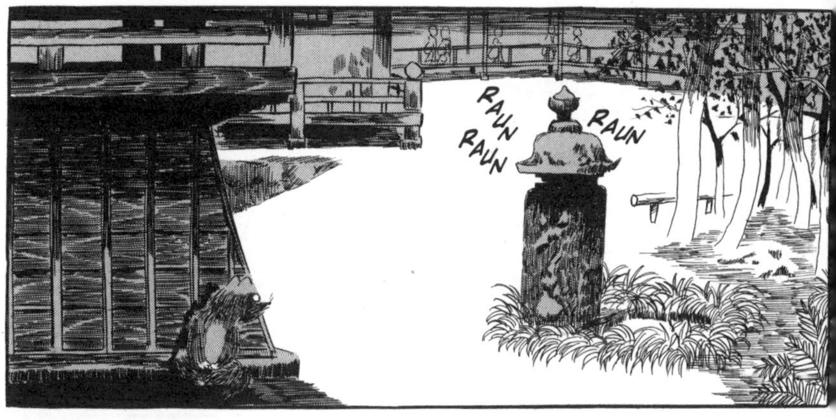
RAUN
RAUN
RAUN
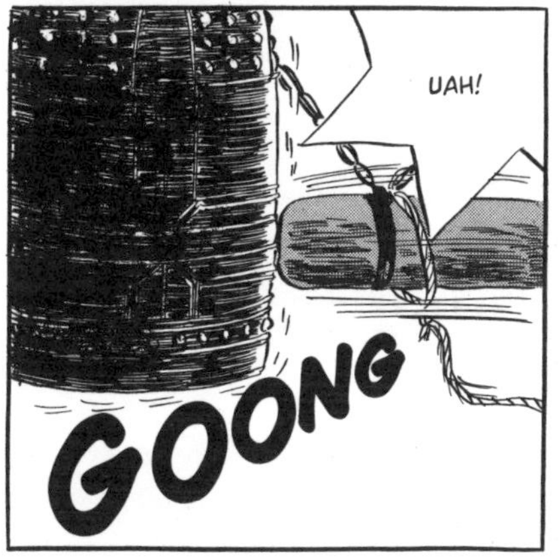
UAH!
GOONG
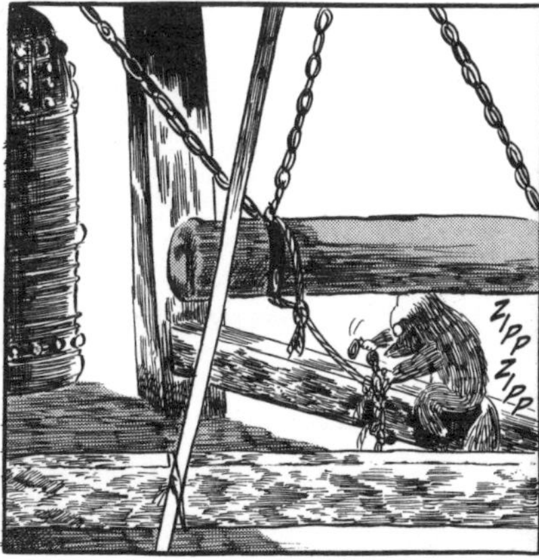
ZIPP
ZIPP

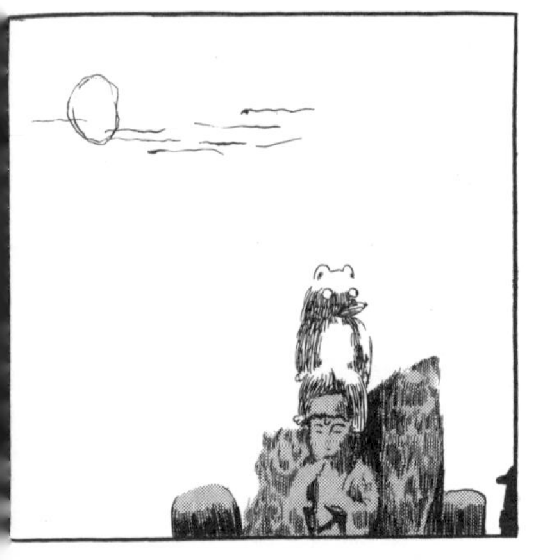
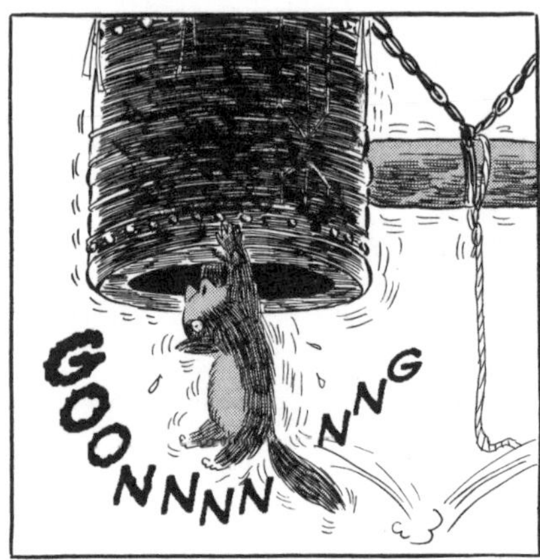
GOONNNN NNG
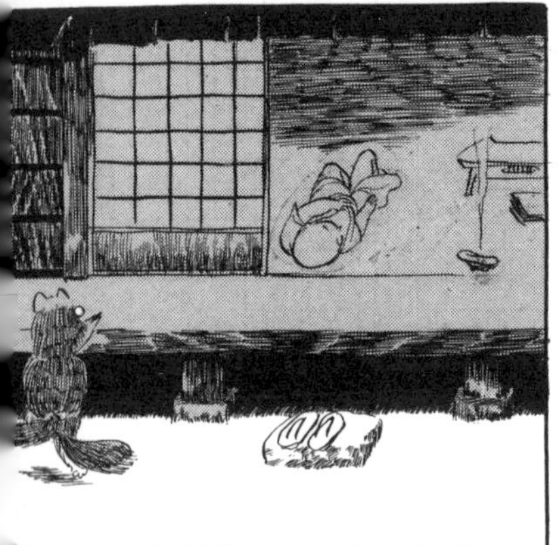
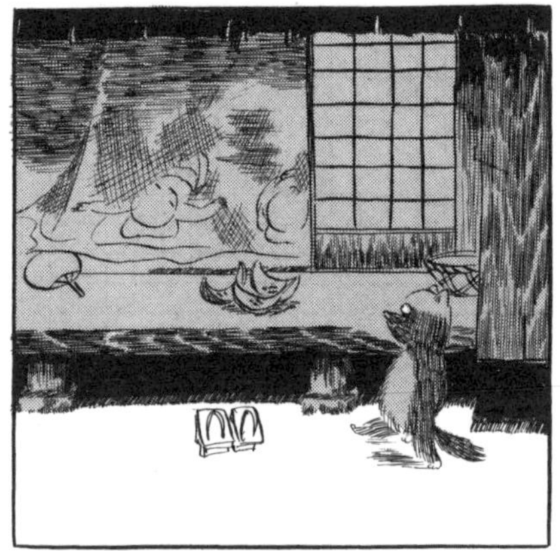
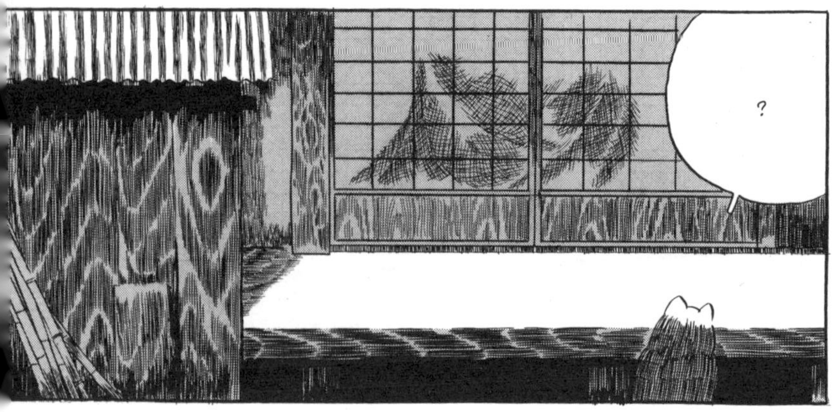
?

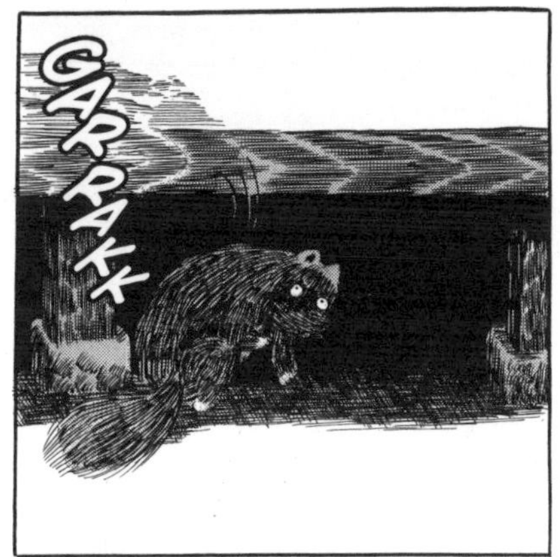
GARRAKK

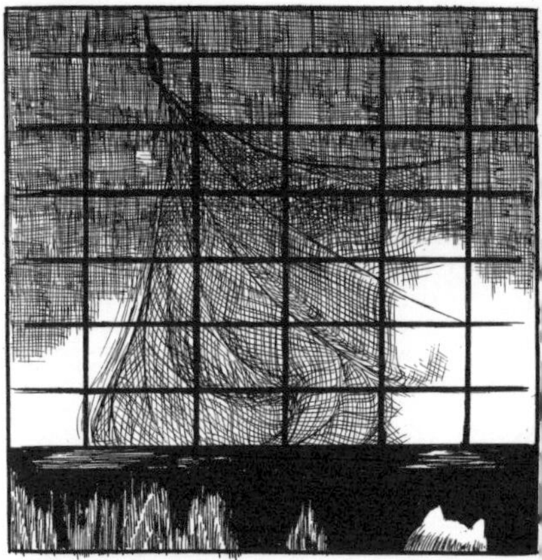

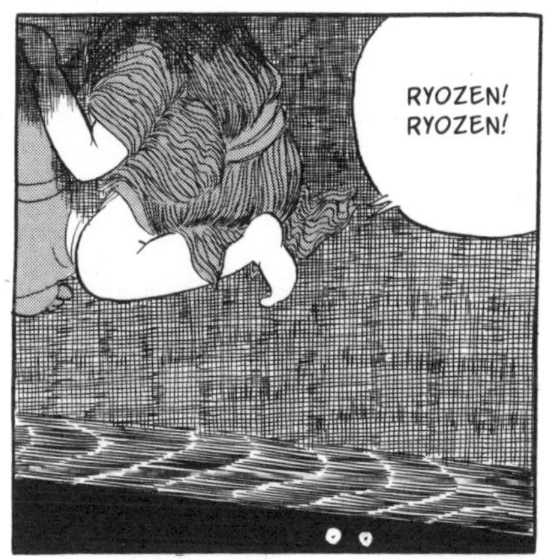
RYOZEN!
RYOZEN!

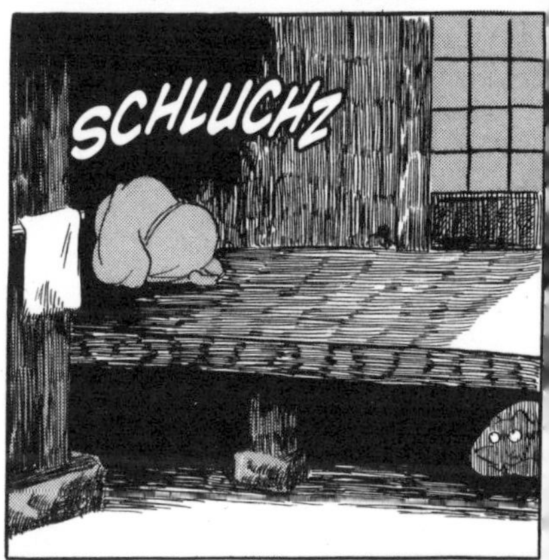
SCHLUCHZ

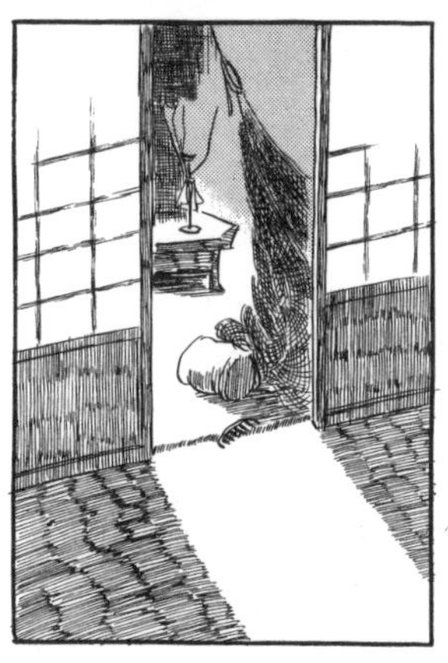

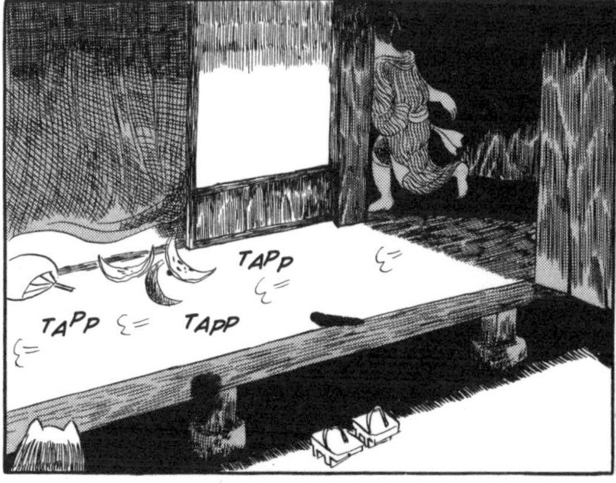
TAPP
TAPP
TAPP

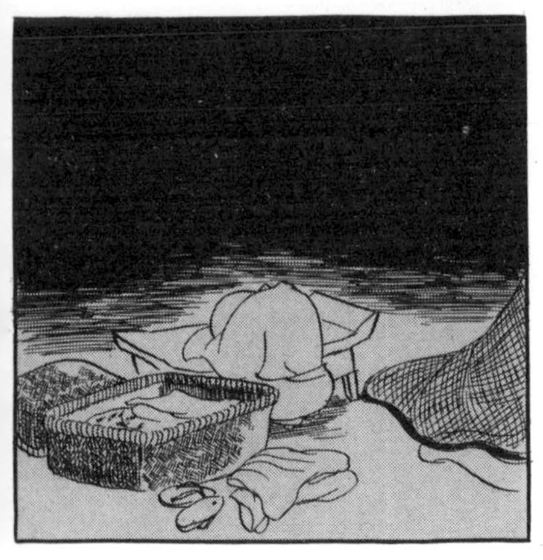

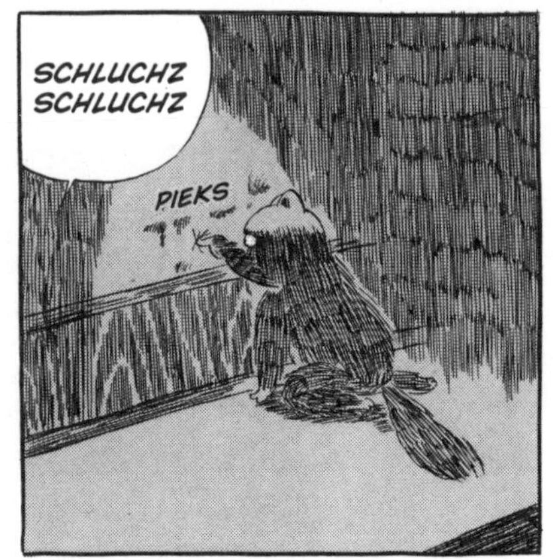
SCHLUCHZ
SCHLUCHZ
PIEKS

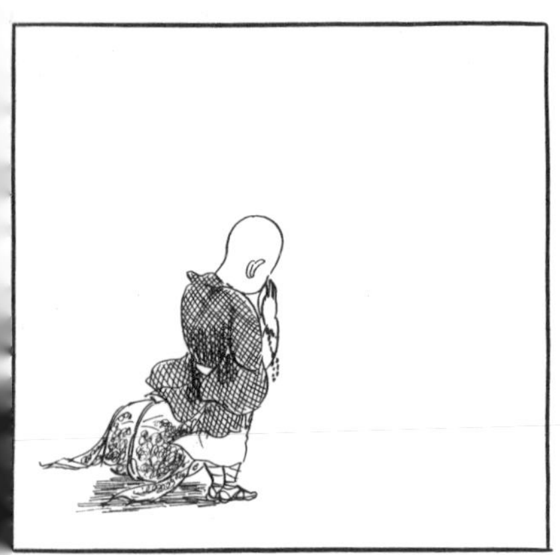

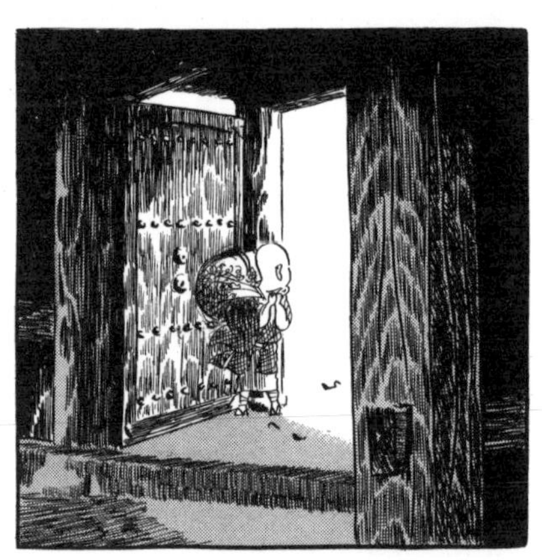

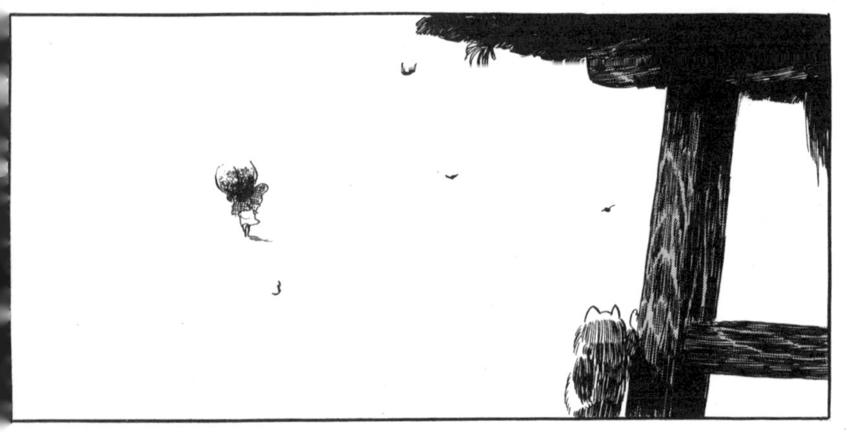

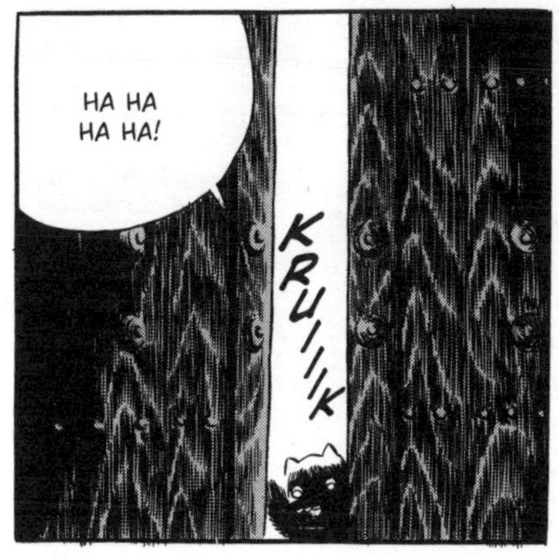
HA HA
HA HA!
KRUIIIK

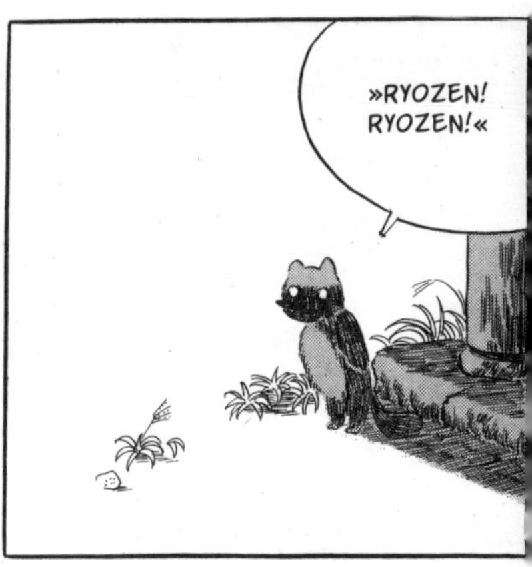
»RYOZEN!
RYOZEN!«

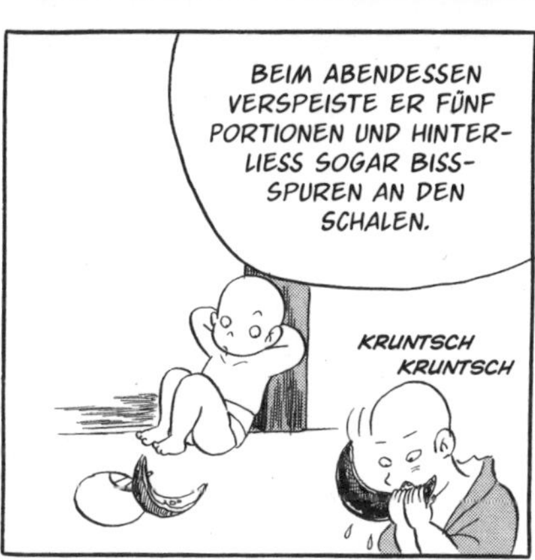
BEIM ABENDESSEN VERSPEISTE ER FÜNF PORTIONEN UND HINTERLIESS SOGAR BISSSPUREN AN DEN SCHALEN.
KRUNTSCH KRUNTSCH

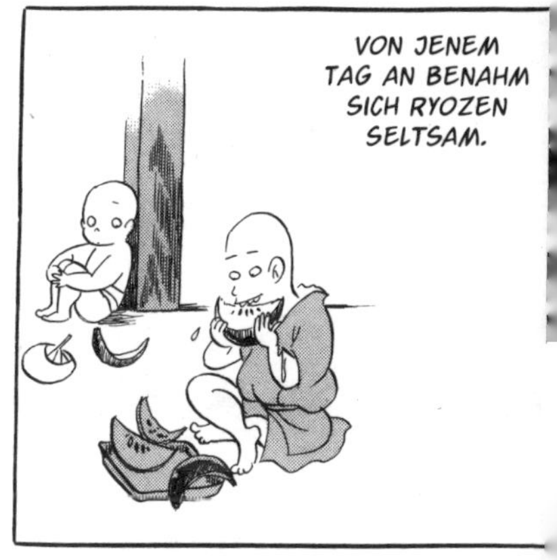
VON JENEM TAG AN BENAHM SICH RYOZEN SELTSAM.

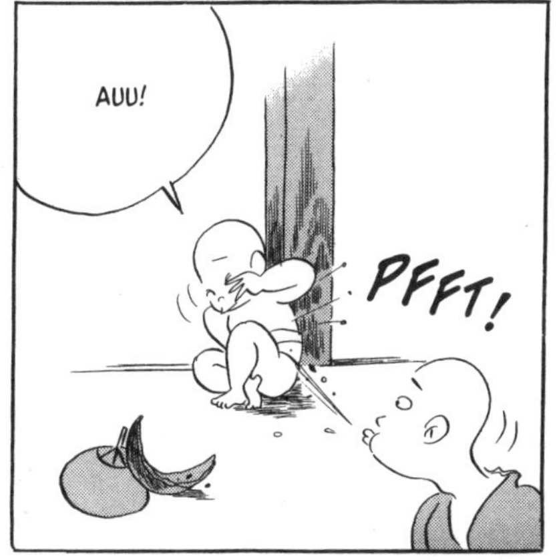
AUU!
PFFT!

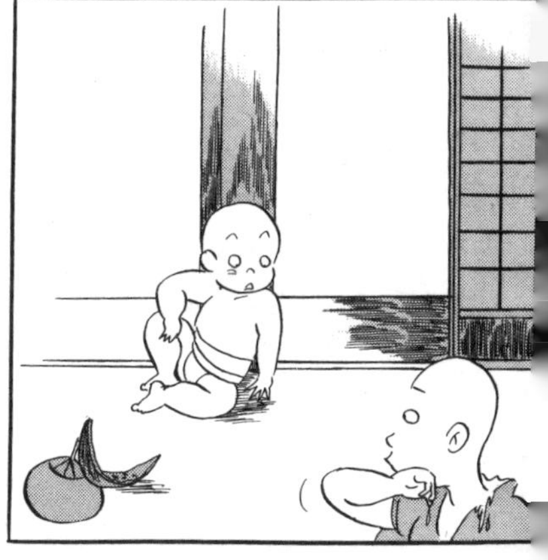

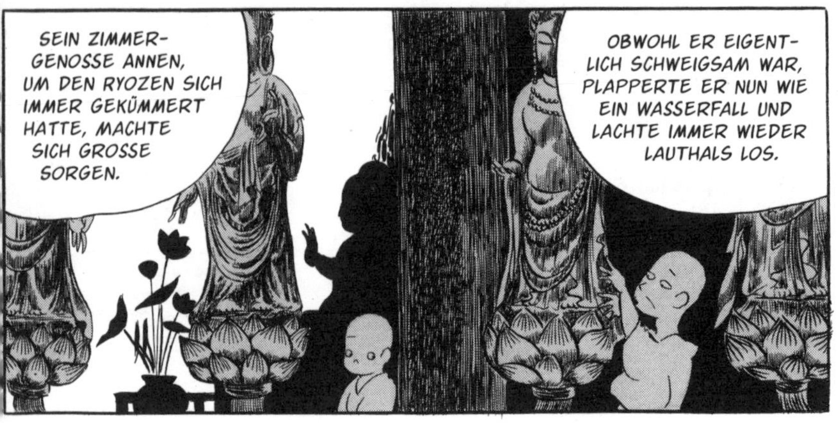
OBWOHL ER EIGENTLICH SCHWEIGSAM WAR, PLAPPERTE ER NUN WIE EIN WASSERFALL UND LACHTE IMMER WIEDER LAUTHALS LOS.
SEIN ZIMMERGENOSSE ANNEN, UM DEN RYOZEN SICH IMMER GEKÜMMERT HATTE, MACHTE SICH GROSSE SORGEN.

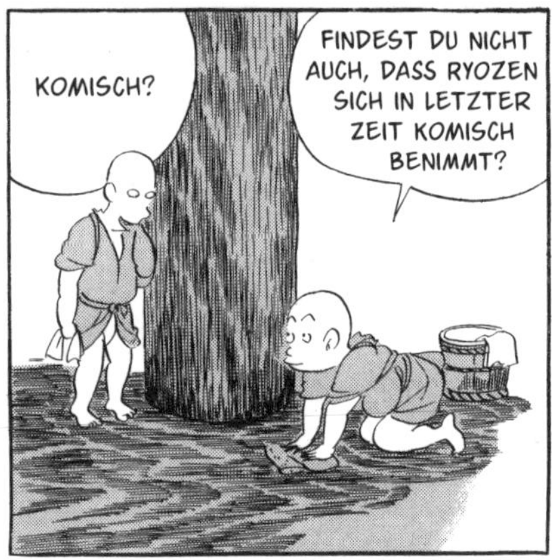
FINDEST DU NICHT AUCH, DASS RYOZEN SICH IN LETZTER ZEIT KOMISCH BENIMMT?
KOMISCH?

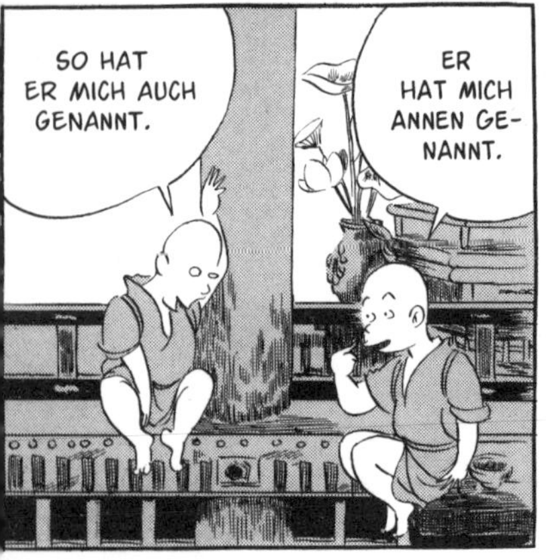
ER HAT MICH ANNEN GENANNT.
SO HAT ER MICH AUCH GENANNT.

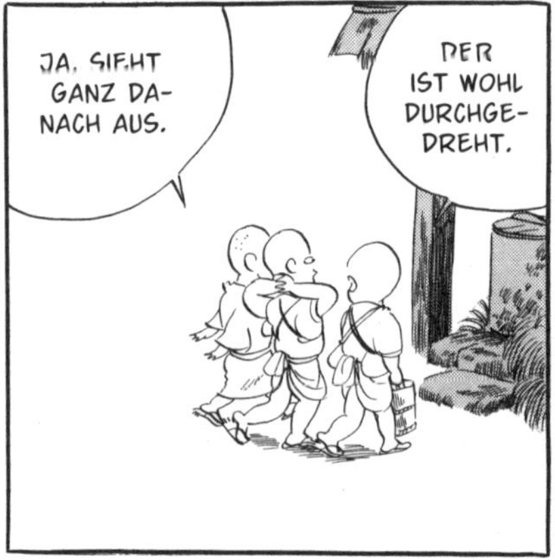
DER IST WOHL DURCHGEDREHT.
JA, SIEHT GANZ DANACH AUS.

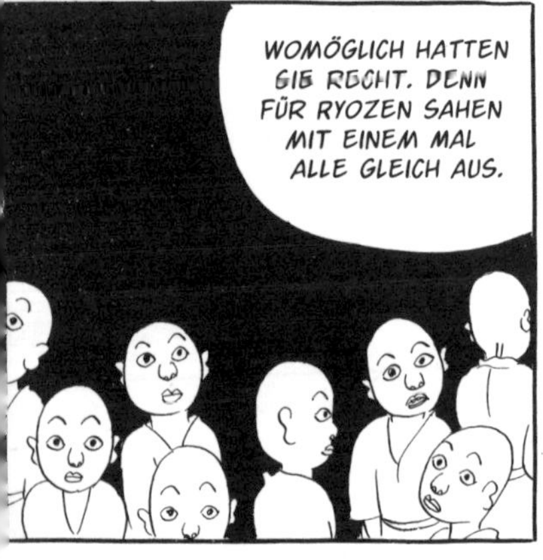
WOMÖGLICH HATTEN SIE RECHT. DENN FÜR RYOZEN SAHEN MIT EINEM MAL ALLE GLEICH AUS.

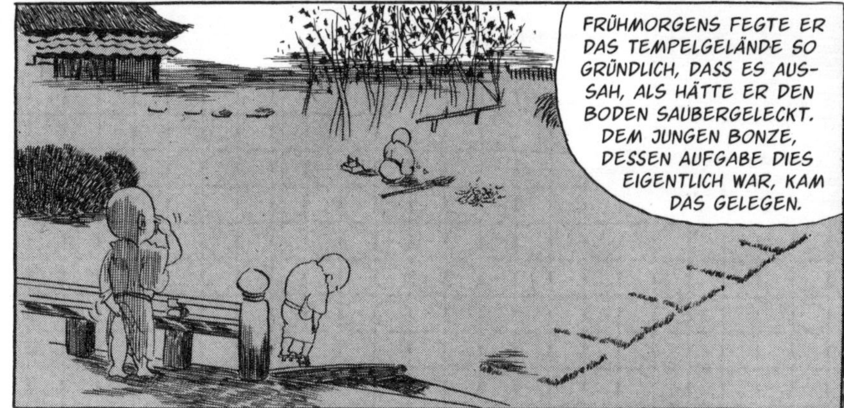

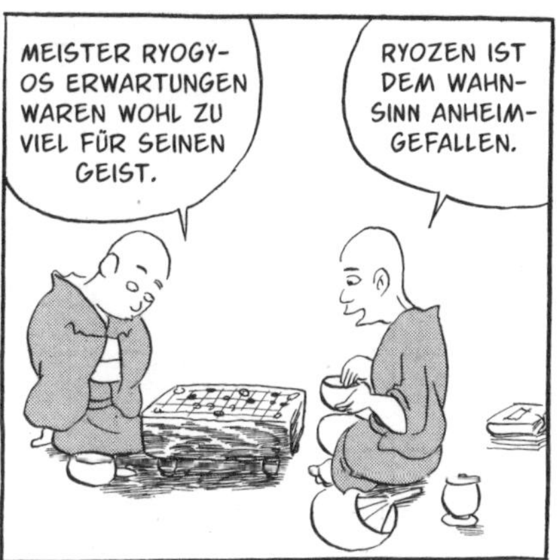

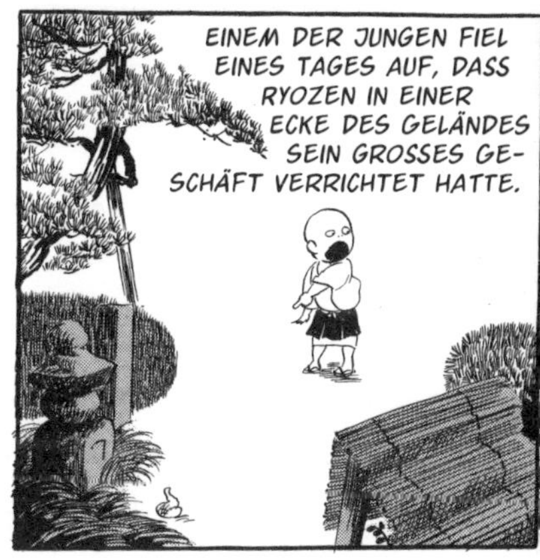

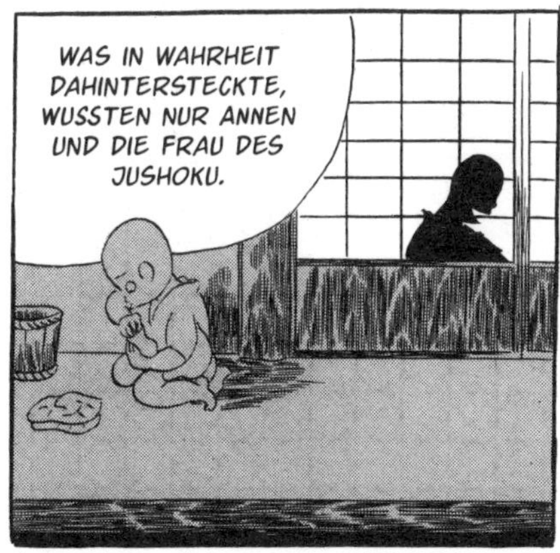

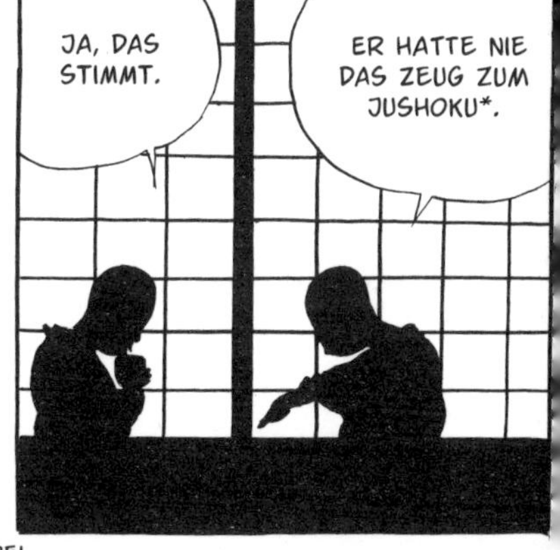

* OBERSTER MÖNCH IN EINEM BUDDHISTISCHEN TEMPEL

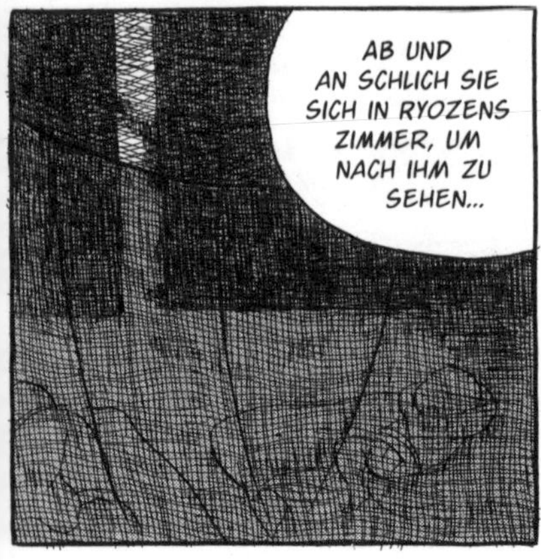
AB UND AN SCHLICH SIE SICH IN RYOZENS ZIMMER, UM NACH IHM ZU SEHEN...

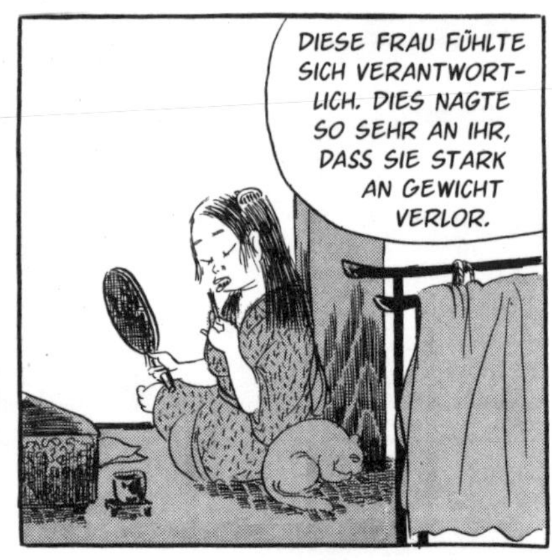
DIESE FRAU FÜHLTE SICH VERANTWORT-LICH. DIES NAGTE SO SEHR AN IHR, DASS SIE STARK AN GEWICHT VERLOR.

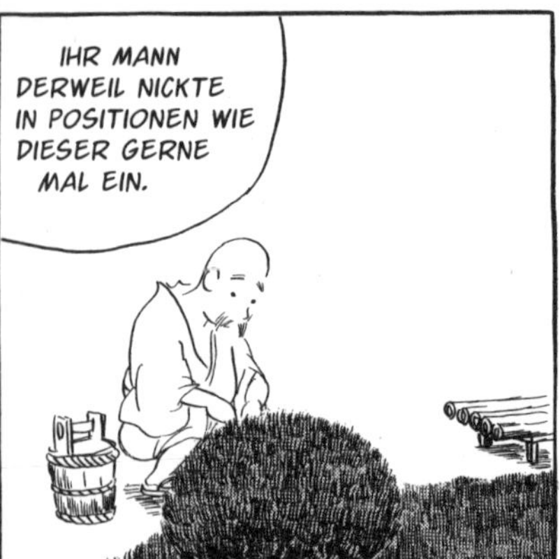
IHR MANN DERWEIL NICKTE IN POSITIONEN WIE DIESER GERNE MAL EIN.

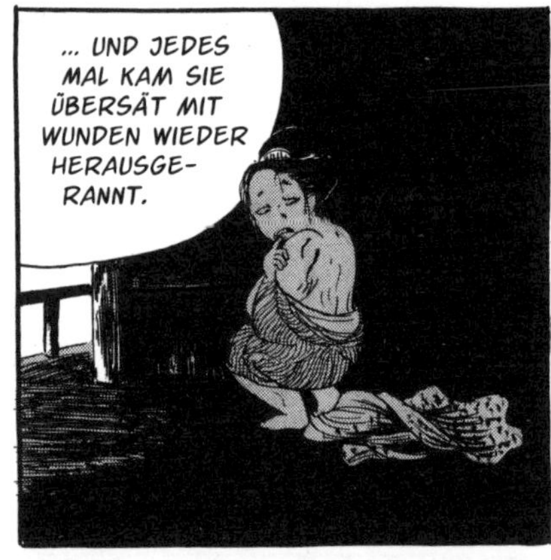
... UND JEDES MAL KAM SIE ÜBERSÄT MIT WUNDEN WIEDER HERAUSGE-RANNT.

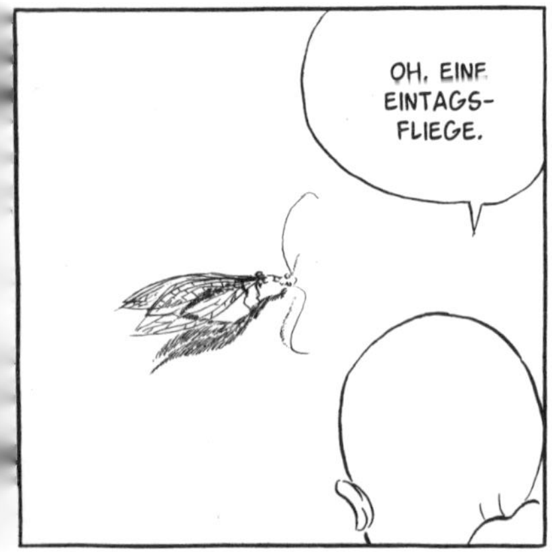
OH, EINE EINTAGS-FLIEGE.

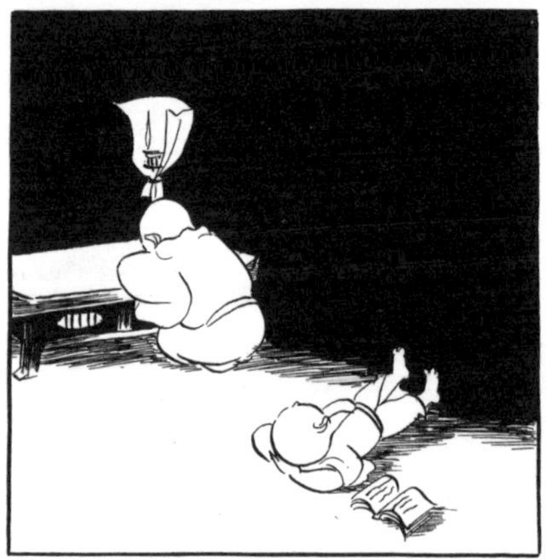

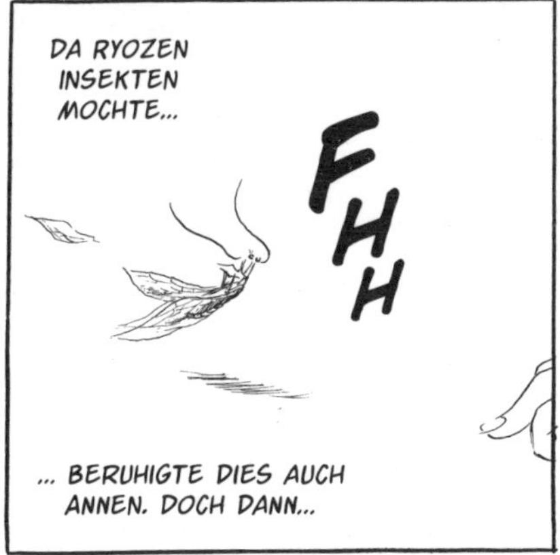

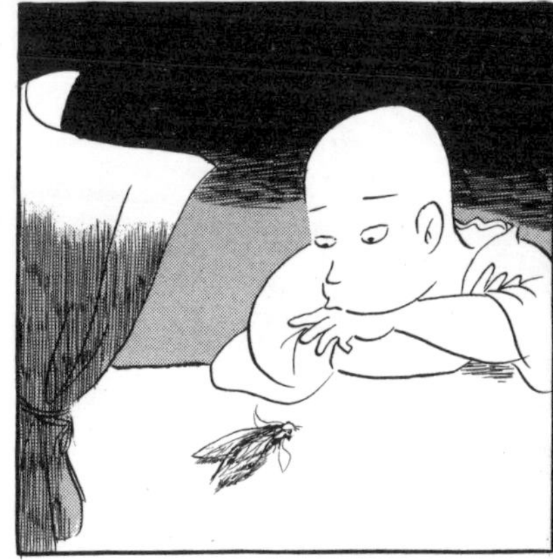

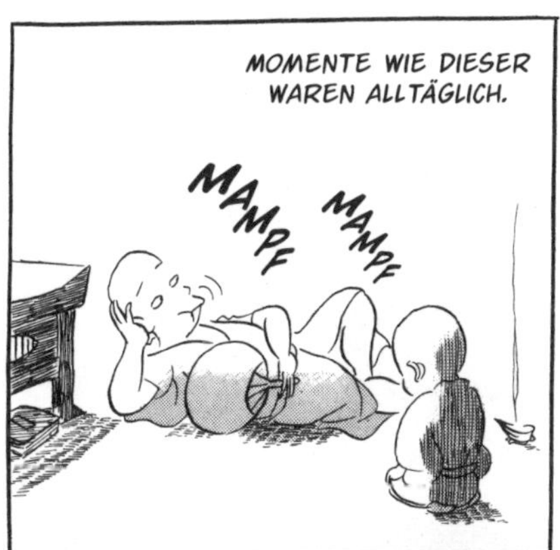

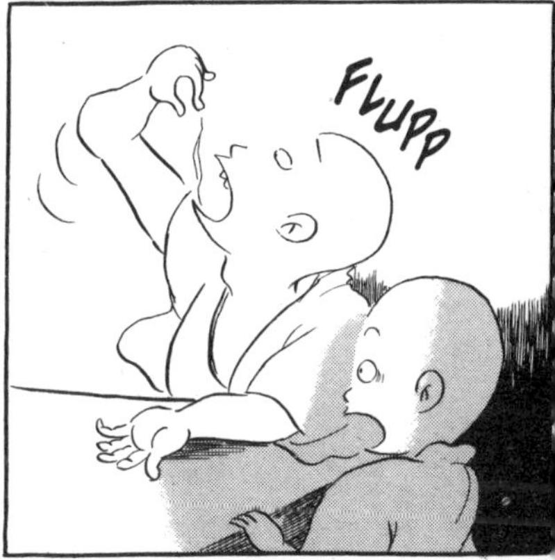

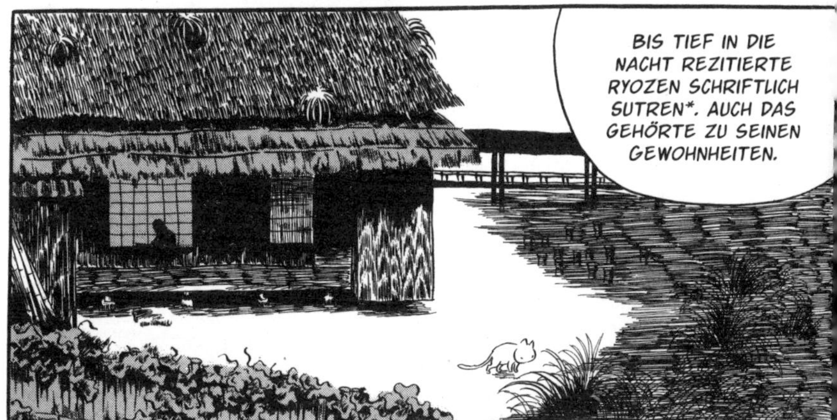

* SUTRA: KURZER BUDDHISTISCHER LEHRSATZ

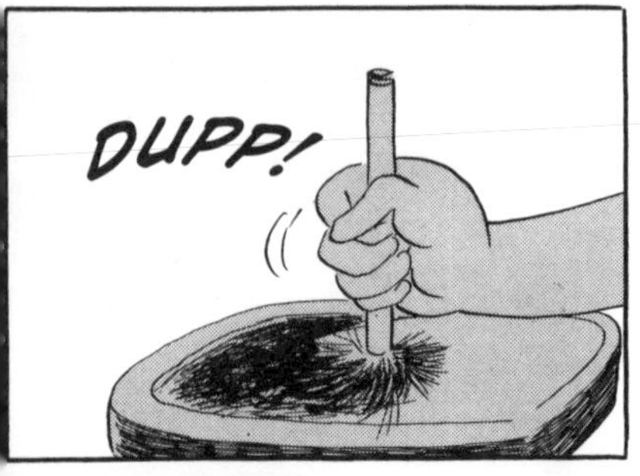
DUPP!

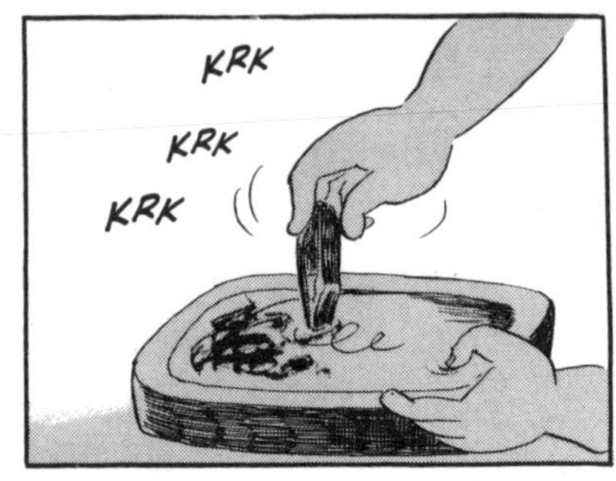
KRK
KRK
KRK

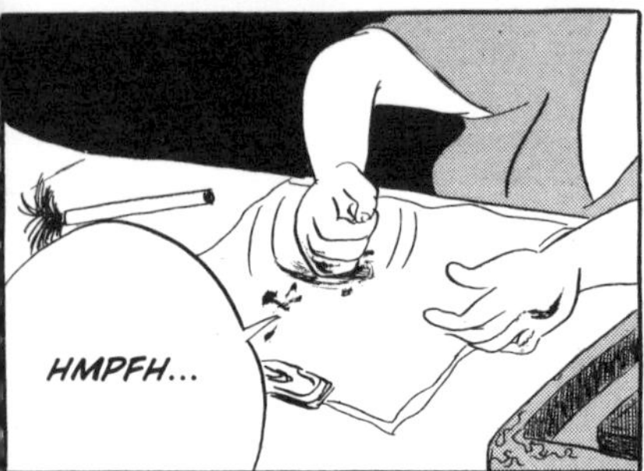
HMPFH...

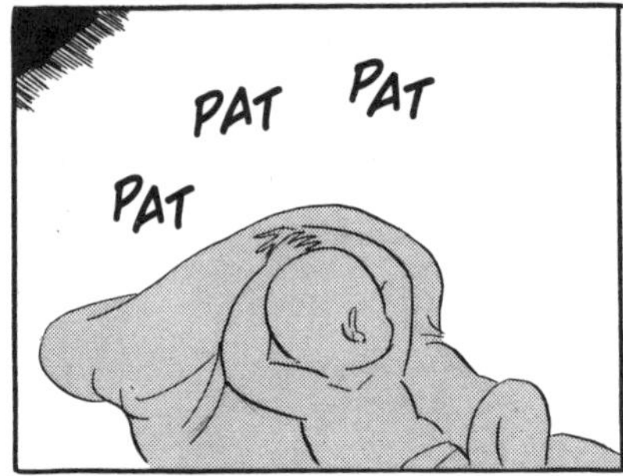
PAT
PAT
PAT

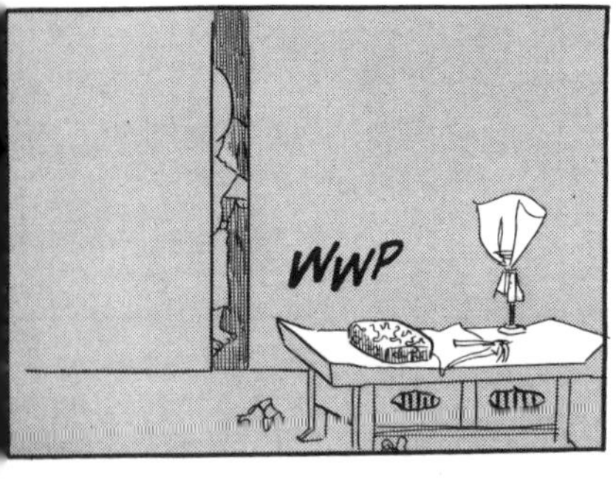
WWP

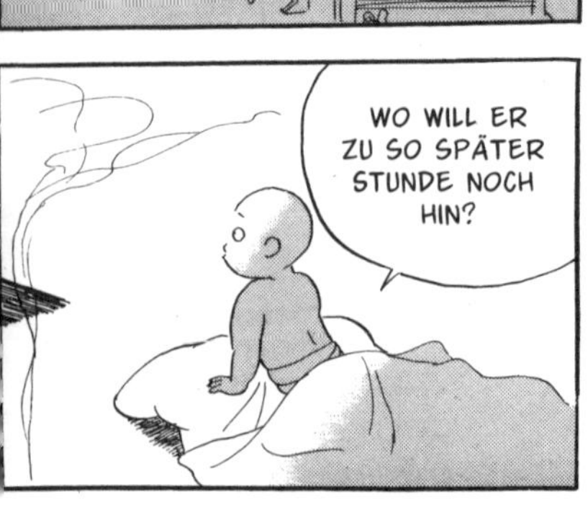
WO WILL ER ZU SO SPÄTER STUNDE NOCH HIN?

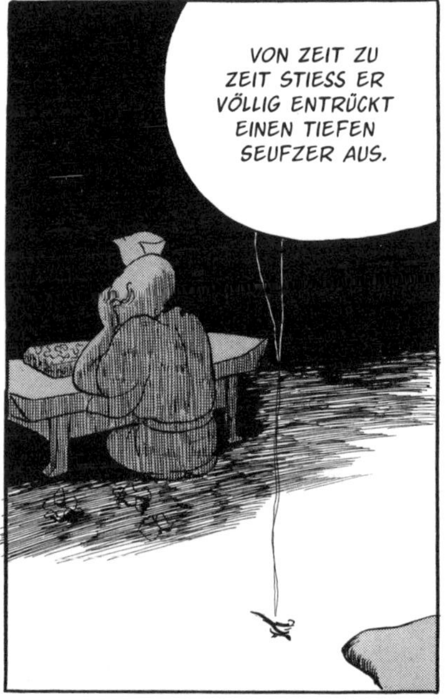
VON ZEIT ZU ZEIT STIESS ER VÖLLIG ENTRÜCKT EINEN TIEFEN SEUFZER AUS.

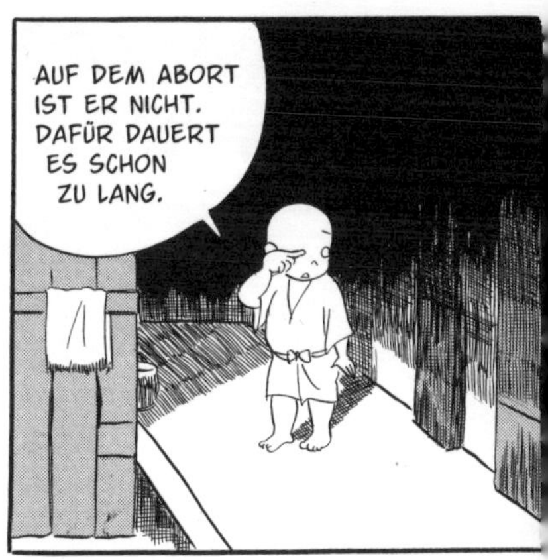
AUF DEM ABORT IST ER NICHT. DAFÜR DAUERT ES SCHON ZU LANG.

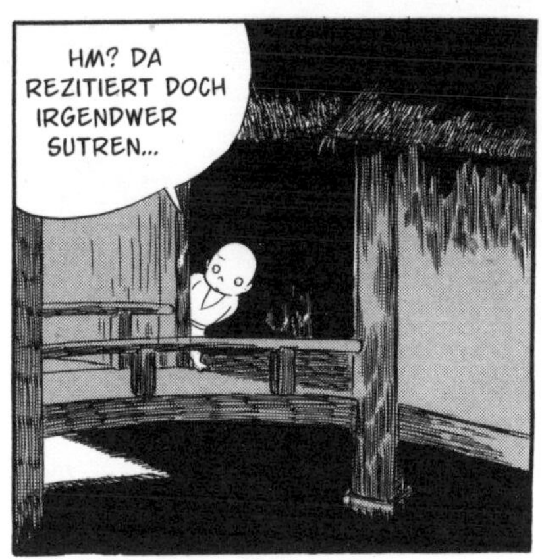
HM? DA REZITIERT DOCH IRGENDWER SUTREN...

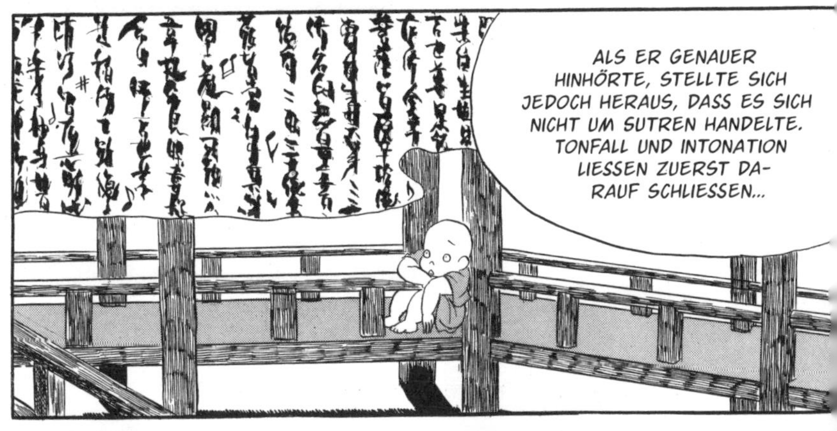
ALS ER GENAUER HINHÖRTE, STELLTE SICH JEDOCH HERAUS, DASS ES SICH NICHT UM SUTREN HANDELTE. TONFALL UND INTONATION LIESSEN ZUERST DARAUF SCHLIESSEN...

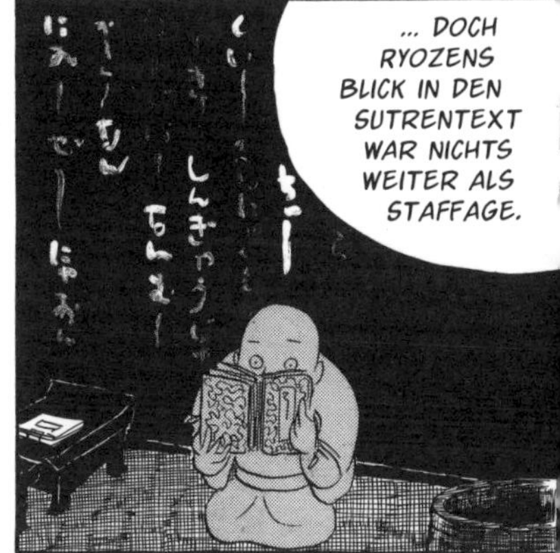
... DOCH RYOZENS BLICK IN DEN SUTRENTEXT WAR NICHTS WEITER ALS STAFFAGE.

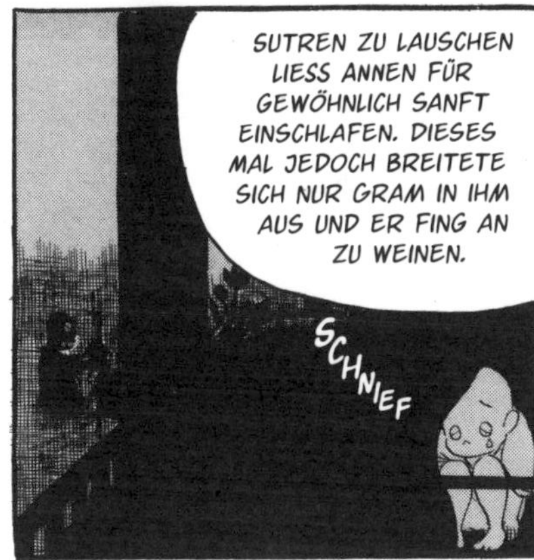
SUTREN ZU LAUSCHEN LIESS ANNEN FÜR GEWÖHNLICH SANFT EINSCHLAFEN. DIESES MAL JEDOCH BREITETE SICH NUR GRAM IN IHM AUS UND ER FING AN ZU WEINEN.
SCHNIEF

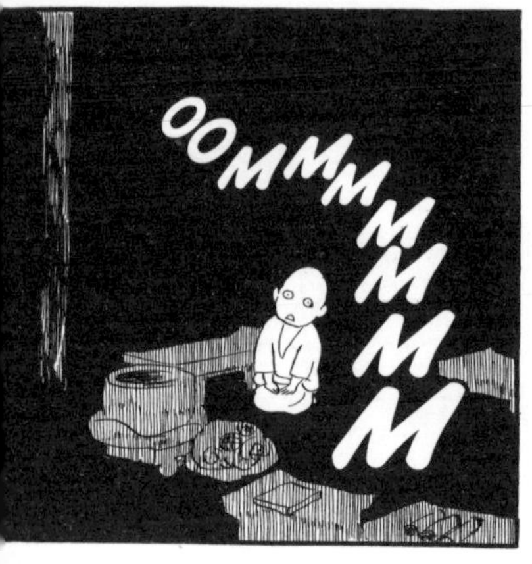
OOMMMMMMMMM

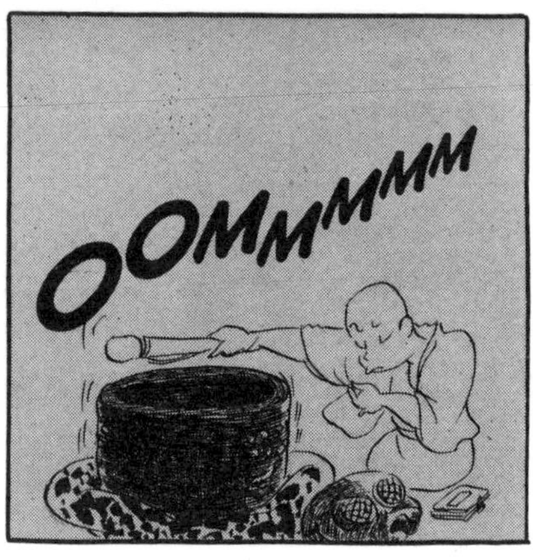
OOMMMMMM

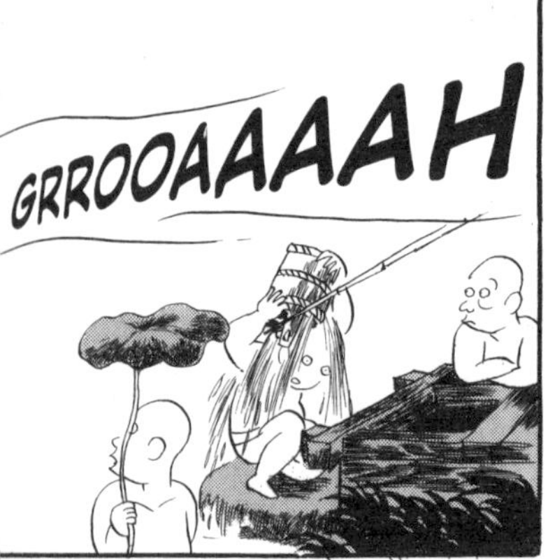
GRROOAAAAAH

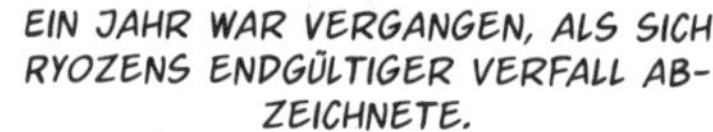
EIN JAHR WAR VERGANGEN, ALS SICH RYOZENS ENDGÜLTIGER VERFALL ABZEICHNETE.
DAS TRADITIONELLE SUMO-TURNIER ZUR EINLEITUNG DES OBON-FESTS WAR GERADE VORÜBER.

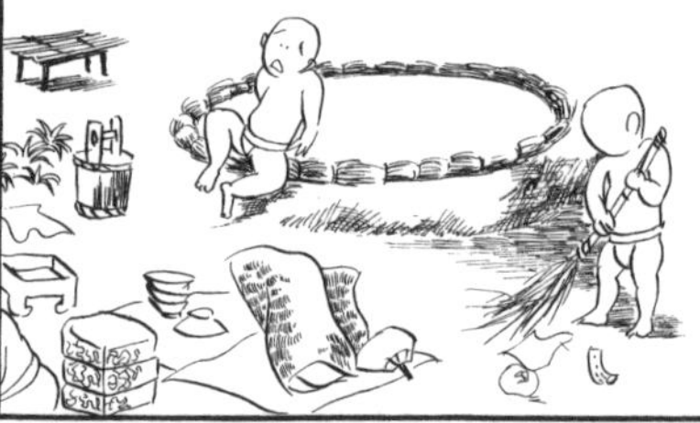

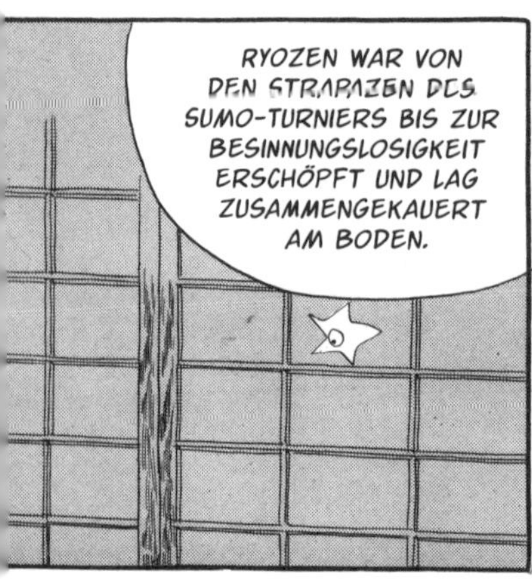
RYOZEN WAR VON DEN STRAPAZEN DES SUMO-TURNIERS BIS ZUR BESINNUNGSLOSIGKEIT ERSCHÖPFT UND LAG ZUSAMMENGEKAUERT AM BODEN.

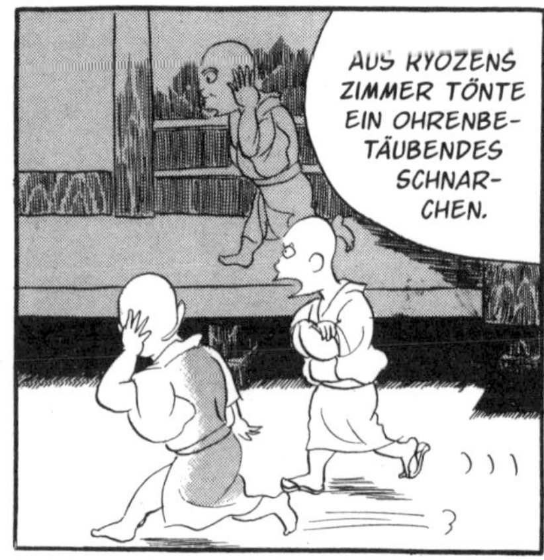
AUS RYOZENS ZIMMER TÖNTE EIN OHRENBETÄUBENDES SCHNARCHEN.

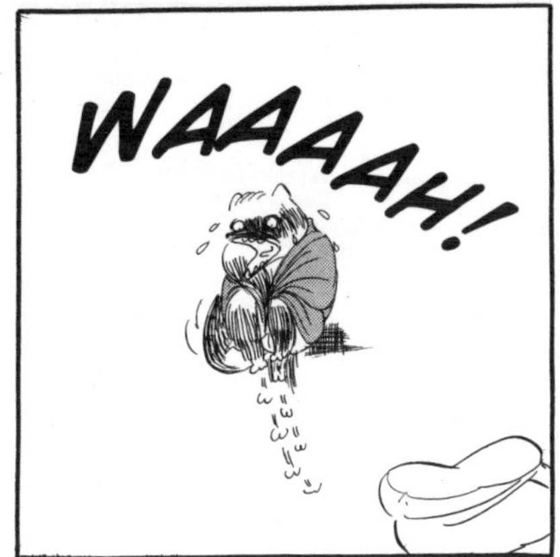
WAAAAH!

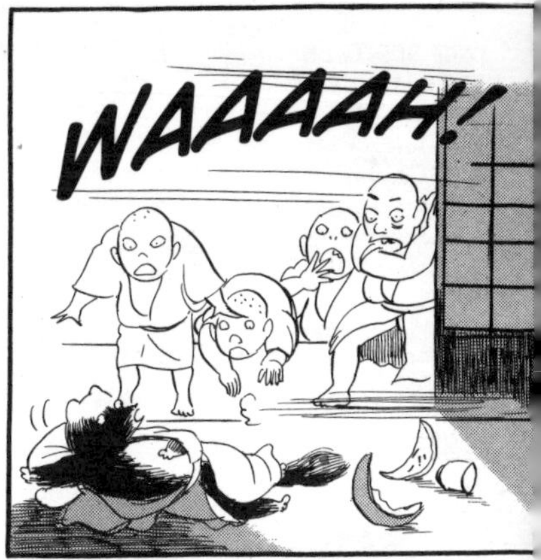
WAAAAH!

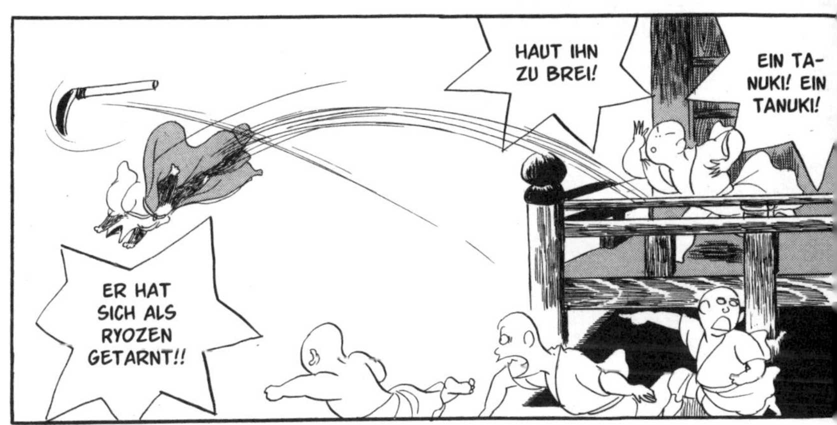
EIN TA-
NUKI! EIN
TANUKI!
HAUT IHN
ZU BREI!
ER HAT
SICH ALS
RYOZEN
GETARNT!!

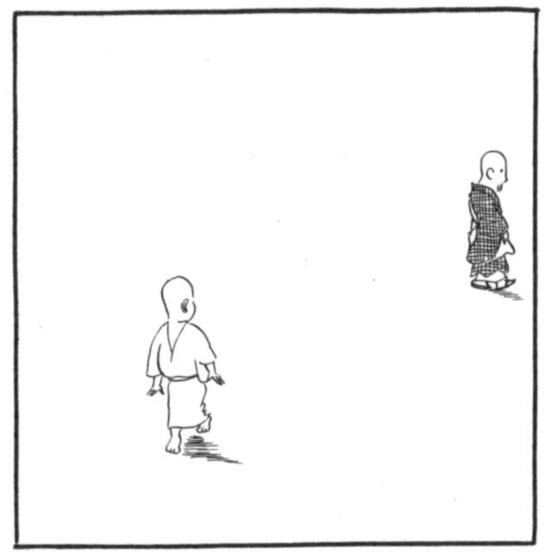

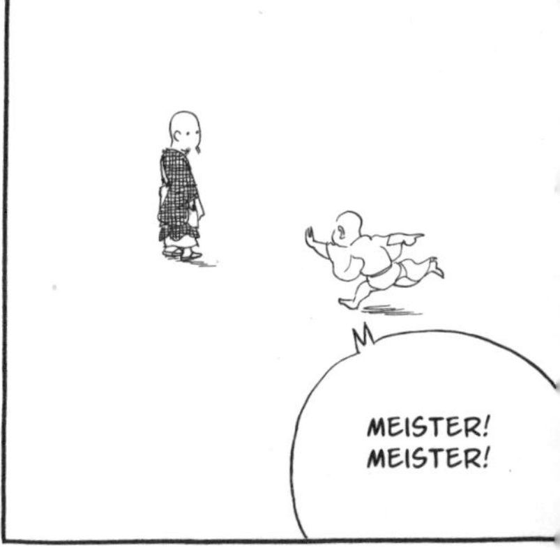
MEISTER!
MEISTER!

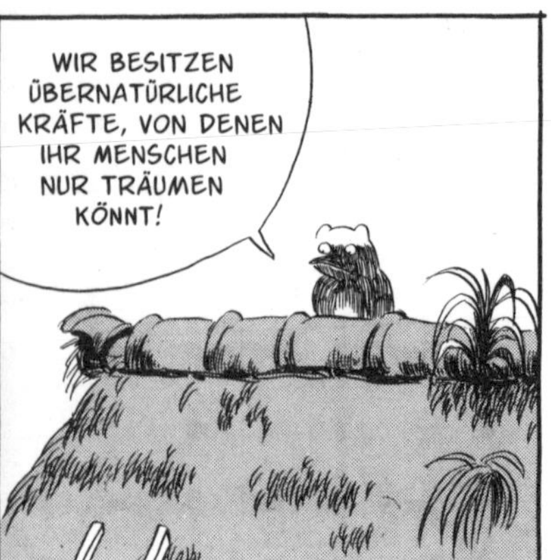

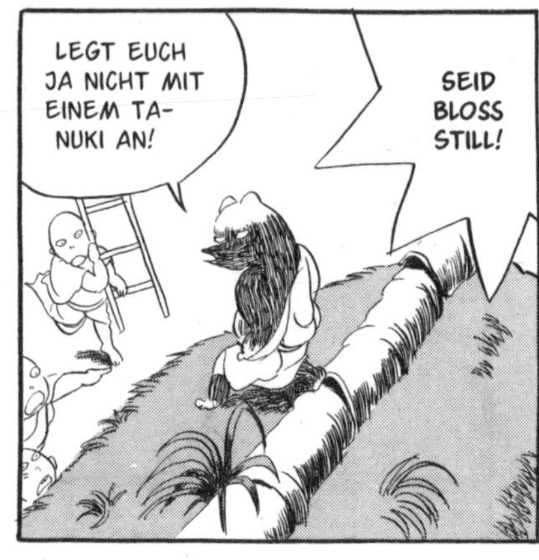

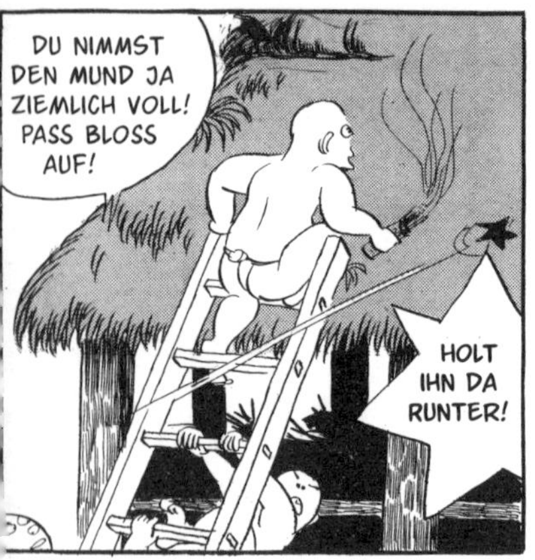

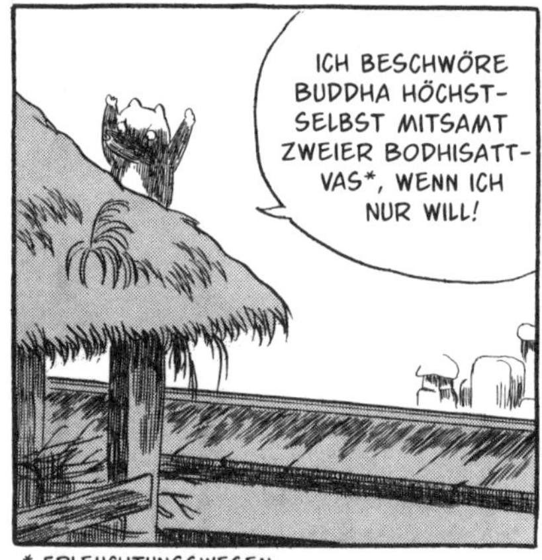

* ERLEUCHTUNGSWESEN

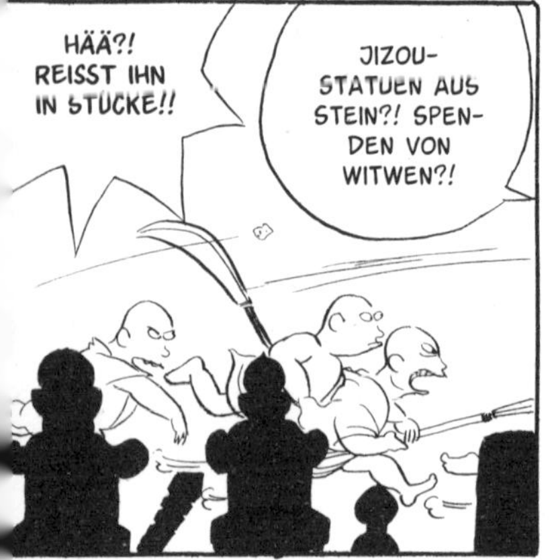

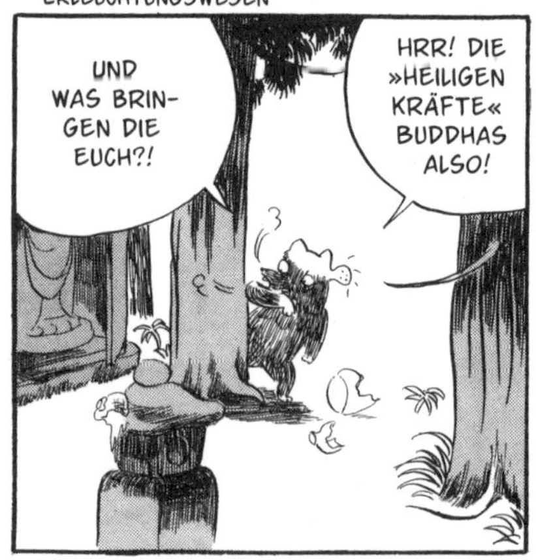

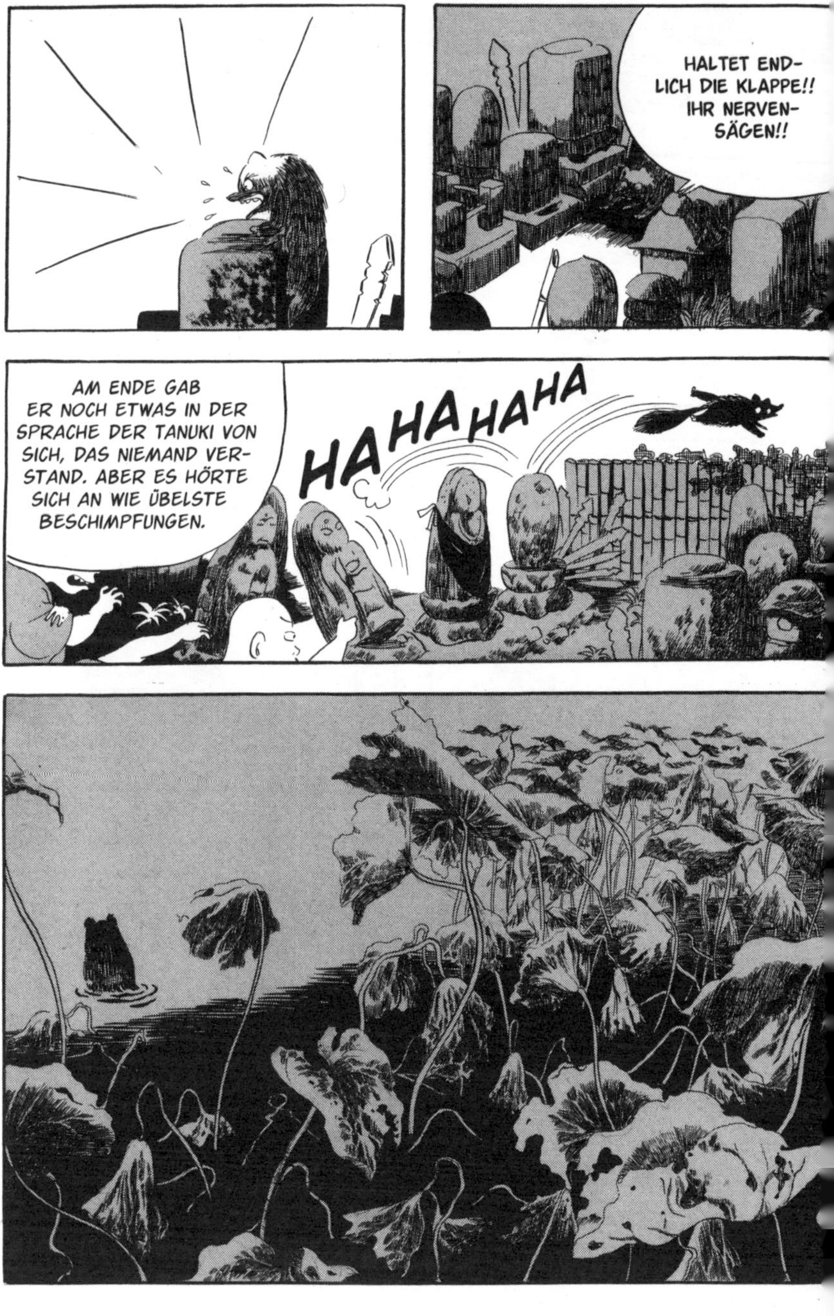

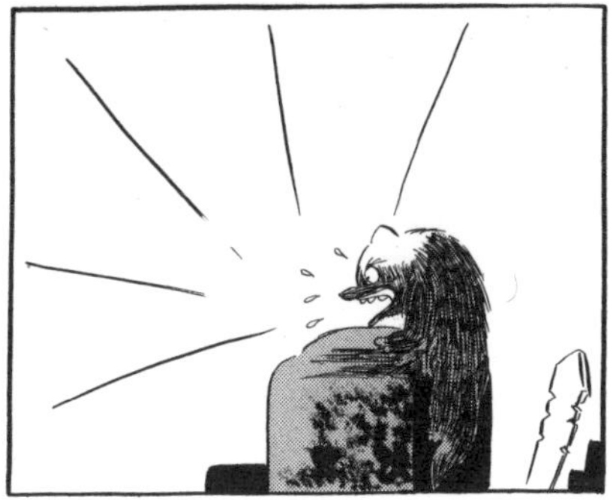

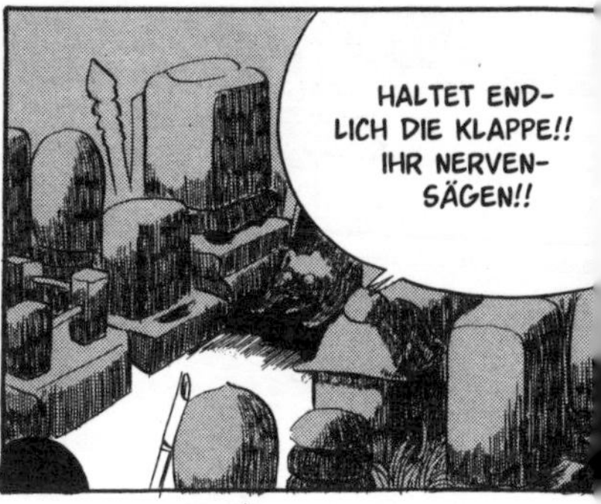
HALTET ENDLICH DIE KLAPPE!! IHR NERVENSÄGEN!!

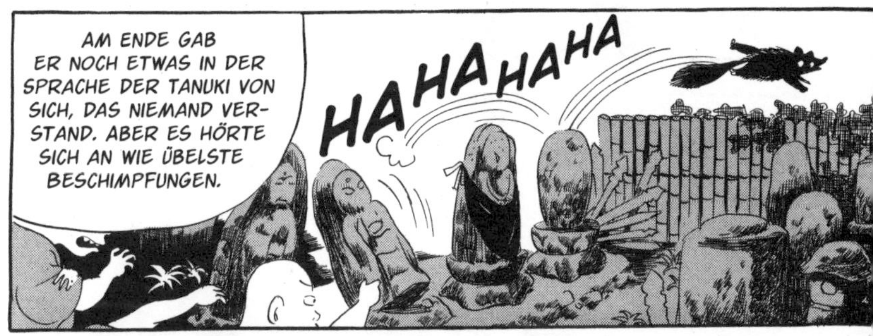
AM ENDE GAB ER NOCH ETWAS IN DER SPRACHE DER TANUKI VON SICH, DAS NIEMAND VERSTAND. ABER ES HÖRTE SICH AN WIE ÜBELSTE BESCHIMPFUNGEN.
HAHAHAHA

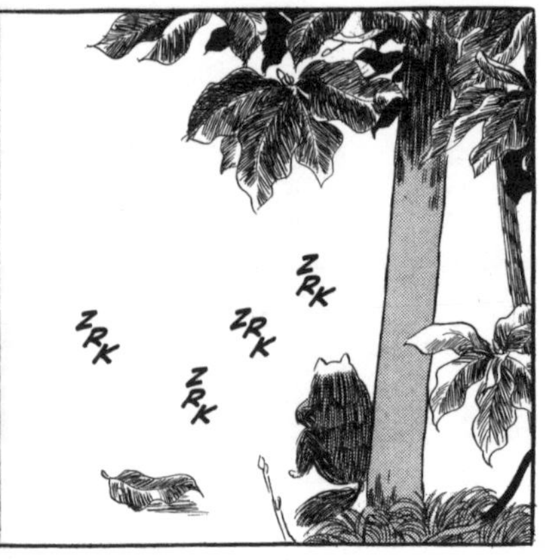
ZRK
ZRK
ZRK
ZRK
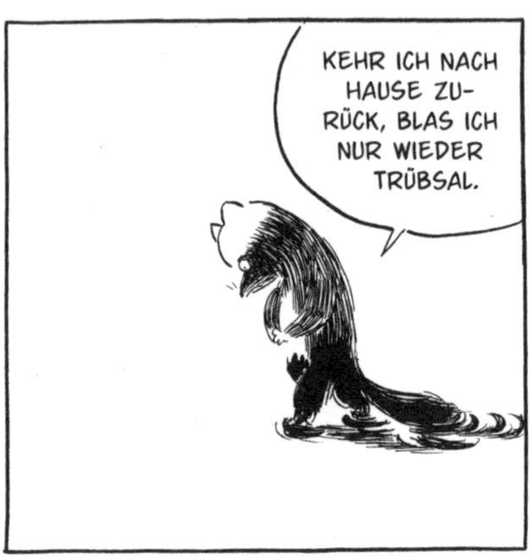
KEHR ICH NACH HAUSE ZURÜCK, BLAS ICH NUR WIEDER TRÜBSAL.
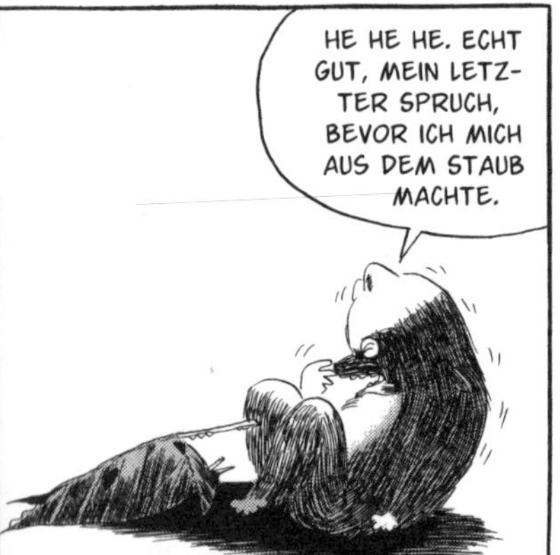
HE HE HE. ECHT GUT, MEIN LETZTER SPRUCH, BEVOR ICH MICH AUS DEM STAUB MACHTE.
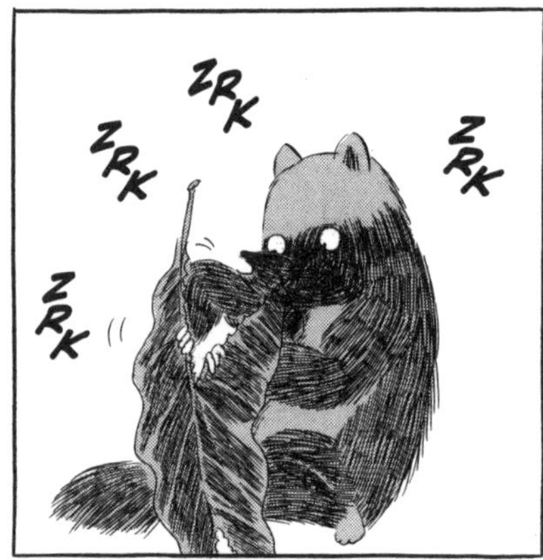
ZRK
ZRK
ZRK
ZRK
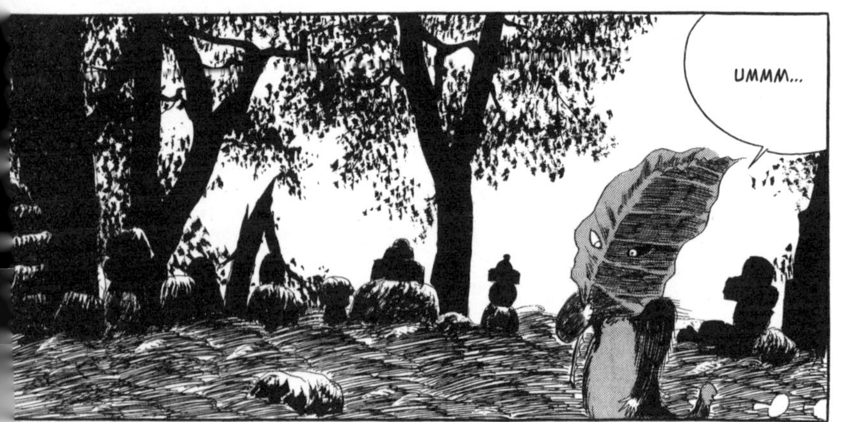
UMMM...

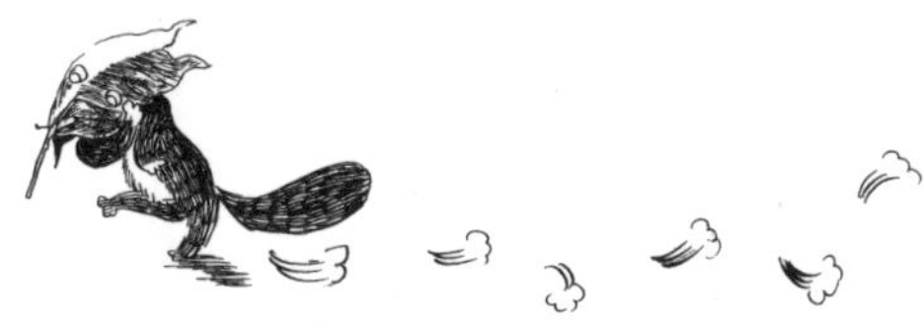

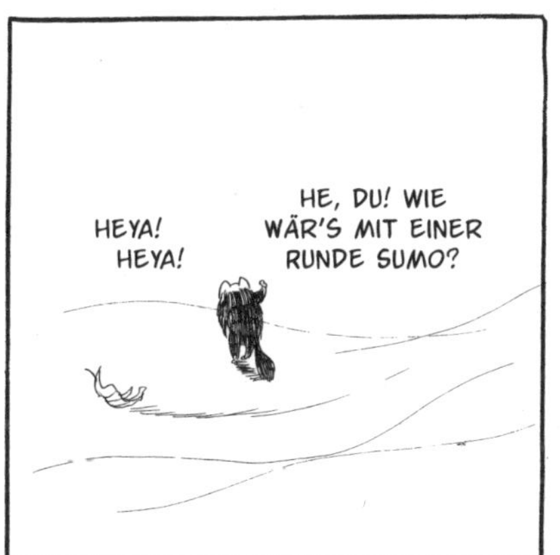

LAUTHALS VERSUCHTE ER SICH AN EINEM LEICHT ZOTIGEN VOLKSLIED, DAS IHM EIN TANUKI AUS DER PROVINZ AWA* BEIGEBRACHT HATTE. DOCH DABEI VERSAGTE IHM BEINAHE DIE STIMME.

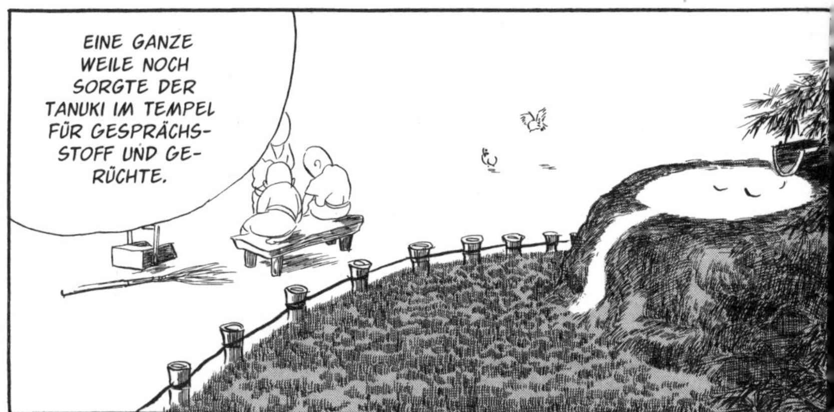

* HISTORISCHE PROVINZ, TEIL DER HEUTIGEN PRÄFEKTUR CHIBA

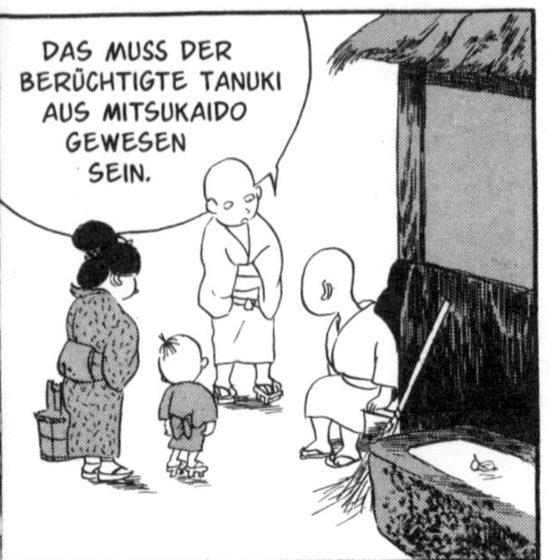
DAS MUSS DER BERÜCHTIGTE TANUKI AUS MITSUKAIDO GEWESEN SEIN.

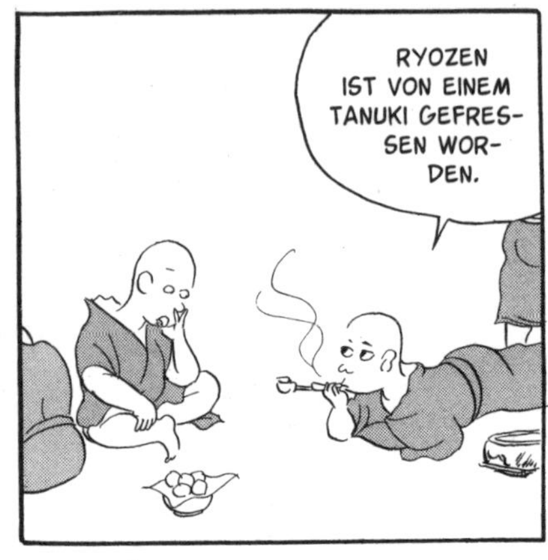
RYOZEN IST VON EINEM TANUKI GEFRESSEN WORDEN.

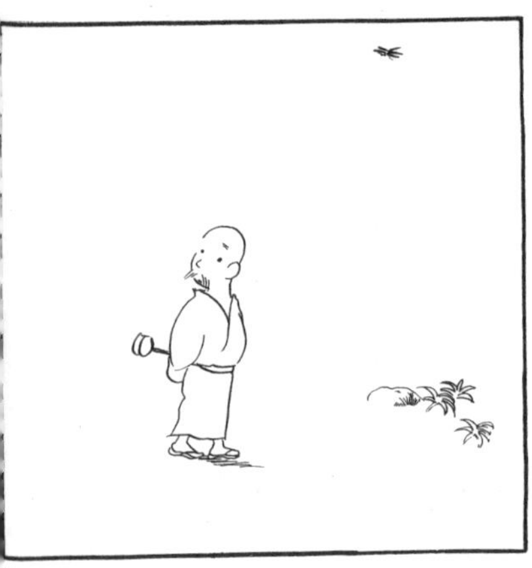

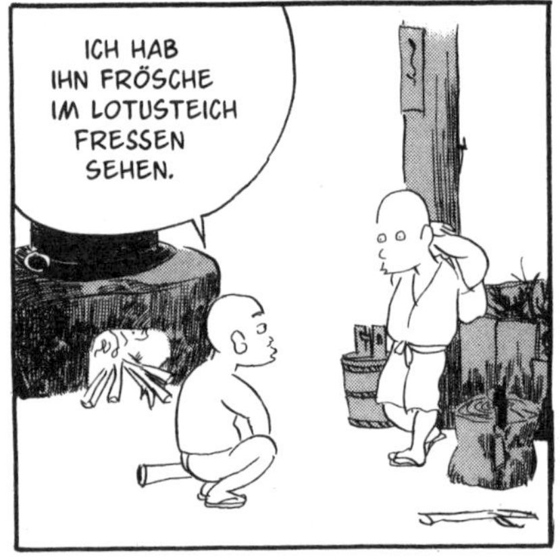
ICH HAB IHN FRÖSCHE IM LOTUSTEICH FRESSEN SEHEN.

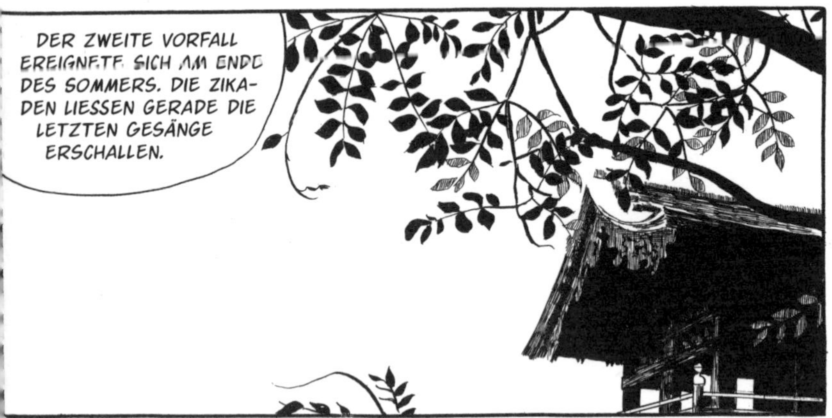
DER ZWEITE VORFALL EREIGNETE SICH AM ENDE DES SOMMERS. DIE ZIKADEN LIESSEN GERADE DIE LETZTEN GESÄNGE ERSCHALLEN.

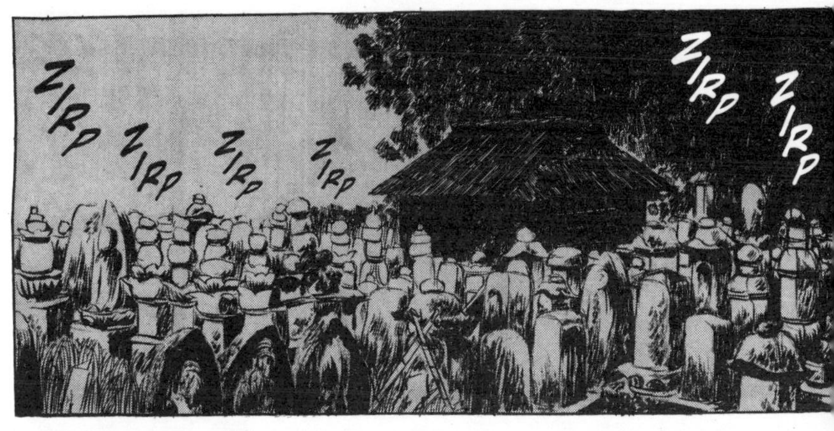
ZIRP
ZIRP
ZIRP
ZIRP
ZIRP
ZIRP

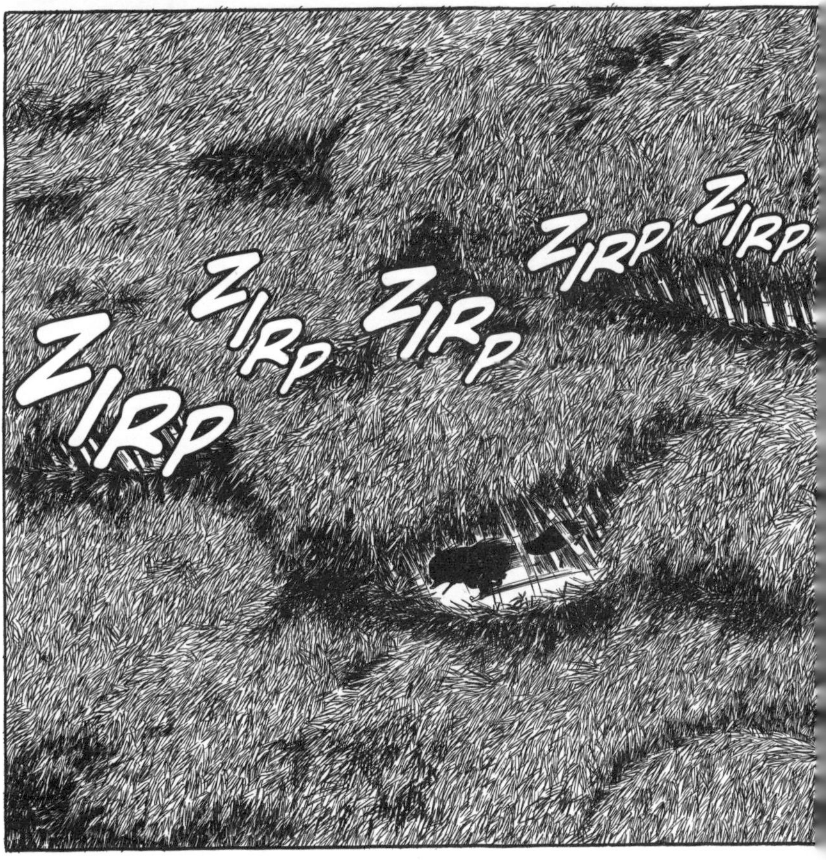

ZIRP
ZIRP
ZIRP
ZIRP
ZIRP

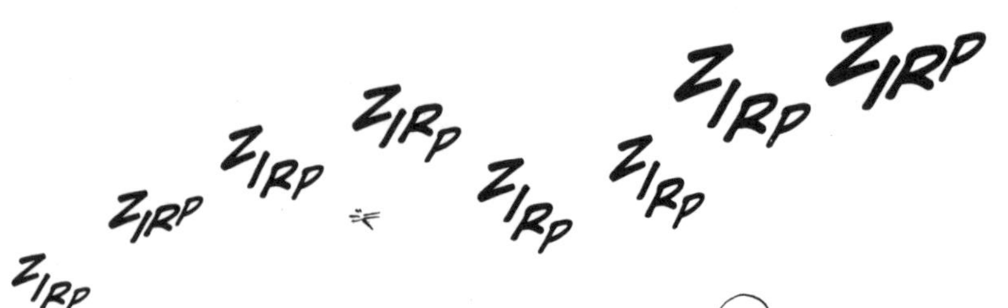
ZIRP
ZIRP
ZIRP
ZIRP
ZIRP
ZIRP
ZIRP ZIRP

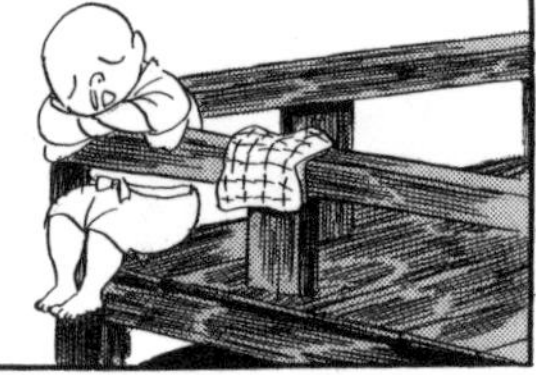

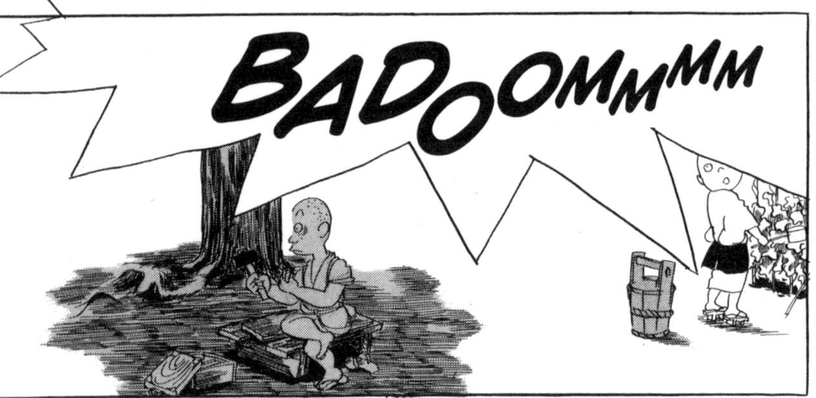
BADOOMMMM

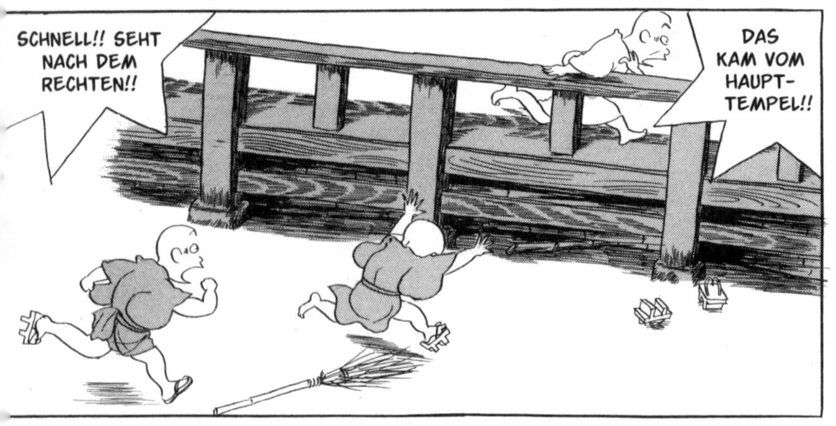
DAS KAM VOM HAUPT-TEMPEL!!
SCHNELL!! SEHT NACH DEM RECHTEN!!

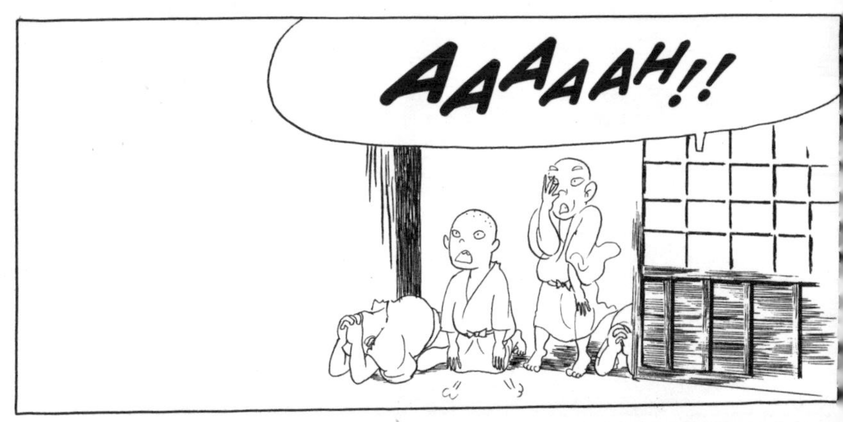

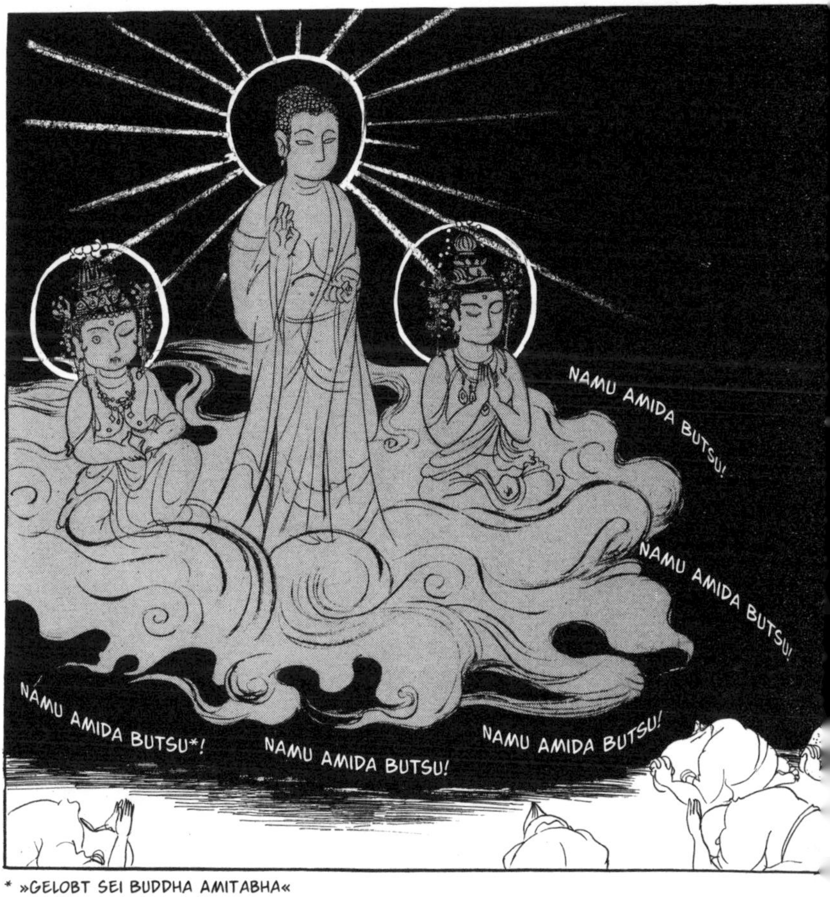

NAMU AMIDA BUTSU!

NAMU AMIDA BUTSU!

NAMU AMIDA BUTSU!

NAMU AMIDA BUTSU!

NAMU AMIDA BUTSU*!

* »GELOBT SEI BUDDHA AMITABHA«

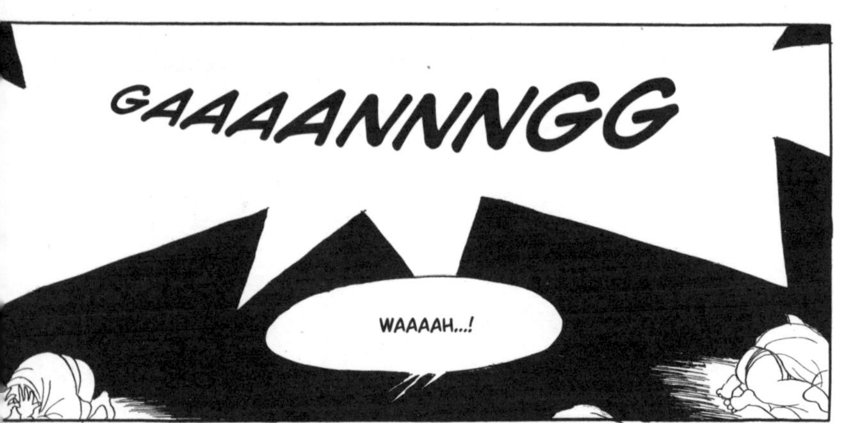
GAAAANNNGG
WAAAAH...!

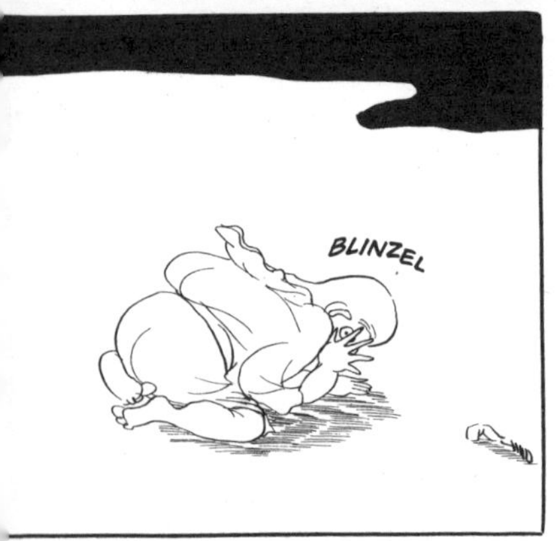
BLINZEL

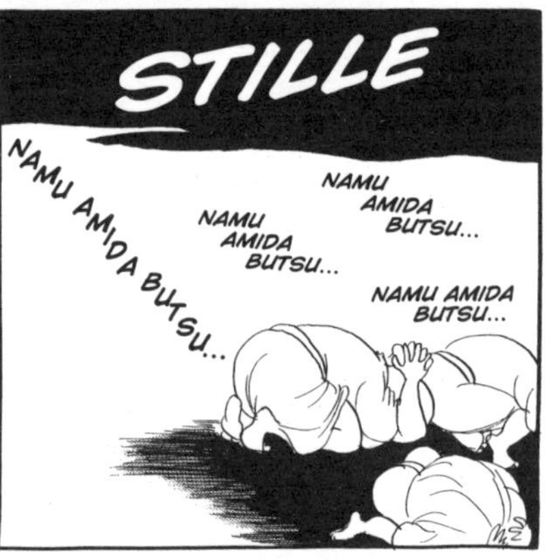
STILLE
NAMU AMIDA BUTSU...
NAMU AMIDA BUTSU...
NAMU AMIDA BUTSU...
NAMU AMIDA BUTSU...

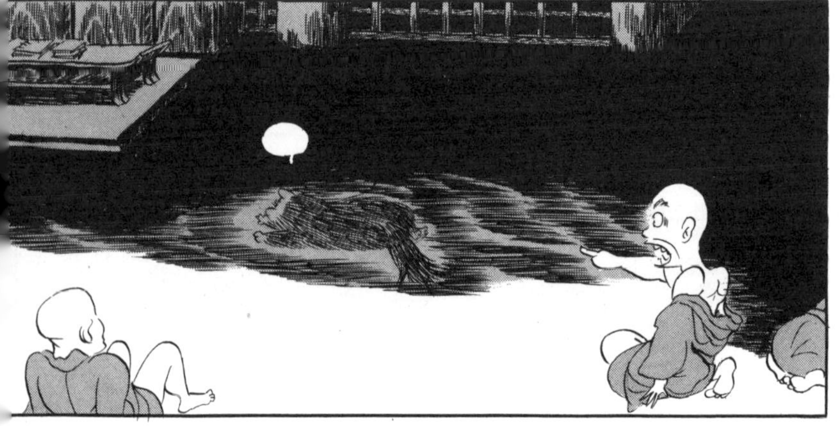

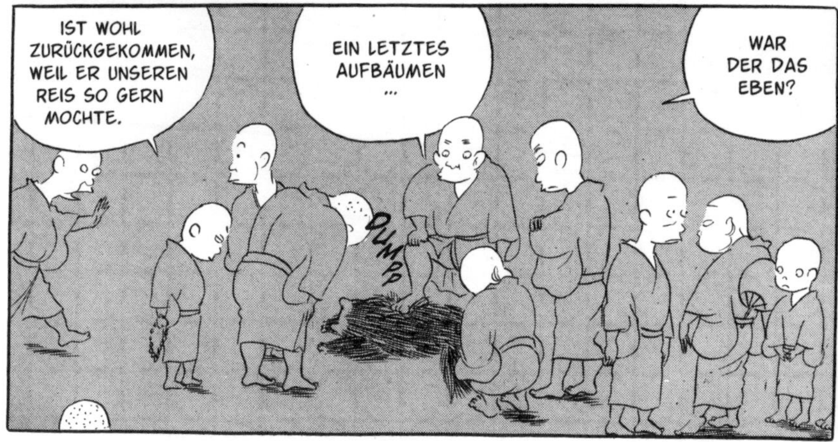
WAR DER DAS EBEN?
EIN LETZTES AUFBÄUMEN …
IST WOHL ZURÜCKGEKOMMEN, WEIL ER UNSEREN REIS SO GERN MOCHTE.
PLUMPS

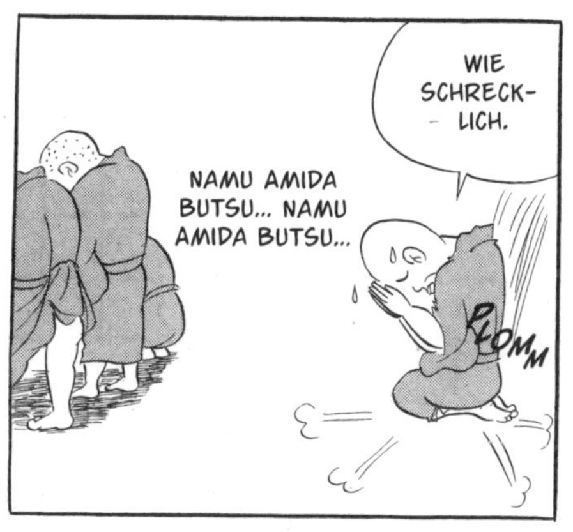
WIE SCHRECK-LICH.
NAMU AMIDA BUTSU... NAMU AMIDA BUTSU...
PLOMM

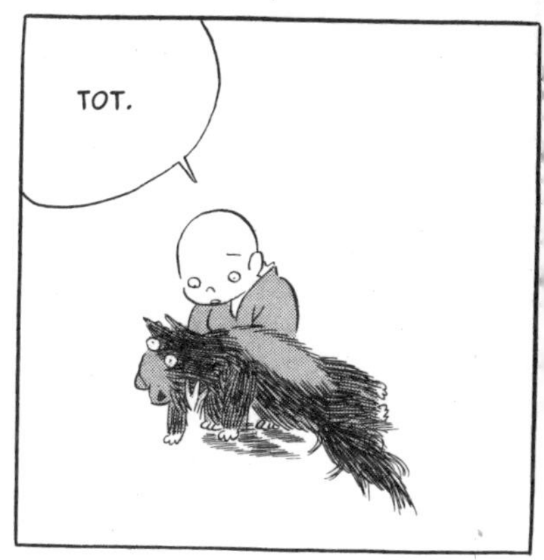
TOT.

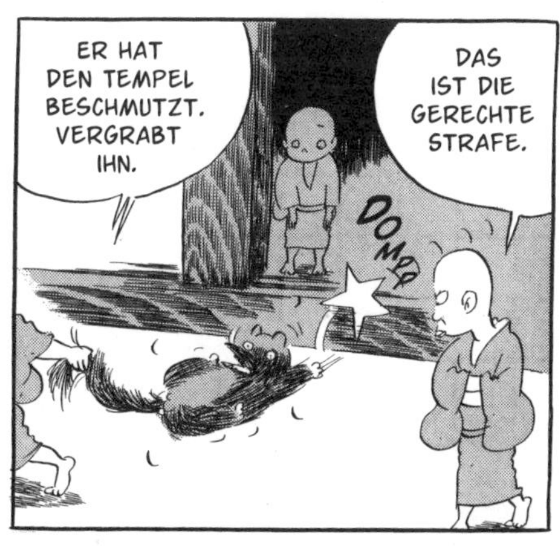
DAS IST DIE GERECHTE STRAFE.
ER HAT DEN TEMPEL BESCHMUTZT. VERGRABT IHN.
DOMPA

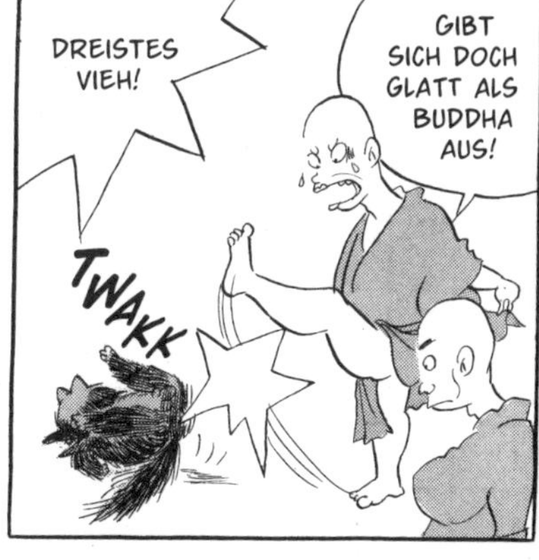
GIBT SICH DOCH GLATT ALS BUDDHA AUS!
DREISTES VIEH!
TWAKK

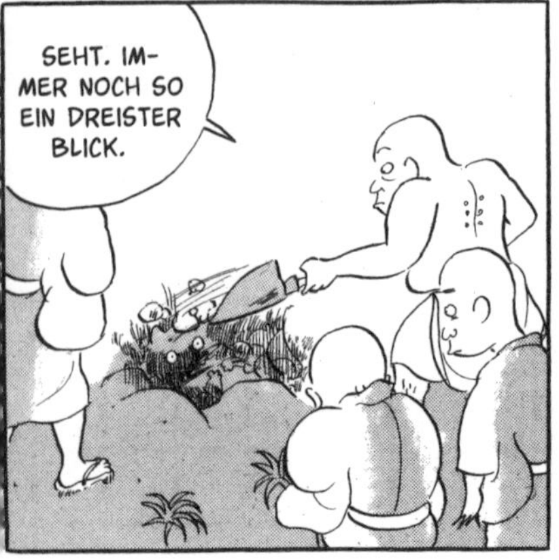
SEHT. IMMER NOCH SO EIN DREISTER BLICK.

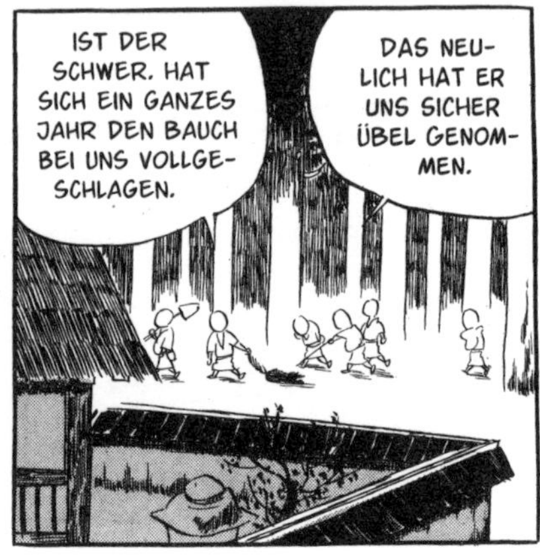
DAS NEULICH HAT ER UNS SICHER ÜBEL GENOMMEN.
IST DER SCHWER. HAT SICH EIN GANZES JAHR DEN BAUCH BEI UNS VOLLGESCHLAGEN.

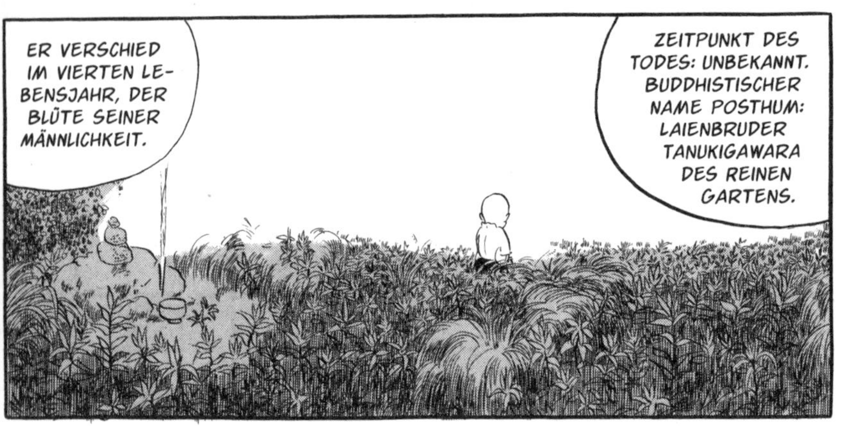
ZEITPUNKT DES TODES: UNBEKANNT. BUDDHISTISCHER NAME POSTHUM: LAIENBRUDER TANUKIGAWARA DES REINEN GARTENS.
ER VERSCHIED IM VIERTEN LEBENSJAHR, DER BLÜTE SEINER MÄNNLICHKEIT.

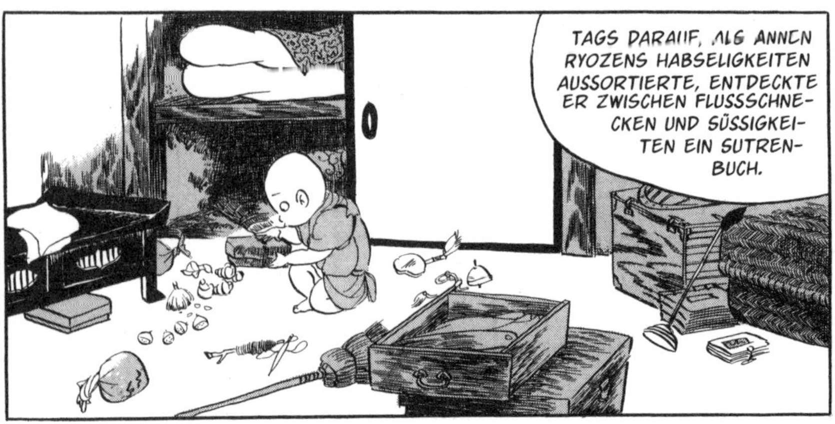
TAGS DARAUF, ALS ANNEN RYOZENS HABSELIGKEITEN AUSSORTIERTE, ENTDECKTE ER ZWISCHEN FLUSSSCHNECKEN UND SÜSSIGKEITEN EIN SUTRENBUCH.

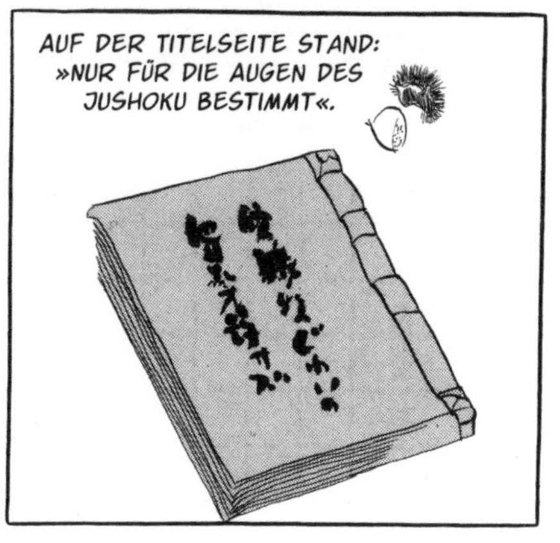

ES BEFAND SICH IN EINER PRÄCHTIGEN, MIT EINEM STOCKROSENEMBLEM VERSEHENEN SCHACHTEL AUS BLAUGLOCKENBAUMHOLZ.

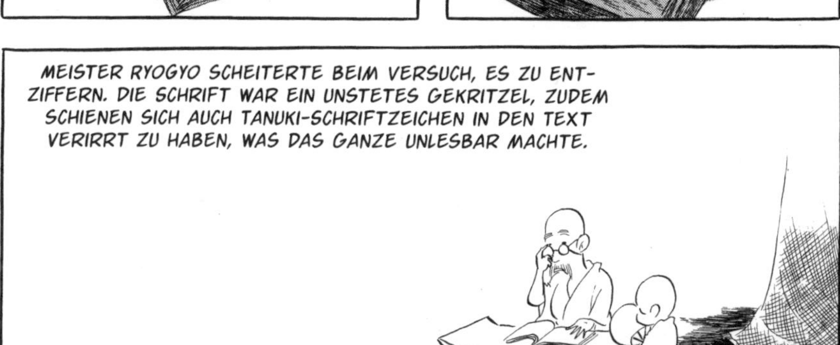

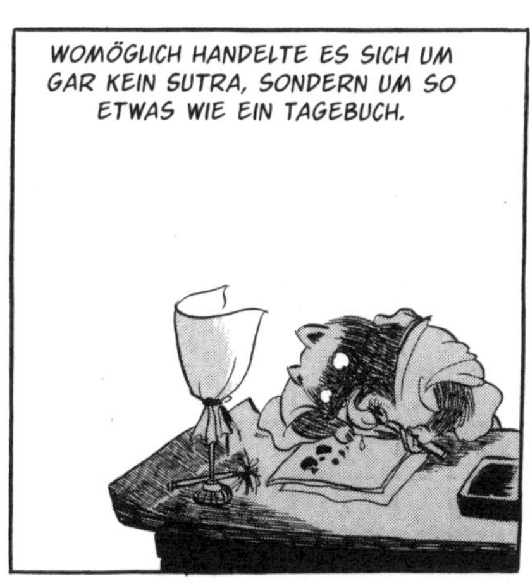

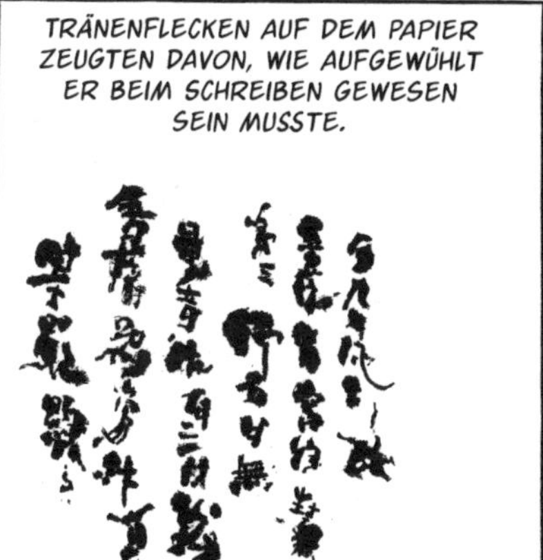

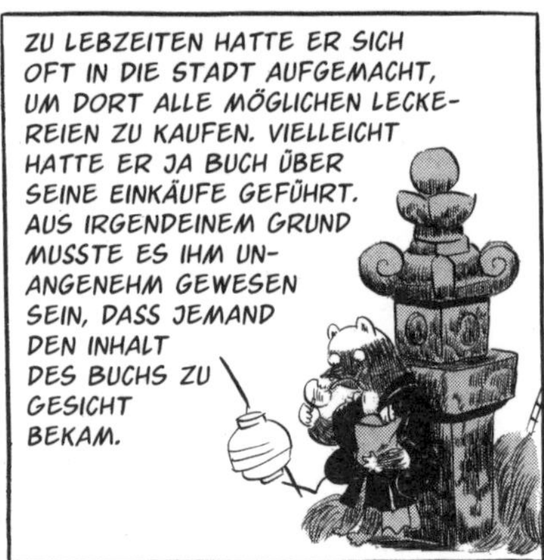
ZU LEBZEITEN HATTE ER SICH OFT IN DIE STADT AUFGEMACHT, UM DORT ALLE MÖGLICHEN LECKEREIEN ZU KAUFEN. VIELLEICHT HATTE ER JA BUCH ÜBER SEINE EINKÄUFE GEFÜHRT. AUS IRGENDEINEM GRUND MUSSTE ES IHM UNANGENEHM GEWESEN SEIN, DASS JEMAND DEN INHALT DES BUCHS ZU GESICHT BEKAM.

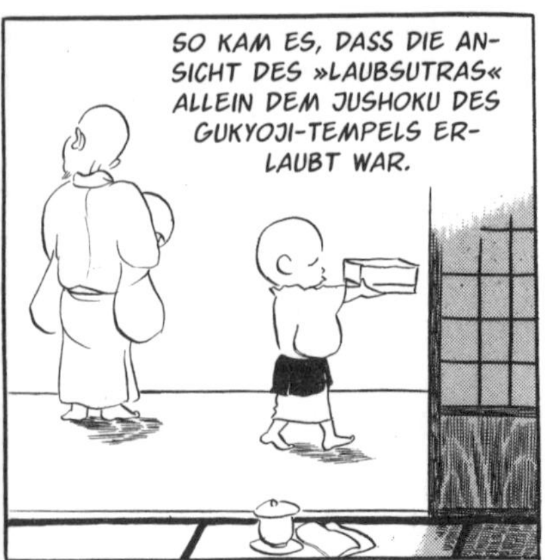
SO KAM ES, DASS DIE ANSICHT DES »LAUBSUTRAS« ALLEIN DEM JUSHOKU DES GUKYOJI-TEMPELS ERLAUBT WAR.

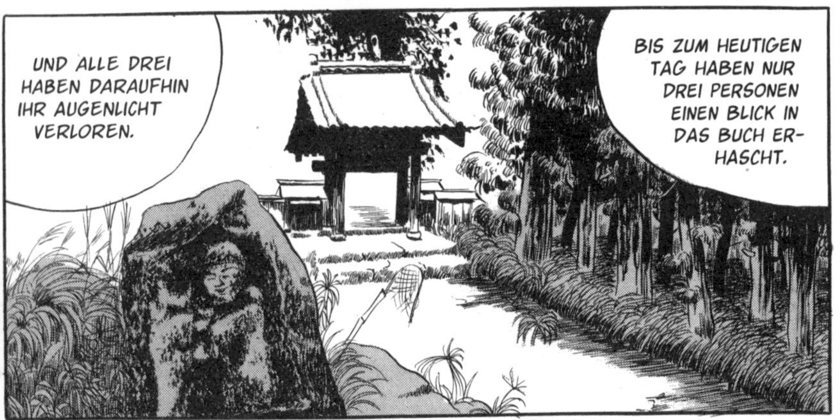
BIS ZUM HEUTIGEN TAG HABEN NUR DREI PERSONEN EINEN BLICK IN DAS BUCH ERHASCHT.
UND ALLE DREI HABEN DARAUFHIN IHR AUGENLICHT VERLOREN.

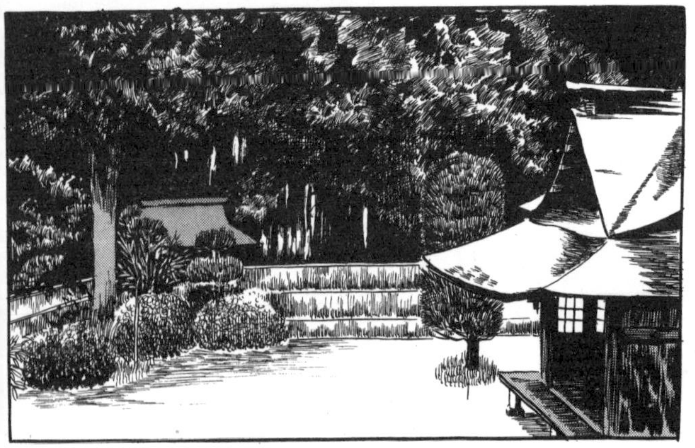
IN EINER ECKE DES TEMPELGARTENS STEHT NOCH HEUTE DIE RYOZEN-HALLE, IN DER SEINE STERBLICHEN ÜBERRESTE VERWAHRT SIND.

DIESE EHRUNG WÜRDE IHM SICHER MEHR VERDRUSS ALS FREUDE BEREITEN.

SIE STEHT ZU EHREN SEINES BEWUNDERNSWERTEN WILLENS, DEN WEG BUDDHAS ZU BESCHREITEN, OBGLEICH ER EIN TANUKI UND KEIN MENSCH WAR.

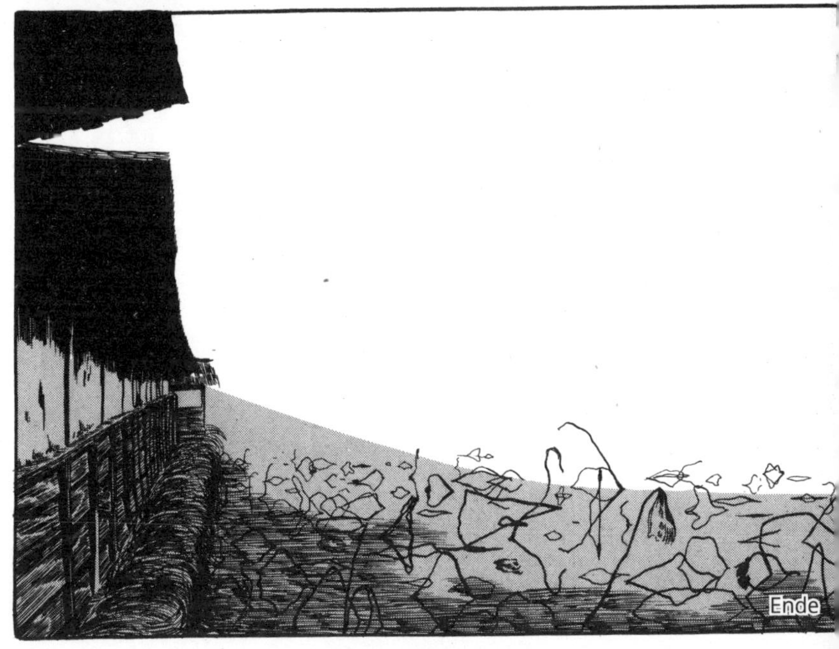

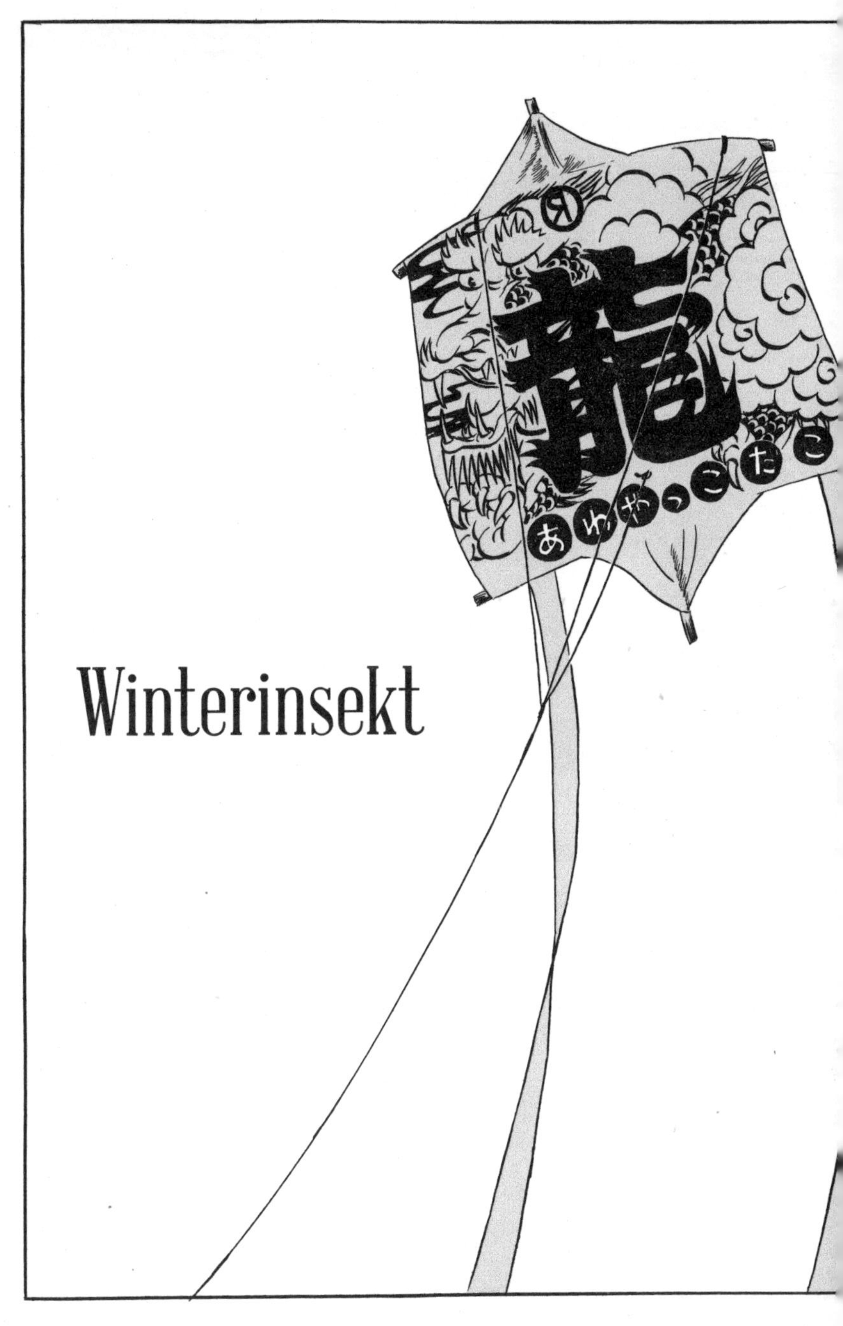

Winterinsekt

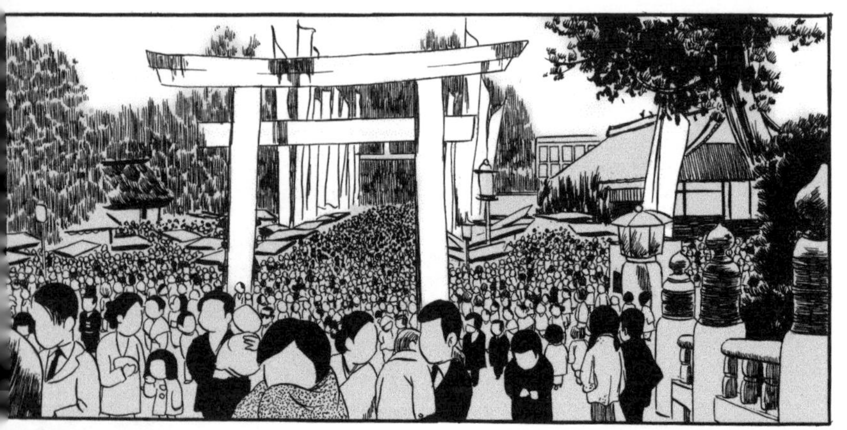

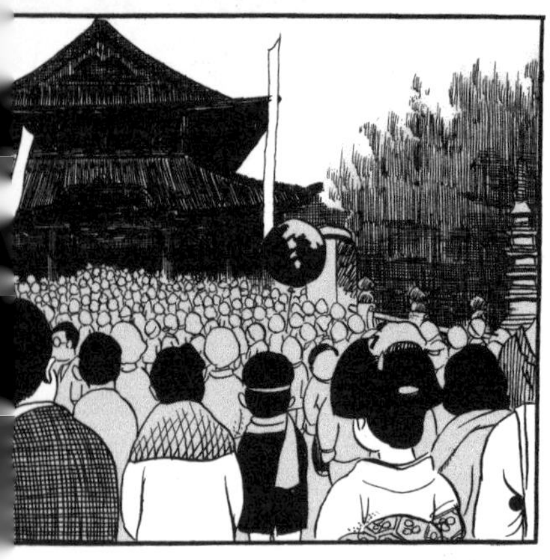

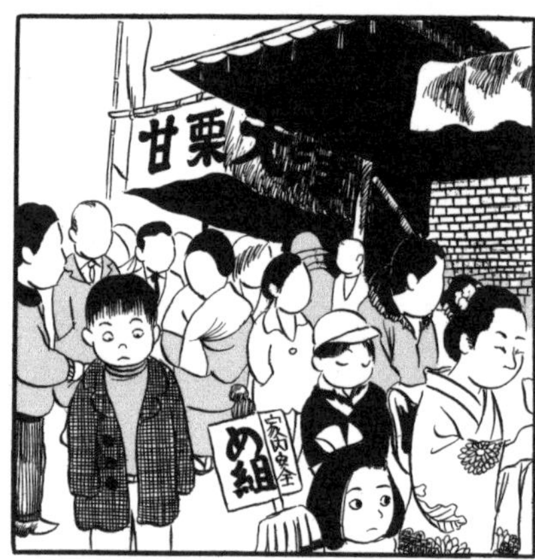

甘栗
家内安全
め組

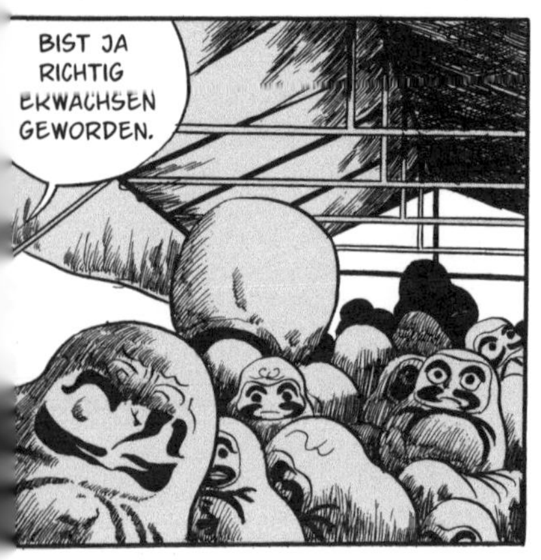

BIST JA RICHTIG ERWACHSEN GEWORDEN.

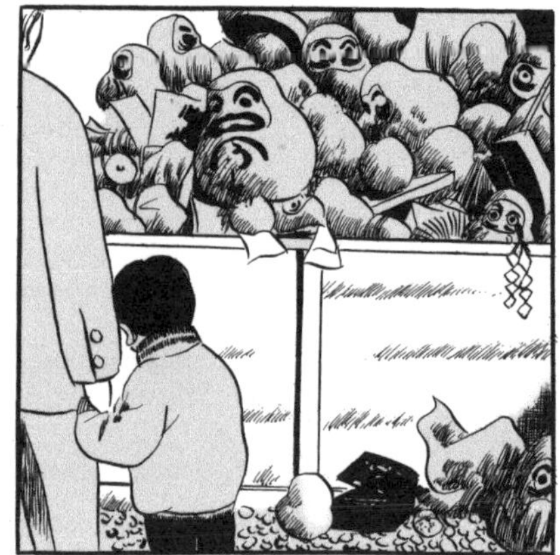

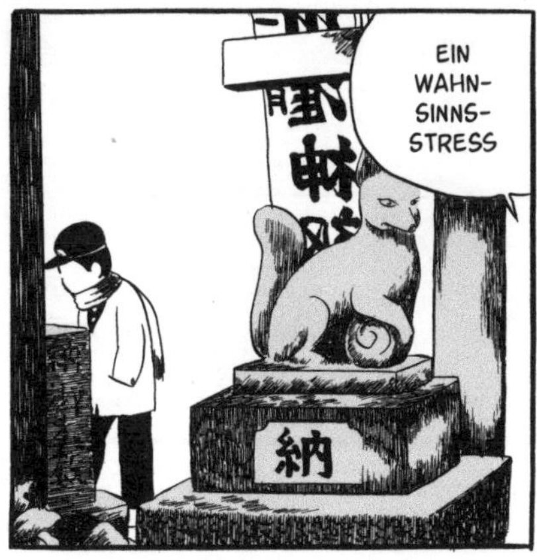
EIN WAHN- SINNS- STRESS

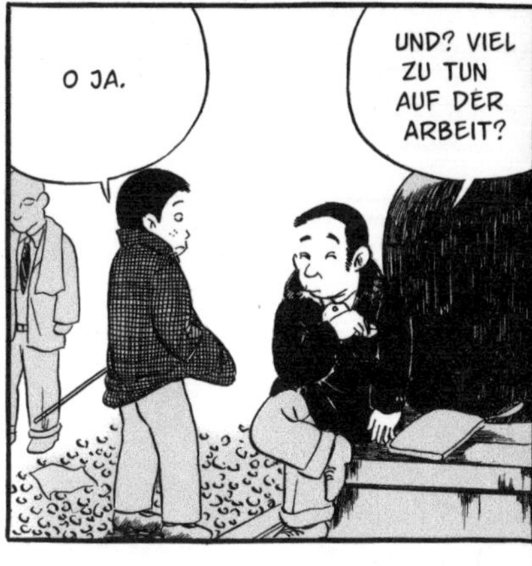
UND? VIEL ZU TUN AUF DER ARBEIT?
O JA.

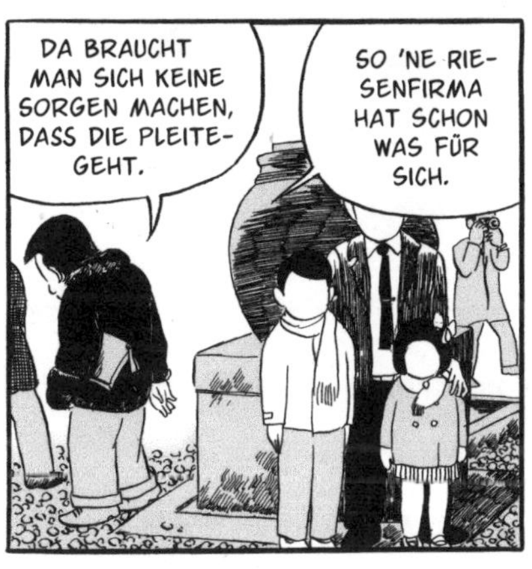
SO 'NE RIE- SENFIRMA HAT SCHON WAS FÜR SICH.
DA BRAUCHT MAN SICH KEINE SORGEN MACHEN, DASS DIE PLEITE- GEHT.

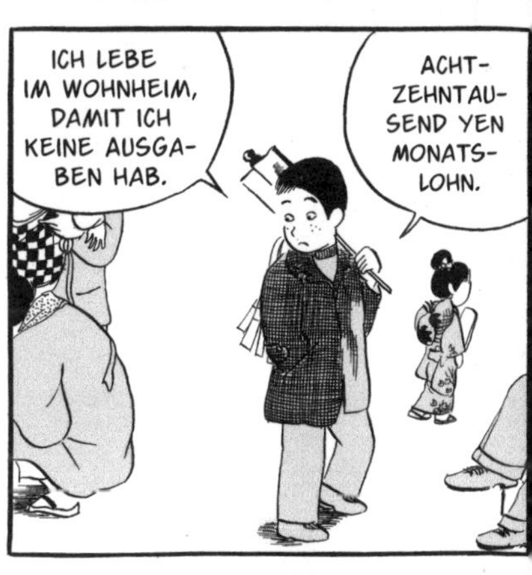
ACHT- ZEHNTAU- SEND YEN MONATS- LOHN.
ICH LEBE IM WOHNHEIM, DAMIT ICH KEINE AUSGA- BEN HAB.

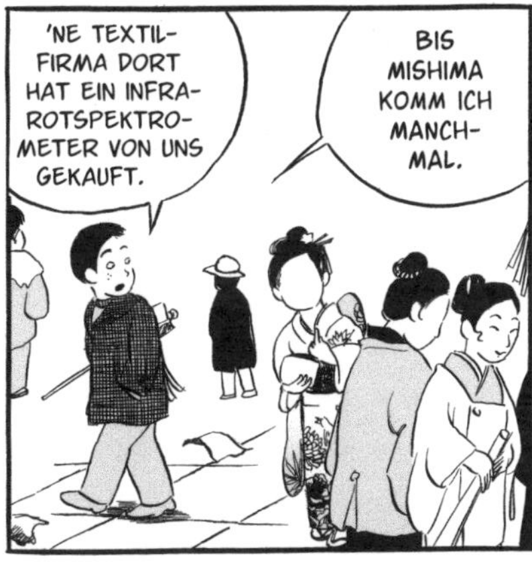
BIS MISHIMA KOMM ICH MANCH- MAL.
'NE TEXTIL- FIRMA DORT HAT EIN INFRA- ROTSPEKTRO- METER VON UNS GEKAUFT.

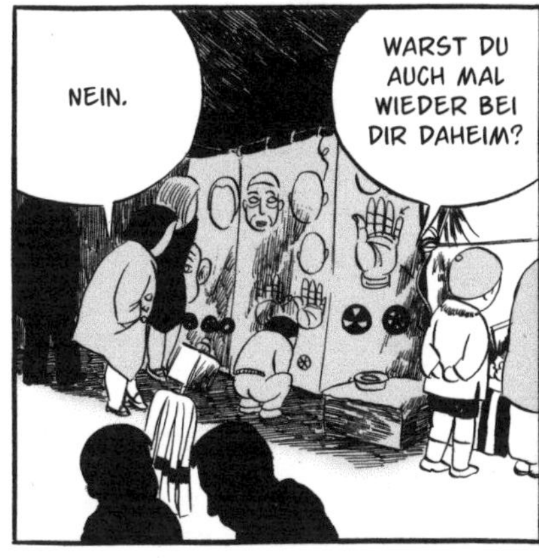
WARST DU AUCH MAL WIEDER BEI DIR DAHEIM?
NEIN.

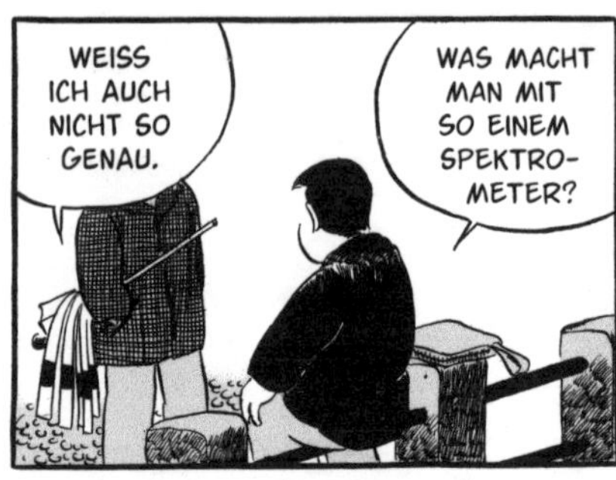
WAS MACHT MAN MIT SO EINEM SPEKTROMETER?
WEISS ICH AUCH NICHT SO GENAU.

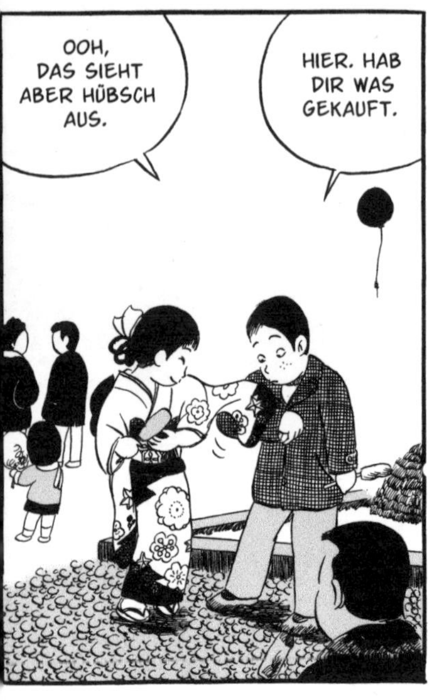
HIER. HAB DIR WAS GEKAUFT.
OOH, DAS SIEHT ABER HÜBSCH AUS.

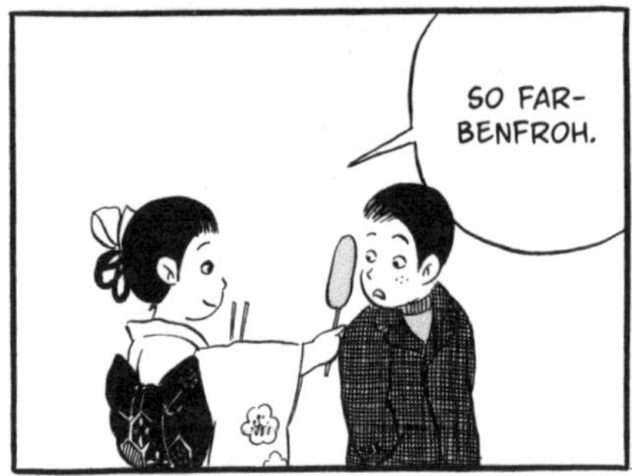
SO FARBENFROH.

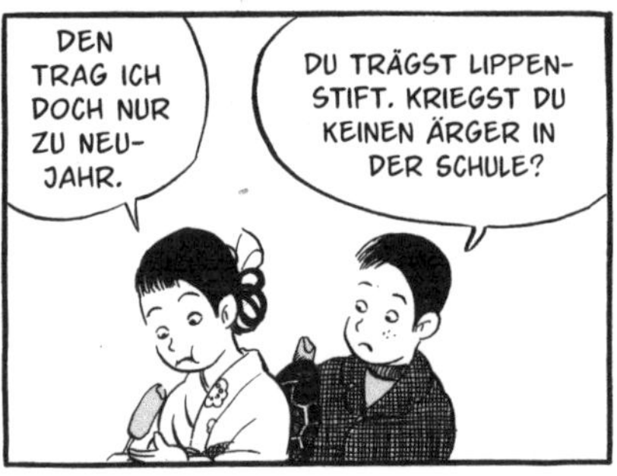
DU TRÄGST LIPPENSTIFT. KRIEGST DU KEINEN ÄRGER IN DER SCHULE?
DEN TRAG ICH DOCH NUR ZU NEUJAHR.

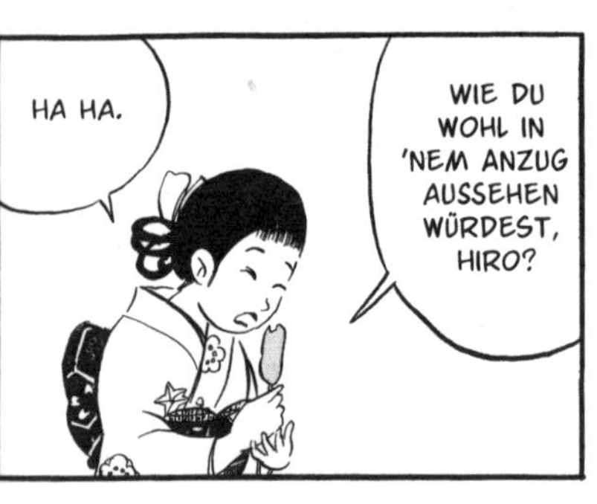
WIE DU WOHL IN 'NEM ANZUG AUSSEHEN WÜRDEST, HIRO?
HA HA.

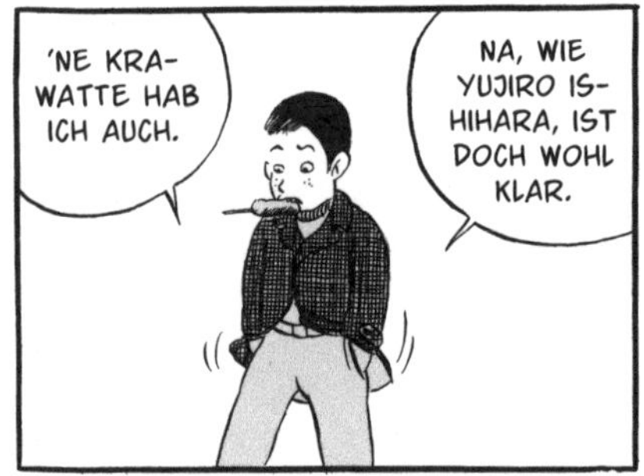
NA, WIE YUJIRO ISHIHARA, IST DOCH WOHL KLAR.
'NE KRAWATTE HAB ICH AUCH.

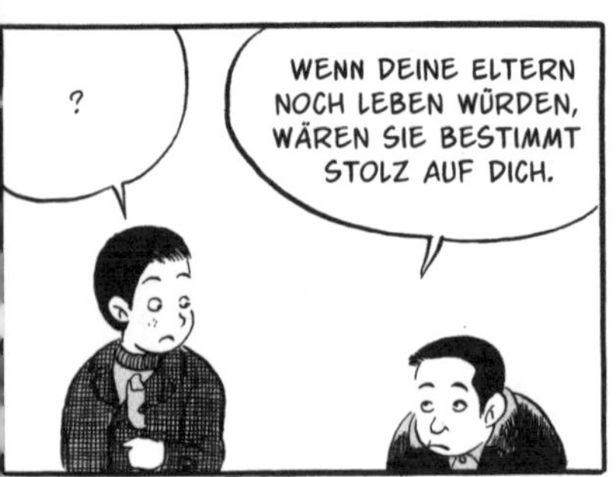
WENN DEINE ELTERN NOCH LEBEN WÜRDEN, WÄREN SIE BESTIMMT STOLZ AUF DICH.
?

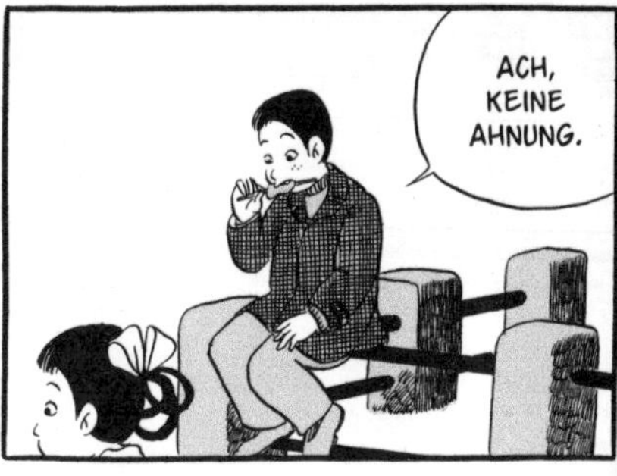

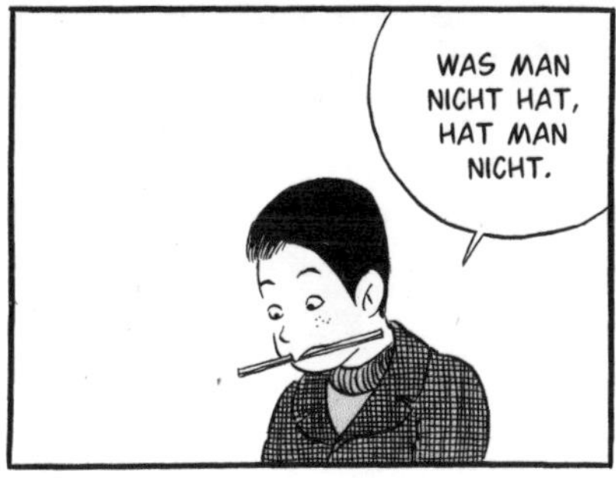

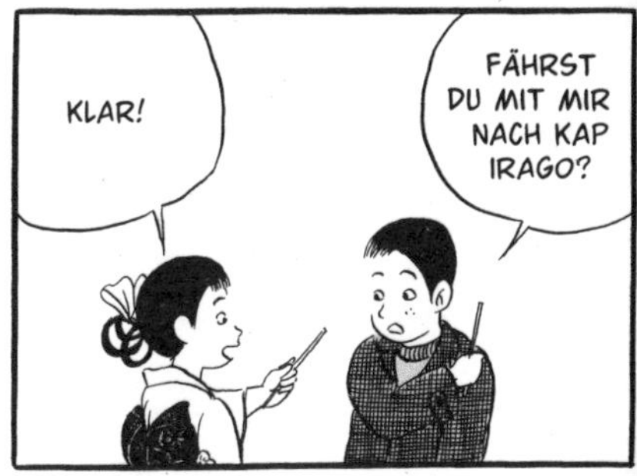

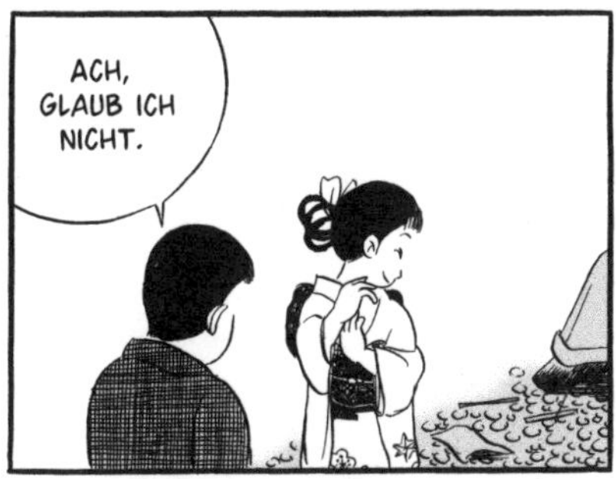

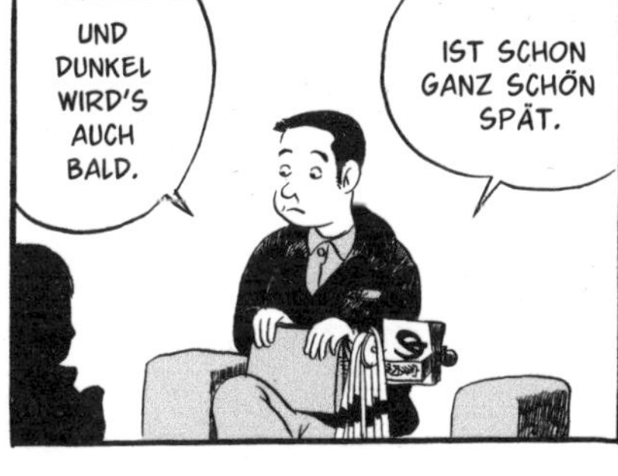

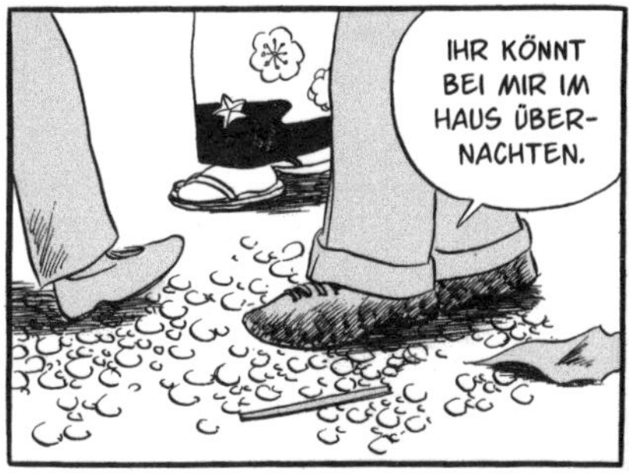

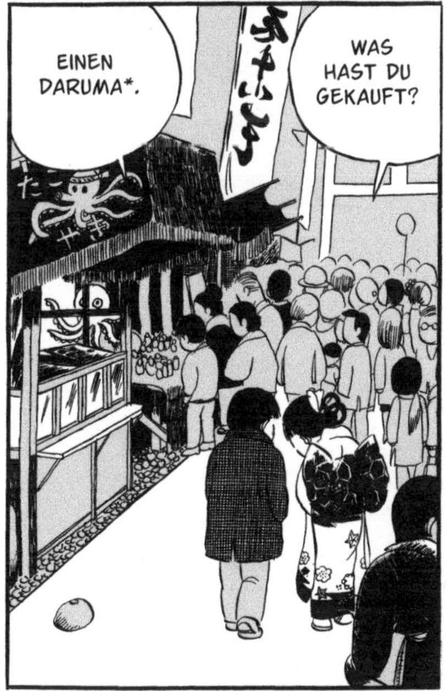

* JAPANISCHER GLÜCKSBRINGER AUS PAPPMACHE

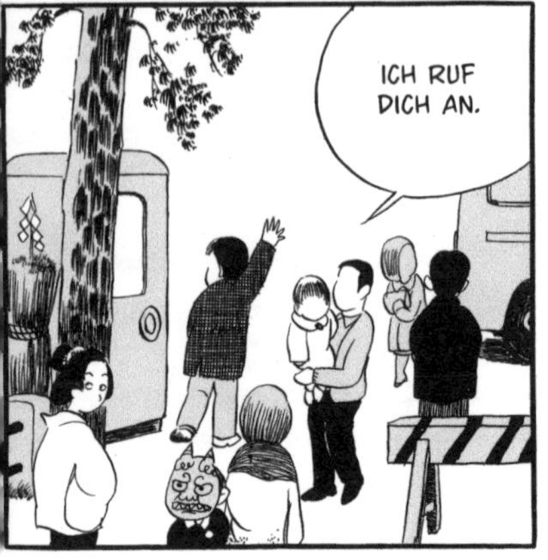
ICH RUF DICH AN.

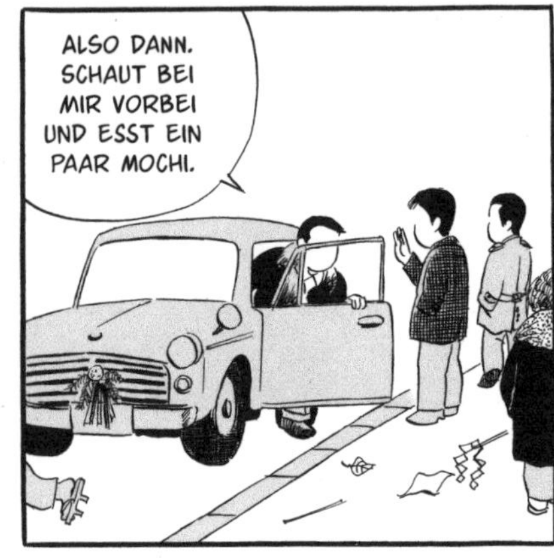
ALSO DANN. SCHAUT BEI MIR VORBEI UND ESST EIN PAAR MOCHI.

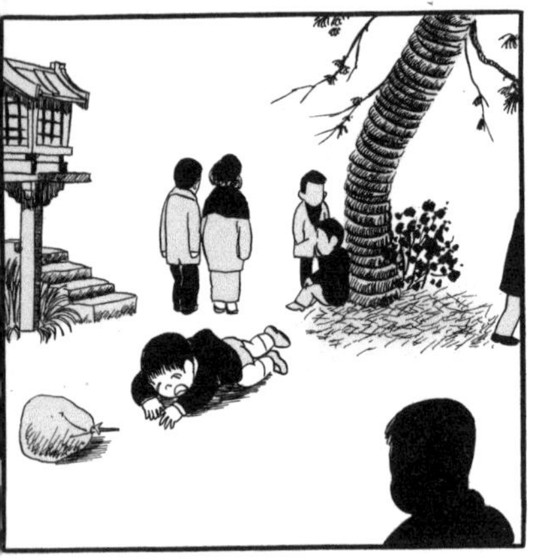

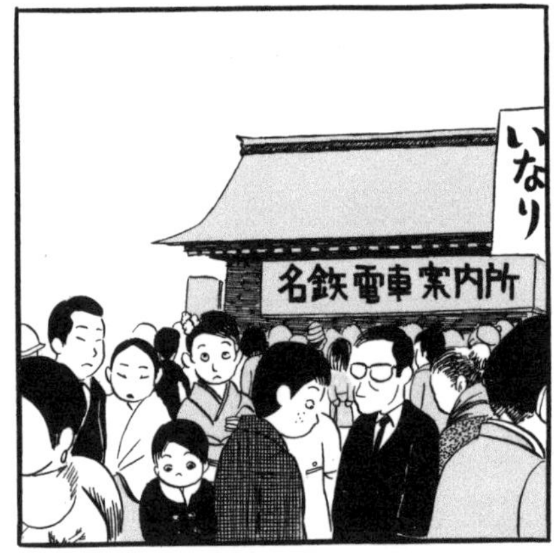
いなり
名鉄電車案内所

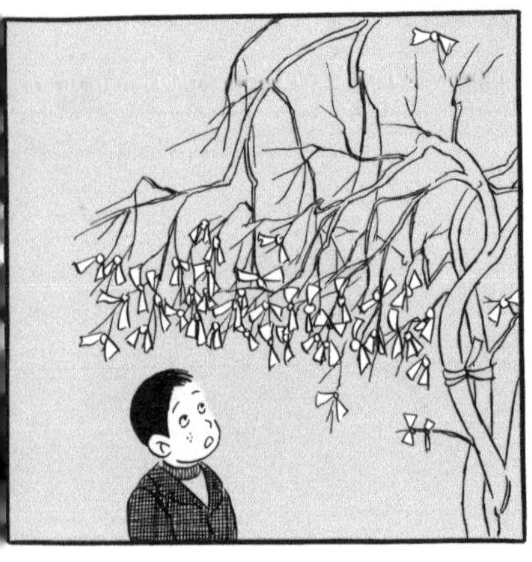

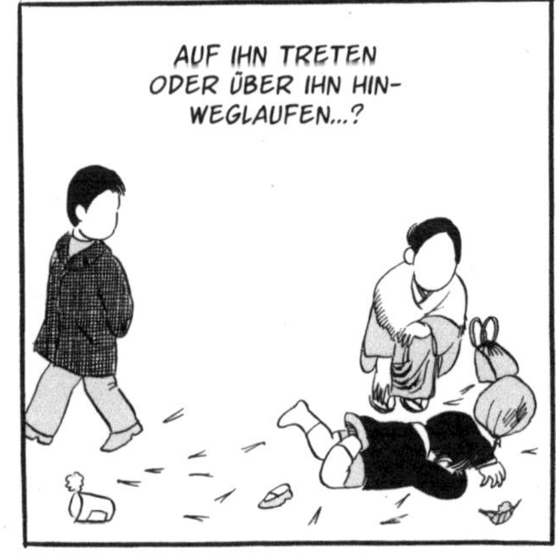
AUF IHN TRETEN ODER ÜBER IHN HIN-WEGLAUFEN...?

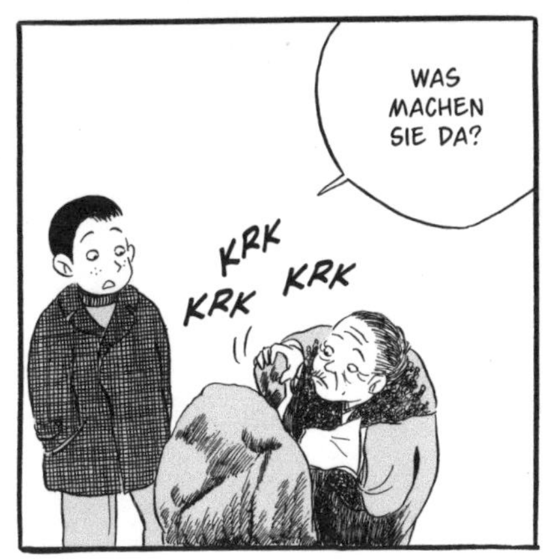
WAS MACHEN SIE DA?
KRK
KRK
KRK

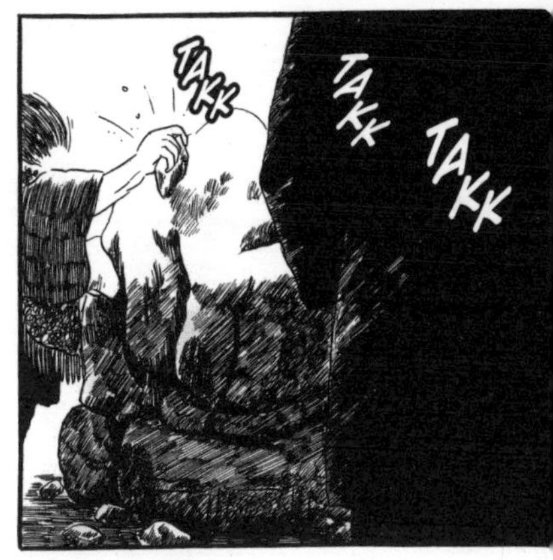
TAKK
TAKK
TAKK

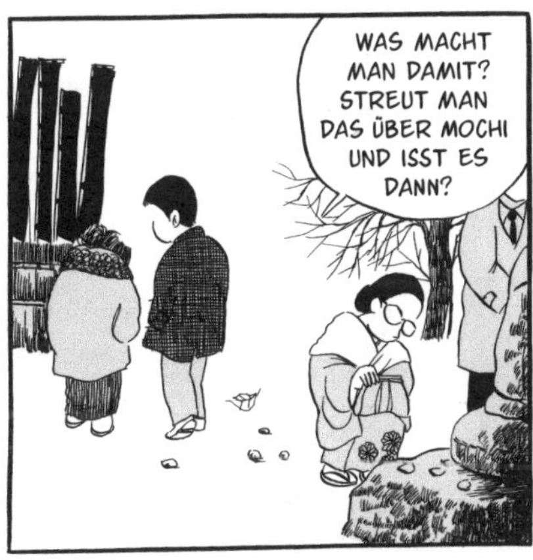
WAS MACHT MAN DAMIT? STREUT MAN DAS ÜBER MOCHI UND ISST ES DANN?

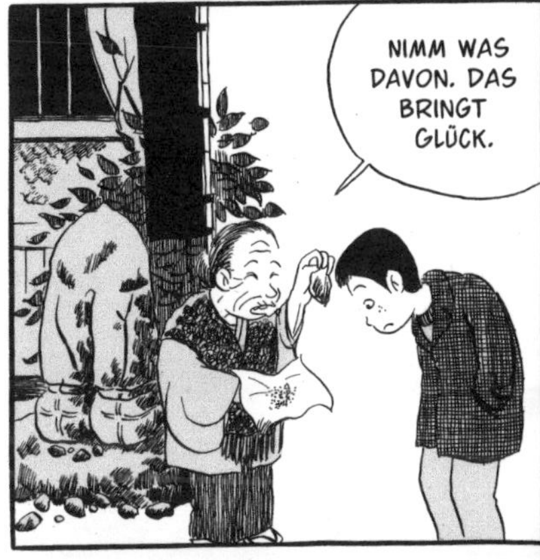
NIMM WAS DAVON. DAS BRINGT GLÜCK.

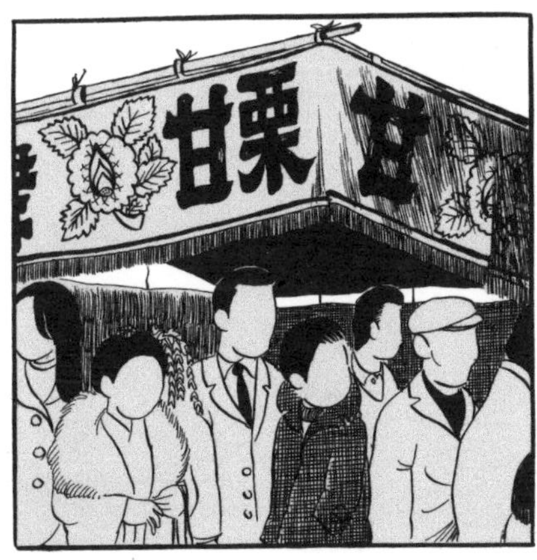
甘栗

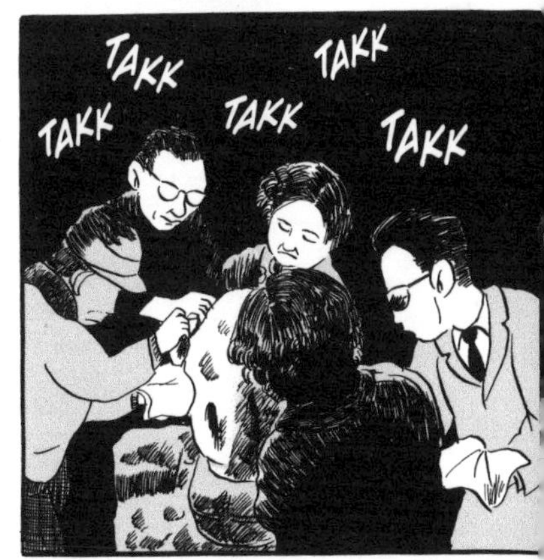
TAKK
TAKK
TAKK
TAKK
TAKK

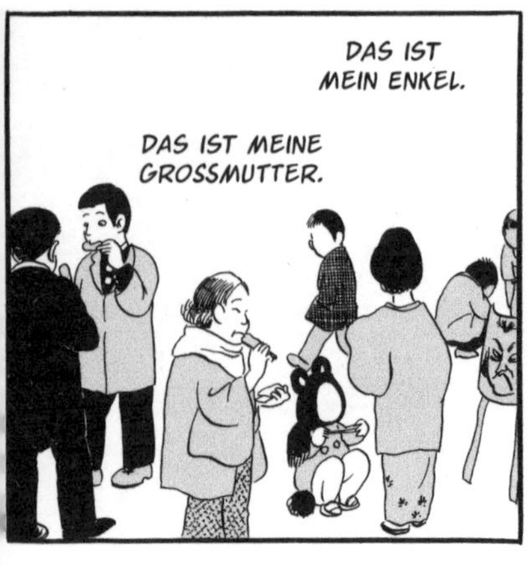
DAS IST MEIN ENKEL.
DAS IST MEINE GROSSMUTTER.

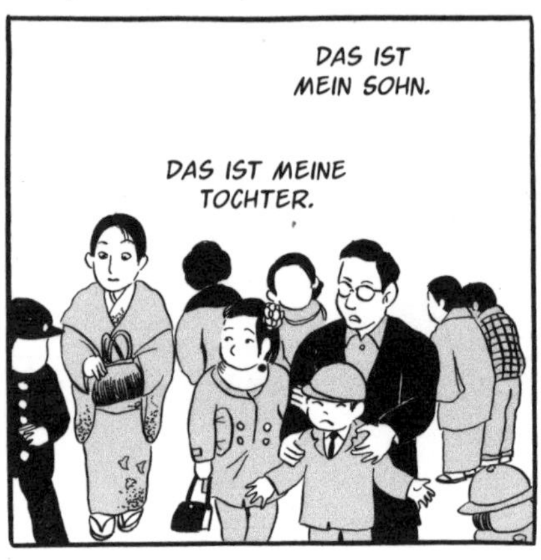
DAS IST MEIN SOHN.
DAS IST MEINE TOCHTER.

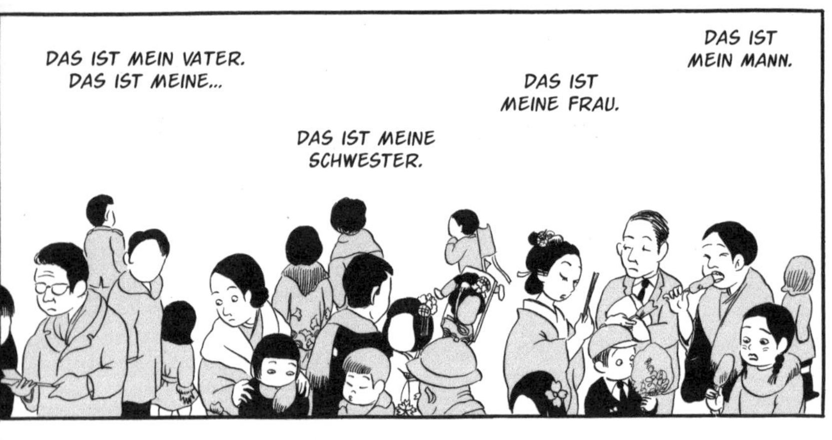
DAS IST MEIN MANN.
DAS IST MEINE FRAU.
DAS IST MEINE SCHWESTER.
DAS IST MEIN VATER. DAS IST MEINE...

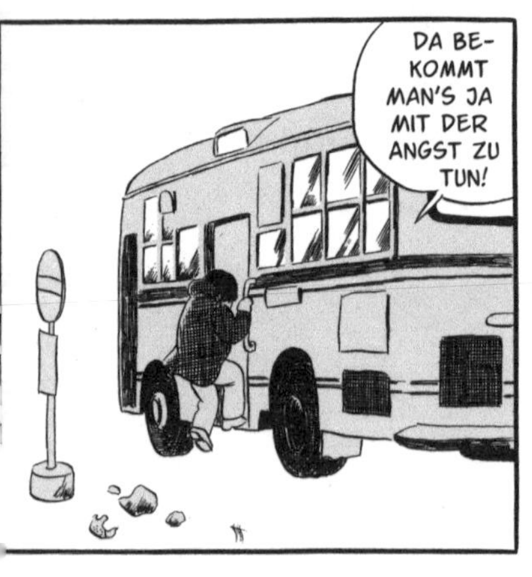
DA BE-KOMMT MAN'S JA MIT DER ANGST ZU TUN!

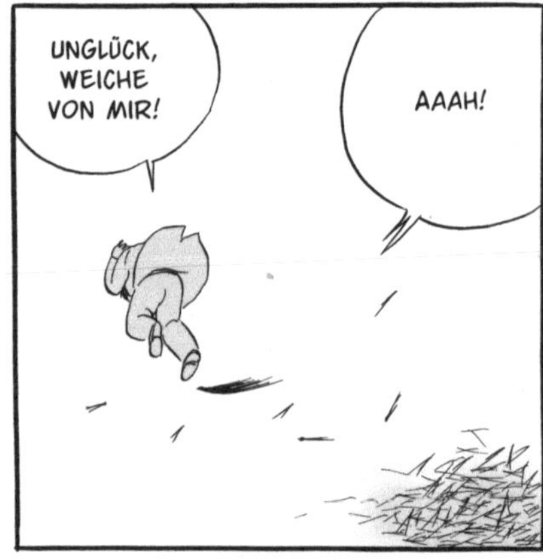
AAAH!
UNGLÜCK, WEICHE VON MIR!

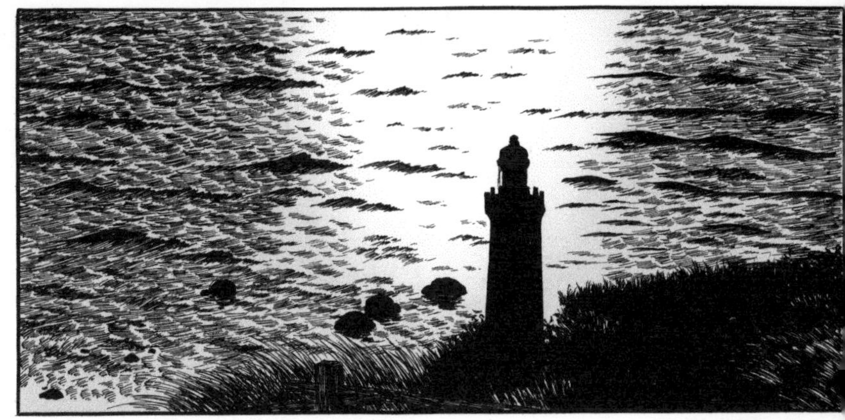

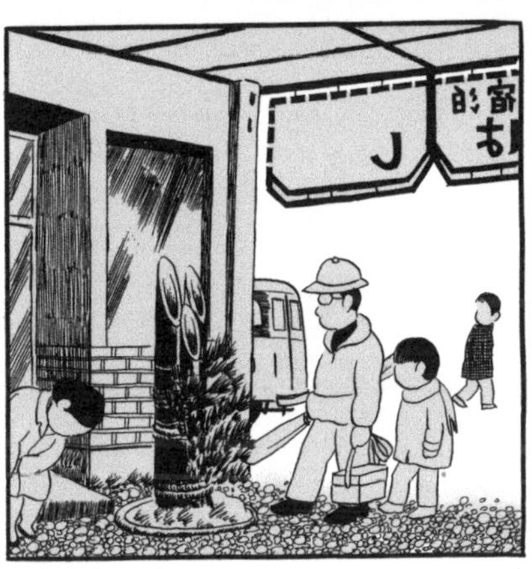
J

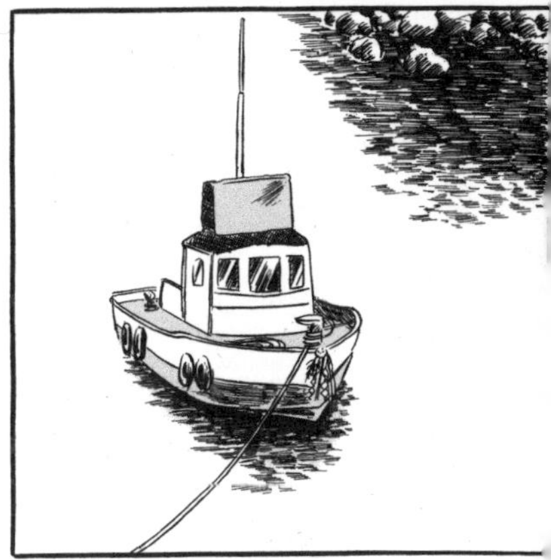

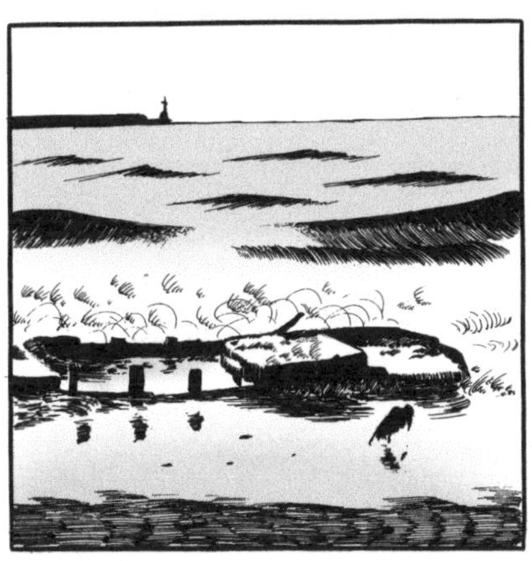

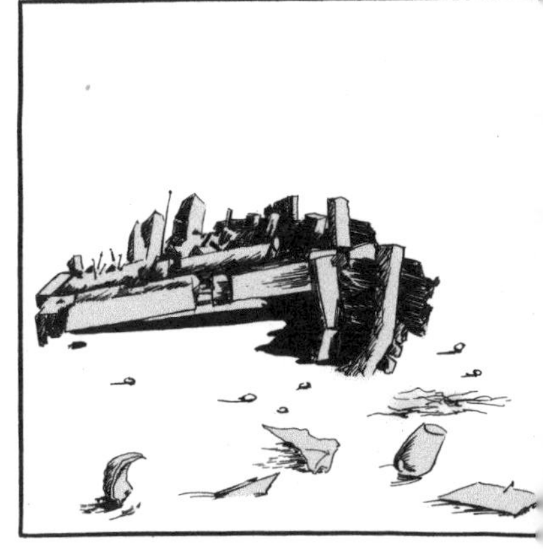

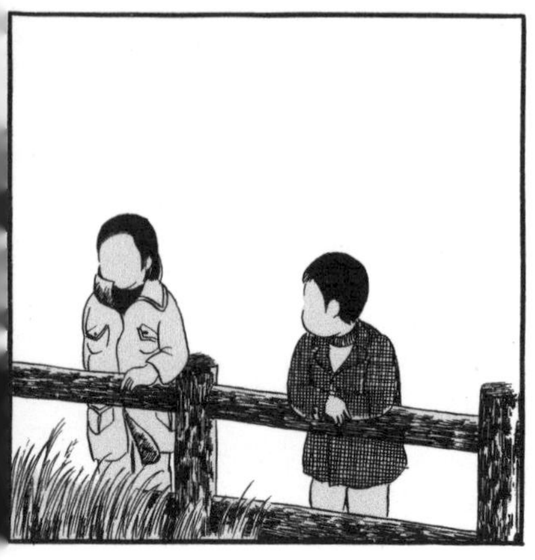
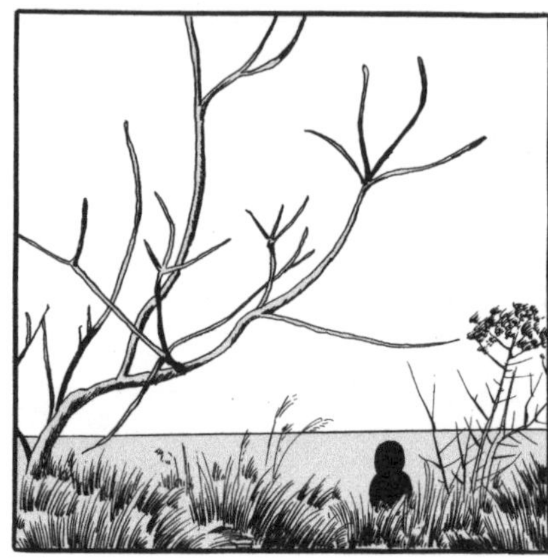
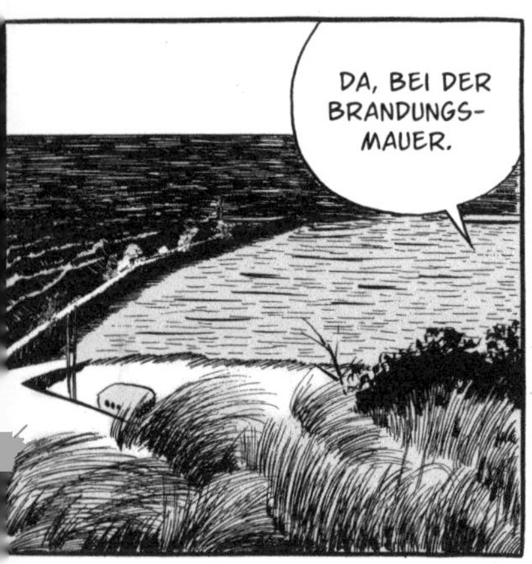
DA, BEI DER BRANDUNGS-MAUER.
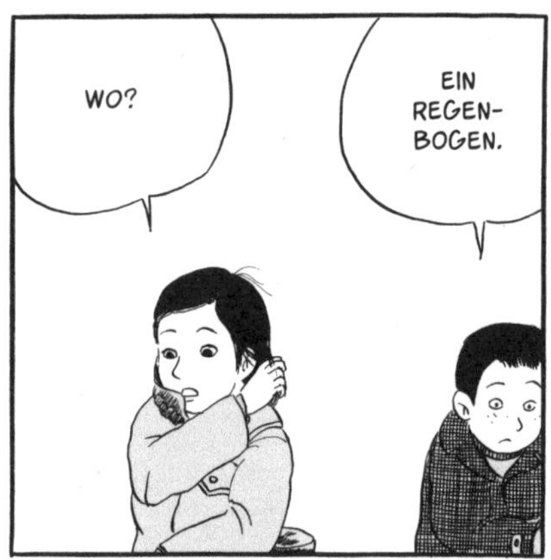
EIN REGEN-BOGEN.
WO?
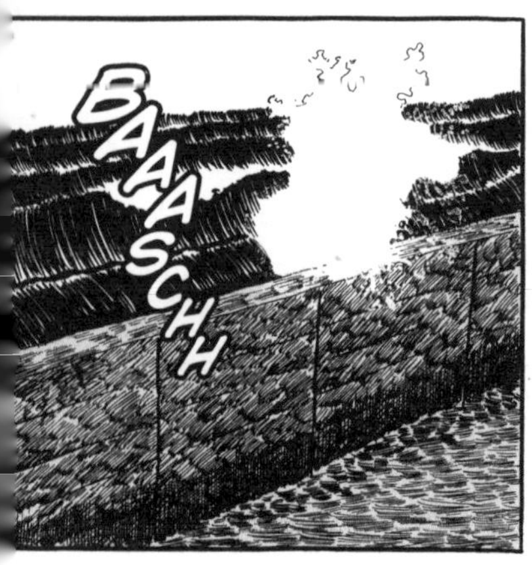
BAAASCHH
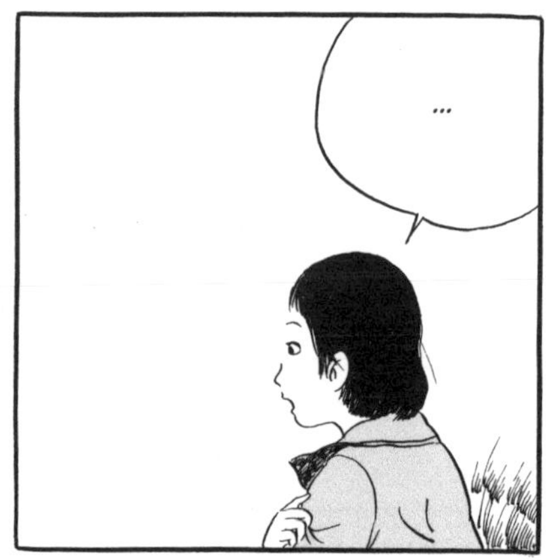
...

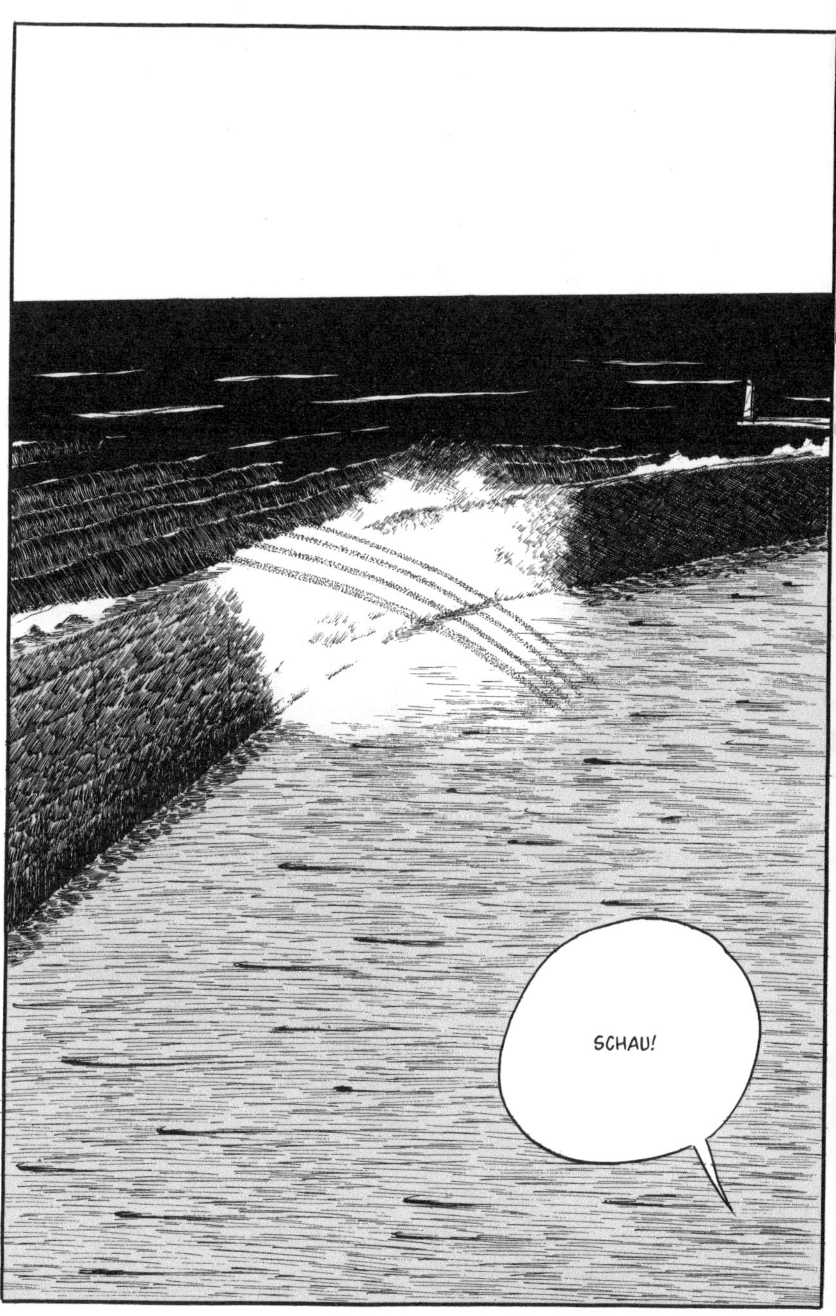
SCHAU!

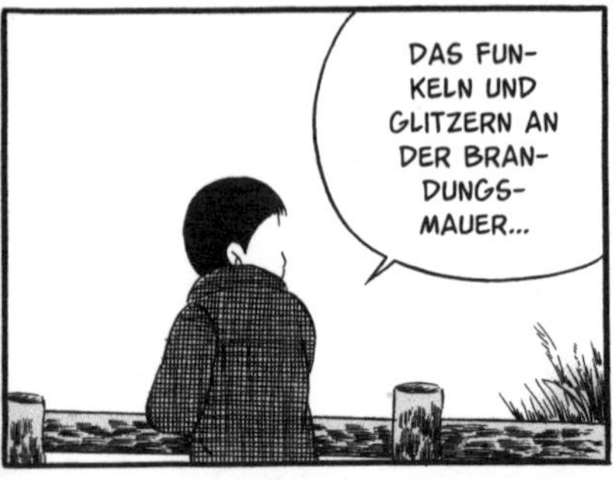
DAS FUNKELN UND GLITZERN AN DER BRANDUNGSMAUER...

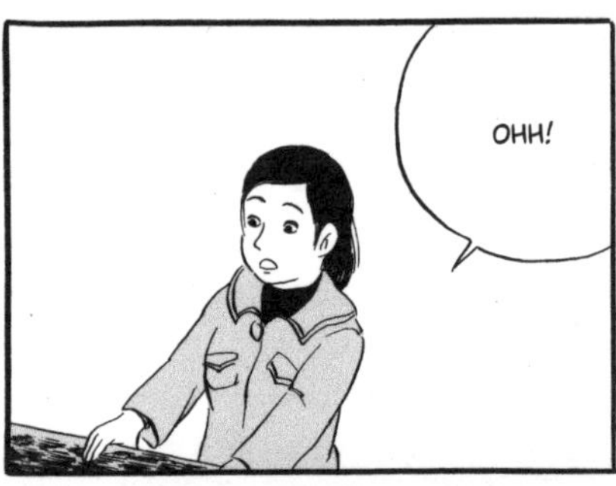
OHH!

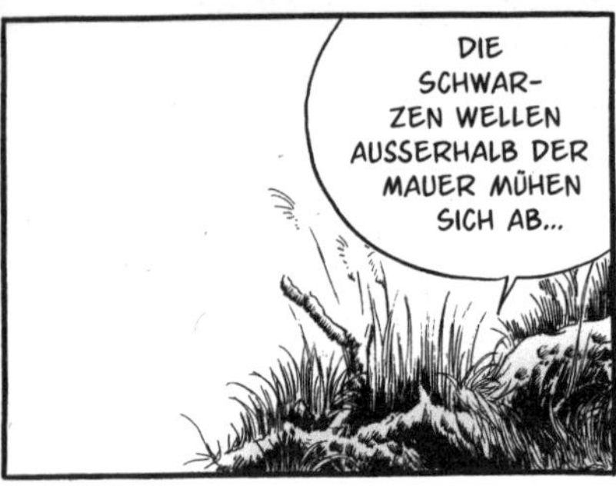
DIE SCHWARZEN WELLEN AUSSERHALB DER MAUER MÜHEN SICH AB...

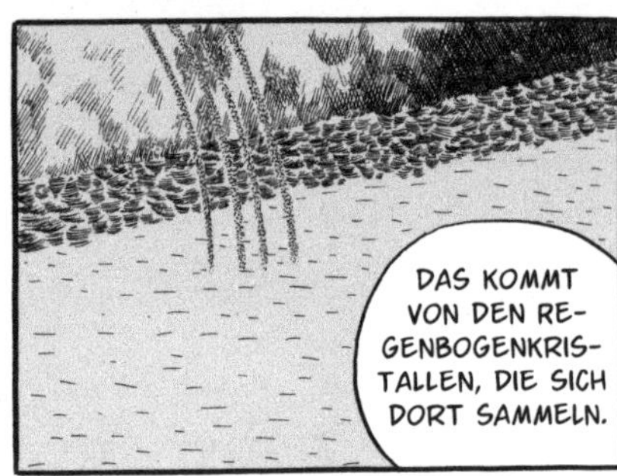
DAS KOMMT VON DEN REGENBOGENKRISTALLEN, DIE SICH DORT SAMMELN.

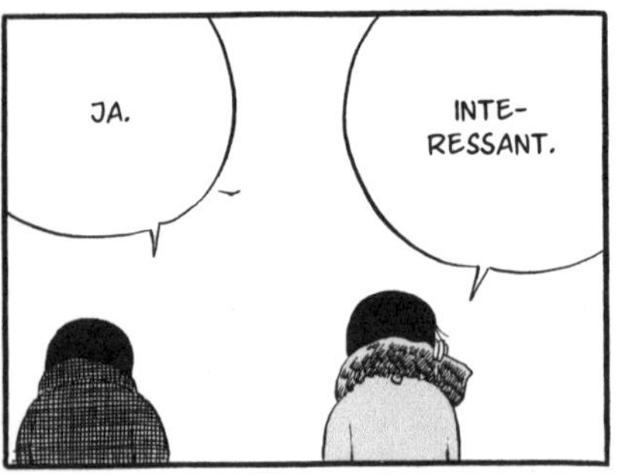
JA.
INTERESSANT.

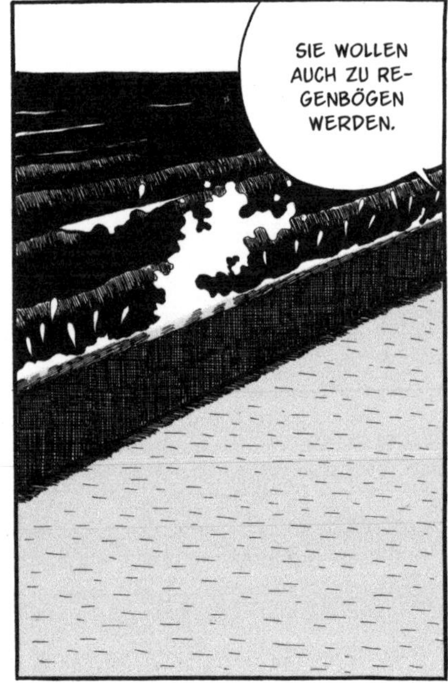
SIE WOLLEN AUCH ZU REGENBÖGEN WERDEN.

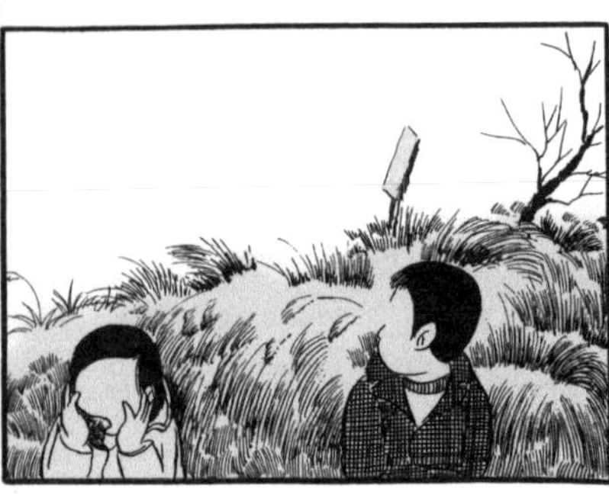

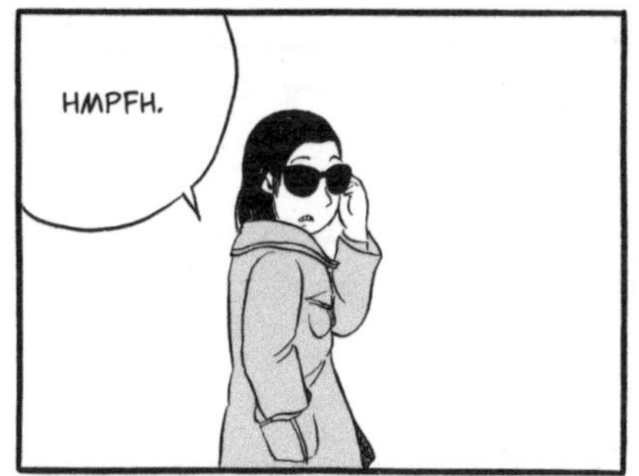
HMPFH.

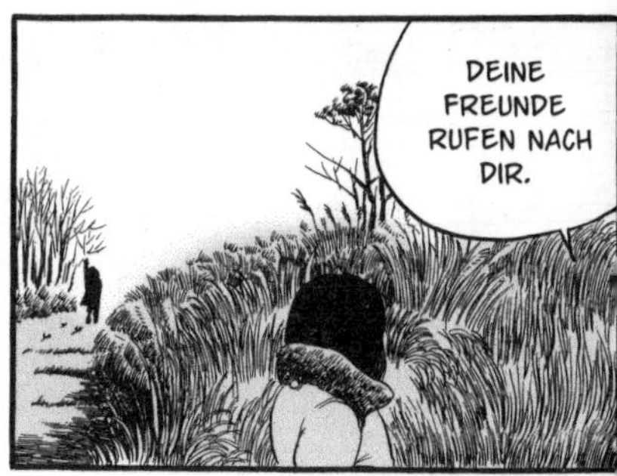
DEINE FREUNDE RUFEN NACH DIR.

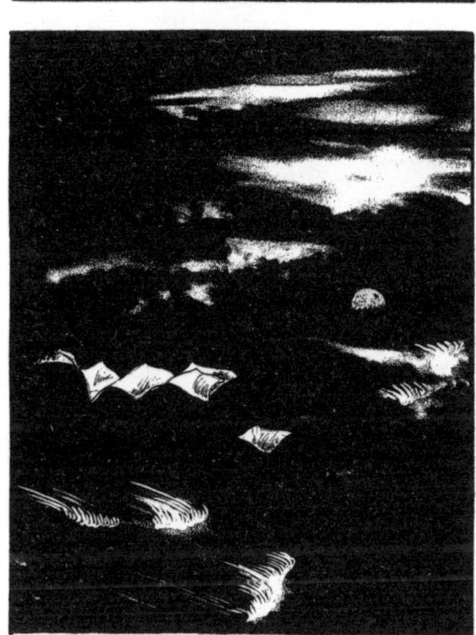

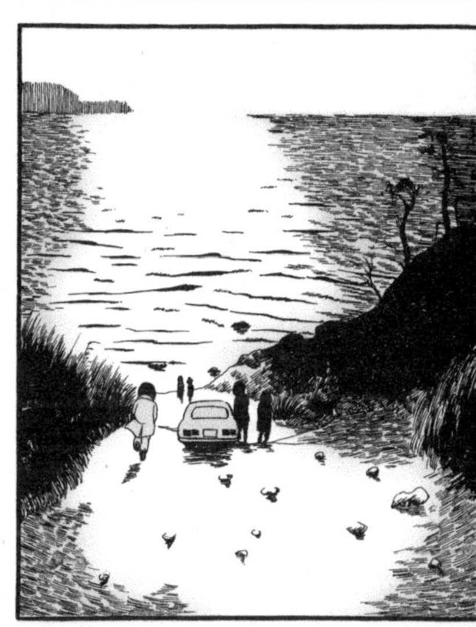

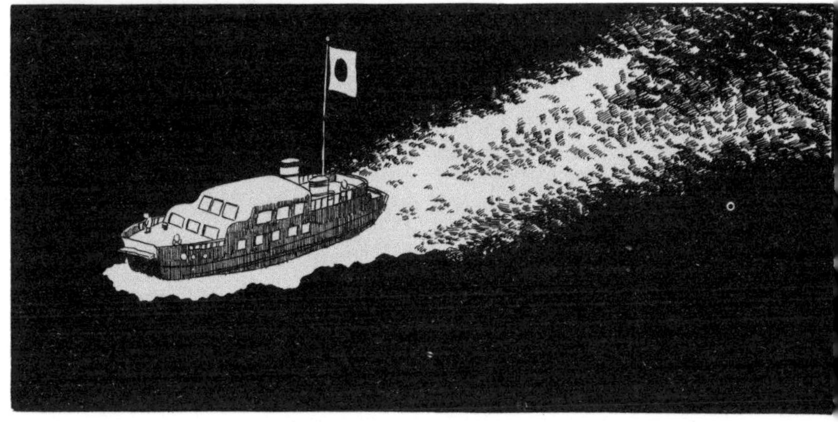

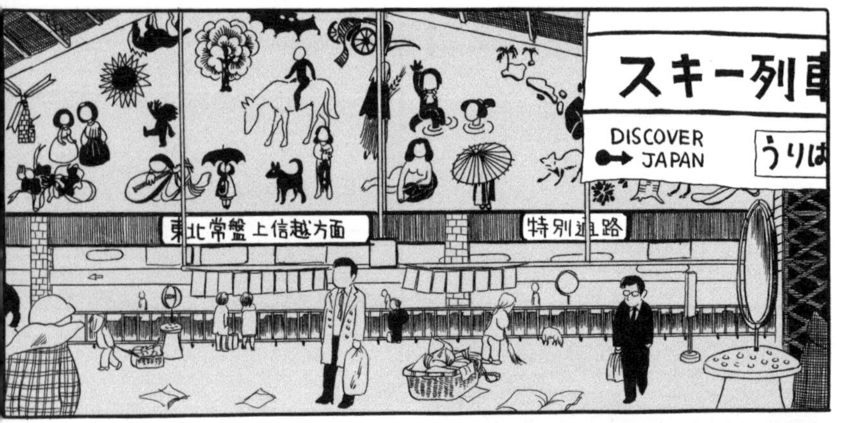
スキー列車
DISCOVER JAPAN
うりば
東北常盤上信越方面
特別通路
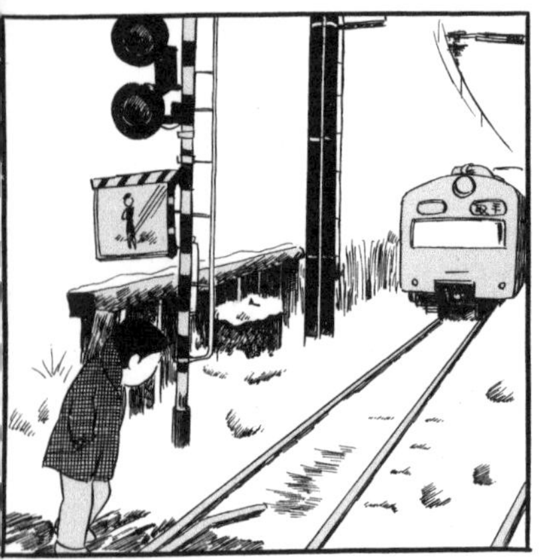
取手
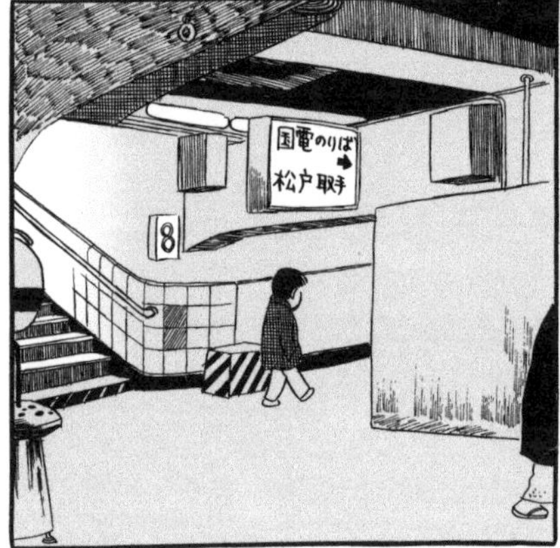
国電のりば
松戸取手
8
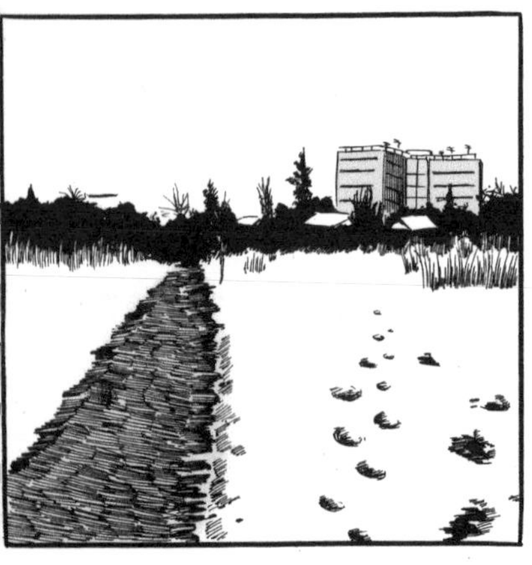
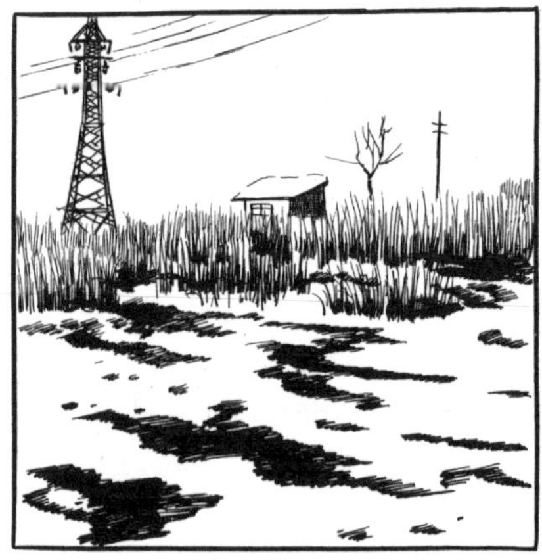

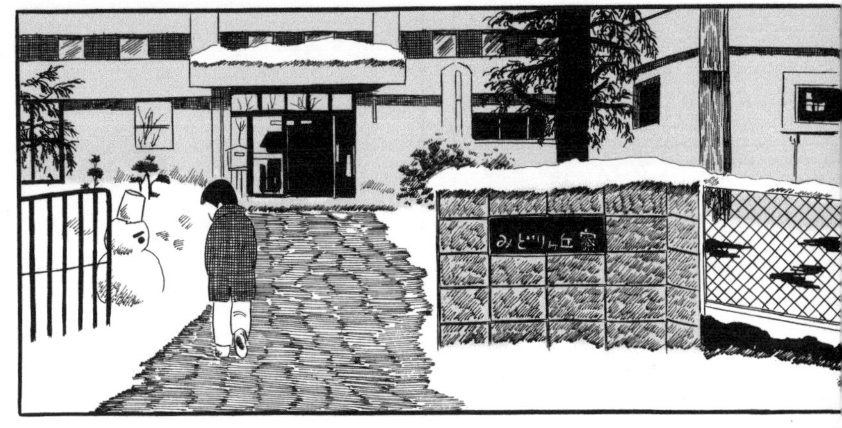

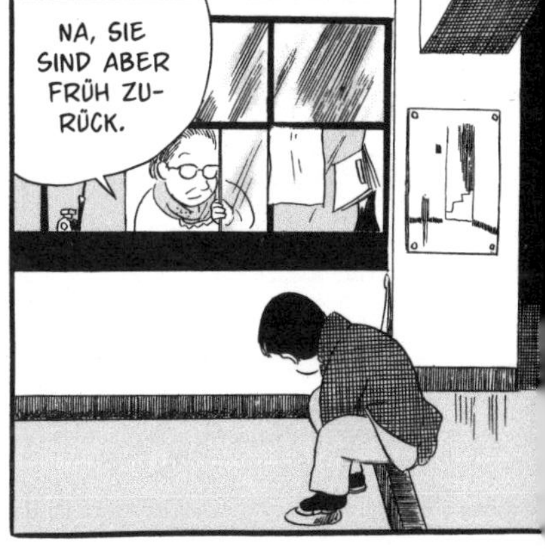
NA, SIE SIND ABER FRÜH ZURÜCK.

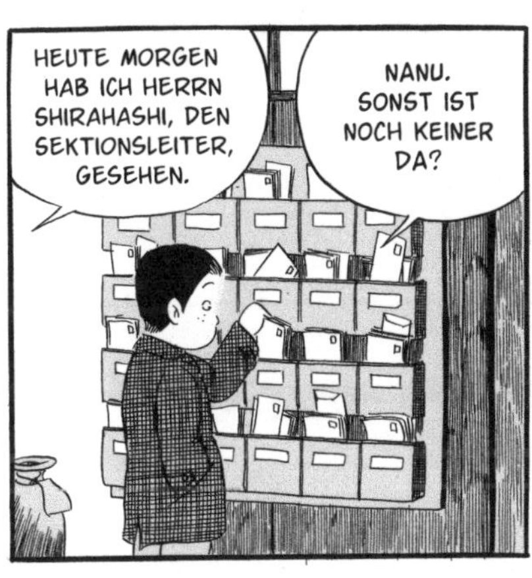
NANU. SONST IST NOCH KEINER DA?
HEUTE MORGEN HAB ICH HERRN SHIRAHASHI, DEN SEKTIONSLEITER, GESEHEN.

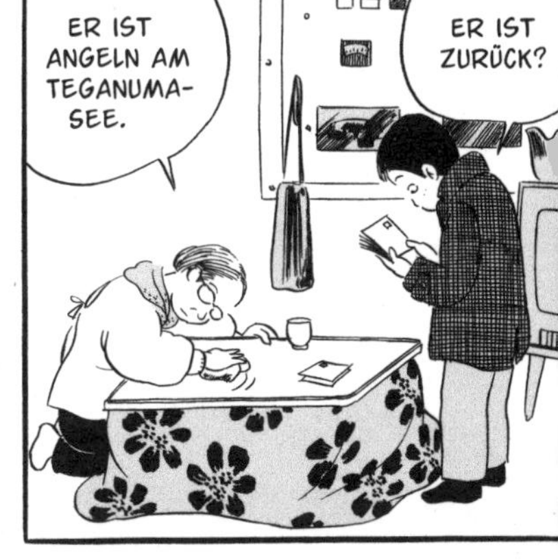
ER IST ZURÜCK?
ER IST ANGELN AM TEGANUMA-SEE.

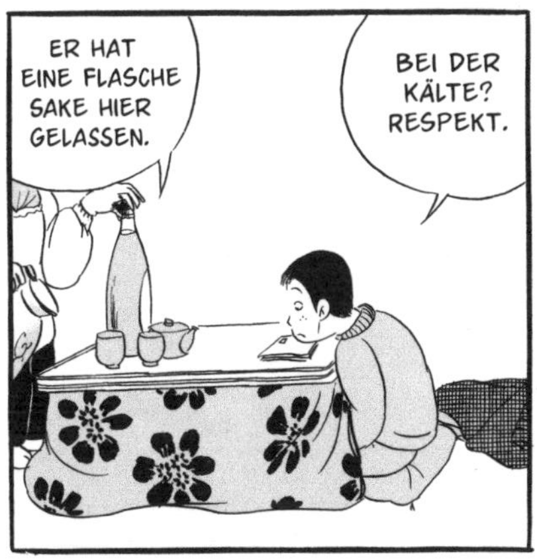
BEI DER KÄLTE? RESPEKT.
ER HAT EINE FLASCHE SAKE HIER GELASSEN.

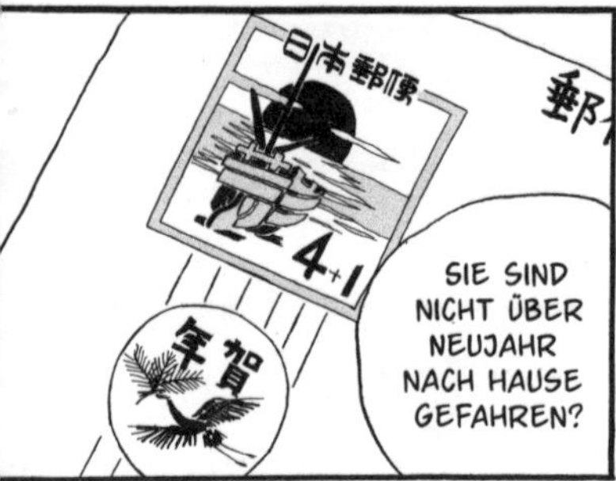
日本郵便
4+1
年賀
SIE SIND NICHT ÜBER NEUJAHR NACH HAUSE GEFAHREN?

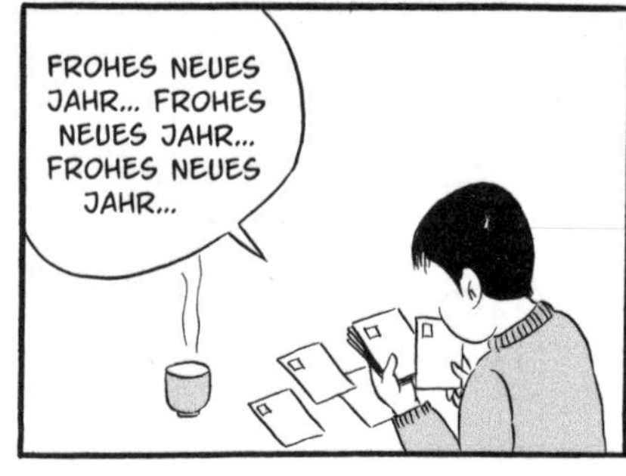
FROHES NEUES JAHR... FROHES NEUES JAHR... FROHES NEUES JAHR...

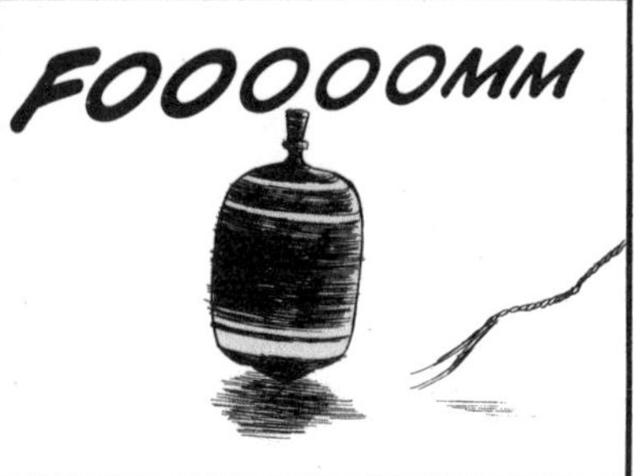
FOOOOOMM

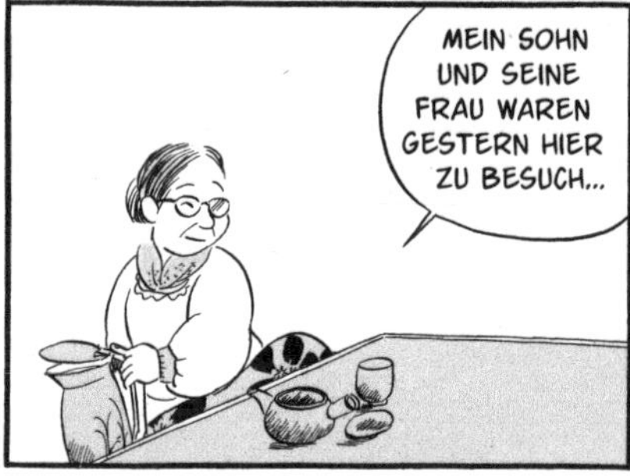
MEIN SOHN UND SEINE FRAU WAREN GESTERN HIER ZU BESUCH...

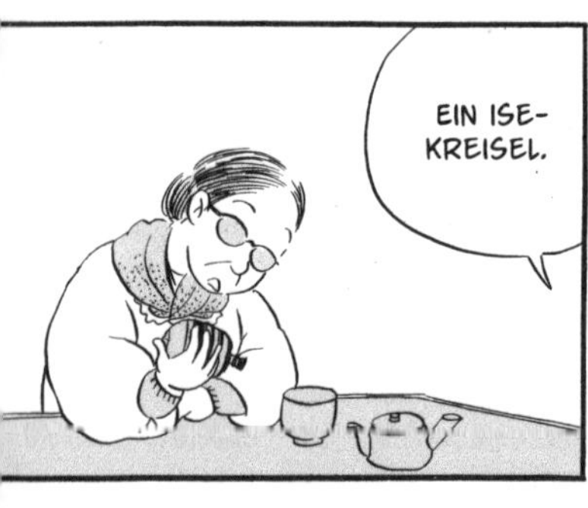
EIN ISE-KREISEL.

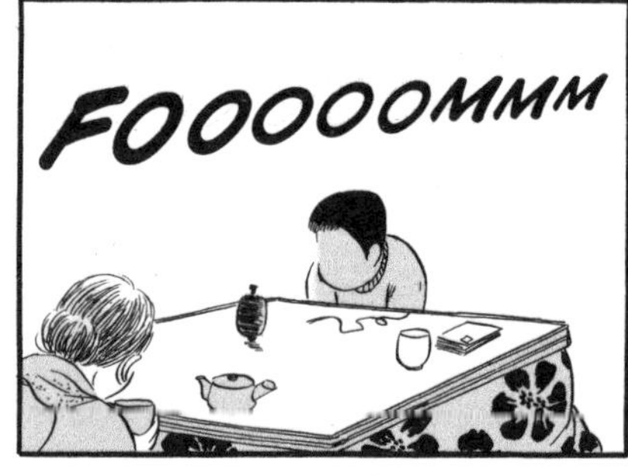
FOOOOOMMM

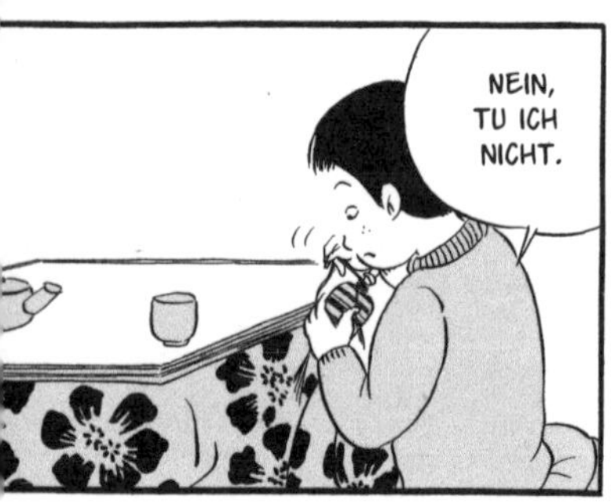
NEIN, TU ICH NICHT.

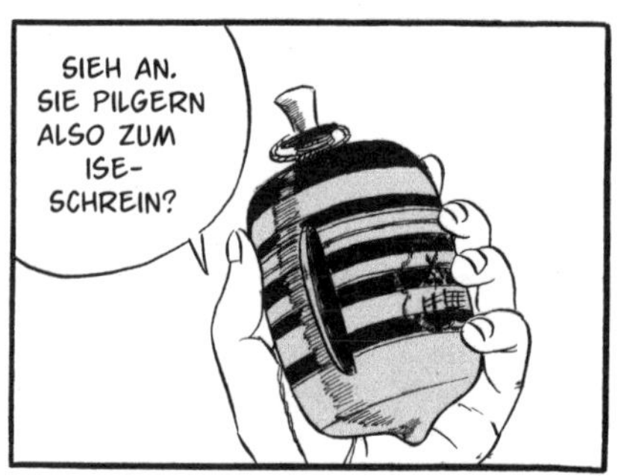
SIEH AN. SIE PILGERN ALSO ZUM ISE-SCHREIN?

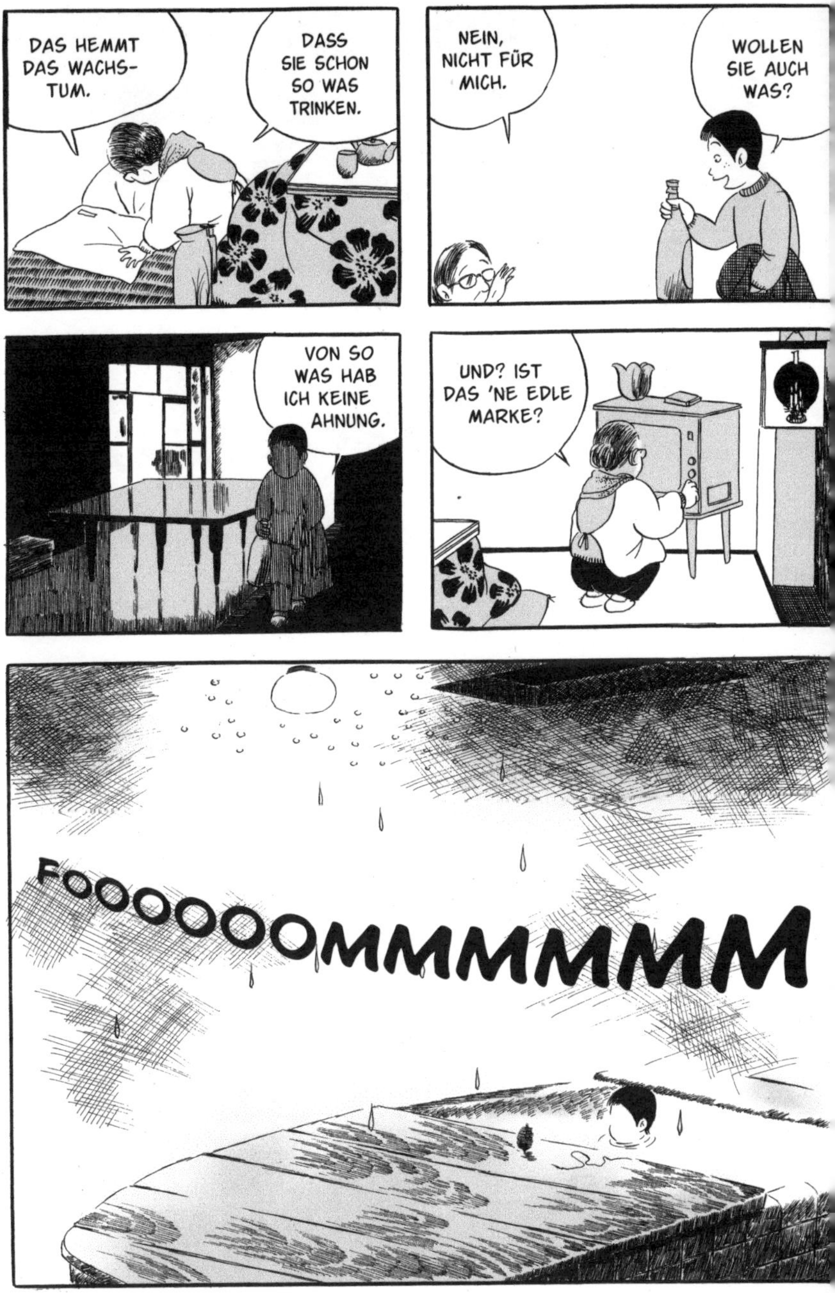

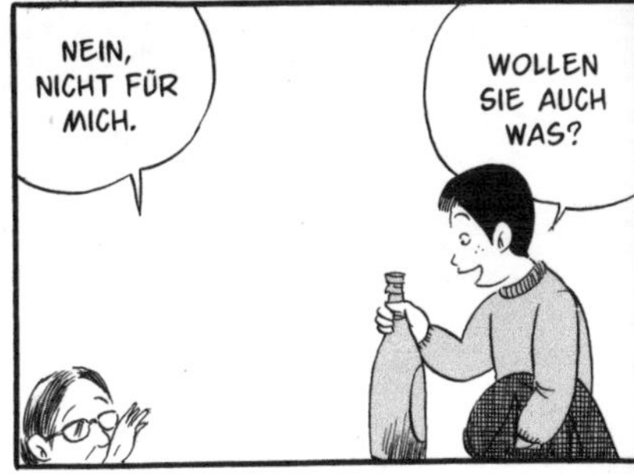

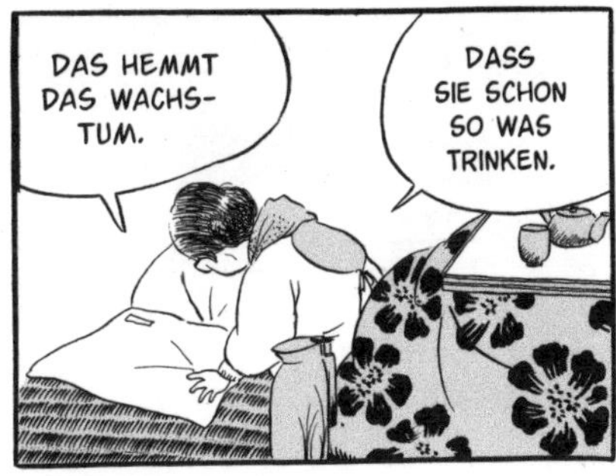

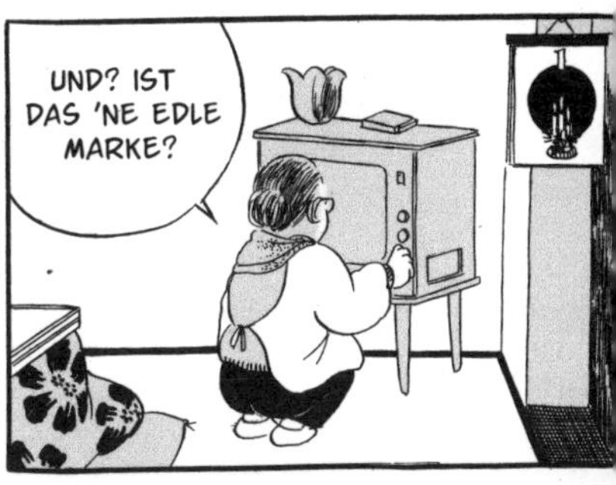

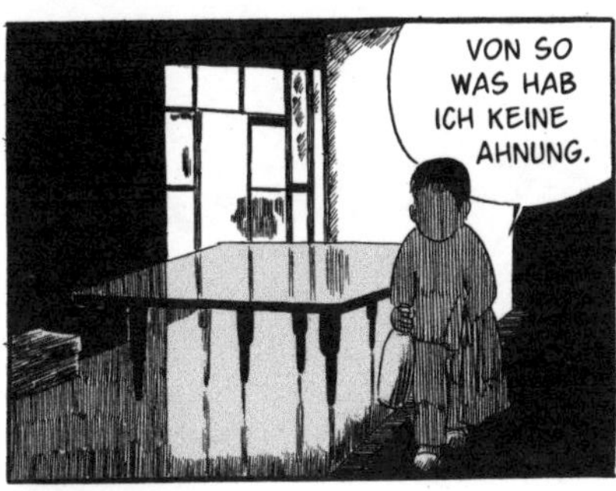

FOOOOOOMMMMMM

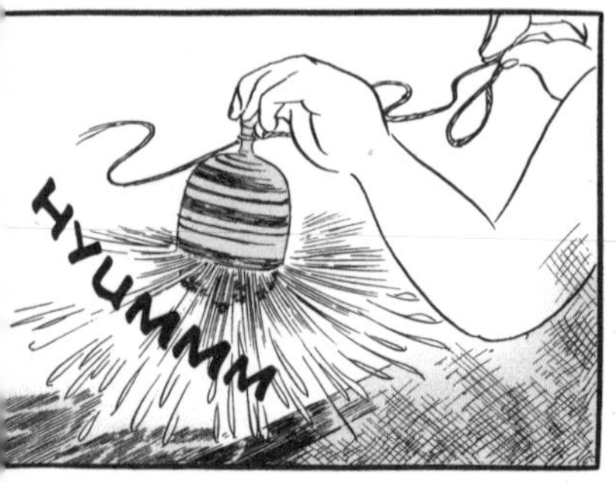
HYUMMMM
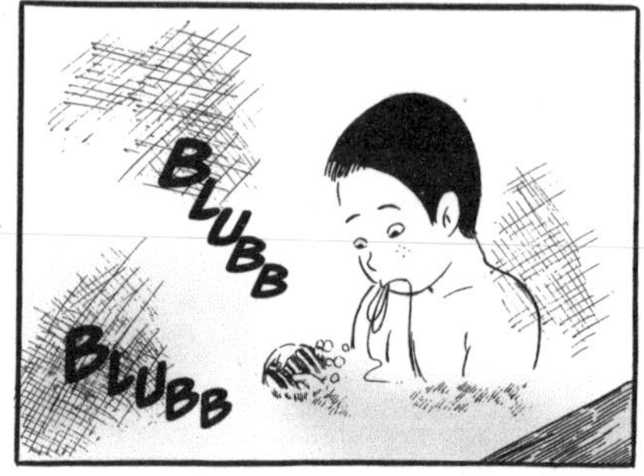
BLUBB
BLUBB
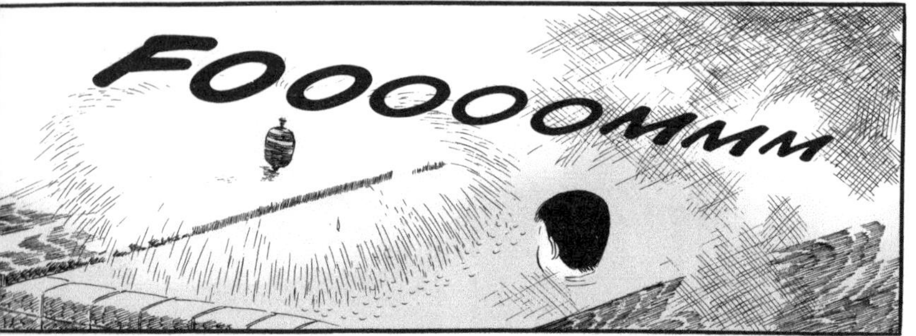
FOOOOOMMMM
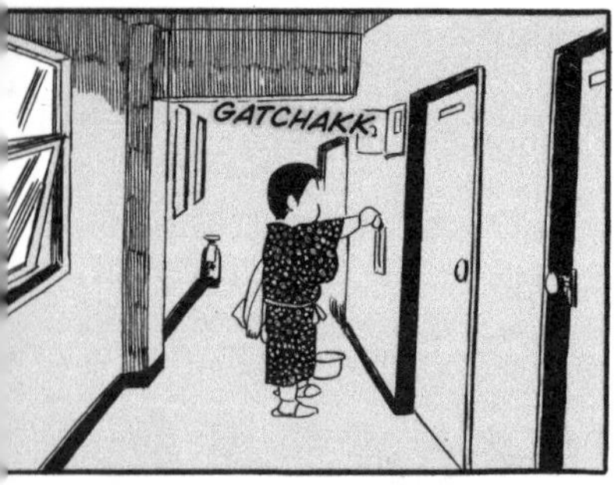
GATCHAKK
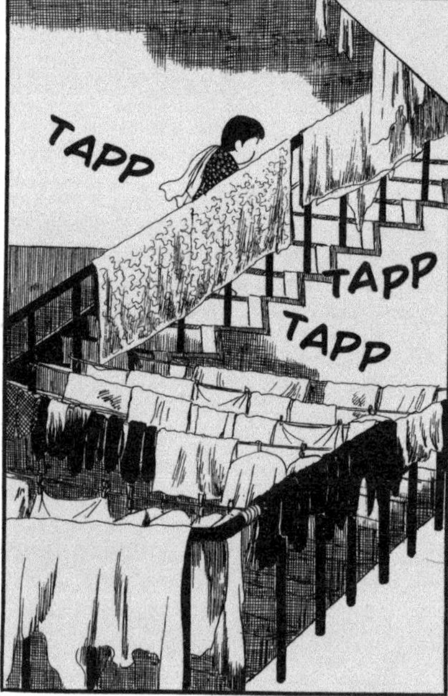
TAPP
TAPP
TAPP
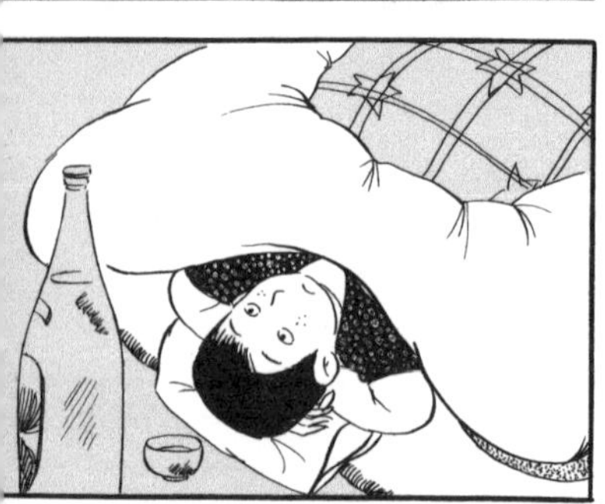

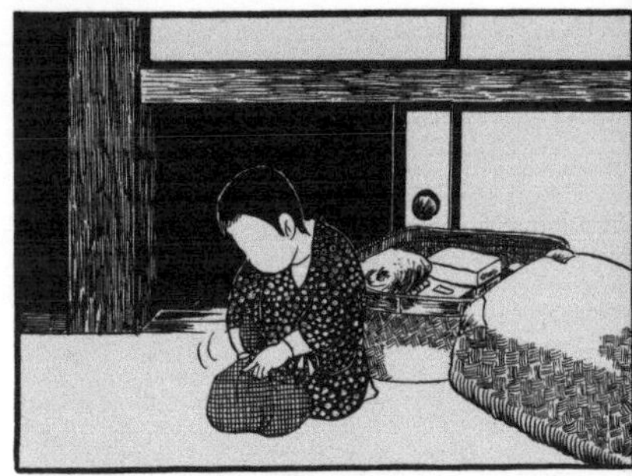

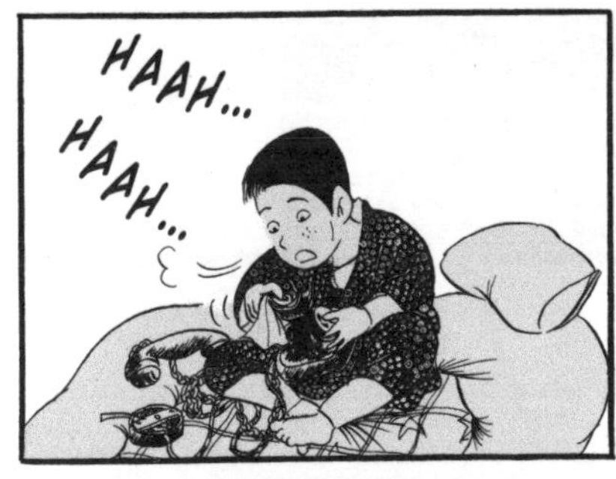
HAAAH...
HAAAH...

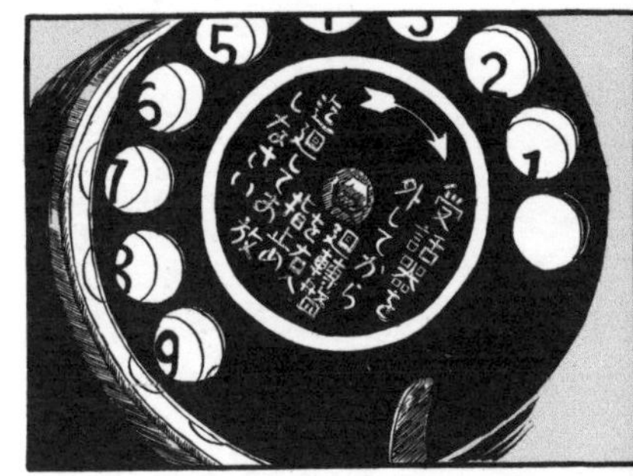
受話器を外してから

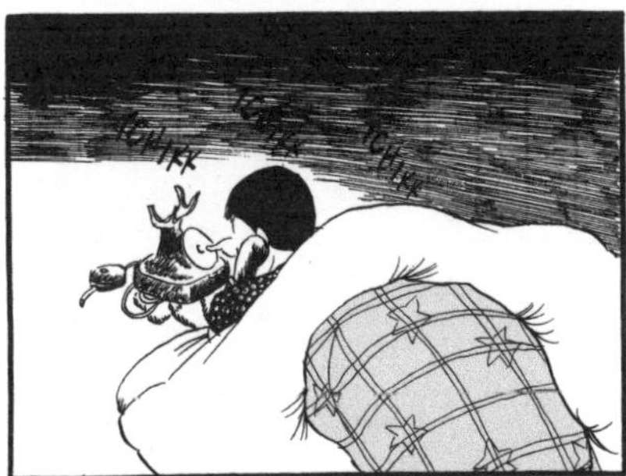
TCHIKK
TCHIKK
TCHIKK

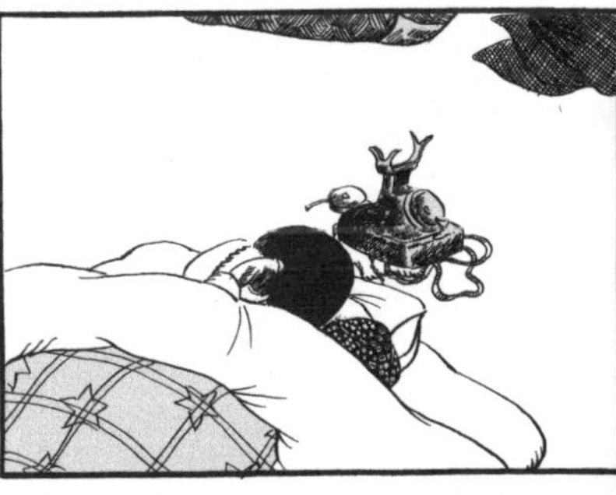

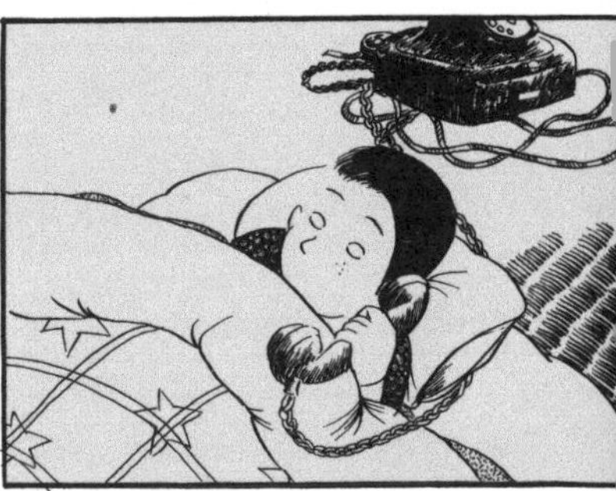

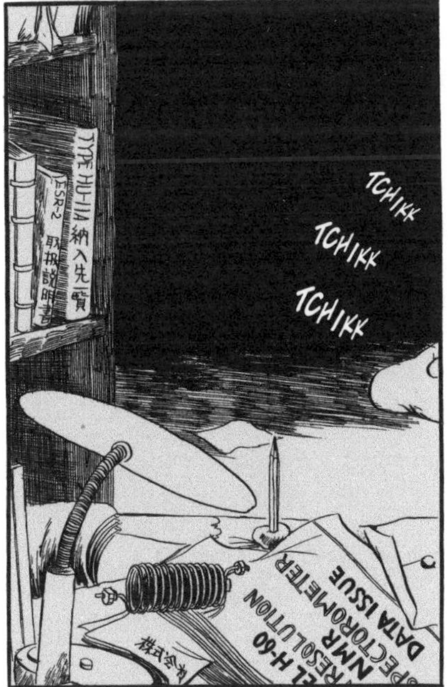
TYPE HU-11A 納入先一覧
ESR-2 取扱説明書
TCHIKK
TCHIKK
TCHIKK
EL H-60
NMR
RESOLUTION
PECTROMETER
DATA ISSUE

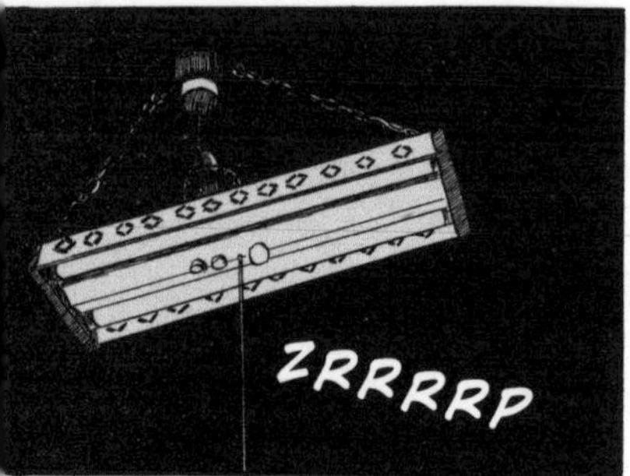
ZRRRRP

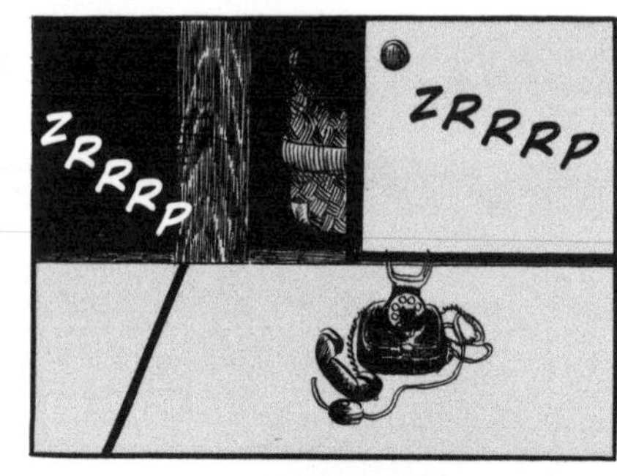
ZRRRP
ZRRRP

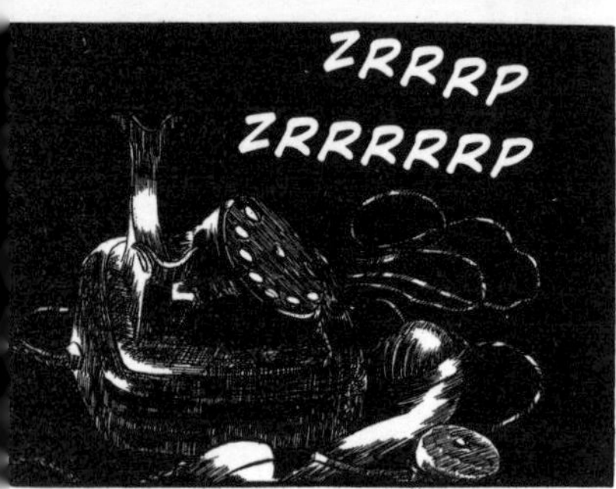
ZRRRP
ZRRRRRP

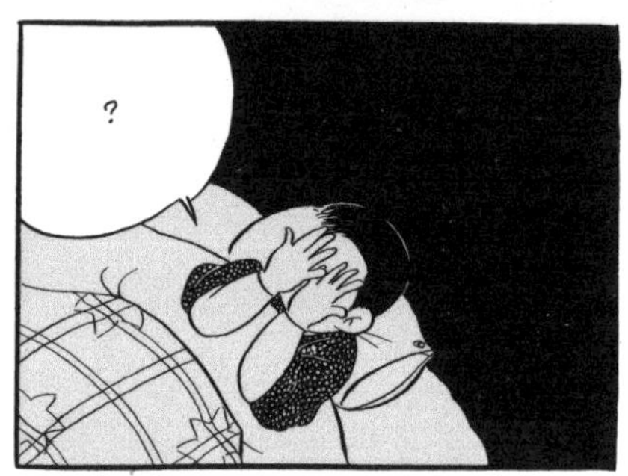
?

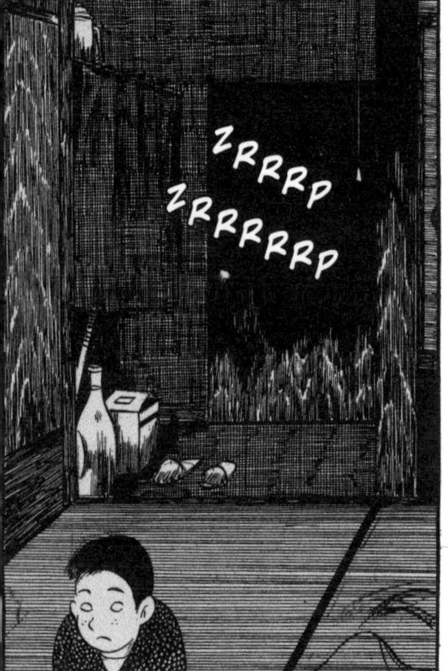
ZRRRP
ZRRRRRP

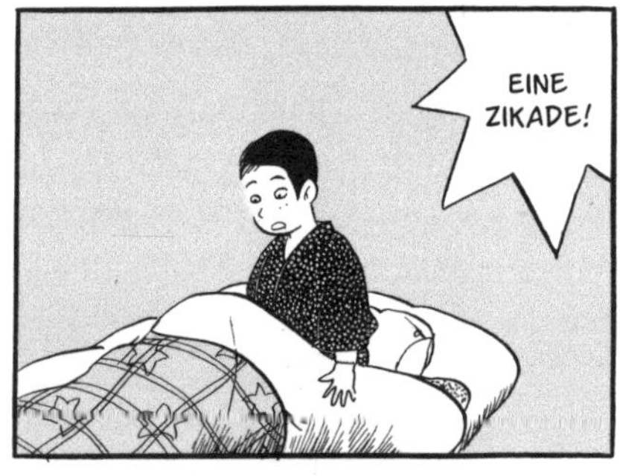
EINE ZIKADE!

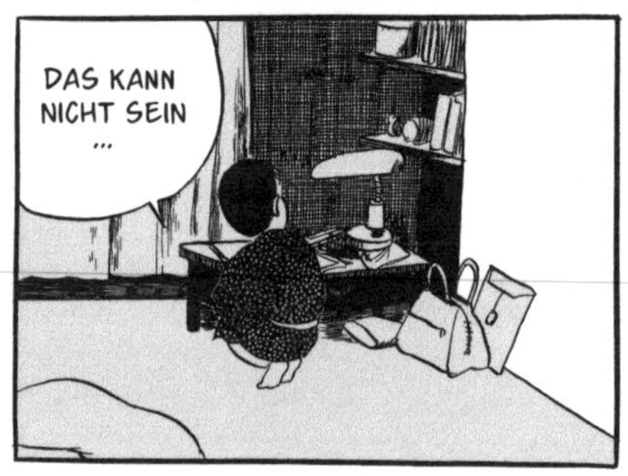
DAS KANN NICHT SEIN ...

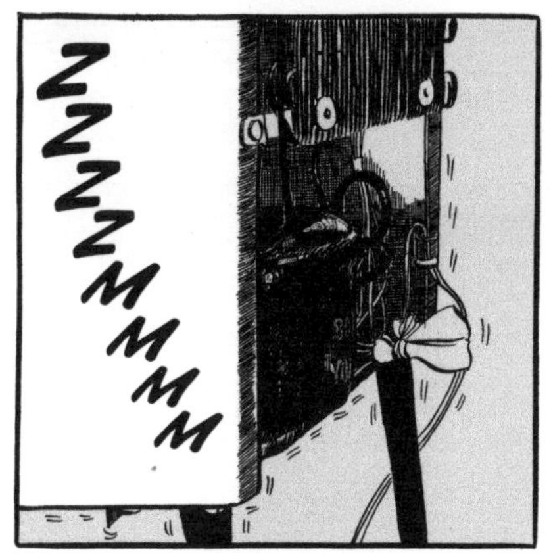
ZZZZMMMMM

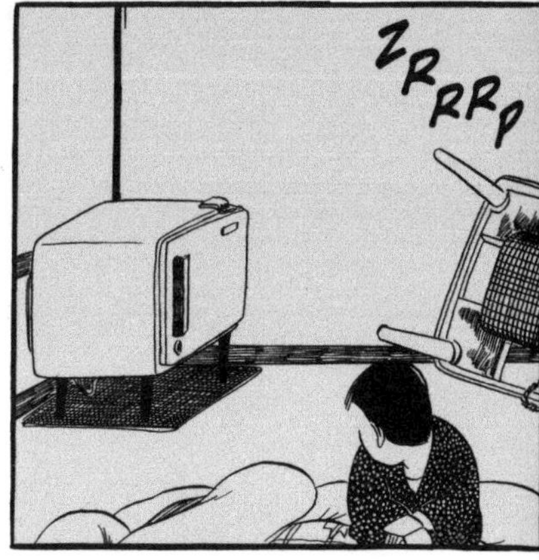
ZRRRP

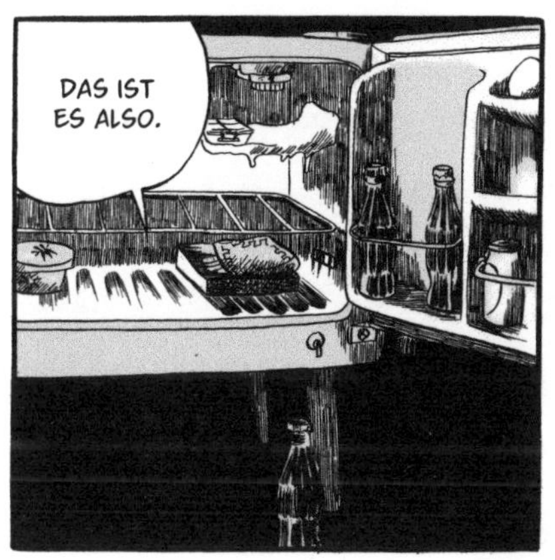
DAS IST ES ALSO.

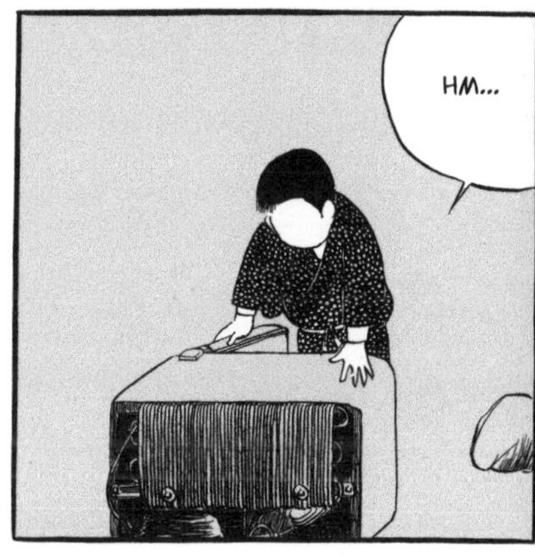
HM...

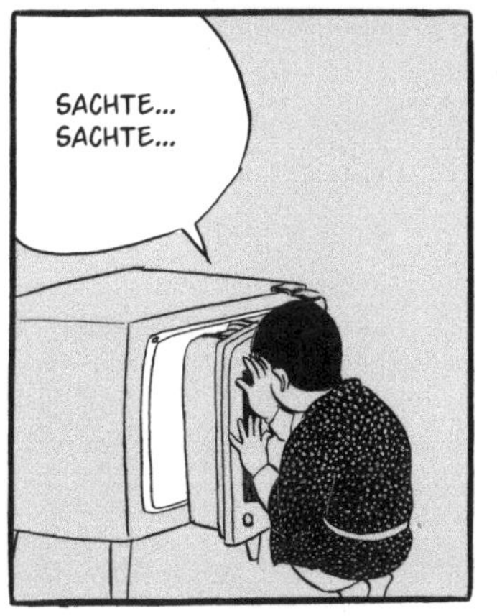
SACHTE... SACHTE...

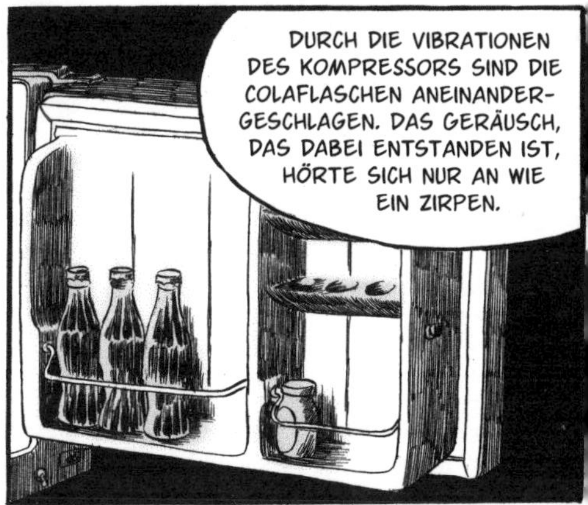
DURCH DIE VIBRATIONEN DES KOMPRESSORS SIND DIE COLAFLASCHEN ANEINANDERGESCHLAGEN. DAS GERÄUSCH, DAS DABEI ENTSTANDEN IST, HÖRTE SICH NUR AN WIE EIN ZIRPEN.

DIE DUMPFEN GERÄUSCHE DES LEEREN KÜHLSCHRANKS VERMITTELTEN EIN TROSTLOSES GEFÜHL VON EINSAMKEIT...

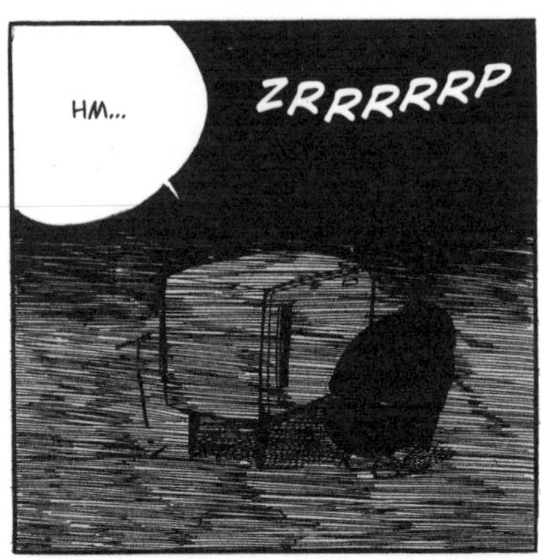

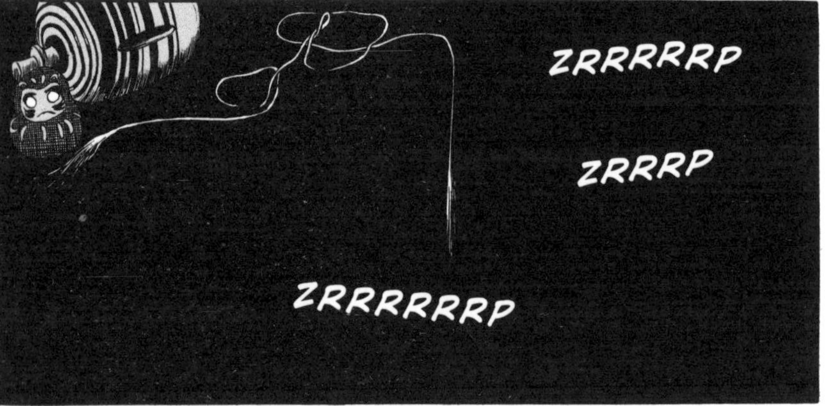

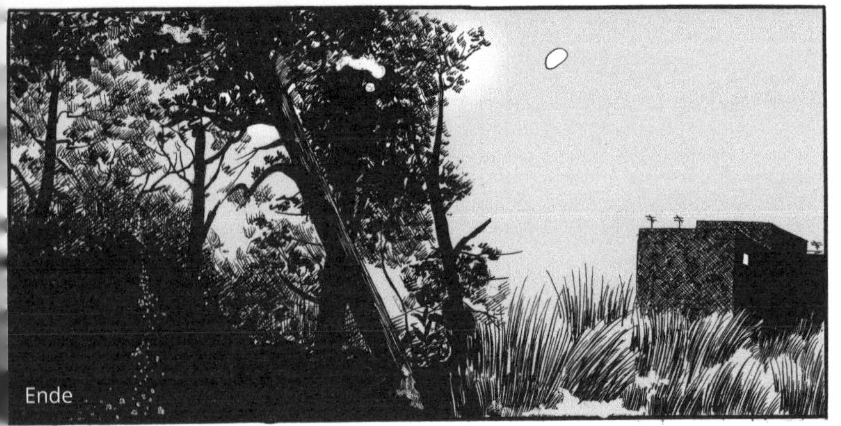

Ende

Wintermeer

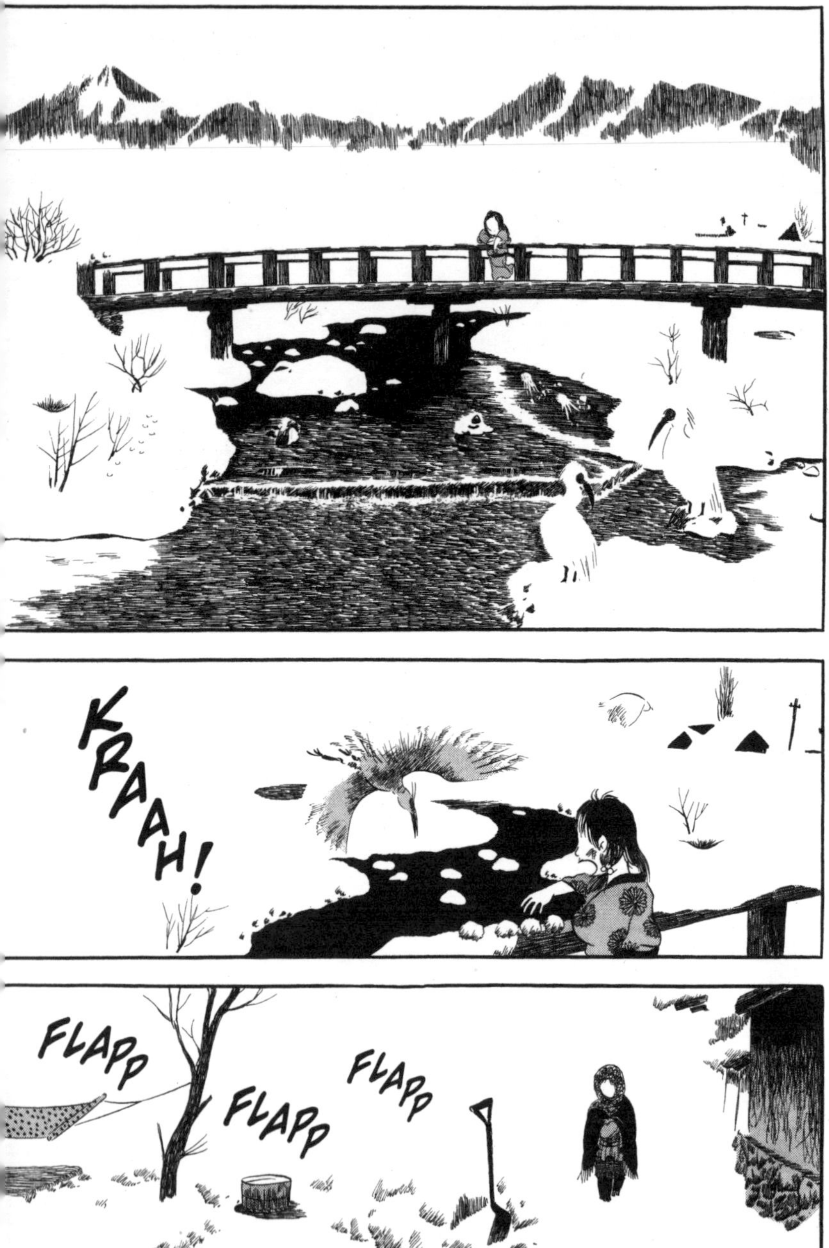

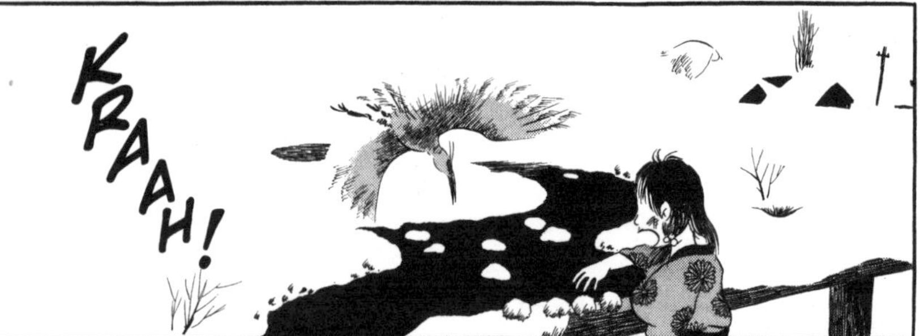
KRAAH!

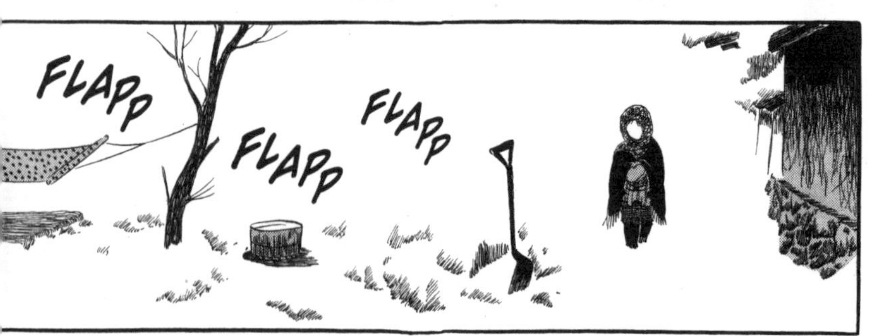
FLAPP
FLAPP
FLAPP

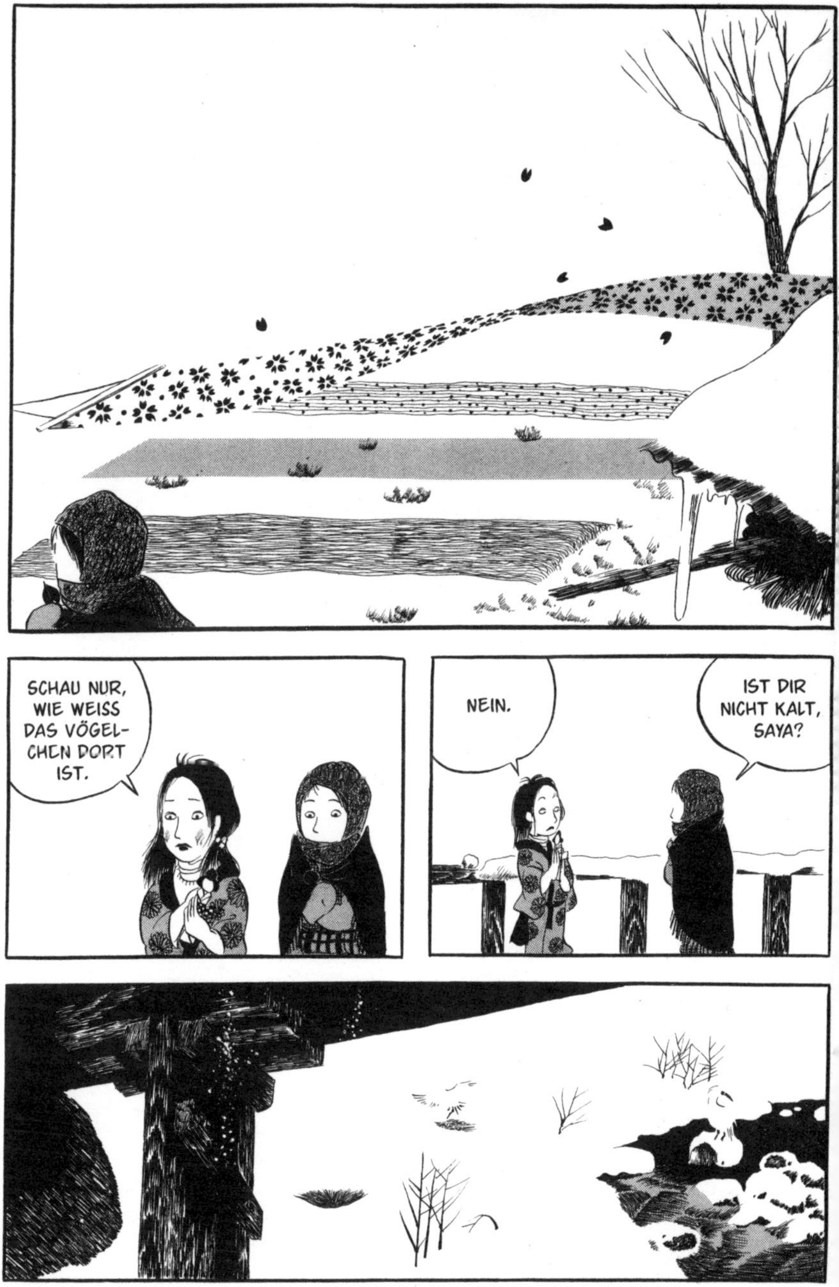

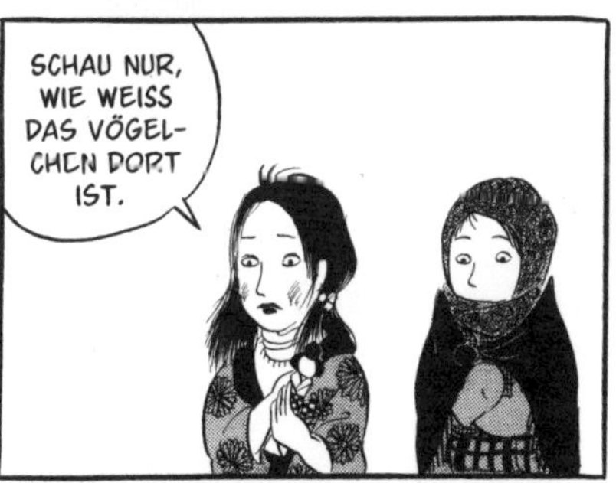
SCHAU NUR, WIE WEISS DAS VÖGELCHEN DORT IST.

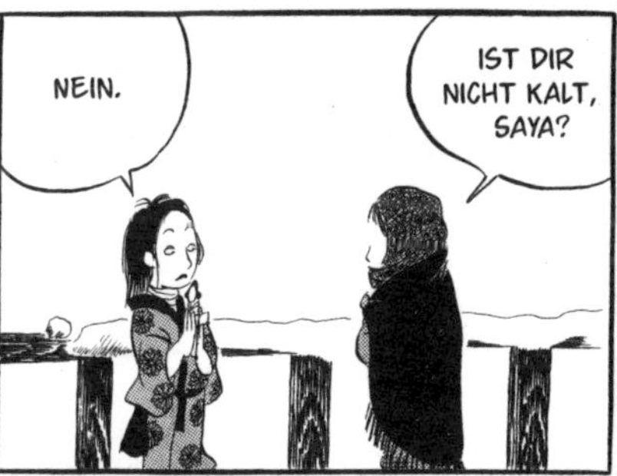
IST DIR NICHT KALT, SAYA?
NEIN.

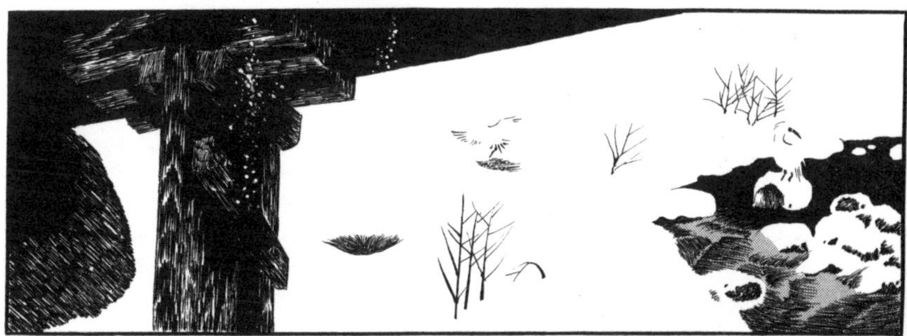

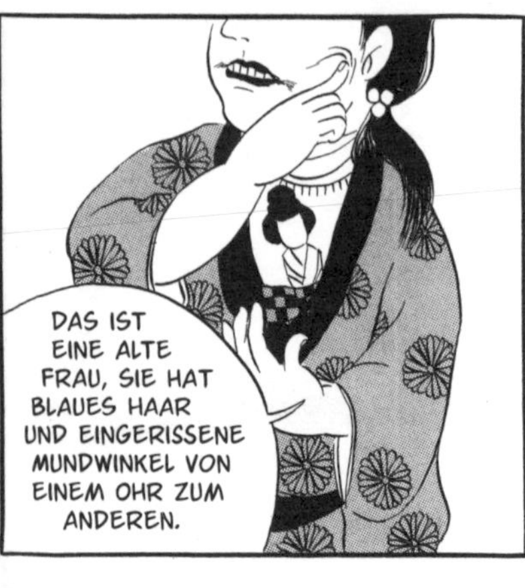
DAS IST EINE ALTE FRAU, SIE HAT BLAUES HAAR UND EINGERISSENE MUNDWINKEL VON EINEM OHR ZUM ANDEREN.

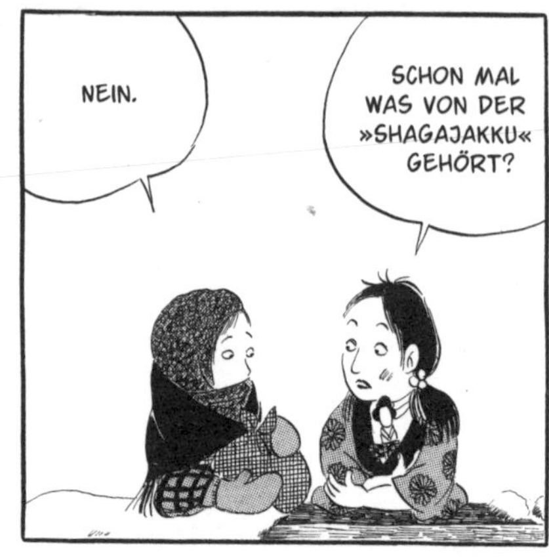
SCHON MAL WAS VON DER »SHAGAJAKKU« GEHÖRT?
NEIN.

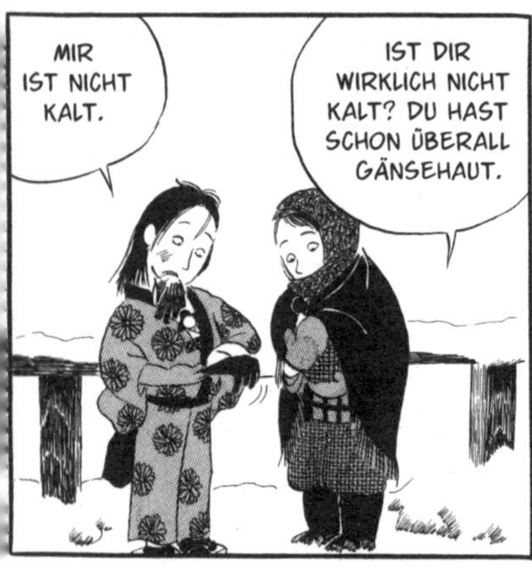
IST DIR WIRKLICH NICHT KALT? DU HAST SCHON ÜBERALL GÄNSEHAUT.
MIR IST NICHT KALT.

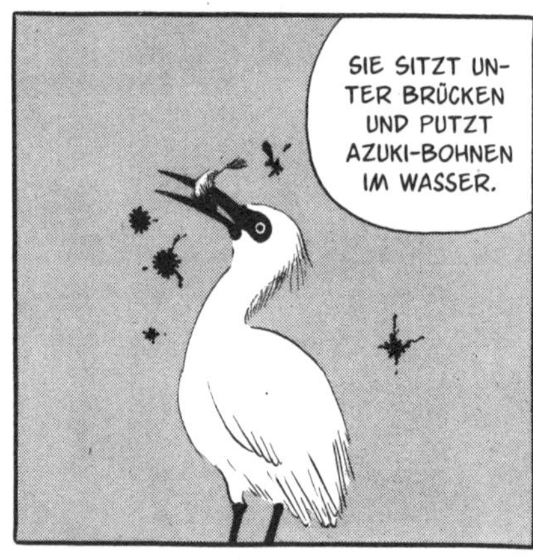
SIE SITZT UN-TER BRÜCKEN UND PUTZT AZUKI-BOHNEN IM WASSER.

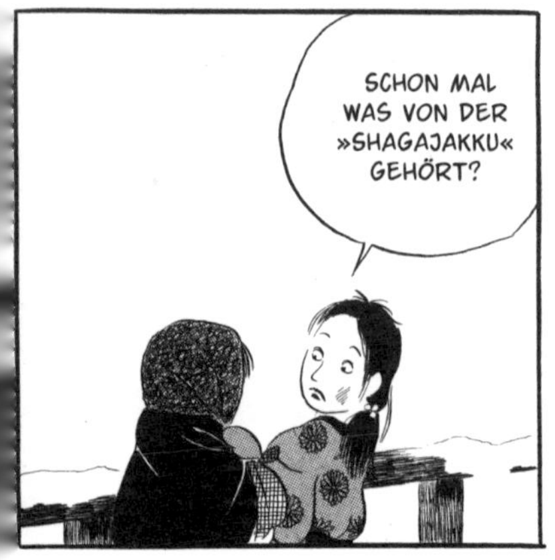
SCHON MAL WAS VON DER »SHAGAJAKKU« GEHÖRT?

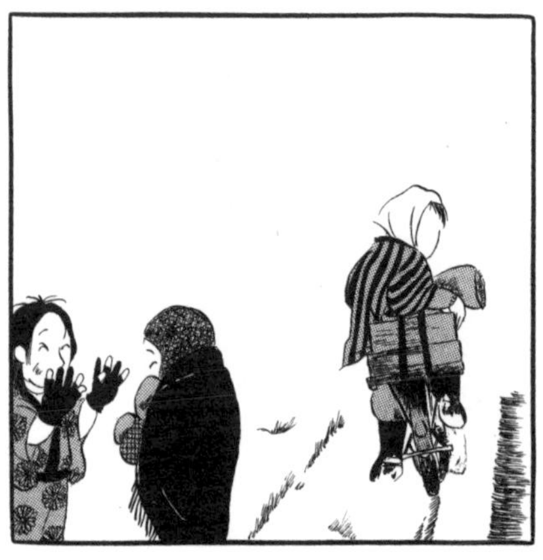

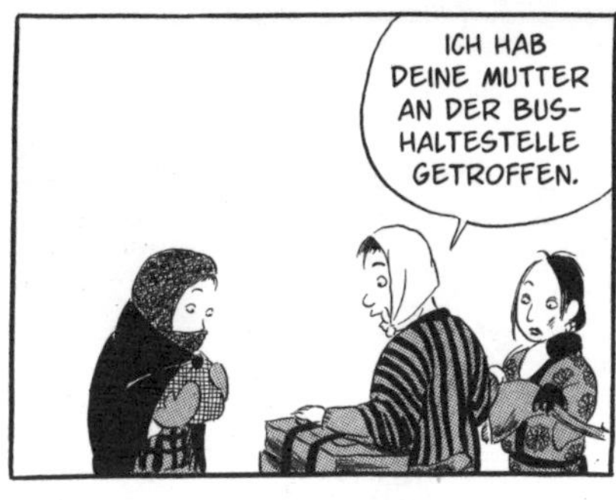
ICH HAB
DEINE MUTTER
AN DER BUS-
HALTESTELLE
GETROFFEN.

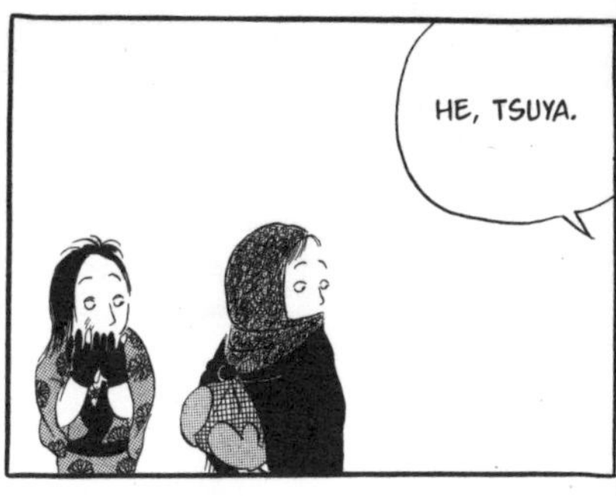
HE, TSUYA.

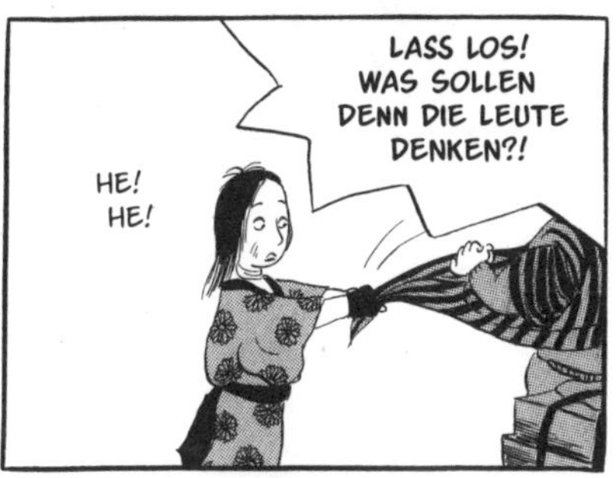
HE!
HE!
LASS LOS!
WAS SOLLEN
DENN DIE LEUTE
DENKEN?!

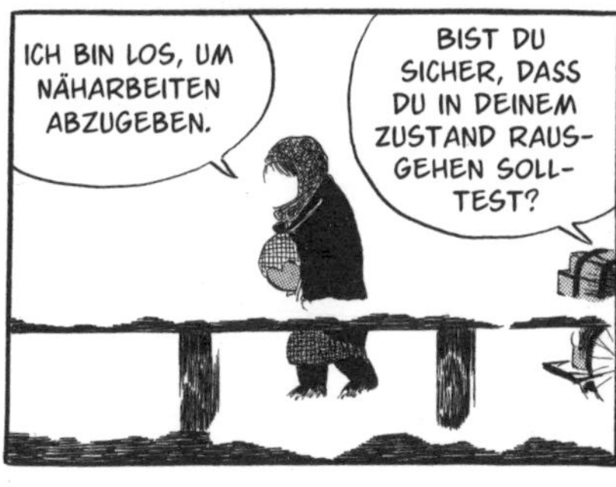
BIST DU
SICHER, DASS
DU IN DEINEM
ZUSTAND RAUS-
GEHEN SOLL-
TEST?
ICH BIN LOS, UM
NÄHARBEITEN
ABZUGEBEN.

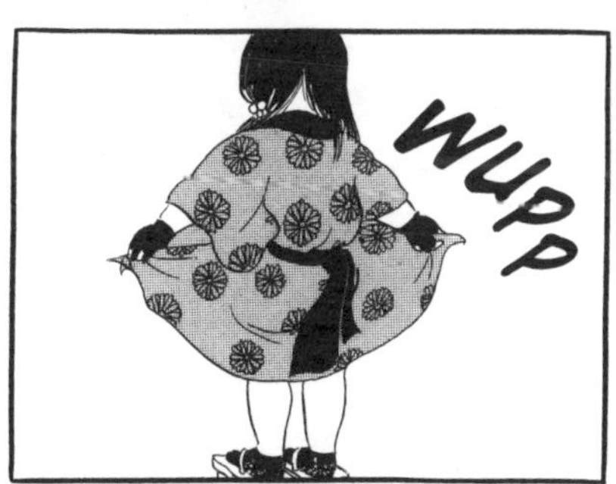
WUPP

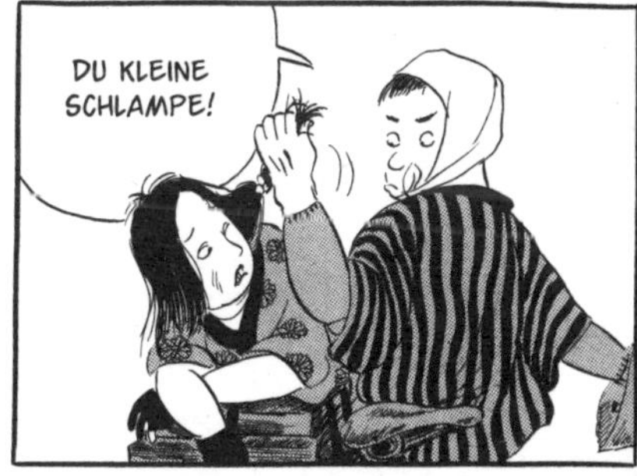
DU KLEINE
SCHLAMPE!

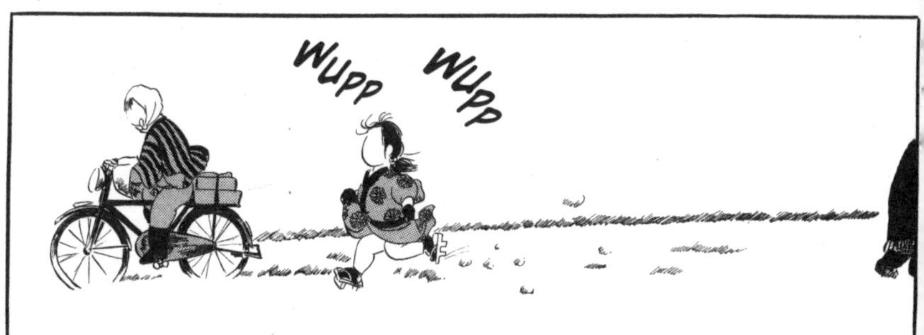
WUPP
WUPP

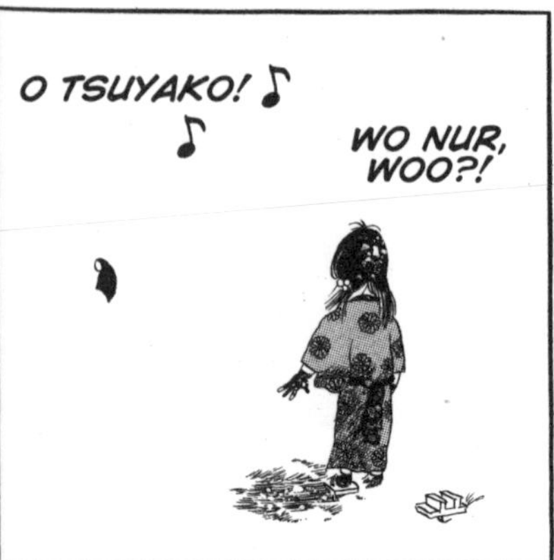
O TSUYAKO! ♪
♪
WO NUR, WOO?!

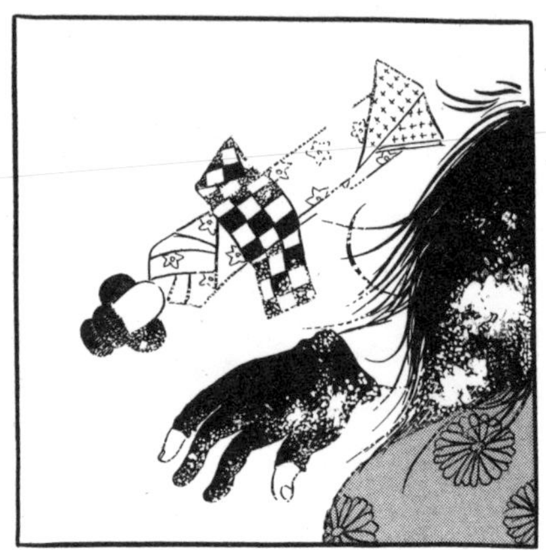

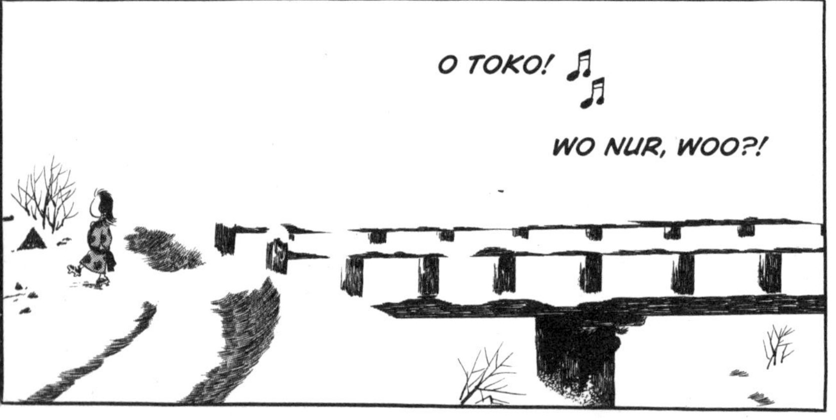
O TOKO! ♫
♫
WO NUR, WOO?!

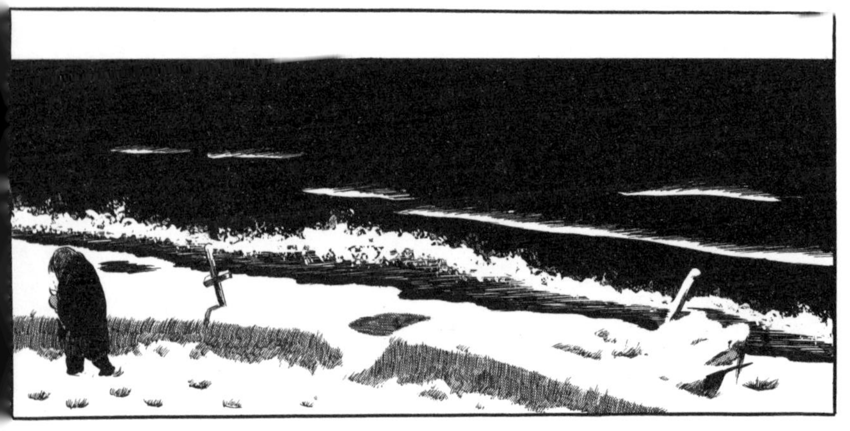

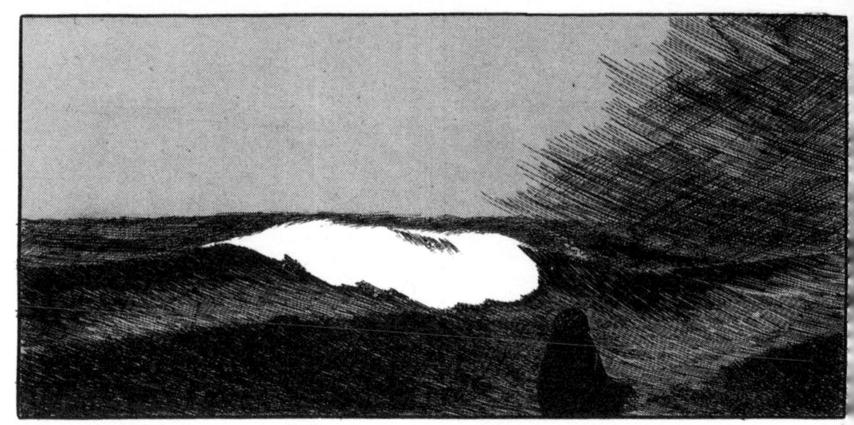

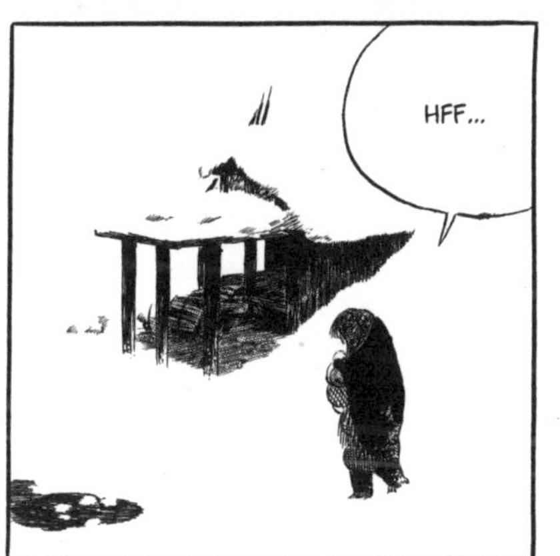
HFF...

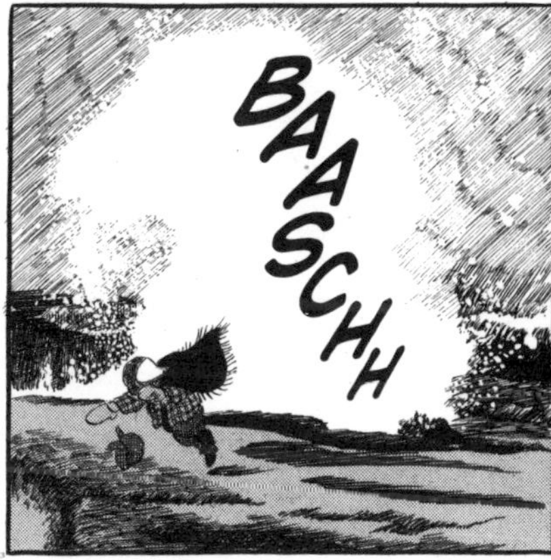
BAASCHH

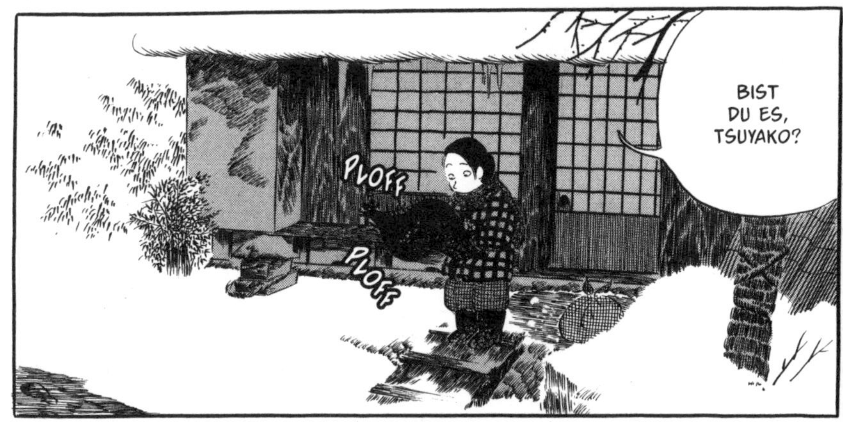
BIST DU ES, TSUYAKO?
PLOFF
PLOFF

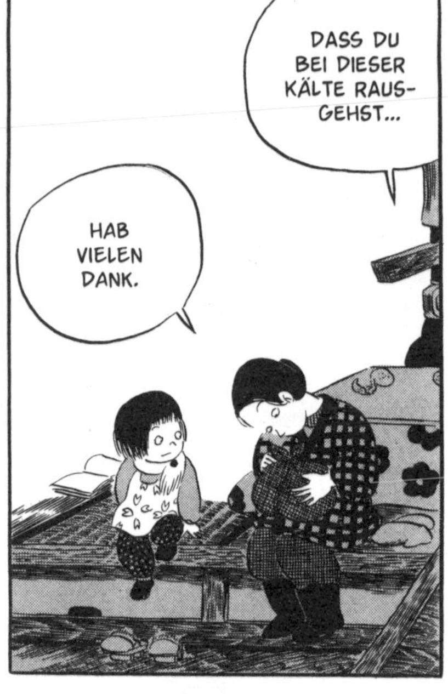
DASS DU BEI DIESER KÄLTE RAUSGEHST...
HAB VIELEN DANK.

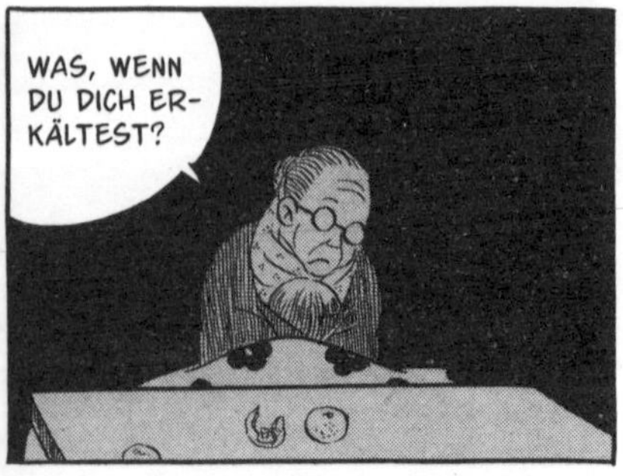
WAS, WENN DU DICH ERKÄLTEST?

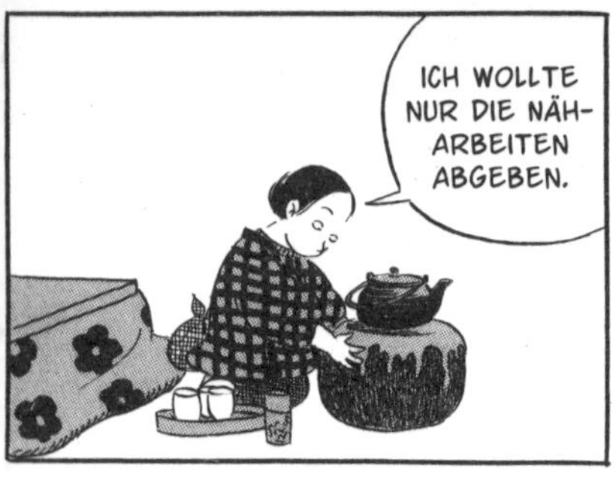
ICH WOLLTE NUR DIE NÄHARBEITEN ABGEBEN.

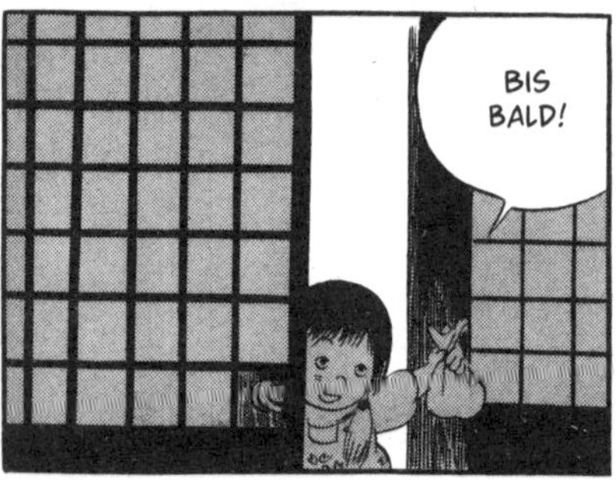
BIS BALD!

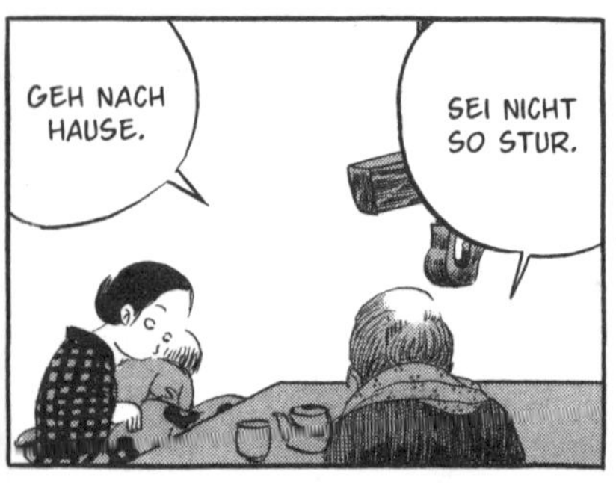
SEI NICHT SO STUR.
GEH NACH HAUSE.

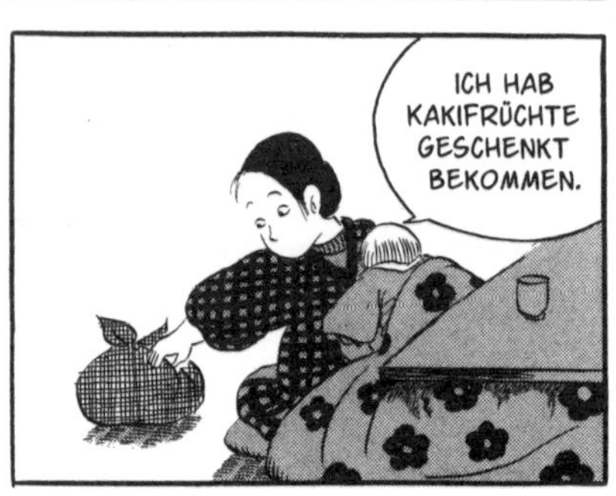
ICH HAB KAKIFRÜCHTE GESCHENKT BEKOMMEN.

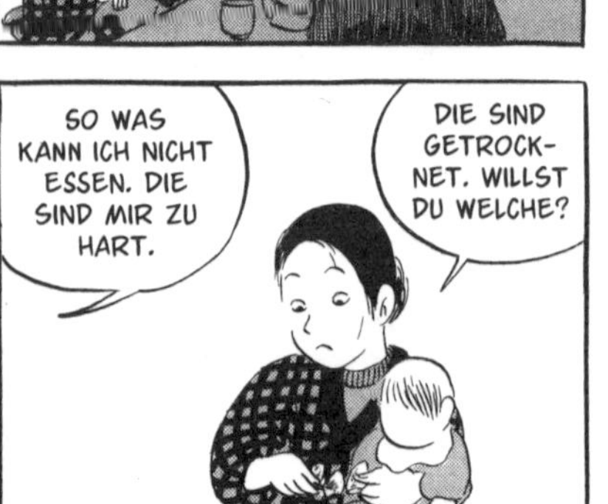
DIE SIND GETROCKNET. WILLST DU WELCHE?
SO WAS KANN ICH NICHT ESSEN. DIE SIND MIR ZU HART.

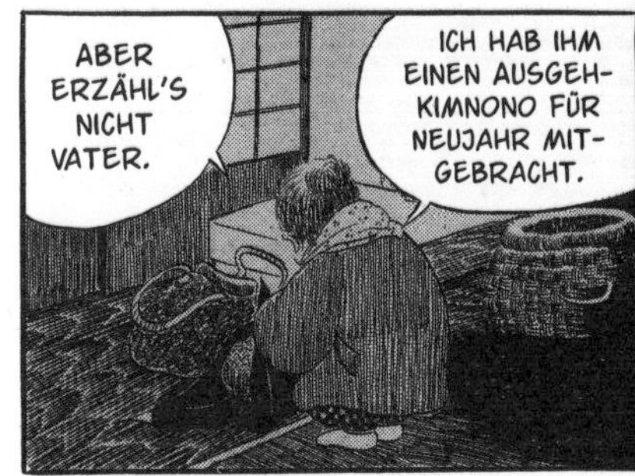
ICH HAB IHM EINEN AUSGEH-KIMNONO FÜR NEUJAHR MIT-GEBRACHT.
ABER ERZÄHL'S NICHT VATER.

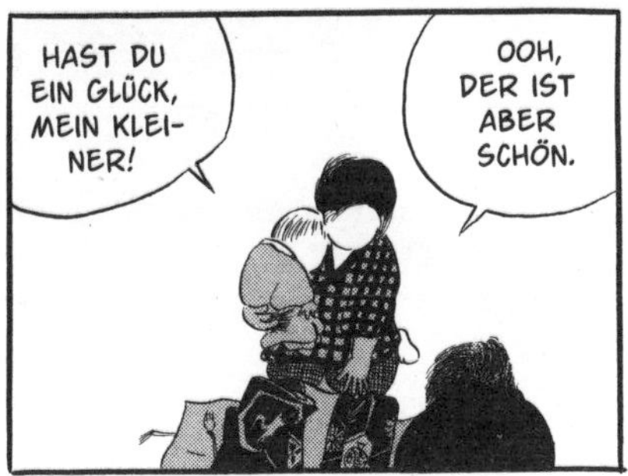
OOH, DER IST ABER SCHÖN.
HAST DU EIN GLÜCK, MEIN KLEI-NER!

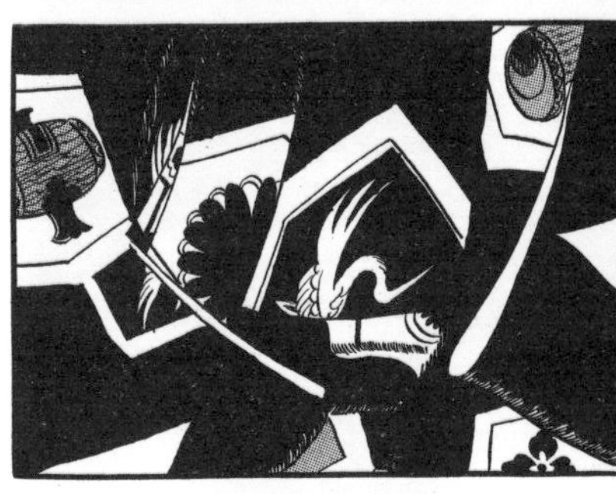

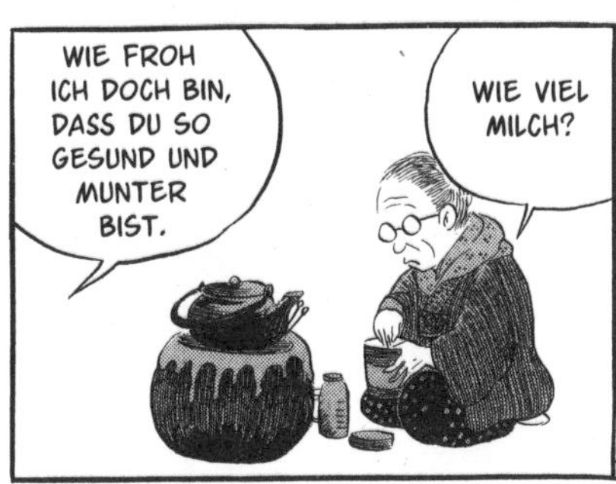
WIE VIEL MILCH?
WIE FROH ICH DOCH BIN, DASS DU SO GESUND UND MUNTER BIST.

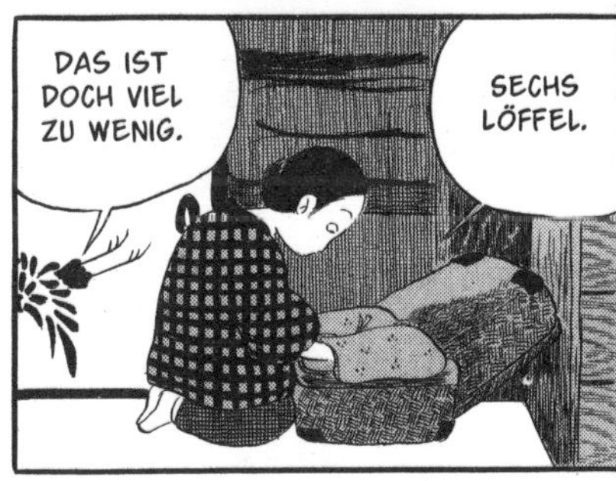
SECHS LÖFFEL.
DAS IST DOCH VIEL ZU WENIG.

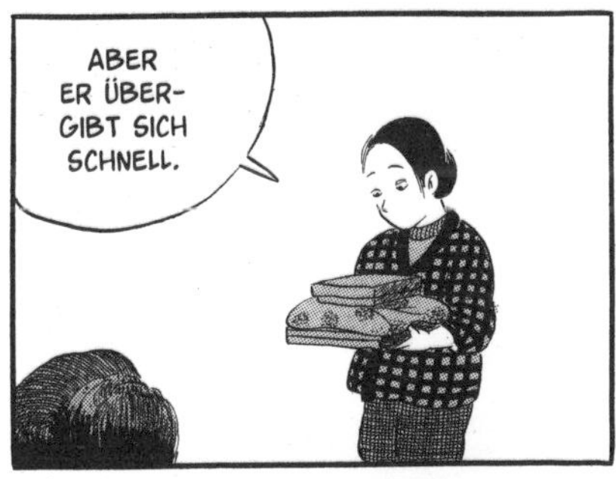
ABER ER ÜBER-GIBT SICH SCHNELL.

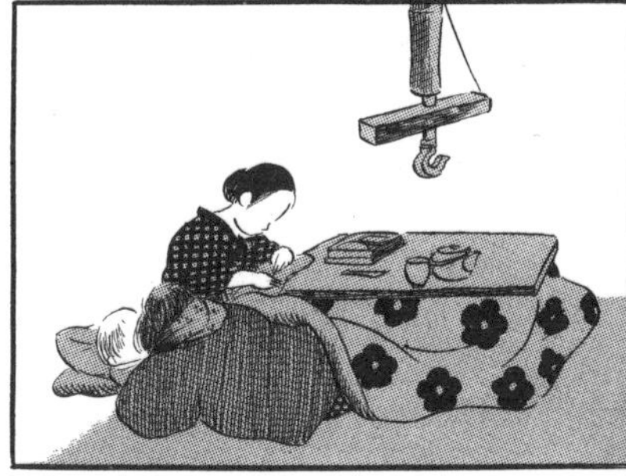

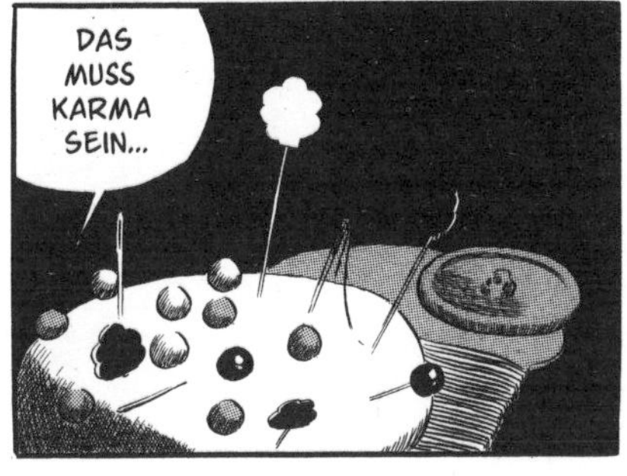
DAS MUSS KARMA SEIN...

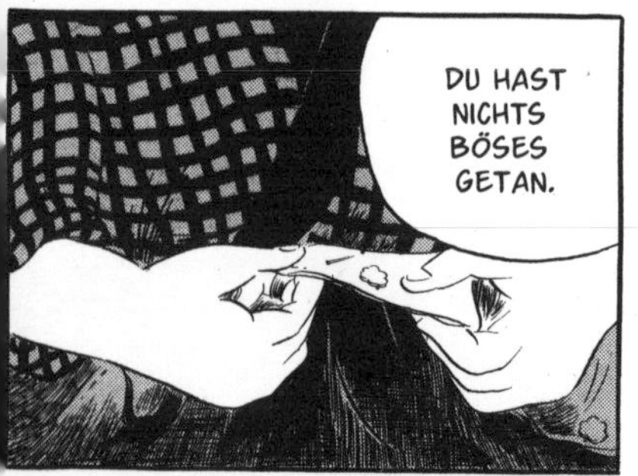
DU HAST NICHTS BÖSES GETAN.

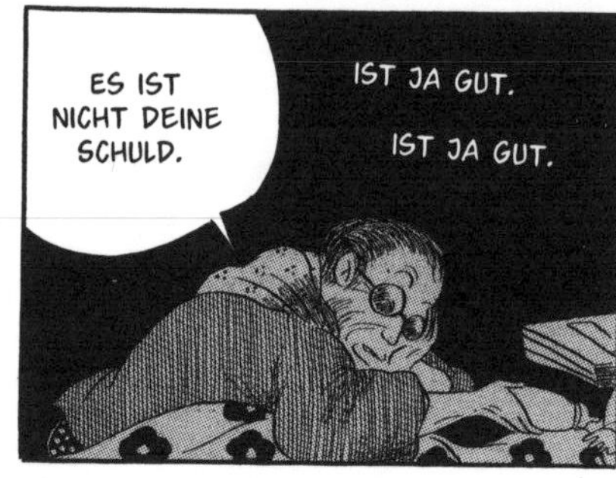
ES IST NICHT DEINE SCHULD.
IST JA GUT.
IST JA GUT.

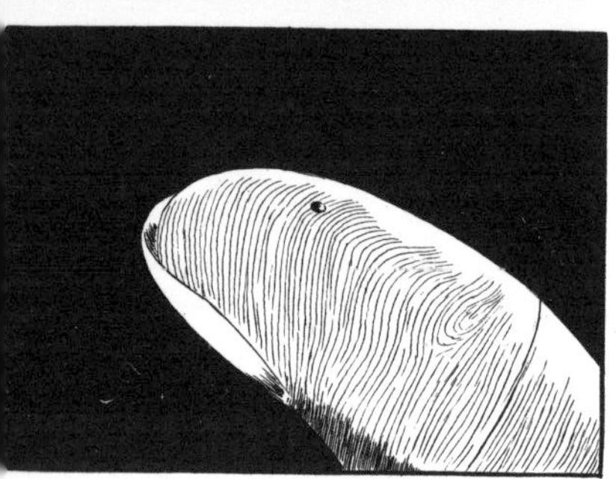

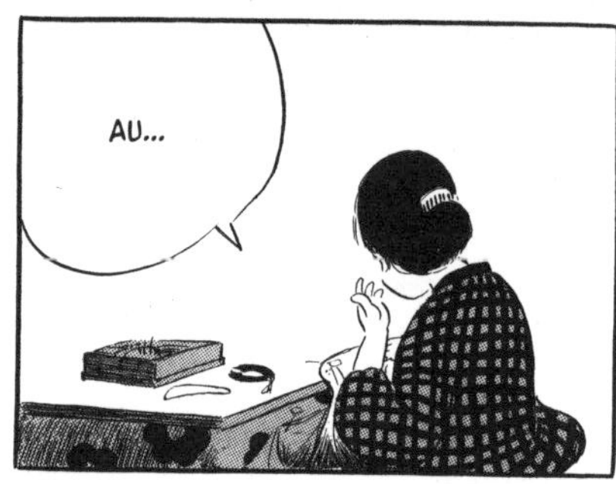
AU...

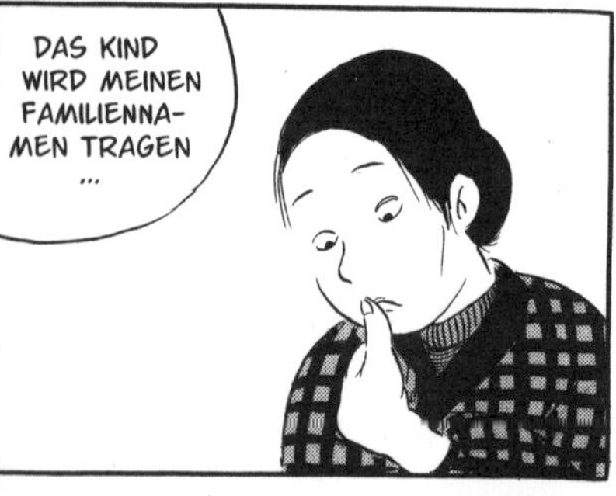
DAS KIND WIRD MEINEN FAMILIENNAMEN TRAGEN ...

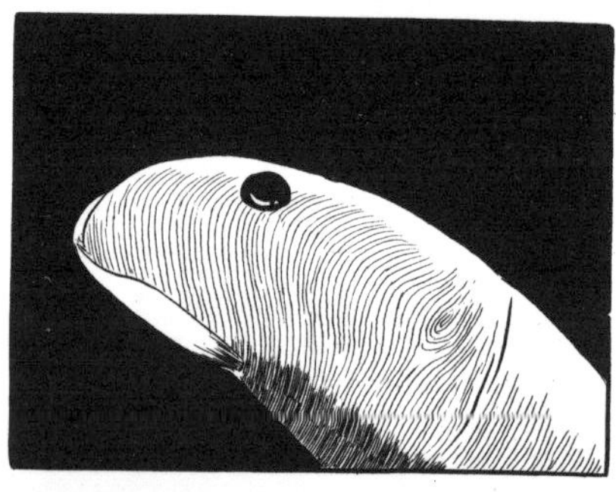

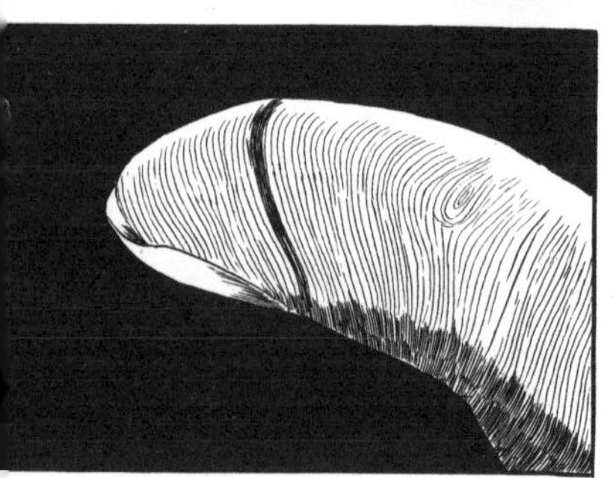

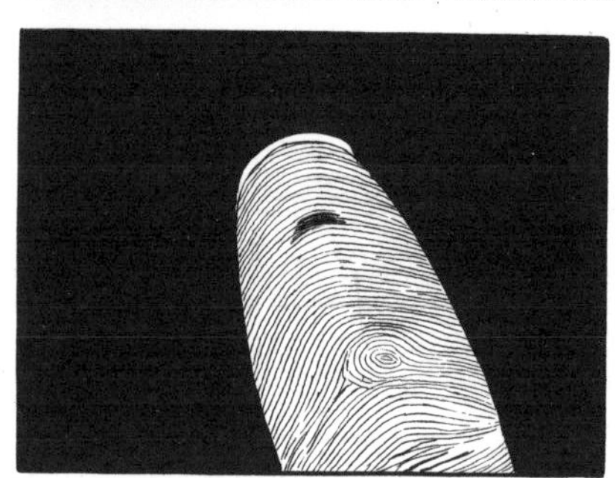

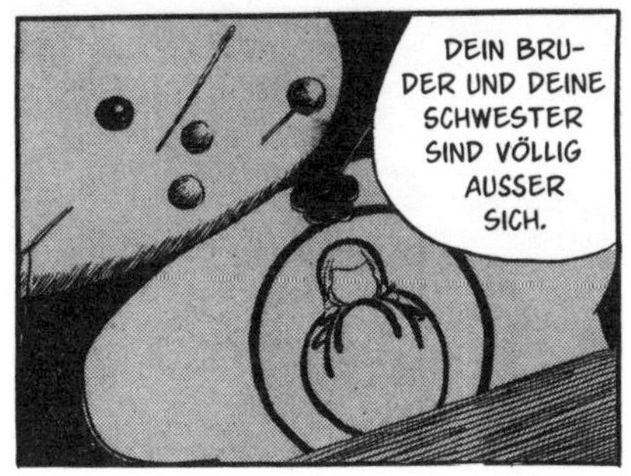
DEIN BRU-
DER UND DEINE
SCHWESTER
SIND VÖLLIG
AUSSER
SICH.

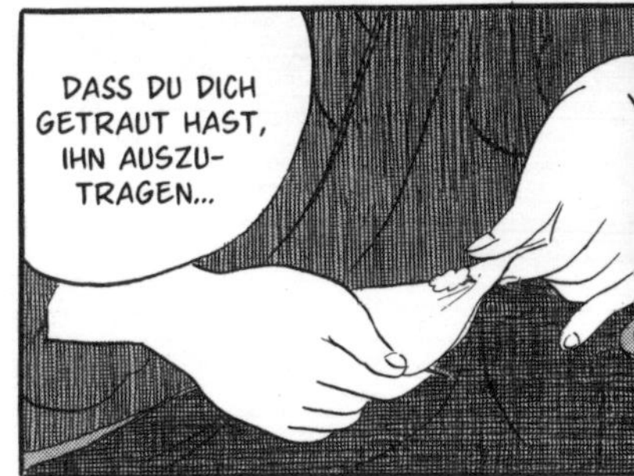
DASS DU DICH
GETRAUT HAST,
IHN AUSZU-
TRAGEN...

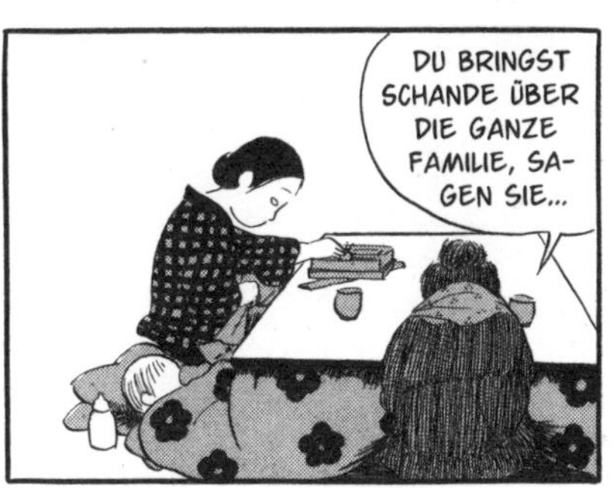
DU BRINGST
SCHANDE ÜBER
DIE GANZE
FAMILIE, SA-
GEN SIE...

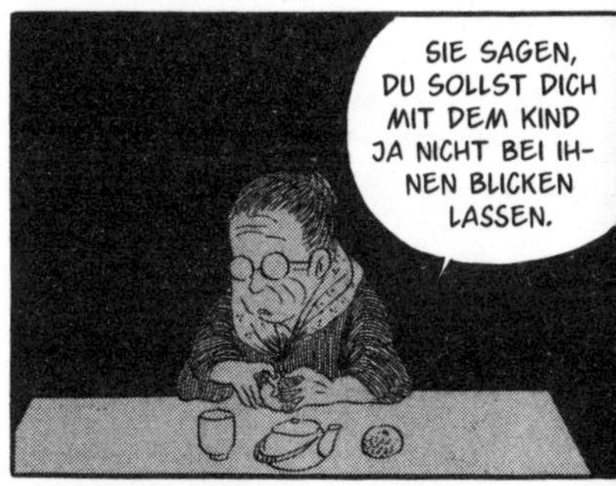
SIE SAGEN,
DU SOLLST DICH
MIT DEM KIND
JA NICHT BEI IH-
NEN BLICKEN
LASSEN.

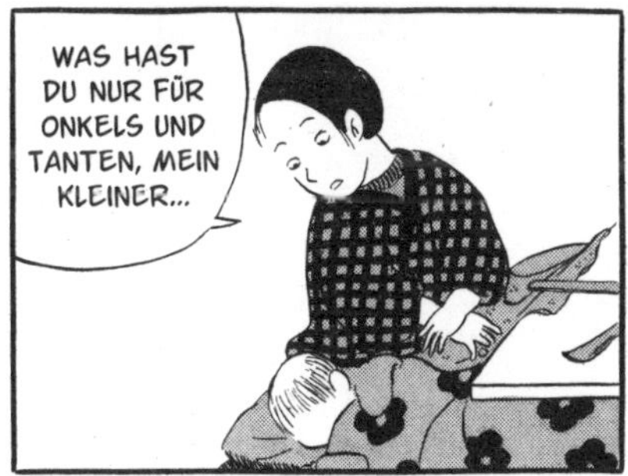
WAS HAST
DU NUR FÜR
ONKELS UND
TANTEN, MEIN
KLEINER...

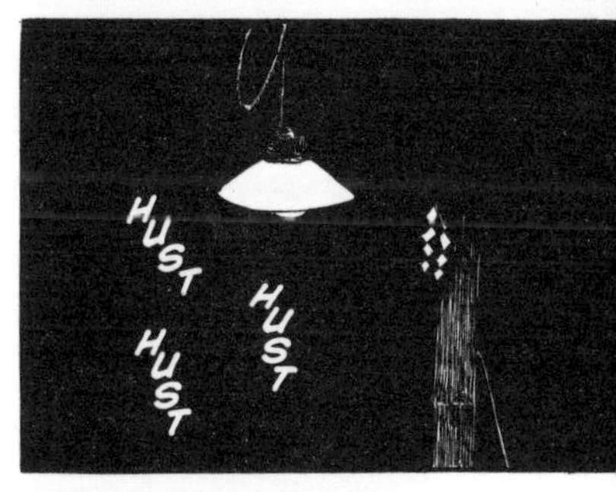
HUST
HUST
HUST

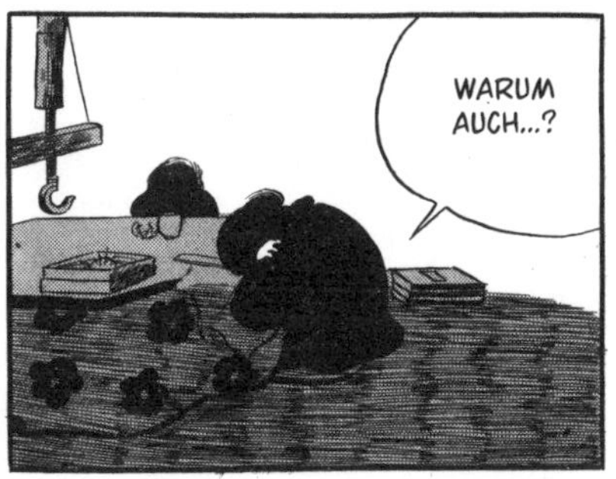
WARUM
AUCH...?

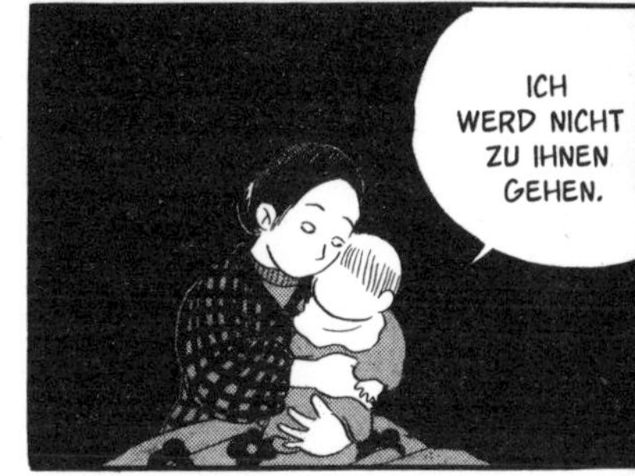
ICH
WERD NICHT
ZU IHNEN
GEHEN.

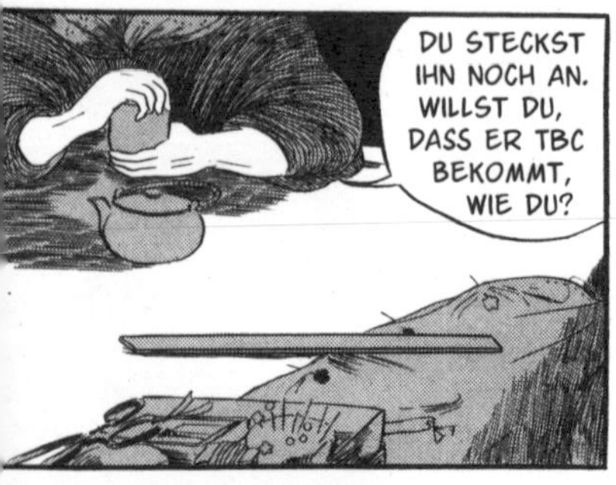
DU STECKST IHN NOCH AN. WILLST DU, DASS ER TBC BEKOMMT, WIE DU?

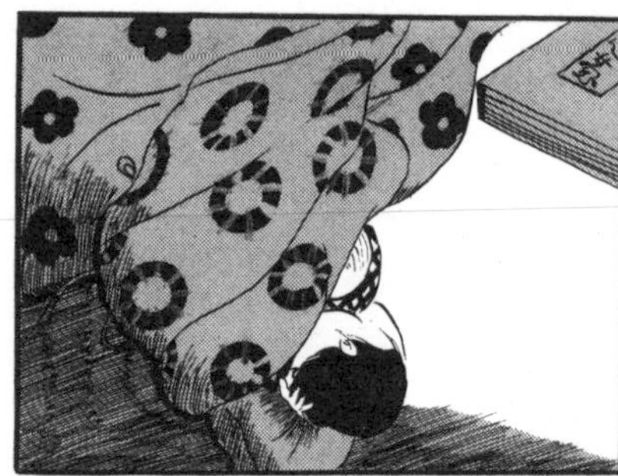

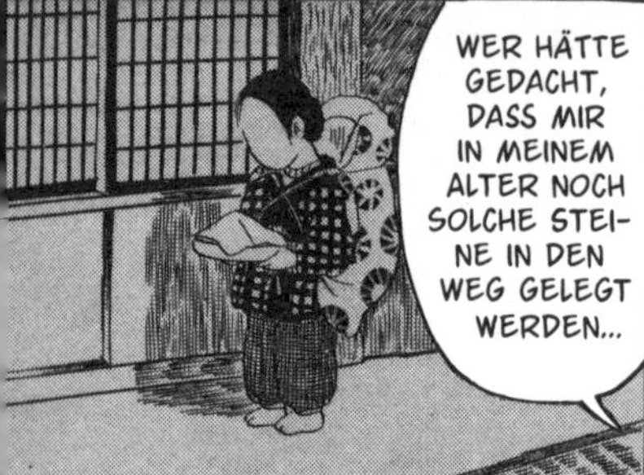
WER HÄTTE GEDACHT, DASS MIR IN MEINEM ALTER NOCH SOLCHE STEINE IN DEN WEG GELEGT WERDEN...

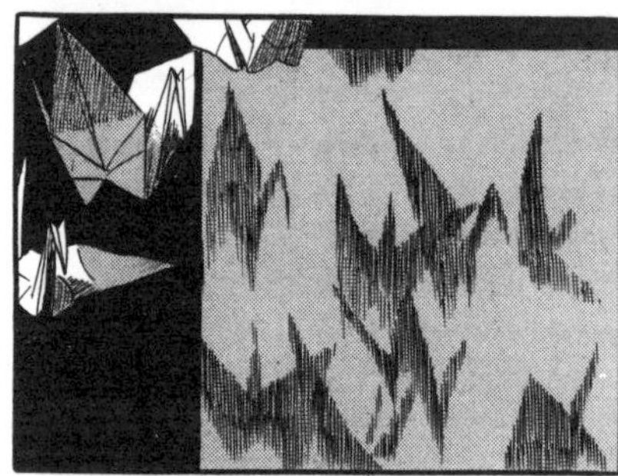

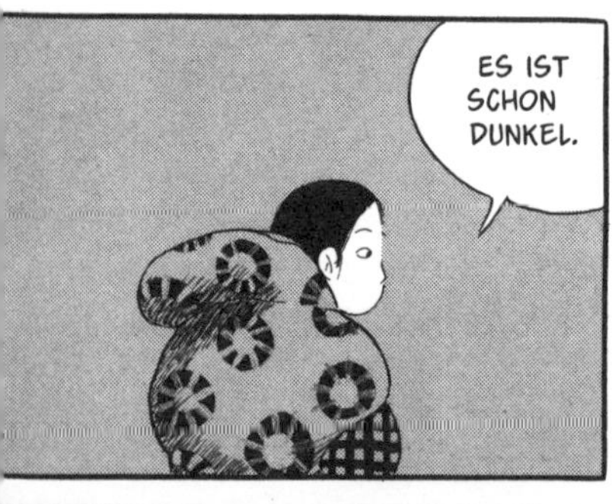
ES IST SCHON DUNKEL.

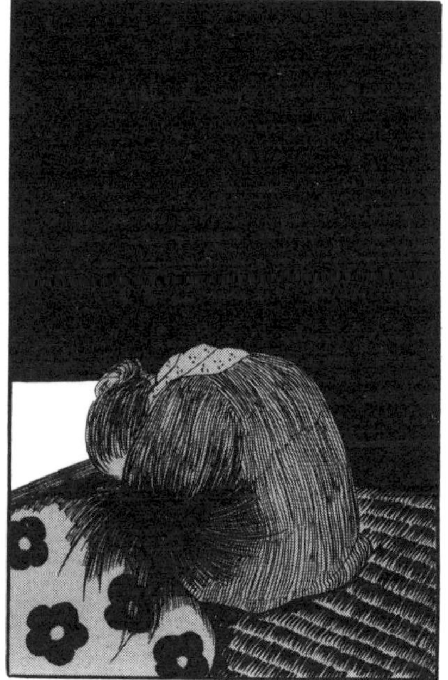

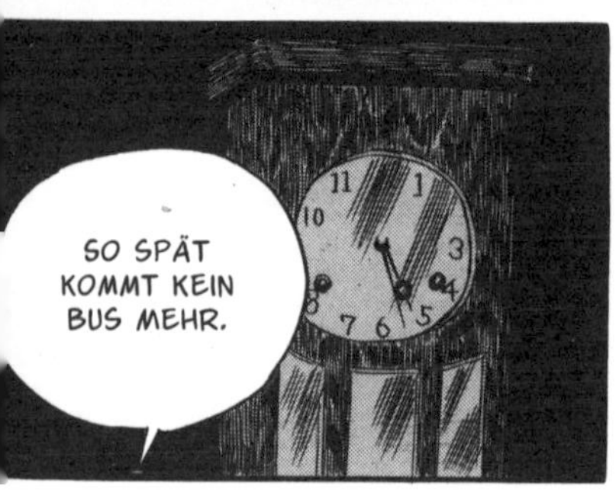
SO SPÄT KOMMT KEIN BUS MEHR.

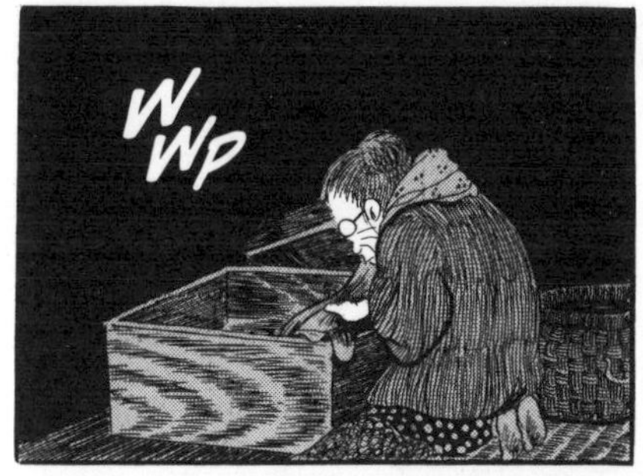
WWP

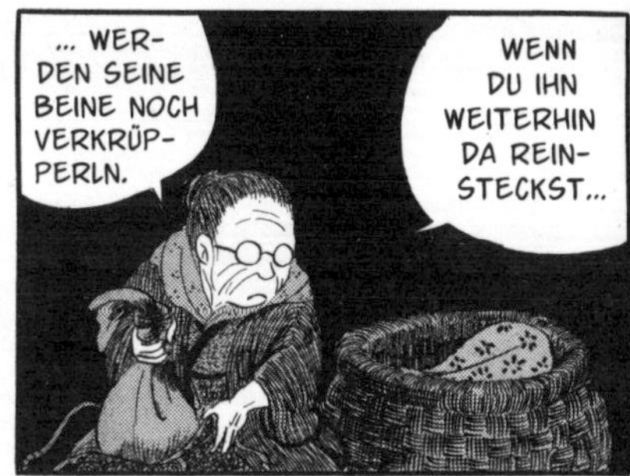
WENN DU IHN WEITERHIN DA REIN-STECKST...
... WER-DEN SEINE BEINE NOCH VERKRÜP-PERLN.

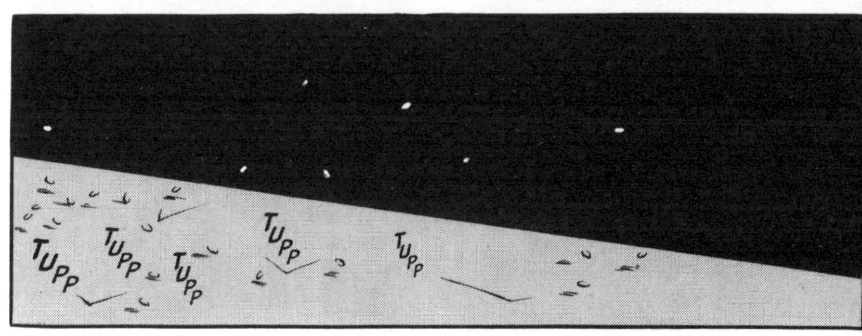
TUPP
TUPP
TUPP
TUPP
TUPP

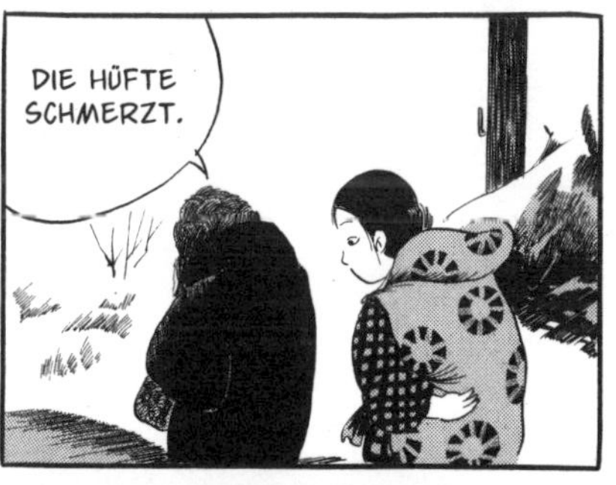
DIE HÜFTE SCHMERZT.

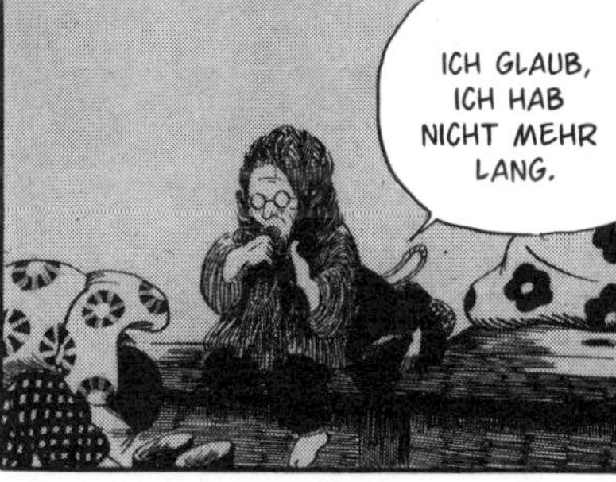
ICH GLAUB, ICH HAB NICHT MEHR LANG.

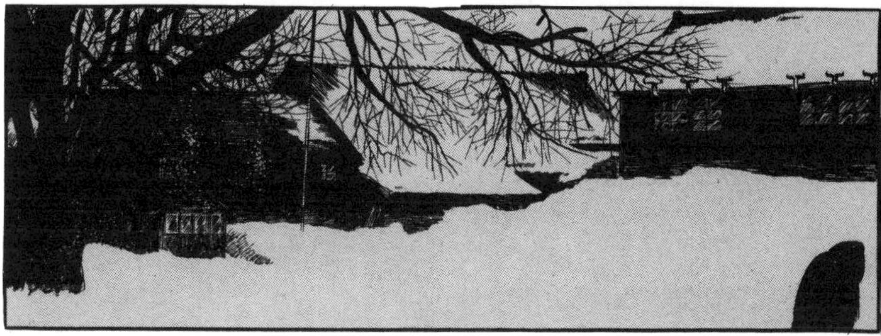

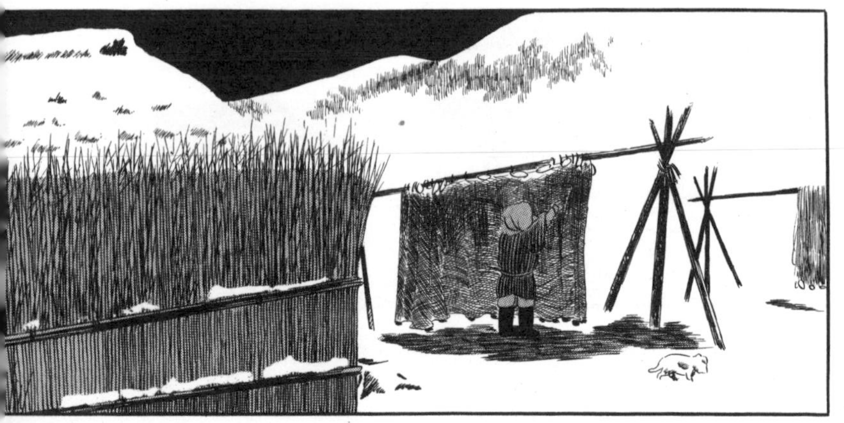

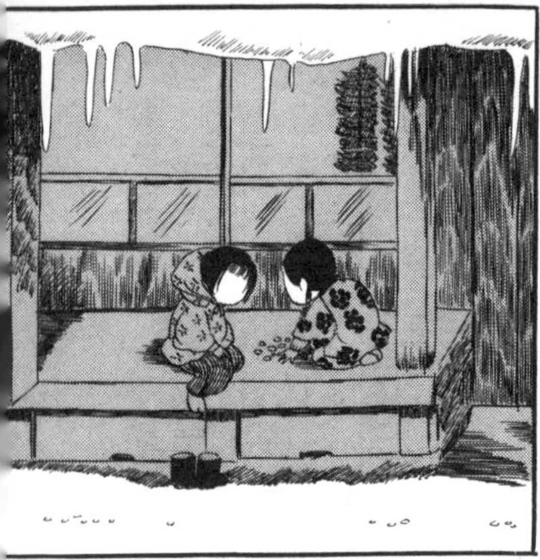

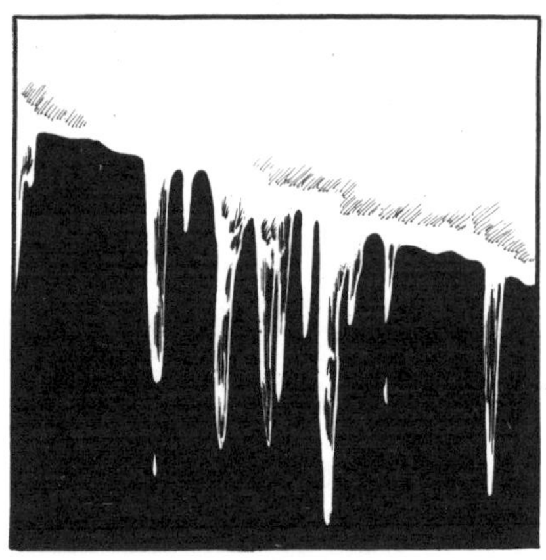

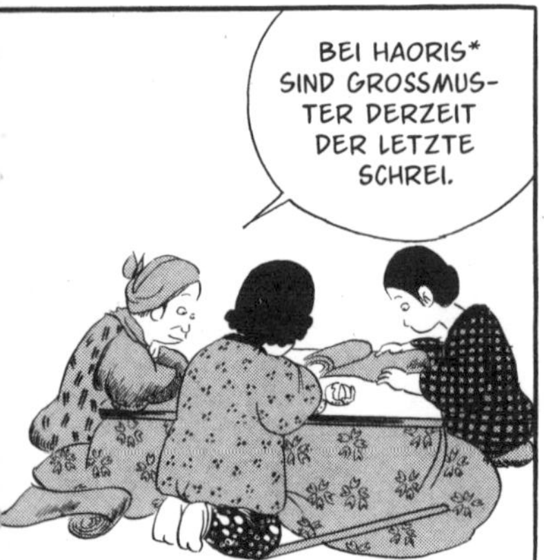

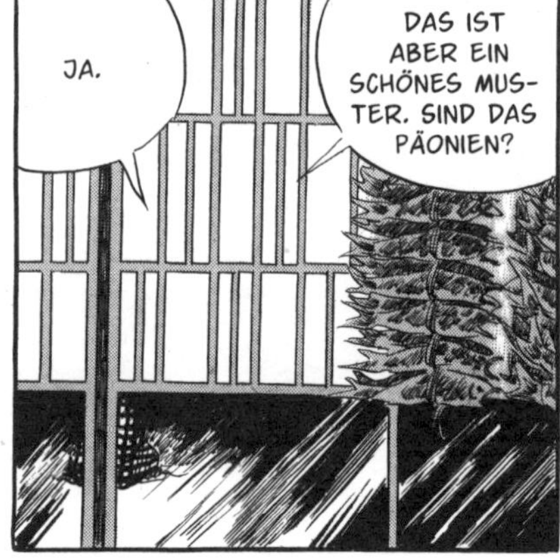

* KIMONO-ÜBERJACKE

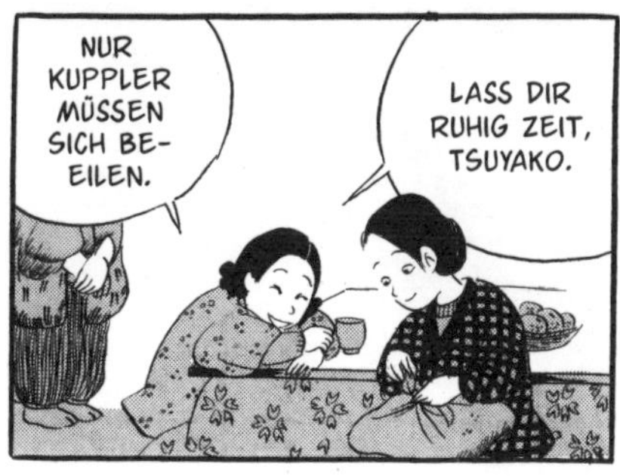
NUR KUPPLER MÜSSEN SICH BE-EILEN.
LASS DIR RUHIG ZEIT, TSUYAKO.

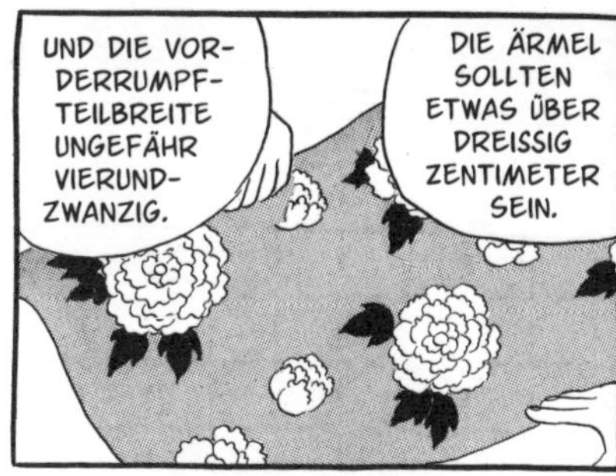
UND DIE VOR-DERRUMPF-TEILBREITE UNGEFÄHR VIERUND-ZWANZIG.
DIE ÄRMEL SOLLTEN ETWAS ÜBER DREISSIG ZENTIMETER SEIN.

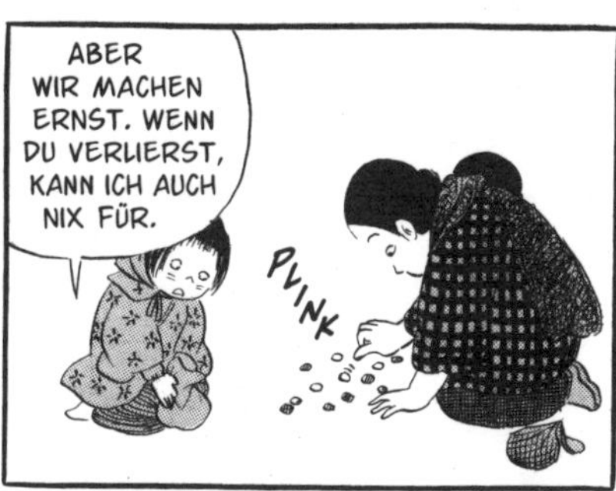
ABER WIR MACHEN ERNST. WENN DU VERLIERST, KANN ICH AUCH NIX FÜR.
PLINK

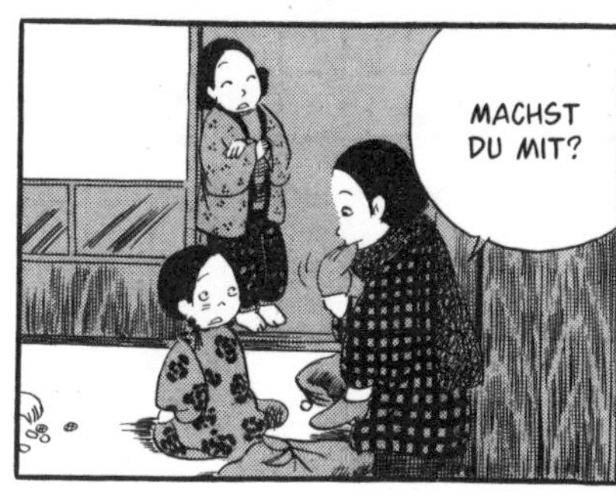
MACHST DU MIT?

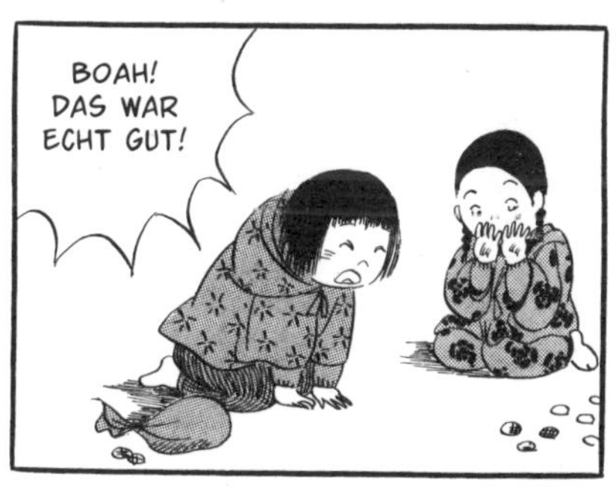
BOAH! DAS WAR ECHT GUT!

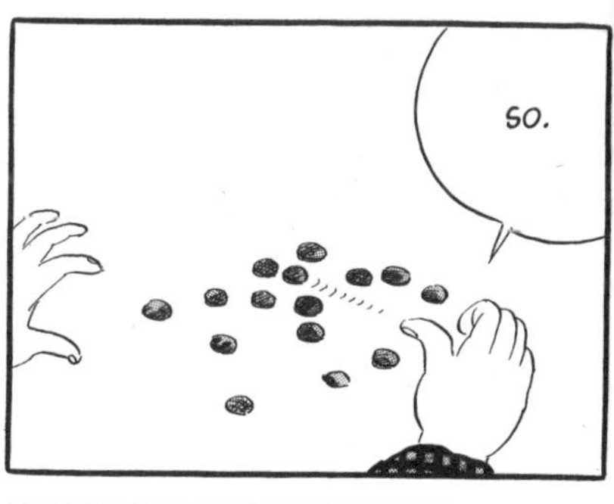
SO.

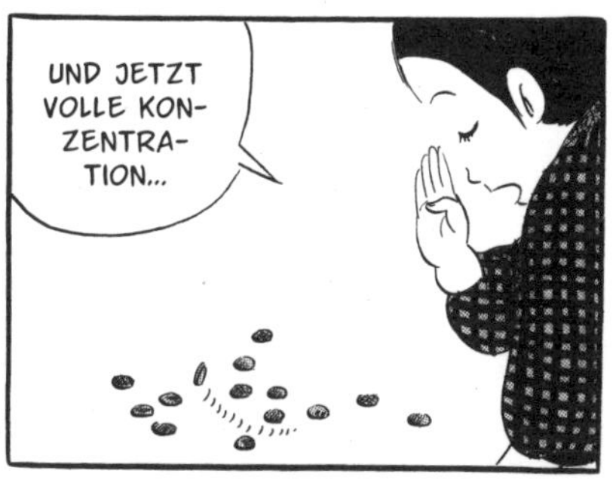
UND JETZT VOLLE KON-ZENTRA-TION...

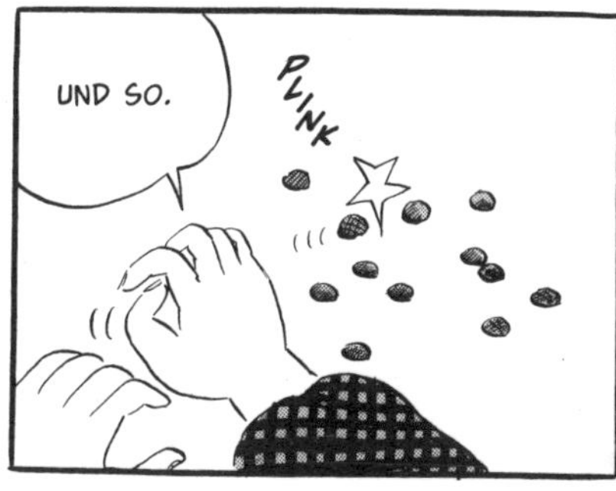
UND SO.
PLINK

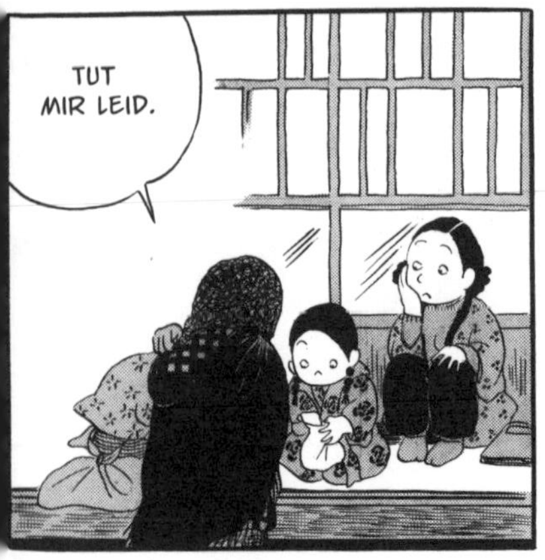
TUT MIR LEID.

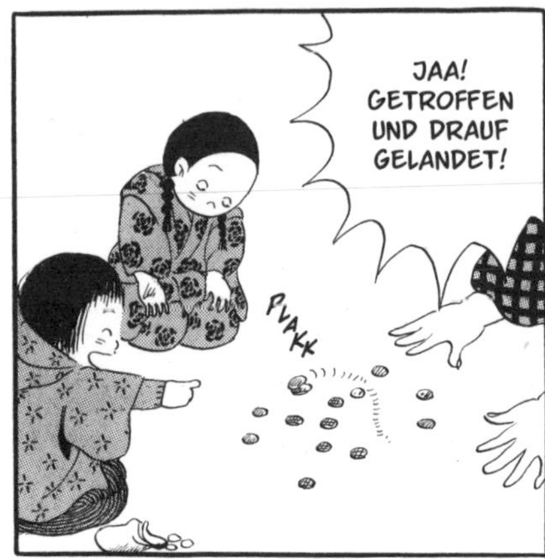
JAA! GETROFFEN UND DRAUF GELANDET!
PVAKK

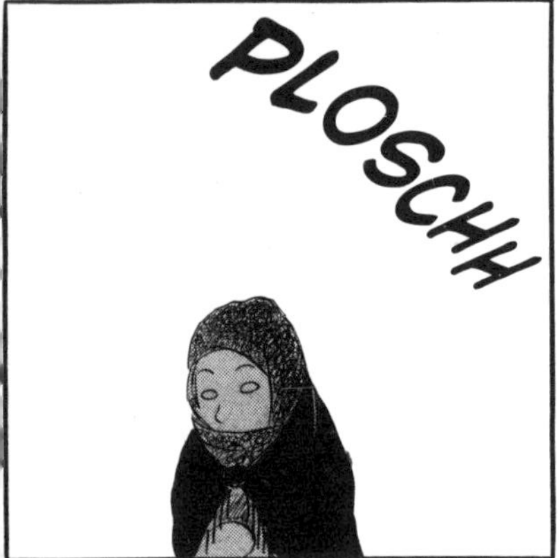
PLOSCHH

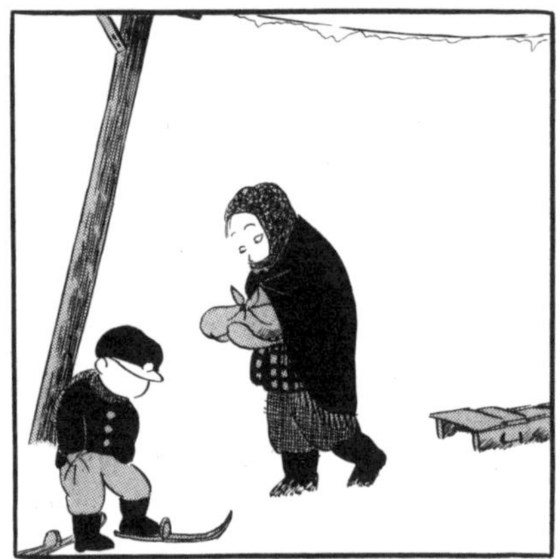

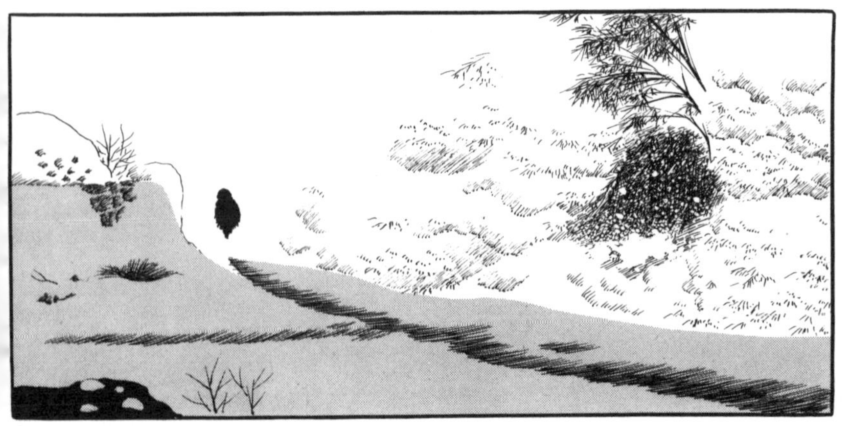

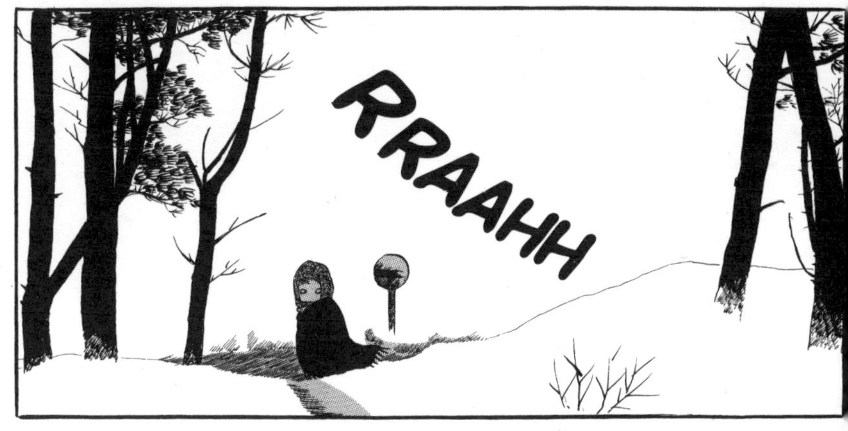
RRAAHH

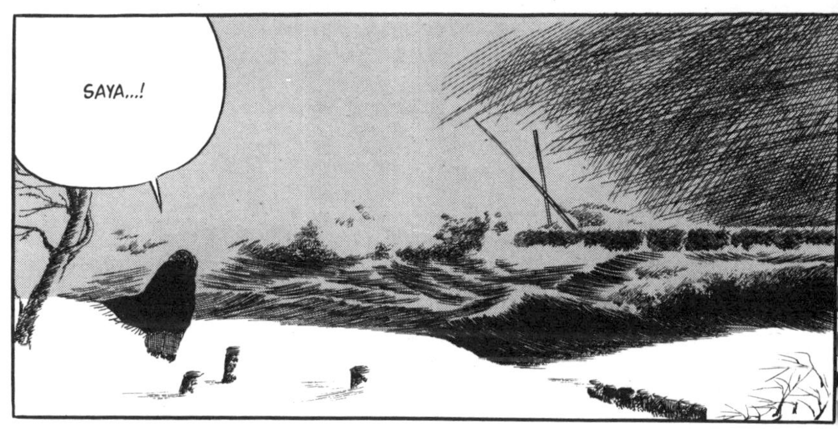
SAYA...!

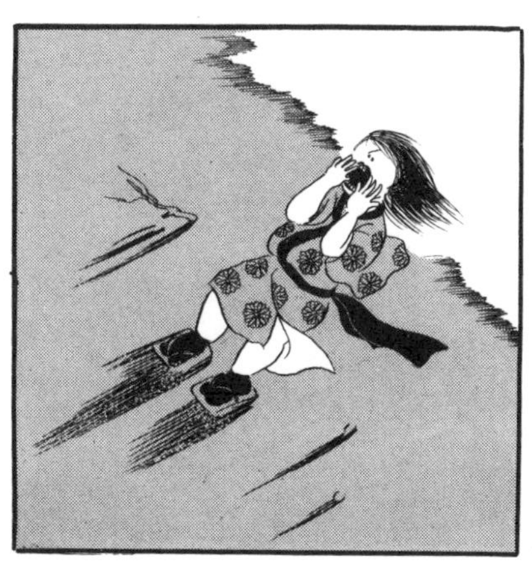

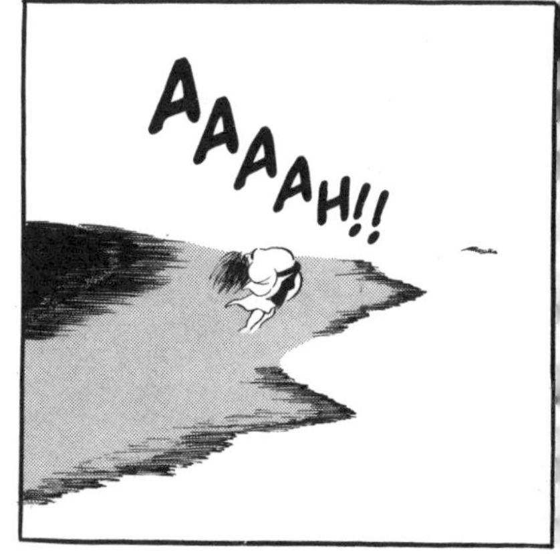
AAAAH!!

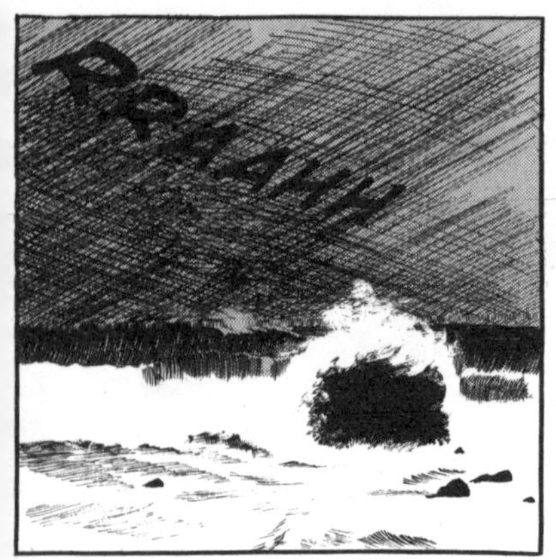
RRAAHH
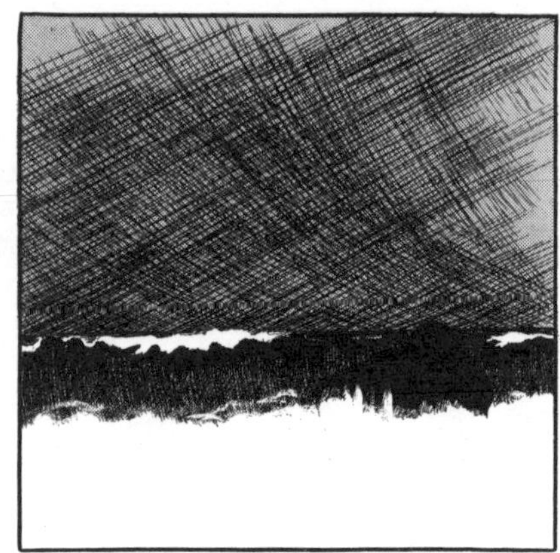
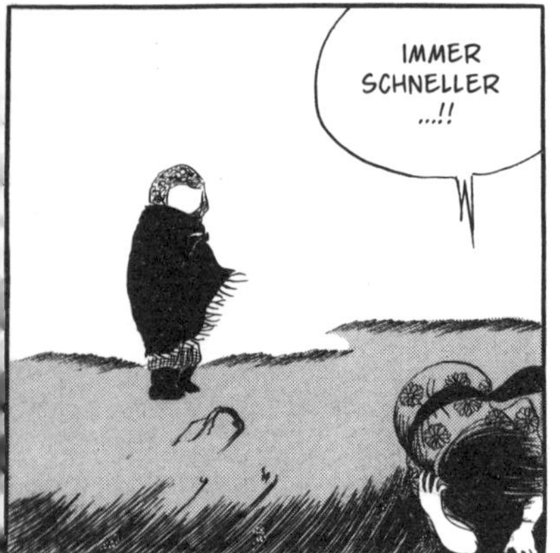
IMMER SCHNELLER ...!!
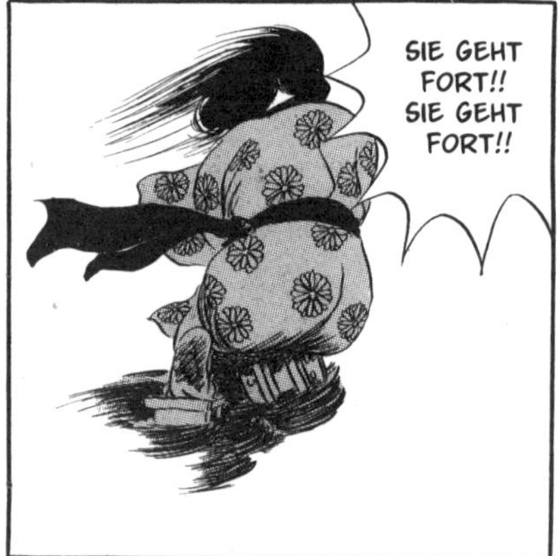
SIE GEHT FORT!! SIE GEHT FORT!!
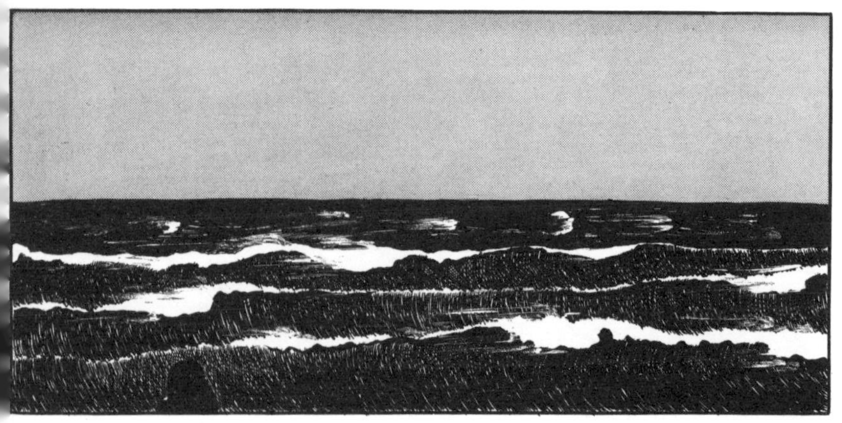

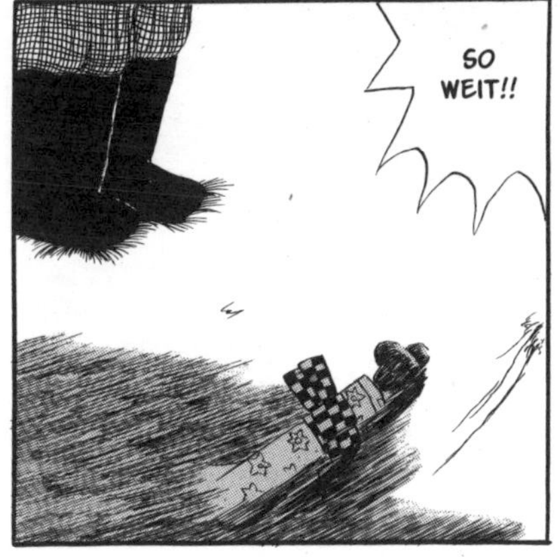
SO
WEIT!!

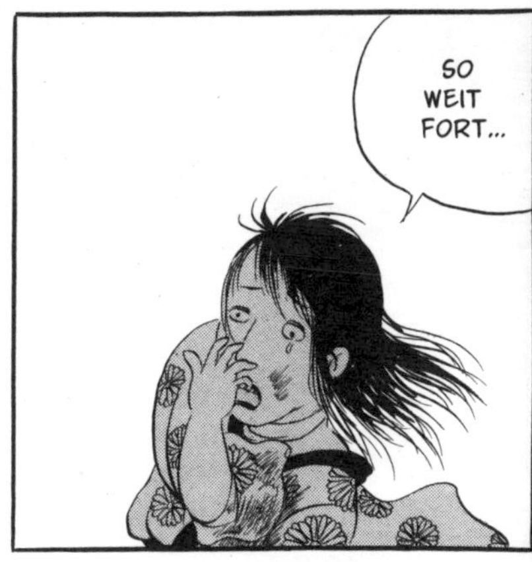
SO
WEIT
FORT...

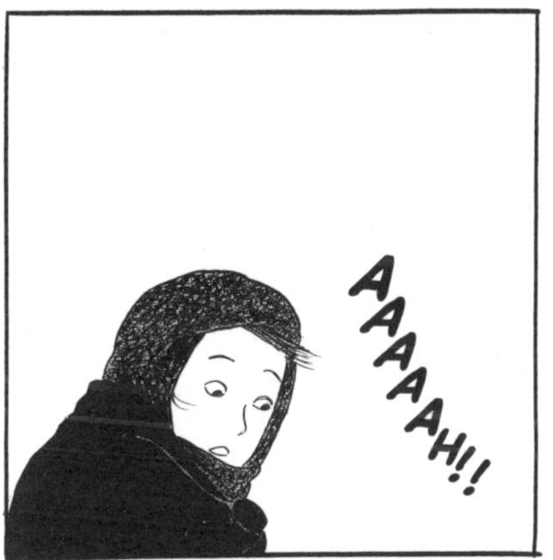
AAAAAAH!!

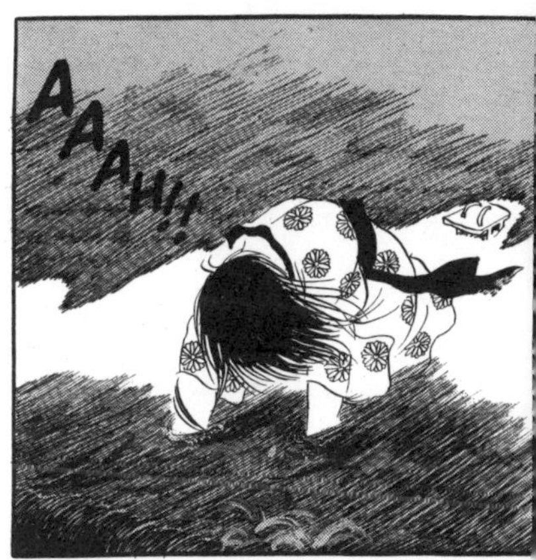
AAAH!!

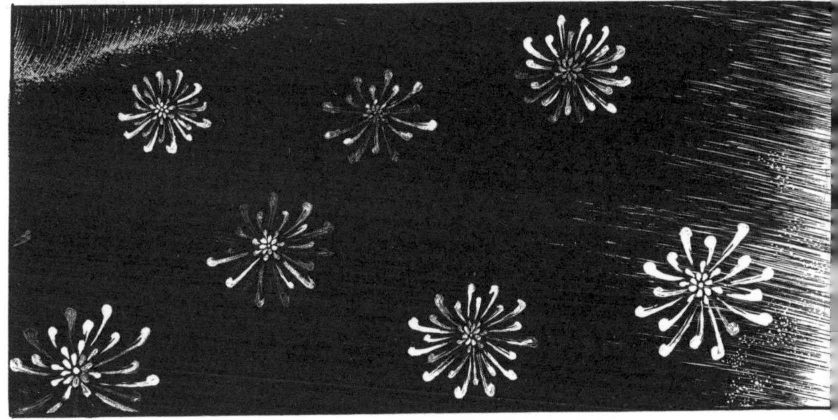

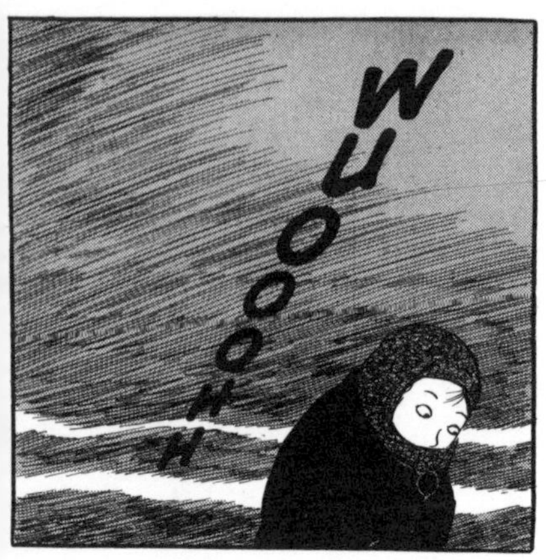
WUOOOOHH

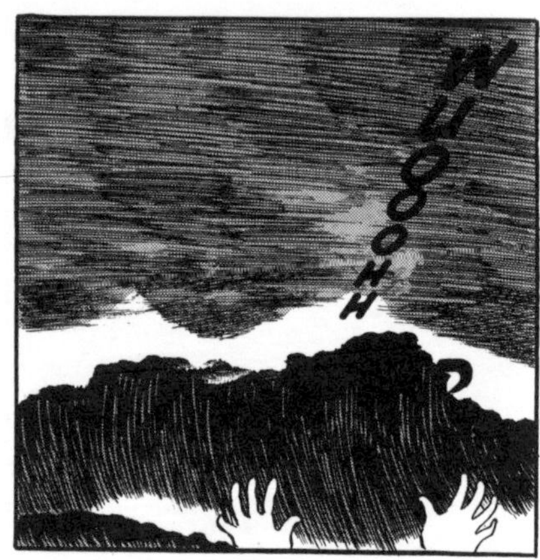
WUOOOOHH

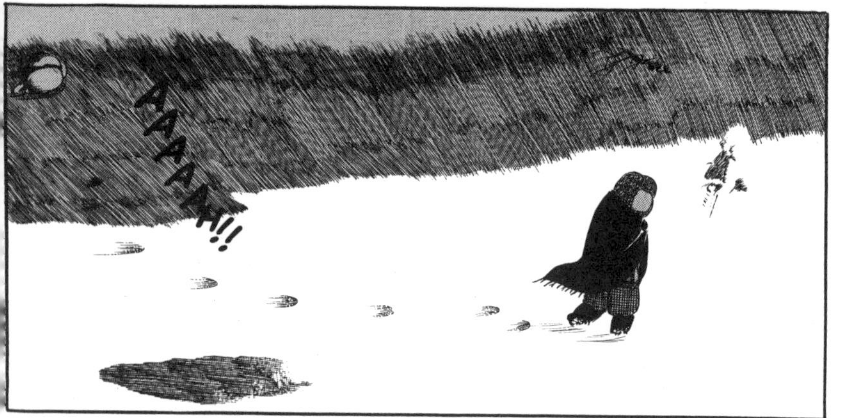
AAAAAH!!

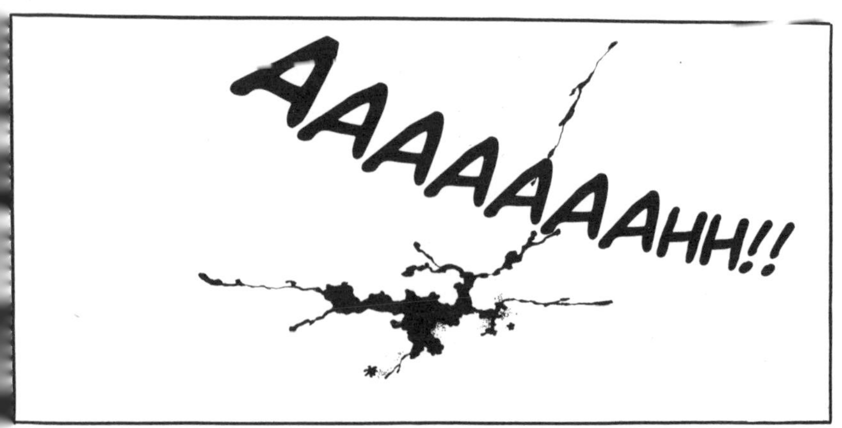
AAAAAAAAHH!!

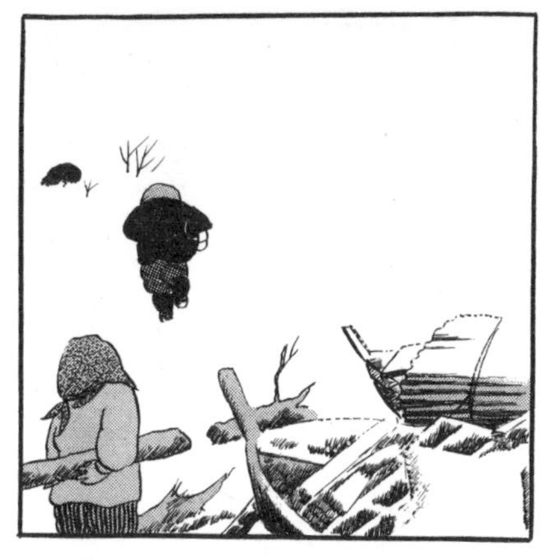

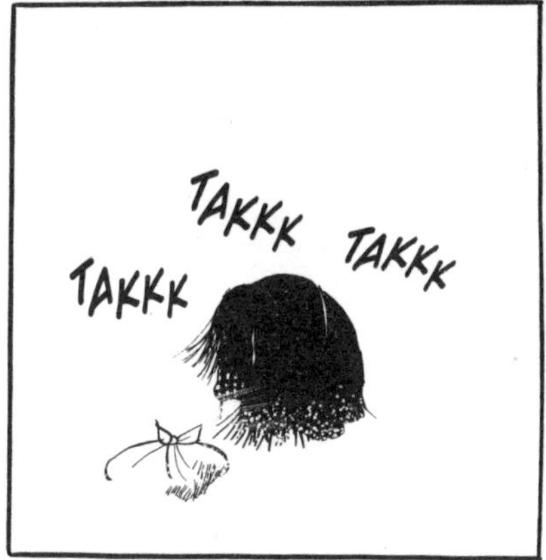
TAKKK
TAKKK
TAKKK

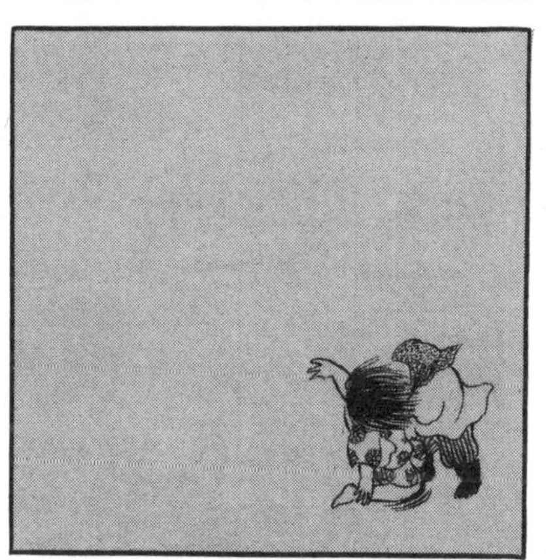

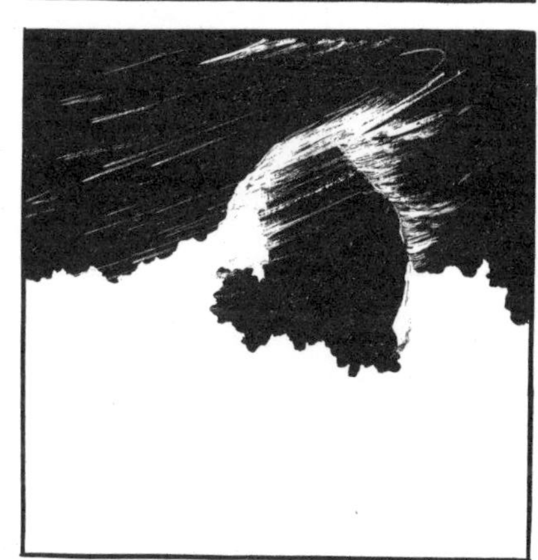

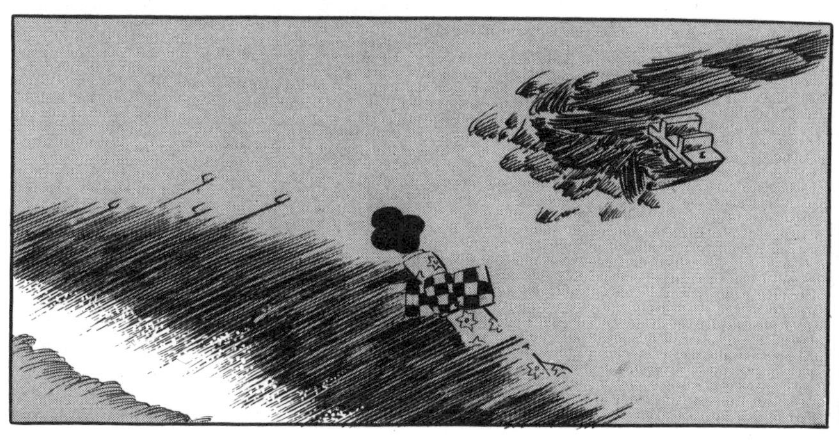

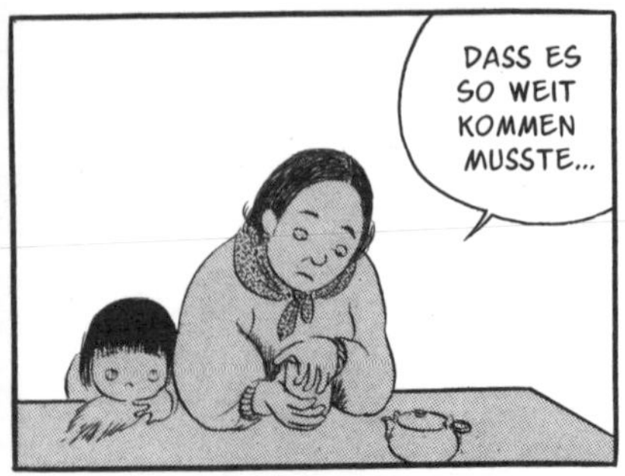
DASS ES SO WEIT KOMMEN MUSSTE...

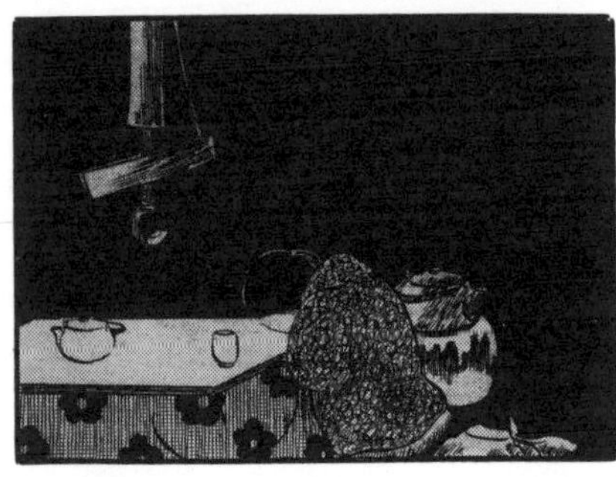

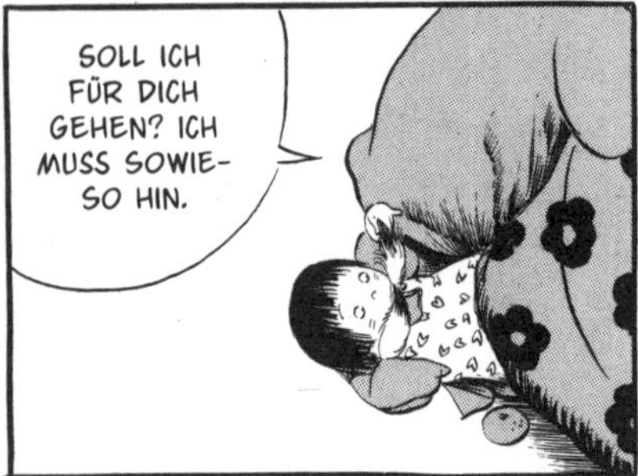
SOLL ICH FÜR DICH GEHEN? ICH MUSS SOWIE-SO HIN.

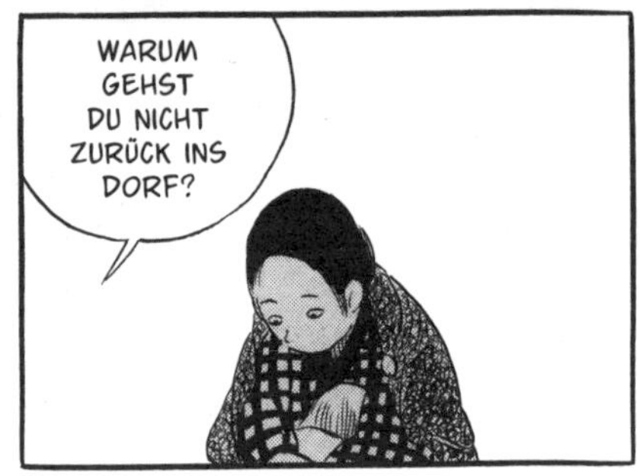
WARUM GEHST DU NICHT ZURÜCK INS DORF?

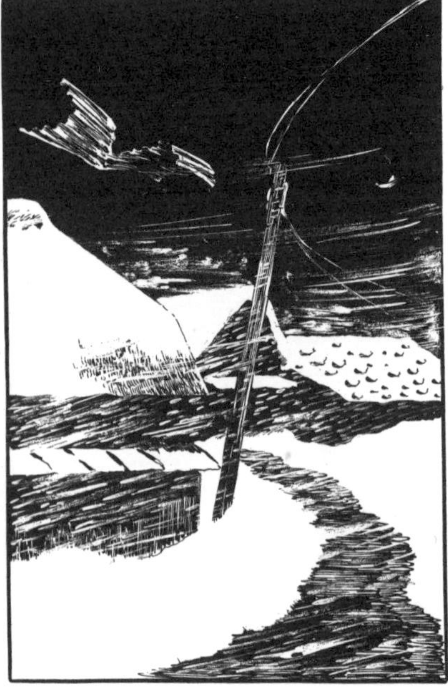

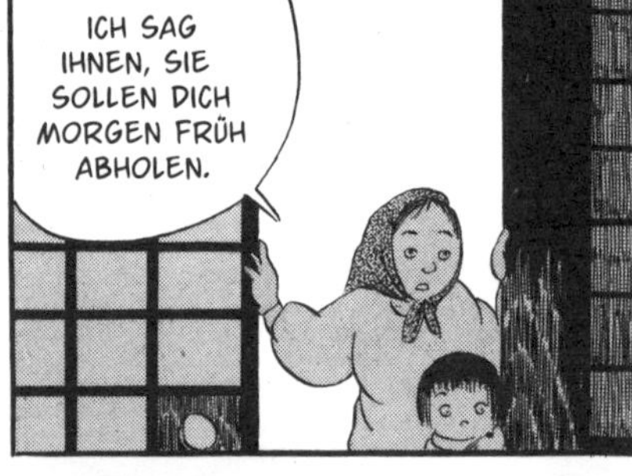
ICH SAG IHNEN, SIE SOLLEN DICH MORGEN FRÜH ABHOLEN.

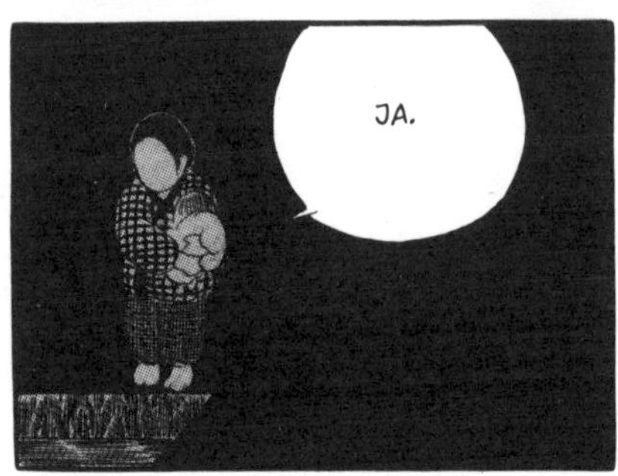
JA.

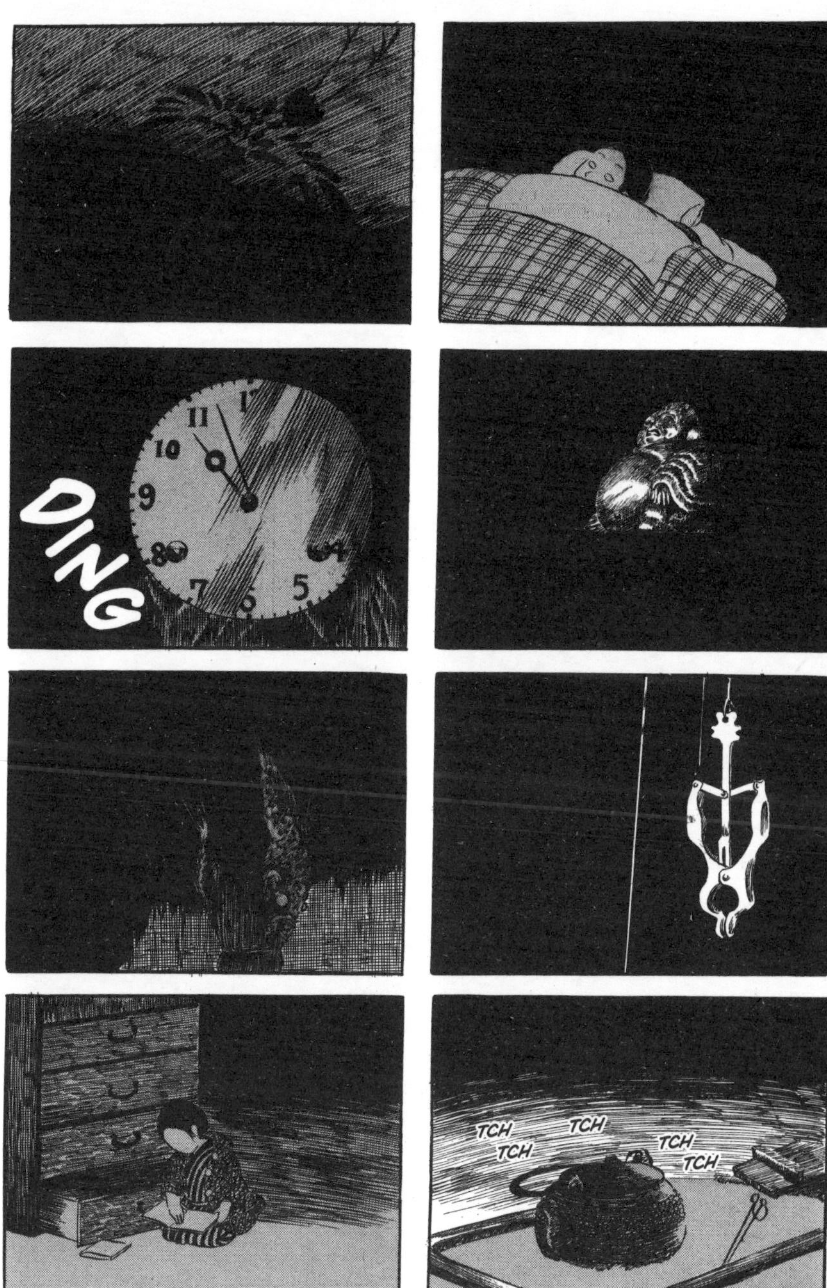
DING
TCH
TCH
TCH
TCH
TCH

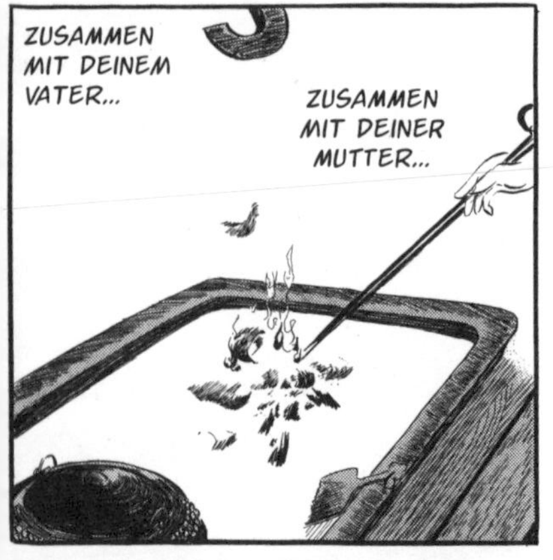
ZUSAMMEN MIT DEINEM VATER...
ZUSAMMEN MIT DEINER MUTTER...

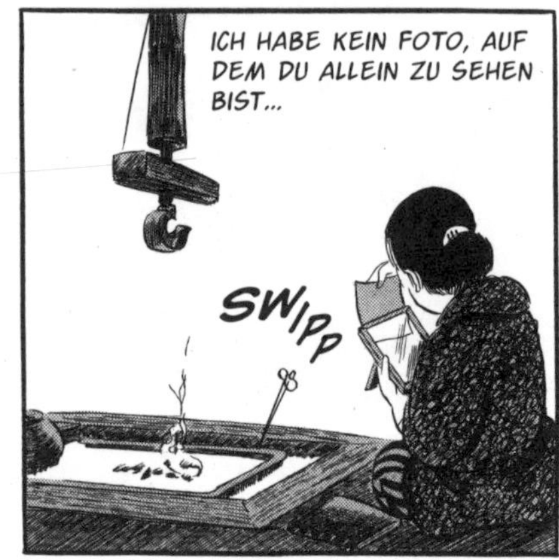
ICH HABE KEIN FOTO, AUF DEM DU ALLEIN ZU SEHEN BIST...
SWIPP

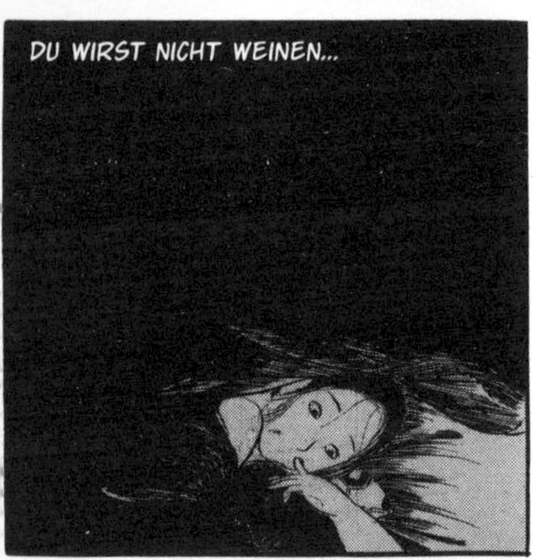
DU WIRST NICHT WEINEN...

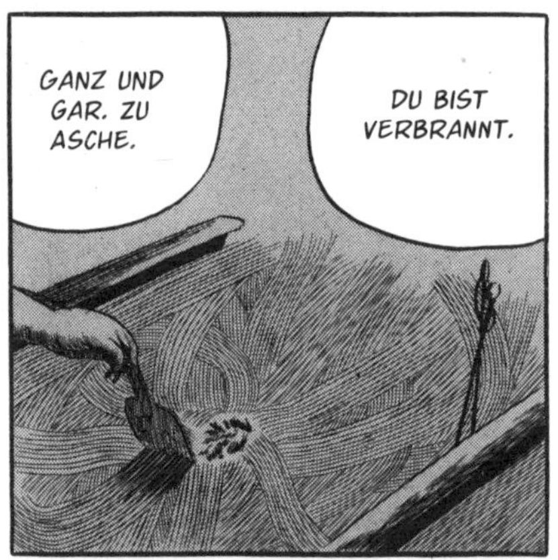
DU BIST VERBRANNT.
GANZ UND GAR. ZU ASCHE.

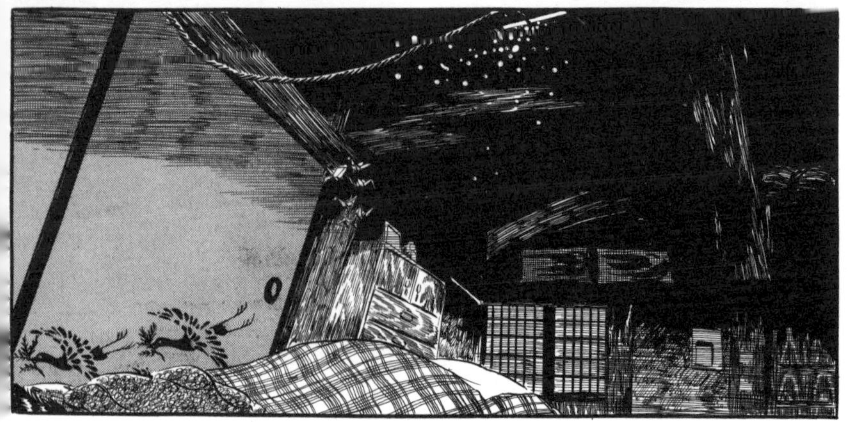

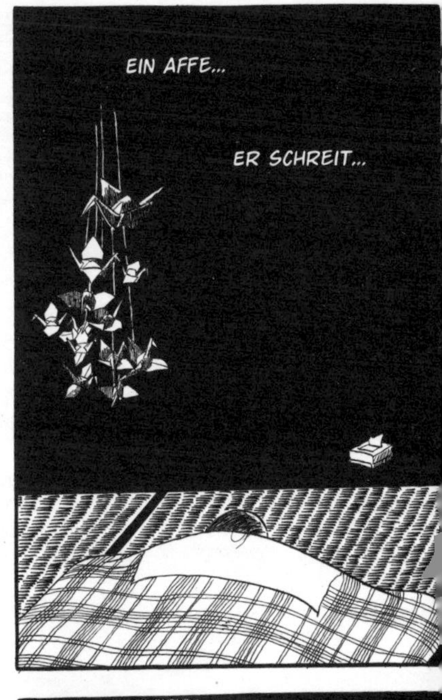
EIN AFFE...
ER SCHREIT...

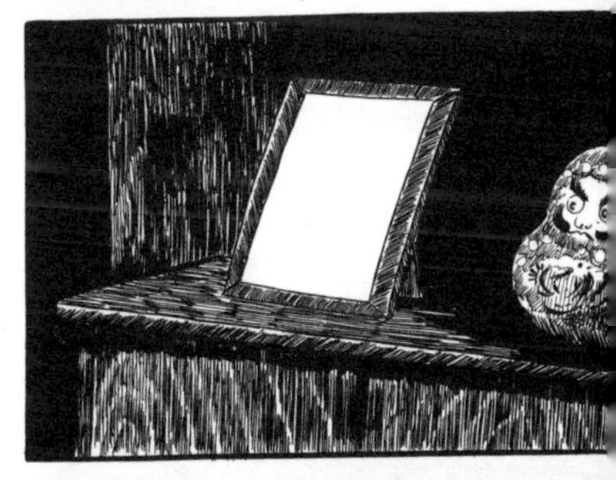

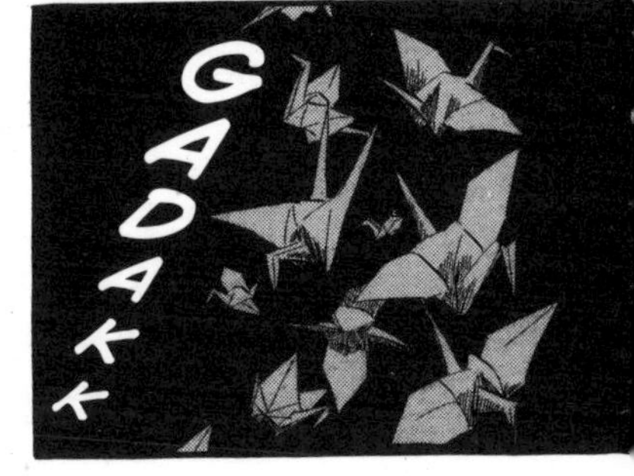
GADAKK

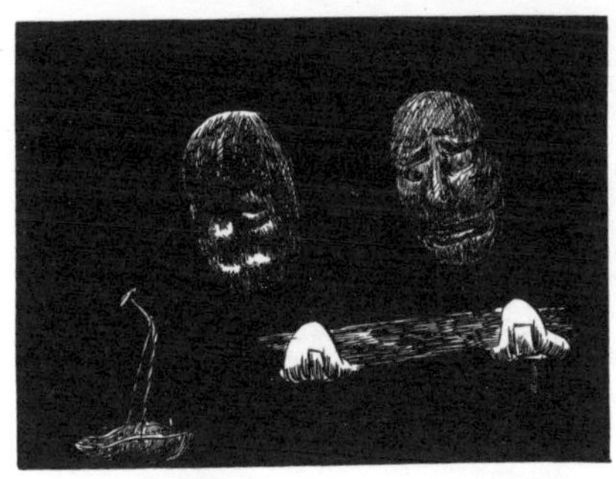

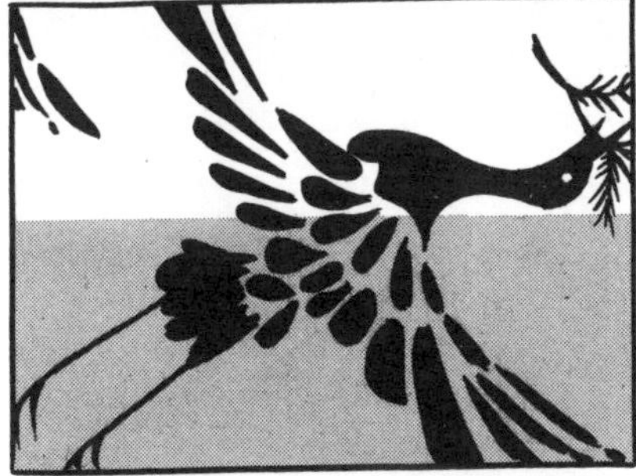

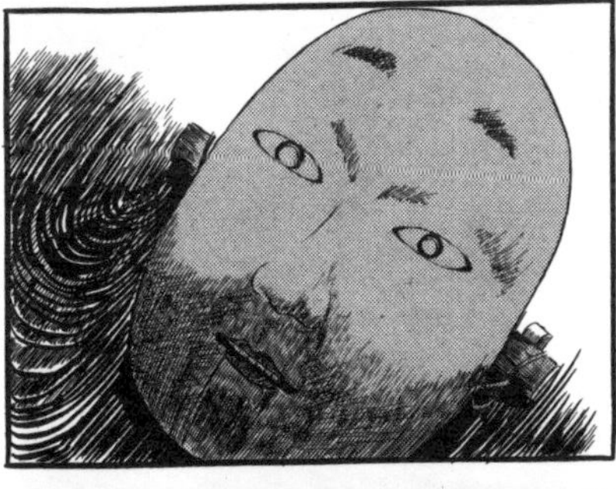

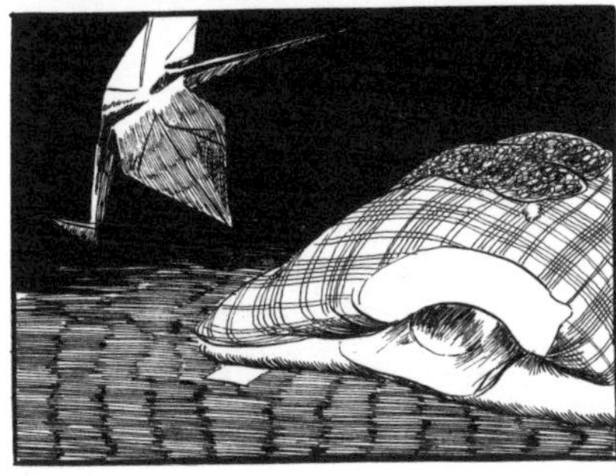

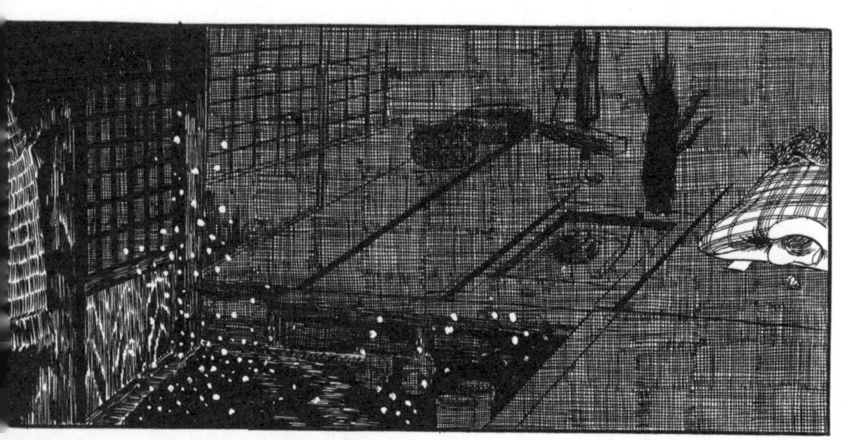

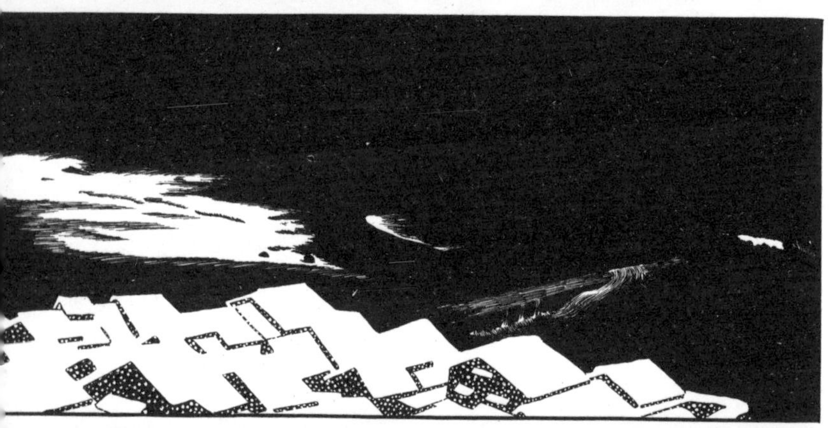

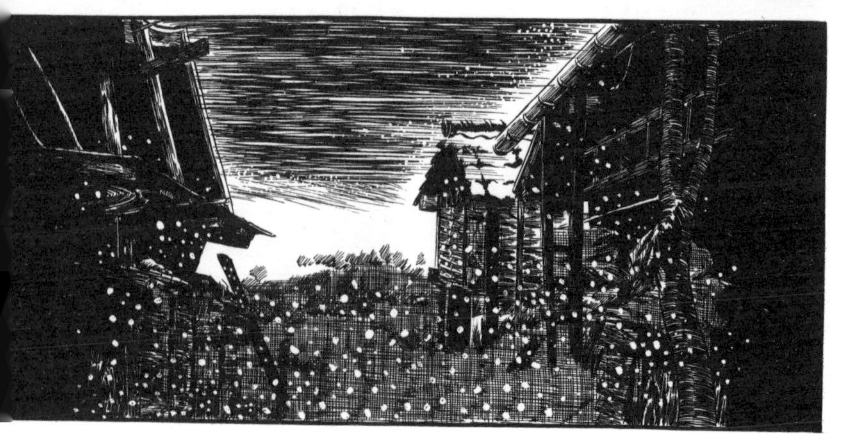

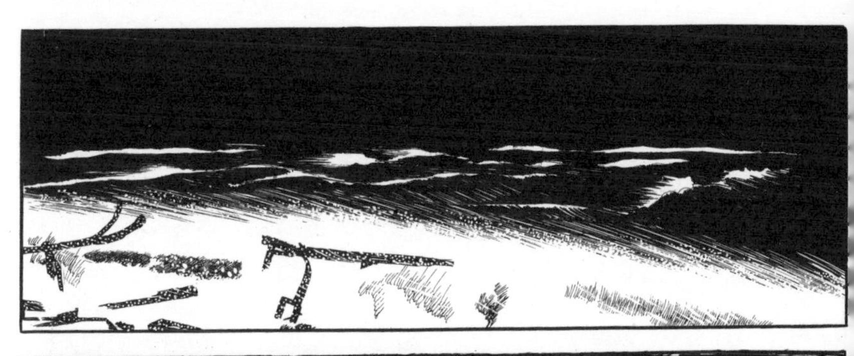

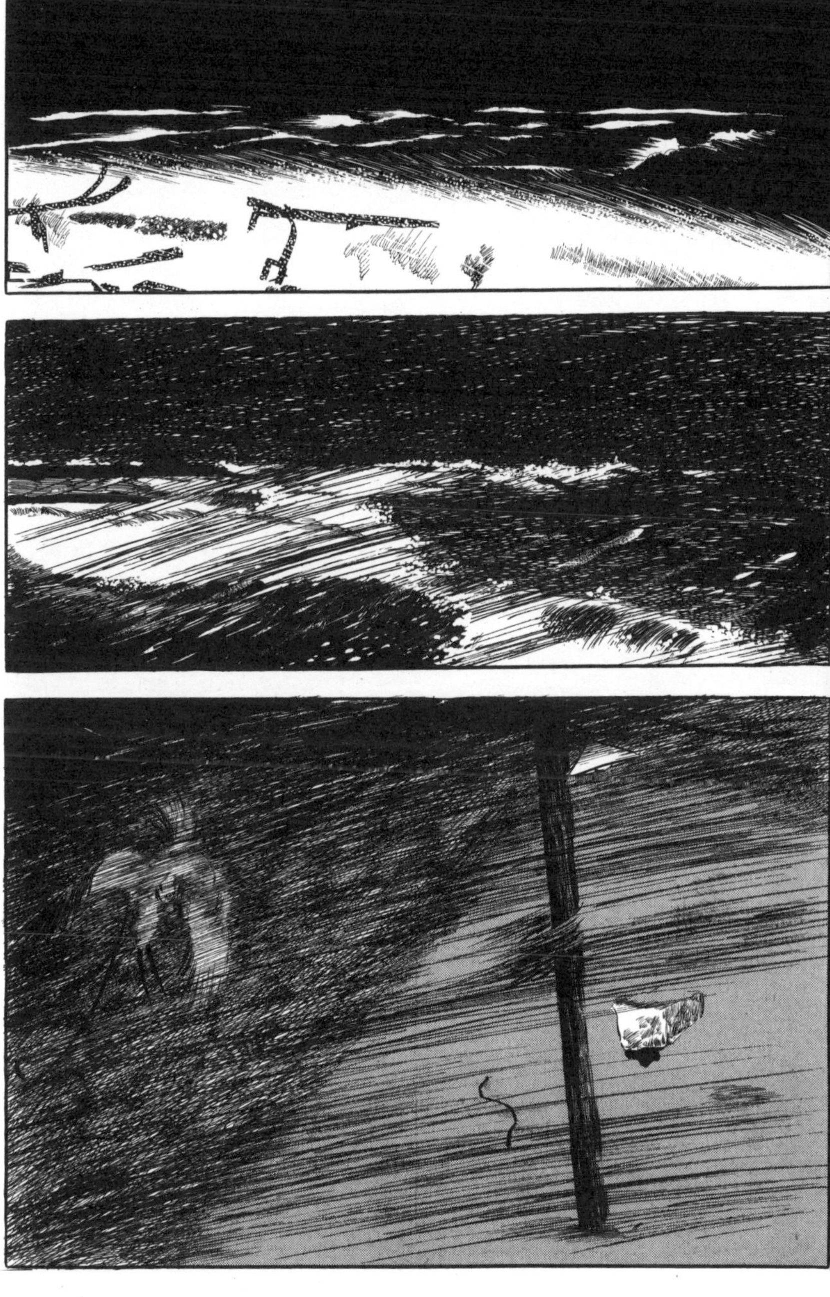

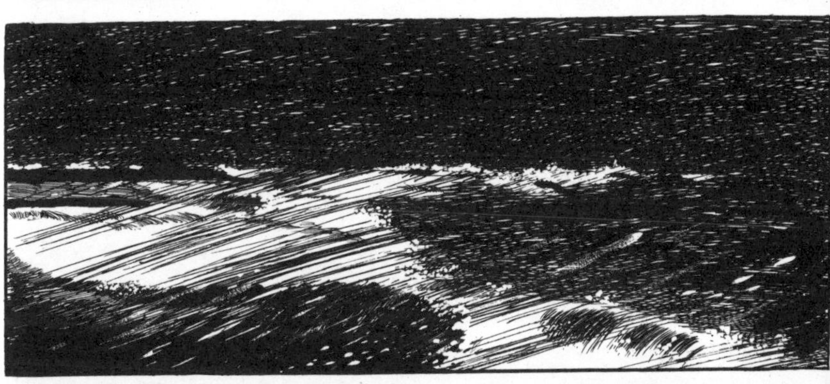

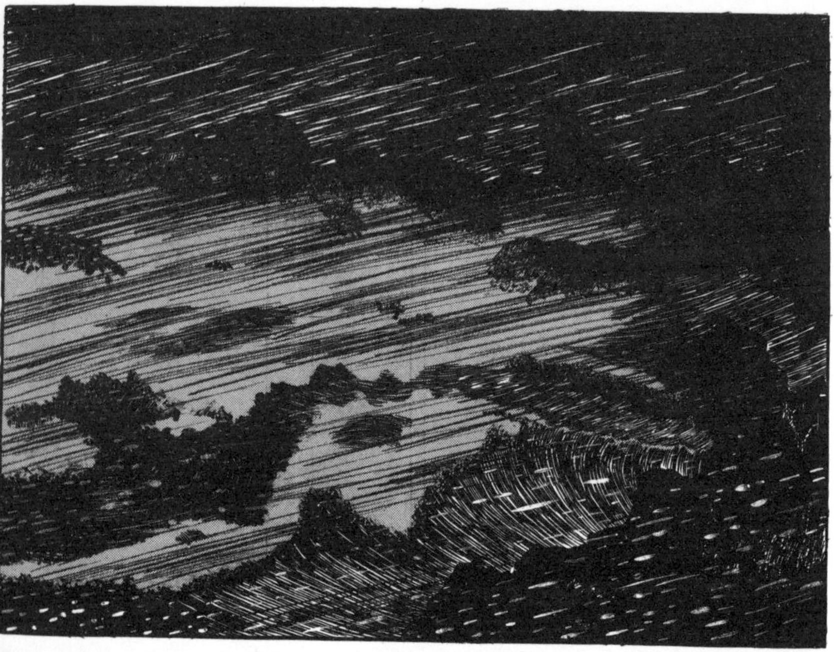

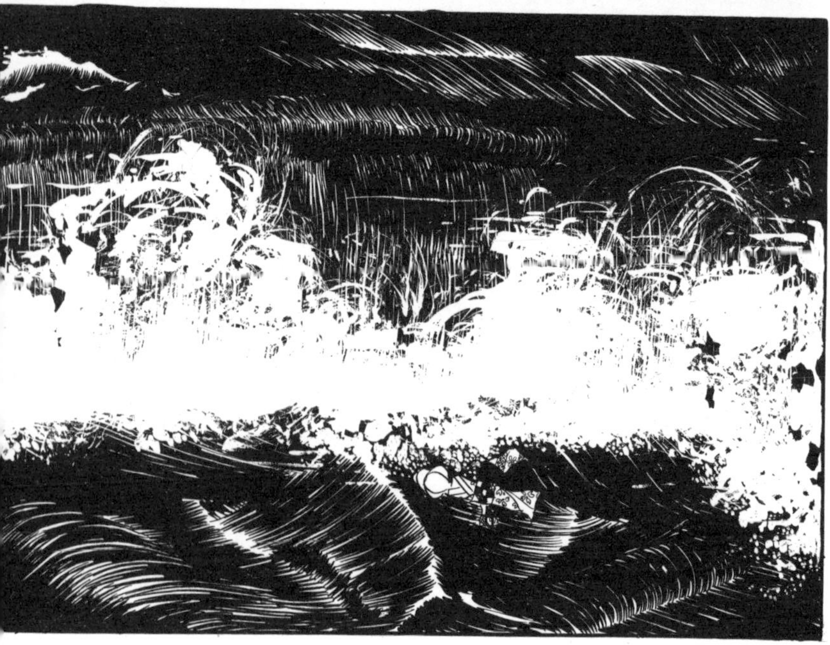

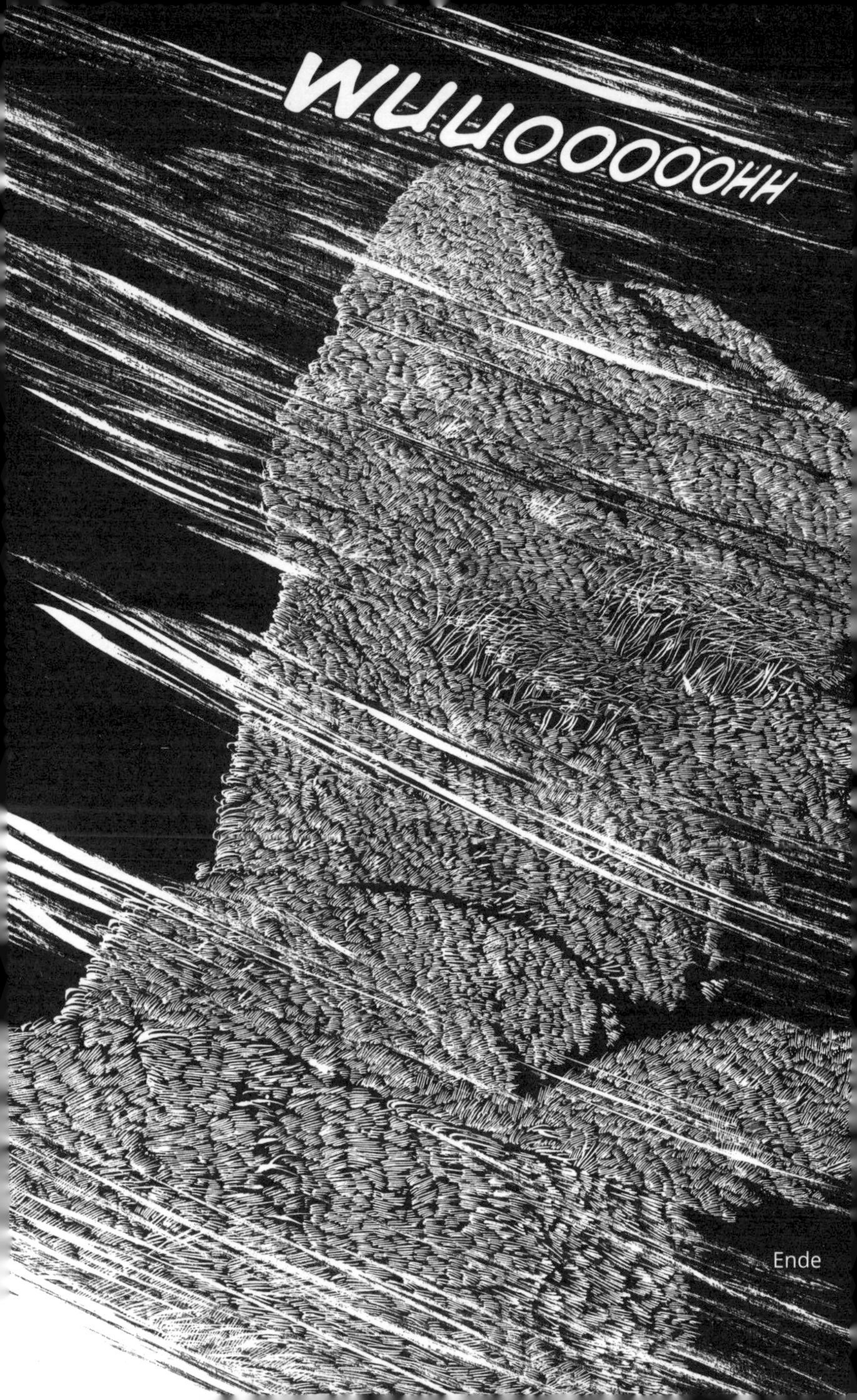

Ende

Frühlingsgeist

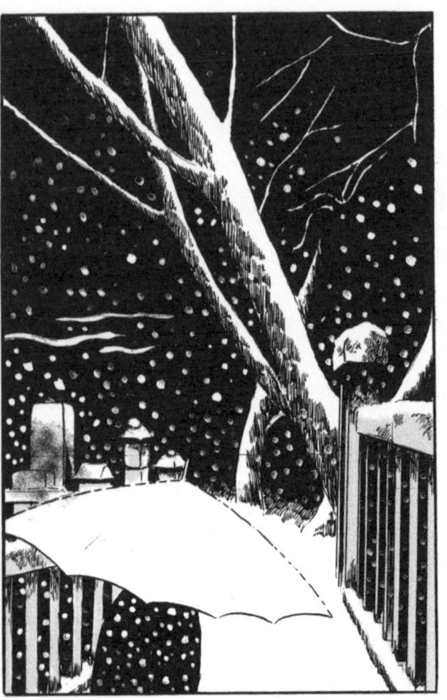

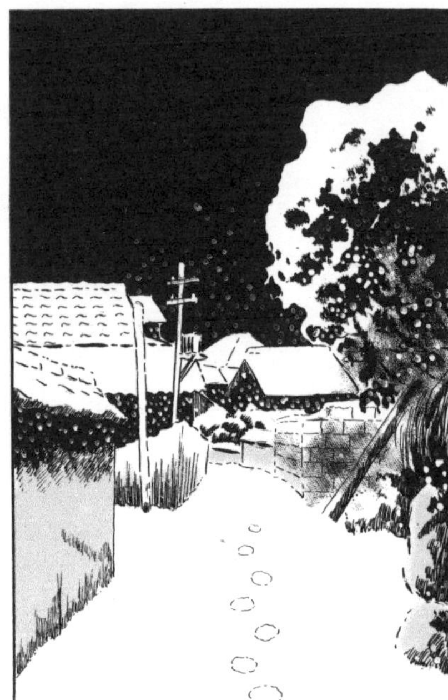

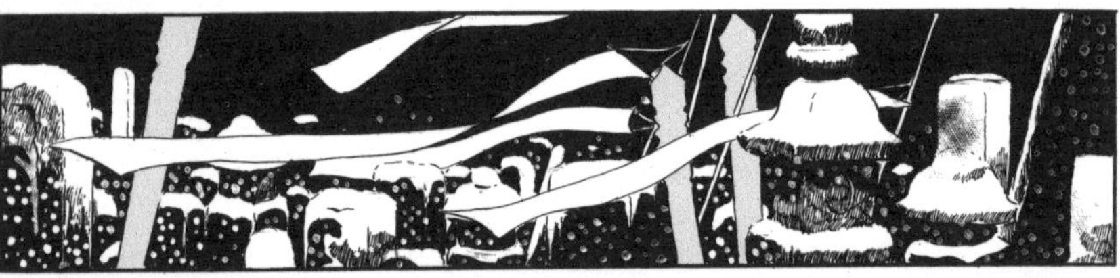

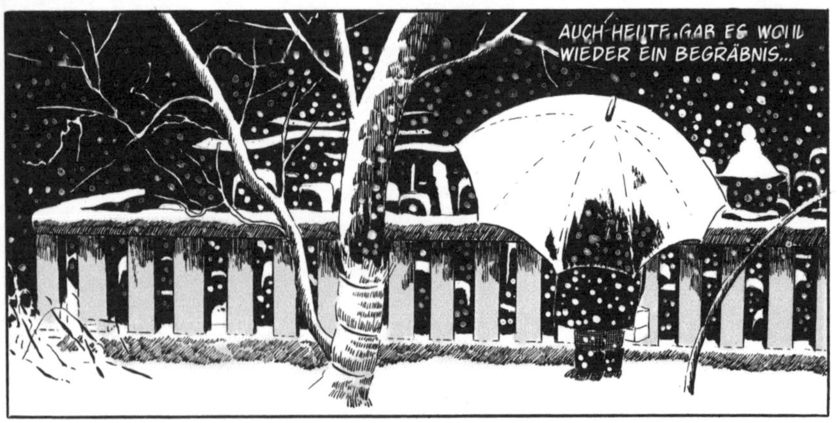
AUCH HEUTE GAB ES WOHL WIEDER EIN BEGRÄBNIS...

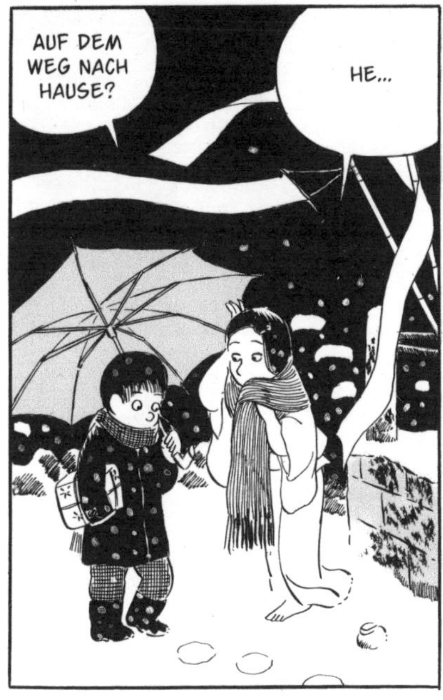
AUF DEM WEG NACH HAUSE?
HE...

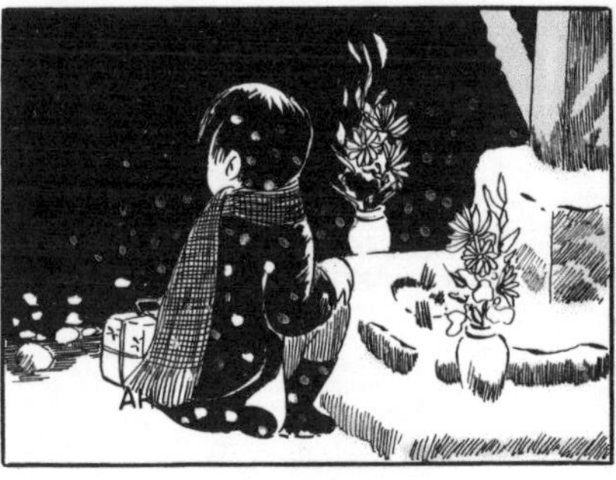

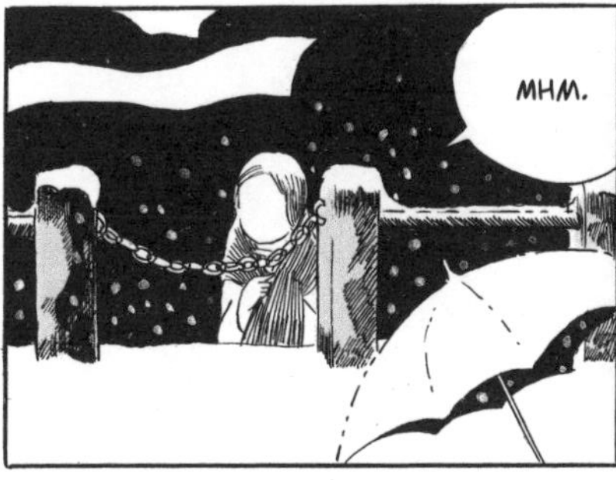
MHM.

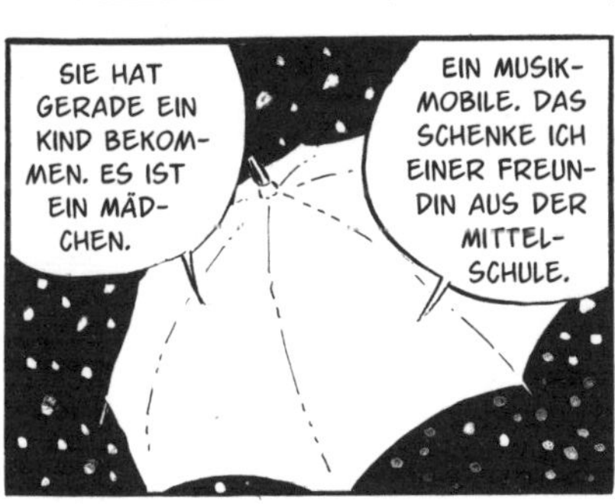
SIE HAT GERADE EIN KIND BEKOMMEN. ES IST EIN MÄDCHEN.
EIN MUSIKMOBILE. DAS SCHENKE ICH EINER FREUNDIN AUS DER MITTELSCHULE.

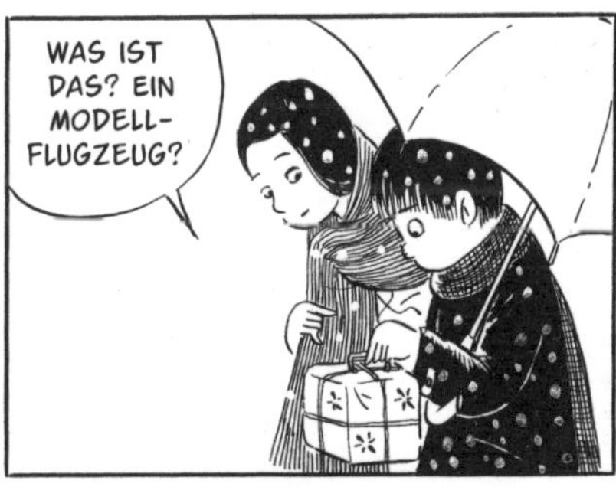
WAS IST DAS? EIN MODELLFLUGZEUG?

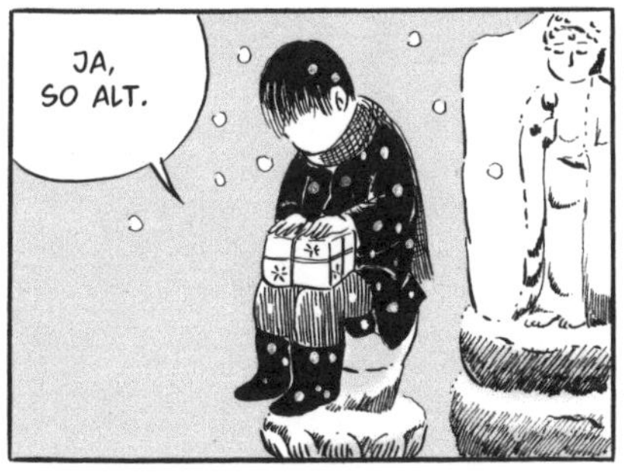
JA, SO ALT.

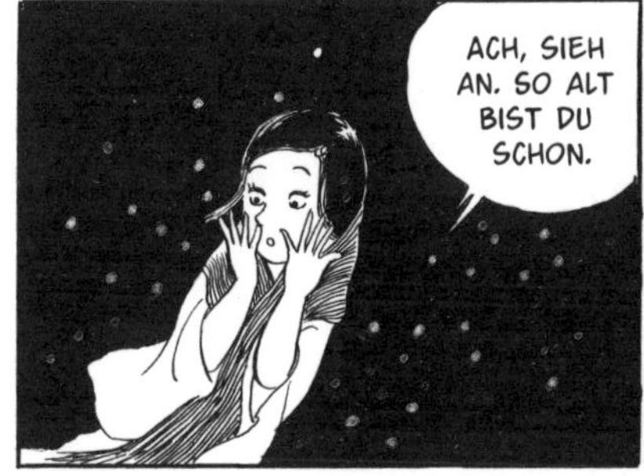
ACH, SIEH AN. SO ALT BIST DU SCHON.

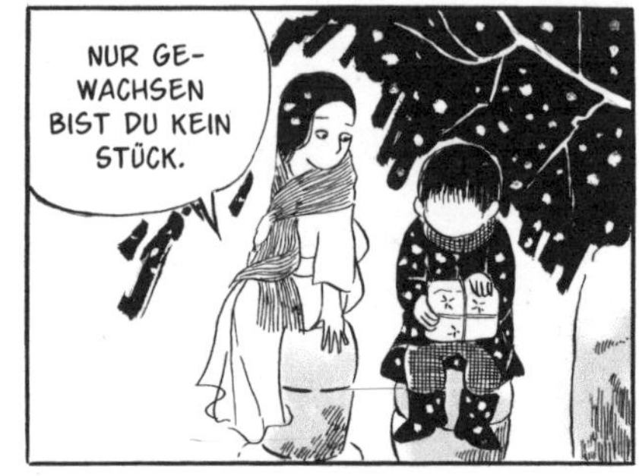
NUR GE-
WACHSEN
BIST DU KEIN
STÜCK.

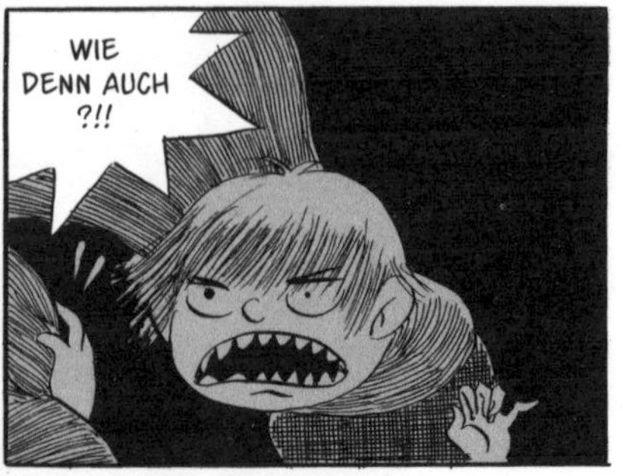
WIE
DENN AUCH
?!!

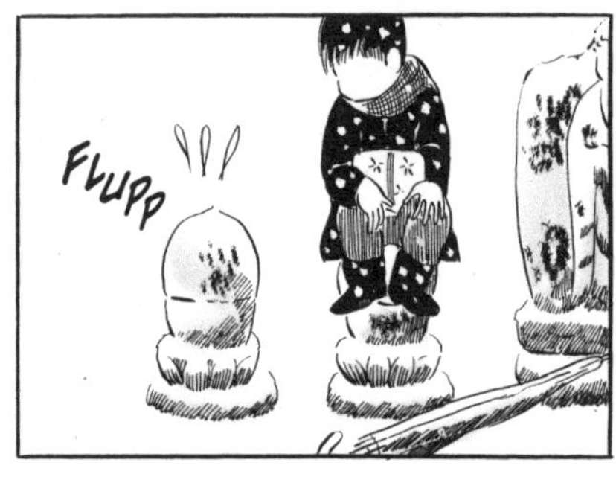
FLUPP

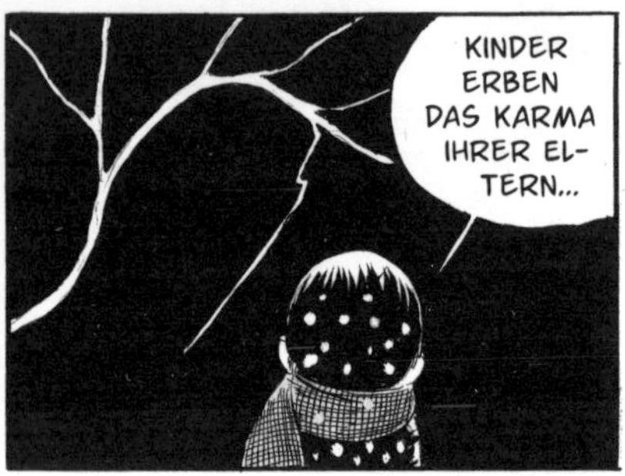
KINDER
ERBEN
DAS KARMA
IHRER EL-
TERN...

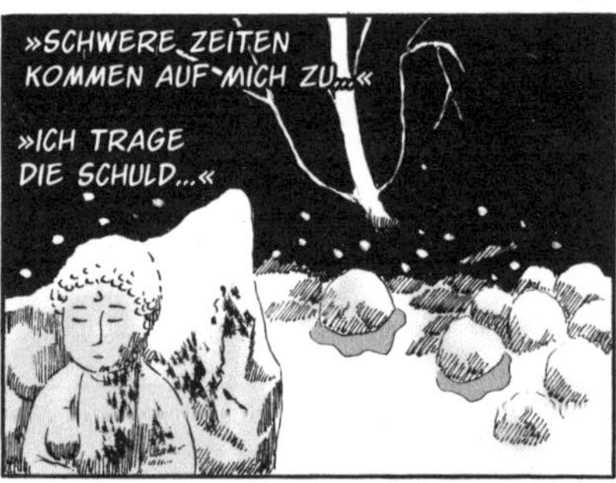
»SCHWERE ZEITEN
KOMMEN AUF MICH ZU...«
»ICH TRAGE
DIE SCHULD...«

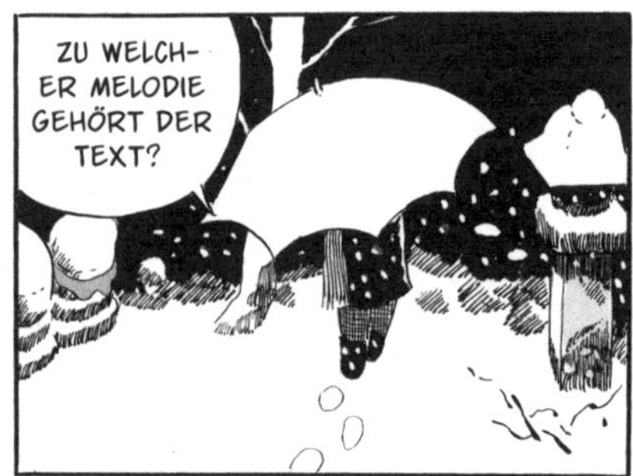
ZU WELCH-
ER MELODIE
GEHÖRT DER
TEXT?

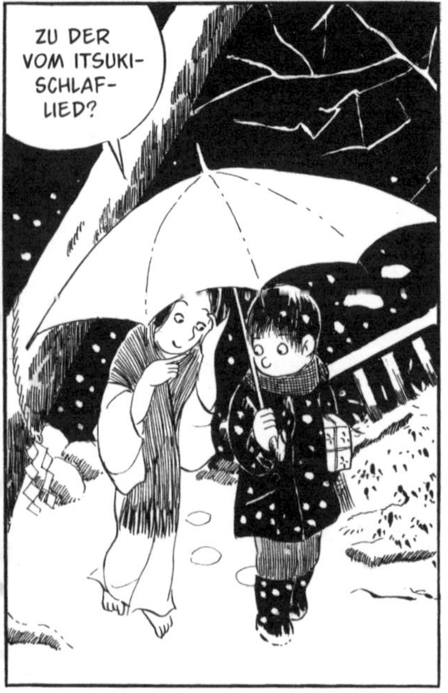
ZU DER
VOM ITSUKI-
SCHLAF-
LIED?

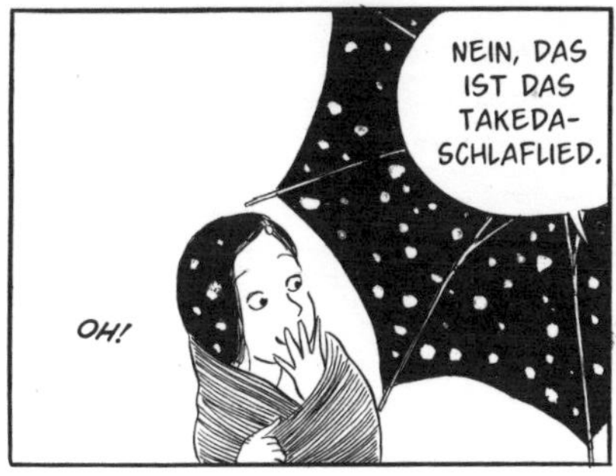
NEIN, DAS IST DAS TAKEDA-SCHLAFLIED.
OH!

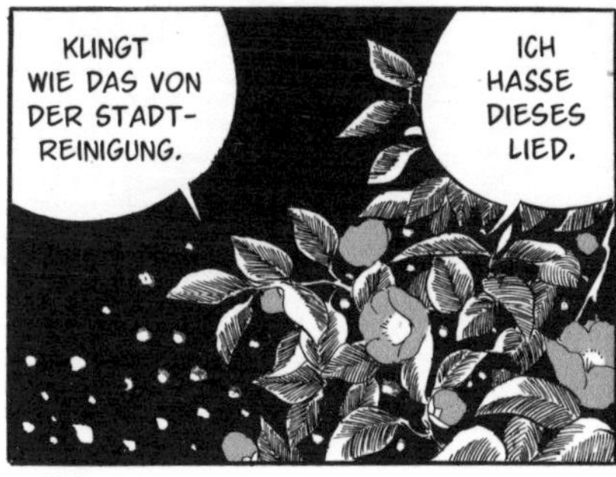
ICH HASSE DIESES LIED.
KLINGT WIE DAS VON DER STADT-REINIGUNG.

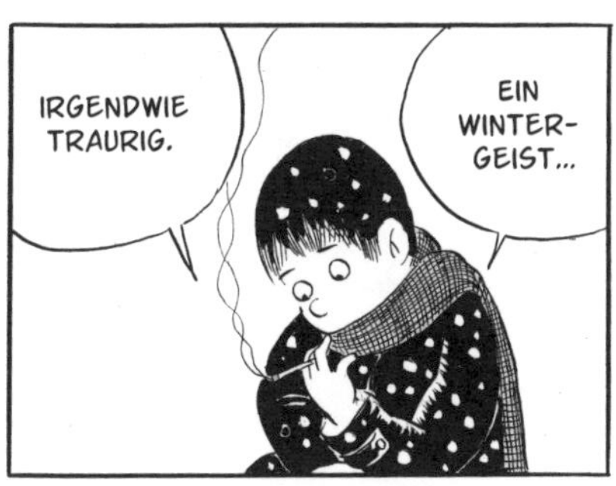
EIN WINTER-GEIST...
IRGENDWIE TRAURIG.

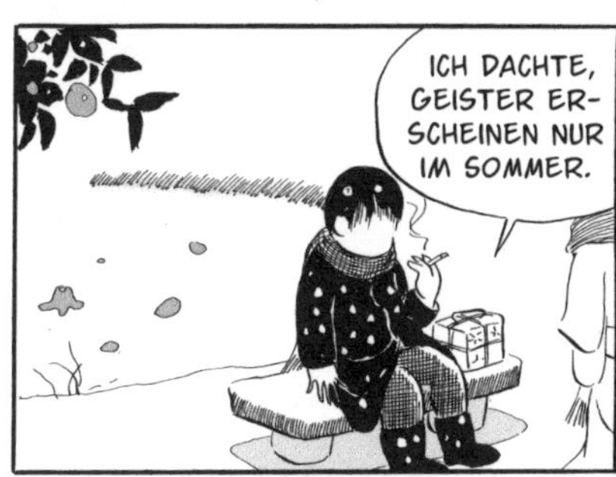
ICH DACHTE, GEISTER ER-SCHEINEN NUR IM SOMMER.

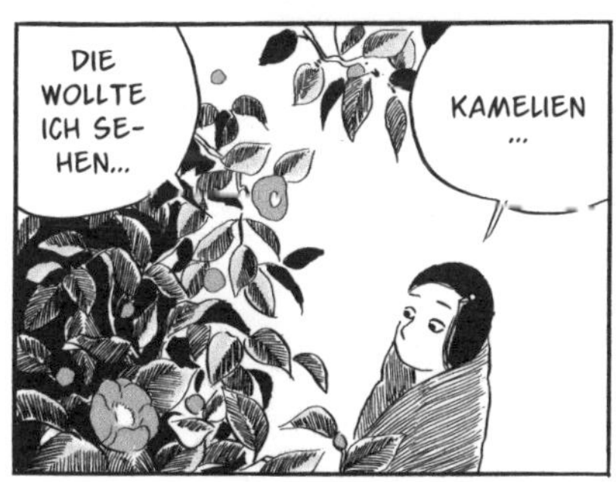
KAMELIEN ...
DIE WOLLTE ICH SE-HEN...

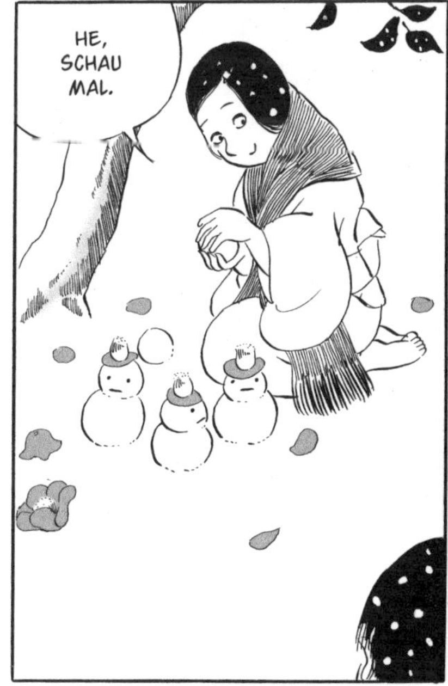
HE, SCHAU MAL.

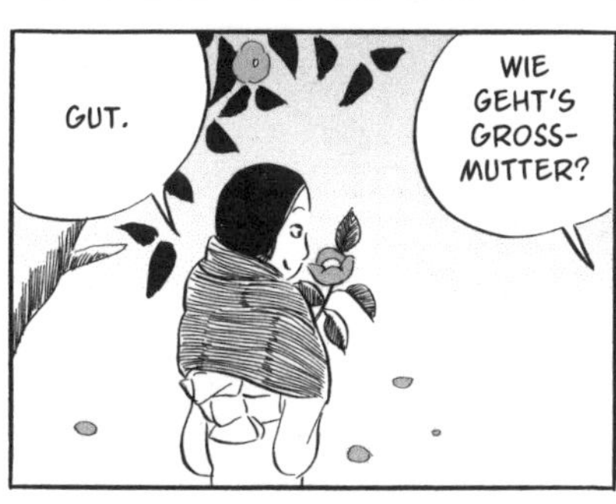
WIE GEHT'S GROSS-MUTTER?
GUT.

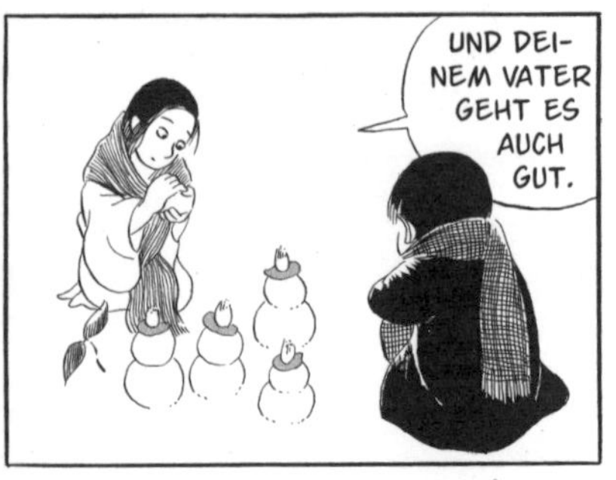
UND DEI-
NEM VATER
GEHT ES
AUCH
GUT.

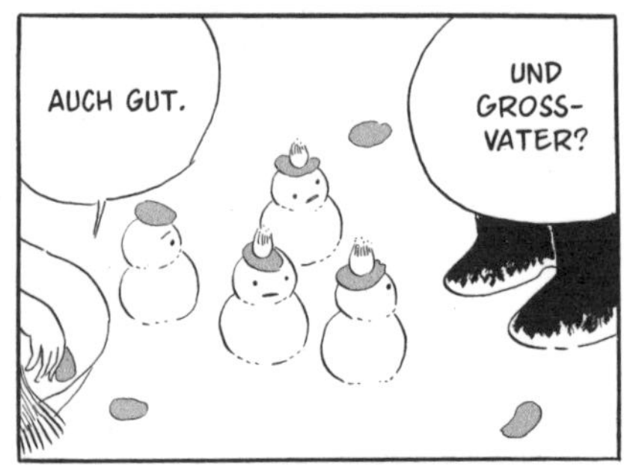
UND
GROSS-
VATER?
AUCH GUT.

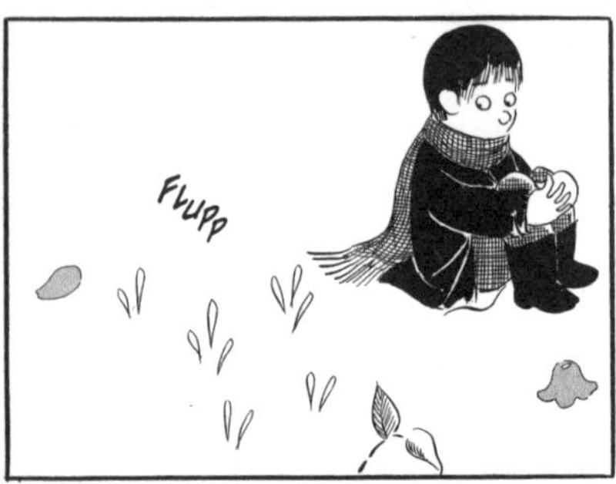
FLUPP

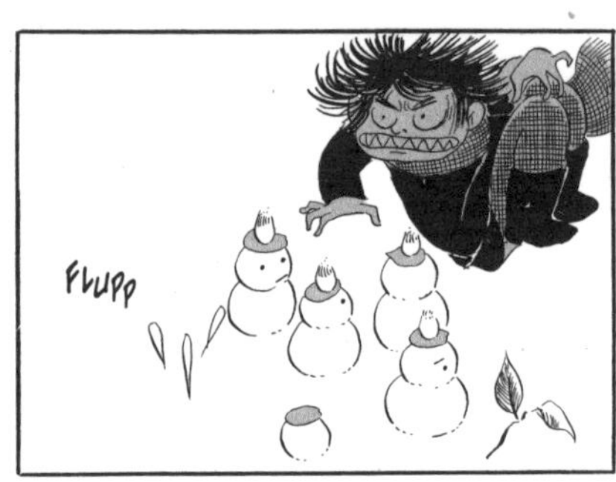
FLUPP

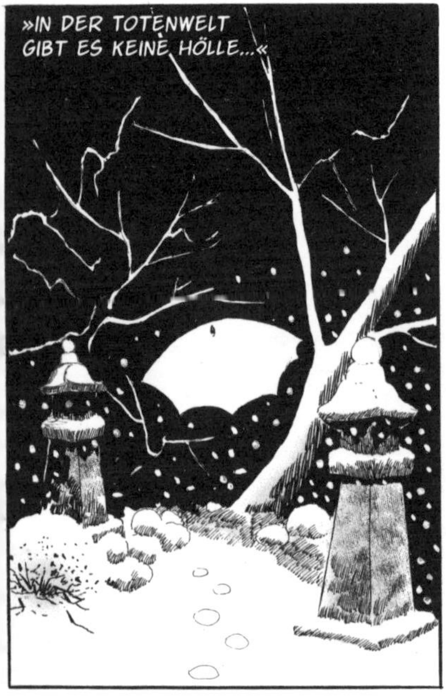
»IN DER TOTENWELT
GIBT ES KEINE HÖLLE...«

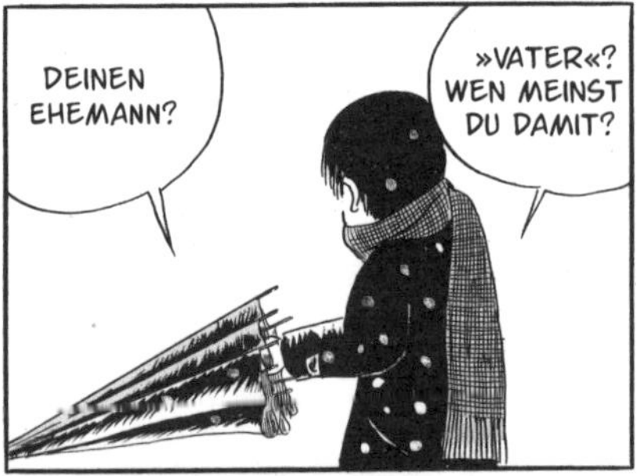
»VATER«?
WEN MEINST
DU DAMIT?
DEINEN
EHEMANN?

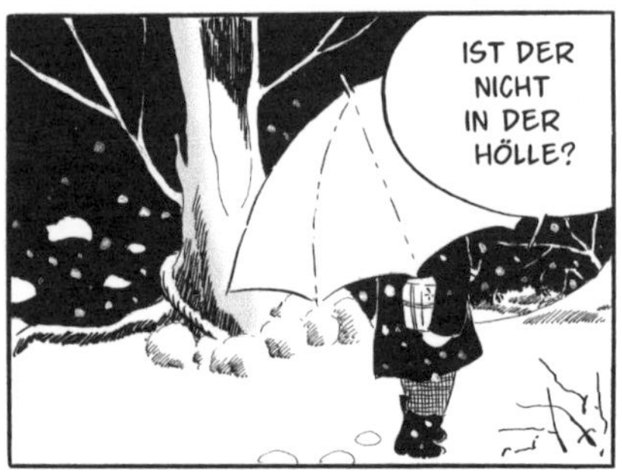
IST DER
NICHT
IN DER
HÖLLE?

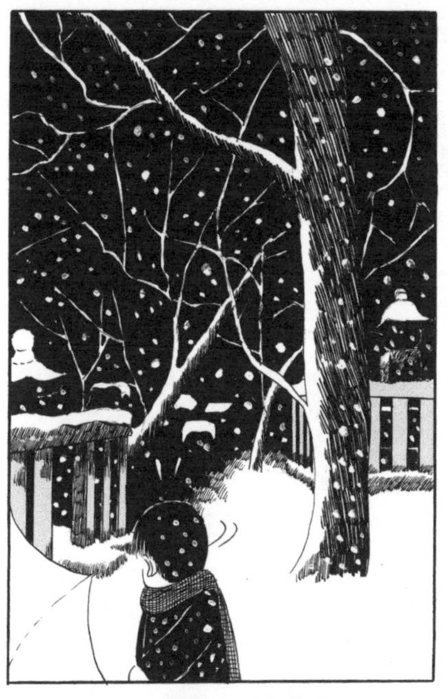
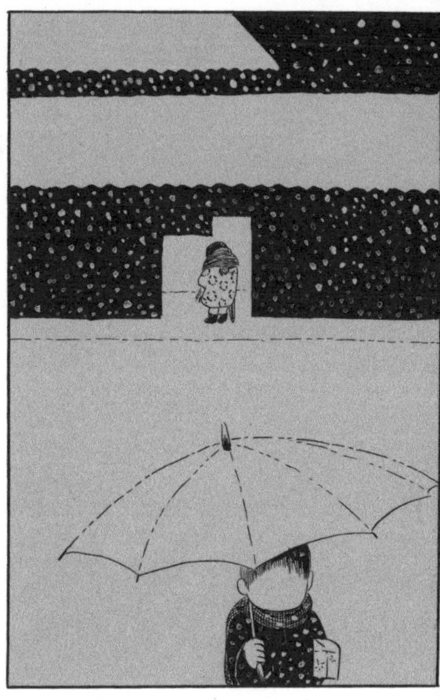
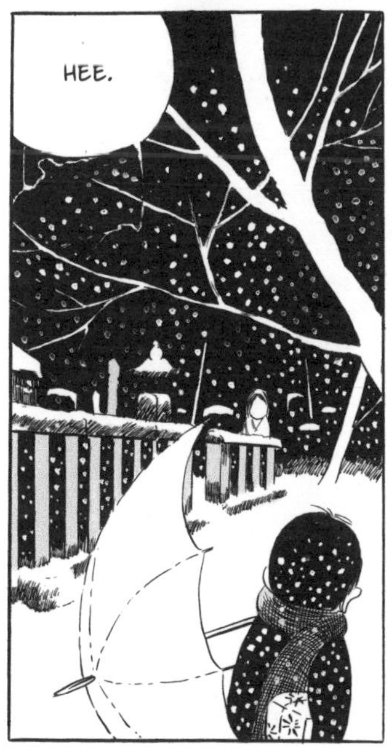
HEE.
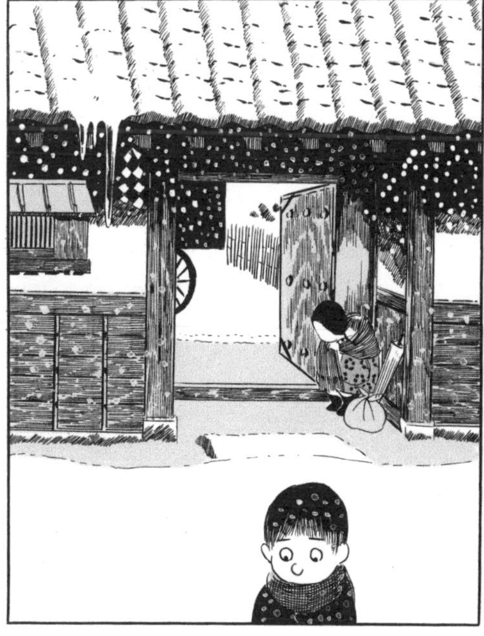

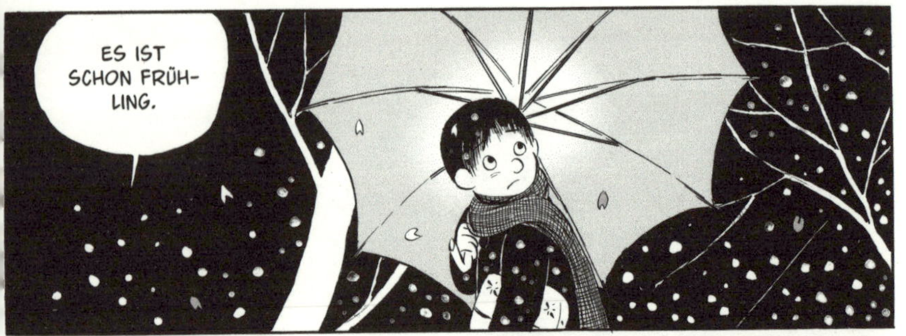

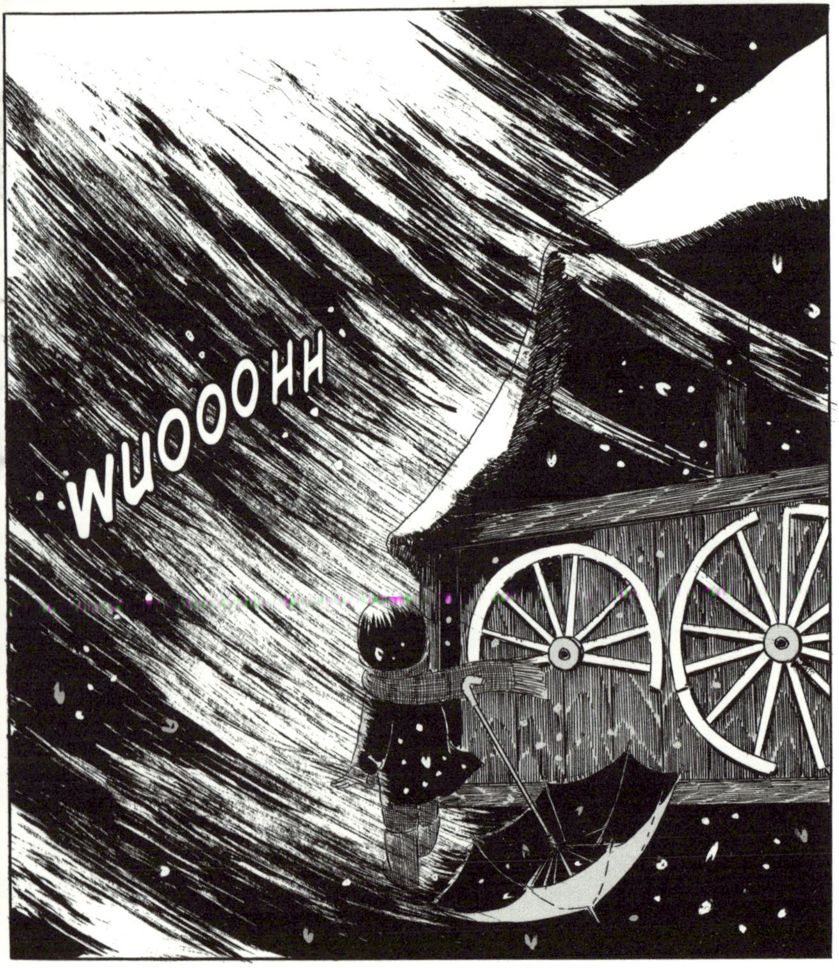

WUOOOHH

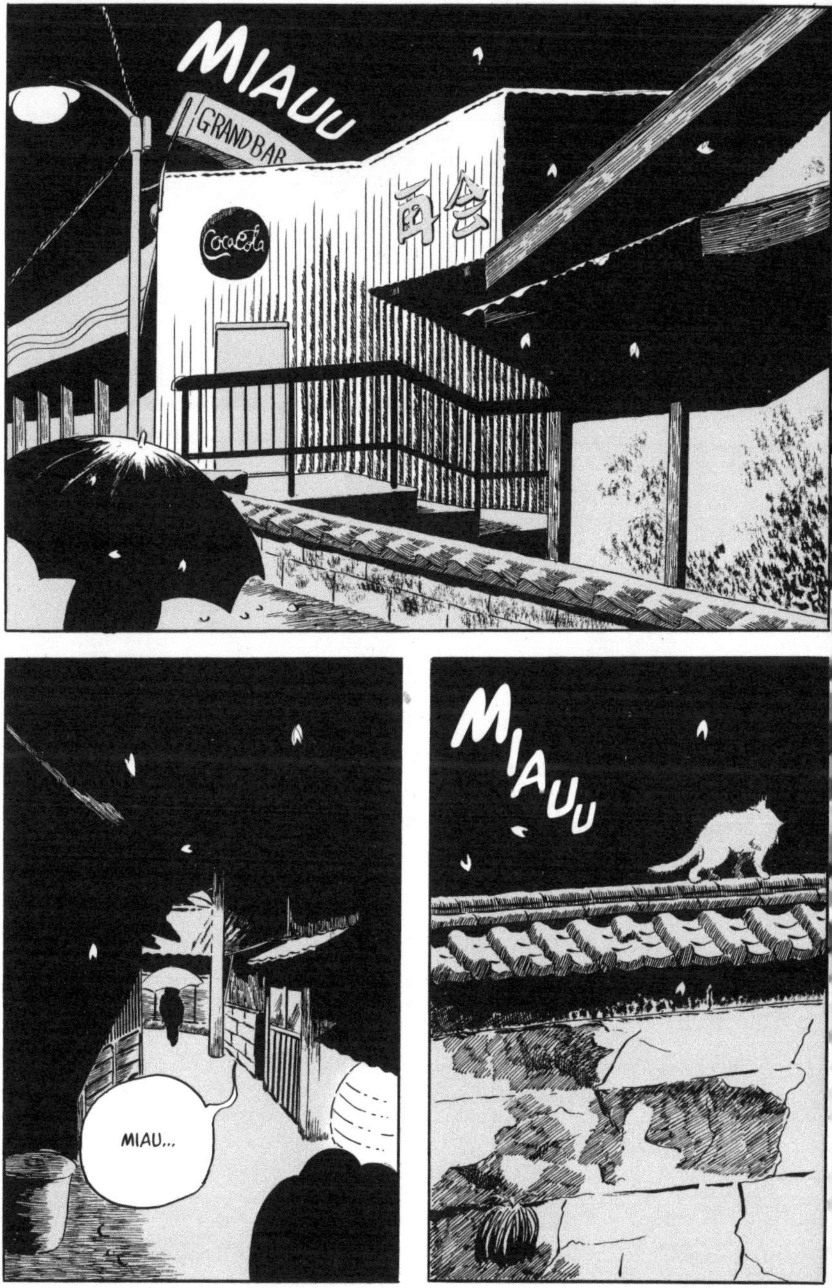

MIAUU

GRANDBAR

Coca-Cola

再会

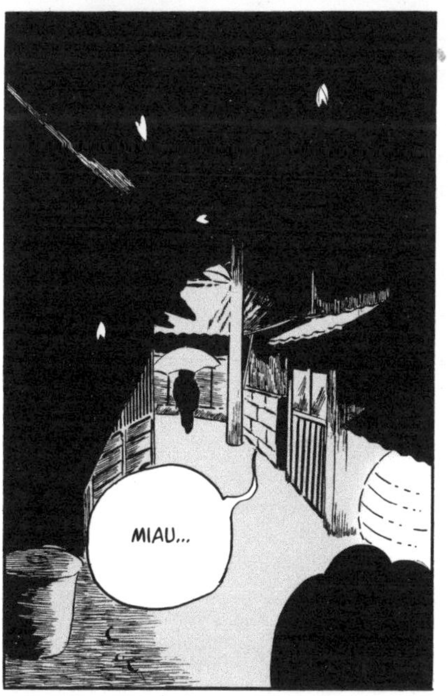

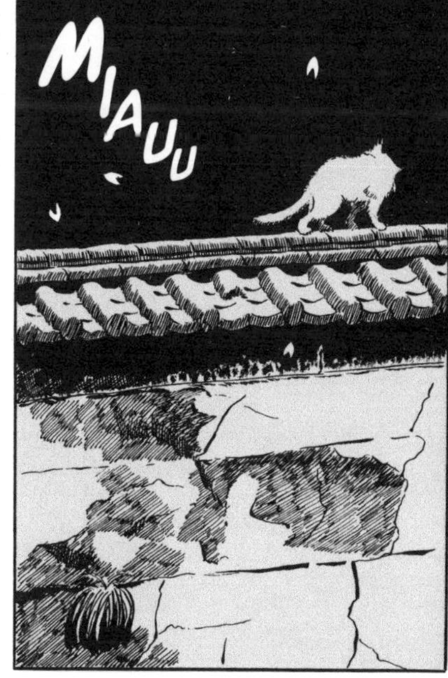

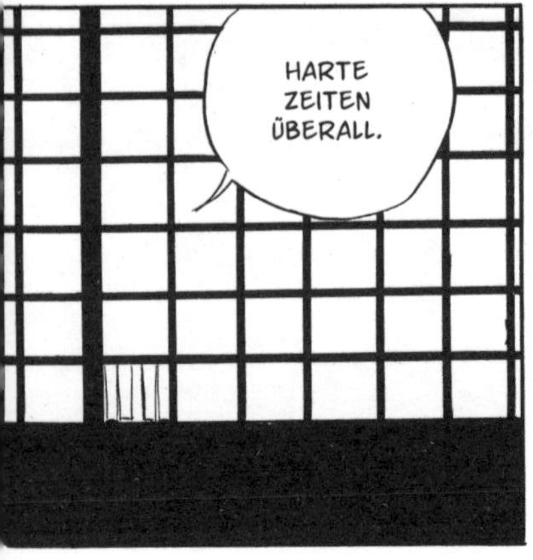
HARTE ZEITEN ÜBERALL.

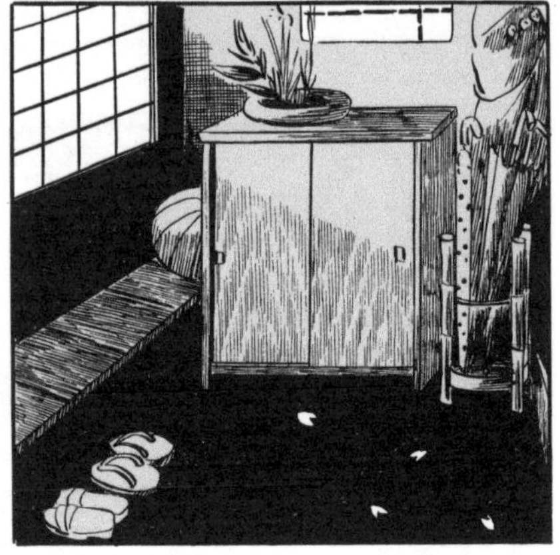

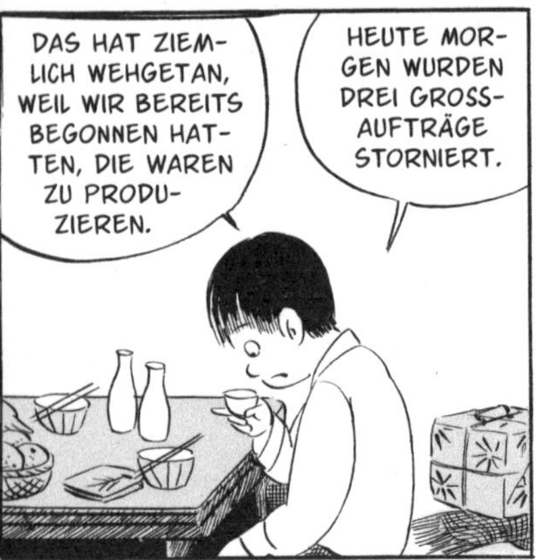
DAS HAT ZIEMLICH WEHGETAN, WEIL WIR BEREITS BEGONNEN HATTEN, DIE WAREN ZU PRODUZIEREN.
HEUTE MORGEN WURDEN DREI GROSSAUFTRÄGE STORNIERT.

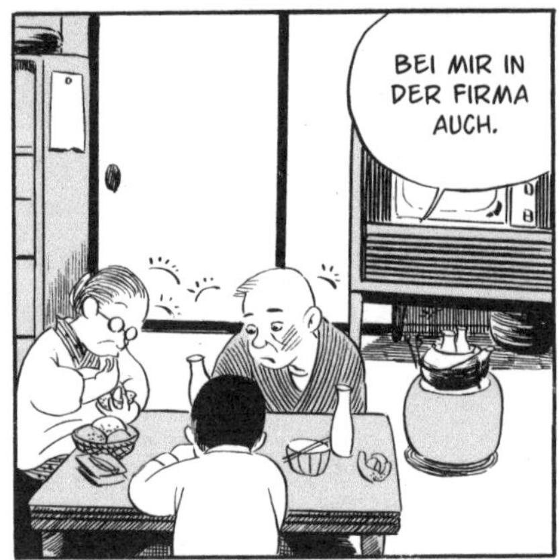
BEI MIR IN DER FIRMA AUCH.

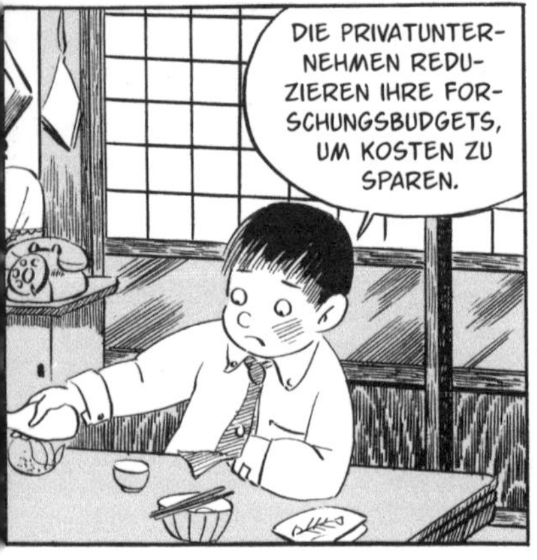
DIE PRIVATUNTERNEHMEN REDUZIEREN IHRE FORSCHUNGSBUDGETS, UM KOSTEN ZU SPAREN.

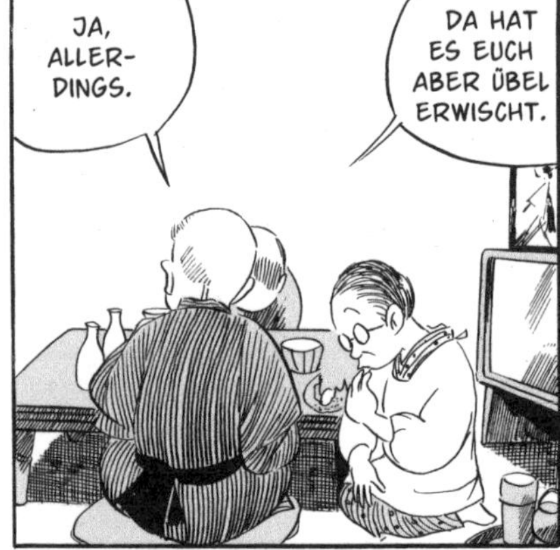
JA, ALLERDINGS.
DA HAT ES EUCH ABER ÜBEL ERWISCHT.

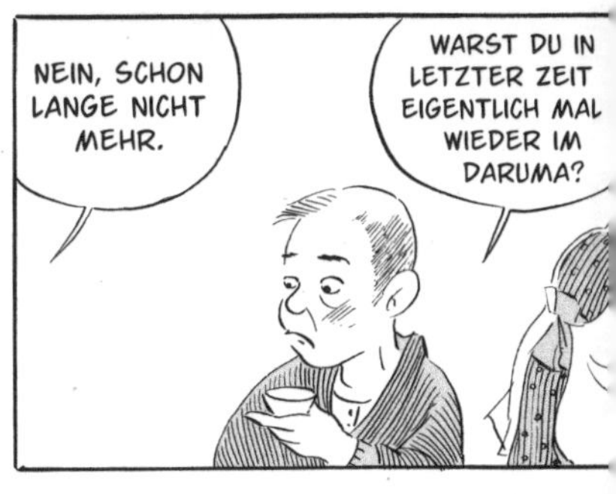
WARST DU IN LETZTER ZEIT EIGENTLICH MAL WIEDER IM DARUMA?
NEIN, SCHON LANGE NICHT MEHR.

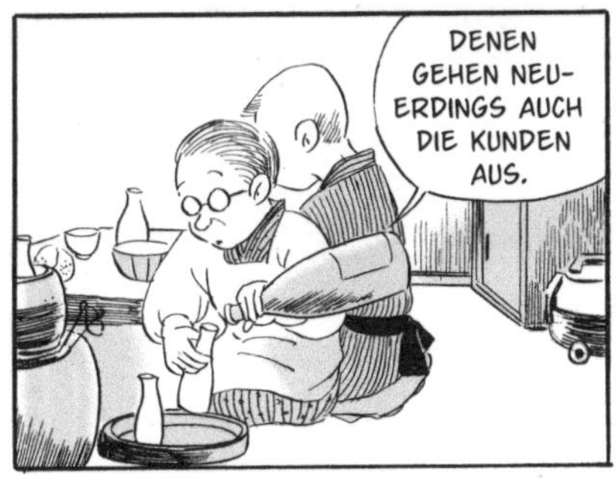
DENEN GEHEN NEUERDINGS AUCH DIE KUNDEN AUS.

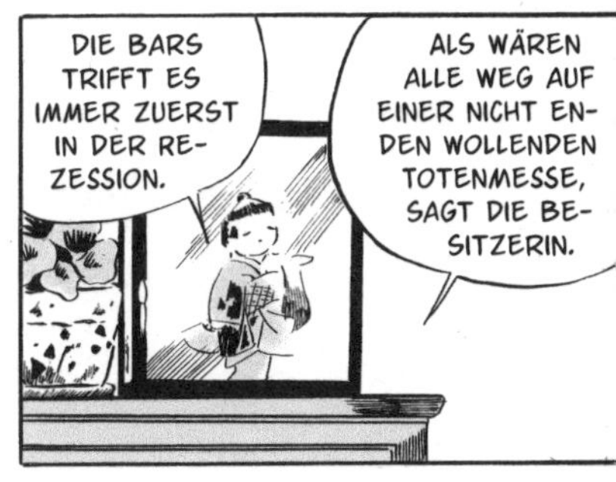
ALS WÄREN ALLE WEG AUF EINER NICHT ENDEN WOLLENDEN TOTENMESSE, SAGT DIE BESITZERIN.
DIE BARS TRIFFT ES IMMER ZUERST IN DER REZESSION.

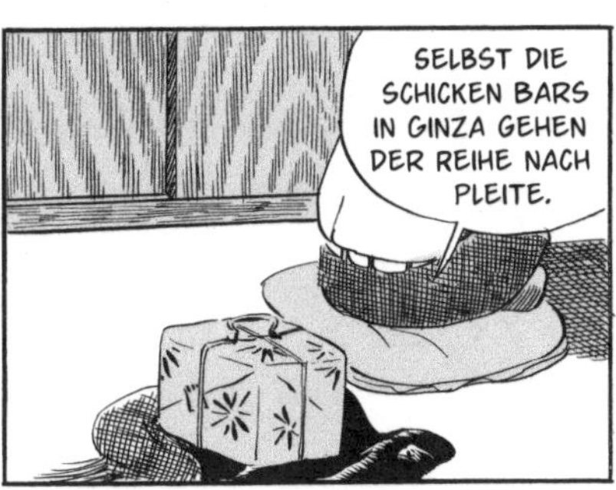
SELBST DIE SCHICKEN BARS IN GINZA GEHEN DER REIHE NACH PLEITE.

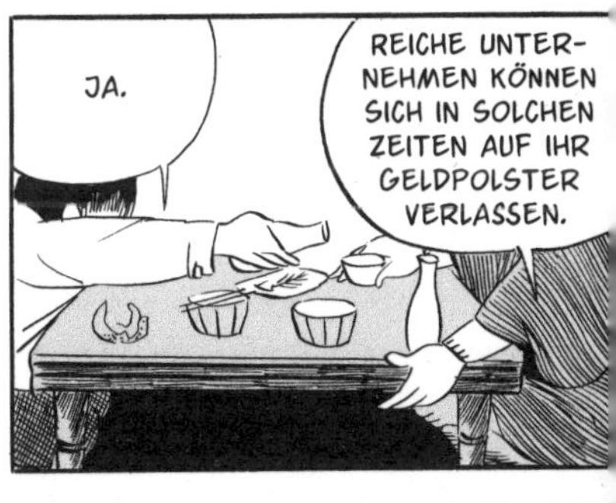
REICHE UNTERNEHMEN KÖNNEN SICH IN SOLCHEN ZEITEN AUF IHR GELDPOLSTER VERLASSEN.
JA.

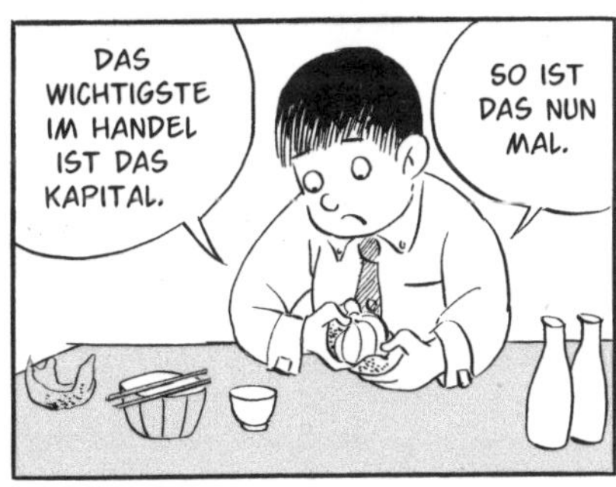
SO IST DAS NUN MAL.
DAS WICHTIGSTE IM HANDEL IST DAS KAPITAL.

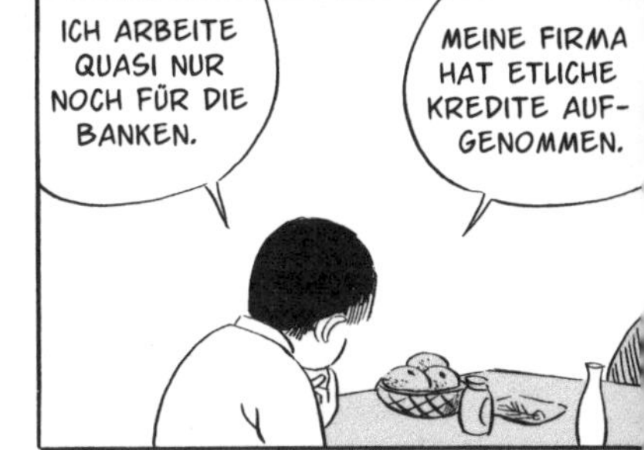
MEINE FIRMA HAT ETLICHE KREDITE AUFGENOMMEN.
ICH ARBEITE QUASI NUR NOCH FÜR DIE BANKEN.

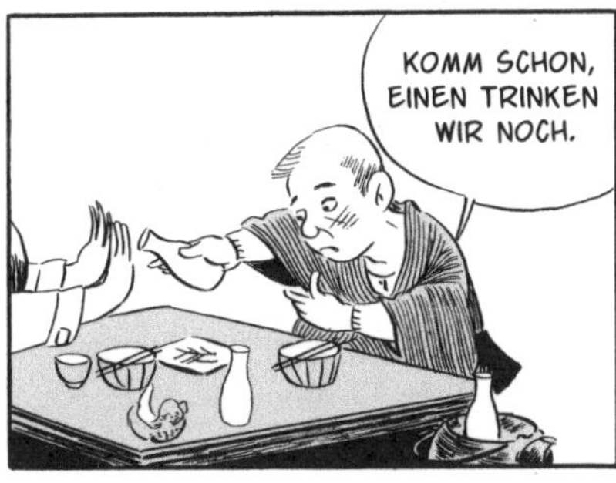
KOMM SCHON, EINEN TRINKEN WIR NOCH.

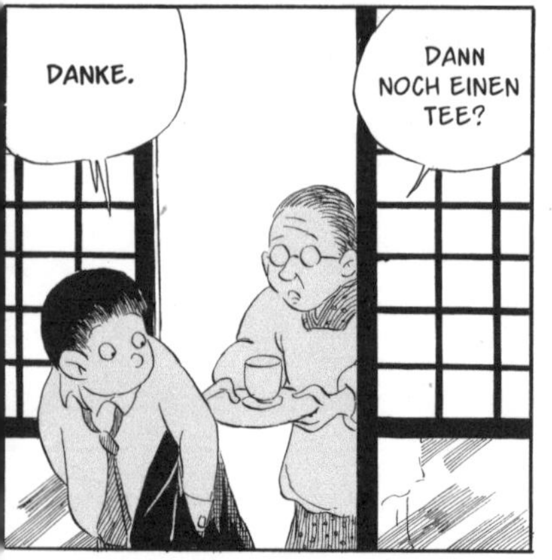
DANKE.
DANN NOCH EINEN TEE?

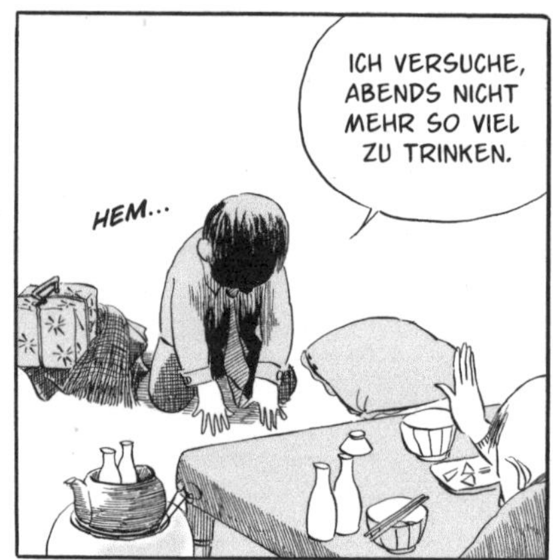
ICH VERSUCHE, ABENDS NICHT MEHR SO VIEL ZU TRINKEN.
HEM...

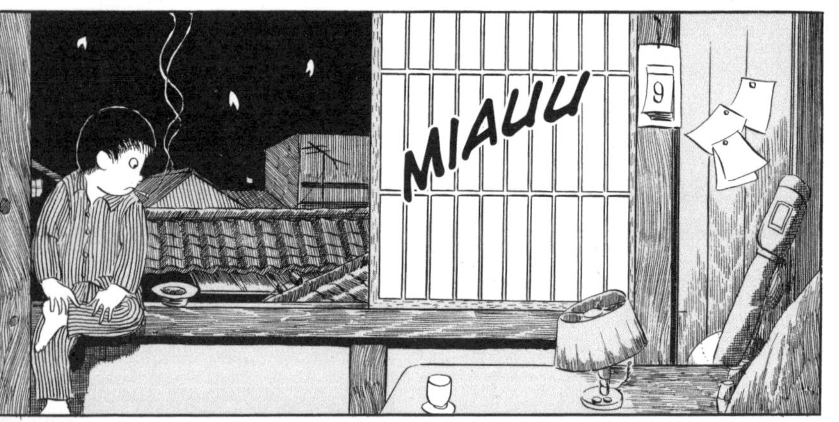
MIAUU
9

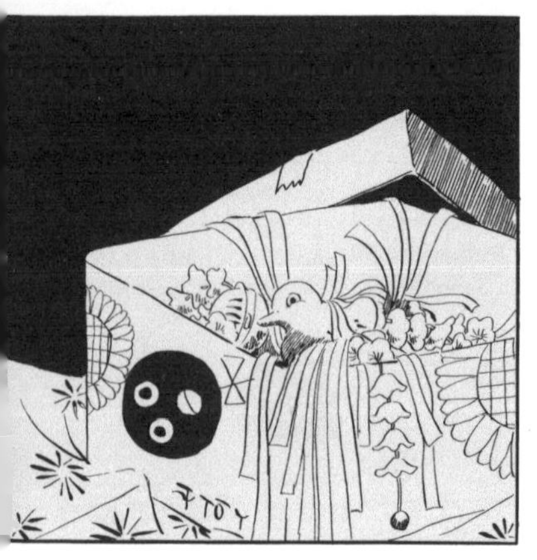

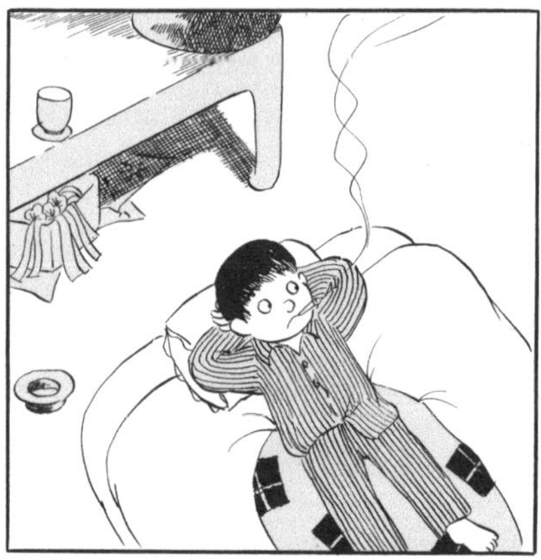

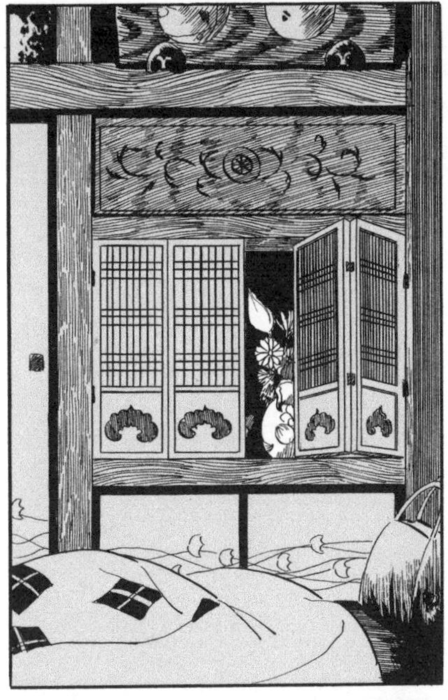
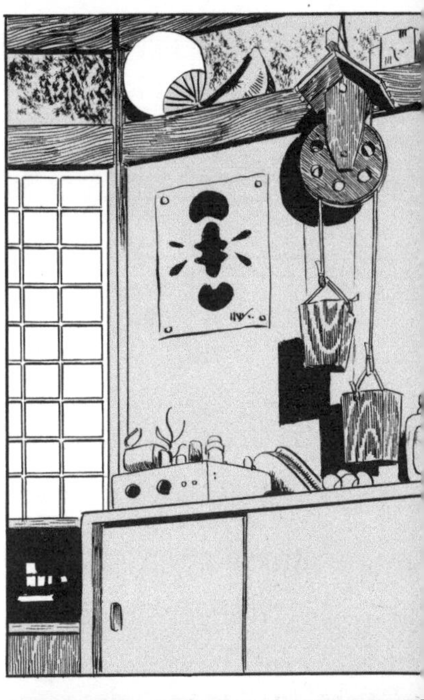
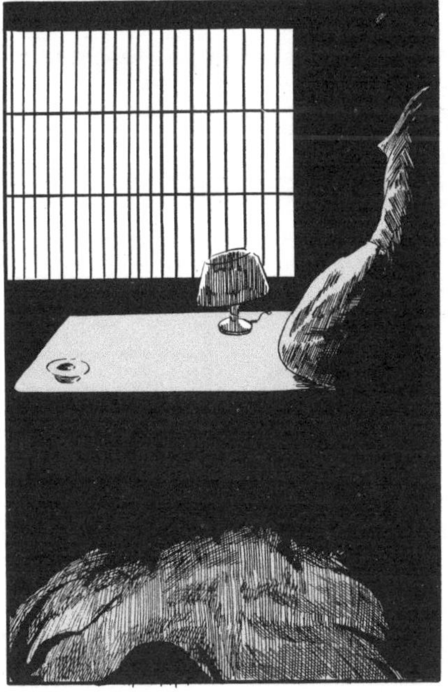
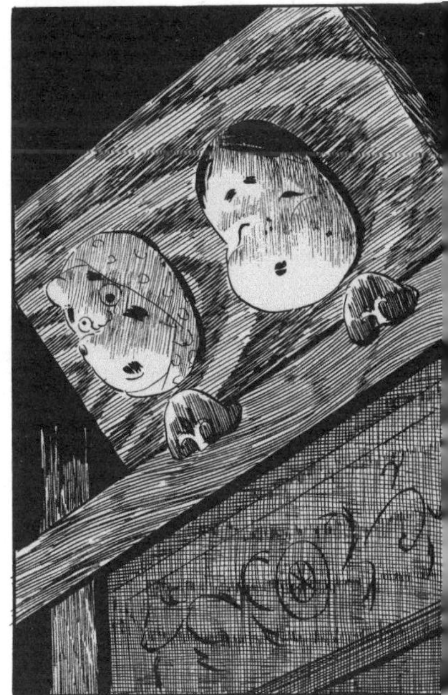

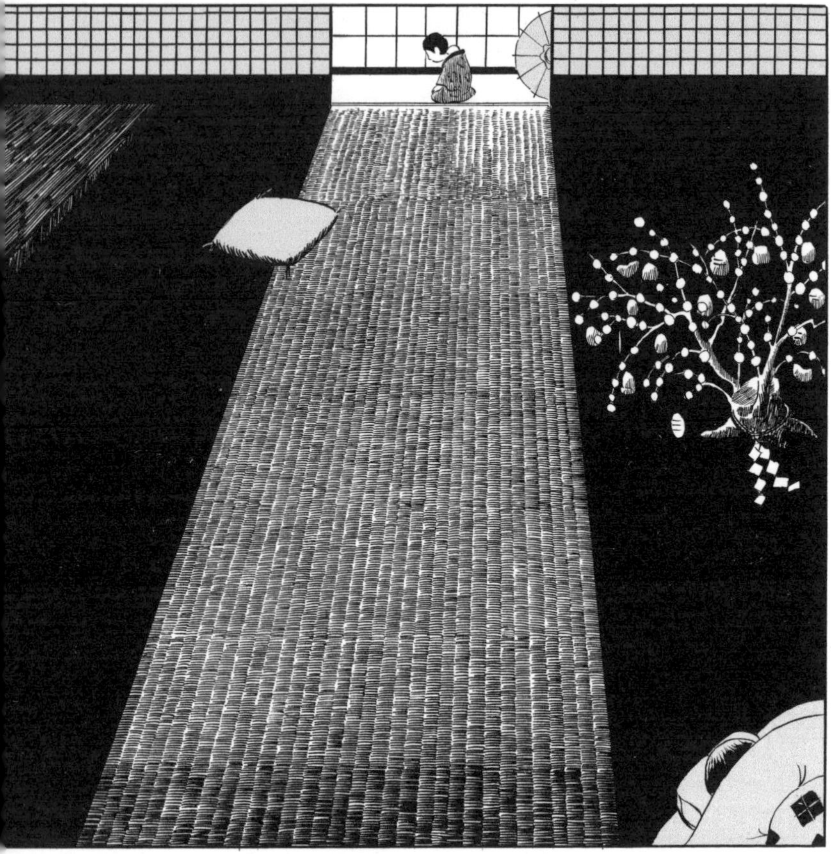

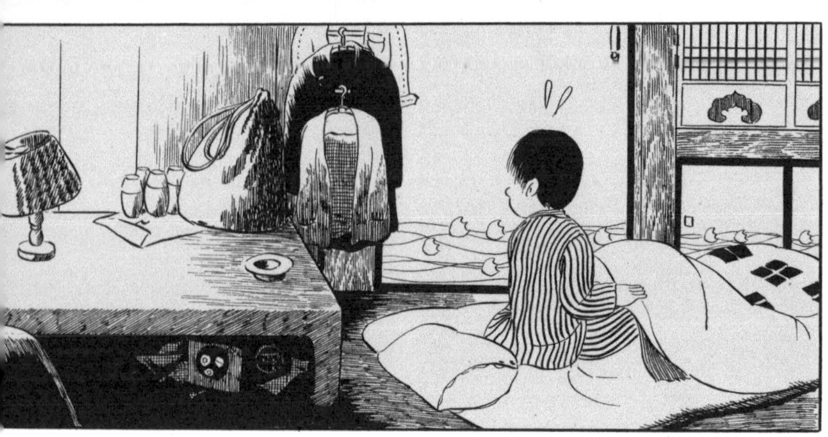

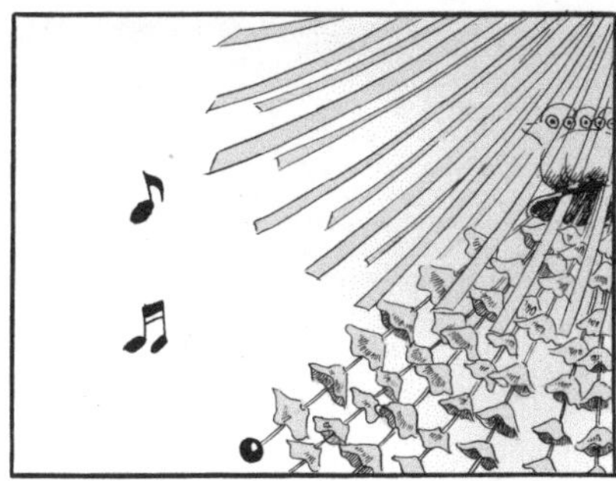
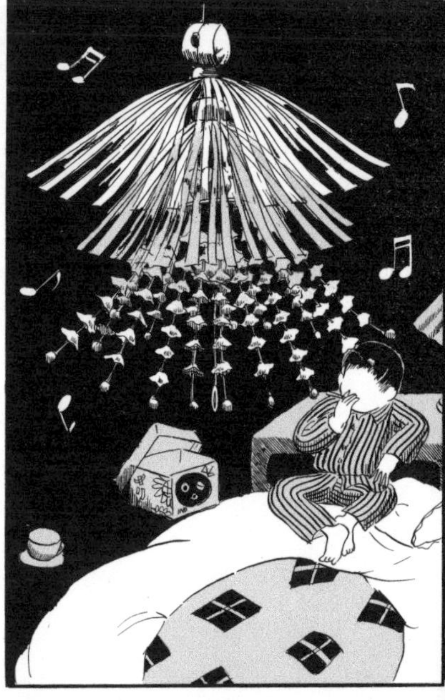
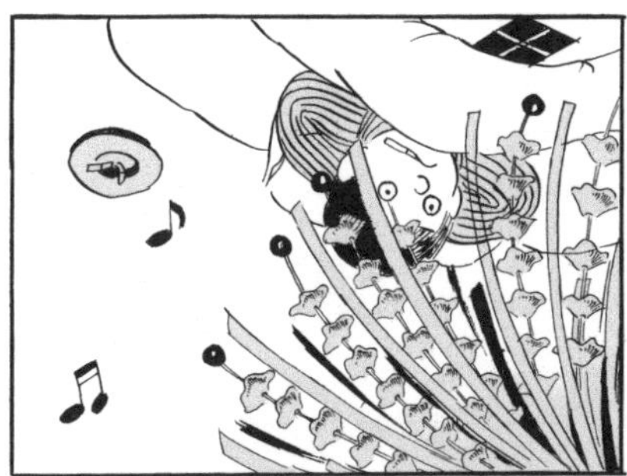
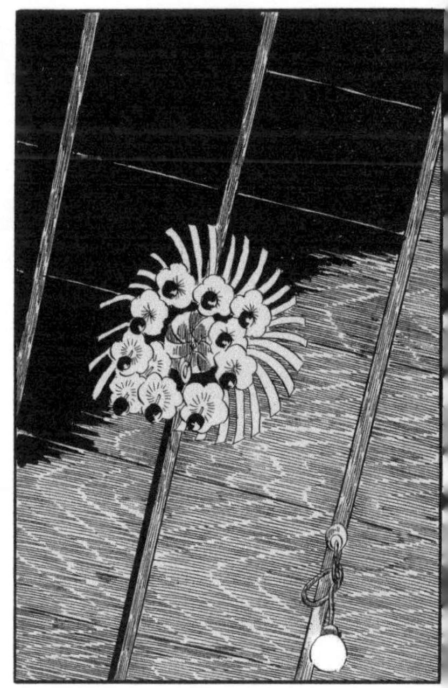
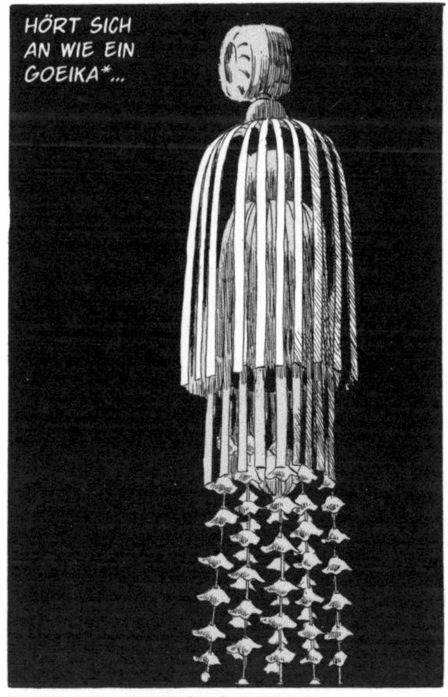

* LIED ZUR LOBPREISUNG BUDDHAS

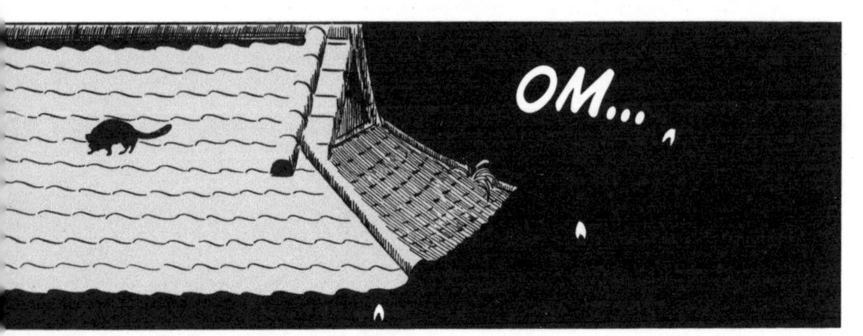
OM...

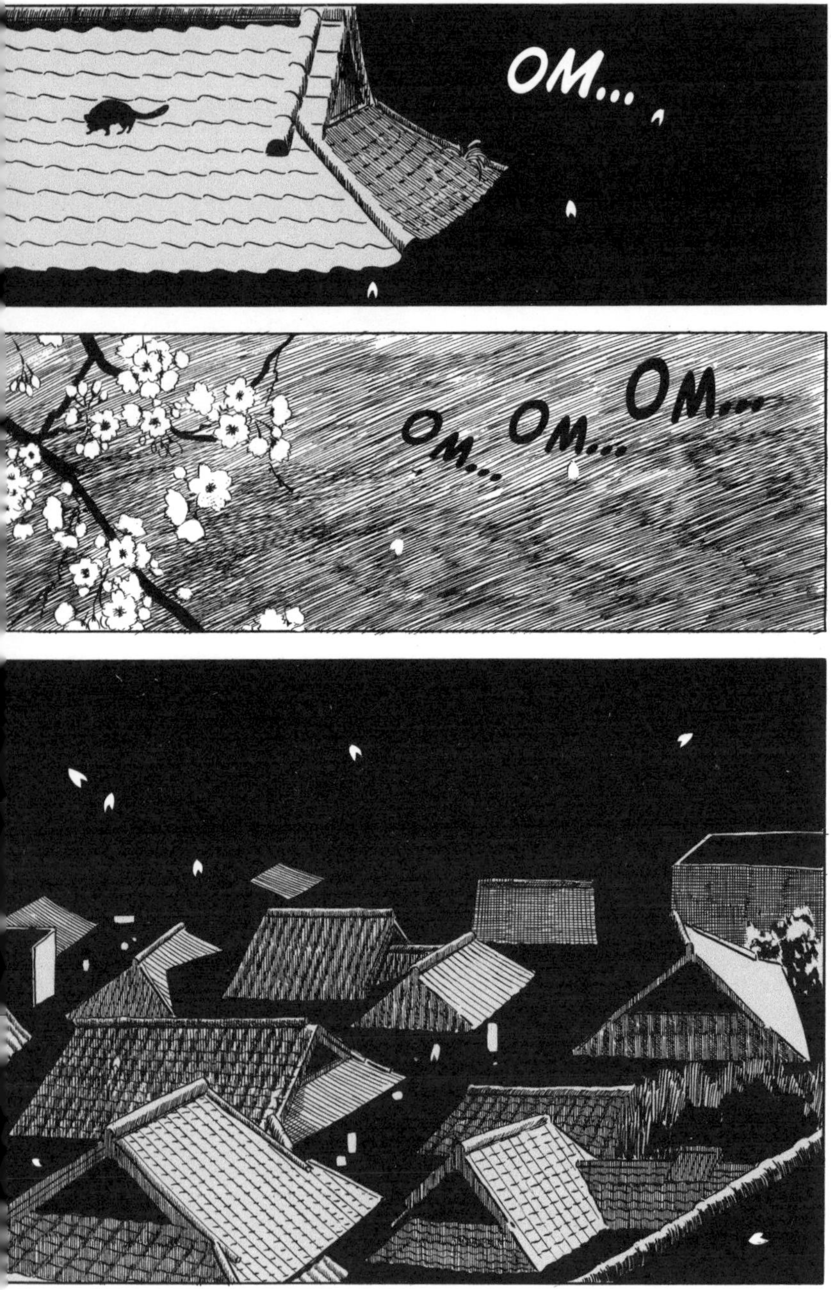

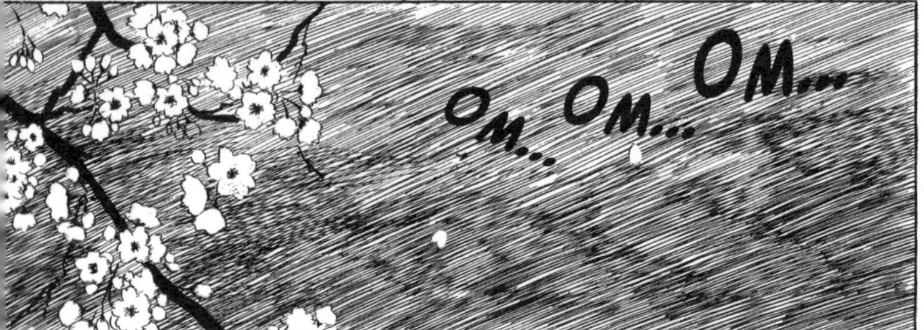
OM...
OM...
OM...

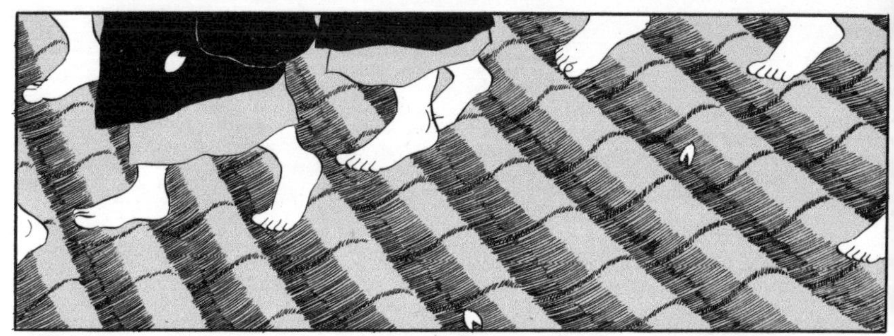

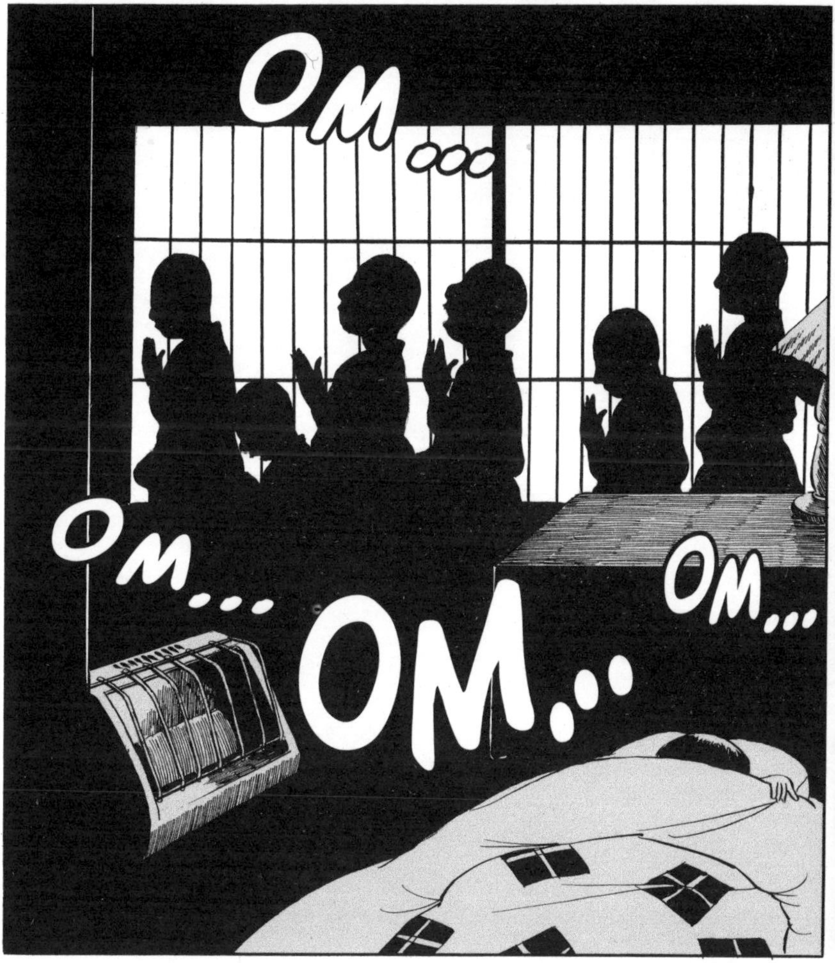

OM...

OM...

OM...

OM...

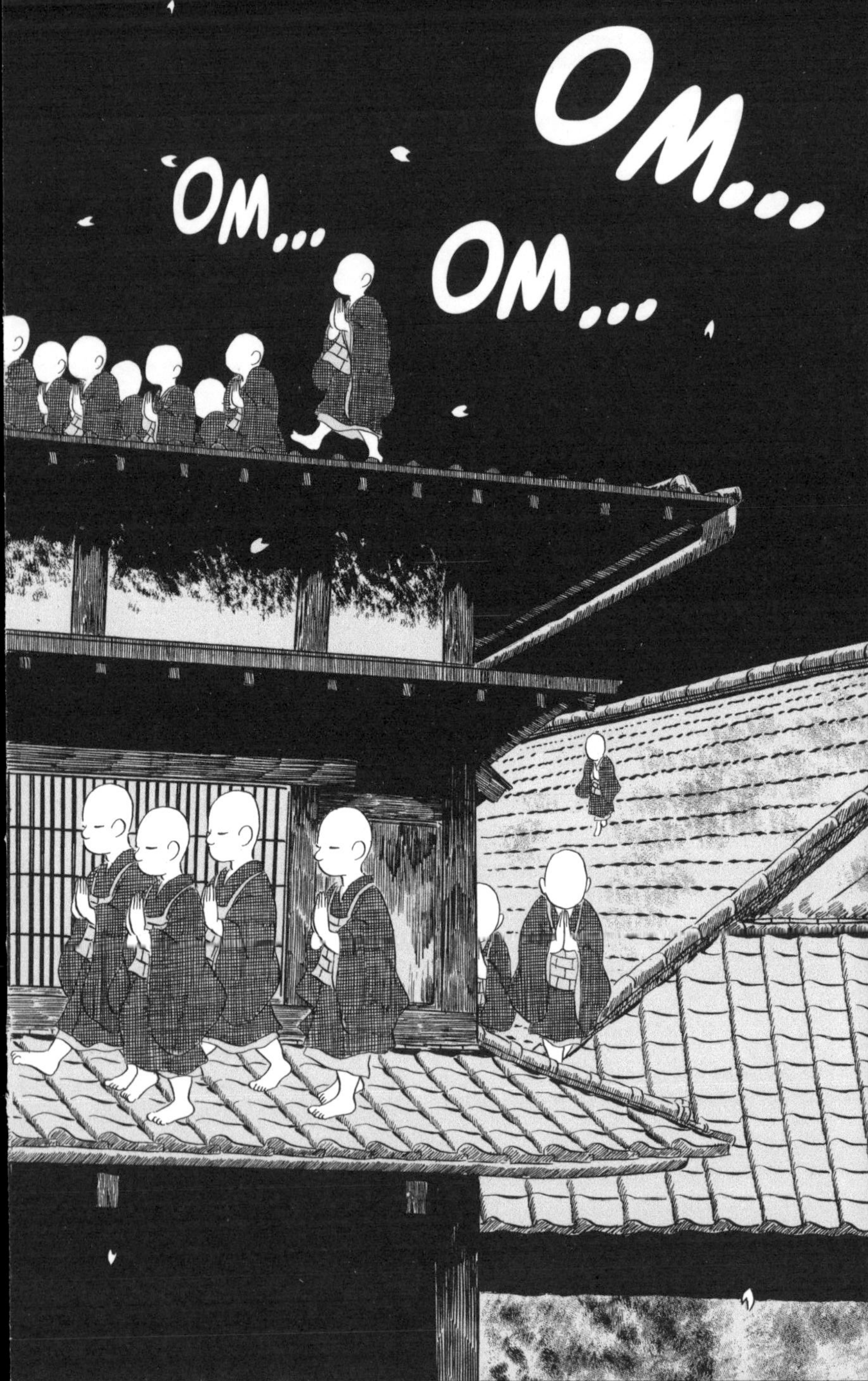
OM...
OM...
OM...

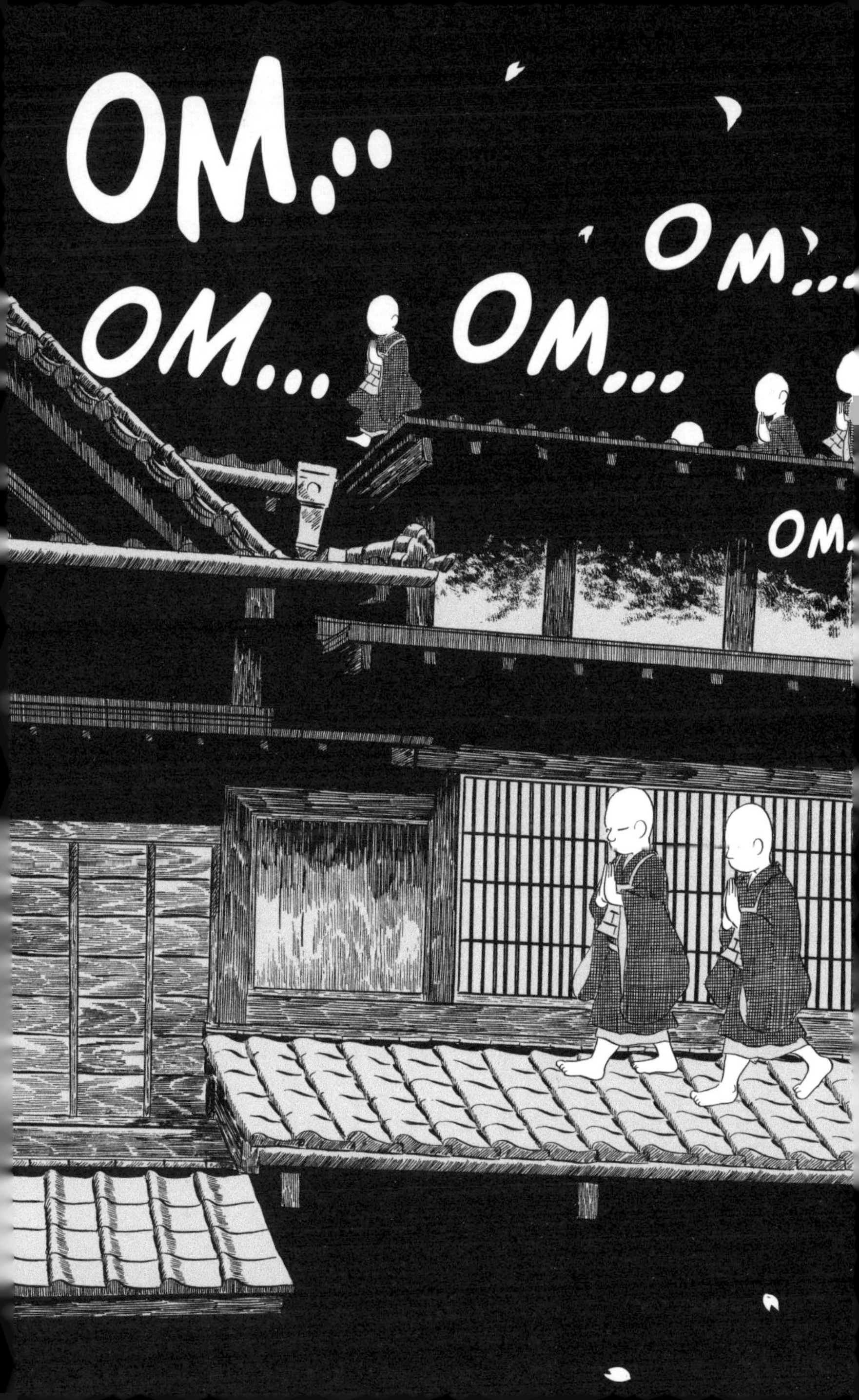

OM...
OM...
OM...
OM...
OM...

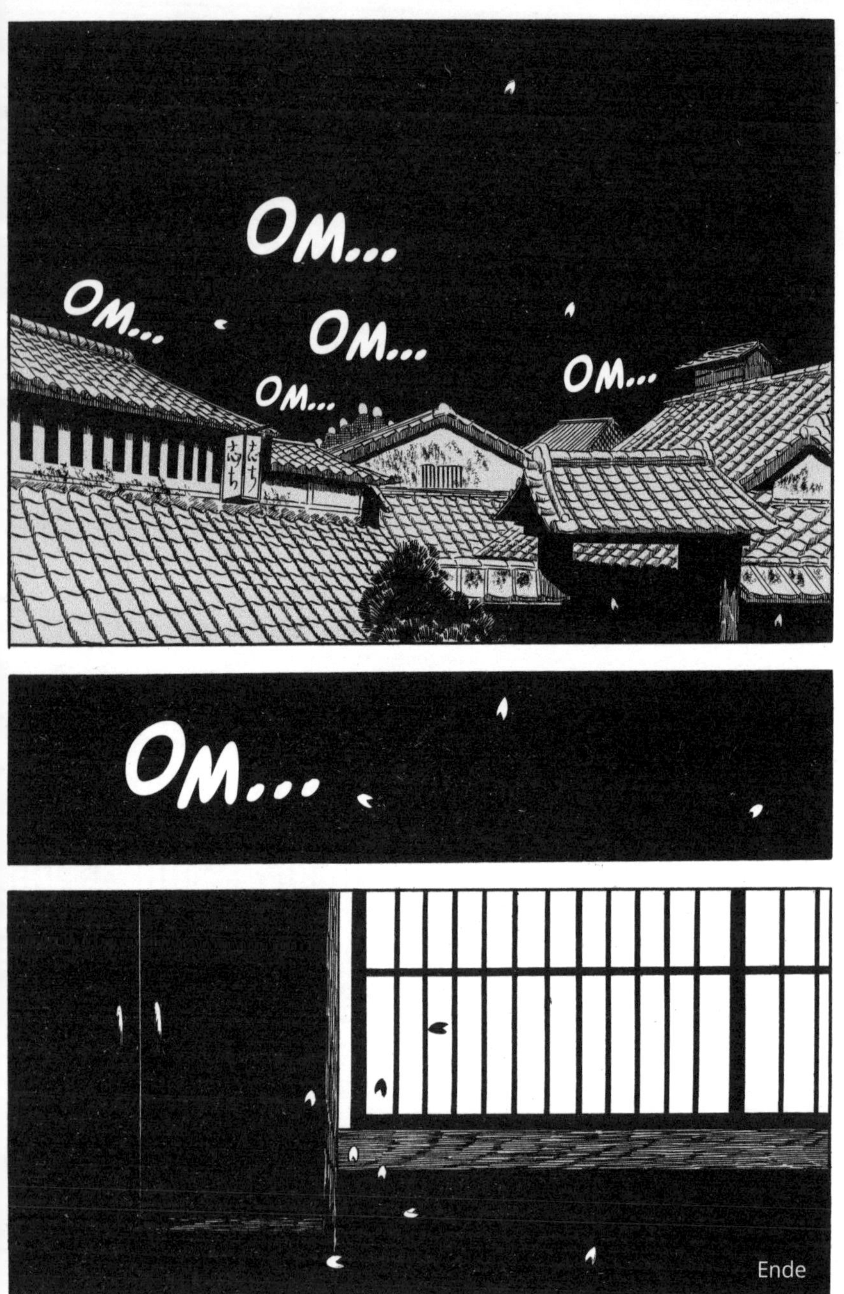
OM...
OM...
OM...
OM...
OM...
OM...
Ende

Glossar

Seite 6	Panel 2	Schild: Stripshow
Seite 6	Panel 2	Bus: Nordost-Energie
Seite 7	Panel 2	Bus: Kernenergie-Service
Seite 8	Panel 4	Plakat: (1) Turbine, (2) Reaktor
Seite 9	Panel 2	Kleidung: Mitnahme außerhalb dieses Bereichs verboten
Seite 9	Panel 4	Schild: CHECKPOINT Alarm Meter- und ATLD- Ausgabe, Automatic Reading Type Thermoluminescence DOSIMETER
Seite 9	Panel 4	Kleidung: Durchgangskleidung
Seite 9	Panel 5	Automat: Diese Seite nach vorne
Seite 9	Panel 6	Schild: Zugangskontrollvorrichtung, (1.) ATLD und Zugangserlaubnis einstecken (2.) Nach Abschluss der Registrierung hebt sich die Schranke und der Bereich kann betreten werden.
Seite 17	Panel 6	Karton: Wäsche
Seite 18	Panel 7	Schild: Für Mitarbeiter
Seite 20	Panel 5	Schild: Monitoring Post
Seite 23	Panel 3	Schild: Nagisa Hotel
Seite 25	Panel 1	Aufschrift auf Overall: Tanaka Industries
Seite 27	Panel 3	Bus: Gasthaus Namie
Seite 29	Panel 1	Gebäudebeschilderung: Tanaka Industries
Seite 29	Panel 1	Bus: Kernkraftwerk Soma Dai-ichi
Seite 31	Panel 3	Schild: Checkpoint Alarm-Meter und ATLD-Ausgabe
Seite 31	Panel 4	Schild: Dosimeteranzeige bitte auf Null stellen
Seite 31	Panel 4	Automat: ATLD-Lesestelle für den Zutritt des Innenbereichs
Seite 32	Panel 3	Schild: Kontrollbereich
Seite 32	Panel 5	Kleidung: Durchgangskleidung
Seite 35	Panel 4	Armmanschette: Strahlenkontrolle
Seite 39	Panel 5	Fass: Radioaktiver Abfall
Seite 41	Panel 5	Reaktor: (1) Reaktorsicherheitsbehälter, (2) Reaktor
Seite 43	Panel 5	Wäschekasten: (1) Unterwäsche (Oberteile), (2) Wäsche

Seite 44	Panel 1	Schild: Bitte den ganzen Körper am Strahlenmessgerät überprüfen.
Seite 86	Panel 8	Schild: Maruhachi-Sake
Seite 104	Panel 4	Schild: Restaurant Takigawa
Seite 144	Panel 2	Schild an Gebäude: Geröstete Maronen
Seite 148	Panel 3	Beschilderung: (1) Inari (2) Nagoya-Bahnauskunft
Seite 156	Panel 1	Beschilderung: (1) Tohoku Joban-Linie Richtung Joshin'etsu (2) Sonderbereich (3) Ski-Zug-Fahrkartenverkauf
Seite 156	Panel 3	Schild: Züge in Richtung Matsudo und Toride
Seite 157	Panel 1	Schild: Midori Hills-Wohnheim
Seite 158	Panel 2	Aufschrift: Neujahrsgrüße
Seite 161	Panel 3	Beschriftung: Telefonhörer abnehmen, Wählscheibe mit dem Finger im Uhrzeigersinn bis zum Anschlag drehen und loslassen.

Nachwort von Mitsuhiro Asakawa

Diese Manga-Anthologie versucht, Susumu Katsumatas Seelenwelt zu ergründen. Den Anfang machen zwei Geschichten, die sich mit Kernenergie auseinandersetzen und zu den ungewöhnlicheren Arbeiten des Autors zählen. Ihnen werden Werke gegenübergestellt, die zur Kategorie der „Ich-Manga“ (Watakushi-Manga) gehören. Während die 2005 veröffentlichte Sammlung *Roter Schnee* Katsumatas Wirken im Bereich der Unterhaltung zusammenfasste, geht der Großteil der hier versammelten Geschichten auf persönlichere Motive zurück. Im Folgenden möchte ich diese Werke im Kontext ihrer Erstveröffentlichung und mit Katsumatas eigenen Worten vorstellen.

Tiefseefisch – veröffentlicht in *COMIC-Baku* Nr. 3 (Nihon Bungeisha), Dezember 1984

Teufelsfisch (Oktopus) – veröffentlicht in *Little Boy* Nr. 5 (Fusion Product), April 1989

Zwei Werke, die sich mit dem Thema „Nuclear Gypsies“ auseinandersetzen. Für Katsumata, der an der Tokyo University of Education (heute: Tsukuba University) Kernphysik studiert hatte, stellte Nuklearenergie eine Problematik dar, „die einfach nicht ignoriert werden darf.“[1] Neben diesen beiden Geschichten zeichnete er 1980 Illustrationen für *Warum wir die Kernenergie fürchten* und 1996 für *Postnuklearer Energieplan*, beide erschienen bei Kobunken, einem progressiven Lehrverlag in Tokyo. 1989 zeichnete er *Eine gefährliche Geschichte* (erschienen bei Fusion Product), *Strahlenkontrollbereich* und 1999 *Der Kritikalitätsunfall von Tokaimura* für die Dezember-Ausgabe von *Je pense* (erschienen bei Kobunken). Von 1976 bis 1991 zeichnete Katsumata als *Manga-Varieté* betitelte Yon-koma-Manga (4-Panel-Manga) für *Die demokratische Zeitung der Frau*, die später in *Femin* umbenannt wurde. Viele dieser Arbeiten thematisierten die Kernenergie-Problematik.

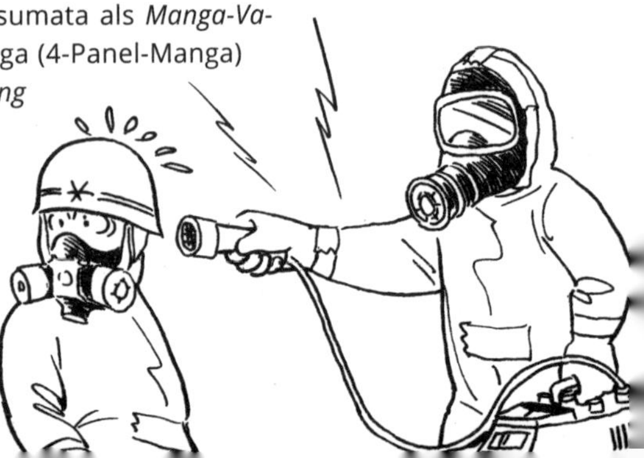

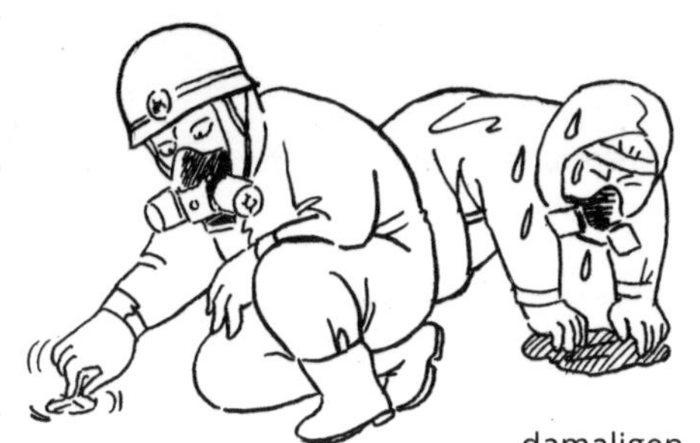

Die erste Arbeit, in der sich Katsumata in größerem Umfang mit Atomenergie auseinandersetzte, war *Warum wir die Kernenergie fürchten*. Das Buch wurde von Masami Umeda, dem damaligen Präsidenten des Kobunken-Verlags, in Auftrag gegeben, für den Katsumata seit der zweiten Hälfte der 1970er-Jahre Illustrationen und andere Arbeiten anfertigte. Nachdem es 1979 zu einem Reaktorunfall im Kernkraftwerk Three Mile Island gekommen war, bereitete Umeda der Umstand, dass in Japan keinerlei Debatten über die Gefahren der Kernenergie geführt wurden, große Sorge. Er wandte sich an Katsumata, um mit dessen Unterstützung ein Buch zu veröffentlichen, das die Problematik leicht verständlich für eine breite Leserschicht präsentierte. Zum ersten Meeting der beiden soll Katsumata zwei große Ordner mit Artikeln über Kernkraft mitgebracht haben. Noch bevor Ume da an ihn herantrat, hatte Katsumata aus persönlichem Interesse heraus bereits eifrig Zeitungsartikel zu dem Thema gesammelt. Für *Warum wir die Kernenergie fürchten* zeichnete Katsumata zuerst die Illustrationen, dann schrieb Keisuke Amagasa, ein damaliger Redakteur des Magazins *Wissenschaft und Mensch*, die Texte. Passagen, die tieferes Fachwissen erforderten, sollen von Katsumata selbst geschrieben worden sein.

Im September 1984, kurz vor der Veröffentlichung von *Tiefseefisch*, besuchte Katsumata zur Recherche die Atommeiler Fukushima Dai-ichi und Dai-ni. Die Ergebnisse seiner Recherchen werden in *Tiefseefisch* deutlich und zeigen quasi jenen Fukushima Dai-ichi-Reaktorblock, in dem es am 11. März 2011 schließlich zur Kernschmelze kam. Die Fortsetzung *Teufelsfisch (Oktopus)* wurde in *Little Boy*, einer dreimonatlich erscheinenden Anthologie (1988–1989), von Fusion Product veröffentlicht. Der Verlag ist besser bekannt für die Veröffentlichung des Info-Manga-Magazins *Comic Box*. Mehrere Sonderausgaben von *Comic Box* beschäftigten sich mit dem Thema Kernenergie. Kommentare und andere Beiträge, die Katsumata zu diesen Ausgaben beisteuerte, führten wohl auch dazu, dass *Teufelsfisch* in *Little Boy* erschien.

***Kapparo* – Erstveröffentlichung im *Susumu Katsumata-Sonderteil* des *Garo Monthly* (Seirindō), Oktober 1969**

***Hanbee* – Erstveröffentlichung in *Garo* Nr. 120, August 1973**

***Strohpapier* – Erstveröffentlichung in *Garo* Nr. 75, Mai 1970**

***Laubsutra* – Erstveröffentlichung in *Garo* Nr. 83, November 1970**

Diese Geschichten entsprechen wohl am ehesten dem Bild, das Katsumatas Leserschaft von seinen Werken hat. Alle vier Geschichten erschienen zuerst im legendären alternativen Monatsmagazin *Garo*. Obwohl sich Katsumata – der bis dahin nur 4-Panel-Manga gezeichnet hatte – mit *Kapparo* zum allerersten Mal an einer Kurzgeschichte versuchte, wirkt diese in ihrer Ausführung nicht ungeschliffen oder unbeholfen, sondern erzeugt bereits hier schon auf meisterhafte Weise eine grandiose fiktionale Welt. Nach *Kapparo* veröffentlichte Katsumata fortan sowohl 4-Panel-Manga als auch Kurzgeschichten in *Garo*.

„Die in der japanischen Folklore und in japanischen Legenden vorkommenden Tanuki und Kappa, vor allem aber die Tanuki wollen ein Teil der menschlichen Gesellschaft sein. Dass sie in meinen Geschichten dann aber meist von ihnen entlarvt werden, könnte man quasi schon als charakteristisch für meine Erzählungen bezeichnen. Beim Zeichnen der Geschichten habe ich mich wohl selbst in dieser Wesensart der Tanuki wiedergefunden.“[2]

***Winterinsekt* – Erstveröffentlichung in *COM* (Mushi Production), März 1971**

***Wintermeer* – Erstveröffentlichung in *Garo* Nr. 90, April 1971**

***Frühlingsgeist* – Erstveröffentlichung in *Garo* Nr. 103, März 1972**

Die letzte Gruppe beinhaltet für Katsumata eher ungewöhnliche Geschichten im „Ich-Manga-Stil“ (Watakushi-Manga). Eine weitere erwähnenswerte Geschichte dieser Art ist *Trunkenes Ständchen (Yoidore uta)*, die in der Mai-Ausgabe 1971 von *Garo* erschien. Sie wurden in einer Zeit kreiert, die den fruchtlosen Bemühungen der Studentenbewegung, im Jahr 1970 eine Ratifizierung des Vertrags über gegenseitige Kooperation und Sicherheit zwischen Japan und den USA zu verhindern, und dem bitteren Ende des ersten Teils von Sanpei Shiratos Manga *Legende von Kamui* (1971 in *Garo* erschienen), folgte. Es dürfte kein Zufall gewesen sein, dass Katsumata zu eben jener Zeit begann, seinen Blick nach innen zu richten und Geschichten zu zeichnen, in denen er sich mit der eigenen Existenz auseinandersetzte. Seinen Vater hatte Katsumata nie kennengelernt und seine Mutter starb, als er sechs Jahre alt war. Diese Arbeiten konfrontieren unmittelbar seine persönliche Geschichte.

„Als kleines Kind dachte ich immer, wie unfair die Welt doch ist. Selbst wenn ich für meine Arbeiten im Zeichenunterricht in der Schule ausgezeichnet wurde, war niemand da, der sich für mich freute."[3] „Ich empfand meine Existenz als etwas, für das ich mich schämen müsse, dass ich eigentlich nie hätte geboren werden dürfen."[4] „Ich zeichnete *Wintermeer*, weil ich meine Mutter nicht wirklich kannte und nie die Gelegenheit erhielt, sie zu verstehen, da ich noch so klein gewesen war, als sie starb. Also habe ich sie mir nach meinen eigenen Vorstellungen erschaffen. Die Geschichte ist natürlich fiktiv, aber ich dachte, dass ich zumindest wiedergeben könnte, wie es wohl ist, wenn eine Frau stirbt und ein Kind hinterlässt."[5]

Katsumata unternimmt nicht den Versuch, dem Leser das Geschehen zu erklären. Düstere, schwere Bilder übernehmen stattdessen die Vermittlung seiner Gefühlswelt. Aus diesem Grund sind diese Werke im Vergleich zu seinen folkloristischen Geschichten schwerer zu begreifen. Doch man muss auch verstehen, dass Katsumata sie aus einer tiefen inneren Notwendigkeit heraus zeichnete. „Das Zeichnen von Manga eröffnet mir einen Weg, meinen Schmerz zu verstehen und die negativen Gefühle in mir zu lösen. Es gibt mir wieder die Kraft zu leben. Kunst kann so etwas bewirken, denke ich."[6]

In *Frühlingsgeist* kommen der Protagonist und der Geist seiner verstorbenen Mutter auf dessen Vater zu sprechen. Verächtlich sagt der Sohn dort: „Ist der nicht in der Hölle?", ohne jegliche Hoffnung auf Vergebung.

Die Einsamkeit und Frustration, die man in den frühen Werken Katsumatas noch ausmachen kann, verschwanden mit der Zeit. Die Art seiner Geschichten änderte sich mehrmals im Laufe seiner Karriere. Seine Werke lassen sich in jene von Mitte der 1970er bis 1980 und in jene, die er ab 1980 – einer Phase, in der sich sein Ausstoß an Kurzgeschichten immer weiter verringerte – zeichnete, einteilen. Die Geschichten Mitte der 1970er waren relativ leicht verständlich und vergnüglich geschrieben, da Katsumata sie in Unterhaltungsmagazinen veröffentlichte.[7] Ab den 1980ern arbeitete er von Zeit zu Zeit für *Garo*, hauptsächlich jedoch zeichnete er 4-Panel-Manga und Illustrationen für Kinderlernbücher und -broschüren. Zudem zeichnete er einen ausführlichen Manga über den Sayama-Vorfall, bei dem ein Mitglied der Burakumin-Kaste fälschlicherweise ins Gefängnis kam. Mit folkloristischen Manga-Geschichten beschäftigte er sich von da an so gut wie gar nicht mehr.

Ende der 1990er fragte ich Katsumata, ob er irgendwann noch einmal Manga mit folkloristischem Thema zeichnen würde, woraufhin er antwortete: „Gegenwärtig vermag ich nur noch ganz konkrete Auftragsarbeiten zu zeichnen. Ich spüre nicht mehr das Verlangen, Geschichten, die sich in meinem Innern angestaut haben, wie ländliches Leben und Landschaften, zu zeichnen." Auf meine unhöfliche Frage, ob es ihn denn interessiere, was für ein Mensch sein Vater wohl war, antwortete er: „Nein, es interessiert mich nicht. Ich verspüre aber auch keinen Hass auf ihn. Es ist nicht so, dass er mir fehlt, weil er gestorben oder verschwunden ist. Da ist schlicht und ergreifend nichts. Ich bin einfach nur dankbar und froh, dass ich existiere, hier und jetzt. Jedes Leben, selbst wenn es durch Ehebruch oder Vergewaltigung entstanden ist, ist wertvoll."[8] Diese Aussage vermittelt eine völlig andere Sicht der Dinge als jene, die er noch zur Entstehungszeit von *Frühlingsgeist* vertrat.

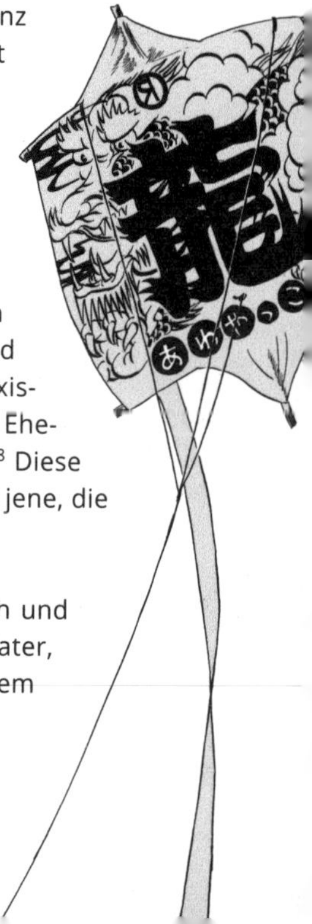

Wie kam Katsumata also im Lauf seines Lebens mit sich und seiner Existenz ins Reine? 1986 hielt er an seiner Alma Mater, der Furukawa Technical High School, eine Lesung mit dem Titel *Die Legende von Kagemaru und der Fluss des Lebens*, bezugnehmend auf Shirato Sanpeis berühmten Manga.

Der Begriff „Fluss des Lebens“ dürfte Antwort auf die Frage geben, wie es Katsumata letztlich gelang, sein Dasein zu akzeptieren. „Ich war so glücklich, als mein erster Sohn geboren wurde (1974). Endlich hatte auch ich einen Blutsverwandten.“[9]

Eine Familie zu haben, Vater zu werden, das war, was Katsumata am Ende von seiner in *Winterinsekt* dargestellten Einsamkeit erlöst haben dürfte.

1981 fertigte er im Auftrag von Masami Umeda Illustrationen für *Geschichten aus Tonō* an, welches in *Der durchdachte Highschool-Schüler* bei Kobunken erschien. Auf Wunsch Umedas sollte Katsumata die Vorlage von Kunio Yanagita nicht einfach nur adaptieren, sondern ihr seine eigene Note verleihen. Katsumata war dankbar für den Auftrag und nahm sogar seine Familie mit auf eine seiner vielen Recherchereisen. Die ländliche Szenerie Tonōs erinnerte ihn an die von Miyagi, wo er seine Kindheit verbracht hatte. In der Buchausgabe von *Bilderbuchgeschichten aus Tonō* befindet sich ein umfangreiches Nachwort Katsumatas, das seltene Einblicke in seine Kindheitserinnerungen gewährt. Über einen verfallenen Shinto-Schrein auf dem Berg Hayachine schreibt er am Ende des Textes: „Vor langer Zeit sind ein Mann und eine Frau zu diesem Schrein gepilgert. Und nun, nachdem ihre Seelen wie in einer Helix miteinander verflochten durch viele fleischliche Körper gegangen sind, leuchtet ihr heller Schein in mir.“[10]

Radioaktive Strahlung ist etwas, das den Fluss des Lebens unterbricht und die DNA zerstört. Katsumata, der selbst Kernphysik studiert hatte, wusste mehr als die meisten Menschen von den Gefahren, die von der Kernkraft ausgehen, und war besorgt. In den Aktivitäten Katsumatas ab den 1980ern liegen stille Wut und Protest gegen alles, was gegen die Würde des Lebens verstößt. Bedenkt man, was nach dem 11. März 2011 in Japan geschah, muss man sagen, dass Katsumatas Befürchtungen vollkommen begründet waren. Welche Lehren daraus gezogen werden können, muss jeder für sich selbst entscheiden, doch die Fragen, die Katsumata stellte, sind heute noch so relevant wie früher und bleiben es auch in Zukunft.

1 *Comic Box Special: Manga und Kernenergie*, Fusion Product

2 Ursprünglich veröffentlicht in *Ax* Nr. 48, Seirinkogeisha, 12/2005, Special: *Die Gekiga-Welt des Susumu Katsumata*

3 Ursprünglich veröffentlicht in *Ax* Nr. 48, Seirinkogeisha, 12/2005, Special: *Die Gekiga-Welt des Susumu Katsumata*

4 Auszug aus einem Interview vom 28.09.1998, das der Autor dieses Textes mit Susumu Katsumata führte

5 Ursprünglich veröffentlicht in *Ax* Nr. 48, Seirinkogeisha, 12/2005, Special: *Die Gekiga-Welt des Susumu Katsumata*

6 Auszug aus einem Interview am 28.09.1998, das der Autor dieses Textes mit Susumu Katsumata führte

7 Die Werke in *Roter Schnee* gehören zu dieser Kategorie und Schaffensperiode.

8 Ursprünglich veröffentlicht in *Ax* Nr. 48, Seirinkogeisha, 12/2005, Special: *Die Gekiga-Welt des Susumu Katsumata*

9 Ursprünglich veröffentlicht in *Ax* Nr. 48, Seirinkogeisha, 12/2005, Special: *Die Gekiga-Welt des Susumu Katsumata*

10 Veröffentlicht in *Bilderbuchgeschichten aus Tonō*, Neuauflage, Kobunken, 2010. Originalausgabe erschienen im Jahr 1983

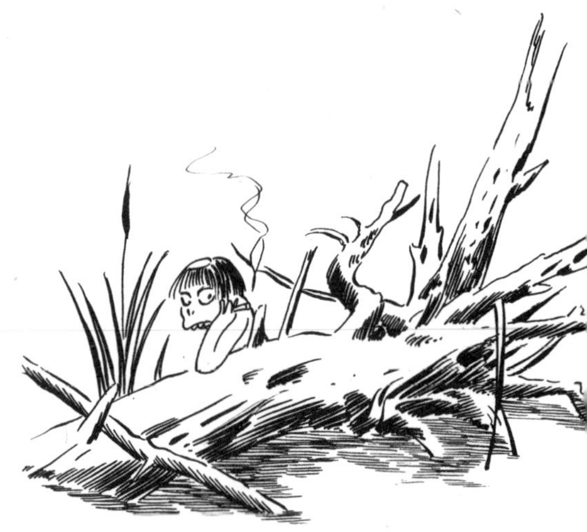

Ein Blick auf die, die „nirgendwo hingehören"

Yukihiro Abe

Einführung

Tiefseefisch, eine Geschichte, die von den wahren Zuständen in der untersten Klasse von strahlenexponierten AKW-Arbeitern erzählt, wurde im Jahr 1984 in *Comic-Baku* von Nihon Bungeisha veröffentlicht. Zu jener Zeit stützte sich das Magazin auf Verkäufe der rasch aufeinanderfolgenden Veröffentlichungen neuer Werke von Yoshiharu Tsuge und hatte so schon bald eine eingefleischte Fangemeinde. Aufgrund dieser Tatsache wurde den anderen Autoren eine fast grenzenlose Freiheit bei der Wahl der Themen gewährt. Auch wenn das Magazin kein kommerzieller Erfolg war, steht es historisch gesehen dennoch als gutes Beispiel dafür, wie bedeutend solch kleine Publikationen sein können.

Ich war schon seit jeher ein großer Fan von Susumu Katsumata gewesen und las die Geschichte *Tiefseefisch* zum Zeitpunkt ihrer Erstveröffentlichung. Besonders großen Eindruck hinterließ die letzte Szene bei mir, in der die durch radioaktive Strahlung verursachten gesundheitlichen Schäden in Form von kirschblütenförmigen Hautflecken, die sich am ganzen Körper des Mannes bilden, mit den ästhetischen Mitteln des Manga visualisiert werden. Dennoch habe ich mich nach der Lektüre nicht mehr mit der harten Realität strahlenbelasteter AKW-Arbeit befasst. Man kann mich durchaus dafür kritisieren, dass ich nichts weiter tat, als die Geschichte als großartige Manga-Adaption von *Nuclear Gipsies*[1] abzuspeichern. Doch heute, da noch immer kein Abschluss der nuklearen Katastrophe von Fukushima am 11. März 2011 in Sicht ist, erkenne ich die volle Tragweite von Katsumatas stiller Nachricht. Die Wiederveröffentlichung dieses Werks ist von großer Bedeutung. In der Tat kann der Abstand zwischen dem, was man weiß und was man spürt, mal verschwindend klein, mal immens groß sein. Woran das liegt, vermag ich nicht zu erklären. Katsumata hat die strahlenexponierte AKW-Arbeit, die sich bis dahin stets außerhalb der Wahrnehmung des normalen Stromverbrauchers befunden hatte, mithilfe des Mediums Manga sichtbar gemacht. Die Debatte zwischen pro- und antinuklearen Interessengruppen war schon seit geraumer Zeit völlig festgefahren, bis es am 11. März 2011 schließlich zur Reaktorkatastrophe von Fukushima kam. Der Großteil von uns hat die Gefahren, die von der Kernenergie ausgehen, verdrängt und ignoriert. Was das angeht, so kann ich nicht behaupten, mich anders verhalten zu haben; doch diesem Punkt möchte ich mich am Ende dieses Essays noch einmal widmen.

Auch nach heutigem Standard stellen *Tiefseefisch* und *Teufelsfisch (Oktopus)* vollends gelungene Manga-Reportagen dar. Jenseits eines mit Mohnblumen bewachsenen Hügels sehen wir eine idyllische Landschaft, als abrupt eine Stripbar auftaucht. Auf der Straße, die zum Kernreaktor führt, staut sich der Verkehr, eine endlose Schlange von Autos. Ein unerwartet hektischer Morgen. Die Aneinanderreihung dieser alltäglich anmutenden Bilder vermittelt die seltsame Atmosphäre einer an einem Atomreaktor gebauten Siedlung; etwas, das sich sonst eigentlich nur erleben ließe, würde man einen solchen Ort selbst aufsuchen. Ebenso authentisch wird die Arbeitsstätte dargestellt. Das Ein- und Auscheck-System im Kontrollbereich, die komplexen Rohrleitungen und Gerätschaften im Innenbereich. Und dann die… wie soll man sagen… superanalogen Tätigkeiten in den strahlenexponierten Bereichen – das Wischen des Bodens mit einfachen Tüchern, die Entsorgung von Müll – Handarbeit oder schlicht und ergreifend „Frohnarbeit“, wie es in einer von Kenji Higuchis Reportagen auch bezeichnet wird.[2] In krassem Gegensatz dazu steht der makellos saubere, mit modernster Technik ausstaffierte Zentralkontrollraum – so jedenfalls soll er auf Außenstehende wirken. Bereits dem bloßen Auftauchen des Arbeiters auf einem der Überwachungsbildschirme wird dort mit Verachtung begegnet. Auch wenn man selbst noch nie in einem Kernreaktor gewesen ist, so sind es doch authentische, selbst erlebte Details wie diese, die die Geschichte so überzeugend für einen machen. Hinzu kommt, dass Katsumata ein profundes Wissen über radioaktive Strahlung besaß. Nur allzu verständlich, schließlich hatte er Kernphysik an der Universität studiert.[3] Es dürfte heute wie damals nur wenige Mangaka mit wissenschaftlichem Hintergrund geben. Aufgrund dessen dürfte das Schildern der Realität strahlenexponierter AKW-Arbeit für Katsumata ein für ihn unvermeidliches Thema dargestellt haben, da er sich als Wissenschaftler dazu verpflichtet fühlte. Hiroaki Koide sagte einmal, dass er zu Studienzeiten auch an eine goldene Zukunft der Kernenergie geglaubt hatte. Dass Staat und Medien die öffentliche Meinung diesbezüglich manipuliert hatten, steht außer Frage. Doch es muss auch erwähnt werden, dass es in Japan auch eine Zeit gab, in der man sich der paradoxen Logik bediente, eben weil es in Japan zwei Atombombenabwürfe gegeben hatte, zu hoffen, dass zukünftig auch eine friedliche Nutzung atomarer Energie möglich sei.[4] Dies führte dazu, dass kommunale Verwaltungen um das Recht stritten, in der eigenen Region Atomreaktoren bauen zu dürfen – das Resultat dessen sehen wir heute. Wohl aus persönlichen Gründen hatte Katsumata seine wissenschaftliche Karriere aufgegeben, doch dürfte er in Bezug auf die sich ändernde Meinung gegenüber der Kerntechnik mehr als die meisten Menschen emotional involviert gewesen sein. Katsumatas Werke, die sich ganz direkt mit strahlenexponierter AKW-Arbeit befassten, besaßen eher niedrigen Unterhaltungswert und unterschieden sich von seinen anderen Arbeiten. Von den Geschichten in diesem Band sind so gut wie alle bis auf die ersten zwei mit folkloristischem Einschlag und behandeln zumeist den Wandel Japans von der Vormoderne in die Moderne zwischen der Meiji-Periode (1868–1912) und der Showa-Ära (1926–1989), während die letzten drei Werke Katsumatas Gefühlswelt ungeschönt aus der Ich-Perspektive beschreiben und für den Leser schwer zugänglich sind.[5] Da die Kurzgeschichten in diesem Band von einer einzigen Person stammen, sollte es irgendetwas geben, das sie miteinander verbindet. Was allen Geschichten Katsumatas zugrunde liegt, ist ein Gefühl von „Einsamkeit" bzw. „*Nirgendwo hingehören*". Dass es für die Veröffentlichung einer neuen Kurzgeschichtensammlung Katsumatas erst eine schwere Reaktorkatastrophe brauchte, mag überaus tragisch sein, doch gibt das vorliegende Buch dem Leser die wertvolle Möglichkeit, Katsumatas Werk aus verschiedenen Blickwinkeln neu zu betrachten.

Im Folgenden möchte ich anhand verschiedener Schlüsselbegriffe beleuchten, was die verschiedenen Gruppen von Werken miteinander verbindet. Ich hoffe, dass ich damit dem Andenken dieses Autors, der der Welt das großartige Werk *Tiefseefisch* schenkte, gerecht werde.

Tohoku

Susumu Katsumata wurde 1943 in Kahoku-cho, Mono-gun (heutige Stadt Ishinomaki), in der

Präfektur Miyagi geboren, wo er seine Jugend verbrachte. Man muss nur die ersten paar Seiten seiner Geschichten lesen, um zu erkennen, wie viel Liebe, aber auch Hass er der Tohoku-Region entgegenbrachte. Noch zu Kriegszeiten geboren, war Katsumata nur unwesentlich älter als die Kinder der Babyboomer-Generation. Seinen Werken nach zu urteilen, fanden sich zu jener Zeit im alltäglichen Leben in der Tohoku-Region noch Überbleibsel von Traditionen aus der Meiji-, ja sogar noch aus der Edo-Periode. Es ist anzunehmen, dass man diese letzten Spuren eines vormodernen Japans in jenen Tagen nicht nur in dieser, sondern auch in anderen Regionen noch finden konnte. Im Gegensatz zur urbanen Raffinesse der Großstädte war in den entlegenen Dörfern im Nordosten Japans die Zeit stehen geblieben und man hatte dort noch das Gefühl, als gäbe es sie wirklich, die in der Menschensprache plappernden Kappa und Tanuki. Auch wenn die Idee, wirtschaftliches Wachstum sei der alleinige Gradmesser für alles, heutzutage überkommen ist, haftete Tohoku auch lange nach dem Zweiten Weltkrieg noch der Ruf einer von Armut und Rückständigkeit gebeutelten Region an. Der überaus engagierte Journalist Muno Takeji, der nach Ende des Zweiten Weltkriegs in der Präfektur Akita drei Jahrzehnte lang eine Lokalzeitung verlegte, sagte hierzu: ‚Seit der Bildung der Satsuma-Choshu-Allianz während der Meiji-Periode wurde die Tohoku-Region stets wie eine heimische Kolonie behandelt. Das abfällige Sprichwort ‚Nördlich von Shirakawa ist ein Berg hundert Mon wert‘ bedeutet, dass einem Menschen aus der Tohoku-Region ein beinahe nicht existenter Wert zugeschrieben wird (1 Ryo = 4000 Mon). Selbst in der Showa-Periode kam es noch vor, dass aus Tohoku stammende Menschen, die zur Arbeit nach Tokyo gegangen waren, Selbstmord begingen, weil sie wegen ihres Dialekts verhöhnt wurden. Es geschah derart häufig, dass man solche Fälle höchstens noch mit einem lapidaren ‚Schon wieder?‘ kommentierte. Was die Menschen aus der nordöstlichen Region Japans einte, war ein kollektives Gefühl der Diskriminierung.“[6]

Zu erklären, wie und warum es zu einer fortlaufenden Ausgrenzung der Tohoku-Region kam, würde den Rahmen dieses Nachworts sprengen, aber man könnte durchaus meinen, dass es einen Zusammenhang gibt zwischen dem Riesencluster an

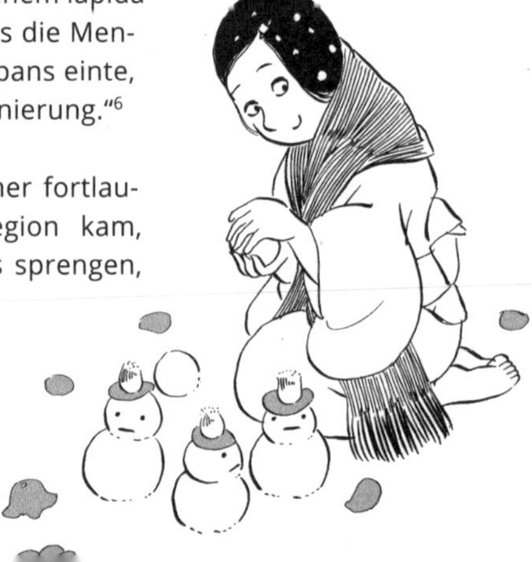

Atommeilern in Fukushima und dem, was den Angehörigen des aufrührerischen Aizu-Clans nach deren Niederlage im Boshin-Krieg während der Meiji-Restauration widerfuhr und Takeji Munos Meinung nach „eine der grausamsten Bestrafungen in der Menschheitsgeschichte"[7] darstellt.

Auf gewisse Weise konnte Katsumata sich glücklich schätzen. Denn gerade weil er seine Kindheit in der warmen Atmosphäre eines kleinen, vorsintflutlichen, von Armut geprägten Dorfs, fernab von irgendwelchen Städten, verbrachte, entging er am Ende des Kriegs den Bombenhageln, die auf die urbanen Gebiete niedergingen. Doch die Zeit schreitet unaufhaltsam voran. Wenn sich die Kappa (in der Geschichte *Hanbee*) über das Auto hermachen und es von einer Klippe stoßen, dann symbolisiert dies den Widerspruch zwischen der Vormoderne und der Moderne und dem sich vollziehenden Wandel, der sich in einem lauten Knarzen und Krachen äußert. Denselben Wandel erleben wir in der Geschichte *Strohpapier*. Bun, der Protagonist, steht vor einem Gemischtwarenladen und starrt mit kaltem Blick auf den zur Ware verkommenen Pelz von Yatsumonji, dem Tanuki, mit dem er als Kind so gerne Filmvorführungen besuchte.

Was also ist geschehen mit der Tohoku-Region, dieser Provinz, dieser Inlandskolonie? Ist sie aufgegangen in den Wohlstand und Überfluss des Wirtschaftswachstums der Nachkriegszeit? Man möge mir die persönliche Geschichte, die nun folgt, entschuldigen, aber ein Jahr vor der Reaktorkatastrophe bereiste ich eine Woche lang mit dem Auto die Tohoku-Region. Dort war Tauwetter und es gab großartiges Essen. An einer Autobahnraststätte kaufte ich von einheimischen Frauen eingelegtes Gemüse und Miso-Paste. Alles war aus eigener Herstellung und es schmeckte einfach köstlich. Der Geschmack war simpel und wies doch zugleich auch eine tiefe, kräftige Note regionaler Kultur auf. Ich fuhr weiter auf einer abgelegenen Straße und machte Halt an einer an der Spitze eines Kaps gelegenen Aussichtsplattform. Von dort aus bot sich mir der Blick auf ein kleines Fischerdorf, hinter dem ein Atomkraftwerk hervorragte, genauer gesagt das Onagawa-Kernkraftwerk. Auf dem Rückweg nach Hokkaido fuhr ich nordwärts durch den stürmischen Regen auf der Shimokita-Halbinsel, als aus dem Autoradio plötzlich eine wunderschöne Frauenstimme mit fast schon gesangsartiger Intonation über das ITER (International Thermonuclear Experimental Reactor) Projekt erzählte.

Die Sendung lief auf Aomori FM, glaube ich. Das Projekt wurde dort als „wundervolles Geschenk an künftige Generationen" gepriesen. Ich erinnere mich noch genau, wie ich daraufhin völlig ungläubig dachte: „Was zur Hölle geht denn auf Aomori vor?"

So erfuhr ich auf einer meiner Vergnügungsreisen rein zufällig, wie Kernkraftwerke und andere auf Nukleartechnologie basierende technische Einrichtungen still und heimlich im „Hinterland" Japans lauerten. (Übrigens gibt es 70 Kilometer entfernt von Sapporo, wo ich lebe, auch einen Atommeiler, das Tomari-Kernkraftwerk. Historisch gesehen gilt Hokkaido ebenfalls als „Hinterland", wenn auch aus anderen Gründen.) Vor Kurzem sah ich das Video einer Diskussionsrunde[8], an dem auch der Volkskundler und Verfechter der „Tohoku-Studien" Norio Akasaka teilnahm. Inhaltlich ging es dabei um die beiden Fragen, was man aus der Katastrophe lernen und wie man sich von ihr wieder erholen könne. Akasaka sagte hierzu unter anderem: „Die Tohoku-Region scheint noch immer eine Kolonie, eine hinterwäldlerische Provinz zu sein (...). In den letzten zwanzig Jahren haben alle über den Wohlstand geredet, den die Tohoku-Region erreicht haben soll. Aber als ich die von dem Tsunami heimgesuchten Gebiete besuchte, bemerkte ich erst, wie viele der dort errichteten Fabriken aus billigen Fertigbauteilen bestehen und dass ein (desaströser) Stundenlohn von 300 Yen für die Menschen dort die absolute Normalität ist." Selbst für einen Gelehrten wie Akasaka, der eigentlich alles über den Nordosten Japans wissen müsste, weil er ihn so lange bereist und erforscht hat, ist es schwierig, die Tohoko-Region und deren Geschichte vollständig zu ergründen. Dies ist jedoch nicht als Kritik zu verstehen. Katastrophen legen immer auch die verborgenen Widersprüche in einer Gesellschaft, einer Familie oder eines Individuums offen. Wir werden immer wieder über die Tatsache erstaunt sein, dass die prinzipiellen Strukturen von Zentrum und Peripherie unverändert geblieben sind, auch wenn dies zeitweilig nicht sichtbar gewesen sein sollte. Während Katsumatas folkloristische Geschichten uns einen gewissen Eindruck von der Tiefe und Komplexität Tohokus geben, hat die Reaktorkatastrophe die anhaltende Geringschätzung für diese Region auf grausame Weise entblößt.

„Nirgendwo hingehören"

Auch wenn man sich davor hüten sollte, den Inhalt eines Werks einfach mit den persönlichen Umständen und Erfahrungen des Verfassers zu verknüpfen, so lässt es sich dennoch nicht kategorisch ausschließen, dass es eine Verbindung zwischen ihnen gibt. In *Winterinsekt*, einer der Watakushi-Manga-artigen Erzählungen Katsumatas, gibt es eine Szene, in der der Autor, und in diesem Falle auch Protagonist, dem Leser seine Gefühle offenbart. Während eines Neujahrsfests stellt er sich vor, wie die an ihm vorbeiziehenden Passanten ihm mitteilen, dass sie alle per Blutsbande miteinander verbunden sind (siehe Seite 148). Daraufhin schreit er: „Unglück, weiche von mir!", ob aus Angst oder aus Scherz, ist nicht ersichtlich.

Susumu Katsumata wurde als uneheliches Kind geboren. Seine Mutter starb, als er sechs Jahre alt war, und er wuchs bei seiner Schwester und ihrem Mann auf. Erst im Alter von 16 Jahren erfuhr er die wahren Umstände, unter denen er auf die Welt gekommen war. Nähere Einzelheiten hierzu finden sich in seinen autobiografischen Aufzeichnungen leider nicht, doch die Tatsache, dass er zu Kriegszeiten geboren wurde, lässt auf schwierige Umstände schließen. In einer anderen Szene in *Winterinsekt* ist das Firmenwohnheim verlassen, da alle Bewohner bis auf den Protagonisten über Neujahr nach Hause gefahren sind. Widerhallende Geräusche im Gemeinschaftsbad... Allein, nachts in einem leeren Wohnheim, das Summen eines Kühlschranks ist zu hören... Einsam und verlassen inmitten der Leere verbringt der Protagonist die Zeit mit dem Gefühl, ohne jegliche menschliche Bande wahrhaftig allein zu sein.

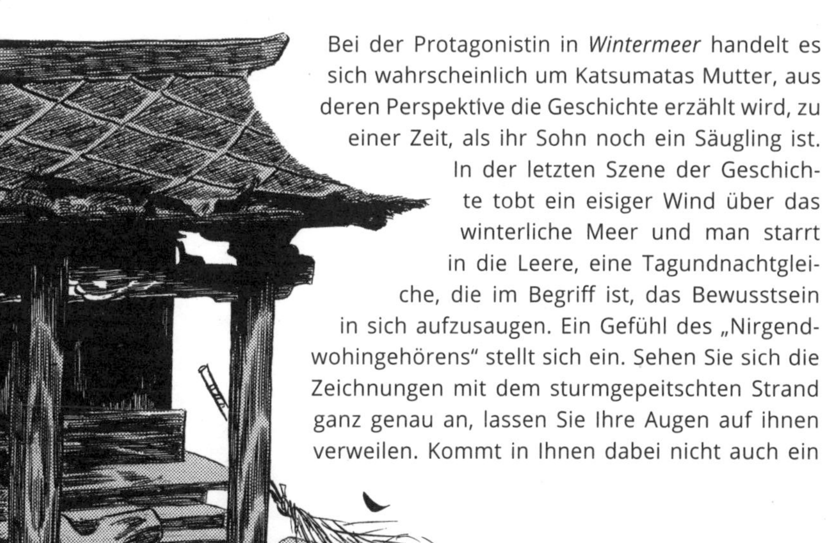

Bei der Protagonistin in *Wintermeer* handelt es sich wahrscheinlich um Katsumatas Mutter, aus deren Perspektive die Geschichte erzählt wird, zu einer Zeit, als ihr Sohn noch ein Säugling ist. In der letzten Szene der Geschichte tobt ein eisiger Wind über das winterliche Meer und man starrt in die Leere, eine Tagundnachtgleiche, die im Begriff ist, das Bewusstsein in sich aufzusaugen. Ein Gefühl des „Nirgendwohingehörens" stellt sich ein. Sehen Sie sich die Zeichnungen mit dem sturmgepeitschten Strand ganz genau an, lassen Sie Ihre Augen auf ihnen verweilen. Kommt in Ihnen dabei nicht auch ein unbehagliches, kaum in Worte zu fassendes Gefühl auf? Dieses Gefühl des „Nirgendwohingehörens“, das Katsumata in seinen Watakushi-Manga-Werken beschreibt, steht in unmittelbarer Verbindung zur Gefühlswelt der Kappa und Tanuki, die in seinen folkloristischen Arbeiten auftauchen. Verfolgt und verdrängt durch die menschliche Zivilisation werden sie schon bald ihren Platz in der Welt verlieren. Sie können sich in die Berge flüchten, doch selbst dort wird es schon bald keinen Platz mehr für sie geben. Unglücklich und einsam ihr Dasein fristend ist es ihr Schicksal, vom Druck der Moderne ausradiert zu werden. In gewisser Weise lässt der Autor die Kappa und Tanuki in seinen Geschichten seine eigene innere Verlorenheit durchleben. Natürlich ist er diesen Kreaturen zugewandt, letztlich jedoch gehört er zu den Menschen, also eben jenen, die sie verdrängen und verfolgen. Und daraus ergeben sich Widersprüche. Was genau macht Bun wütend, wenn der Autor sagt, er wolle Yatsumonjis Pelz in Stücke reißen? Ist er wütend auf den Tanuki, der unfähig war zu überleben? Ist er wütend auf sich selbst, weil er Yatsumonji im Stich gelassen hat? Oder ist er wütend auf die Moderne, in der jene Menschen, die „nirgendwo hingehören“, aufgerieben werden? Wahrscheinlich ist es eine Mischung all dieser widersprüchlichen Gefühle. Heute, nach einem halben Jahrhundert, da Japan von der Moderne nahezu vollständig eingehüllt ist, sind die geografischen und verwandtschaftlichen Netzwerke, die es einst überall gab, zusammengebrochen oder nur noch rudimentär vorhanden. Selbst wenn der Protagonist in *Wintermeer* aus Angst vor einem solchen Beziehungsgeflecht „Unglück, weiche von mir!“ ausruft, dann ist es höchstens noch lokaler Natur und bildet kein gigantisches Netzwerk mehr wie einst. Ganz gleich, ob wir dies nun positiv oder negativ bewerten, haben wir alle sowohl davon profitiert als auch darunter gelitten. Und auch wenn sie mittlerweile lediglich auf vagen Kindheitserinnerungen basieren, so sind diese noch immer warmen Erinnerungsfragmente Katsumatas doch zutiefst menschlich, denn sie versetzen ihn in die Lage, sich seine Mutter als gesunde junge Frau in Gestalt eines Frühlingsgeistes vorzustellen (siehe *Frühlingsgeist*). Man könnte sagen, in der heutigen Gesellschaft, in der zwischenmenschliche Bande verloren gegangen sind, ist die Einsamkeit, die Katsumata verspürte, quasi universell. Sie ist zum Basso continuo

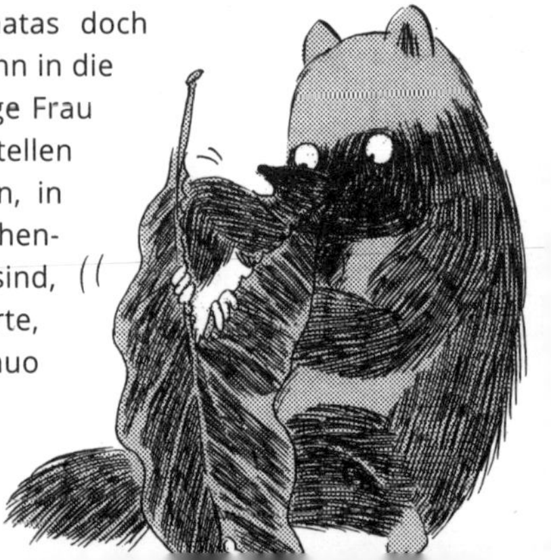

unseres Zeitalters geworden. Dafür haben wir nun das Internet, Videospiele und unzählige andere Möglichkeiten, unserer Einsamkeit entgegenzuwirken. Dass das schlecht ist, möchte ich damit nicht behaupten, nur, dass es bequem ist. Doch frage ich mich angesichts dessen, wie viel Mitgefühl wir überhaupt noch in der Lage sind aufzubringen für die, die im Begriff sind, zugrunde zu gehen – die Schwachen, die Verletzlichen, die, die „nirgendwo hingehören".

Strahlenbelastete AKW-Arbeiter

In diesem Sinne deckt sich Katsumatas mitfühlender Blick auf die einfachen AKW-Arbeiter mit dem Fokus, den er auf die, die „nirgendwo hingehören", legt (auch wenn es natürlich einen großen Unterschied macht, ob es sich nur um symbolhafte oder eben reale Figuren handelt, in diesem Falle strahlenverseuchte AKW-Arbeiter). Er benutzt den Tiefseefisch als Metapher für den strahlenbelasteten AKW-Arbeiter, der sein Dasein verborgen in den tiefsten Tiefen der Moderne verbringt – ein Vergleich, der zutreffender nicht sein könnte. Angestellt bei Subunternehmen, die Subunternehmen sind Subunternehmen von Subunternehmen... ein Dasein in geradezu bodenloser Tiefe. In einem Gespräch mit dem Fotojournalisten Kenji Higuchi sagte der Reportageautor Satoshi Kamata: „(Die Atomindustrie) basiert – vom Schürfen der Erze bis hin zur Abfallbeseitigung – auf sich reproduzierenden Strukturen von Diskriminierung."[9] Wir haben hier ein Beispiel dafür, wie nicht die Vormoderne von der Moderne verdrängt wird, sondern wie die Vormoderne bloß aus unserem Blickfeld geschoben wird, um im Verborgenen das System weiterhin reibungslos am Laufen zu halten. Für unser Licht und unsere Wärme verbrennen wir im wahrsten Sinne des Wortes die Leben der strahlenbelasteten AKW-Arbeiter. Vormoderne Diskriminierung wird in den Reaktorgebäuden einfach versteckt. Wenn Kernkraftwerke wirklich so wichtig für unsere Gesellschaft sind, wieso werden diese Arbeiter dann durch eine vielschichtige, undurchschaubare Struktur von Subunternehmen ausgebeutet? Wieso erhalten sie so gut wie nie Entschädigungen bei Erkrankungen, die eindeutig durch eine erhöhte radioaktive Strahlenbelastung verursacht worden sind? Und wieso werden ihre Klagen vor Gericht aufgrund von „wissenschaftlichen" Gutachten einflussreicher Gelehrter abgeschmettert? Wenn strahlenbelastete AKW-Arbeiter tatsächlich notwendig für den Betrieb von Kernkraftwerken sind, dann sollten sie eine bessere Behandlung und Respekt erhalten, selbst wenn sie nicht zu den „Fukushima 50" gehören.

Aber die Realität sieht derart düster aus, dass Kunio Horie, der eine Zeit lang selbst in einem Kernkraftwerk arbeitete, um die dort herrschenden Bedingungen aus erster Hand zu erleben, sich gar fragte, ob „man bei der Konzeption von Kernkraftwerken denn überhaupt Aspekte wie (von Menschen durchgeführte) Beaufsichtigung und Instandhaltung der Reaktoren miteinbezieht"[10] – die simple Frage also, ob das Vorhandensein von Menschen in den Reaktoren nicht einfach ignoriert wird.

Woher stammen diese Arbeiter? Kenji Higuchi zufolge „fingen viele ehemalige Kohlebergbauarbeiter an, in petrochemischen Komplexen zu arbeiten. Als dieser Industriezweig jedoch in die Rezession fiel, verloren sie ihre Anstellungen und begannen damit, ihr Geld in Kernkraftwerken zu verdienen."[11] Higuchi verfasste diese Worte im Jahr 1981, die Zahl der AKW-Arbeiter, die infolge von Temporärbeschäftigung dazu noch in Armut verfielen, dürfte heutzutage entsprechend hoch sein. Die Umstellung der Energiepolitik Japans von Kohle über Öl auf Kernenergie basierte stets auf der Ausbeutung der ökonomisch Schwachen mit deren Arbeitskraft als billige Einwegware. Die zusätzliche Geringschätzung der Landesperipherie – des „Hinterlands" – und ein System der Unterdrückung durch immer noch existente vormoderne Strukturen verschlimmern die Situation nur noch weiter. Schon vor dem 11. März 2011 befasste sich Hiroshi Kainuma mit den Zuständen der an Kernkraftwerken gelegenen Städte und Dörfer in der Präfektur Fukushima. Wie der Zufall es wollte, erschien sein Buch *Theorien zu Fukushima: Wie die nuklearen Dörfer entstanden im* Frühling 2011. Darin stellt er diverse Analysen aus Sicht der „nuklearen Dörfer" (gemeint sind an Kernkraftwerken gelegene Dörfer und Städte) an und schreibt: „Mechanismen des Ausschlusses bzw. der Immobilisierung und Verschleierung werden nicht nur innerhalb der ‚nuklearen Dörfer', sondern auch innerhalb der nationalen und globalen Strukturen, die die ‚nuklearen Dörfer' stützen, angewendet."[12]

Fazit

Wie können wir die unproduktive Dichotomie zwischen pro- und antinuklearen Positionen überwinden und in eine konstruktive Zukunft voranschreiten? Es war nicht Katsumatas Intention, die Problematik strahlenbelasteter AKW-Arbeit anzuprangern. Er wollte nicht mit erhobenem Zeigefinger auf Missstände wie Diskriminierung oder Klassenunterschiede deuten, er wollte Menschen und ihr alltägliches Leben auf authentische Weise darstellen. Denselben Ansatz verfolgte er auch beim Zeichnen der Kappa und Tanuki, die inmitten einer Welt voller Widersprüche essen, trinken, lachen und weinen. Die Gesellschaft mag auf sie herabblicken, doch Katsumata stellt all jene, die „nirgendwo hingehören", mit ihren Freuden und Sorgen einfach so dar, wie sie nun einmal sind. Toru Takeda schrieb über einen neuen Trend im Journalismus Folgendes: „Es gibt Themen, für die niemand Interesse aufbringt, die aber ans Tageslicht gebracht und publiziert werden müssen. Der Stimme der Schwachen muss Gehör geschenkt werden, denn die Schwachen werden nicht nur materiell unterdrückt, sie werden doppelt unterdrückt, weil unsere Gesellschaft ihre Existenz nicht anerkennt, ihnen kein Interesse entgegenbringt."[13] Er ermahnt uns in gewisser Weise zu einer Rückbesinnung auf das Grundlegende (dies ist nur eines der Themen, um die es in seinem Text geht).

Auch wenn sich Takeda an dieser Stelle nicht auf das Manga-Medium bezieht, so ist er hier doch größtenteils im Einklang mit Katsumatas kreativem Standpunkt. Wenn man Menschen, die in der ländlichen Peripherie Japans leben, ständig benachteiligt, ihnen gar ihr Leben abspricht, sie für die Arbeit in Atomkraftwerken missbraucht, dann trägt dies bloß dazu bei, dass dieses System der strukturellen Diskriminierung sich wieder und wieder reproduziert. Die Debatten für und gegen die Atomkraft müssen weitergehen, doch sie müssen so geführt werden, dass die Belange der Schwächsten unserer Gesellschaft nicht mit Füßen getreten werden. Man nimmt an, dass es bereits mehr als 400.000 strahlenbelastete AKW-Arbeiter gibt, und ganz gleich, welchen energiepolitischen Weg Japan in der Zukunft auch einschlagen wird, werden allein schon für die Stilllegung von Kernkraftwerken Menschen gebraucht, die sich zu diesem Zwecke radioaktiver Strahlung aussetzen müssen. Die Herausforderungen sind vielfältig und groß. Wie können die Dezentralisierung der Energie und ein Strukturwandel der Industrie zu höheren Lebensstandards in der Landesperipherie beitragen? Wie lösen wir das Armutsproblem? All diese Fragen sind schwer zu beantworten, aber wir können ihnen nicht aus dem Weg gehen. Es mag idealistisch klingen, aber ich glaube, dass unsere Gesellschaft nur dann weiterbestehen kann, wenn wir auch den Willen aufbringen, diese Probleme zu lösen.

Das Wichtigste in dieser Zeit ist, dass wir der Existenz derer, die „nirgendwo hingehören", gewahr werden und ihnen aufrichtige Anerkennung schenken. Wie das Schicksal es wollte, musste auch Susumu Katsumata ein Leben führen mit dem Gefühl, „nirgendwo hinzugehören". Doch er machte sich sein Schicksal zu eigen, durchstand die Krisen und Nöte, die seine Arbeit mit sich brachte, und schenkte uns so diesen reichen Schatz an wertvollen Geschichten.

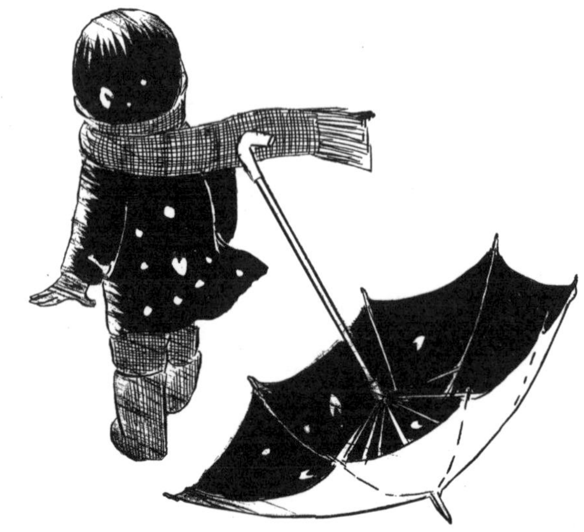

1 Kunio Horie, *Nuclear Gipsies, Aufzeichnungen über strahlenexponierte AKW-Arbeit*, Erweiterte und überarbeitete Edition, 2011. Ursprüngliche Edition von 1979.

2 Kenji Higuchi, *Totgeschwiegen: Strahlenbelastete AKW-Arbeiter* – erweiterte Neuausgabe, Hachigatsu Shokan, 2011, Originalfassung 1981 erschienen. Seite 211: „Die Arbeit im Reaktorinnenbereich ist so etwas wie... nun ja, nennen wir es mal ‚Frohnarbeit'."

3 Susumu Katsumata, *Roter Schnee*, Seirinkogeisha, 2005, Seite 224: *Susumu Katsumata Biografie*. Diese Kurzgeschichtensammlung wurde 2006 von der Japanese Cartoonists Association (JCA) mit dem ersten Preis ausgezeichnet. Die folkloristisch angehauchten Werke in dem Band erzählen vom ländlichen Leben im vormodernen Japan und von den Traditionen und Bräuchen der Tohoku-Region sowie den Kindheitserinnerungen des dort aufgewachsenen Katsumata.

4 Toru Takeda, *Wie wir uns entschieden, eine Atommacht zu werden*, Chukoshinsho Rakure, 2011, Seite 66

5 Zusätzlich zeichnete Katsumata eine Vielzahl von 4-Panel-Manga (Beginnend mit seinem Debüt in *Garo*). Des Weiteren fertigte er Illustrationen für wissenschaftliche Texte an und setzte dokumentarische Texte in Manga-Form um.

6 Takeji Muno, *Hoffnung inmitten der Verzweiflung*, Iwanami Shinsho, 2011, Seite 182

7 Die Diskussionsrunde fand am 23.07.2011 in Tokyo statt. Das Video ist unter der folgenden Adresse im Internet zu finden: http://www.youtube.com/watch?v=kL_FwdmRdFc

8 Mahito Ishimitsu, *Der letzte Wille des Goro Shiba aus Aizu*, Chuko Shinsho, 1971, Seite 126

9 Kenji Higuchi und Satoshi Kamata, *Kernenergie und Diskriminierung: Ohne Diskriminierungsstrukturen ist die Kernenergie nicht funktionsfähig*, Shukan Kinyobi Ausgabe 862, 2011

10 Kunio Horie: *Nuclear Gipsies, Aufzeichnungen über strahlenbelastete AKW-Arbeit*, Erweiterte und überarbeitete Edition, 2011, Seite 73. Ursprüngliche Edition von 1979.

11 Kunio Horie: *Nuclear Gipsies, Aufzeichnungen über strahlenbelastete AKW-Arbeit*, Erweiterte und überarbeitete Edition, 2011, Seite 57. Ursprüngliche Edition von 1979.

12 Hiroshi Kainuma, *Theorien zu Fukushima: Wie die nuklearen Dörfer entstanden*, Seidosha, 2011, Seite 350

13 Toru Takeda, *Der Kernenergie-Journalismus und die Medien*, Kodansha Gendaishinsho, 2011, Seite 182

Aus dem Japanischen von Daniel Büchner
Redaktion: Aranka Schindler
Korrektur: Gustav Mechlenburg
Lettering und Herstellung: Hanna Hannig
Font: Michael Möller

Die Übersetzung aus dem Japanischen wurde mit
Mitteln des Auswärtigen Amts unterstützt durch
Litprom e. V. – Literaturen der Welt

LITPROM
LITERATUREN
DER WELT

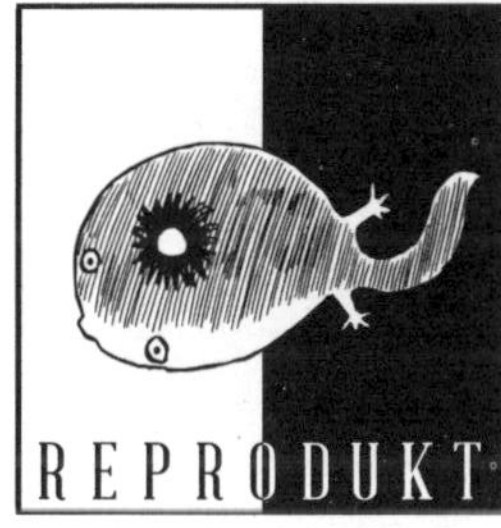

Gottschedstr. 4 / Aufgang 1
13357 Berlin

Herausgeber: Dirk Rehm
ISBN 978-3-95640-354-5
Druck: Pozkal, Inowrocław, Polen

Erste Auflage: Januar 2024
www.reprodukt.com

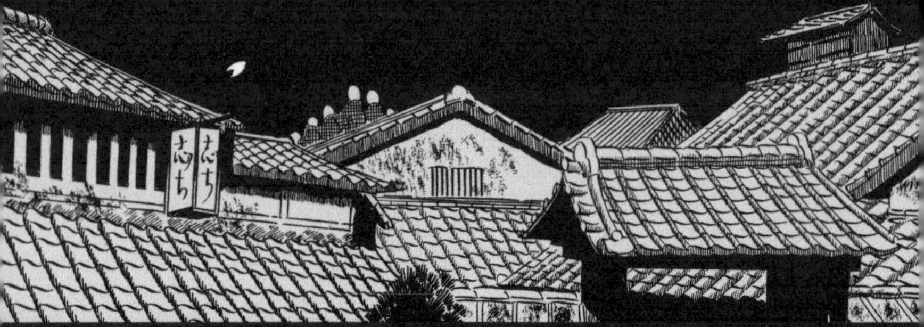

HALT!

Teufelsfisch ist ein Manga, der in japanischer Leserichtung veröffentlicht wird.

Da in Japan von hinten nach vorn und von rechts nach links gelesen wird, beginnt dieses Buch hinten und endet hier. Die Bilder und Sprechblasen werden von rechts oben nach links unten gelesen.

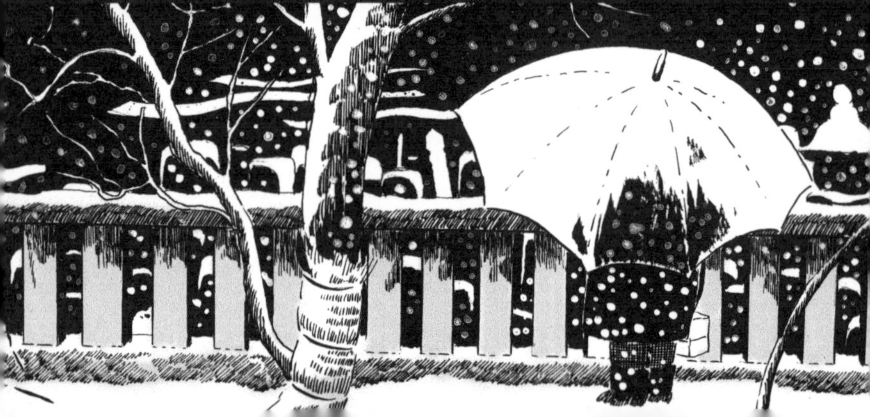